DIREITO MATERIAL E PROCESSUAL DO TRABALHO NA FAZENDA PÚBLICA

Coordenação
Miguel Câmara

DIREITO MATERIAL E PROCESSUAL DO TRABALHO NA FAZENDA PÚBLICA

AUTORES

Alan Dantas
André Coelho
André Felipe Pedrosa
Angelus Maia
Bruno Carneiro da Cunha
Caio Albuquerque
Caio Marques
Clarissa Borges
Danilo Guedes
Élisson Miessa
Fabíola Vilela
Ítalo Cisneiros
Iuri Quadros
João Otávio Terceiro Neto
Juliana Coelho
Laís Oliveira
Leonardo Carneiro da Cunha
Luiz Filipe Ribeiro
Makena Marchesi
Miguel Câmara
Natália Parente
Paulo Henrique Tavares da Silva
Wendel Piton
Wolney Cordeiro

2021

2ª edição
revista, atualizada e ampliada

EDITORA JusPODIVM
www.editorajuspodivm.com.br

EDITORA
*Jus*PODIVM
www.editorajuspodivm.com.br

Rua Território Rio Branco, 87 – Pituba – CEP: 41830-530 – Salvador – Bahia
Tel: (71) 3045.9051
• Contato: https://www.editorajuspodivm.com.br/sac

Copyright: Edições *Jus*PODIVM

Capa: Ana Caquetti

C172d Câmara, Miguel.
Direito Material e Processual do Trabalho na Fazenda Pública / Miguel Câmara – 2. ed. rev. e atual. – Salvador: Editora JusPodivm, 2019.
464 p.

Inclui bibliografia.
ISBN 978-65-5680-629-7.

1. Direito Processual do Trabalho. I. Câmara, Miguel. II. Título.

CDD 342.68

AGRADECIMENTOS

Agradeço ao amigo Pedro Ataíde pelo incentivo e à Editora Juspodivm por acreditar neste projeto, bem como a Sônia, Miguel, Diego e Fabíola, por serem o meu alicerce.

Miguel Câmara
Coordenador e coautor

APRESENTAÇÃO

Após o advento do Novo Código de Processo Civil, o processo do trabalho sofreu profundas transformações, por ser a Lei 13.105/2015 fonte subsidiária do direito processual trabalhista. Além disso, o Novo CPC foi objeto de algumas atualizações legislativas recentes com reflexos no processo do trabalho.

Somando-se a esse fato, a Reforma Trabalhista de 2017 modificou a própria lógica do direito do trabalho no Brasil, desatualizando diversas Súmulas e Orientações Jurisprudenciais do Tribunal Superior do Trabalho.

Com a Reforma, tanto o procedimento judicial trabalhista quanto a própria relação do trabalho no âmbito do Poder Público foram alteradas. As obras jurídicas anteriores que buscavam tratar *en passant* a respeito do direito material e processual do trabalho frente ao Poder Público ficaram desatualizadas.

A matéria trabalhista está inserida em um campo especializado do Direito, assim como os temas envolvendo a Fazenda Pública, ambas possuindo regras específicas e particularidades. A interseção dessas duas áreas torna a compreensão da matéria ainda mais complexa, fazendo-se necessário um estudo criterioso.

Sendo assim, este livro tem por finalidade servir como fonte segura, atualizada e sistematizada de estudo para aqueles que estão se preparando para provas de concursos públicos, em especial para os certames da advocacia pública, sendo esse o nicho de concursos que mais cresce no país.

Nos concursos para os cargos de Advogado da União, Procurador Federal, Procurador da Fazenda Nacional, Procurador de Estado, Procurador de Município e Advogado de Estatais, as questões de direito do trabalho e processo do trabalho cobram, principalmente, a matéria trabalhista aplicada à Fazenda Pública, o que torna imprescindível o domínio do conteúdo para alcançar a aprovação.

Entendo que o livro também ajudará na preparação para provas dos cargos de Defensor Público da União, Magistratura do Trabalho, Procuradoria do Trabalho, Auditor Fiscal do Trabalho, bem como para os cargos de Analista e Técnico dos Tribunais Regionais do Trabalho, já que o assunto tratado aqui é usualmente cobrado nesses concursos.

Mesmo possuindo o foco voltado para concursos públicos, o livro naturalmente contribuirá como instrumento de capacitação para os profissionais do Direito que lidam com a matéria trabalhista na Fazenda Pública, sejam os próprios advogados públicos, sejam aqueles que litigam contra o Poder Público.

Apesar de ser uma obra coletiva, foi estruturada na sistemática de Manual de Direito, de forma que os capítulos se comunicam e possuem sequência lógica para facilitar o aprendizado por parte do leitor.

Com linguagem clara, objetiva e simples, reunimos o preceito legal, o entendimento jurisprudencial e o posicionamento doutrinário nos textos, trazendo ao final da maioria dos capítulos o compilado da jurisprudência empregada e questões de concursos, na intenção de ajudar o leitor na memorização da matéria.

Reunindo acadêmicos, advogados públicos e profissionais da área jurídica, o livro 'Direito Material e Processual do Trabalho na Fazenda Pública" traz um conteúdo indispensável para quem quer ser aprovado em concursos da advocacia pública, bem como para aqueles que atuam cotidianamente na defesa da Fazenda Pública.

Miguel Câmara
Coordenador e coautor

COORDENADOR E COAUTOR NOTAS À 2ª EDIÇÃO

Voltamos ainda melhores!

Para a segunda edição deste livro, procuramos aperfeiçoar os capítulos, desde a revisão textual - primando sempre por uma linguagem simples, direta e objetiva – até a atualização da matéria em si, inserindo os novos posicionamentos do Supremo Tribunal Federal, do Superior Tribunal de Justiça e do Tribunal Superior do Trabalho.

Há alterações e acréscimos em praticamente todos os capítulos. Na intenção de facilitar a sua percepção às novidades durante a leitura, eu destaco, a seguir, as mais importantes.

No capítulo 02, *Princípios do Direito do Trabalho e aplicação perante a Fazenda Pública*, agora consta a definição, pelo STF, da constitucionalidade do regime jurídico celetista dos Conselhos Profissionais (ADC 36).

No capítulo 06, denominado *Sucessão Trabalhista e a Fazenda Pública*, foram inseridos interessantes julgados sobre a posição do Tribunal Superior do Trabalho em relação à intervenção do ente público em sociedade contratada e o instituto da sucessão de empregadores.

O capítulo 07, *Terceirização na Fazenda Pública*, agora está de acordo com a Nova Lei de Licitações e Contratos Administrativos, Lei nº 14.133/2021, bem como com as resoluções do Ministério do Planejamento e do Conselho Nacional de Justiça.

No capítulo 08, ocorreu a inclusão de observação relativa ao julgamento do Recurso Extraordinário (RE) 1089282, com repercussão geral reconhecida e acórdão publicado em 04.02.2021, que dispõe a respeito da competência das ações sobre contribuição sindical de servidores estatutários.

No capítulo 13, foi incluída a recentíssima decisão do STJ sobre negócios jurídicos processuais que dispõe acerca de ato regido por norma de ordem pública.

No capítulo 21, o texto foi atualizado de acordo com o entendimento mais recente do TST sobre o ônus da prova da fiscalização contratual (decisão da SBDI-1 em dezembro/2019), com a indicação de pendência de decisão pelo STF em RE com repercussão geral já reconhecida.

Mas, a principal alteração foi a inclusão de um capítulo exclusivo sobre equiparação salarial e desvio de função, assunto que comumente gera dúvidas e que ganha contornos próprios no âmbito da Administração Pública. O capítulo foi escrito pelo prof. Iuri Quadros, Advogado da União e professor com vasta experiência na área, que nos presenteou com a sua presença na obra.

É com o sentimento de satisfação por continuar ajudando inúmeros alunos por todo o país que eu apresento esta segunda edição. Desejo a todos uma ótima leitura e a você, concurseiro(a), muitas aprovações.

Miguel Câmara

Coordenador e coautor

SUMÁRIO

Parte II

DIREITO PROCESSUAL DO TRABALHO NA FAZENDA PÚBLICA

Capítulo 1

NOÇÕES SOBRE A FAZENDA PÚBLICA

ANGELUS EMILIO MEDEIROS DE AZEVEDO MAIA[1]

Sumário: 1. Introdução. 2. Fazenda Pública: conceito e etimologia. 3. Representação processual da Fazenda Pública. 3.1. Princípio da unidade da representação judicial dos Estados e Distrito Federal. 3.2. Prerrogativas gerais e representação processual no âmbito trabalhista. 3.3. Constitucionalidade das prerrogativas. 4. Compilação jurisprudencial. 4.1. Súmulas e orientações jurisprudenciais do TST. 4.2. Informativos e julgados do STF. 5. Questões.

1. INTRODUÇÃO

O estudo da advocacia pública para concursos no âmbito justrabalhista não prescinde da análise dos aspectos constitucionais da Fazenda Pública, seu conceito e etimologia, âmbito da representação processual e suas prerrogativas.

Com o intuito de introduzir ao estudante os temas gerais relativos à Fazenda Pública, passaremos a analisar o panorama geral dos institutos correlatos, assim como as manifestações jurisprudenciais mais recentes dos tribunais superiores para que, nos capítulos seguintes, se adentre nas especificidades da Fazenda Pública no âmbito trabalhista.

2. FAZENDA PÚBLICA: CONCEITO E ETIMOLOGIA

Antes de iniciarmos nossos estudos acerca dos representantes processuais e prerrogativas, faz-se necessário compreendermos o conceito de Fazenda Pública. Nas palavras de Leonardo Carneiro da Cunha[2], "Fazenda Pública é expressão que se relaciona com as finanças estatais, estando imbricada com o termo Erário, representando o aspecto financeiro do ente público. (...) A palavra Fazenda

---

1 Procurador do Estado do Maranhão. Graduado em Direito. Especialista em Direito Constitucional Aplicado.

2 CUNHA, Leonardo Carneiro da. **A Fazenda Público em Juízo.** 13. ed. Rio de Janeiro: Forense, 2016, p. 5.

Pública representa a personificação do Estado, abrangendo as pessoas jurídicas de direito público."

Excepcionalmente, as pessoas jurídicas de direito privado também podem ser englobadas no conceito de Fazenda Pública. Em que pese as sociedades de economia mista e empresas públicas não ostentarem a personalidade jurídica de direito público e, por isso, não estarem abrangidas pela noção de Fazenda Pública, é salutar que tais pessoas jurídicas de direito privado, se prestadoras de serviço público de atuação própria do Estado e de natureza não concorrencial, podem ser abarcadas pelo conceito.

Nesse sentido é a lição de Guilherme Barros[3]:

> É a questão peculiar da Empresa Brasileira de Correios e Telégrafos (ECT). Seu diploma de regência é o Decreto-Lei nº 509/1969, cujo artigo 12 está assim redigido: «A ECT gozará de isenção de direitos de importação de materiais e equipamentos destinados aos seus serviços, dos privilégios concedidos à Fazenda Pública, quer em relação a imunidade tributária, direta ou indireta, impenhorabilidade de seus bens, rendas e serviços, quer no concernente a foro, prazos e custas processuais.» Há um conflito entre essa previsão normativa e a norma constitucional que veda tratamento diferenciado a empresas públicas e sociedades de economia mista não extensíveis ao setor privado (CR, art. 173, § 2º). Embora seja constituída como empresa pública, a jurisprudência considerou relevante o fato de ser entidade voltada à prestação de serviço público da União (art. 21, X CR) para incluí-la no conceito de Poder Público, de modo a atribuir- -lhe o regime jurídico processual dos entes públicos.

Em síntese, de acordo com a doutrina, a expressão Fazenda Pública abrange:

a) os entes da Administração Pública Direta (União, Estados, Distrito Federal e Municípios);

b) as autarquias e as fundações públicas;

c) as empresas públicas prestadoras de serviços de públicos;

d) as sociedades de economia mista prestadoras de serviço público de atuação própria do Estado e de natureza não concorrencial;

e) as agências reguladoras (autarquias em regime especial) e executivas (autarquia ou fundação);

f) os consórcios criados sob a forma de associações públicas; e

g) os conselhos de fiscalização profissional, pois segundo o STF, têm natureza jurídica autárquica, salvo OAB.

---

3 BARROS, Guilherme Freire de Melo. **Poder Público em Juízo para Concursos.** 6. ed. Salvador: Juspodivm, 2016, p. 37.

3. REPRESENTAÇÃO PROCESSUAL DA FAZENDA PÚBLICA

A Constituição Federal insere a advocacia pública no âmbito das funções essenciais à justiça, tratando da Advocacia-Geral da União e das Procuradorias dos Estados e Distritos Federais.

No âmbito federal, temos que a Advocacia-Geral da União representa a União, judicial e extrajudicialmente, cabendo-lhe, nos termos da lei complementar que dispuser sobre sua organização e funcionamento, as atividades de consultoria e assessoramento jurídico do Poder Executivo.

Assim, é importante notar que na função de representação processual a AGU responde em juízo pelos atos da pessoa jurídica de direito público União, englobando todos os órgãos e poderes. Por outro lado, a consultoria e o assessoramento jurídico restringem-se ao âmbito do Poder Executivo.

Outrossim, a Advocacia-Geral da União tem por chefe o Advogado-Geral da União, de livre nomeação pelo Presidente da República dentre cidadãos maiores de trinta e cinco anos, de notável saber jurídico e reputação ilibada e o ingresso nas classes iniciais das carreiras da instituição far-se-á mediante concurso público de provas e títulos.

No mesmo tom, os Procuradores dos Estados e do Distrito Federal são organizados em carreira, na qual o ingresso dependerá de concurso público de provas e títulos, com a participação da Ordem dos Advogados do Brasil em todas as suas fases, de forma a exercer a representação judicial e a consultoria jurídica das respectivas unidades federadas.

Note que a Constituição Federal não insere, em seu texto, a presença das procuradorias municipais, o que levou o Supremo Tribunal Federal a se debruçar sobre a necessidade de os municípios organizarem sua representação processual em carreiras. A resposta do julgado foi negativa:

> RECURSO EXTRAORDINÁRIO – AUSÊNCIA DE IMPOSIÇÃO CONSTITUCIONAL PARA A CRIAÇÃO DE ÓRGÃO DE ADVOCACIA PÚBLICA MUNICIPAL – DECISÃO QUE SE AJUSTA À JURISPRUDÊNCIA PREVALECENTE NO SUPREMO TRIBUNAL FEDERAL – CONSEQUENTE INVIABILIDADE DO RECURSO QUE A IMPUGNA – SUBSISTÊNCIA DOS FUNDAMENTOS QUE DÃO SUPORTE À DECISÃO RECORRIDA – SUCUMBÊNCIA RECURSAL (CPC/15, ART. 85, § 11) – NÃO DECRETAÇÃO, POR TRATAR-SE, AUSENTE SITUAÇÃO DE COMPROVADA MÁ-FÉ, DE PROCESSO DE AÇÃO CIVIL PÚBLICA (LEI Nº 7.347/85, ART. 18) – AGRAVO INTERNO IMPROVIDO.
>
> (...)
>
> Não há na Constituição Federal previsão que os Municípios a instituírem Procuradorias Municipais, organizadas em carreira, mediante concurso público.

> Não existe, na Constituição Federal, a figura da advocacia pública municipal. Os Municípios não têm essa obrigação constitucional. STF. 2ª Turma. RE 893694 AgR, Rel. Min. Celso de Mello, julgado em 21/10/2016.

Nesse passo, diante da ausência de obrigatoriedade constitucional para que os municípios instituam a carreira de procurador, é possível que se faça uma contratação de escritório de advocacia para a defesa do município, seja através de procedimento licitatório ou mesmo através de contratação direta, em virtude da permissibilidade insculpida no art. 74, inciso III, da Nova Lei de Licitações e Contratos, Lei nº 14.133/21 (inexigibilidade de licitação para contratação de serviços técnicos).

Cabe acrescentar, por oportuno, que tramita no Congresso Nacional a PEC 17/2012, que objetiva estender aos Municípios a obrigação de organizar carreira de procurador para fins de representação judicial e assessoria jurídica. Além da organização da carreira no âmbito municipal, a PEC também almeja minimizar a problemática da contratação direta dos escritórios de advocacia que, eventualmente, pode não implicar em benefício qualitativo ou vantagem econômica ao o município.

3.1. Princípio da unidade da representação judicial dos estados e distrito federal

Em diversos julgados, o Supremo Tribunal Federal tem reafirmado o princípio da unicidade da representação judicial dos Estados e do Distrito Federal. Da leitura do *caput* do art. 132 da Constituição, se extrai que os Procuradores dos Estados e do DF são os únicos responsáveis pela representação judicial e consultoria jurídica das unidades federadas.

Trocando em miúdos, somente um órgão poderá desempenhar a consultoria jurídica e representação judicial nos Estados e DF. Tal órgão é a Procuradoria-Geral do Estado ou a PGDF.

Tomando como base tal princípio, o STF concluiu que é inconstitucional a existência de cargos em comissão ou funções de confiança que impliquem o exercício de atividades inerentes à consultoria jurídica ou representação judicial, uma vez que tais atividades são exclusivas dos Procuradores dos Estados:

> AÇÃO DIRETA DE INCONSTITUCIONALIDADE – LEI ESTADUAL Nº 8.186/2007 (ALTERADA PELAS LEIS nºs 9.332/2011 e 9.350/2011) DO ESTADO DA PARAÍBA: ART. 3º, INCISO I, ALÍNEA "A" ("na elaboração de documentos jurídicos") E ANEXO IV, ITENS NS. 2 A 21 (NAS PARTES QUE CONCERNEM A CARGOS E A FUNÇÕES DE CONSULTORIA E DE ASSESSORAMENTO JURÍDICOS) – CARGO DE PROVIMENTO EM COMISSÃO – FUNÇÕES INERENTES AO CARGO DE PROCURADOR

> DO ESTADO – APARENTE USURPAÇÃO DE ATRIBUIÇÕES PRIVATIVAS RESERVADAS A PROCURADORES DO ESTADO E DO DISTRITO FEDERAL PELA PRÓPRIA CONSTITUIÇÃO DA REPÚBLICA (ART. 132) (...)
> – É inconstitucional o diploma normativo editado pelo Estado-membro, ainda que se trate de emenda à Constituição estadual, que outorgue a exercente de cargo em comissão ou de função de confiança, estranho aos quadros da Advocacia de Estado, o exercício, no âmbito do Poder Executivo local, de atribuições inerentes à representação judicial e ao desempenho da atividade de consultoria e de assessoramento jurídicos, pois tais encargos traduzem prerrogativa institucional outorgada, em caráter de exclusividade, aos Procuradores do Estado pela própria Constituição da República. Precedentes do Supremo Tribunal Federal. Magistério da doutrina. – A extrema relevância das funções constitucionalmente reservadas ao Procurador do Estado (e do Distrito Federal, também), notadamente no plano das atividades de consultoria jurídica e de exame e fiscalização da legalidade interna dos atos da Administração Estadual, impõe que tais atribuições sejam exercidas por agente público investido, em caráter efetivo, na forma estabelecida pelo art. 132 da Lei Fundamental da República, em ordem a que possa agir com independência e sem temor de ser exonerado "ad libitum" pelo Chefe do Poder Executivo local pelo fato de haver exercido, legitimamente e com inteira correção, os encargos irrenunciáveis inerentes às suas altas funções institucionais. (...) (ADI 4843 MC-ED-Ref, Relator(a): Min. CELSO DE MELLO, Tribunal Pleno, julgado em 11/12/2014, PROCESSO ELETRÔNICO DJe-032 DIVULG 18-02-2015 PUBLIC 19-02-2015)

Nesse mesmo sentido, não é possível que o Estado-membro ou DF crie Procuradorias autárquicas como órgão distinto da PGE:

> A Constituição do Estado do Ceará previa que o Governador deveria encaminhar à ALE projetos de lei, dispondo sobre a organização e o funcionamento da Procuradoria-Geral do Estado e das procuradorias autárquicas.
>
> O STF decidiu que essa regra é inconstitucional. Isso porque a CF/88 determina que a representação judicial e a consultoria jurídica do Estado, incluídas suas autarquias e fundações, deve ser feita pela PGE, nos termos do art. 132 da CF/88.
>
> O art. 132 da CF/88 consagra o chamado princípio da unicidade da representação judicial e da consultoria jurídica dos Estados e do Distrito Federal e, dessa forma, estabelece competência funcional exclusiva da Procuradoria-Geral do Estado.
>
> (...)
>
> STF. Plenário. ADI 145/CE, Rel. Min. Dias Toffoli, julgado em 20/6/2018 (Info 907).

Cabe aqui fazer uma distinção pontual. No âmbito da AGU, vimos acima que a consultoria e assessoramento jurídico restringe-se ao Poder Executivo.

Ocorre que, no âmbito estadual, a consultoria e assessoramento jurídico das Procuradorias Estaduais permeiam por toda a unidade federada:

> É inconstitucional dispositivo de Constituição Estadual que preveja que a Procuradoria Geral do Estado ficará responsável pelas atividades de representação judicial e de consultoria jurídica apenas "do Poder Executivo". Essa previsão viola o princípio da unicidade da representação judicial dos Estados e do Distrito Federal. De acordo com o art. 132 da CF/88 as atribuições da PGE não ficam restritas ao Poder Executivo, abrangendo também os demais Poderes.
>
> STF. Plenário. ADI 5262 MC/RR, Rel. Min. Cármen Lúcia, julgado em 27 e 28/3/2019 (Info 935).

Em síntese, o princípio da unicidade da representação judicial e da consultoria jurídica dos Estados e DF expõe que: a) é inconstitucional a existência de cargos em comissão ou funções de confiança que impliquem o exercício de atividades inerentes à consultoria jurídica ou representação judicial, uma vez que tais atividades são exclusivas dos Procuradores dos Estados; b) não é possível que o Estado-membro ou DF crie Procuradorias autárquicas como órgão distinto da PGE e; c) as atribuições da PGE não se restringem ao Executivo, abrangendo também os demais poderes.

No mais, as regras acima comportam algumas exceções. A primeira delas é o art. 69 do ADCT, de onde se extrai que é permitido aos Estados manter consultorias jurídicas separadas de suas Procuradorias-Gerais ou Advocacias-Gerais, desde que, na data da promulgação da Constituição, tenham órgãos distintos para as respectivas funções.

Além desta, é também constitucionalmente viável a instituição de procuradorias ligadas ao Poder Legislativo e ao Tribunal de Contas, desde que existam para a defesa da autonomia e independência perante os demais Poderes. Nessa situação, se admite a consultoria e assessoramento jurídico dos órgãos por parte dos respectivos procuradores legislativos.

Por fim, é também constitucional lei estadual que institua o cargo em comissão de Procurador-Geral de universidade estadual, em atenção ao princípio da autonomia universitária (STF. Plenário. ADI 5262 MC/RR, Rel. Min. Cármen Lúcia, julgado em 27 e 28/3/2019).

3.2. Prerrogativas gerais e representação processual no âmbito trabalhista

Em primeiro lugar, cabe mencionar que as prerrogativas gerais mencionadas nos pontos abaixo serão desenvolvidas com maior profundidade nos capítulos próprios. O intuito, no momento, é traçar um panorama geral para introduzir melhor a compreensão dos temas.

Com o advento do Código de Processo Civil de 2015, o regime jurídico das prerrogativas processuais da Fazenda Pública sofreu algumas modificações em comparação à sistemática anterior. Por exemplo, o art. 183 do CPC/15 trouxe o **prazo em dobro** para todas as manifestações processuais da Fazenda Pública.

Além disso, menciona-se também a prerrogativa da **intimação pessoal**, que será feita por carga, remessa ou meio eletrônico. Ademais, se a lei estabelecer um prazo específico para a Fazenda, de forma expressa, não se aplica o benefício do prazo em dobro.

No âmbito trabalhista, o Decreto-Lei n. 779/69 cuida do tema. Confiram a literalidade do decreto, com atenção para os incisos II e III:

> Art. 1º Nos processos perante a Justiça do Trabalho, constituem privilégio da União, dos Estados, do Distrito Federal, dos Municípios e das autarquias ou fundações de direito público federais, estaduais ou municipais que não explorem atividade econômica:
>
> I - a presunção relativa de validade dos recibos de quitação ou pedidos de demissão de seus empregados ainda que não homologados nem submetidos à assistência mencionada nos parágrafos 1º, 2º e 3º do artigo 477 da Consolidação das Leis do Trabalho;
>
> II - o quádruplo do prazo fixado no artigo 841, "in fine", da Consolidação das Leis do Trabalho;
>
> III - o prazo em dôbro para recurso;
>
> IV - a dispensa de depósito para interposição de recurso;
>
> V - o recurso ordinário "ex officio" das decisões que lhe sejam total ou parcialmente contrárias;
>
> VI - o pagamento de custas a final salva quanto à União Federal, que não as pagará.

Ressalta-se que o decreto dispõe ser em quadruplo o prazo da contestação e em dobro o prazo recursal. Com relação as demais manifestações processuais, o decreto é silente. O art. 841 da CLT menciona o prazo mínimo de cinco dias entre a reclamação trabalhista e a audiência inaugural. À vista desse prazo mínimo (art. 841 da CLT) e com base no inciso II do DL n. 779/69, aplica-se o prazo de vinte dias para a Fazenda Pública ser citada para comparecimento na audiência inaugural.

Tendo em vista o potencial conflito de normas (prazo em dobro para contestar no CPC/15 e prazo em quádruplo no DL n. 779/69), evidencia-se a permanência da aplicação do prazo em quádruplo, consoante DL n. 779/69, à vista do regramento próprio e específico na área trabalhista para a Fazenda Pública, uma vez que não há omissão no Processo do Trabalho.

No mesmo tom, o CPC/15 traz regramento diferenciado no âmbito da **remessa necessária** (art. 496), de forma que a sentença proferida contra a União, os Estados, o Distrito Federal, os Municípios e suas respectivas autarquias e fundações de direito público ou que julgar procedentes, no todo ou em parte, os embargos à execução fiscal sujeita-se ao duplo grau de jurisdição, não produzindo efeito senão depois de confirmada pelo tribunal. A remessa necessária é aplicável ao processo do trabalho, havendo situações pontuais em que será dispensada.

O diploma processual civil, modificando o regime jurídico anterior, trouxe faixas de valores em que, quando a condenação ou o proveito econômico obtido na causa for fixado em tais parâmetros, implica em dispensa de remessa necessária. A dispensa também será viabilizada quando a sentença estiver fundada em súmula de tribunal superior, acórdão proferido pelo Supremo Tribunal Federal ou pelo Superior Tribunal de Justiça em julgamento de recursos repetitivos, entendimento firmado em incidente de resolução de demandas repetitivas ou de assunção de competência ou entendimento coincidente com orientação vinculante firmada no âmbito administrativo do próprio ente público, consolidada em manifestação, parecer ou súmula administrativa.

No âmbito trabalhista, cabe mencionar que os procuradores representantes da Fazenda Pública estão dispensados da juntada de instrumento de mandato e de comprovação do ato de nomeação no âmbito trabalhista. Nesse sentido, exige-se apenas que o procurador se declare exercente do cargo, não sendo suficiente a juntada de número de inscrição da OAB.

> Súmula nº 436 do TST: REPRESENTAÇÃO PROCESSUAL. PROCURADOR DA UNIÃO, ESTADOS, MUNICÍPIOS E DISTRITO FEDERAL, SUAS AUTARQUIAS E FUNDAÇÕES PÚBLICAS. JUNTADA DE INSTRUMENTO DE MANDATO (conversão da Orientação Jurisprudencial nº 52 da SBDI-I e inserção do item II à redação) - Res. 185/2012, DEJT divulgado em 25, 26 e 27.09.2012.
>
> I - A União, Estados, Municípios e Distrito Federal, suas autarquias e fundações públicas, quando representadas em juízo, ativa e passivamente, por seus procuradores, estão dispensadas da juntada de instrumento de mandato e de comprovação do ato de nomeação.
>
> II - Para os efeitos do item anterior, é essencial que o signatário ao menos declare-se exercente do cargo de procurador, não bastando a indicação do número de inscrição na Ordem dos Advogados do Brasil.

> OJ SDI-1 DO TST: 52. MANDATO. PROCURADOR DA UNIÃO, ESTADOS, MUNICÍPIOS E DISTRITO FEDERAL, SUAS AUTARQUIAS E FUNDAÇÕES PÚBLICAS. DISPENSÁVEL A JUNTADA DE PROCURAÇÃO. (LEI Nº 9.469, de 10 DE JULHO DE 1997) (cancelada em decorrência da conversão na Súmula nº 436) – Res. 186/2012, DEJT divulgado em 25, 26 e 27.09.2012

> A União, Estados, Municípios e Distrito Federal, suas autarquias e fundações públicas quando representadas em juízo, ativa e passivamente, por seus procuradores, estão dispensadas da juntada de instrumento de mandato.

Ademais, o art. 100 da Constituição Federal prevê que os pagamentos devidos pelas Fazendas Públicas Federal, Estaduais, Distrital e Municipais, em virtude de sentença judiciária, far-se-ão exclusivamente na ordem cronológica de apresentação dos **precatórios** e à conta dos créditos respectivos, proibida a designação de casos ou de pessoas nas dotações orçamentárias e nos créditos adicionais abertos para este fim.

Excepcionalmente, será possível o pagamento através de requisição de pequeno valor e, de acordo com o art. 100, § 4º, da CF, poderão ser fixados, por leis próprias, valores distintos às entidades de direito público, segundo as diferentes capacidades econômicas, sendo o mínimo igual ao valor do maior benefício do regime geral de previdência social. Enquanto não forem editadas tais leis específicas, o art. 87 do ADCT dispõe sobre os valores, fixando em quarenta salários-mínimos, perante a Fazenda dos Estados e do Distrito Federal e trinta salários-mínimos, perante a Fazenda dos Municípios.

3.3. Constitucionalidade das prerrogativas

Como visto acima, a Fazenda Pública possui algumas prerrogativas que a diferencia das demais partes em processos judiciais. Enquanto parte da doutrina sustenta a inconstitucionalidade de tais prerrogativas, por suposta violação à isonomia, outra parte defenda que essa condição diferenciada da Fazenda se mostra constitucional em razão da tutela do interesse público inerente à própria noção da Fazenda Pública.

No que tange à suposta violação ao princípio da isonomia, discorre Guilherme Barros[4]:

> Como se sabe, o princípio da isonomia não significa o tratamento igual de todos, mas sim o tratamento diverso, na medida das diferenças, ou seja, isonomia é tratar igualmente os iguais e desigualmente os desiguais, na medida de sua desigualdade. O regime jurídico de direito público demanda, indubitavelmente, o tratamento desigual para a advocacia pública no que se refere ao cumprimento de seus prazos.

Nesse passo, sustenta-se que algumas prerrogativas têm cunho material e outras têm feição processual. As de cunho material são aquelas que decorrem

4 BARROS, op. cit., p. 54.

da natureza das pessoas jurídicas de direito público e do próprio direito material discutido. Por outro lado, as de feição processual são justificadas pelas dificuldades estruturais e burocracia inerente à atividade da Advocacia Pública.

Ainda nesse argumento, ressalta Leonardo Carneiro da Cunha[5]:

> Para que a Fazenda Pública possa, contudo. atuar da melhor e mais ampla maneira possível, é preciso que se lhe confiram condições necessárias e suficientes a tanto. Dentre as condições oferecidas, avultam as prerrogativas processuais, identificadas, por alguns, como privilégios. Não se trata, a bem da verdade, de privilégios. Estes - os privilégios - consistem em vantagens sem fundamento, criando-se uma discriminação. com situações de desvantagens. As "vantagens" processuais conferidas à Fazenda Pública revestem o matiz de prerrogativas, pois contêm fundamento razoável, atendendo, efetivamente, ao princípio da igualdade, no sentido aristotélico de tratar os iguais de forma igual e os desiguais de forma desigual.

A título de exemplo, cabe mencionar o entendimento esposado pelo STF na Ação Declaratória de Constitucionalidade nº 4, cujo objeto de discussão era a constitucionalidade dd vedação à tutela antecipada contra o Poder Público visando obter a reclassificação ou equiparação de servidores públicos ou a concessão de aumento ou extensão de vantagens pecuniárias.

Em tal julgamento, o STF declarou, com efeito vinculante, eficácia geral e *ex tunc*, a constitucionalidade do art. 1º da Lei nº 9.494/97 (ADC 4, Rel. p/ Acórdão Min. Celso de Mello, Tribunal Pleno, julgado em 01/10/2008).

Por fim, conclui-se pela constitucionalidade de tais prerrogativas, notadamente porque a Fazenda Pública tutela o interesse público e tais condições diferenciadas não denotam privilégios, mas verdadeiras prerrogativas.

4. COMPILAÇÃO JURISPRUDENCIAL

4.1. Súmulas e orientações jurisprudenciais do TST

Súmula nº 303 do TST: FAZENDA PÚBLICA. REEXAME NECESSÁRIO (nova redação em decorrência do CPC de 2015) - Res. 211/2016, DEJT divulgado em 24, 25 e 26.08.2016.

I - Em dissídio individual, está sujeita ao reexame necessário, mesmo na vigência da Constituição Federal de 1988, decisão contrária à Fazenda Pública, salvo quando a condenação não ultrapassar o valor correspondente a:

a) 1.000 (mil) salários mínimos para a União e as respectivas autarquias e fundações de direito público;

5 CUNHA, op. cit., p. 33.

b) 500 (quinhentos) salários mínimos para os Estados, o Distrito Federal, as respectivas autarquias e fundações de direito público e os Municípios que constituam capitais dos Estados; c) 100 (cem) salários mínimos para todos os demais Municípios e respectivas autarquias e fundações de direito público.

II – Também não se sujeita ao duplo grau de jurisdição a decisão fundada em:

a) súmula ou orientação jurisprudencial do Tribunal Superior do Trabalho;

b) acórdão proferido pelo Supremo Tribunal Federal ou pelo Tribunal Superior do Trabalho em julgamento de recursos repetitivos;

c) entendimento firmado em incidente de resolução de demandas repetitivas ou de assunção de competência;

d) entendimento coincidente com orientação vinculante firmada no âmbito administrativo do próprio ente público, consolidada em manifestação, parecer ou súmula administrativa.

III - Em ação rescisória, a decisão proferida pelo Tribunal Regional do Trabalho está sujeita ao duplo grau de jurisdição obrigatório quando desfavorável ao ente público, exceto nas hipóteses dos incisos anteriores. (ex-OJ nº 71 da SBDI-1 - inserida em 03.06.1996)

IV - Em mandado de segurança, somente cabe reexame necessário se, na relação processual, figurar pessoa jurídica de direito público como parte prejudicada pela concessão da ordem. Tal situação não ocorre na hipótese de figurar no feito como impetrante e terceiro interessado pessoa de direito privado, ressalvada a hipótese de matéria administrativa. (ex-OJs nºs 72 e 73 da SBDI-1 – inseridas, respectivamente, em 25.11.1996 e 03.06.1996).

Súmula nº 436 do TST: REPRESENTAÇÃO PROCESSUAL. PROCURADOR DA UNIÃO, ESTADOS, MUNICÍPIOS E DISTRITO FEDERAL, SUAS AUTARQUIAS E FUNDAÇÕES PÚBLICAS. JUNTADA DE INSTRUMENTO DE MANDATO (conversão da Orientação Jurisprudencial nº 52 da SBDI-I e inserção do item II à redação) - Res. 185/2012, DEJT divulgado em 25, 26 e 27.09.2012.

I - A União, Estados, Municípios e Distrito Federal, suas autarquias e fundações públicas, quando representadas em juízo, ativa e passivamente, por seus procuradores, estão dispensadas da juntada de instrumento de mandato e de comprovação do ato de nomeação.

II - Para os efeitos do item anterior, é essencial que o signatário ao menos declare-se exercente do cargo de procurador, não bastando a indicação do número de inscrição na Ordem dos Advogados do Brasil.

Súmula nº 457 do TST: HONORÁRIOS PERICIAIS. BENEFICIÁRIO DA JUSTIÇA GRATUITA. RESPONSABILIDADE DA UNIÃO PELO PAGAMENTO. RESOLUÇÃO Nº 66/2010 DO CSJT. OBSERVÂNCIA. (conversão da Orientação Jurisprudencial nº 387 da SBDI-1 com nova redação) – Res. 194/2014, DEJT divulgado em 21, 22 e 23.05.2014.

A União é responsável pelo pagamento dos honorários de perito quando a parte sucumbente no objeto da perícia for beneficiária da assistência judiciária gratuita, observado o procedimento disposto nos arts. 1º, 2º e 5º da Resolução n.º 66/2010 do Conselho Superior da Justiça do Trabalho – CSJT.

OJ SDI-1 DO TST: 52. MANDATO. PROCURADOR DA UNIÃO, ESTADOS, MUNICÍPIOS E DISTRITO FEDERAL, SUAS AUTARQUIAS E FUNDAÇÕES PÚBLICAS. DISPENSÁVEL A JUNTADA DE PROCURAÇÃO. (LEI Nº 9.469, de 10 DE JULHO DE 1997) (cancelada em decorrência da conversão na Súmula nº 436) – Res. 186/2012, DEJT divulgado em 25, 26 e 27.09.2012.

A União, Estados, Municípios e Distrito Federal, suas autarquias e fundações públicas quando representadas em juízo, ativa e passivamente, por seus procuradores, estão dispensadas da juntada de instrumento de mandato.

OJ SDI-1, DO TST: 152. REVELIA. PESSOA JURÍDICA DE DIREITO PÚBLICO. APLICÁVEL. (ART. 844 DA CLT) (inserido dispositivo) - Res. 129/2005, DJ 20, 22 e 25.04.2005. Pessoa jurídica de direito público sujeita-se à revelia prevista no artigo 844 da CLT.

OJ SDI-1, DO TST: 352. JUROS DE MORA. ART. 1º-F DA LEI Nº 9.494, DE 10.09.1997. INAPLICABILIDADE À FAZENDA PÚBLICA QUANDO CONDENADA SUBSIDIARIAMENTE. (DEJT divulgado em 19, 20 e 22.04.2010)

A Fazenda Pública, quando condenada subsidiariamente pelas obrigações trabalhistas devidas pela empregadora principal, não se beneficia da limitação dos juros, prevista no art. 1º-F da Lei nº 9.494, de 10.09.1997.

OJ SDI-1, DO TST: 389. MULTA PREVISTA NO ART. 1.021, §§ 4º E 5º, DO CPC DE 2015. ART. 557, § 2º, DO CPC DE 1973. RECOLHIMENTO. PRESSUPOSTO RECURSAL. BENEFICIÁRIO DA JUSTIÇA GRATUITA E FAZENDA PÚBLICA. PAGAMENTO AO FINAL. (nova redação em decorrência do CPC de 2015) - Res. 209/2016, DEJT divulgado em 01, 02 e 03.06.2016.

Constitui ônus da parte recorrente, sob pena de deserção, depositar previamente a multa aplicada com fundamento nos §§ 4º e 5º, do art. 1.021, do CPC de 2015 (§ 2º do art. 557 do CPC de 1973), à exceção da Fazenda Pública e do beneficiário de justiça gratuita, que farão o pagamento ao final.

4.2. Informativos e julgados do STF

RECURSO EXTRAORDINÁRIO – AUSÊNCIA DE IMPOSIÇÃO CONSTITUCIONAL PARA A CRIAÇÃO DE ÓRGÃO DE ADVOCACIA PÚBLICA MUNICIPAL – DECISÃO QUE SE AJUSTA À JURISPRUDÊNCIA PREVALECENTE NO SUPREMO TRIBUNAL FEDERAL – CONSEQUENTE INVIABILIDADE DO RECURSO QUE A IMPUGNA – SUBSISTÊNCIA DOS FUNDAMENTOS QUE DÃO SUPORTE À DECISÃO RECORRIDA – SUCUMBÊNCIA RECURSAL (CPC/15, ART. 85, § 11) – NÃO DECRETAÇÃO, POR TRATAR-SE, AUSENTE SITUAÇÃO DE COMPROVADA MÁ-FÉ, DE PROCESSO DE AÇÃO CIVIL PÚBLICA (LEI Nº 7.347/85, ART. 18) – AGRAVO INTERNO IMPROVIDO.

(...)

Não há na Constituição Federal previsão que os Municípios a instituírem Procuradorias Municipais, organizadas em carreira, mediante concurso público. Não existe, na Constituição Federal, a figura da advocacia pública municipal. Os Municípios não têm essa obrigação constitucional. STF. 2ª Turma. RE 893694 AgR, Rel. Min. Celso de Mello, julgado em 21/10/2016.

AÇÃO DIRETA DE INCONSTITUCIONALIDADE – LEI ESTADUAL Nº 8.186/2007 (ALTERADA PELAS LEIS nºs 9.332/2011 e 9.350/2011) DO ESTADO DA PARAÍBA: ART. 3º, INCISO I, ALÍNEA "A" ("na elaboração de documentos jurídicos") E ANEXO IV, ITENS NS. 2 A 21 (NAS PARTES QUE CONCERNEM A CARGOS E A FUNÇÕES DE CONSULTORIA E DE ASSESSORAMENTO JURÍDICOS) – CARGO DE PROVIMENTO EM COMISSÃO – FUNÇÕES INERENTES AO CARGO DE PROCURADOR DO ESTADO – APARENTE USURPAÇÃO DE ATRIBUIÇÕES PRIVATIVAS RESERVADAS A PROCURADORES DO ESTADO E DO DISTRITO FEDERAL PELA PRÓPRIA CONSTITUIÇÃO DA REPÚBLICA (ART. 132) (...)

– É inconstitucional o diploma normativo editado pelo Estado-membro, ainda que se trate de emenda à Constituição estadual, que outorgue a exercente de cargo em comissão ou de função de confiança, estranho aos quadros da Advocacia de Estado, o exercício, no âmbito do Poder Executivo local, de atribuições inerentes à representação judicial e ao desempenho da atividade de consultoria e de assessoramento jurídicos, pois tais encargos traduzem prerrogativa institucional outorgada, em caráter de exclusividade, aos Procuradores do Estado pela própria Constituição da República. Precedentes do Supremo Tribunal Federal. Magistério da doutrina. – A extrema relevância das funções constitucionalmente reservadas ao Procurador do Estado (e do Distrito Federal, também), notadamente no plano das atividades de consultoria jurídica e de exame e fiscalização da legalidade interna dos atos da Administração Estadual, impõe que tais atribuições sejam exercidas por agente público investido, em caráter efetivo, na forma estabelecida pelo art. 132 da Lei Fundamental da República, em ordem a que possa agir com independência e sem temor de ser exonerado "ad libitum" pelo Chefe do Poder Executivo local pelo fato de haver exercido, legitimamente e com inteira correção, os encargos irrenunciáveis inerentes às suas altas funções institucionais. (...) (ADI 4843 MC-ED-Ref, Relator(a): Min. CELSO DE MELLO, Tribunal Pleno, julgado em 11/12/2014, PROCESSO ELETRÔNICO DJe-032 DIVULG 18-02-2015 PUBLIC 19-02-2015)

A Constituição do Estado do Ceará previa que o Governador deveria encaminhar à ALE projetos de lei, dispondo sobre a organização e o funcionamento da Procuradoria-Geral do Estado e das procuradorias autárquicas.

O STF decidiu que essa regra é inconstitucional. Isso porque a CF/88 determina que a representação judicial e a consultoria jurídica do Estado, incluídas suas autarquias e fundações, deve ser feita pela PGE, nos termos do art. 132 da CF/88.

O art. 132 da CF/88 consagra o chamado princípio da unicidade da representação judicial e da consultoria jurídica dos Estados e do Distrito Federal e, dessa forma, estabelece competência funcional exclusiva da Procuradoria-Geral do Estado.(...)

STF. Plenário. ADI 145/CE, Rel. Min. Dias Toffoli, julgado em 20/6/2018 (Info 907).

É inconstitucional dispositivo de Constituição Estadual que preveja que a Procuradoria Geral do Estado ficará responsável pelas atividades de representação judicial e de consultoria jurídica apenas "do Poder Executivo". Essa previsão viola o princípio da unicidade da representação judicial dos Estados e do Distrito Federal. De acordo com o art.

132 da CF/88 as atribuições da PGE não ficam restritas ao Poder Executivo, abrangendo também os demais Poderes.

STF. Plenário. ADI 5262 MC/RR, Rel. Min. Cármen Lúcia, julgado em 27 e 28/3/2019 (Info 935).

5. QUESTÕES

1. (CESPE - Órgão: PGE/PE - Cargo: Procurador - Ano: 2018) O benefício da contagem em dobro do prazo para manifestações da fazenda pública

A) se aplica no âmbito dos juizados especiais da fazenda pública.

B) não se aplica para a contestação em ação popular.

C) se aplica aos procuradores de sociedades de economia mista.

D) não se aplica aos procuradores de fundações de direito público.

E) se aplica cumulativamente ao benefício de prazo em dobro na multiplicidade de litisconsortes com procuradores diversos em autos eletrônicos.

2. (CESPE - Órgão: PGM/Manaus/AM - Cargo: Procurador do Município - Ano: 2018) Julgue o próximo item à luz da jurisprudência do TST acerca dos recursos na justiça do trabalho, da liquidação e da execução no processo do trabalho.

Nos casos de decisões desfavoráveis aos entes públicos proferidas em precatório não caberá remessa necessária.

3. (CESPE - Órgão: PGM/Manaus/AM - Cargo: Procurador do Município - Ano: 2018) Em relação à competência da justiça do trabalho, à revelia e às provas no processo do trabalho, julgue o item que se segue.

Em razão da indisponibilidade do interesse público, as pessoas jurídicas de direito público não se sujeitam à revelia no âmbito trabalhista.

4. (CESPE - Órgão: Prefeitura de Fortaleza/CE - Cargo: Procurador do Município - Ano: 2017) A respeito da competência, das provas e do procedimento sumaríssimo na justiça do trabalho, julgue o item que se segue:

Quando estiver representando o município em juízo, o procurador estará dispensado da juntada de procuração e de comprovação do ato de nomeação durante todo o processamento da demanda, especialmente no caso de reclamação trabalhista de rito sumaríssimo.

5. (VUNESP - Órgão: Câmara de Nova Odessa/ SP - Cargo: Assessor Jurídico - Ano: 2018) A União, os Estados, os Municípios e o Distrito Federal, suas autarquias e fundações públicas, quando representadas em juízo, ativa e passivamente, por seus procuradores,

A) não estão dispensadas da juntada de instrumento de mandato e de comprovação do ato de nomeação.

B) estão dispensadas da juntada de instrumento de mandato e de comprovação do ato de nomeação, sendo bastante a indicação do número da inscrição na Ordem dos Advogados do Brasil.

C) não estão dispensadas da juntada de instrumento de mandato, sendo essencial a comprovação do ato de nomeação e a identificação do número de inscrição na Ordem dos Advogados do Brasil.

D) estão dispensadas da juntada de instrumento de mandato e de comprovação do ato de nomeação, sendo essencial que o signatário ao menos declare-se exercente do cargo de procurador, não bastando a indicação do número de inscrição na Ordem dos Advogados do Brasil.

E) não estão dispensadas da juntada de instrumento de mandato e de comprovação do ato de nomeação, sendo essencial que além do instrumento de mandato, o signatário ao menos declare-se exercente do cargo de procurador, não bastando a indicação do número de inscrição na Ordem dos Advogados do Brasil.

Gabarito: 1.B; 2. CERTO; 3. ERRADO; 4. ERRADO; 5. D.

Parte I

DIREITO MATERIAL DO TRABALHO NA FAZENDA PÚBLICA

Capítulo 2

PRINCÍPIOS DO DIREITO DO TRABALHO E APLICAÇÃO PERANTE A FAZENDA PÚBLICA

ALAN DE OLIVEIRA DANTAS CRUZ[1]

1. NORMAS JURÍDICAS: REGRAS E PRINCÍPIOS

As normas jurídicas revelam valores protegidos pelo Direito e que fundamentam o ordenamento. Norma é gênero, cujas espécies são regras e princípios. Os princípios são a base do ordenamento jurídico, determinando o modo de pensá-lo e aplicá-lo. Na definição de Robert Alexy[2], "princípios são mandamentos de otimização, isto é, normas que ordenam que algo seja realizado na maior medida possível, dentro das possibilidades jurídicas e reais existentes". Os princípios, desta maneira, estão ligados aos valores que o Direito visa realizar.

2. FUNÇÕES DOS PRINCÍPIOS

Dentre as mais importantes funções dos princípios, destacam-se:

---

1 Bacharel em Direito pela Universidade Federal do Acre. Pós-graduado em Direito Público e em Direito Processual Civil. Pós-graduando em Direito Tributário e Direito Ambiental. Assessor ministerial. Aprovado para Procurador do Estado do Acre e Procurador da Câmara Municipal de Rio Branco. Professor no curso Themas. Professor no curso Local Legis.

2 ALEXY, Robert. Teoria dos Direitos Fundamentais. Trad. Virgílio Afonso da Silva. São Paulo: Malheiros, 2008.

a) Função INFORMATIVA ou CONSTRUTIVA: servem de referencial para o legislador quando da criação da norma jurídica. Constituem, portanto, fonte material do direito.

b) Função INTERPRETATIVA: auxiliam na busca do sentido da norma jurídica, de maneira que, havendo dúvidas sobre o seu sentido, deve-se interpretá-la da maneira mais coerente com os princípios. Exemplo: princípio da proteção e *in dubio pro misero*.

c) Função NORMATIVA: aplicam-se na solução de casos concretos, seja de forma direta, por meio da derrogação de uma regra por um princípio, seja de forma indireta, pela integração do sistema jurídico na hipótese de lacuna (função supletiva ou integradora).

O art. 8º da CLT menciona, especificamente, as funções normativa e interpretativa dos princípios, ao dispor que as autoridades administrativas e a Justiça do Trabalho, na falta de disposições legais ou contratuais, decidirão, conforme o caso, pelos princípios e normas gerais de direito, principalmente do direito do trabalho.

3. PRINCÍPIOS ESPECÍFICOS DE DIREITO DO TRABALHO E SUA APLICAÇÃO À FAZENDA PÚBLICA

O Direito do Trabalho possui principiologia específica, irradiando valores que devem ser observados no "modo de pensar" para a efetiva solução dos casos concretos, ou seja, estabelecendo a lógica jurídica sistêmica do Direito do Trabalho, o raciocínio adequado para resolução das demandas trabalhistas. Tais princípios, em síntese, têm por objetivo tutelar não só o trabalhador, mas também as relações trabalhistas como um todo.

De outro lado, o Direito Administrativo também possui lógica jurídica sistêmica própria, já que a Administração Pública deve agir sempre em busca da satisfação dos anseios de toda a coletividade, ou seja, orientada para o atendimento do interesse público primário. Celso Antônio Bandeira de Mello[3] leciona, nesse sentido, que os princípios "pedras de toque" do Direito Administrativo são a supremacia do interesse público e a indisponibilidade do interesse público.

Com efeito, o Direito Administrativo tutela aquele que, na relação de emprego, figura como contratante, como empregador, isto é, a Administração. Em contrapartida, o Direito do Trabalho, tendo o princípio da proteção como um de seus mais relevantes valores, possui como pilar fundamental a ideia de proteção ao empregado. Assim, em razão de o trabalho público e do privado terem origens

3 MELLO, Celso Antônio Bandeira de. Curso de direito administrativo. 32. ed. São Paulo: Malheiros, 2015.

distintas, pode-se afirmar que o Direito do Trabalho não é um direito afeiçoado com os princípios da Administração Pública, ao menos nas atividades típicas de Estado. E aqui surge o que o professor Rogério Neiva[4] chama de "tensão entre a lógica do Direito do Trabalho e a lógica do Direito Administrativo": considerando que o Direito do Trabalho e o Direito Administrativo, ambos com princípios característicos, tutelam interesses divergentes, como compatibilizar as relações jurídicas que se formam quando estes dois ramos entram em conflito?

É importante considerar que não há uma solução estanque e única, devendo-se observar a técnica da ponderação para que se escolha, casuisticamente, qual direito prevalecerá. Além disso, o regime trabalhista não é aplicado de modo puro, mas, sim, afetado pela interferência de preceitos de Direito Público, uma vez que os empregados públicos são agentes públicos, submetidos aos princípios e regras constitucionais relativas aos agentes públicos em geral.

Superadas essas premissas, cabe identificar os destinatários da proteção trabalhista, e por consequência de seus princípios, dentro da Administração Pública. Dentre os possíveis vínculos de trabalho que possam existir com a Administração, o Direito do Trabalho somente será aplicável quando aquela firmar relação jurídica de natureza empregatícia, ou seja, de emprego público (vínculo de natureza contratual-empregatícia). Desse modo, na estrutura administrativa estatal, as relações de emprego envolvem as seguintes possibilidades:

a) Entes federativos que adotem como regime jurídico único o celetista (art. 39, *caput*, da CF), o que implica para Estados, Municípios e Distrito Federal, a sujeição às normas elaboradas pela União, pois somente esta tem competência para legislar sobre Direito do Trabalho (art. 22, I, CF);

b) Vínculos empregatícios estabelecidos com a Administração Direta, Autarquias e Fundações antes da liminar concedida na ADI 2.135-4, que suspendeu a redação do art. 39 da CF dada pela Emenda Constitucional 19/98 (regime jurídico pluralizado);

c) Vínculos trabalhistas estabelecidos com Empresas Públicas e Sociedades de Economia Mistas, que são regidas pelo regime jurídico próprio das empresas privadas (art. 173, §1º, II, da CF)[5];

d) Fundações Públicas com personalidade jurídica de direito privado (arts. 7º e 8º da Lei 12.618/2012);

4 NEIVA, Rogério. Direito e Processo do Trabalho aplicados à Administração Pública e Fazenda Pública. 2. Ed. São Paulo: Método, 2015.

5 Atenção: diretores e membros do conselho de administração não se submetem ao regime trabalhista.

e) Consórcios Públicos com personalidade jurídica de direito público (autarquia interfederativa) ou privado (art. 6º, §2º, da Lei 11.107/2005, com redação dada pela Lei 13.822/2019).

O regime jurídico de pessoal nos conselhos profissionais (autarquias corporativas) foi apreciado pelo STF na ADC 36, ocasião em que julgou constitucional a contratação de pessoal sob o regime da Consolidação das Leis Trabalhistas (CLT).

CONSTITUCIONAL E ADMINISTRATIVO. ORGANIZAÇÃO DO ESTADO. REGIME JURÍDICO ADMINISTRATIVO. NATUREZA SUI GENERIS DOS CONSELHOS DE FISCALIZAÇÃO PROFISSIONAL. POSSIBILIDADE DE CONTRATAÇÃO DE FUNCIONÁRIOS PELO REGIME DA CONSOLIDAÇÃO DAS LEIS DO TRABALHO. CONSTITUCIONALIDADE. 1. Os Conselhos Profissionais, enquanto autarquias corporativas criadas por lei com outorga para o exercício de atividade típica do Estado, tem maior grau de autonomia administrativa e financeira, constituindo espécie *sui generis* de pessoa jurídica de direito público não estatal, a qual não se aplica a obrigatoriedade do regime jurídico único preconizado pelo artigo 39 do texto constitucional. 2. Trata-se de natureza peculiar que justifica o afastamento de algumas das regras ordinárias impostas às pessoas jurídicas de direito público. Precedentes: RE 938.837 (Rel. Min. EDSON FACHIN, redator p/ acórdão Min. MARCO AURÉLIO, Tribunal Pleno, julgado em 19/4/2017, DJe de 25/9/2017; e ADI 3.026 (Rel. Min. EROS GRAU, Tribunal Pleno, DJ de 29/9/2006. 3. **Constitucionalidade da legislação que permite a contratação no âmbito dos Conselhos Profissionais sob o regime celetista**. ADC 36 julgada procedente, para declarar a constitucionalidade do art. 58, § 3º, da Lei 9.649/1998. ADI 5367 e ADPF 367 julgadas improcedentes.

Vale destacar que apesar das referidas situações apontadas acima se sujeitarem à legislação trabalhista, tal regime sofre restrições provenientes das normas constitucionais, como é o caso do concurso público para o acesso ao emprego, vedação de acumulação de cargos, teto remuneratório, dentre outros. O professor Rogério Neiva[6], ao analisar a jurisprudência do TST, fixou algumas premissas para solucionar a tensão entre a lógica jurídica sistêmica do Direito do Trabalho e do Direito Administrativo:

1) Deve-se diferenciar e separar os empregados da Administração Direta, autárquica e fundacional, de um lado, e, do outro, empregados das empresas públicas e sociedades de economia mista[7];

6 NEIVA, Rogério. Direito e Processo do Trabalho aplicados à Administração Pública e Fazenda Pública. p. 29.

7 Veja o tratamento distintivo dado pela OJ Transitória 75 da SBDI-1: OJ-SDI1T-75. PARCELA "SEXTA PARTE". ART. 129 DA CONSTITUIÇÃO DO ESTADO DE SÃO PAULO. EXTENSÃO AOS EMPREGADOS DE SOCIEDADE DE ECONOMIA MISTA E EMPRESA PÚBLICA. INDEVIDA. A parcela denominada "sexta parte", instituída pelo art. 129 da Constituição

1.1) Em relação aos empregados da Administração Direta, autárquica e fundacional: prevalece a lógica do Direito Administrativo, em detrimento da lógica do Direito do Trabalho;

1.2) Em relação às empresas públicas e sociedades de economia mista: prevalece a lógica do Direito do Trabalho, que se aplica independemente de ser prestadora de serviço público ou exploradora de atividade econômica;

2) Lógica de universalização das soluções: aqui não se considera a tese de separação dos empregados públicos (item 1), de maneira que as regras são aplicáveis a todos os empregados públicos, independentemente do ente da Administração na qual estão inseridos, a exemplo do que ocorre nas restrições da legislação eleitoral (OJ 51 da SBDI-1), teto remuneratório (OJ 339 da SBDI-1), concurso público (Súmula 363 do TST), vale-transporte (OJ 216 da SBDI-1) e reajustes salariais (OJ 100 da SBDI-1).

Fixadas essas premissas, estude atentamente os princípios a seguir.

3.1. Princípio da proteção ao trabalhador (protetor ou tutelar ou tuitivo)

É o princípio que revela a essência do direito laboral. Em regra, as normas que dispõem sobre Direito do Trabalho são imperativas e de ordem pública (cogentes), por consequência, irrenunciáveis pelas partes, de maneira que não se incluem no âmbito da livre disposição pelo empregado. Em virtude da situação econômica favorável do empregador e da subordinação do empregado, a liberdade nas relações de trabalho é menor. Assim sendo, as normas protetivas representam garantias mínimas do Estado intervencionista na tentativa de compensar juridicamente a condição de hipossuficiência do empregado, razão pela qual limita a vontade das partes para que haja efetiva proteção do trabalhador.

A intervenção estatal se efetiva pelas funções legislativa (leis de proteção), executiva (exercício do poder de polícia e de fiscalização) e judiciária (justiça especializada e o poder normativo). Dessa maneira, pretende o Direito Trabalhista alcançar a igualdade material ou substancial[8] entre as partes da relação jurídica (empregador e trabalhador), que é desigual por natureza.

---

do Estado de São Paulo, é devida apenas aos servidores estaduais, celetistas e estatutários da Administração Pública direta, das fundações e das autarquias, conforme disposição contida no art. 124 da Constituição Estadual, não se estendendo aos empregados de sociedade de economia mista e de empresa pública, integrantes da Administração Pública indireta, submetidas ao regime jurídico próprio das empresas privadas, nos termos do art. 173, § 1º, II, da Constituição Federal.

8 Igualdade é tratar de forma igual os iguais e de forma desigual os desiguais, na medida de suas desigualdades.

Deve-se ressaltar a função inspiradora do princípio, influenciando o legislador na criação de normas processuais protetivas do trabalhador. Mas atenção! Não se aplica o princípio da proteção quando se tratar de ônus da prova. Neste caso, aplica-se a regra do art. 373 do CPC e do art. 818 da CLT. O fato constitutivo deve ser provado pelo autor. E os fatos impeditivos, modificativos ou extintivos do direito do autor devem ser provados pelo réu. Quem descumprir essa regra, havendo dúvida quanto ao direito que se funda a ação, deverá sofrer o ônus da sucumbência.

Nas lições de Américo Plá Rodriguez, o princípio da Proteção ao Trabalhador se divide em:

- princípio da prevalência da condição mais benéfica ao trabalhador;
- princípio da norma mais favorável;
- princípio *in dubio pro misero* ou *in dubio pro operario*.

Neste momento, é importante destacar o impacto da Reforma Trabalhista (Lei 13.467/2017), que debilitou o princípio da proteção ao trabalhador, pois, em muitos pontos, priorizou o empregador em detrimento do empregado. Na condição de empregadora, tais regras são benéficas à Administração Pública, e reforçam a redação da parte do final do art. 8º da CLT, pelo qual nenhum interesse de classe ou particular deve prevalecer sobre o interesse público.

Ademais, o §1º do art. 8º da CLT diz que o direito comum será fonte subsidiária do direito do trabalho. Como a Reforma Trabalhista excluiu o trecho "naquilo que não for incompatível", hoje, não mais se exige a compatibilidade, e o direito comum pode ser aplicado subsidiariamente ao Direito do Trabalho, independentemente, de ser compatível com os princípios do mesmo.

Um exemplo que a doutrina trabalhista considera como de enfraquecimento é a ampliação da autonomia individual do trabalhador, permitindo e considerando válida a negociação direta entre este e o empregador sobre diversos aspectos. Surge a figura do Empregado Hipersuficiente, que corresponde ao trabalhador que possui curso de nível superior, recebe como remuneração valor superior a duas vezes o teto de benefícios do INSS e pode negociar livremente com o seu empregador as cláusulas do contrato de trabalho nas mesmas condições concedidas aos sindicatos no art. 611-A da CLT.

É nesse contexto que a ANAMATRA editou o seguinte enunciado: TRABALHADOR HIPERSUFICIENTE. ART. 444, PARÁGRAFO ÚNICO DA CLT. I - O parágrafo único do art. 444 da CLT, acrescido pela Lei 13.467/2017, contraria os princípios do direito do trabalho, afronta a Constituição Federal (arts. 5º, caput, e 7º, XXXII, além de outros) e o sistema internacional de proteção ao trabalho, especialmente a Convenção III da OIT. II - A negociação individual somente pode prevalecer sobre o instrumento coletivo se mais favorável ao trabalhador e desde que não contravenha as disposições fundamentais de proteção ao trabalho, sob pena de nulidade e de afronta ao princípio da proteção (artigo 9º da CLT c/c o artigo 166, VI, do Código Civil).

A banca FMP Concursos, em 2014, no concurso para Procurador do Estado do Acre, considerou incorreto o seguinte enunciado: O princípio da proteção não pode ser levado em conta quando a relação de emprego envolve um Ente Público, devendo haver observância dos princípios do Direito Administrativo.

3.2. Princípio da prevalência da condição mais benéfica ao trabalhador

Fundamentado na regra da inalterabilidade contratual lesiva ou *in pejus*, do art. 468 da CLT, o princípio informa que a circunstância mais benéfica de trabalho se incorpora ao patrimônio do empregado (como cláusula contratual tácita), prevalecendo sobre situação anterior, seja oriunda de lei, contrato, regimento interno ou norma coletiva. A condição mais benéfica está prevista no próprio contrato de trabalho ou decorre da própria execução do trabalho. Nesse sentido, a Súmula nº 51 do TST leciona que as cláusulas regulamentares, que revoguem ou alterem vantagens deferidas anteriormente, só atingirão os trabalhadores admitidos após a revogação ou alteração do regulamento.

Em relação à Fazenda Pública, nem sempre a condição mais benéfica será aplicada ao trabalhador:

- Proibição de que empregados públicos da Administração Direta, autárquica e fundacional pretendam equiparação salarial (art. 37, XIII, da CF c/c OJ 297 SDI-I do TST[9]).
- Vedação de reconhecimento de vínculo empregatício perante a Administração Pública sem concurso público (art. 37, II, da CF c/c Súmula nº 363 do TST[10]).
- Vedação ao recebimento de salário acima do teto constitucional (art. 37, XIII, da CF c/c OJ 339 SDI-I do TST)[11].

---

9 OJ 297. EQUIPARAÇÃO SALARIAL. SERVIDOR PÚBLICO DA ADMINISTRAÇÃO DIRETA, AUTÁRQUICA E FUNDACIONAL. ART. 37, XIII, DA CF/1988. O art. 37, inciso XIII, da CF/1988, veda a equiparação de qualquer natureza para o efeito de remuneração do pessoal do serviço público, sendo juridicamente impossível a aplicação da norma infraconstitucional prevista no art. 461 da CLT quando se pleiteia equiparação salarial entre servidores públicos, independentemente de terem sido contratados pela CLT.

10 Súmula nº 363 do TST. CONTRATO NULO. EFEITOS. A contratação de servidor público, após a CF/1988, sem prévia aprovação em concurso público, encontra óbice no respectivo art. 37, II e § 2º, somente lhe conferindo direito ao pagamento da contraprestação pactuada, em relação ao número de horas trabalhadas, respeitado o valor da hora do salário mínimo, e dos valores referentes aos depósitos do FGTS.

11 OJ 339. TETO REMUNERATÓRIO. EMPRESA PÚBLICA E SOCIEDADE DE ECONOMIA MISTA. ART. 37, XI, DA CF/88 (ANTERIOR À EMENDA CONSTITUCIONAL Nº 19/98). As empresas públicas e as sociedades de economia mista estão submetidas à observância do

A Reforma Trabalhista valoriza o negociado em detrimento do legislado, a exemplo do art. 611-A, VI, da CLT, que afirma que a convenção e o acordo coletivo de trabalho prevalecem sobre a legislação quando dispuserem de várias matérias elencadas em seus incisos.

Lembre-se que as pessoas jurídicas de direito público (Administração Direta, Autárquica e Fundacional) que adotam regime celetista só podem negociar cláusulas de natureza exclusivamente social em dissídio coletivo:

- Cláusulas Econômicas: não cabe o dissídio coletivo;
- Cláusulas Sociais: cabe o dissídio coletivo.

Além disso, no exame de convenção coletiva ou acordo coletivo de trabalho, a Justiça do Trabalho analisará exclusivamente a conformidade dos elementos essenciais do negócio jurídico, respeitado o disposto no art. 104 da Lei 10.406, de 10 de janeiro de 2002 (Código Civil), e balizará sua atuação pelo princípio intervenção mínima na autonomia da vontade coletiva.

3.3. Princípio da norma mais favorável

A aplicação deste princípio pressupõe conflito entre normas que, em tese, são aplicáveis ao mesmo contrato de trabalho, de maneira que se privilegia a norma mais benéfica, independente de sua hierarquia formal. Com efeito, no Direito do Trabalho a pirâmide hierárquico-normativa não é estática, mas, sim, variável, pois em seu vértice deve prevalecer a norma que mais se aproxime do objetivo maior do Direito do Trabalho, que é o reequilíbrio das relações. Também no caso de omissão ou obscuridade na norma, incide a interpetação mais favorável ao trabalhador.

O conflito entre normas autônomas (elaboradas sem partipação do Estado) resolve-se por um dos seguintes critérios:

- Teoria Atomista ou da Acumulação: considera os benefícios mais favoráveis de cada norma, aglutinando-os numa só.
- Teoria do Conglobamento: considera a norma como um todo, respeitando seu conjunto normativo para determinar qual a mais favorável (critério majoritário – Súmula nº 51, II, do TST[12]).
- Teoria Intermediária ou do Conglobamento Orgânico ou por Instituto: considera os institutos existentes em cada norma, escolhendo o mais benéfico de cada uma delas. Ex: salário, férias, jornada de trabalho etc.

---

teto remuneratório previsto no inciso XI do art. 37 da CF/88, sendo aplicável, inclusive, ao período anterior à alteração introduzida pela Emenda Constitucional nº 19/98.

12 Súmula nº 51, II, TST - Havendo a coexistência de dois regulamentos da empresa, a opção do empregado por um deles tem efeito jurídico de renúncia às regras do sistema do outro.

O princípio é limitado pelas normas proibitivas oriundas do Estado, aquelas que não deixam margem à atuação da vontade individual de seus destinatários. Desse modo, comporta exceções, pois se a norma mais favorável ao empregado violar dispositivo expresso na lei, ou for inconstitucional, não poderá ser aplicada, a exemplo de quando norma coletiva concede aumento coletivo que contrarie lei de política salarial (art. 623 da CLT c/c Súmula nº 375 do TST), ou no caso de pagamento de salário acima do teto para empregado público da Administração Direta, autárquica e fundacional (OJ 339 da SDI-I c/c art. 37, XI, da CF). Lembre-se, ainda, que lei estadual ou municipal que conceda benefício trabalhista é inconstitucional, porque é da competência privativa da União legislar sobre Direito do Trabalho (art. 22, I, da CF).

A Reforma Trabalhista mitigou o princípio, em especial quando restringiu a interpretação imposta à Justiça do Trabalho em relação ao conteúdo das convenções coletivas e dos acordos coletivos de trabalho, que prevalecerão mesmo que reduzam ou suprimam direitos previstos na lei, no regulamento interno da empresa, na norma interna ou no plano de cargos e salários (art. 8º, § 3º, e art. 611-A, § 1º, CLT). Ainda segundo as regras da Lei 13.467/2017 (art. 620, CLT), as condições previstas em Acordos Coletivos sempre prevalecerão sobre aquelas previstas mediante Convenção Coletiva.

Por fim, importante não confundir o princípio da norma mais favorável com o da condição mais benéfica. A norma mais favorável pressupõe conflito entre dispositivos de normas jurídicas abstratamente consideradas, aplicando-se a mais favorável ao empregado (regra x regra). A condição mais benéfica pressupõe conflito entre dispositivo de norma jurídica e uma condição de trabalho, prevalecendo esta última se for mais benéfica ao empregado (regra x condição de trabalho).

A banca Vunesp, em 2014, no concurso para Procurador da UNICAMP, considerou correto o seguinte enunciado: O princípio da norma mais favorável tem aplicabilidade em três momentos distintos: na elaboração da regra, no confronto entre as regras concorrentes e na interpretação das regras jurídicas.

3.4. Princípio *in dubio pro misero* ou *in dubio pro operario*

Diante de normas polissêmicas ou plurissignificativas, que ensejam diferentes possibilidades de interpretação, deve-se adotar a mais favorável ao trabalhador, dada a sua hipossuficiência. Os requisitos para aplicação do princípio, nas lições de Vólia Bonfim[13], são: a) dúvida razoável sobre o alcan-

13 CASSAR, Vólia Bonfim. Direito do Trabalho. 14. Ed. Rio de Janeiro: Forense; São Paulo: Método, 2017, p. 184.

ce da norma legal; e b) não esteja em desacordo com a vontade expressa do legislador. Exemplo de aplicação: Súmulas nº 60, 376 e 390 do TST; OJs nº 14 e 261 da SDI-I do TST.

Em que pese ser princípio direcionado ao direito material, existe controvérsia sobre sua aplicação no Processo do Trabalho. Na visão da Fazenda Pública, o melhor entendimento, referendado por diversos autores[14], é de que referido princípio está limitado apenas a inspirar o legislador processual trabalhista, que tende a beneficiar o trabalhador e é mais rígido com o empregador. Assim, não deve ser aplicado de modo amplo e irrestrito na seara processual, pois haveria verdadeira influência do juiz em favorecer o trabalhador quando da valoração das provas produzidas processualmente. O ônus da prova deve se guiar pelo art. 818 da CLT.

3.5. Princípio da primazia da realidade

Para o Direito do Trabalho, os fatos (o que realmente aconteceu) são mais relevantes que os ajustes formais (o que está escrito). Dessa maneira, a verdade real prevalece sobre a verdade formal. No entanto, é necessário provar o postulado em juízo, já que a simples alegação não gera presunção de veracidade do fato.

Esse princípio encontra seus limites na lei, ou seja, caso a situação que retrata a realidade ocorra com violação legal, prevalece a lei. Se um trabalhador exerce funções no âmbito da Administração Pública sem prestar concurso público, seu trabalho fere a lei e seu contrato pode ser considerado nulo, não gerando vínculo de emprego com a Administração Pública direta, indireta ou fundacional (Súmula nº 331, II, do TST). Nessa situação, o trabalhador tem direito ao FGTS e salários do período. Vólia Bonfim entende ser indevido pagamento de salário e FGTS nessas situações, uma vez que o trabalho é proibido por lei, não podendo gerar efeitos, já que a nulidade é absoluta. Tal posicionamento, apesar de minoritário, é o mais favorável à Fazenda Pública.

Do mesmo modo, na hipótese de empregado público desviado de sua função originalmente prevista, há violação da Constituição, ante a desobediência de requisito essencial (aprovação em concurso público). Neste caso, a jurisprudência reconhece o direito às diferenças salariais. Contudo, não reconhece o direito ao reenquadramento funcional.

A Reforma Trabalhista mitigou os efeitos do princípio, privilegiando o ajustado sobre a realidade. Ex: art. 59-B, parágrafo único, da CLT; art. 507-B da CLT; art. 611-A c/c art. 444, parágrafo único, todos da CLT.

14 Mauricio Godinho, Sergio Pinto Martins, Alice Monteiro de Barro, Amauri Mascaro e Vólia Bonfim.

A banca do TRT da 21ª Região, em 2015, no concurso para Juiz do Trabalho Substituto, considerou incorreto o seguinte enunciado: É comum o desvirtuamento da finalidade do contrato de estágio. Em que pese a aplicabilidade do princípio da primazia da realidade dos fatos, é inviável o reconhecimento do vínculo empregatício com ente da Administração Pública direta ou indireta.

3.6. Princípio da intangibilidade e da irredutibilidade salarial

O salário possui natureza alimentar e consiste na contraprestação adquirida em virtude do contrato de trabalho. Para garantir sua livre disposição pelo empregado, é protegido pela Constituição Federal, que dispõe, em seu art. 7º, VI, que o salário é irredutível, salvo convenção coletiva ou acordo coletivo que autorize a redução. Deste modo, entende-se que o salário é protegido contra descontos não autorizados por lei, mas, havendo previsão legal, os descontos são permitidos.

A CLT, no art. 462, reforça a proteção salarial ao dispor que ao empregador é vedado efetuar qualquer desconto nos salários do empregado, salvo quando este resultar de adiantamentos, de dispositivos de lei ou de contrato coletivo. Já o art. 37, XV, da CF afirma que o subsídio e os vencimentos dos ocupantes de cargos e empregos públicos são irredutíveis.

O STF, no RE 563.965, entende que o servidor público não tem direito adquirido de manter o regime jurídico existente no momento em que ingressou no serviço público. No entanto, as mudanças no regime jurídico do servidor não podem reduzir a sua remuneração, considerando que o art. 37, XV, da CF/88 assegura o princípio da irredutibilidade dos vencimentos.

3.7. Princípio da continuidade da relação de emprego

Em regra, os contratos trabalhistas são pactuados por prazo indeterminado e apenas excepcionalmente firmados por prazo determinado (a exemplo do contrato de experiência, do contrato de trabalho temporário e do contrato de aprendizagem). Assim, na ausência de qualquer disposição, presume-se que o contrato se prolongue indefinidamente no tempo, caso não se prove que foi pactuado a termo. Tal princípio decorre do fato de o contrato de trabalho ser um contrato de trato sucessivo. Disto decorrem diversas regras protetivas, tais como:

- Proteção contra a despedida arbitrária (art. 7º, I, CF). Ainda que ao empregado público, vinculado à empresa pública ou sociedade de economia mista, não se reconheça o direito à estabilidade prevista no art. 41 da CF, o ato de sua demissão deve, necessariamente, vir acompanhado da justificada motivação;
- O ônus de provar o término do contrato de trabalho é do empregador, pois o princípio da continuidade da relação de emprego constitui presunção favorável ao empregado (Súmula nº 212 do TST);

- Sucessão de empregadores, em que a mudança da pessoa do empregador, em regra, não extingue ou altera o contrato de trabalho (arts. 10 e 448 da CLT). Contudo, atenção para o entendimento firmado na OJ nº 92, em que no caso de criação de novo município, por desmembramento, cada uma das novas entidades responsabiliza-se pelos direitos trabalhistas do empregado no período em que figurarem como real empregador.

Esse princípio foi relativizado pela Reforma Trabalhista com a previsão do trabalho intermitente, que é aquele no qual a prestação de serviços, com subordinação, não é contínua, ocorrendo com alternância de períodos de prestação de serviços e de inatividade, determinados em horas, dias ou meses, independentemente do tipo de atividade do empregado e do empregador, exceto para os aeronautas, regidos por legislação própria.

3.8. Princípio da inalterabilidade contratual *in pejus*

O contrato de trabalho faz lei entre as partes (*pacta sunt servanda*). Contudo, a autonomia negocial na seara trabalhista não é ampla, pois está vinculada aos limites da lei, de modo que para o empregado é permitido pactuar condições iguais ou melhores que as previstas na legislação, mas nunca contra ela ou contra as normas coletivas. Desse modo, em regra, é vedada qualquer alteração contratual que seja lesiva ao empregado, mesmo se houver consentimento deste. Dispõe a CLT que:

> Art. 444 - As relações contratuais de trabalho podem ser objeto de livre estipulação das partes interessadas em tudo quanto não contravenha às disposições de proteção ao trabalho, aos contratos coletivos que lhes sejam aplicáveis e às decisões das autoridades competentes.
>
> Parágrafo único. A livre estipulação a que se refere o *caput* deste artigo aplica-se às hipóteses previstas no art. 611-A desta Consolidação, com a mesma eficácia legal e preponderância sobre os instrumentos coletivos, no caso de empregado portador de diploma de nível superior e que perceba salário mensal igual ou superior a duas vezes o limite máximo dos benefícios do Regime Geral de Previdência Social. (Incluído pela Lei nº 13.467, de 2017)

> Art. 468. Nos contratos individuais de trabalho só é lícita a alteração das respectivas condições por mútuo consentimento, e ainda assim desde que não resultem, direta ou indiretamente, prejuízos ao empregado, sob pena de nulidade da cláusula infringente desta garantia.

No mesmo sentido, o TST, na Súmula nº 51, I, afirma que as cláusulas regulamentares, que revoguem ou alterem vantagens deferidas anteriormente, só atingirão os trabalhadores admitidos após a revogação ou alteração do regulamento.

A Reforma Trabalhista permitiu uma série de alterações contratuais, que, apesar de prejudiciais ao empregado, são lícitas, porque autorizadas pela lei. Ex: art. 75-C, §2º; art. 452-A; art. 611-A, todos da CLT.

Referido princípio não se aplica à jornada de trabalho do servidor público da Administração Direta, Autárquica e Fundacional:

> OJ 308 da SDI-I. JORNADA DE TRABALHO. ALTERAÇÃO. RETORNO À JORNADA INICIALMENTE CONTRATADA. SERVIDOR PÚBLICO. O retorno do servidor público (administração direta, autárquica e fundacional) à jornada inicialmente contratada não se insere nas vedações do art. 468 da CLT, sendo a sua jornada definida em lei e no contrato de trabalho firmado entre as partes.

No caso das empresas públicas e sociedades de economia mista, subsiste a lógica tradicional do Direito do Trabalho, com respeito ao disposto no art. 468 da CLT.

3.9. Princípio da irrenunciabilidade e da intransacionabilidade

Também conhecido como princípio da indisponibilidade de direitos, da inderrogabilidade ou da imperatividade das normas trabalhistas, ensina que os direitos trabalhistas são, em regra, irrenunciáveis, indisponíveis e inderrogáveis. Como exceções a esse princípio menciona-se, por exemplo, os casos em que caiba a negociação coletiva, como os do art. 7º, VI, XIII e XIV da CF.

Renúncia é ato unilateral em que a parte se despoja de direito certo e atual de que é titular, sem que haja contrapartida. Via de regra, não é admitida no Direito Individual do Trabalho, por violar os arts. 9º, 444 e 468 da CLT. A transação, por sua vez, é ato bilateral, pois pressupõe concessões recíprocas, que recai sobre direito duvidoso. Somente é admitida, em regra, quanto aos direitos de ordem privada (previstos em cláusula contratual ou regulamento empresarial), e ainda assim se não causar prejuízo ao trabalhador (art. 468), salvo quando a própria lei autorizar a transação. Em ambos os casos, o objeto da renúncia ou da transação deve ser direito patrimonial disponível. A consequência pelo descumprimento é a nulidade de todo e qualquer ato que fraude ou burle direitos trabalhistas.

A Reforma Trabalhista ampliou a possibilidade de ajustes individuais entre empregado e empregador, autorizando a negociação livremente. Ex: compensação de jornada (art. 59, §6º, CLT); empregado hipersuficiente (art. 44, parágrafo único e 611-A da CLT); fracionamento das férias (art. 134, §1º, CLT); trabalho intermitente (art. 452-A, CLT).

3.10. Princípio da *alheiabilidade* ou *ajenidad*

É a aquisição originária de trabalho por conta alheia. Revela duas vertentes interpretativas: a) o vínculo empregatício se dá diretamente com o tomador dos serviços, de modo que há autêntica subordinação estrutural (inserção do trabalhador na dinâmica do tomador); b) caráter forfetário da prestação dos serviços, pois o empregado não assume os riscos da atividade, revertendo seu trabalho em benefício alheio (art. 2° da CLT).

O insucesso do empreendimento não interfere na responsabilidade do empregador para com os empregados, em especial o adimplemento dos encargos trabalhistas. Nessa perspectiva, ocorrendo o inadimplemento dos encargos por empresa terceirizada, o empregado pode, excepcionalmente, buscar a responsabilização da Administração Pública pelas dívidas trabalhistas contraídas pela empresa contratada e que não foram pagas, desde que comprove que houve falha concreta do Poder Público na fiscalização do contrato (culpa *in vigilando*)[15].

4. COMPILAÇÃO JURISPRUDENCIAL

4.1. Informativos e julgados do TST

Empregado público admitido antes da Constituição Federal de 1988. Ausência de submissão a concurso público. Lei municipal instituidora de Regime Jurídico Único. Impossibilidade de alteração automática do regime celetista para o estatutário. Art. 37, II, da CF. Violação. Competência material da Justiça do Trabalho. A existência de lei municipal instituidora de Regime Jurídico Único, de natureza administrativa, por si só, não transmuda automaticamente o vínculo jurídico estabelecido entre as partes, de celetista para estatutário, na hipótese de o empregado, admitido antes do advento da Constituição Federal de 1988, não ter se submetido a concurso público. Entendimento em sentido contrário afronta o disposto no art. 37, II, da CF. TST-ERR-300-25.2010.5.13.0001, SBDI-I, rel. Min. João Oreste Dalazen, 28.11.2013.

Desvio de função. Empregado público que exerce atividade típica de servidor público estatutário. Regimes jurídicos distintos. Diferenças salariais. Devidas. Aplicação do princípio da isonomia. Orientação Jurisprudencial nº 125 da SBDI-I. Não obstante o art. 37, II, da CF impeça a admissão e o reenquadramento no serviço público sem prévia aprovação em concurso público e o inciso XIII do mesmo dispositivo constitucional vede a equiparação de quaisquer espécies remuneratórias, para efeito de remuneração de pessoal do serviço público, havendo identidade entre as atividades realizadas por servidor público estatutário e aquelas exercidas por empregado público em flagrante desvio de função, é devido o pagamento das diferenças salariais respectivas, sob pena de enriquecimento ilícito da Administração Pública. TST-E-ED-RR-210900-27.2000.5.09.0020, SBDI-I, rel. Min. Ives Gandra da Silva Martins Filho, red. p/ acórdão Min. João Oreste Dalazen, 22.5.2014.

Administração Pública. Contratação pelo regime trabalhista. Cargo em comissão de livre nomeação e exoneração. Art. 37, II, da CF. Depósitos do FGTS. Devidos. É assegurado ao servidor público ocupante de cargo em comissão de livre nomeação e exoneração, contratado sob o regime jurídico trabalhista, o direito aos depósitos do FGTS. O art. 37,

15 STF. Plenário. RE 760931/DF, rel. orig. Min. Rosa Weber, red. p/ o ac. Min. Luiz Fux, julgado em 26/4/2017 (repercussão geral) (Info 862).

II, da CF não autoriza o empregador público a se esquivar da legislação trabalhista a que vinculado no momento da contratação, nem permite concluir que a possibilidade de demissão *ad nutum* dos ocupantes de cargo em comissão é incompatível com o sistema de proteção social contra a dispensa sem justa causa. De outra sorte, se a Súmula nº 363 do TST assegura o direito ao FGTS mesmo diante de uma contratação nula, não se mostra razoável negar o referido direito a quem ingressa regularmente na Administração Pública. TST-E-RR-72000-66.2009.5.15.0025, SBDI-I, Min. Augusto César Leite de Carvalho, 2.10.2014.

Servidor público submetido ao regime da CLT. Empregado que nunca foi submetido à jornada de trabalho inicialmente contratada. Determinação de retorno à jornada original. Alteração lícita. Orientação Jurisprudencial nº 308 da SBDI-I. O restabelecimento da jornada original de trabalho de servidor público, submetido ao regime da CLT, não importa alteração ilícita do contrato de trabalho, ainda que isso implique aumento da carga horária sem contrapartida salarial. Com efeito, é a lei que determina a jornada do servidor, e eventual redução, ainda que por tempo prolongado ou mesmo desde o início do contrato de trabalho, não se incorpora ao seu patrimônio jurídico. A teoria do fato consumado não é aplicável em contrariedade à lei, que resguarda o interesse público, indisponível por natureza. Incide, portanto, o entendimento consolidado pela Orientação Jurisprudencial nº 308 da SBDI-I, em obediência aos princípios constitucionais da legalidade, moralidade, impessoalidade e eficiência do serviço público (art. 37 da CF). TST-E-RR-368500-43.2009.5.04.0018, SBDI-I, rel. Min. Márcio Eurico Vitral Amaro, 5.2.2015.

Matéria afetada ao Tribunal Pleno. Servidor público celetista. Administração pública direta, autárquica e fundacional. Concurso público. Contrato de experiência. Dispensa imotivada. Impossibilidade. Observância dos princípios constitucionais da impessoalidade e da motivação. A despedida de servidor público celetista da administração pública direta, autárquica e fundacional, admitido por concurso público e em contrato de experiência, deve ser motivada. A observância do princípio constitucional da motivação visa a resguardar o empregado de possível quebra do postulado da impessoalidade por parte do agente estatal investido no poder de dispensar. TST-E-ED-RR 64200-46.2006.5.02.0027, Tribunal Pleno, rel. Ministro Alberto Luiz Bresciani de Fontan Pereira, 29.9.2015.

Conforme precedentes do Supremo Tribunal Federal, o servidor público celetista da administração direta, autárquica ou fundacional ou o empregado de empresa pública ou de sociedade de economia mista, ainda que admitidos por meio de aprovação em concurso público, não têm direito à estabilidade do art. 41 da CF, a não ser que a contratação tenha se dado anteriormente à Emenda Constitucional nº 19/1998. Todavia, também de acordo com o entendimento consolidado pela Suprema Corte, viola o art. 5º, LV, da CF a dispensa de servidor municipal nomeado após aprovação em concurso público, ainda que em estágio probatório, com fundamento no art. 21, parágrafo único, da Lei de Responsabilidade Fiscal, quando não assegurado o contraditório e a ampla defesa em procedimento administrativo. Sob esses fundamentos, a SBDI-II, por unanimidade, conheceu do recurso ordinário em ação rescisória e, no mérito, negou-lhe provimento, assentando que, a despeito de não se tratar de servidor público estável, na forma do art. 41 da CF, a dispensa, sem o precedente procedimento administrativo, é nula, razão pela qual se determina o retorno ao trabalho, com pagamento dos salários vencidos e vincendos desde a data da dispensa, nos termos dos arts. 169 e 185 do Código Civil, ficando, no entanto, assegurado ao Município empregador o direito de renovar o despedimento, desde que observe a exigência do prévio procedimento administrativo em que assegurado o devido processo legal e o direito à ampla defesa. TST-RO5904-64.2012.5.07.0000, SBDI-II, rel. Min. Douglas Alencar Rodrigues, 21.3.2017.

Sociedade de economia mista. Empregado público. Contratação sem concurso público sob o regime da CLT. Cargo em comissão de livre nomeação e exoneração. Verbas rescisórias decorrentes da dispensa imotivada. Indevidas. Conforme a jurisprudência pacífica da SBDI-I e das Turmas do TST, os empregados públicos contratados sem concurso público, sob o regime da CLT, para o exercício de cargo em comissão, de livre nomeação e exoneração, não têm direito ao pagamento das verbas rescisórias decorrentes da dispensa imotivada. Sob esse entendimento, a SBDI-I, em sua composição plena, por maioria, não conheceu do recurso de embargos em que empregada da Companhia Paulista de Trens Metropolitanos – CPTM, sociedade de economia mista, admitida para o exercício de cargo em comissão, sem concurso, pleiteava o recebimento da indenização de 40% do FGTS e do avisoprévio indenizado em decorrência de sua demissão sem justa causa. Vencidos os Ministros Luiz Phi-lippe de Mello Filho, relator, Walmir Oliveira da Costa, Augusto César Leite de Carvalho e José Roberto Freire Pimenta, os quais conheciam e davam provimento ao recurso para restabelecer a decisão do TRT que mativera a sentença quanto ao direito da reclamante ao pagamento das verbas rescisórias pleiteadas, visto que os empregados em comissão das estatais são regidos pela CLT (art. 173, § 1º, II, da CF) e não houve derrogação expressa ou implícita dos direitos trabalhistas mínimos ali previstos. TST-E-ARR-1642-58.2015.5.02.0080, SBDI-I, rel. Min. Luiz Philippe Vieira de Mello Filho, red. p/ acórdão Min. Maria Cristina Irigoyen Peduzzi, 21.2.2019.

Orientação Jurisprudencial nº 358 da SBDI-I: SALÁRIO MÍNIMO E PISO SALARIAL PROPORCIONAL À JORNADA REDUZIDA. EMPREGADO. SERVIDOR PÚBLICO. I - Havendo contratação para cumprimento de jornada reduzida, inferior à previsão constitucional de oito horas diárias ou quarenta e quatro semanais, é lícito o pagamento do piso salarial ou do salário mínimo proporcional ao tempo trabalhado. II – Na Administração Pública direta, autárquica e fundacional não é válida remuneração de empregado público inferior ao salário mínimo, ainda que cumpra jornada de trabalho reduzida. Precedentes do Supremo Tribunal Federal.

4.2. Enunciados da 2º jornada de direito material e processual do trabalho

4.2.1 Princípios fundantes do direito do trabalho

FUNDAMENTOS, PRINCÍPIOS E HERMENÊUTICA DO DIREITO DO TRABALHO. LEI 13.467/2017. A Lei nº 13.467/2017, da Reforma Trabalhista, não afetou os fundamentos do direito do trabalho positivados na CLT (art. 8º), bem como os princípios da proteção (Títulos II a IV), da primazia da realidade (arts. 3º e 442), da irrenunciabilidade (arts. 9º e 468), da norma mais favorável, da imodificabilidade contratual em prejuízo do trabalhador (art. 468), da supremacia do crédito trabalhista (arts. 100 da CRFB/88 e 186 do CTN) e dos poderes inquisitórios do juiz do trabalho (art. 765), dentre outros, cuja observância é requisito para a validade da norma jurídica trabalhista. (Enunciado Aglutinado no 4 da Comissão 1)

4.2.2 Princípio da proteção

TRABALHADOR HIPERSUFICIENTE. ART. 444, PARÁGRAFO ÚNICO DA CLT. I - O parágrafo único do art. 444 da CLT, acrescido pela Lei 13.467/2017, contraria os princípios do direito do trabalho, afronta a Constituição Federal (arts. 5º, caput, e 7º, XXXII, além de outros) e o sistema internacional de proteção ao trabalho, especialmente a Convenção III da OIT. II - A negociação individual somente pode prevalecer sobre o instrumento coletivo se mais favorável ao trabalhador e desde que não contravenha as disposições fundamentais de proteção ao trabalho, sob pena de nulidade e de afronta ao princípio da proteção (artigo 9º da CLT c/c o artigo 166, VI, do Código Civil).

4.2.3 Princípio da primazia da realidade

TRABALHADOR AUTÔNOMO EXCLUSIVO E ART. 9º DA CLT. TRABALHADOR

AUTÔNOMO EXCLUSIVO. RECONHECIMENTO DA RELAÇÃO DE EMPREGO. A norma do artigo 442-B da CLT não impede o reconhecimento da relação de emprego, quando presentes os pressupostos dos artigos 2º e 3º da CLT e configurado o desvirtuamento do trabalho autônomo, com fraude à relação de emprego, à luz do art. 9º da CLT.

TRABALHADOR AUTÔNOMO EXCLUSIVO E PRIMAZIA DA REALIDADE DA REALIDADE SOBRE A FORMA. É a primazia da realidade, e não a formalidade exteriorizada de atos e negócios jurídicos, que deve ser considerada para o reconhecimento do vínculo de emprego (arts. 2º e 3º da CLT) ou de trabalho autônomo (art. 442-B da CLT).

INVALIDADE DE NEGÓCIO JURÍDICO QUE ANIQUILA DIREITOS PELA FORMA. O desrespeito aos direitos trabalhistas constitui um ato ilícito, que deve ser punido para a devida preservação da autoridade da ordem jurídica, não se podendo compreender como válidos negócios jurídicos que simplesmente tentam, pela forma, aniquilar direitos.

5. QUESTÕES

1. (VUNESP - PGESP - Procurador do Estado - 2018) Em relação aos princípios aplicáveis ao Direito do Trabalho, assinale a alternativa correta.

a) Havendo a coexistência de dois regulamentos de empresa, a opção do empregado por um deles, com prejuízo às regras do sistema do outro, não afronta o princípio da irrenunciabilidade.

b) Não fere o princípio da isonomia condicionar o recebimento de participação nos lucros e resultados ao fato de estar o contrato de trabalho em vigor na data prevista para a distribuição dos lucros. Por conseguinte, é lícito negar o pagamento proporcional aos meses trabalhados em caso de rescisão contratual ocorrida durante o período de apuração do benefício.

c) A contribuição confederativa de que trata o art. 8º, inciso IV, da Constituição da República, é exigível de todos os integrantes da categoria profissional. Por essa razão, seu desconto pode ser feito, independentemente de filiação sindical, não havendo que se falar, nesse caso, em violação ao princípio da intangibilidade salarial.

d) O princípio da inalterabilidade contratual in pejus (art. 468 da Consolidação das Leis do Trabalho) assegura ao empregado ocupante de função de confiança o direito à manutenção da gratificação correspondente após a reversão ao emprego efetivo, independentemente da existência de justo motivo a fundamentar tal reversão.

e) Por força do princípio da primazia da realidade, a contratação irregular de trabalhador, mediante empresa interposta, gera vínculo de emprego com os órgãos da administração pública direta, das autarquias, fundações públicas ou empresas estatais.

2. (Instituto AOCP - TRT 1ª REGIÃO – Oficial de Justiça - 2018) Os princípios estão situados no ordenamento jurídico cumprindo uma função integrativa de lacunas, partindo das leis para atingir as regras gerais que delas derivam. Com base nessa premissa, assinale a alternativa correta.

A) O princípio da proteção, que busca conferir ao trabalhador uma equidade processual, subdivide-se em 3 (três) outros princípios: in dubio pro societa, da aplicação da norma mais favorável e da condição mais benéfica.

B) Segundo o princípio da primazia da realidade no Direito do Trabalho, predomina a verdade real em face da verdade formal, ou seja, predomina a verdade da forma em face da verdade dos fatos.

C) Em relação ao princípio da aplicação da norma mais favorável, a Teoria do Conglobamento defende que através da comparação das diversas regras sobre cada instituto ou matéria, respeitando-se o critério da especialização, deve ser buscada a norma mais favorável ao caso.

D) O princípio da inalterabilidade contratual veda a possibilidade de alterações no contrato de trabalho, lesivas ou benéficas ao trabalhador.

E) O princípio da vedação à redução Salarial não sofre qualquer tipo de mitigação, não podendo Acordo Coletivo de Trabalho ou Convenção Coletiva de Trabalho dispor sobre redução salarial.

3. (IBEG - IPREV - Procurador Previdenciário – 2017) Acerca dos princípios específicos do Direito do Trabalho, podemos afirmar o que se segue, exceto:

a) A adoção de medidas tendentes a facilitar o acesso ao mercado de trabalho às mulheres e aos negros constitui violação ao princípio da não discriminação, que proíbe diferença de critério de admissão por motivo de religião, crença, raça ou sexo;

b) O princípio da continuidade da relação de emprego confere suporte teórico ao instituto da sucessão de empregadores;

c) De acordo com a jurisprudência consolidada do Tribunal Superior do Trabalho, o ônus de provar o término do contrato de trabalho, quando negados a prestação de serviço e o despedimento, é do empregador, pois o princípio da continuidade da relação de emprego constitui presunção favorável ao empregado;

d) O princípio da primazia da realidade sobre a forma autoriza a descaracterização de um contrato de prestação civil de serviços, desde que despontem, ao longo de sua execução, todos os elementos fático-jurídicos da relação de emprego;

e) Dentre os mais importantes princípios especiais do Direito Individual do Trabalho indicados pela doutrina, incluem-se o princípio da proteção, o princípio da irrenunciabilidade dos direitos trabalhistas e o princípio da norma mais favorável;

4. (CAIP-IMES - Câmara Municipal de Atibaia/SP - Advogado – 2016) Destacamos três os princípios que oferecem especial suporte ao instituto da sucessão do empregador na relação de trabalho. São eles:

I - Princípio da Continuidade da Relação de Emprego.

II - Princípio da Intangibilidade Objetiva do Contrato de Trabalho.

III - Princípio da Despersonalização da Figura do Empregador.

Identifique os princípios com as afirmativas abaixo e assinale a alternativa que indica a sequência correta.

( ) Esse princípio disciplina que as garantias contratuais que regem o acordado entre as partes que não pode ser objeto de alteração unilateral. Os contratantes devem propiciar e promover o correto e estrito cumprimento do ajuste. Nos termos do princípio indicado uma vez substituído o empregador, não será possível que o sucessor, novo contratante, diminua as garantias dos empregados e disponha de forma prejudicial ao pactuado pelo seu sucedido.

( ) Este princípio está vinculado a uma característica básica do contrato de trabalho, qual seja, a de ser um contrato de trato sucessivo e, tem por fim garantir a permanência do contrato de trabalho na ocorrência da sucessão de empregadores.

( ) Com a observância desse princípio o empregado, pelo contrato de trabalho, não fica vinculado à identidade pessoal do empregador, mas sim à empresa, no sentido de estrutura financeira e de atividade economicamente organizada. O trabalhador alia-se ao conjunto empresarial e adquire as garantias sobre o complexo de bens e direitos que constituem a empresa.

a) I, II e III.

b) III, I e II.

c) II, I e III.

d) III, II e I.

5. (CESPE - AGU - Advogado da União – 2015) No que se refere a ações constitucionais, julgue o item subsequente.

O princípio constitucional da norma mais favorável ao trabalhador incide quando se está diante de conflito de normas possivelmente aplicáveis ao caso.

Gabarito: 1. A; 2. C; 3. A; 4. C; 5. Certo

Capítulo 3

EMPREGADO PÚBLICO

ÍTALO MEDEIROS CISNEIROS[1]

1. CONCEITO DE RELAÇÃO DE TRABALHO E RELAÇÃO DE EMPREGO

Com a edição da Emenda Constitucional nº 45 de 2004 ampliou-se significativamente a competência material da justiça do trabalho, implicando em diversas mudanças materiais e processuais. Dessa forma, antes da edição da referida Emenda, apenas a relação de emprego estava protegida pela justiça especializada. Contudo, ao expandir a competência daquela justiça, passou-se a abarcar também as relações de trabalho, de forma que o direito do trabalho passou a regular os dois institutos.

Com base em tal fato, é preciso, inicialmente, estabelecer as diferenças entre relação de trabalho e relação de emprego, uma vez que, diferentemente do que pensam muitos, tais relações não são sinônimas, existindo clara distinção entre ambas.

A primeira expressão possui **caráter genérico**, referindo-se a toda modalidade de contratação de trabalho humano, ou seja, corresponde a qualquer vínculo jurídico por meio do qual uma pessoa natural executa obra ou serviços a outrem. Logo, é possível afirmar que a **relação de trabalho é gênero, da qual a relação de emprego é espécie**. Assim, tal expressão engloba diversas modalidades de pactuação de prestação de serviços, tais como: a relação de trabalho autônomo,

---

1 Graduação em Direito pela UNICAP-PE. Pós-Graduação em Direito Administrativo e em Direito Constitucional. Procurador do Estado do Paraná. Aprovado em Concurso Público na AGU, PGE's e PGM's. Chefe no Grupo de Precatório da PGE/PR.

trabalho avulso, eventual, relação de emprego, relação de trabalho institucional, estágio, voluntário.

Acerca do tema, interessante lição é observada das palavras de Maurício Godinho Delgado:

> Evidentemente que a palavra trabalho, embora ampla, tem uma inquestionável delimitação: refere-se a dispêndio de energia pelo ser humano, objetivando resultado útil (e não dispêndio de energia por seres irracionais ou pessoa jurídica). Trabalho é atividade inerente à pessoa humana, compondo o conteúdo físico e psíquico dos integrantes da humanidade. É, em síntese, o conjunto de atividades, produtivas ou criativas, que o homem exerce para atingir determinado fim.[2]

Por sua vez, relação de emprego, do ponto de vista técnico-jurídico, é apenas uma das modalidades específicas da relação de trabalho, quando presentes os seguintes requisitos: a) trabalho por **pessoa física**; b) **pessoalidade**; c) **não eventualidade**; d) **onerosidade**; e) **subordinação.**

Novamente, nas palavras do ilustre Maurício Godinho Delgado:

> Em face da relevância, projeção e tendência expansionista da relação empregatícia, reduzindo espaços às demais relações de trabalho ou assimilando às suas normas situações fáticas originariamente não formuladas como tal, firmou-se, na tradição jurídica, a tendência de designar-se a espécie mais importante (relação de emprego) pela denominação cabível ao gênero (relação de trabalho). Nessa linha, utiliza-se a expressão relação de trabalho (e, consequentemente, contrato de trabalho ou mesmo Direito do Trabalho) para se indicarem típicas relações, institutos ou normas concernentes à relação de emprego, no sentido específico.[3]

1.1. Relação de trabalho estatutária

A relação de trabalho institucional, apesar de possuir similaridades com a clássica relação de emprego, com esta não se confunde. Isso porque o trabalhador estatutário, denominado servidor público, possui um regime jurídico próprio, distinto daquele previsto na CLT.

---

2 Delgado, Mauricio Godinho. Curso de direito do trabalho – 15. ed. – São Paulo: LTr, 2016, p. 295.

3 Delgado, Mauricio Godinho. Curso de direito do trabalho – 15. ed. – São Paulo: LTr, 2016, p. 296.

Acerca do regime jurídico dos servidores públicos, é preciso fazer uma observação inicial. A Emenda Constitucional 19 de 1998, chamada de "reforma da administração", tentou substituir o regime jurídico único dos servidores públicos por múltiplos regimes. Porém, no ano de 2000, a referida Emenda foi contestada por meio de Ação Direta de Inconstitucionalidade, com pedido de liminar junto ao STF. Em 2007 foi deferida parcialmente a Medida Cautelar na ADIn 2135 por oito votos a três, no que diz respeito ao caput do artigo 39 da CF, suspendendo sua eficácia e voltando a vigorar a redação anterior à referida Emenda – regime jurídico único.

A decisão, porém, tem efeitos ex nunc, de forma que permanecem válidas todas as legislações editadas durante a vigência do artigo 39 dada pela EC 19, resguardadas, portanto, as situações já consolidadas. A regra válida atualmente, portanto, é o regime jurídico único, estabelecendo-se, com isso, maior uniformidade e equidade aos servidores públicos da Administração Pública Direta e Indireta.

Ressalte-se, ademais, que o servidor público estatutário não deve ser confundido com o empregado público. Isso porque, esse último nada mais é do que um trabalhador contratado pela Administração Pública. Nesse último caso, portanto, são aplicadas as regras previstas na CLT, assim como para qualquer outro contrato de trabalho.

Em sede jurisprudencial, é importante frisar que o Plenário do Supremo Tribunal Federal, por maioria, confirmou a liminar concedida monocraticamente pelo então Presidente Nelson Jobin, suspendendo qualquer interpretação do inciso I do artigo 114 da Constituição Federal, o qual confere à Justiça do Trabalho competência para processar e julgar ações decorrentes de relações estatutárias, entre entes da Administração Pública Direta e Indireta da União, Estados, DF e Municípios e respectivos servidores ocupantes de cargos públicos, com vínculo estatutário.

A liminar retromencionada foi confirmada por ocasião do julgamento definitivo das ADIs 3259 e 3395 (julgamento em 15.04.2020) e, por conseguinte, o STF fixou o entendimento, em definitivo, com aplicação de interpretação conforme à Constituição, sem redução de texto, que o disposto no inciso I do art. 114 da Constituição Federal não abrange causas ajuizadas para discussão de relação jurídico-estatutária entre o Poder Público dos Entes da Federação e seus Servidores. Para o Pretório Excelso, a interpretação adequadamente constitucional da expressão "relação do trabalho" deve excluir os vínculos de natureza jurídico-estatutária, em razão do que a competência da Justiça do Trabalho não alcança as ações judiciais entre o Poder Público e seus servidores.

Dessa forma, especificamente com relação a tal relação de trabalho, não caberá à Justiça do Trabalho dirimir qualquer conflito, sendo competente a Justiça Comum (federal ou estadual).

2. SERVIDOR TEMPORÁRIO

Acerca da contratação temporária para a Administração Pública, dispõe a Constituição Federal de 1988 que:

> Art. 37. A administração pública direta e indireta de qualquer dos Poderes da União, dos Estados, do Distrito Federal e dos Municípios obedecerá aos princípios de legalidade, impessoalidade, moralidade, publicidade e eficiência e, também, ao seguinte:
>
> IX - a lei estabelecerá os casos de contratação por tempo determinado **para atender a necessidade temporária de excepcional interesse público**; (Grifos nossos)

Conforme se pode observar, a contratação de servidores públicos em caráter temporário visa atender à necessidade temporária de excepcional interesse público. Dispensa-se, com isso, a realização de concurso público, constituindo-se verdadeira exceção à regra prevista no artigo 37, inciso II da Constituição Federal de 1988. Isso porque os servidores temporários não ocupam efetivamente cargo ou emprego público, mas apenas exercem função pública.

Tais trabalhadores, é válido frisar, terão suas relações contratuais disciplinadas por um regime especial, reguladas de acordo com a lei do Ente Público responsável pela contratação, utilizando-se, de forma subsidiária, os ditames do regime jurídico estatutário.

Por se tratar de tema que será aprofundado em outra oportunidade (Capítulo 9), serão exploradas em momento específico as especificidades envolvendo os servidores temporários, em especial a competência para julgamento das demandas e as verbas devidas decorrentes da anulação da contratação.

3. PRINCIPAIS SÚMULAS/OJS APLICÁVEIS AO EMPREGADO PÚBLICO

Em razão do fato de que os empregados públicos estabelecem relação jurídica com entidade da Administração Pública regida pela Consolidação das Leis do Trabalho, e em âmbito federal também se lhes aplicam as disposições da lei nº 9.962/00, eventuais discussões entre tais partes podem vir a ser enfrentadas pelo ramo do judiciário trabalhista, a despeito de nesse momento não estarmos tratando de questões pertinentes à competência.

Fato é que a Justiça Especializada do Trabalho é chamada, por vezes, a se pronunciar acerca de contendas que põem em polos antagônicos empregados e empregadores públicos. As soluções que derivam dessas demandas, adotando-se um sistema de precedentes amplamente incentivado pelo Novo CPC, criam uma jurisprudência em específicos tópicos que se levaram à avaliação do

Poder Judiciário. Tais tópicos, decididos reiteradas vezes num mesmo sentido, permitem a formação de um enunciado de súmula, que dali em diante será como um direcionamento a se tomar naquela específica matéria.

No particular, o Tribunal Superior do Trabalho possui alguns enunciados que tratam de temas afetos aos empregados públicos. Alguns deles versando questões que diretamente lhe dizem respeito. Outros, cuidam de temas que se aplicam ordinariamente aos empregados em geral, e por isso, têm repercussões na relação de emprego público.

Cabe-nos tecer alguns comentários atendendo à proposta dessa obra, que é avaliar o quanto mais possível as conexões e influxos entre Direito do Trabalho e Administração Pública. Comecemos com um que ostenta destacada relevância para esse nosso estudo. Trata-se do enunciado de número 390 do TST. Sua redação é a que segue:

> ESTABILIDADE. ART. 41 DA CF/1988. CELETISTA. ADMINISTRAÇÃO DIRETA, AUTÁRQUICA OU FUNDACIONAL. APLICABILIDADE. EMPREGADO DE EMPRESA PÚBLICA E SOCIEDADE DE ECONOMIA MISTA. INAPLICÁVEL.
>
> I - O servidor público celetista da **administração direta**, autárquica ou fundacional é beneficiário da **estabilidade** prevista no art. 41 da CF/1988. (ex-OJs nºs 265 da SBDI-1 - inserida em 27.09.2002 - e 22 da SBDI-2 - inserida em 20.09.2000)
>
> II - Ao **empregado de empresa pública ou de sociedade de economia mista**, ainda que admitido mediante aprovação em concurso público, **não é garantida a estabilidade** prevista no art. 41 da CF/1988. (ex-OJ nº 229 da SBDI-1).

Nessa súmula o TST faz interessante diferenciação nos dois itens que a compõe. De início, afirma que o servidor público celetista da administração direta, autárquica ou fundacional, faz jus à estabilidade prevista no artigo 41 constitucional. A seguir, não estende tal benefício àqueles empregados públicos componentes dos quadros das empresas estatais.

Tal diferenciação se deve ao fato de que o regime jurídico aplicável aos agentes públicos já sofreu mudanças, algumas de estatura, inclusive, constitucional, e houve, como se sabe, período no qual era permitida a adoção livre de regime jurídico público ou privado (EC nº 19/98) para fins de regular o estatuto jurídico dos servidores.

Dessa maneira, a interpretação a ser adotada quanto a esse primeiro ponto deve levar em consideração as peculiaridades pelas quais o regime daqueles que ocupam cargos efetivos já passou, havendo até mesmo situações nas quais entidades integrantes da Administração Direta admitiram agentes subordinando-os ao regime celetista.

Veja-se excerto de um dos precedentes do TST que deu origem a esse item I, que esclarece o raciocínio que se deve empreender no caso:

> A estabilidade prevista no artigo 41 da Constituição, antes da Emenda Constitucional nº 19/98, inserida em seção cujos preceitos referem-se especificamente aos servidores públicos civis da administração direta, das autarquias e das fundações públicas, destinava-se não só aos servidores públicos, também denominados funcionários públicos, submetidos ao regime estatutário, e investidos em cargos públicos criados por lei, que lhes confere denominação própria, define suas atribuições e fixa o padrão de vencimento ou remuneração, como também aos empregados públicos. (PROC. Nº TST-E-RR-412.005/97.5)

Portanto, a inteligência a ser extraída dessa primeira afirmativa do TST na presente súmula deve ser cautelosa, e levar em consideração a natureza dos entes empregadores, entidades da Administração Direta do Estado. Bem por isso, consta a seguinte conclusão do julgado:

> Com efeito, um primeiro exame do caput do artigo 41 da Constituição Federal poderia sinalizar que somente os funcionários públicos estariam sob seu abrigo. De fato, dispõe o artigo 41, caput, que "são estáveis, após dois anos de efetivo exercício, os servidores nomeados em virtude de concurso público". Nos termos do seu parágrafo 1º, "o servidor público estável só perderá o cargo em virtude de sentença judicial transitada em julgado ou mediante processo administrativo em que lhe seja assegurada ampla defesa". "A referência a cargo e à nomeação exclui a aplicação do dispositivo para os servidores admitidos ou contratados para o desempenho de emprego ou função pública", conforme ensina Maria Sylvia Zanella di Pietro, in "Direito Administrativo", 5º, ed. Atlas. E conclui, a festejada autora, que constitui requisito para a estabilidade a efetividade do servidor, ou seja, a sua condição de funcionário nomeado por concurso para ocupar cargo público que só possa ser provido por essa forma. No mesmo sentido o magistério de Hely Lopes Meirelles, quando afirma: "Estabilidade é a garantia constitucional de permanência no serviço público, outorgada ao servidor que, nomeado em caráter efetivo, tenha transposto o estágio probatório....É por isso que os nomeados em comissão e os admitidos na forma do art. 37, IX, da Constituição, cujos vínculos empregatícios têm sempre um caráter provisório, jamais adquirem estabilidade. Por não ocuparem cargos públicos, não podem pretender a permanência no serviço público, pois essa garantia, repetimos, é exclusiva dos servidores regularmente investidos em cargos públicos de provimento efetivo." (Direito Administrativo, 16ª Edição, pág. 377, Editora Revista dos Tribunais).
>
> Entretanto, o Supremo Tribunal Federal veio de consagrar a tese de que o servidor-empregado, contratado após prévia aprovação em concurso público, independentemente de ser optante pelo FGTS, goza da estabilidade prevista no art. 41 da Constituição Federal, beneficiando-se do direito de, somente

após regular apuração de falta que lhe seja imputada, ser dispensado por justa causa, quando seu empregador é a administração pública direta, autárquica ou fundacional.

Os argumentos defendidos pelo TST nos precedentes que amparam a redação do item I da Súmula 390, reforçam sua aplicação tão-só à Administração direta, autárquica e fundacional. E isso porque, e aí chega-se ao entendimento do item II, aos empregados das empresas públicas e sociedades de economia mista, servidores celetistas, muito embora seu regime jurídico sofra alguma influência de diretrizes de direito público, não lhe são endereçados alguns benefícios só comportáveis por aqueles que detém cargo, como, por exemplo, a estabilidade.

Essa é a posição amplamente majoritária, inclusive entre os administrativistas.

Somam-se a esse importante enunciado, cujo teor enfrenta diretamente assunto do interesse dos empregados públicos, alguns outros que possuem repercussão nas relações de emprego entre a Administração Pública e seus empregados públicos. Exemplo disso são, por exemplo, o enunciado presente na OJ nº 51 da SDI-I, que afirma aplicar-se aos empregados das empresas públicas e sociedades de economia mista regidos pela CLT as vedações presentes no artigo 15 da lei nº 7.783/89. Da mesma SDI-I, a OJ de número 100 prevê a aplicação dos reajustes salariais previstos em legislação federal para os empregados que mantenham relação trabalhista com os Estados-Membros, suas autarquias e fundações públicas.

Outro exemplo de jurisprudência do TST direcionada à aplicação de disposições trabalhistas aos empregados públicos é a OJ da SDI-I nº 216, que **defende a extensão da concessão de vale-transporte aos servidores públicos celetistas**. Uma outra orientação jurisprudencial com conteúdo relevantíssimo, e que tem estreita relação, inclusive, com o entendimento esboçado na súmula 390, é a OJ da SDI-I nº 364, cuja redação é pertinente que se transcreva na íntegra:

> Fundação instituída por lei e que recebe dotação ou subvenção do Poder Público para realizar atividades de interesse do Estado, ainda que tenha personalidade jurídica de direito privado, ostenta natureza de fundação pública. Assim, seus servidores regidos pela CLT são beneficiários da estabilidade excepcional prevista no art. 19 do ADCT.

Semelhantemente ao que mais acima foi defendido em relação ao conteúdo do enunciado de número 390, a Súmula 363 do Tribunal Superior do Trabalho tem indisputável relevância, porque externa entendimento que direciona a solução a ser aplicada para os casos em que há contratação de servidor público, aqui entendido em sentido lato, porque como veremos mais a frente também os empregados públicos sujeitam-se à aprovação concursal para encetar contrato de trabalho, sem prévia aprovação em concurso público.

Dada a importância, cita-se a literalidade do repositório:

> A contratação de servidor público, após a CF/1988, sem prévia aprovação em concurso público, encontra óbice no respectivo art. 37, II e § 2º, somente lhe conferindo direito ao pagamento da contraprestação pactuada, em relação ao número de horas trabalhadas, respeitado o valor da hora do salário mínimo, e dos valores referentes aos depósitos do FGTS.

Vale aqui até mesmo um comparativo entre enunciados que reforçam o entendimento acima defendido, de que os empregados públicos, salvo algumas peculiaridades, tem um regime jurídico muito próximo dos empregados privados. É o que se vê da redação da OJ da SDI-I nº 297 e da súmula nº 455 do TST, que tratando ambas do tema equiparação salarial, chegam a conclusões exatamente opostas. Veja-se:

> O art. 37, inciso XIII, da CF/1988, veda a equiparação de qualquer natureza para o efeito de remuneração do pessoal do serviço público, sendo juridicamente impossível a aplicação da norma infraconstitucional prevista no art. 461 da CLT quando se pleiteia equiparação salarial entre servidores públicos, independentemente de terem sido contratados pela CLT.
>
> À sociedade de economia mista não se aplica a vedação à equiparação prevista no art. 37, XIII, da CF/1988, pois, ao admitir empregados sob o regime da CLT, equipara-se a empregador privado, conforme disposto no art. 173, § 1º, II, da CF/1988.

Por fim, vale citar enunciado da SDI-I com redação bastante controvertida, visto tratar de um tema que vem sendo bastante discutido na doutrina e na jurisprudência, sem que seja possível afirmar que o STF tenha firmado entendimento pacífico na matéria. A OJ nº 247 traz em sua redação posicionamento acerca da necessidade de motivação para a dispensa de empregados públicos, chegando a uma conclusão que não é unânime, especialmente na doutrina. Sua redação é a que segue:

> I - A despedida de empregados de empresa pública e de sociedade de economia mista, mesmo admitidos por concurso público, independe de ato motivado para sua validade;
>
> II - A validade do ato de despedida do empregado da Empresa Brasileira de Correios e Telégrafos (ECT) está condicionada à motivação, por gozar a empresa do mesmo tratamento destinado à Fazenda Pública em relação à imunidade tributária e à execução por precatório, além das prerrogativas de foro, prazos e custas processuais.

Muito embora as conclusões acima externadas pelo TST, significativa parcela da doutrina entende que as dispensas devem obedecer à sua devida motivação, o que prestigia há um só tempo a paridade nas formas de ingresso e saída do empregado dos quadros do serviço público, o dever de motivar atos que restringem direitos, o contraditório e a ampla defesa.

Por fim, o TST entende que, na Administração Pública direta, autárquica e fundacional, não é válida remuneração de empregado público inferior ao salário mínimo, ainda que cumpra jornada de trabalho reduzida, diante da necessidade de adequação do antigo posicionamento dos tribunais trabalhistas ao entendimento do STF (RE 565621). Essa é a inteligência da OJ 358 da SDI-1 do TST.

Sobre esse último tema é preciso destacar que o Supremo Tribunal Federal reconheceu reper-cussão geral na matéria, no bojo do Recurso Extraordinário nº 688267, e que o Ministro Relator, Alexandre de Moraes, suspendeu a tramitação de todos os processos que tratem da dispensa imoti-vada de empregados das estatais, até que o STF se pronuncie sobre o assunto.

Assim ficou ementada a tese:

> "CONSTITUCIONAL E ADMINISTRATIVO. RECURSO EXTRAORDINÁRIO. EMPRESAS PÚBLICAS E SOCIEDADES DE ECONOMIA MISTA. DISPENSA DE SEUS EMPREGADOS AD-MITIDOS APÓS APROVAÇÃO EM CONCURSO PÚBLICO. CONTROVÉRSIA A RESPEITO DA NECESSIDADE DE MOTIVAÇÃO DO ATO. REPERCUSSÃO GERAL RECONHECIDA. 1. Revela especial relevância, na forma do art. 102, § 3º, da Constituição, a questão acerca da necessidade de motivação para a dispensa de empregados das empresas públicas e sociedades de economia mista admitidos por meio de concurso público. 2. Repercussão geral da matéria reconhecida, nos termos do art. 1.035 do CPC."

4. CONCURSO PÚBLICO E EMPREGADOS PÚBLICOS

Na esteira do que já fora argumentado, no sentido de que os empregados públicos sofrem influências em seu regime jurídico de algumas disposições de direito público, talvez aquela que mais se avolume em destaque seja a imposição constitucional de que seu ingresso nos quadros da Administração se dê por intermédio de concurso público (art. 37, II, da Constituição Federal).

Dessa maneira, podemos afirmar categoricamente que nesse tocante não há diferenças entre o servidor regido por regime estatutário e o empregado público submetido à CLT; ambos devem se submeter à prestação de provas, ou provas e títulos, a fim de comprovar sua capacidade técnica para compor os quadros da Administração.

Essa é a lição corrente em doutrina, e que, até pela previsão de estatura constitucional, não gera maiores discussões. Celso Antônio Bandeira de Mello é categórico[4]:

> Posto que as normas sobre acessibilidade e concurso público **são impositivas para todo o universo da Administração**, sociedades de economia mista e empresas públicas também estão sujeitas a elas. (grifou-se)

Constatado que o concurso público é um condicionante para que o servidor celetista celebre seu contrato de emprego com a Administração Pública, cabe dizer que a maior repercussão advinda desse fato, e que será melhor avaliada mais a frente nesse capítulo, é a forma com que se dará a possível dispensa desse empregado.

Sem muito vagar no assunto, que como dito será abordado em tempo oportuno, muitos administrativas defendem que o desligamento do empregado público, atendendo a uma conformidade no uso da forma, deve obedecer a certos condicionantes, especialmente no diz a motivação do ato de dispensa. Veja-se o que argumenta Celso Antônio Bandeira de Mello[5]:

> Assim como a contratação de pessoal nas empresas públicas e sociedades de economia mista sofre o condicionamento aludido (concurso público), também não é livre o desligamento de seus empregados. Cumpre que haja razões prestantes e demonstráveis para efetuá-lo, já que seus administradores não gerem negócio particular, onde prepondera o princípio da autonomia da vontade, mas conduzem assunto de interesse de toda a coletividade, cuja gestão sempre reclama adscrição à finalidade legal preestabelecida, exigindo, pois, transparência, respeito à isonomia e fundamentação satisfatória para os atos praticados. Daí que a despedida de empregado demanda apuração regular de suas insuficiências ou faltas, com direito à defesa e, no caso de providências amplas e enxugamento de pessoal, prévia divulgação dos critérios que presidirão as dispensas, a fim de que se possa conferir a impessoalidade das medidas concretamente tomadas.

No mesmo sentido é a lição do professor Matheus Carvalho para quem[6]:

> Ocorre que a dispensa de empregado púbico se configura ato administrativo e, como tal, depende de motivação, inclusive pelo fato de restringir direitos de

---

4 Mello, Celso Antônio Bandeira de. Curso de Direito Administrativo, Ed. Malheiros, 33ª Edição, p. 294.

5 Mello, Celso Antônio Bandeira de. Curso de Direito Administrativo, Ed. Malheiros, 33ª Edição, p. 295.

6 Carvalho, Matheus. Manual de Direito Administrativo, Ed. Juspodivm, 5ª ed., p. 793.

particulares. Nesse sentido, não se pode admitir a dispensa sem a necessidade de qualquer garantia de contraditório e ampla defesa.

O tema ainda está em aberto, uma vez que o último precedente do STF (RE 589998) defende a impossibilidade de demissão imotivada dos empregados, mas analisava o caso específico da ECT (Empresa Brasileira de Correios e Telégrafos), muito embora alguns doutrinadores defendam que há uma tendência na generalização desse entendimento. Em dezembro de 2018, a Corte reconheceu repercussão geral no RE nº 688267 que visa discutir exatamente se a dispensa imotivada de empregado de empresa pública e sociedade de economia mista admitido por concurso público é constitucional.

Vale destacar que tal recurso chegou ao STF discutindo acórdão do TST que não conheceu Recurso de Revista por entender que não houve desrespeito à jurisprudência da Corte Trabalhista, e também que um dos argumentos presentes na petição do Recurso Extraordinário invoca justamente a decisão do STF no bojo do RE 589998. Aguardemos, então, qual será o posicionamento final do Supremo no tema.

4.1 Conselhos profissionais

Os conselhos profissionais atuam na regulação do exercício das profissões. Exercem, por isso mesmo, poder de polícia, porque limitam direito de particulares, aplicando-lhes, inclusive, penalidades. Sendo assim, tais entidades ostentam natureza jurídica de autarquias, posição amplamente adotada pela doutrina e abraçada pelo STF quando do julgamento da ADI nº 1717.

Tal entendimento acaba repercutindo no regime de pessoal que tais pessoas jurídicas devem adotar, que não pode ser outro senão o regime jurídico único, de feição estatutária, que no âmbito da União encontra regramento na Lei nº 8.112/90.

Vale a transcrição de excerto de julgado do STJ, que faz alusão à mencionada ADI 1717:

> No julgamento da ADI n. 1717/DF, o Supremo Tribunal Federal declarou a inconstitucionalidade do art. 58 e seus § 1º, 2º, 4º, 5º, 6º, 7º e 8º, da Lei n. 9.649/98, afirmando que os conselhos de fiscalização profissional possuem natureza de autarquia de regime especial, permanecendo incólume o art. 58, §3º, que submetia os empregados desses conselhos à legislação trabalhista. Posteriormente, no julgamento da ADI n. 2.135 MC/DF, foi suspensa a vigência do caput do art. 39 da Constituição Federal, com a redação dada pela EC n. 19/98. Dessa forma, subsiste, atualmente, para a Administração Pública direta, autárquica e fundacional, a obrigatoriedade de adoção do regime jurídico único, ressalvadas as situações consolidadas na vigência da legislação editada nos termos da aludida emenda declarada suspensa". (AgRg no REsp 1164129/RJ)

4.2 Sistema "S"

O sistema "s", que abarca entidades com o SESI, SESC, SENAI, SENAC, compõe-se de particulares criados por autorização legal que prestam atividade privada de interesse público. Delimitar sua feição, ou em melhores termos, sua natureza jurídica, auxilia-nos a concluir que o regime de pessoal aplicável a tais entidades é aquele previsto na CLT, sem que seja necessária a prestação de concurso público para ingresso. Inclusive, esse é o entendimento do STF:

> Os serviços sociais autônomos integrantes do denominado Sistema "S", vinculados a entidades patronais de grau superior e patrocinados basicamente por recursos recolhidos do próprio setor produtivo beneficiado, ostentam natureza de pessoa jurídica de direito privado e não integram a Administração Pública, embora colaborem com ela na execução de atividades de relevante significado social. Tanto a Constituição Federal de 1988, como a correspondente legislação de regência (como a Lei 8.706/93, que criou o Serviço Social do Trabalho – SEST) asseguram autonomia administrativa a essas entidades, sujeitas, formalmente, apenas ao controle finalístico, pelo Tribunal de Contas, da aplicação dos recursos recebidos. **Presentes essas características, não estão submetidas à exigência de concurso público para a contratação de pessoal, nos moldes do art. 37, II, da Constituição Federal.** Precedente: ADI 1864, Rel. Min. Joaquim Barbosa, DJe de 2/5/2008. 2. Recurso extraordinário a que se nega provimento.RE 789874, Relator(a): Min. TEORI ZAVASCKI, Tribunal Pleno, julgado em 17/09/2014, ACÓRDÃO ELETRÔNICO REPERCUSSÃO GERAL - MÉRITO DJe-227 DIVULG 18-11-2014 PUBLIC 19-11-2014.

O raciocínio é simples: as entidades do Terceiro Setor são particulares que realizam atividade de fomento incentivada pelo Estado, não pertencem a estrutura desse. Sendo assim, seus empregados não se submetem a concurso porque não são empregados públicos, posição essa reiteradas vezes adotada pelo TCU, a exemplo da decisão plenária no Acórdão nº 17/1999.

4.3 Ordem dos advogados do brasil

A Ordem dos Advogados do Brasil é um caso à parte na moldura das entidades atuantes no direito brasileiro. O STF já foi categórico em afirmar que não se trata de autarquia, sendo um serviço público independente que não se enquadra em nenhuma das figuras componentes da Administração Indireta.

O Supremo, em trecho da ADI nº 3026, afirma ser mesmo a OAB "categoria ímpar no elenco das personalidades jurídicas existentes no direito brasileiro". Tais afirmações permitem-nos, e isso consta expressamente dos fundamentos da citada ADI, defender que é incabível a exigência de concurso público para a admissão dos contratados sob o regime trabalhista pela OAB.

5. EMPREGO PÚBLICO EM COMISSÃO

Conforme visto acima, é necessária a realização de concurso público para a contratação de empregado público, salvo exceções citadas. Ocorre que outra modalidade de empregado público surgiu na prática da Administração Pública: o emprego público em comissão. O tema possui cizânia na doutrina e na jurisprudência.

O TST tem posicionamento pela nulidade das contratações de comissionados por empresas públicas, pois toda a contratação das empresas estatais deveriam seguir a regra constitucional do concurso público, com fulcro no art. 37, II, da CF/88 (RR-12800-57.2008.5.10.0008). Para essa corrente, não é possível a existência dos empregos públicos em comissão, com base na interpretação literal da Constituição Federal[7]. Em outras palavras, o art. 37,II, da CF/88 apenas assevera que a investidura em cargo ou emprego público depende de aprovação prévia em concurso público de provas ou de provas e títulos, de acordo com a natureza e a complexidade do cargo ou emprego, na forma prevista em lei, ressalvadas as nomeações para **cargo em comissão** declarado em lei de livre nomeação e exoneração.

Por outro lado, existe posicionamento no TST de que é possível a contratação de empregado público em comissão. A Sexta Turma do Tribunal Superior do Trabalho reconheceu à União a possibilidade de criação e contratação de empregos em comissão para a Empresa Brasileira de Hemoderivados e Biotecnologia (Hemobrás) sem a necessidade de lei. Porém, as atividades devem efetivamente estar relacionadas à **direção, chefia** e **assessoramento**.

Quanto à desnecessidade de lei específica, o TST lembrou que a Constituição Federal (artigo 37, inciso II), ressalva as nomeações para cargo em comissão, declarado em lei de livre nomeação e exoneração, resguardando-os às atribuições de direção, chefia e assessoramento no âmbito da Administração Pública, autorizando a nomeação também de agentes não concursados.

> Se a Constituição não prevê a elaboração de lei para a criação de empregos que são providos mediante concurso público na administração indireta, não seria razoável sustentar que para a criação de 'empregos em comissão' seria exigida lei.[8]

Insta frisar que o processo retromencionado foi da alçada de uma das turmas do TST e não consta o trânsito em julgado até o fechamento desta obra. Contu-

---

7 NEIVA, Rogério. Direito e processo do trabalho aplicados à administração pública e fazenda pública.,2ª ed. Rio de Janeiro: Forense, 2015, pg. 52.

8 TST. RR – 938-10.2013.5.10.0010. SDI-1.Rel. MinistraKÁTIA MAGALHÃES ARRUDA. DEJT 22/09/2017.

do, parece ser esse o entendimento que irá ser adotado. Para a corrente que se posiciona pela constitucionalidade da figura do emprego público em comissão, a Constituição Federal deve ser interpretada de maneira sistêmica, de forma a possibilitar o emprego público em comissão, inclusive com socalco no princípio da eficiência. No mais, a própria CF/88 aponta a existência do emprego público em comissão, conforme o art.19 do ADCT, a saber:

> Art. 19. Os servidores públicos civis da União, dos Estados, do Distrito Federal e dos Municípios, da administração direta, autárquica e das fundações públicas, em exercício na data da promulgação da Constituição, há pelo menos cinco anos continuados, e que não tenham sido admitidos na forma regulada no art. 37, da Constituição, são considerados estáveis no serviço público.
>
> § 1º O tempo de serviço dos servidores referidos neste artigo será contado como título quando se submeterem a concurso para fins de efetivação, na forma da lei.
>
> § 2º O disposto neste artigo não se aplica aos ocupantes de cargos, funções e **empregos de confiança ou em comissão**, nem aos que a lei declare de livre exoneração, cujo tempo de serviço não será computado para os fins do "caput" deste artigo, exceto se se tratar de servidor.

Por fim, caso haja decretação de nulidade do emprego público em comissão, o TST já entendeu pela aplicação da súmula nº 363 do TST, ou seja, a contratação de servidor público, após a CF/1988, sem prévia aprovação em concurso público, encontra óbice no respectivo art. 37, II e § 2º, somente lhe conferindo direito ao pagamento da contraprestação pactuada, em relação ao número de horas trabalhadas, respeitado o valor da hora do salário mínimo, e dos valores referentes aos depósitos do FGTS. Nessa toada, também asseverou o TCE/PR.[9] Cumpre ainda aduzir que existe posicionamento do TST mais antigo que estipula a ausência de qualquer direito a verbas rescisórias na ruptura do emprego comissionado.[10] Contudo, quanto à demissão do emprego em comissão, o TST entendeu que é devido o décimo terceiro salário proporcional e as férias proporcionais (art. 7º, VIII e XVII, da CF).[11]

Nesse diapasão, indispensável asseverar que, apesar de não se tratar de emprego em comissão, a gestante ocupante de cargo em comissão possui estabilidade provisória, conforme preceitua a jurisprudência do STF:

---

9 TCE/PR.Consulta: Processo nº 76570/18. Relator: Auditor Tiago Alvarez Pedroso. 21/03/2019. Disponivel em: <https://m.tce.pr.gov.br/noticias/noticia.aspx?codigo=6718>. Acesso em: 20/07/2019.

10 TST. RR 707/2003-079-15-40. Rel. Marcio Eurico Vitral Amaro. DEJT 20.03.2009.

11 TST-RO-9477-85.2011.5.02.0000, SBDI-II, rel. Min. Douglas Alencar Rodrigues, 28.8.2018. (inf 183 TST).

> Agravo regimental NO AGRAVO DE INSTRUMENTO. CONSTITUCIONAL. ADMINISTRATIVO. CARGO EM COMISSÃO. SERVIDORA GESTANTE. EXONERAÇÃO. DIREITO À INDENIZAÇÃO. 1. As servidoras públicas e empregadas gestantes, inclusive as contratadas a título precário, independentemente do regime jurídico de trabalho, têm direito à licença-maternidade de cento e vinte dias e à estabilidade provisória desde a confirmação da gravidez até cinco meses após o parto. Precedentes: RE n. 579.989-AgR, Primeira Turma, Relator o Ministro Ricardo Lewandowski, Dje de 29.03.2011, RE n. 600.057-AgR, Segunda Turma, Relator o Ministro Eros Grau, Dje de 23.10.2009 e RMS n. 24.263, Segunda Turma, Relator o Ministro Carlos Velloso, DJ de 9.5.03. 2. Agravo regimental a que se nega provimento. (STF. 1ª Turma. AI-AgR 804574. Relator Ministro Luiz Fux. Julgado em 30/08/11).

> Agravo regimental no recurso extraordinário. Servidora gestante. Cargo em comissão. Exoneração. Licença-maternidade. Estabilidade provisória. Indenização. Possibilidade. 1. As servidoras públicas, em estado gestacional, ainda que detentoras apenas de cargo em comissão, têm direto à licença- maternidade e à estabilidade provisória, nos termos do art. 7, inciso XVIII, c/c o art. 39, §3, da Constituição Federal, e art. 10, inciso II, alínea b, do ADCT. 2. Agravo regimental não provido. (STF. 1ª Turma. RE-AgR 420839. Relator Ministro Dias Toffoli. Julgado em 20/03/2012)

A própria AGU emitiu parecer para reconhecer a estabilidade da gestante que ocupa cargo em comissão, mudando assim posicionamento institucional anterior.

6. COMPILAÇÃO JURISPRUDENCIAL

Agravo regimental NO AGRAVO DE INSTRUMENTO. CONSTITUCIONAL. ADMINISTRATIVO. CARGO EM COMISSÃO. SERVIDORA GESTANTE. EXONERAÇÃO. DIREITO À INDENIZAÇÃO. 1. As servidoras públicas e empregadas gestantes, inclusive as contratadas a título precário, independentemente do regime jurídico de trabalho, têm direito à licença-maternidade de cento e vinte dias e à estabilidade provisória desde a confirmação da gravidez até cinco meses após o parto. Precedentes: RE n. 579.989-AgR, Primeira Turma, Relator o Ministro Ricardo Lewandowski, Dje de 29.03.2011, RE n. 600.057-AgR, Segunda Turma, Relator o Ministro Eros Grau, Dje de 23.10.2009 e RMS n. 24.263, Segunda Turma, Relator o Ministro Carlos Velloso, DJ de 9.5.03. 2. Agravo regimental a que se nega provimento. (STF. 1ª Turma. AI-AgR 804574. Relator Ministro Luiz Fux. Julgado em 30/08/11).

Agravo regimental no recurso extraordinário. Servidora gestante. Cargo em comissão. Exoneração. Licença-maternidade. Estabilidade provisória. Indenização. Possibilidade. 1. As servidoras públicas, em estado gestacional, ainda que detentoras apenas de cargo em comissão, têm direto à licença-maternidade e à estabilidade provisória, nos termos do art. 7, inciso XVIII, c/c o art. 39, §3, da Constituição Federal, e art. 10, inciso II, alínea b, do ADCT. 2. Agravo regimental não provido. (STF. 1ª Turma. RE-AgR 420839. Relator Ministro Dias Toffoli. Julgado em 20/03/2012)

Ação rescisória. Violação do art. 37, II, da CF. Configuração. Sociedade de economia mista. Emprego público em comissão. Direito ao pagamento de férias proporcionais e décimo terceiro salário proporcional. Inaplicabilidade da Súmula nº 363 do TST.

Afronta o art. 37, II, da CF a decisão que confere à demissão de empregada contratada para ocupar emprego em comissão em sociedade de economia mista idêntica consequência jurídica aplicável ao contrato nulo (Súmula nº 363 do TST), pois não se trata de contratação irregular. Assim, embora não se possa cogitar do pagamento de aviso prévio e de indenização de 40% do FGTS, ante a precariedade do vínculo existente entre as partes, **à trabalhadora é devido o décimo terceiro salário proporcional e as férias proporcionais (art. 7º, VIII e XVII, da CF)**. Sob esse fundamento, a SBDI-II, por unanimidade, conheceu do recurso ordinário e, no mérito, por maioria, deu-lhe parcial provimento para julgar parcialmente procedente o pedido de corte rescisório, por violação do art. 37, II, da CF, a fim de rescindir o acórdão do Regional e condenar a ré ao pagamento de férias proporcionais e décimo terceiro salário proporcional. Vencido o Ministro Renato de Lacerda Paiva. TST-RO-9477-85.2011.5.02.0000, SBDI-II, rel. Min. Douglas Alencar Rodrigues, 28.8.2018. (inf. 183 TST)

Administração Pública. Contratação pelo regime trabalhista. Cargo em comissão de livre nomeação e exoneração. Art. 37, II, da CF. Depósitos do FGTS. Devidos.

É assegurado ao servidor público ocupante de cargo em comissão de livre nomeação e exoneração, contratado sob o regime jurídico trabalhista, o direito aos depósitos do FGTS. O art. 37, II, da CF não autoriza o empregador público a se esquivar da legislação trabalhista a que vinculado no momento da contratação, nem permite concluir que a possibilidade de demissão ad nutum dos ocupantes de cargo em comissão é incompatível com o sistema de proteção social contra a dispensa sem justa causa. De outra sorte, se a Súmula nº 363 do TST assegura o direito ao FGTS mesmo diante de uma contratação nula, não se mostra razoável negar o referido direito a quem ingressa regularmente na Administração Pública. Por tais fundamentos, a SBDI-I, por unanimidade, conheceu dos embargos interpostos pelo reclamante, por divergência jurisprudencial, e, ,no mérito, deu-lhes provimento para deferir o pagamento do FGTS. TST-E-RR72000-66.2009.5.15.0025, SBDI-I, Min. Augusto César Leite de Carvalho, 2.10.2014(inf. 91 TST)

Ocupante de cargo em comissão de livre nomeação e exoneração regido pela CLT. Exoneração. Pagamento das verbas rescisórias. Impossibilidade. Devidos apenas os depósitos do FGTS.

O empregado contratado para ocupar cargo em comissão de livre nomeação e exoneração, sob o regime da CLT, não tem direito à multa de 40% sobre o FGTS, ao aviso prévio, ao seguro desemprego e à multa do art. 477 da CLT. No caso, o reclamante exerceu cargo em comissão no Conselho Regional de Engenharia e Agronomia de Santa Catarina – CREA/SC, razão pela qual postulou o pagamento de verbas rescisórias. Todavia, o empregado ocupante de cargo em comissão admitido sem concurso público e sujeito à dispensa ad nutum não tem direito ao pagamento das verbas rescisórias advindas da relação trabalhista com a Administração Pública, sendo-lhe devidos apenas os depósitos do FGTS. Sob esse fundamento, a SBDI-I, por unanimidade, conheceu do recurso de embargos, por divergência jurisprudencial, e, no mérito, por maioria, deu-lhe provimento para julgar improcedente a pretensão deduzida, restabelecendo o acórdão do

Regional, no tópico. Vencidosos Ministros Augusto César Leite de Carvalho e Cláudio Mascarenhas Brandão. TST-E-ED-RR-300-42.2013.5.12.0035,SBDI-I, rel. Min. Aloysio Corrêa da Veiga, 12.5.2016 (inf. 136 TST).

EMENTA: AÇÃO DIRETA DE INCONSTITUCIONALIDADE. ART. 2º, INC. VII, DA LEI 6.915/1997 DO ESTADO DO MARANHÃO. CONTRATAÇÃO DE PROFESSORES POR TEMPO DETERMINADO. INTERPRETAÇÃO E EFEITO DAS EXPRESSÕES "NECESSIDADE TEMPORÁRIA" E "EXCEPCIONAL INTERESSE PÚBLICO". POSSIBILIDADE DE CONTRATAÇÃO TEMPORÁRIA PARA SUPRIR ATIVIDADES PÚBLICAS DE NATUREZA PERMANENTE. TRANSITORIEDADE CARACTERIZADA. PARCIAL PROVIMENTO DA AÇÃO. 1. **A natureza permanente de algumas atividades públicas - como as desenvolvidas nas áreas da saúde, educação e segurança pública – não afasta, de plano, a autorização constitucional para contratar servidores destinados a suprir demanda eventual ou passageira**. Necessidade circunstancial agregada ao excepcional interesse público na prestação do serviço para o qual a contratação se afigura premente autoriza a contratação nos moldes do art. 37, inc. IX, da Constituição da República. 2. **A contratação destinada a atividade essencial e permanente do Estado não conduz, por si, ao reconhecimento da alegada inconstitucionalidade.** Necessidade de exame sobre a transitoriedade da contratação e a excepcionalidade do interesse público que a justifica. 3. Ação direta de inconstitucionalidade julgada parcialmente procedente para dar interpretação conforme à Constituição. STF. Plenário. ADI 3247/MA, rel. Min. Cármen Lúcia, julgado em 26/3/2014.

No julgamento da ADI n. 1717/DF, o Supremo Tribunal Federal declarou a inconstitucionalidade do art. 58 e seus § 1º, 2º, 4º, 5º, 6º, 7º e 8º, da Lei n. 9.649/98, afirmando que os conselhos de fiscalização profissional possuem natureza de autarquia de regime especial, permanecendo incólume o art. 58, §3º, que submetia os empregados desses conselhos à legislação trabalhista. Posteriormente, no julgamento da ADI n. 2.135 MC/DF, foi suspensa a vigência do caput do art. 39 da Constituição Federal, com a redação dada pela EC n. 19/98. Dessa forma, subsiste, atualmente, para a Administração Pública direta, autárquica e fundacional, a obrigatoriedade de adoção do regime jurídico único, ressalvadas as situações consolidadas na vigência da legislação editada nos termos da aludida emenda declarada suspensa". (AgRg no REsp 1164129/RJ)

Os serviços sociais autônomos integrantes do denominado Sistema "S", vinculados a entidades patronais de grau superior e patrocinados basicamente por recursos recolhidos do próprio setor produtivo beneficiado, ostentam natureza de pessoa jurídica de direito privado e não integram a Administração Pública, embora colaborem com ela na execução de atividades de relevante significado social. Tanto a Constituição Federal de 1988, como a correspondente legislação de regência (como a Lei 8.706/93, que criou o Serviço Social do Trabalho – SEST) asseguram autonomia administrativa a essas entidades, sujeitas, formalmente, apenas ao controle finalístico, pelo Tribunal de Contas, da aplicação dos recursos recebidos. P**resentes essas características, não estão submetidas à exigência de concurso público para a contratação de pessoal, nos moldes do art. 37, II, da Constituição Federal**. Precedente: ADI 1864, Rel. Min. Joaquim Barbosa, DJe de 2/5/2008. 2. Recurso extraordinário a que se nega provimento.RE 789874, Relator(a): Min. TEORI ZAVASCKI, Tribunal Pleno, julgado em 17/09/2014, ACÓRDÃO ELETRÔNICO REPERCUSSÃO GERAL - MÉRITO DJe-227 DIVULG 18-11-2014 PUBLIC 19-11-2014.

7. QUESTÕES

1. (VUNESP - PGE/SP - Procurador do Estado - 2018) Assinale a alternativa correta a respeito das relações de emprego mantidas pela Administração Pública.

a) Segundo a posição consolidada no Tribunal Superior do Trabalho, cabe dissídio coletivo de natureza econômica contra pessoa jurídica de direito público que mantenha empregados.

b) O limite constitucional remuneratório (também conhecido como teto remuneratório), previsto no inciso XI do art. 37 da Constituição da República, não se aplica às empresas públicas, às sociedades de economia mista e suas subsidiárias, independentemente de receberem ou não recursos da União, dos Estados, do Distrito Federal ou dos Municípios para pagamento de despesas de pessoal ou de custeio em geral.

c) A declaração de nulidade de contrato de trabalho, com base no art. 37, inciso II e § 2°, da Constituição da República (indispensabilidade de prévia aprovação em concurso público para a admissão em emprego público), não prejudica os direitos à percepção dos salários referentes ao período trabalhado e aos depósitos na conta vinculada do trabalhador no Fundo de Garantia do Tempo de Serviço (FGTS).

d) De acordo com o Supremo Tribunal Federal, compete, à Justiça do Trabalho, julgar a abusividade de greve de empregados da Administração Pública direta, autarquias e fundações públicas.

e) É juridicamente possível a aplicação, pelo Poder Judiciário, do art. 461 da Consolidação das Leis do Trabalho para conceder equiparação salarial entre empregados públicos de autarquias.

2. (NC/CUFPR - Câmara de Quitandinha – PR – Advogado - 2018) Sobre os agentes públicos, é INCORRETO afirmar:

a) Empregado público é a pessoa física que desempenha a função de órgão no âmbito de pessoa estatal com personalidade de direito público, submetido ao regime de direito do trabalho, com as modificações próprias do regime de direito público.

b) Será celetista o empregado que desempenhar função em autarquia, sendo submetido a regime estatutário e ao estágio probatório, com as modificações próprias do regime de direito público.

c) Servidor público é uma pessoa física que atua como órgão de uma pessoa jurídica de direito público mediante vínculo jurídico de direito público, caracterizado pela investidura em posição jurídica criada por lei.

d) Os servidores com regime jurídico especial têm previsão na Constituição Federal, em seu artigo 37, IX, observada a contratação por tempo determinado para atender à necessidade temporária de excepcional interesse público.

e) Empregados privados de empresas estatais têm amparo no direito do trabalho que disciplina o relacionamento jurídico entre as empresas estatais e seus empregados. A Constituição Federal exige que a contratação seja feita mediante concurso público

3. (CESPE - Câmara dos Deputados - Consultor Legislativo - 2014) A respeito do regime jurídico estatutário dos servidores públicos, julgue o item a seguir, de acordo com o entendimento dos tribunais superiores.

Servidora pública ocupante de cargo em comissão, no gozo de licença gestante, tem direito à estabilidade provisória.

( ) Certo

( ) Errado

4. (MPT - Procurador do Trabalho - 2015) Assinale a alternativa INCORRETA:

a) O STF tem precedente atual de que o empregado de empresa pública ou sociedade de economia mista prestadora de serviço público, apesar de não ser beneficiário de estabilidade, deve ter seu ato de dispensa motivado, para gozar de validade.

b) Segundo a jurisprudência sumulada do STF, a exoneração de servidor público estatutário em estágio probatório não depende de prévio procedimento de apuração, tendo em vista que ainda não adquiriu a estabilidade.

c) Segundo a jurisprudência predominante no TST, a despedida de empregado de empresa pública ou de sociedade de economia mista exploradora de atividade econômica, mesmo admitido por concurso público, não precisa ser motivado para gozar de validade.

d) Apesar do art. 41 da Constituição da República, alterado pela EC n. 19/1998, destinar a estabilidade aos servidores nomeados para cargo de provimento efetivo em virtude de concurso público, a jurisprudência predominante do TST é firme no sentido de que o servidor público celetista da administração direta, autárquica ou fundacional também é beneficiário da estabilidade prevista naquele dispositivo constitucional.

e) Não respondida.

5. (FMP Concursos - PGE-AC - Procurador do Estado - 2017) De acordo com entendimento sumulado pelo Tribunal Superior do Trabalho, é CORRETO afirmar que a contratação de servidor público, após a Constituição Federal de 1988, sem a prévia aprovação em concurso público,

a) somente confere ao trabalhador o direito ao pagamento da contraprestação pactuada, em relação ao número de horas trabalhadas, e dos valores referentes aos depósitos do FGTS.

b) confere ao trabalhador todos os direitos trabalhistas devidos ao empregado pela aplicação do princípio da primazia da realidade.

c) diz respeito a um contrato nulo, não capaz de gerar qualquer efeito.

d) apenas confere ao trabalhador o pagamento do salário pactuado, do FGTS, das férias e do décimo terceiro pactuados.

e) gera vínculo empregatício, tendo o empregado público direito à anotação da CTPS, além dos direitos trabalhistas previstos na CLT.

6) (CESPE-PGE-AM – Procurador do Estado-2016) Em relação aos direitos constitucionais dos trabalhadores, à remuneração, à equiparação salarial e à jornada de trabalho, julgue o item a seguir.

Na hipótese de um estado da Federação contratar empregado público para cumprir jornada de trabalho reduzida, o TST entende ser lícita a remuneração inferior ao salário mínimo, se proporcional à jornada por ele cumprida.

( ) Certo

( ) Errado

Gabarito: 1. C; 2. B; 3. Certo; 4. B; 5. A; 6. Errado

Capítulo 4

EQUIPARAÇÃO SALARIAL E DESVIO DE FUNÇÃO NO ÂMBITO DA ADMINISTRAÇÃO PÚBLICA

IURI MARCONDES CARVALHO DE QUADROS[1]

1. EQUIPARAÇÃO SALARIAL E DESVIO DE FUNÇÃO: DISTINÇÃO CONCEITUAL

A problemática atinente à equiparação salarial e ao desvio de função no âmbito da Administração Pública é tema essencial tanto sob o aspecto teórico como sob o prisma prático, constituindo terreno fértil a ser explorado nos certames da Advocacia Pública.

Para fins didáticos, previamente ao estudo aprofundado de cada uma dessas figuras e respectivos desdobramentos em relação à Administração Pública, opta-se, nesse primeiro tópico, por estabelecer distinção conceitual entre os dois institutos.

---

1 Advogado da União. Graduado em Direito pela Universidade Federal do Rio de Janeiro. Professor de Direito Material e Processual do Trabalho em diversos cursos preparatórios para concursos públicos. Sócio e coordenador do Grupo Cereja (@grupo_cereja).

A **equiparação salarial** constitui expressão do princípio da isonomia na seara trabalhista (arts. 7º, XXX[2] da CRFB/88 c/c art. 461[3] da CLT), e, nessa esteira, impede o estabelecimento de distinções salariais entre dois empregados que exerçam a mesma função, desde que atendidos determinados requisitos, os quais serão abordados no curso do presente capítulo.

A ideia central, aqui, é impedir tratamento discriminatório entre dois trabalhadores que exerçam a mesma função, razão pela qual o pleito de equiparação salarial sempre envolverá duas figuras, quais sejam, o **equiparando** – empregado que pleiteia a equiparação salarial – e o **paradigma**, empregado cuja remuneração é pretendida pelo equiparando.

Então, imagine hipótese em que João, que recebe R$ 1.200,00 (hum mil e duzentos reais) por mês, alega exercer função idêntica a Marcos, que, por sua vez, recebe R$ 2.000,00 (dois mil reais) a título de remuneração mensal. Nesse caso, João pode ajuizar reclamação pleiteando equiparação salarial, hipótese em que João figurará como empregado equiparando, e Marcos será o empregado paradigma.

O **desvio de função**, por sua vez, não exige a demonstração de exercício de função idêntica à de outro empregado, porque não envolve propriamente equiparação remuneratória em relação a outro obreiro.

No desvio de função, o empregado alega que está exercendo função diversa daquela para a qual foi contratado, função essa que, **de acordo com o quadro de carreira ou plano de cargos e salários estabelecido pelo empregador**, deve ser remunerada em patamar superior, o que embasa o pleito de pagamento de diferenças salariais.

A comparação remuneratória, aqui, se dá em abstrato, ou seja, o empregado que é contratado para exercer determinada função analisa o quadro de carreira estabelecido pelo empregador e verifica que ele exerce função equivalente a cargo superior, sem pleitear isonomia salarial em relação a qualquer empregado especificamente.

Utilizando o mesmo sujeito do exemplo anterior, imagine que João é contratado por determinado Hospital para exercer a função de auxiliar de

---

2 Art. 7º São direitos dos trabalhadores urbanos e rurais, além de outros que visem à melhoria de sua condição social:

(...)

XXX - proibição de diferença de salários, de exercício de funções e de critério de admissão por motivo de sexo, idade, cor ou estado civil.

3 Art. 461. Sendo idêntica a função, a todo trabalho de igual valor, prestado ao mesmo empregador, no mesmo estabelecimento empresarial, corresponderá igual salário, sem distinção de sexo, etnia, nacionalidade ou idade. (Redação dada pela Lei nº 13.467, de 2017)

enfermagem. No exercício de seu labor, João percebe que, na realidade, está desempenhando atribuições inerentes ao cargo de técnico de enfermagem, o qual, segundo disposto no quadro de carreira/plano de cargos e salários do Hospital, deveria ser remunerado em patamar superior. Nesse caso, João pleiteará diferenças salariais por desvio de função, pelo simples fato de exercer funções diversas daquelas para as quais foi contratado, sem necessidade de invocar outro empregado como paradigma.

Por fim, é impositivo destacar que a existência de quadro de carreira ou plano de cargos e salários é **critério distintivo peremptório** entre equiparação salarial e desvio de função.

Isso porque, conforme restará oportunamente analisado, a **existência de quadro de carreira/plano de cargos e salários** é circunstância que **exclui a possibilidade de equiparação salarial**.

Ao mesmo tempo, o desvio de função somente se caracteriza caso o empregador institua quadro de carreira/plano de cargos e salários.

O quadro de carreira/plano de cargos e salários é, portanto, a um só tempo, **pressuposto para o pleito de desvio de função e impedimento para o pleito de equiparação salarial**.

Em decorrência do exposto, constata-se que, além de conceitualmente diversos, **equiparação salarial e desvio de função são institutos excludentes**.

2. EQUIPARAÇÃO SALARIAL

2.1. Requisitos

No tópico acima, restou demonstrado que a equiparação salarial tem por objeto a vedação à existência de remunerações distintas para obreiros que exerçam função idêntica, envolvendo pleito do equiparando em face do empregador, pleito que se materializa mediante indicação de um empregado paradigma, cuja remuneração é pretendida pelo equiparando.

Sem embargo, é impositivo acrescentar que a equiparação salarial se submete ao preenchimento de **determinados requisitos**, os quais foram objeto de profundas alterações pela Reforma Trabalhista (Lei nº 13.467/2017), e, atualmente, constam do art. 461 da CLT, que, por sua relevância, é integralmente transcrito abaixo:

> Art. 461. Sendo **idêntica a função**, a todo **trabalho de igual valor**, prestado ao **mesmo empregador**, no **mesmo estabelecimento empresarial**, corresponderá **igual salário**, sem distinção de sexo, etnia, nacionalidade ou idade. (Redação dada pela Lei nº 13.467, de 2017)

§ 1º Trabalho de **igual valor**, para os fins deste Capítulo, será o que for feito com **igual produtividade** e com a **mesma perfeição técnica**, entre pessoas cuja diferença **de tempo de serviço para o mesmo empregador não seja superior a quatro anos e a diferença de tempo na função não seja superior a dois anos**. (Redação dada pela Lei nº 13.467, de 2017)

§ 2º Os dispositivos deste artigo **não prevalecerão quando o empregador tiver pessoal organizado em quadro de carreira ou adotar, por meio de norma interna da empresa ou de negociação coletiva, plano de cargos e salários**, dispensada qualquer forma de homologação ou registro em órgão público. (Redação dada pela Lei nº 13.467, de 2017)

§ 3º No caso do § 2o deste artigo, as **promoções poderão ser feitas por merecimento e por antiguidade, ou por apenas um destes critérios**, dentro de cada categoria profissional. (Redação dada pela Lei nº 13.467, de 2017)

§ 4º O trabalhador readaptado em nova função por motivo de deficiência física ou mental atestada pelo órgão competente da Previdência Social não servirá de paradigma para fins de equiparação salarial. (Incluído pela Lei nº 5.798, de 31.8.1972)

§ 5º A equiparação salarial só será possível entre **empregados contemporâneos no cargo ou na função, ficando vedada a indicação de paradigmas remotos**, ainda que o paradigma contemporâneo tenha obtido a vantagem em ação judicial própria. (Incluído pela Lei nº 13.467, de 2017)

§ 6º No caso de comprovada discriminação por motivo de sexo ou etnia, o juízo determinará, além do pagamento das diferenças salariais devidas, multa, em favor do empregado discriminado, no valor de 50% (cinquenta por cento) do limite máximo dos benefícios do Regime Geral de Previdência Social. (Incluído pela Lei nº 13.467, de 2017)

O dispositivo alterou praticamente a integralidade da Súmula 6 do TST[4], e é de fundamental compreensão, se revestindo de relevância considerável tanto para provas objetivas como subjetivas.

São requisitos para a equiparação salarial: (i) Identidade de Função; (ii) Trabalho de igual valor; (iii) Simultaneidade no exercício da função entre equiparando

4 ***Súmula nº 6 do TST***
EQUIPARAÇÃO SALARIAL. ART. 461 DA CLT (redação do item VI alterada) – Res. 198/2015, republicada em razão de erro material – DEJT divulgado em 12, 15 e 16.06.2015
I - Para os fins previstos no § 2º do art. 461 da CLT, só é válido o quadro de pessoal organizado em carreira quando homologado pelo Ministério do Trabalho, excluindo-se, apenas, dessa exigência o quadro de carreira das entidades de direito público da administração direta, autárquica e fundacional aprovado por ato administrativo da autoridade competente. (ex-Súmula nº 06 – alterada pela Res. 104/2000, DJ 20.12.2000)
II - Para efeito de equiparação de salários em caso de trabalho igual, conta-se o tempo de serviço na função e não no emprego. (ex-Súmula nº 135 - RA 102/1982, DJ 11.10.1982 e DJ 15.10.1982)

e paradigma; (iv) Diferença no tempo de serviço não superior a 4 (quatro) anos e Diferença no tempo de exercício da função não superior a 2 (dois) anos; (v) Identidade de empregadores; (vi) Identidade de local de prestação de serviços; e (vii) Inexistência de quadro de carreira ou plano de cargos e salários.

2.1.1. Identidade de Função

O pleito de equiparação exige que empregado equiparante e empregado paradigma exerçam a mesma função, ou seja, **o conjunto de atribuições de ambos os empregados é idêntico**, se afigurando, por isso mesmo, injustificável qualquer distinção remuneratória entre eles.

Sobre o tema, impositivo pontuar que é absolutamente irrelevante para o cumprimento deste requisito o nome conferido pelo empregador às funções desenvolvidas pelos empregados (Súmula 6, III do TST). Pouco importa se o empregador aduz que o empregado A exerce a função X e o empregado B a função

---

III - A equiparação salarial só é possível se o empregado e o paradigma exercerem a mesma função, desempenhando as mesmas tarefas, não importando se os cargos têm, ou não, a mesma denominação. (ex-OJ da SBDI-1 nº 328 - DJ 09.12.2003)

IV - É desnecessário que, ao tempo da reclamação sobre equiparação salarial, reclamante e paradigma estejam a serviço do estabelecimento, desde que o pedido se relacione com situação pretérita. (ex-Súmula nº 22 - RA 57/1970, DO-GB 27.11.1970)

V - A cessão de empregados não exclui a equiparação salarial, embora exercida a função em órgão governamental estranho à cedente, se esta responde pelos salários do paradigma e do reclamante. (ex-Súmula nº 111 - RA 102/1980, DJ 25.09.1980)

VI - Presentes os pressupostos do art. 461 da CLT, é irrelevante a circunstância de que o desnível salarial tenha origem em decisão judicial que beneficiou o paradigma, exceto: a) se decorrente de vantagem pessoal ou de tese jurídica superada pela jurisprudência de Corte Superior; b) na hipótese de equiparação salarial em cadeia, suscitada em defesa, se o empregador produzir prova do alegado fato modificativo, impeditivo ou extintivo do direito à equiparação salarial em relação ao paradigma remoto, considerada irrelevante, para esse efeito, a existência de diferença de tempo de serviço na função superior a dois anos entre o reclamante e os empregados paradigmas componentes da cadeia equiparatória, à exceção do paradigma imediato.

VII - Desde que atendidos os requisitos do art. 461 da CLT, é possível a equiparação salarial de trabalho intelectual, que pode ser avaliado por sua perfeição técnica, cuja aferição terá critérios objetivos. (ex-OJ da SBDI-1 nº 298 - DJ 11.08.2003)

VIII - É do empregador o ônus da prova do fato impeditivo, modificativo ou extintivo da equiparação salarial. (ex-Súmula nº 68 - RA 9/1977, DJ 11.02.1977)

IX - Na ação de equiparação salarial, a prescrição é parcial e só alcança as diferenças salariais vencidas no período de 5 (cinco) anos que precedeu o ajuizamento. (ex-Súmula nº 274 - alterada pela Res. 121/2003, DJ 21.11.2003)

X - O conceito de "mesma localidade" de que trata o art. 461 da CLT refere-se, em princípio, ao mesmo município, ou a municípios distintos que, comprovadamente, pertençam à mesma região metropolitana. (ex-OJ da SBDI-1 nº 252 - inserida em 13.03.2002)

Y, o que deve ser analisado é o conjunto de tarefas efetivamente desempenhadas por estes empregados.

Por fim, cabe destacar que a identidade de função é irrelevante na hipótese de pretensa equiparação com empregado readaptado. Empregado readaptado é aquele que é portador de deficiência física ou mental, tendo sua condição reconhecida pelo INSS. Nessa hipótese, o empregado, em razão da deficiência atestada pelo órgão previdenciário, não poderá prosseguir no exercício de determinada função, devendo ser readaptado para outra função, junto ao mesmo empregador, sem redução salarial, segundo posicionamento majoritário da doutrina. Exemplo: Advogado que tem deficiência mental comprovada e é readaptado na função de auxiliar de almoxarifado.

O empregado readaptado, justamente por conta de condições subjetivas extremamente peculiares que determinaram o exercício de determinada função, não poderá ser indicado como paradigma, nos termos do art. 461, §4º da CLT. No nosso exemplo, nenhum auxiliar de almoxarifado poderia pretender equiparação salarial junto ao advogado que foi readaptado na função, pois o desnível salarial decorreu de mudança forçada no exercício da função, decorrente de deficiência atestada pelo órgão previdenciário competente.

2.1.2. Trabalho de igual valor

O art. 461 exige, além da identidade de função, que o trabalho de ambos os empregados, equiparando e paradigma, seja equivalente em relação à **perfeição técnica** e **produtividade**.

A **perfeição técnica** abrange um **parâmetro qualitativo**, que diz respeito à qualificação do profissional para desempenho da função. Em suma, se um empregado tem qualificações superiores a outro, a distinção remuneratória é justificável por esse fator, o que deslegitima o pleito equiparatório. Nesse sentido, oportuno mencionar a OJ nº 296 da SDI-1 do TST[5], que veda equiparação salarial de atendente de enfermagem com auxiliar de enfermagem, na medida em que o auxiliar de enfermagem deve concluir curso técnico para sua habilitação como tal, exigência que não é extensível ao atendente de enfermagem.

A **produtividade**, por sua vez, se refere a **aspecto quantitativo**. É preciso, portanto, que, no exercício da mesma função, o empregado equiparando, no mesmo espaço de tempo, labore com intensidade próxima à do empregado paradigma, propiciando ao empregador prestação laboral que justifique a equiparação salarial.

5 **296. EQUIPARAÇÃO SALARIAL. ATENDENTE E AUXILIAR DE ENFERMAGEM. IMPOSSIBILIDADE** Sendo regulamentada a profissão de auxiliar de enfermagem, cujo exercício pressupõe habilitação técnica, realizada pelo Conselho Regional de Enfermagem, impossível a equiparação salarial do simples atendente com o auxiliar de enfermagem.

2.1.3. Simultaneidade no exercício da função

Em suma, é preciso que equiparando e paradigma tenham laborado para o mesmo empregador em **interstício temporal coincidente** (art. 461, §5º da CLT). Se o empregado A, que laborou para o empregador de 2021 a 2022, pleiteia equiparação salarial com o empregado B, que laborou para o empregador entre 2018 e 2020, não cabe equiparação por inexistir simultaneidade no exercício das funções.

Insta salientar que, conforme dispõe o item IV da Súmula 6 do TST, não é necessário que equiparando e paradigma laborem simultaneamente no momento do ajuizamento da reclamação, desde que a demanda se refira a período passado, no qual se verificou o exercício laboral simultâneo para o mesmo empregador.

A positivação de tal requisito no art. 461, §5º afeta outro tema sensível, qual seja, a equiparação salarial em cadeia. O dispositivo aduz que é "*vedada a indicação de paradigmas remotos, ainda que o paradigma contemporâneo tenha obtido a vantagem em ação judicial própria*", e, ao assim proceder, afastou peremptoriamente a possibilidade de equiparação salarial em cadeia.

O TST, na Súmula 6, VI, autorizava a equiparação mesmo quando a diferença salarial derivasse de decisão judicial que beneficiou o paradigma (conforme se explicará a seguir, a equiparação em cadeia é uma das hipóteses em que a diferença salarial se funda em decisão judicial que beneficiou o paradigma), aduzindo que "*presentes os pressupostos do art. 461 da CLT, é irrelevante a circunstância de que o desnível salarial tenha origem em decisão judicial que beneficiou o paradigma*".

Havia apenas três exceções à regra, ou seja, três hipóteses em que o desnível salarial decorrente de decisão judicial que beneficiou o paradigma não ensejaria equiparação salarial.

A **primeira exceção** refere-se à hipótese em que a decisão judicial concessiva da equiparação se baseou no reconhecimento de **vantagem pessoal** ao paradigma. Nesse caso, a equiparação apenas se deu em razão de circunstância subjetiva, inerente à pessoa do paradigma e que, portanto, não é extensível a outros empregados, descaracterizando a possibilidade de nova equiparação. Exemplo: Reconhecimento de horas extras em favor do paradigma.

A **segunda exceção** diz respeito ao ***overruling***, ou seja, superação de tese no seio do TST. Aqui, o paradigma obteve a equiparação com fulcro em jurisprudência já superada, o que afasta a possibilidade de extensão do entendimento.

Por fim, a **terceira exceção** tem por objeto a comprovação de fato impeditivo, modificativo ou extintivo do direito do reclamante em relação ao paradigma remoto. Aqui, a hipótese é intimamente ligada à **equiparação salarial em cadeia**.

A equiparação salarial em cadeia ocorre quando há sucessivos pedidos de equiparação apontando como paradigma o último empregado que obteve o direito à equiparação. Por exemplo, imagine que B ajuíza reclamação pleiteando equiparação salarial em relação a A, e o pleito é deferido. Em seguida, C pleiteia equiparação em relação a B, e, igualmente, logra êxito. Por fim, D pleiteia equiparação em relação a C. Nesse caso, existe uma sucessão de equiparações, todas originadas do mesmo paradigma remoto (no caso, A).

Nessa hipótese, se o empregador comprovar a existência da cadeia de equiparações, a equiparação somente seria possível em relação ao paradigma remoto. No exemplo acima, os requisitos da equiparação não mais seriam aferidos entre D (equiparando) e C (paradigma contemporâneo), mas sim entre D e A (paradigma remoto).

Por isso, qualquer fato impeditivo, modificativo ou extintivo do direito à equiparação entre D e A teria o condão de impedir a equiparação em cadeia, exceto a diferença de tempo na função, que, para o TST, sempre era analisada em relação ao paradigma próximo.

O art. 461, §5º passou a vedar a equiparação em cadeia, porque expressamente proíbe a indicação de qualquer paradigma remoto, exigindo expressamente a contemporaneidade na função entre paradigma e equiparando. Desse modo, como a contemporaneidade se dá apenas entre equiparando e paradigma contemporâneo, não é possível a concessão de equiparação em cadeia, que é sempre originariamente fundada em paradigma remoto.

2.1.4. Diferença no tempo de serviço não superior a 4 (quatro) anos e diferença no tempo de exercício da função não superior a 2 (dois) anos

Tanto a Súmula 6, II do TST como a Súmula 202 do STF[6] aduziam que o tempo de permanência no emprego seria irrelevante para fins de equiparação salarial, sendo relevante, apenas, o tempo de exercício na função.

A Reforma Trabalhista alterou tal cenário, conforme redação do art. 461, §1º, consagrando como requisitos cumulativos a diferença no **tempo de serviço** não superior a **4 (quatro) anos** e a diferença no tempo de **exercício da função** não superior a **2 (dois) anos**.

Sobre o tema, é impositivo destacar que deve ser computado o tempo de serviço referente a empresas integrantes do mesmo grupo econômico, conforme tese do empregador único, que será oportunamente abordada durante o presente capítulo. Em oposição, não serão computados períodos em que o contrato de trabalho permaneceu suspenso, por não refletirem efetivo desempenho da função/serviço.

---

6 "Na equiparação de salário, em caso de trabalho igual, toma-se em conta o tempo de serviço na função, e não no emprêgo."

2.1.5. Identidade de empregadores

Para viabilizar o pleito de equiparação, equiparando e paradigma devem laborar para o mesmo empregador.

Há apenas duas questões polêmicas a abordar em relação ao requisito em tela.

A primeira se refere à caracterização da identidade de empregadores na hipótese em que os dois empregados não laboram para a mesma empresa individualmente considerada, mas trabalham para **empresas pertencentes ao mesmo grupo econômico.**

Nessa hipótese, prevalece em doutrina e jurisprudência corrente que propugna pela caracterização da identidade de empregadores, pois o TST, nos termos da Súmula 129[7], acolhe a denominada teoria do empregador único, segundo a qual há não somente solidariedade passiva, mas também **solidariedade ativa** em decorrência da formação de Grupo Econômico.

Desta feita, todas as empresas integrantes do Grupo Econômico figurariam como empregadores (daí o nome "empregador único") do empregado, podendo exercer todos os direitos, poderes e prerrogativas laborativas que lhes favorecem por força do contrato de trabalho.

Tal entendimento viabiliza a equiparação salarial quando, embora não laborem na mesma empresa, equiparando e paradigma figurem como empregados em empresas pertencentes ao mesmo grupo econômico.

A segunda controvérsia diz respeito à caracterização de tal requisito em relação ao empregado terceirizado. O entendimento tradicional é no sentido de que empregado terceirizado não pode pleitear equiparação salarial apontando como paradigma empregado que figure como contratado da tomadora, porque os empregadores são diversos.

Entretanto, a OJ 383 da SDI-1[8] passou a reconhecer a possibilidade de equiparação na hipótese de terceirização da atividade fim, que, segundo enten-

---

7 **Súmula nº 129 do TST**

CONTRATO DE TRABALHO. GRUPO ECONÔMICO (mantida) - Res. 121/2003, DJ 19, 20 e 21.11.2003

A prestação de serviços a mais de uma empresa do mesmo grupo econômico, durante a mesma jornada de trabalho, **não caracteriza a coexistência de mais de um contrato de trabalho, salvo ajuste em contrário.**

8 **383. TERCEIRIZAÇÃO. EMPREGADOS DA EMPRESA PRESTADORA DE SERVIÇOS E DA TOMADORA. ISONOMIA. ART. 12, "A", DA LEI Nº 6.019, DE 03.01.1974. (mantida) - Res. 175/2011, DEJT divulgado em 27, 30 e 31.05.2011** A contratação irregular de trabalhador, mediante empresa interposta, não gera vínculo de emprego com ente da Administração Pública, **não afastando, contudo, pelo princípio da isonomia, o direito dos empregados terceirizados às mesmas verbas trabalhistas legais e normativas asseguradas**

dimento jurisprudencial anterior à Reforma Trabalhista, revestia de ilicitude a terceirização.

Após a Reforma trabalhista, além do reconhecimento da licitude de terceirização da atividade fim, o art. 4º-C, §1º da Lei 6.019/74[9] passou a prever que a isonomia salarial entre empregados da tomadora e empregados contratados via terceirização dependeria de **negociação facultativa** entre empresa contratante (tomadora) e empresa contratada (prestadora de serviços).

O dispositivo goza de presunção de constitucionalidade e, no momento em que escrito o presente capítulo, deve ser considerado para efeito de prova, mas já há na doutrina questionamentos acerca de eventual violação ao princípio da isonomia, porque dois empregados exerceriam trabalho de igual valor percebendo, para tal, remunerações distintas.[10]

2.1.6. Identidade do local de prestação de serviços (mesmo estabelecimento)

Equiparando e paradigma devem prestar serviços na mesma localidade. Tal requisito sempre constou da redação do art. 461 da CLT, e, na forma da Súmula 6, X do TST, a expressão "mesma localidade" era interpretada pela jurisprudência do TST como **mesmo município**, ou municípios distintos que, comprovadamente, pertençam à **mesma região metropolitana.**

A reforma trabalhista alterou a redação do art. 461, substituindo a expressão "mesma localidade" por "mesmo estabelecimento empresarial".

Novamente, para efeito de prova, prevalece a literalidade do dispositivo, mas há questionamentos doutrinários acerca da alteração, com vozes autorizadas entendendo que a expressão "mesmo estabelecimento empresarial" não pode ser interpretada a ponto de restringir a equiparação salarial a empregados que laborem na mesma filial, permanecendo hígida a possibilidade de equiparação quando equiparando e paradigma laborarem para duas filiais de um mesmo empregador localizadas no **mesmo município.**[11]

Cabe destacar que, em julgamento recente, noticiado no Informativo 229, a SDI-1 do TST entendeu que o requisito afeto à identidade de local de prestação de

---

àqueles contratados pelo tomador dos serviços, desde que presente a igualdade de funções. Aplicação analógica do art. 12, "a", da Lei nº 6.019, de 03.01.1974.

9 § 1º Contratante e contratada **poderão estabelecer, se assim entenderem, que os empregados da contratada farão jus a salário equivalente ao pago aos empregados da contratante**, além de outros direitos não previstos neste artigo. (Incluído pela Lei nº 13.467, de 2017)

10 CORREIA, Henrique. Direito do Trabalho para concursos públicos. 5ª edição. Ed. Juspodivm. Salvador. 2019. p. 1.260.

11 DELGADO, Maurício Godinho. Curso de Direito do Trabalho. 18ª edição. Ed. LTr, São Paulo. 2019. pp. 982/983.

serviços deve ser interpretado à luz de novo estudo do IBGE, realizado em 2017, que substitui as regiões metropolitanas pelas denominadas "regiões geográficas imediatas e intermediárias".[12]

2.1.7. Inexistência de quadro de carreira ou plano de cargos e salários

Conforme já exposto, a existência de quadro de carreira ou plano de cargos e salários afasta qualquer possibilidade de equiparação salarial, transferindo a controvérsia para o campo do desvio de função.

Isso porque, se o empregador instituiu um dos dois instrumentos para organizar sua estrutura de pessoal, eventuais distinções salariais entre empregados estão estruturadas e justificadas em tais documentos, repelindo pleito equiparatório.

Com a Reforma Trabalhista, nos termos do art. 461, §2º, é dispensada a necessidade de homologação ou registro de qualquer dos documentos, exigência contida na Súmula 6, I do TST, e que não mais subsiste. Igualmente, com a nova redação do art. 461, §3º da CLT, não há mais necessidade de alternância de critérios de antiguidade e merecimento em relação à promoção dos empregados, o que prejudica o disposto na OJ nº 418 da SDI-1[13], que não mais subsiste.

2.2. Aplicação no âmbito da Administração Pública

Delineadas as bases da equiparação salarial, cabe aferir se o instituto é aplicável no âmbito da Administração Pública.

No âmbito da Administração Pública Direta, Autárquica e Fundacional, é absolutamente inaplicável o instituto da equiparação salarial, porque o art. 37, XIII da CRFB/88 veda a "*a vinculação ou equiparação de quaisquer espécies remuneratórias para o efeito de remuneração de pessoal do serviço público*".

---

12 O conceito do termo "mesma localidade", para fins de equiparação salarial, inserto na Súmula nº 6, X, do TST, deve receber nova compreensão a partir de estudo realizado em 2017 pelo Instituto Brasileiro de Geografia e Estatística – IBGE -, que constatou mudanças no ambiente socioespacial brasileiro. O referido estudo **revisou as antigas regiões metropolitanas e passou a identificar como divisão regional brasileira as regiões geográficas imediatas e intermediárias**, definidas no sítio do IBGE (...) (TST-E-ED-RR-10792-65.2016.5.15.0145, SBDI-I, rel. Min. Augusto César Leite de Carvalho, 12/11/2020).

13 418. EQUIPARAÇÃO SALARIAL. PLANO DE CARGOS E SALÁRIOS. APROVAÇÃO POR INSTRUMENTO COLETIVO. AUSÊNCIA DE ALTERNÂNCIA DE CRITÉRIOS DE PROMOÇÃO POR ANTIGUIDADE E MERECIMENTO. (DEJT divulgado em 12, 13 e 16.04.2012)

Não constitui óbice à equiparação salarial a existência de plano de cargos e salários que, referendado por norma coletiva, prevê critério de promoção apenas por merecimento ou antiguidade, não atendendo, portanto, o requisito de alternância dos critérios, previsto no art. 461, § 2º, da CLT.

A vedação a qualquer equiparação remuneratória no âmbito da Administração Direta, Autárquica e Fundacional é expressa, razão pela qual o próprio TST, na OJ nº 297 da SDI-1[14], reconhece a impossibilidade de equiparação, **mesmo em se tratando de servidores celetistas**.

Por outro lado, entendimento diametralmente oposto se verifica em relação às estatais (empresas públicas e sociedades de economia mista). Isso porque, em relação a tais entes, prevalece a equiparação ao regime da iniciativa privada, nos termos do art. 173, §1º, II da CRFB/88.

Diante disso, para empregados públicos de sociedades de economia mista e empresas públicas, o TST reconhece, nos termos da Súmula 455[15], a possibilidade de equiparação salarial.

Por fim, cabe analisar a possibilidade de equiparação salarial na hipótese de cessão de empregados, cada vez mais comum no âmbito da Administração Pública. Imagine que determinado ente público cede um empregado a uma empresa pública. Nesse caso, há possibilidade de equiparação salarial entre esse empregado vinculado ao ente público e paradigma que seja empregado da empresa pública?

A resposta dependerá da entidade responsável pelo pagamento da remuneração do empregado cedido. Se a cessão se der com ônus para a empresa pública, cessionária, é possível a equiparação. Ao revés, se o empregado, apesar da cessão, continua sendo remunerado pelo ente público, cedente, se afigura impossibilitada a equiparação, nos termos do item V da Súmula 6 do TST.

Pontue-se, ainda, que é preciso acompanhar o desenvolvimento da jurisprudência relativa ao tema, porque, após a Reforma Trabalhista, como visto, a equiparação exige que equiparando e paradigma laborem no mesmo estabelecimento empresarial, o que poderia impossibilitar qualquer equiparação salarial na hipótese de cessão de empregados, na contramão da Súmula 6, V do TST.

---

14 **297. EQUIPARAÇÃO SALARIAL. SERVIDOR PÚBLICO DA ADMINISTRAÇÃO DIRETA, AUTÁRQUICA E FUNDACIONAL. ART. 37, XIII, DA CF/1988 (DJ 11.08.2003)**
O art. 37, inciso XIII, da CF/1988, veda a equiparação de qualquer natureza para o efeito de remuneração do pessoal do serviço público, sendo **juridicamente impossível a aplicação da norma infraconstitucional prevista no art. 461 da CLT quando se pleiteia equiparação salarial entre servidores públicos, independentemente de terem sido contratados pela CLT.**

15 Súmula nº 455 do TST.
EQUIPARAÇÃO SALARIAL. SOCIEDADE DE ECONOMIA MISTA. ART. 37, XIII, DA CF/1988. POSSIBILIDADE. (conversão da Orientação Jurisprudencial nº 353 da SBDI-1 com nova redação) – Res. 194/2014, DEJT divulgado em 21, 22 e 23.05.2014.
À sociedade de economia mista **não se aplica a vedação à equiparação prevista no art. 37, XIII, da CF/1988, pois, ao admitir empregados sob o regime da CLT, equipara-se a empregador privado**, conforme disposto no art. 173, § 1º, II, da CF/1988.

3. DESVIO DE FUNÇÃO

3.1. Requisitos

Conforme já exposto, o desvio de função não se submete aos requisitos impostos à equiparação salarial. No desvio de função, basta que se observem dois requisitos:

(i) o empregador tenha instituído quadro de carreira ou plano de cargos e salário;

(ii) o empregado comprove que, à luz do quadro de carreira ou plano de cargos e salários, está exercendo função diversa daquela para a qual foi contratado, fazendo jus ao pagamento das diferenças salariais.

3.2. Aplicação no âmbito da Administração Pública

O desvio de função é aplicável no âmbito da Administração Pública Direta e Indireta, mas não é possível reconhecer ao empregado o reenquadramento de acordo com a função por ele prestada.

Isso quer dizer que o empregado apenas fará jus às diferenças salariais decorrentes do exercício de função diversa com remuneração superior, sem que se revele possível apreciar pleito de enquadramento definitivo do empregado na função por ele exercida.

Tal circunstância decorre da regra do concurso público, prevista no art. 37, II da CRFB/88, que condiciona a contratação na Administração Pública à prévia aprovação no certame, o que inviabiliza enquadramento em função diversa daquela para a qual o empregado foi aprovado em sede de concurso público.

Diante de tal cenário, repita-se, apenas se afigura possível o pagamento de diferenças salariais decorrentes do desvio de função, pelo período em que tenha perdurado, conforme dispõe a OJ nº 125 da SDI-1 do TST.[16]

4. COMPILADO JURISPRUDENCIAL

4.1. Súmula do STF

Súmula nº 202 do STF: "Na equiparação de salário, em caso de trabalho igual, toma-se em conta o tempo de serviço na função, e não no emprego".

---

16 **125. DESVIO DE FUNÇÃO. QUADRO DE CARREIRA (alterado em 13.03.2002)**
O simples desvio funcional do empregado não gera direito a novo enquadramento, mas apenas às diferenças salariais respectivas, mesmo que o desvio de função haja iniciado antes da vigência da CF/1988.

4.2. Súmulas e orientações jurisprudenciais do TST

SÚMULA Nº 6 DO TST: EQUIPARAÇÃO SALARIAL. ART. 461 DA CLT (redação do item VI alterada) - Res. 198/2015, republicada em razão de erro material - DEJT divulgado em 12, 15 e 16.06.2015.

I - Para os fins previstos no § 2º do art. 461 da CLT, só é válido o quadro de pessoal organizado em carreira quando homologado pelo Ministério do Trabalho, excluindo-se, apenas, dessa exigência o quadro de carreira das entidades de direito público da administração direta, autárquica e fundacional aprovado por ato administrativo da autoridade competente. (ex-Súmula nº 06 – alterada pela Res. 104/2000, DJ 20.12.2000)

II - Para efeito de equiparação de salários em caso de trabalho igual, conta-se o tempo de serviço na função e não no emprego. (ex-Súmula nº 135 - RA 102/1982, DJ 11.10.1982 e DJ 15.10.1982)

III - A equiparação salarial só é possível se o empregado e o paradigma exercerem a mesma função, desempenhando as mesmas tarefas, não importando se os cargos têm, ou não, a mesma denominação. (ex-OJ da SBDI-1 nº 328 - DJ 09.12.2003)

IV - É desnecessário que, ao tempo da reclamação sobre equiparação salarial, reclamante e paradigma estejam a serviço do estabelecimento, desde que o pedido se relacione com situação pretérita. (ex-Súmula nº 22 - RA 57/1970, DO-GB 27.11.1970)

V - A cessão de empregados não exclui a equiparação salarial, embora exercida a função em órgão governamental estranho à cedente, se esta responde pelos salários do paradigma e do reclamante. (ex-Súmula nº 111 - RA 102/1980, DJ 25.09.1980)

VI - Presentes os pressupostos do art. 461 da CLT, é irrelevante a circunstância de que o desnível salarial tenha origem em decisão judicial que beneficiou o paradigma, exceto: a) se decorrente de vantagem pessoal ou de tese jurídica superada pela jurisprudência de Corte Superior; b) na hipótese de equiparação salarial em cadeia, suscitada em defesa, se o empregador produzir prova do alegado fato modificativo, impeditivo ou extintivo do direito à equiparação salarial em relação ao paradigma remoto, considerada irrelevante, para esse efeito, a existência de diferença de tempo de serviço na função superior a dois anos entre o reclamante e os empregados paradigmas componentes da cadeia equiparatória, à exceção do paradigma imediato.

VII - Desde que atendidos os requisitos do art. 461 da CLT, é possível a equiparação salarial de trabalho intelectual, que pode ser avaliado por sua perfeição técnica, cuja aferição terá critérios objetivos. (ex-OJ da SBDI-1 nº 298 - DJ 11.08.2003)

VIII - É do empregador o ônus da prova do fato impeditivo, modificativo ou extintivo da equiparação salarial. (ex-Súmula nº 68 - RA 9/1977, DJ 11.02.1977)

IX - Na ação de equiparação salarial, a prescrição é parcial e só alcança as diferenças salariais vencidas no período de 5 (cinco) anos que precedeu o ajuizamento. (ex-Súmula nº 274 - alterada pela Res. 121/2003, DJ 21.11.2003)

X - O conceito de "mesma localidade" de que trata o art. 461 da CLT refere-se, em princípio, ao mesmo município, ou a municípios distintos que, comprovadamente, pertençam à mesma região metropolitana. (ex-OJ da SBDI-1 nº 252 - inserida em 13.03.2002)

SÚMULA Nº 129 DO TST: CONTRATO DE TRABALHO. GRUPO ECONÔMICO (mantida) - Res. 121/2003, DJ 19, 20 e 21.11.2003

A prestação de serviços a mais de uma empresa do mesmo grupo econômico, durante a mesma jornada de trabalho, não caracteriza a coexistência de mais de um contrato de trabalho, salvo ajuste em contrário.

SÚMULA Nº 455 DO TST: EQUIPARAÇÃO SALARIAL. SOCIEDADE DE ECONOMIA MISTA. ART. 37, XIII, DA CF/1988. POSSIBILIDADE. (conversão da Orientação Jurisprudencial nº 353 da SBDI-1 com nova redação) – Res. 194/2014, DEJT divulgado em 21, 22 e 23.05.2014.

À sociedade de economia mista não se aplica a vedação à equiparação prevista no art. 37, XIII, da CF/1988, pois, ao admitir empregados sob o regime da CLT, equipara-se a empregador privado, conforme disposto no art. 173, § 1º, II, da CF/1988.

OJ Nº 125 DA SDI-1 DO TST: DESVIO DE FUNÇÃO. QUADRO DE CARREIRA (alterado em 13.03.2002) O simples desvio funcional do empregado não gera direito a novo enquadramento, mas apenas às diferenças salariais respectivas, mesmo que o desvio de função haja iniciado antes da vigência da CF/1988.

OJ Nº 296 DA SDI-1 DO TST: EQUIPARAÇÃO SALARIAL. ATENDENTE E AUXILIAR DE ENFERMAGEM. IMPOSSIBILIDADE

Sendo regulamentada a profissão de auxiliar de enfermagem, cujo exercício pressupõe habilitação técnica, realizada pelo Conselho Regional de Enfermagem, impossível a equiparação salarial do simples atendente com o auxiliar de enfermagem.

OJ Nº 297 DA SDI-1 DO TST: EQUIPARAÇÃO SALARIAL. SERVIDOR PÚBLICO DA ADMINISTRAÇÃO DIRETA, AUTÁRQUICA E FUNDACIONAL. ART. 37, XIII, DA CF/1988 (DJ 11.08.2003). O art. 37, inciso XIII, da

CF/1988, veda a equiparação de qualquer natureza para o efeito de remuneração do pessoal do serviço público, sendo juridicamente impossível a aplicação da norma infraconstitucional prevista no art. 461 da CLT quando se pleiteia equiparação salarial entre servidores públicos, independentemente de terem sido contratados pela CLT.

OJ Nº 383 DA SDI-1 DO TST: TERCEIRIZAÇÃO. EMPREGADOS DA EMPRESA PRESTADORA DE SERVIÇOS E DA TOMADORA. ISONOMIA. ART. 12, "A", DA LEI Nº 6.019, DE 03.01.1974. (mantida) - Res. 175/2011, DEJT divulgado em 27, 30 e 31.05.2011 A contratação irregular de trabalhador, mediante empresa interposta, não gera vínculo de emprego com ente da Administração Pública, **não afastando, contudo, pelo princípio da isonomia, o direito dos empregados terceirizados às mesmas verbas trabalhistas legais e normativas asseguradas àqueles contratados pelo tomador dos serviços, desde que presente a igualdade de funções**. Aplicação analógica do art. 12, "a", da Lei nº 6.019, de 03.01.1974.

OJ Nº 418 DA SDI-1 DO TST: EQUIPARAÇÃO SALARIAL. PLANO DE CARGOS E SALÁRIOS. APROVAÇÃO POR INSTRUMENTO COLETIVO. AUSÊNCIA DE ALTERNÂNCIA DE CRITÉRIOS DE PROMOÇÃO POR ANTIGUIDADE E MERECIMENTO. (DEJT divulgado em 12, 13 e 16.04.2012) Não constitui óbice à equiparação salarial a existência de plano de cargos e salários que, referendado por norma coletiva, prevê critério de promoção apenas por merecimento ou antiguidade, não atendendo, portanto, o requisito de alternância dos critérios, previsto no art. 461, § 2º, da CLT.

4.3. Informativo do TST

EQUIPARAÇÃO SALARIAL. SÚMULA Nº 6, X, DO TST. CONCEITO DE "MESMA LOCALIDADE". O conceito do termo "mesma localidade", para fins de equiparação salarial, inserto na Súmula nº 6, X, do TST, deve receber nova compreensão a partir de estudo realizado em 2017 pelo Instituto Brasileiro de Geografia e Estatística – IBGE -, que constatou mudanças no ambiente socioespacial brasileiro. O referido estudo revisou as antigas regiões metropolitanas e passou a identificar como divisão regional brasileira as regiões geográficas imediatas e intermediárias, definidas no sítio do IBGE (https://www.ibge.gov.br/geociencias/organizacao-do-territorio/divisao-regional/15778-divisoes-regionais-do-brasil.html?=&t=sobre. Acesso em 19/11/2020.). No caso, discutiu-se a possibilidade de equiparação salarial entre empregados que laboraram nos municípios de Bragança Paulista e Itatiba, municípios limítrofes integrantes da região geográfica intermediária de Campinas, concluindo-se que os municípios estão abrangidos pelo conceito de "mesma localidade", de acordo com a nova divisão regional brasileira. Sob esses fundamentos, a SBDI-I, por maioria, não conheceu do recuso de embargos. Vencidos os Ministros Breno Medeiros, Alexandre Luiz Ramos, Márcio Eurico Vitral Amaro e Maria Cristina Irigoyen Peduzzi. TST-E-ED-RR-10792-65.2016.5.15.0145, SBDI-I, rel. Min. Augusto César Leite de Carvalho, 12/11/2020. **(INFO 229)**

5. QUESTÕES

1. (NC/UFPR - Prefeitura de Curitiba/PR - Procurador - 2019) Concernente à isonomia salarial dos empregados públicos, assinale a alternativa correta.

a) Para os fins previstos no § 2º do art. 461 da CLT, só é válido o quadro de pessoal organizado em carreira quando homologado pelo Ministério do Trabalho.

b) Para efeito de equiparação de salários em caso de trabalho igual, conta-se o tempo de serviço no emprego público, e não na função.

c) A cessão de empregados exclui a equiparação salarial se a função for exercida em órgão governamental estranho à cedente, e se este responde pelos salários do paradigma e do reclamante.

d) A equiparação salarial só é possível se o empregado e o paradigma exercerem a mesma função, desempenhando as mesmas tarefas e em cargos com denominação idêntica ou similar.

e) É vedada a equiparação de qualquer natureza para o efeito de remuneração do pessoal do serviço público, sendo juridicamente impossível a aplicação da norma infraconstitucional prevista no art. 461 da CLT quando se pleiteia equiparação salarial entre servidores públicos, independentemente de terem sido contratados pela CLT.

2. (VUNESP - Prefeitura de Sorocaba/SP - Procurador do Município - 2018) O direito à equiparação salarial pressupõe, entre outros requisitos:

a) a prestação de serviços ao mesmo empregador, em estabelecimentos situados no mesmo município.

b) a diferença de tempo de serviço prestado ao mesmo empregador não superior a 3 (três) anos.

c) a existência de quadro de carreira devidamente homologado perante o órgão local do Ministério do Trabalho e Previdência Social.

d) a indicação de paradigmas que exercem ou exerceram a mesma função, sendo desnecessário que sejam empregados contemporâneos no cargo ou na função.

e) a prestação de serviços ao mesmo empregador, no mesmo estabelecimento empresarial.

3. (VUNESP - Prefeitura de Francisco Morato/SP - Procurador - 2019) A CLT dispõe expressamente sobre alguns dos direitos da pessoa com deficiência no mercado de trabalho. A esse respeito, assinale a alternativa que está em consonância com esses direitos.

a) O trabalhador readaptado em nova função por motivo de deficiência física ou mental atestada pelo órgão competente da Previdência Social não servirá de paradigma para fins de equiparação salarial.

b) O contrato de aprendizagem não poderá ser estipulado por mais de 1 (um) ano quando se tratar de aprendiz portador de deficiência.

c) Para os fins do contrato de aprendizagem, a comprovação da escolaridade de aprendiz com deficiência não deverá considerar as habilidades relacionadas com a profissionalização.

d) É lícita a diferenciação do salário a ser pago ao portador de deficiência, mesmo que em função idêntica dos demais empregados, desde que estipulado por convenção coletiva ou acordo coletivo de trabalho.

e) A idade máxima permitida aos aprendizes portadores de deficiência é de 24 (vinte e quatro) anos.

4. (FCC - Prefeitura de São Luís/MA - Procurador do Município - 2016) Marlene, Josiane e Fernanda trabalham no mercado G, executando as funções de operadoras de caixa na mesma loja, com igual produtividade e perfeição técnica. Marlene ingressou na empresa em Janeiro de 2008 e recebe o salário atual de R$ 2.000,00. Josiane ingressou na empresa em Março de 2013 e recebe o salário atual de R$ 1.900,00. E Fernanda ingressou na empresa em Outubro de 2014, recebendo o salário atual de R$ 1.700,00. Neste caso, preenchidos os demais requisitos legais, de acordo com a Consolidação das Leis do Trabalho,

a) apenas Josiane terá direito à equiparação salarial com Marlene.

b) Fernanda e Josiane só terão direito à equiparação salarial em 2018.

c) não há direito à equiparação salarial em qualquer hipótese.

d) Fernanda e Josiane terão direito à equiparação salarial com Marlene.

e) apenas Fernanda terá direito à equiparação salarial com Josiane.

5. (VUNESP - Prefeitura de Suzano/SP - Prefeitura de Suzano - Procurador Jurídico - 2015) A equiparação salarial é devida quando satisfeitos os requisitos objetivos da Consolidação das Leis do Trabalho,

A independentemente da natureza jurídica do empregador.

B exceto quando o empregador for pessoa jurídica sem finalidade lucrativa.

C inclusive quando o empregador for sociedade de economia mista.

D desde que o desnível salarial não tenha origem em decisão judicial.

E desde que não se trate de trabalho intelectual.

Gabarito: 1. E; 2. E; 3. A; 4. E; 5. C.

Capítulo 5

ALTERAÇÃO, SUSPENSÃO, INTERRUPÇÃO E EXTINÇÃO DO CONTRATO DE TRABALHO NA FAZENDA PÚBLICA

DANILO CANEDO GUEDES[1]

Sumário: 1. Alteração do contrato de trabalho na Administração Pública. 1.1 Noções gerais. 1.2 Especificidades relacionadas à Administração Pública. 2. Suspensão e interrupção do contrato de trabalho na Administração Pública. 3. Extinção do contrato de trabalho na Administração Pública. 3.1 Extinção do contrato de trabalho x estabilidade no serviço público. 3.2 Extinção do contrato de trabalho x aposentadoria voluntária. 3.3 Multa do art. 477 da CLT e sua aplicabilidade à Administração Pública. 4. Compilação jurisprudencial. 5. Questões.

1. ALTERAÇÃO DO CONTRATO DE TRABALHO NA ADMINISTRAÇÃO PÚBLICA

1.1 Noções gerais

A alteração do contrato de trabalho encontra guarida no art. 468 da CLT, que assim dispõe:

> Art. 468 - Nos contratos individuais de trabalho só é lícita a alteração das respectivas condições por mútuo consentimento, e ainda assim desde que não resultem, direta ou indiretamente, prejuízos ao empregado, sob pena de nulidade da cláusula infringente desta garantia.
>
> § 1º Não se considera alteração unilateral a determinação do empregador para que o respectivo empregado reverta ao cargo efetivo, anteriormente ocupado, deixando o exercício de função de confiança.
>
> § 2º A alteração de que trata o § 1o deste artigo, com ou sem justo motivo, não assegura ao empregado o direito à manutenção do pagamento da gratificação

---

1 Graduado em Direito pela Universidade Federal do Tocantins (UFT). Especialista em Direito Constitucional e Direito Administrativo. Procurador da Fazenda Nacional. Professor com experiência em preparação para concursos voltados para Advocacia Pública.

correspondente, que não será incorporada, independentemente do tempo de exercício da respectiva função.

Nota-se claramente que a citada norma prestigiou o **princípio da inalterabilidade contratual prejudicial ao obreiro**[2], que não permite a ocorrência de danos diretos ou indiretos ao trabalhador, mesmo que ele concorde com os termos alterados no contrato.

Vê-se, pois, que são dois os requisitos para a alteração contratual:

a) ausência de prejuízo (direto ou indireto) ao trabalhador;

b) mútuo consentimento.

Como exemplo de alteração contratual lesiva, em termos gerais, tem-se a hipótese de o empregador, de ofício, promover o rebaixamento de função do obreiro, para outra de menor remuneração. Caso a alteração seja considerada prejudicial ao empregado, será considerada nula.

A doutrina trabalhista classifica as alterações do contrato de trabalho em subjetivas e objetivas.

A **alteração subjetiva** refere-se a um dos **sujeitos do contrato de trabalho**. Na esfera trabalhista, somente é admitida a alteração do empregador, porquanto um dos elementos da relação de emprego é justamente a **pessoalidade** do empregado na prestação de serviço, ou seja, em relação ao obreiro o contrato é personalíssimo. Portanto, não se admite que haja alteração subjetiva do contrato de trabalho envolvendo a figura do trabalhador.

Um exemplo de alteração subjetiva do contrato de trabalho é a hipótese de privatização de entidade da Administração Indireta, pois, pelo princípio da continuidade da relação trabalhista, há a conservação dos contratos de trabalho.

Até porque, a privatização acaba sendo uma hipótese de sucessão de empregador, quando, por exemplo, haja significativa alteração na estrutura jurídica do ente privatizado.

Inclusive, caso a contratação pelo ente da Administração Indireta seja, inicialmente, sem concurso público, a posterior privatização da entidade contratante convalida os efeitos do contrato de trabalho. Esse é o entendimento do Tribunal Superior do Trabalho (TST): "convalida-se os efeitos do contrato de trabalho que, considerado nulo por ausência de concurso público, quando celebrado

2 Comporta lembrar que o princípio da inalterabilidade contratual decorre do princípio base do Direito do Trabalho, o princípio da proteção (também chamado de princípio protetor ou tuitivo), que busca compensar juridicamente a condição de hipossuficiente do empregado em relação ao empregador, utilizando-se, como exemplo, da aplicação da norma e da condição mais favoráveis ao obreiro.

originalmente com ente da Administração Pública Indireta, continua a existir após a sua privatização" (Súmula n. 430 do TST).

Em resumo, há continuidade na relação empregatícia, porém, com a empresa privatizada como empregadora.

A **alteração objetiva**, por sua vez, são aquelas promovidas nas cláusulas do contrato de trabalho, como, por exemplo, a alteração da jornada ou do local de trabalho do obreiro.

1.2 Especificidades relacionadas à administração pública

Como se sabe, o regime jurídico mais comum e adequado para disciplinar as relações entre servidores públicos e a Administração Pública é o **estatutário**, que se pauta no interesse público e nos princípios administrativos, sobretudo os da legalidade, impessoalidade, moralidade, publicidade e eficiência.

Quando se fala em Administração Pública, só há o regime único estatutário?

Não. Em relação às pessoas jurídicas de direito público, há a convivência entre o regime estatutário e o celetista no tocante aos entes que, anteriormente à concessão da medida cautelar na ADIn 2135 MC/DF, admitiram servidores sob o regime da CLT, também chamados de **servidores públicos celetistas da Administração Pública Direta, Autárquica e Fundacional**.

Já em relação às pessoas jurídicas de direito privado da Administração Pública Indireta (empresas públicas e sociedades de economia mista), por sua vez, somente é possível a existência de **empregados públicos**, vinculados ao regime da CLT.

Dito isso, destaque-se a dificuldade em aplicar integralmente as normas trabalhistas à Administração Pública, haja vista um conflito de visão. Isso porque, é certo que o Direito do Trabalho encontra esteio na proteção ao empregado (princípio da proteção), por haver uma hipossuficiência deste em relação ao empregador (confronto histórico entre a força de trabalho x detentores do capital).

De forma diversa, no âmbito da Administração Pública, há a predominância do interesse público, o que coloca o ente público em estado de proeminência em relação ao servidor que lhe serve. Isso fica evidente no campo da alteração contratual e seus efeitos.

Uma situação comum é a alteração de horário de trabalho do obreiro. A título de exemplo, imagine que um empregado é, inicialmente, contratado para laborar por 8 horas por dia. Após um tempo, o empregador altera seu contrato de trabalho para reduzir a jornada para 6 horas diárias, sem diminuição salarial. Nessa hipótese, é possível ao empregador retornar o contrato de trabalho para 8 horas em um momento posterior?

Nas relações trabalhistas gerais, não é possível essa alteração, pois é prejudicial ao trabalhador, conflitando, portanto, com o art. 468 da CLT e com o princípio da condição mais benéfica do obreiro.

E no campo da Administração Pública?

A análise em relação à Administração Pública possui outra lógica, devido ao princípio da legalidade, devendo ser feita com calma e distinguindo os entes de direito público e de direito privado.

Em relação aos **servidores públicos celetistas da Administração Pública Direta, Autárquica e Fundacional** a proibição de retorno à jornada inicialmente contratada não prevalece, visto que a jornada de trabalho é definida em lei e prevalece o interesse público da respectiva entidade.

Nesses termos, o Tribunal Superior do Trabalho (TST) possui entendimento no sentido de que o retorno do servidor público celetista à jornada inicialmente contratada não se insere nas vedações do art. 468 da CLT. Cite-se o teor da seguinte orientação jurisprudencial:

> OJ 308 da SBDI I. JORNADA DE TRABALHO. ALTERAÇÃO. RETORNO À JORNADA INICIALMENTE CONTRATADA. SERVIDOR PÚBLICO (DJ 11.08.2003). O retorno do servidor público (administração direta, autárquica e fundacional) à jornada inicialmente contratada não se insere nas vedações do art. 468 da CLT, sendo a sua jornada definida em lei e no contrato de trabalho firmado entre as partes.

Por fim, fazendo-se uma interpretação a *contraio sensu* da orientação jurisprudencial em análise - que expressa o entendimento tão somente para administração direta, autárquica e fundacional - chega-se à conclusão de que, no caso de empresa pública e sociedade de economia mista, por serem entes de direito privado, aplica-se o disposto do art. 468 da CLT, sendo vedado o retorno à jornada anterior.

2. SUSPENSÃO E INTERRUPÇÃO DO CONTRATO DE TRABALHO NA ADMINISTRAÇÃO PÚBLICA

A lógica da relação empregatícia é: por um lado o trabalhador presta serviços para o empregador, com todos os requisitos necessários, e por outro, como contraprestação, recebe a remuneração, bem como o vínculo é mantido.

É sempre assim?

Não. No Direito do Trabalho existem hipóteses em que, mesmo diante da não prestação de serviços pelo empregado, o vínculo empregatício é mantido. Em algumas hipóteses de forma remunerada e em outras não.

Na **interrupção** do contrato de trabalho o obreiro suspende a realização dos serviços que deveria prestar, porém, continua recebendo sua remuneração normalmente, com direito a todas as obrigações decorrentes da relação empregatícia.

Segundo ensina Sérgio Pinto Martins (2003)[3]: "haverá interrupção quando o empregado for remunerado normalmente, embora não preste serviços, contando-se também seu tempo de serviço, mostrando a existência de uma cessão provisória e parcial dos efeitos do contrato de trabalho".

A **suspensão**, por sua vez, ocorre quando não há a prestação de serviços por parte do trabalhador, não tendo, entretanto, a contraprestação salarial, muito menos a contagem de tempo.

Suspensão	Sem salário, sem tempo de serviço
Interrupção	Inclui salário, inclui tempo de serviço

Em ambos os casos, suspensão ou interrupção, "é garantido ao empregado o **retorno ao cargo anteriormente ocupado**, e, também, **garantia dos direitos alcançados pela categoria durante o período de afastamento**[4]" (g.n.), o que inclui novo patamar de salários:

> **Art. 471** - Ao empregado afastado do emprego, são asseguradas, por ocasião de sua volta, todas as vantagens que, em sua ausência, tenham sido atribuídas à categoria a que pertencia na empresa.

Esquematizando:

INTERRUPÇÃO	SUSPENSÃO
- O trabalhador **não presta serviços** e **não se mantém à disposição do empregador**; - O empregador **paga** os salários normalmente; - O período de interrupção **é computado** como tempo de serviço.	- O trabalhador **não presta serviços** e **não se mantém à disposição do empregador**; - O empregador **não paga salários**; - O período de suspensão **não é computado como tempo de serviço**; - Em regra, na suspensão contratual não há recolhimentos vinculados (como o FGTS).

3 MARTINS, Sérgio. Direito do trabalho. 17 ed., São Paulo: Atlas, 2003. p. 317.

4 CORREIA, Henrique. Direito do trabalho para os concursos de analista e TRT e MPU. 10.ed., Salvador: Editora Juspodivm, 2017, p.435.

Sobre o tema interrupção e suspensão do contrato de trabalho em relação à Administração Pública não tem nenhuma celeuma, aos servidores celetistas e aos empregados públicos são aplicadas, como regra, as hipóteses de suspensão e interrupção trazidas na CLT.

Um caso peculiar é o da greve que, como regra, trata-se de hipótese de suspensão do contrato de trabalho. Ocorre que, se após a greve houver acordo ou convenção coletiva que defina o pagamento dos salários referente aos meses de paralisação, será o caso de interrupção do contrato de trabalho.

Esse entendimento é aplicado nos casos de greve dos servidores celetistas da Administração Direta, Autárquica e Fundacional?

Sim. O plenário do Supremo Tribunal Federal (STF) concluiu no dia 27/11/2016 o julgamento do RE 693456, com repercussão geral reconhecida, garantindo a constitucionalidade do desconto dos dias parados em razão de greve de servidor. Por maioria, decidiu que a Administração Pública deve fazer o corte do ponto dos grevistas, porém, admitiu a possibilidade de compensação dos dias parados mediante acordo. Também foi decidido que o desconto não poderá ser feito caso o movimento grevista tenha sido motivado por conduta ilícita do próprio Poder Público.

A tese ficou assim:

> A administração pública deve proceder ao desconto dos dias de paralisação decorrentes do exercício do direito de greve pelos servidores públicos, em virtude da suspensão do vínculo funcional que dela decorre, permitida a compensação em caso de acordo. O desconto será, contudo, incabível se ficar demonstrado que a greve foi provocada por conduta ilícita do Poder Público[5].

Sendo assim, resta claro que a greve, como regra, é hipótese de suspensão do contrato de trabalho, mesmo no caso de servidor público celetista. Entretanto, se for permitida a compensação, não haverá desconto remuneratório, sendo, por conseguinte, causa de interrupção contratual.

3. EXTINÇÃO DO CONTRATO DE TRABALHO NA ADMINISTRAÇÃO PÚBLICA

3.1 Extinção do contrato de trabalho x estabilidade no serviço público

A contratação na seara trabalhista tem como base o **princípio da continuidade da relação de emprego**, do qual se extrai a conclusão de que o contrato de

5 STF. Plenário. RE 693456/RJ, Rel. Min. Dias Toffoli, julgado em 27/10/2016 (repercussão geral) (Info 845).

trabalho deve ter validade por tempo indeterminado, ou seja, o pacto por tempo determinado é exceção.

Porém, o fato de se pregar que o contrato, como regra, tenha que vigorar por tempo indeterminado não se quer dizer que haja uma garantia de estabilidade no emprego para o obreiro.

Rogério Neiva[6] explica que existem três modelos que regem a extinção do contrato de trabalho:

> a) O primeiro envolve o sistema de limitação total que estabelece que o empregador não pode tomar a iniciativa de ruptura, exceto quando houver motivo. Esse modelo foi consagrado pela Convenção 158 da OIT.
>
> b) O segundo modelo envolve o sistema de liberdade total, ou seja, o empregador pode romper o contrato de trabalho a qualquer momento, sem se sujeitar a qualquer restrição, como o pagamento de indenização.
>
> c) O terceiro modelo estabelece que o empregador tem liberdade total para romper o contrato de trabalho, mas impõe restrição, como o pagamento de indenização. É um modelo híbrido.

Qual modelo foi adotado no Brasil?

O segundo modelo, pois, nos termos do art. 7º, inc. I, da CF, é permitida a dispensa sem justa causa pelo empregador, porém, submetida a uma indenização compensatória, dentre outros direitos. Veja o teor do dispositivo:

> Art. 7º São direitos dos trabalhadores urbanos e rurais, além de outros que visem à melhoria de sua condição social:
>
> I - relação de emprego protegida contra despedida arbitrária ou sem justa causa, nos termos de lei complementar, que preverá indenização compensatória, dentre outros direitos;

Assim, como regra, tanto o trabalhador quanto o empregador podem colocar fim ao contrato por prazo indeterminado de forma voluntária, ainda que não tenham motivos para explicitar.

Pois bem, se por um lado existe essa liberalidade conferida ao empregador para dispensar o empregado sem justa causa, por outro, o ordenamento jurídico guardou hipóteses excepcionais de estabilidade no emprego.

Alguns autores defendem a inexistência, exceto no caso dos servidores públicos (art. 41 da CF), de estabilidade no direito brasileiro. Na verdade, o que se

---

6 NEIVA, Rogerio. Direito e processo do trabalho aplicados à administração pública e fazenda pública. 2.ed. Rio de Janeiro: Método, 2015, p. 81.

percebe é a existência de denominadas estabilidades provisórias, como os casos da gestante, do dirigente sindical etc.[7]

No campo da estabilidade *stricto sensu*, surge uma celeuma que conflita o Direito do Trabalho e o Direito Administrativo: o servidor público celetista possui a estabilidade do art. 41 da CF?

Primeiramente, assim dispõe o referido dispositivo constitucional: "São estáveis após três anos de efetivo exercício os servidores nomeados para cargo de provimento efetivo em virtude de concurso público".

Vê-se que a própria norma faz referência aos termos "servidores" e "cargo de provimento efetivo".

Assim, malgrado exista entendimento doutrinário em sentido contrário, o que prevalece é que o art. 41 da CF confere a estabilidade apenas ao **detentor de cargo público**, o que impede a sua aplicação aos empregados públicos.

E no caso do servidor público celetista da Administração Pública Direta, Autárquica e Fundacional?

Dando uma interpretação mais ampla, o Tribunal Superior do Trabalho firmou o seguinte entendimento:

> Súmula nº 390 do TST: ESTABILIDADE. ART. 41 DA CF/1988. CELETISTA. ADMINISTRAÇÃO DIRETA, AUTÁRQUICA OU FUNDACIONAL. APLICABILIDADE. EMPREGADO DE EMPRESA PÚBLICA E SOCIEDADE DE ECONOMIA MISTA. INAPLICÁVEL (conversão das Orientações Jurisprudenciais nºs 229 e 265 da SBDI-1 e da Orientação Jurisprudencial nº 22 da SBDI-2) - Res. 129/2005, DJ 20, 22 e 25.04.2005.
>
> I - O servidor público celetista da administração direta, autárquica ou fundacional é beneficiário da estabilidade prevista no art. 41 da CF/1988. (ex-OJs nºs 265 da SBDI-1 - inserida em 27.09.2002 - e 22 da SBDI-2 - inserida em 20.09.2000)
>
> II - Ao empregado de empresa pública ou de sociedade de economia mista, ainda que admitido mediante aprovação em concurso público, não é garantida a estabilidade prevista no art. 41 da CF/1988. (ex-OJ nº 229 da SBDI-1 - inserida em 20.06.2001)

Percebe-se que o referido enunciado discriminou bem a hipótese de aplicação da referida estabilidade ao servidor público celetista da Administração Direta, Autárquica ou Fundacional. Esse entendimento possui uma lógica, pois, embora sejam celetistas, são servidores que integram o quadro de cargos públicos de pessoas jurídicas de direito público, o que demanda uma maior estabilidade

7 CORREIA, Henrique. Direito do trabalho para os concursos de analista e TRT e MPU. 10.ed., Salvador: Editora Juspodivm, 2017, p. 779.

para possam exercer o "múnus público" sem o temor de perder o emprego por mera liberalidade do ente.

Em relação aos empregados públicos das estatais, não há como manter o raciocínio, já que integram pessoas jurídicas de direito privado. Justamente por isso que o TST, na segunda parte da súmula 390, deixou bem claro que, se o empregado pertencer aos quadros de empresa pública ou sociedade de economia mista, não contará com a estabilidade do art. 41 da CF, **ainda que admitido mediante aprovação em concurso público**.

Esse entendimento é aplicado mesmo no caso das estatais que prestam serviço público?

Sim. O TST não diferiu se as empresas públicas ou sociedades de economia mistas prestam serviços públicos ou exploram atividade econômica, em outras palavras, entendeu pela inaplicabilidade da estabilidade em questão de forma ampla.

Ocorre que, mesmo não sendo o caso de uma estabilidade, um outro debate que surge é a respeito da necessidade ou não de motivação nos casos de demissão de empregado público, visto que o acesso ao emprego público é via concurso público. Nesse sentido, a dispensa dos empregados das empresas públicas e sociedades de economia mista exige motivação?

É um tema que deve ser analisado com calma, distinguindo as estatais prestadoras de serviços públicos das exploradoras de atividade econômica, além da peculiaridade dos Correios (Empresa Brasileira de Correios e Telégrafos - ECT).

No caso das **estatais não prestadoras de serviço público** é inegável a desnecessidade de motivação da dispensa de seus funcionários, dado que, nos termos do art. 173, § 1º, inc. II, da CF, as empresas públicas e sociedades de economia mista exploradoras de atividade econômica se submetem ao regime jurídico próprio das empresas privadas, inclusive quanto aos direitos e obrigações civis, comerciais, trabalhistas e tributários.

Esse entendimento é consolidado na primeira parte da OJ 247 da SBDI 1 do TST, consoante se vê:

> OJ 247. SERVIDOR PÚBLICO. CELETISTA CONCURSADO. DESPEDIDA IMOTIVADA. EMPRESA PÚBLICA OU SOCIEDADE DE ECONOMIA MISTA. POSSIBILIDADE (alterada – Res. nº 143/2007) - DJ 13.11.2007
>
> I - A despedida de empregados de empresa pública e de sociedade de economia mista, mesmo admitidos por concurso público, independe de ato motivado para sua validade;
>
> (...)

Em se tratando de **estatais prestadoras de serviço público**, por seu turno, deve-se atentar à jurisprudência mais recente.

No âmbito do TST, há muito foi dada uma interpretação restritiva em relação à necessidade de motivação, prevalecendo o entendimento de que apenas a ECT está condicionada à motivação do ato de despedia de seus empregados.

A explicação encontra guarida no tratamento de Fazenda Pública que é dispensado à referida empresa pública, a qual possui uma série prerrogativas típicas de entidade de direito público. Esse entendimento foi cristalizado na segunda parte da OJ 247 da SBDI 1:

> OJ 247. SERVIDOR PÚBLICO. CELETISTA CONCURSADO. DESPEDIDA IMOTIVADA. EMPRESA PÚBLICA OU SOCIEDADE DE ECONOMIA MISTA. POSSIBILIDADE (alterada – Res. nº 143/2007) - DJ 13.11.2007
>
> (...) II – A validade do ato de despedida do empregado da Empresa Brasileira de Correios e Telégrafos (ECT) está condicionada à motivação, por gozar a empresa do mesmo tratamento destinado à Fazenda Pública em relação à imunidade tributária e à execução por precatório, além das prerrogativas de foro, prazos e custas processuais.

O STF, por seu turno, no julgamento do RE 589998/PI[8], chegou a entender que, em atenção aos princípios da impessoalidade e isonomia, a dispensa do empregado de empresas públicas e sociedades de economia mista que prestam serviços públicos deveria ser motivada. Ou seja, uma interpretação mais ampla do que a do TST, no sentido de abarcar toda estatal prestadora de serviço público.

Contudo, em 10/10/2018, o Supremo revisou seu posicionamento, ao julgar os embargos de declaração no RE 589998/PI[9]. Na oportunidade, foi definido que apenas a ECT deve, obrigatoriamente, motivar em ato formal a demissão de seus empregados.

Firmou-se, ainda, que não é necessário processo administrativo, apenas uma justificativa que possibilite ao empregado, caso entenda necessário, contestar a dispensa.

O entendimento, então, aplica-se somente à Empresa Brasileira de Correios e Telégrafos (ECT)?

Sim. O relator do RE, ministro Luís Roberto Barroso, observou que o julgamento foi concluído em março de 2013, mas sem que fosse fixada a tese de repercussão geral. Posteriormente, em sessão administrativa realizada em dezembro de 2015, ficou decidido que os ministros formulariam propostas de teses de repercussão geral para os recursos extraordinários de sua relatoria que não possuíam teses expressamente fixadas.

---

8 STF. Plenário RE 589998 ED/PI, Rel. Min. Ricardo Lewandowski, julgado em 20.3.2013.

9 STF. Plenário RE 589998 ED/PI, Rel. Min. Roberto Barroso, julgado em 10/10/2018 (repercussão geral) (Info 919).

No caso do RE 589998, a primeira tese fixada foi genérica, estendendo a motivação de dispensa de empregado às empresas públicas e sociedades de economia mista tanto da União, quanto dos estados, do Distrito Federal e dos municípios. Após, durante parte do julgamento dos embargos de declaração, os ministros discutiram se ampliavam o entendimento do caso a todas empresas públicas de economia mista prestadoras de serviços públicos. Ao final, porém, a maioria concordou que seria mais adequado fixar uma tese minimalista que possa ser aplicada somente a funcionários celetistas da ECT.

Assim, os magistrados restringiram a decisão aos Correios e aprovaram a seguinte tese a ser aplicada pelas instâncias inferiores. "**A ECT tem o dever jurídico de motivar em ato formal a demissão de seus empregados**". (g.n.)

Portanto, caso outras empresas estatais prestadoras de serviço público queiram se beneficiar do mesmo entendimento, terão de recorrer ao STF para tanto.

3.2 Extinção do contrato de trabalho x aposentadoria voluntária

Há muito surgiu um debate na doutrina trabalhista a respeito da possibilidade de extinção do contrato de trabalho pela mera aposentadoria voluntária.

Isso se deveu à inclusão dos parágrafos 1º e 2º ao art. 453 da CLT, que possuíam os seguintes textos:

> Art. 453. No tempo de serviço do empregado, quando readmitido, serão computados os períodos, ainda que não contínuos, em que tiver trabalhado anteriormente na empresa, salvo se houver sido despedido por falta grave, recebido indenização legal ou se aposentado espontaneamente.
>
> § 1º Na aposentadoria espontânea de empregados de empresas públicas e sociedades de economia mista é permitida sua readmissão desde que atendidos aos requisitos constantes do art. 37, inciso XVI, da Constituição, e condicionada à prestação de concurso público.
>
> § 2º O ato da concessão de benefício de aposentadoria a empregado que não tiver completado 35 (trinta e cinco) anos de serviço, se homem, ou 30 (trinta), se mulher, importa em extinção do vínculo empregatício.

Nota-se que a inserção do §1º no art. 453 da CLT, dada pela Lei 9.528/97, deu a entender que a aposentadoria do empregado público ensejava a extinção do contrato de trabalho e a nova contratação dependia de novo concurso público.

Entretanto, o STF, ao analisar a constitucionalidade dos citados parágrafos do art. 453 da CLT, concedeu liminar para suspender a eficácia destes[10], vindo, posteriormente, a julgar em definitivo no sentido de declará-los inconstitucionais.

---

10 STF. Plenário. ADI 1.770-4 DF, Rel. Min. Joaquim Barbosa, julgado em 11/10/2006; STF. Plenário. ADI 1.721-3 DF, Rel. Min. Carlos Britto, julgado em 11/10/2006.

Assim, restou decidido que a aposentadoria espontânea não tem o intento de findar o contrato de trabalho.

Entendimento justo, pois a aposentadoria gera um vínculo distinto do trabalhista. Enquanto este pauta-se na relação empregado/empregador, aquele trabalha com a relação aposentado/INSS, de natureza previdenciária. Inclusive, as expensas do benefício previdenciário ficam por conta do órgão gestor do Regime Geral de Previdência Social.

Outrossim o próprio STF já entendeu[11] que a extinção contratual decorrente de aposentadoria voluntária fere o inc. I art. 7º da CF, que protege o trabalhador da despedida arbitrária. O ordenamento constitucional não autoriza o legislador ordinário a criar modalidade de rompimento automático do vínculo de emprego em desfavor do empregado.

Destaque-se, por fim, que isso não afasta o direito de o empregador romper o contrato de trabalho do empregado aposentado sem justa causa, até porque, como visto anteriormente, no caso das empresas públicas e sociedades de economia mista não se aplica a estabilidade ao empregado público (súmula 390 do TST). Porém, caso o ente opte por esse caminho da rescisão voluntária, terá que arcar com as verbas rescisórias pertinentes, como a multa compensatória do FGTS (40%).

Esse é o entendimento do TST, lançado na OJ 361 da SBDI 1, *vide*:

> OJ 361. APOSENTADORIA ESPONTÂNEA. UNICIDADE DO CONTRATO DE TRABALHO. MULTA DE 40% DO FGTS SOBRE TODO O PERÍODO (DJ 20, 21 e 23.05.2008) A aposentadoria espontânea não é causa de extinção do contrato de trabalho se o empregado permanece prestando serviços ao empregador após a jubilação. Assim, por ocasião da sua dispensa imotivada, o empregado tem direito à multa de 40% do FGTS sobre a totalidade dos depósitos efetuados no curso do pacto laboral.

3.3 Multa do art. 477 da CLT e sua aplicabilidade à administração pública

Após a extinção do contrato de trabalho são devidas verbas rescisórias ao empregado, mesmo quando parte deste o pedido de rescisão.

É claro que o conteúdo das verbas rescisórias depende da forma de extinção, se parte do empregador ou do empregado, se foi com ou sem justa causa.

Sendo assim, a partir do momento em que o contrato de trabalho é extinto, as obrigações dele decorrentes vencem antecipadamente, conforme o caso, devendo ser liquidadas nos prazos do § 6º do art. 477 da CLT, momento em que se procede ao acerto com o empregado.

---

11 RE 449.420/PR, Rel. Min. Sepúlveda Pertence, j. 16.08.2005.

> **Art. 477** [...] § 6º A entrega ao empregado de documentos que comprovem a comunicação da extinção contratual aos órgãos competentes bem como o pagamento dos valores constantes do instrumento de rescisão ou recibo de quitação deverão ser efetuados até dez dias contados a partir do término do contrato.

Destaque-se que o dispositivo retro sofreu alteração pela Lei 13.467/2017 (reforma trabalhista). Anteriormente, os prazos para o pagamento das verbas rescisórias estavam condicionados ao tipo de aviso prévio, se trabalhado, o termo era o primeiro dia útil seguinte ao término do contrato; lado outro, caso fosse indenizado, a data do acerto rescisório era até 10 (dez) dias, contados da notificação da extinção do contrato.

Após a reforma trabalhista, independentemente da modalidade do aviso prévio, o pagamento das verbas rescisórias deverá ser feito até 10 (dez), contados do término do contrato de trabalho[12].

Um outro destaque da reforma trabalhista foi a revogação do § 1º do art. 477 da CLT, que condicionava a validade da extinção dos contratos com mais de 01 (um) ano de duração à assistência do sindicato ou à presença perante a autoridade do Ministério do Trabalho (§ 3º). Esse ponto, de toda forma, era inaplicável à Administração Pública.

Em resumo, a partir da rescisão do contrato de trabalho, o empregador deverá: (i) proceder à anotação da extinção na Carteira de Trabalho e Previdência Social/CTPS (*caput* do art. 477 da CLT); (ii) comunicar a dispensa aos órgãos competentes; e, (iii) realizar o pagamento das verbas rescisórias até 10 (dez) dias, contados do término do contrato de trabalho (§ 6º do art. 477 da CLT).

Caso não haja o pagamento das verbas rescisórias no prazo legal, a CLT prevê, no § 8º do art. 477, a aplicação de uma multa ao empregador. Trata-se de uma sanção equivalente ao valor de um salário do empregado, conforme se vê:

> § 8º A inobservância do disposto no § 6º deste artigo sujeitará o infrator à multa de 160 BTN, por trabalhador, bem assim ao pagamento da multa a favor do empregado, em valor equivalente ao seu salário, devidamente corrigido pelo índice de variação do BTN, salvo quando, comprovadamente, o trabalhador der causa à mora.

Ressalte-se que a referida penalidade é aplicada independentemente do tipo de extinção do contrato de trabalho, quando as parcelas decorrentes da extinção do contrato de trabalho não forem pagas no prazo legal.

---

12 Com o novo texto do § 6º do art. 477 da CLT a OJ 14 da SBDI 1 foi superada, pois, ainda que o aviso prévio seja cumprido em casa, deve-se aplicar o prazo legal de 10 dias, consoante explicado acima.

Pois bem, caso uma pessoa jurídica de direito público não pague o acerto rescisório no prazo legal da CLT, é aplicável a referida multa?

Sim. O TST possui o entendimento de que as pessoas jurídicas de direito público sujeitam-se à multa por atraso no pagamento das verbas rescisórias, conforme teor da OJ 238 da SDI-1:

> OJ 238, SDI-1, TST. MULTA. ART. 477 DA CLT. PESSOA JURÍDICA DE DIREITO PÚBLICO. APLICÁVEL (inserido dispositivo) - Res. 129/2005, DJ 20, 22 e 25.04.2005. Submete-se à multa do artigo 477 da CLT a pessoa jurídica de direito público que não observa o prazo para pagamento das verbas rescisórias, pois nivela-se a qualquer particular, em direitos e obrigações, despojando-se do "jus imperii" ao celebrar um contrato de emprego.

4. COMPILAÇÃO JURISPRUDENCIAL

Súmula nº 430 do TST: ADMINISTRAÇÃO PÚBLICA INDIRETA. CONTRATAÇÃO. AUSÊNCIA DE CONCURSO PÚBLICO. NULIDADE. ULTERIOR PRIVATIZAÇÃO. CONVALIDAÇÃO. INSUBSISTÊNCIA DO VÍCIO - Res. 177/2012, DEJT divulgado em 13, 14 e 15.02.2012. Convalidam-se os efeitos do contrato de trabalho que, considerado nulo por ausência de concurso público, quando celebrado originalmente com ente da Administração Pública Indireta, continua a existir após a sua privatização.

Súmula nº 390 do TST: ESTABILIDADE. ART. 41 DA CF/1988. CELETISTA. ADMINISTRAÇÃO DIRETA, AUTÁRQUICA OU FUNDACIONAL. APLICABILIDADE. EMPREGADO DE EMPRESA PÚBLICA E SOCIEDADE DE ECONOMIA MISTA. INAPLICÁVEL (conversão das Orientações Jurisprudenciais nºs 229 e 265 da SBDI-1 e da Orientação Jurisprudencial nº 22 da SBDI-2) - Res. 129/2005, DJ 20, 22 e 25.04.2005

I - O servidor público celetista da administração direta, autárquica ou fundacional é beneficiário da estabilidade prevista no art. 41 da CF/1988. (ex-OJs nºs 265 da SBDI-1 - inserida em 27.09.2002 - e 22 da SBDI-2 - inserida em 20.09.2000)

II - Ao empregado de empresa pública ou de sociedade de economia mista, ainda que admitido mediante aprovação em concurso público, não é garantida a estabilidade prevista no art. 41 da CF/1988. (ex-OJ nº 229 da SBDI-1 - inserida em 20.06.2001)

OJ 308, SDI-1, JORNADA DE TRABALHO. ALTERAÇÃO. RETORNO À JORNADA INICIALMENTE CONTRATADA. SERVIDOR PÚBLICO (DJ 11.08.2003)

O retorno do servidor público (administração direta, autárquica e fundacional) à jornada inicialmente contratada não se insere nas vedações do art. 468 da CLT, sendo a sua jornada definida em lei e no contrato de trabalho firmado entre as partes.

OJ 247, SDI-1, SERVIDOR PÚBLICO. CELETISTA CONCURSADO. DESPEDIDA IMOTIVADA. EMPRESA PÚBLICA OU SOCIEDADE DE ECONOMIA MISTA. POSSIBILIDADE (alterada – Res. nº 143/2007) - DJ 13.11.2007.

I - A despedida de empregados de empresa pública e de sociedade de economia mista, mesmo admitidos por concurso público, independe de ato motivado para sua validade;

II – A validade do ato de despedida do empregado da Empresa Brasileira de Correios e Telégrafos (ECT) está condicionada à motivação, por gozar a empresa do mesmo tratamento destinado à Fazenda Pública em relação à imunidade tributária e à execução por precatório, além das prerrogativas de foro, prazos e custas processuais.

OJ 361, SDI-1, APOSENTADORIA ESPONTÂNEA. UNICIDADE DO CONTRATO DE TRABALHO. MULTA DE 40% DO FGTS SOBRE TODO O PERÍODO (DJ 20, 21 e 23.05.2008) A aposentadoria espontânea não é causa de extinção do contrato de trabalho se o empregado permanece prestando serviços ao empregador após a jubilação. Assim, por ocasião da sua dispensa imotivada, o empregado tem direito à multa de 40% do FGTS sobre a totalidade dos depósitos efetuados no curso do pacto laboral.

OJ 238, SDI-1, TST. MULTA. ART. 477 DA CLT. PESSOA JURÍDICA DE DIREITO PÚBLICO. APLICÁVEL (inserido dispositivo) - Res. 129/2005, DJ 20, 22 e 25.04.2005. Submete-se à multa do artigo 477 da CLT a pessoa jurídica de direito público que não observa o prazo para pagamento das verbas rescisórias, pois nivela-se a qualquer particular, em direitos e obrigações, despojando-se do "jus imperii" ao celebrar um contrato de emprego.

TESE: A administração pública deve proceder ao desconto dos dias de paralisação decorrentes do exercício do direito de greve pelos servidores públicos, em virtude da suspensão do vínculo funcional que dela decorre, permitida a compensação em caso de acordo. O desconto será, contudo, incabível se ficar demonstrado que a greve foi provocada por conduta ilícita do Poder Público (STF. Plenário. RE 693456/RJ, Rel. Min. Dias Toffoli, julgado em 27/10/2016 (repercussão geral) (Info 845).

EMENTA: AÇÃO DIRETA DE INCONSTITUCIONALIDADE. READMISSÃO DE EMPREGADOS DE EMPRESAS PÚBLICAS E SOCIEDADES DE ECONOMIA MISTA. ACUMULAÇÃO DE PROVENTOS E VENCIMENTOS. EXTINÇÃO DO VÍNCULO EMPREGATÍCIO POR APOSENTADORIA ESPONTÂNEA. NÃO-CONHECIMENTO. INCONSTITUCIONALIDADE.

Lei 9.528/1997, que dá nova redação ao § 1º do art. 453 da Consolidação das Leis do Trabalho – CLT –, prevendo a possibilidade de readmissão de empregado de empresa pública e sociedade de economia mista aposentado espontaneamente. Art. 11 da mesma lei, que estabelece regra de transição.

Não se conhece de ação direta de inconstitucionalidade na parte que impugna dispositivos cujos efeitos já se exauriram no tempo, no caso, o art. 11 e parágrafos.

É inconstitucional o § 1º do art. 453 da CLT, com a redação dada pela Lei 9.528/1997, quer porque permite, como regra, a acumulação de proventos e vencimentos – vedada pela jurisprudência do Supremo Tribunal Federal –, quer porque se funda na idéia de que a aposentadoria espontânea rompe o vínculo empregatício.

Pedido não conhecido quanto ao art. 11, e parágrafos, da Lei nº 9.528/1997. Ação conhecida quanto ao § 1º do art. 453 da Consolidação das Leis do Trabalho, na redação dada pelo art. 3º da mesma Lei 9.528/1997, para declarar sua inconstitucionalidade." (STF. Plenário. ADI 1.770-4 DF, Rel. Min. Joaquim Barbosa, julgado em 11/10/2006)

EMENTA: AÇÃO DIRETA DE INCONSTITUCIONALIDADE. ARTIGO 3º DA MEDIDA PROVISÓRIA Nº 1.596-14/97, CONVERTIDA NA LEI Nº 9.528/97, QUE ADICIONOU AO ARTIGO 453 DA CONSOLIDAÇÃO DAS LEIS DO TRABALHO UM SEGUNDO PARÁGRAFO

PARA EXTINGUIR O VÍNCULO EMPREGATÍCIO QUANDO DA CONCESSÃO DA APOSENTADORIA ESPONTÂNEA. PROCEDÊNCIA DA AÇÃO. 1. A conversão da medida provisória em lei prejudica o debate jurisdicional acerca da "relevância e urgência" dessa espécie de ato normativo. 2. Os valores sociais do trabalho constituem: a) fundamento da República Federativa do Brasil (inciso IV do artigo 1º da CF); b) alicerce da Ordem Econômica, que tem por finalidade assegurar a todos existência digna, conforme os ditames da justiça social, e, por um dos seus princípios, a busca do pleno emprego (artigo 170, caput e inciso VIII); c) base de toda a Ordem Social (artigo 193). Esse arcabouço principiológico, densificado em regras como a do inciso I do artigo 7º da Magna Carta e as do artigo 10 do ADCT/88, desvela um mandamento constitucional que perpassa toda relação de emprego, no sentido de sua desejada continuidade. 3. A Constituição Federal versa a aposentadoria como um benefício que se dá mediante o exercício regular de um direito. E o certo é que o regular exercício de um direito não é de colocar o seu titular numa situação jurídico-passiva de efeitos ainda mais drásticos do que aqueles que resultariam do cometimento de uma falta grave (sabido que, nesse caso, a ruptura do vínculo empregatício não opera automaticamente). 4. O direito à aposentadoria previdenciária, uma vez objetivamente constituído, se dá no âmago de uma relação jurídica entre o segurado do Sistema Geral de Previdência e o Instituto Nacional de Seguro Social. Às expensas, portanto, de um sistema atuarial-financeiro que é gerido por esse Instituto mesmo, e não às custas desse ou daquele empregador. 5. O Ordenamento Constitucional não autoriza o legislador ordinário a criar modalidade de rompimento automático do vínculo de emprego, em desfavor do trabalhador, na situação em que este apenas exercita o seu direito de aposentadoria espontânea, sem cometer deslize algum. 6. A mera concessão da aposentadoria voluntária ao trabalhador não tem por efeito extinguir, instantânea e automaticamente, o seu vínculo de emprego. 7. Inconstitucionalidade do § 2º do artigo 453 da Consolidação das Leis do Trabalho, introduzido pela Lei nº 9.528/97. (STF. Plenário. ADI 1.721-3 DF, Rel. Min. Carlos Britto, julgado em 11/10/2006)

5. QUESTÕES

1. (CESPE - TRT 5ª Região - Analista Judiciário/Execução de mandados – 2008) Acerca do trabalho extraordinário, dos intervalos interjornadas e das alterações no contrato de trabalho, julgue os itens a seguir.

O TST entende que, se o servidor público tiver sua jornada de trabalho reduzida, poderá o empregador determinar seu retorno à jornada anterior, inicialmente contratada, sem que essa alteração no contrato de trabalho seja considerada ilícita.

2. (PUC/PR - TRT 9ª Região - Juiz do Trabalho – 2007) À luz das disposições legais que regulam a matéria e considerando a jurisprudência dominante no Tribunal Superior do Trabalho, examine as assertivas abaixo:

I. Tendo sido contratados pelo regime da CLT, fazem jus os servidores públicos, inclusive aqueles da administração direta, autárquica e fundacional, à equiparação salarial prevista no artigo 461 da CLT, desde que presentes os requisitos ali estabelecidos. Segundo o art. 461, caput, da CLT, "Sendo idêntica a função, a todo trabalho de igual valor, prestado ao mesmo empregador, na mesma localidade, corresponderá igual salário, sem distinção de sexo, nacionalidade ou idade".

II. O retorno do servidor público da administração direta, autárquica e fundacional à jornada inicialmente contratada não se insere nas vedações do art. 468 da CLT, sendo a sua jornada definida em lei e no contrato de trabalho ajustado entre as partes. Segundo o art. 468, caput, da CLT, "Nos contratos individuais de trabalho só é lícita a alteração das respectivas condições, por mútuo consentimento, e, ainda assim, desde que não resultem, direta ou indiretamente, prejuízos ao empregado, sob pena de nulidade da cláusula infringente dessa garantia."

III. A verificação do respeito ao direito ao salário mínimo não é apurável pelo confronto isolado do salário-base do servidor público com o mínimo legal, mas deste com a soma de todas as parcelas de natureza salarial recebidas pelo empregado diretamente do empregador.

IV. O servidor público celetista da administração direta, autárquica ou fundacional é beneficiário da estabilidade prevista no art. 41 da Constituição Federal, que dispõe que "São estáveis após três anos de efetivo exercício, os servidores nomeados para cargo de provimento efetivo em virtude de concurso público".

V. Os servidores públicos civis da União, dos Estados, do Distrito Federal e dos Municípios, da administração direta, autárquica, das fundações públicas, das empresas públicas e das sociedades de economia mista, em exercício na data da promulgação da Constituição Federal/88, há pelo menos cinco anos continuados, e que não tenham sido admitidos mediante concurso público, são considerados estáveis no serviço público.

Assinale a alternativa correta:

A) Todas as proposições estão corretas;

B) Apenas uma proposição está correta;

C) Apenas duas proposições estão corretas;

D) Apenas três proposições estão corretas;

E) Apenas quatro proposições estão corretas.

3. (FCC - TRT 18 Região - Juiz do Trabalho - 2014) O Tribunal Superior do Trabalho produziu diversas súmulas e orientações jurisprudenciais, consolidando sua jurisprudência no tocante ao regime de trabalho dos servidores públicos regidos pela Consolidação das Leis Trabalhistas. NÃO está compreendido no repertório de súmulas e orientações jurisprudenciais vigentes, o seguinte enunciado:

A) Aplica-se aos servidores públicos da Administração direta, autárquica e fundacional o disposto no art. 461 da CLT, no que se refere à equiparação salarial entre funções iguais, desde que o paradigma também tenha sido contratado pelo regime celetista.

B) O servidor público celetista da Administração direta, autárquica ou fundacional é beneficiário da estabilidade prevista no art. 41 da CF/1988.

C) Ao empregado de empresa pública ou de sociedade de economia mista, ainda que admitido mediante aprovação em concurso público, não é garantida a estabilidade prevista no art. 41 da CF/1988.

D) A contratação de servidor público, após a CF/1988, sem prévia aprovação em concurso público, encontra óbice no respectivo art. 37, II e § 2º, somente lhe conferindo direito ao pagamento da contraprestação pactuada, em relação ao número de horas trabalhadas, respeitado o valor da hora do salário mínimo, e dos valores referentes aos depósitos do FGTS.

E) A validade do ato de despedida do empregado da Empresa Brasileira de Correios e Telégrafos (ECT) está condicionada à motivação, por gozar a empresa do mesmo tratamento destinado à Fazenda Pública em relação à imunidade tributária e à execução por precatório, além das prerrogativas de foro, prazos e custas processuais.

4. (CESPE - PGE/PE - ANALISTA JUDICIÁRIO DE PROCURADORIA – 2019) A respeito de contrato individual de trabalho e de rescisão do contrato de trabalho, julgue o item seguinte.

A dispensa sem justa causa de empregado concursado de empresa pública deve ser previamente motivada, em razão das garantias previstas para o ingressante por concurso público

---

Gabarito: 1. Certo; 2. D; 3. A; 4. Errada.

Capítulo 6

SUCESSÃO TRABALHISTA E A FAZENDA PÚBLICA

FABÍOLA VILELA CHAVES MARCOLINO[1]

MAKENA MARCHESI[2]

1. INTRODUÇÃO

O contrato de trabalho é *intuitu personae* em relação ao empregado, contudo, o mesmo não ocorre no tocante ao empregador. Se de um lado a relação laboral é marcada pela pessoalidade do obreiro, do outro predomina a impessoalidade da figura do empregador.

Nesse contexto, a alteração subjetiva do contrato de trabalho só é possível em relação ao empregador, apenas este pode ser substituído ou modificado sem que isto implique a resolução contratual.

Quando falamos em alteração subjetiva do contrato de trabalho nos referimos ao instituto jurídico conhecido como sucessão trabalhista ou sucessão de empregadores. O estudo dessa sucessão revela-se de suma importância para o Direito Trabalhista, uma vez que, embora a alteração do empregador não afete a relação laboral, produzem-se efeitos capazes de repercutir na responsabilidade pelos créditos e encargos trabalhistas.

---

1 Graduada em Direito pela Universidade Federal da Paraíba. Pós-graduada em Direito Público. Pós-graduada em Direito Constitucional. Procuradora Municipal.

2 Graduada em Direito pela Universidade Federal do Espírito Santo. Pós-graduada pela Escola Superior do Ministério Público do Espírito Santo. Mestre em Direito Processual Civil pela Universidade Federal do Espírito Santo. Analista Judiciária do Tribunal de Justiça do Espírito Santo.

Face às inúmeras peculiaridades que permeiam as relações envolvendo o Poder Público, especialmente no que tange aos agentes públicos, e, sabendo que a Administração Pública pode figurar tanto como sucessora quanto como sucedida, o tema também possui grande destaque no âmbito da advocacia pública.

No presente capítulo, serão apresentados em linhas gerais os fundamentos, requisitos e efeitos da sucessão trabalhista, tendo como enfoque os casos especiais que envolvem o Poder Público, em continuidade às considerações feitas no capítulo anterior.

2. SUCESSÃO TRABALHISTA: NOÇÕES GERAIS

A sucessão trabalhista é o instituto jurídico através do qual, em razão da transferência de titularidade de empresa ou estabelecimento, ocorre transmissão de créditos e assunção de dívidas trabalhistas entre o sucessor e o sucedido.[3]

O instituto surge da convergência de três princípios do Direito do Trabalho: (i) princípio da despersonalização do empregador; (ii) princípio da intangibilidade objetiva do contrato empregatício; e (iii) princípio da continuidade do contrato de trabalho.

Como visto nas notas introdutórias, o contrato de trabalho é, em regra, impessoal em relação ao empregador. Isto porque, de acordo com o artigo 2º da Consolidação das Leis do Trabalho - CLT, empregador é "a empresa, individual ou coletiva, que, assumindo os riscos da atividade econômica, admite, assalaria e dirige a prestação pessoal de serviço". O dispositivo citado contempla o **princípio da despersonalização do empregador**, que implica a diferenciação entre empresa e empresário. Assim, os contratos trabalhistas são firmados entre empregado e a empresa, e não com titular ou proprietário do empreendimento.

Tal entendimento está intimamente ligado à **intangibilidade objetiva do contrato empregatício**, princípio que determina que as alterações na titularidade da empresa, ou seja, alterações subjetivas, não modificam as cláusulas contratuais, que se mantêm integralmente inalteradas.

Nesse diapasão, são preservadas não apenas as cláusulas do contrato, mas a própria relação laboral em si. Observa-se, portanto, que a união dos dois princípios acima abordados garante a efetivação do **princípio da continuidade do contrato de trabalho**.

Do ponto de vista legal, a sucessão de empregadores encontra seu fundamento em dois dispositivos, os artigos 10 e 448 da CLT, que assim dispõem:

3 DELGADO, Mauricio Godinho. Curso de direito do trabalho. 16. ed. rev. e ampl. São Paulo: LTr, 2017, p. 474.

> Art. 10 - Qualquer alteração na estrutura jurídica da empresa não afetará os direitos adquiridos por seus empregados.
>
> Art. 448 - A mudança na propriedade ou na estrutura jurídica da empresa não afetará os contratos de trabalho dos respectivos empregados.

A leitura dos artigos acima transcritos corrobora com o conteúdo dos princípios abordados anteriormente, revelando um alinhamento entre os fundamentos doutrinário e legal da sucessão trabalhista.

Importante salientar que a Reforma Trabalhista, Lei 13.467/2017, introduziu na CLT um importante dispositivo sobre a sucessão trabalhista, o art. 448-A, que regula os seus efeitos jurídicos, assunto que será abordado em tópico próprio.

2.1. Requisitos para configuração

A doutrina tradicional aponta dois requisitos cumulativos para que seja configurada a sucessão trabalhista, são eles: i) **transferência do estabelecimento de um titular para outro**; e ii) **continuidade da prestação laborativa**.

Sobre o primeiro requisito, é pacífico o entendimento de ser necessária a transferência de titularidade do estabelecimento enquanto **unidade econômica-jurídica**. Ou seja, parte significativa do estabelecimento ou da empresa deve ser transferida, de modo que possibilite a continuidade da exploração da atividade econômica do sucedido pelo sucessor.

Quanto ao segundo requisito, cumpre esclarecer que parcela da doutrina, com apoio da jurisprudência, tem criticado a exigência da continuidade da prestação laborativa. Nesse sentido, confira-se julgado do TST:

> "AGRAVO DE INSTRUMENTO. RECURSO DE REVISTA. PROCESSO SOB A ÉGIDE DA LEI 13.015/2014. ARRENDAMENTO. SUCESSÃO TRABALHISTA. RESPONSABILIDADE SOLIDÁRIA. MATÉRIA FÁTICA. SÚMULA 126/TST. A sucessão de empregadores, figura regulada pelos arts. 10 e 448 da CLT, consiste no instituto justrabalhista em que há transferência interempresarial de créditos e assunção de dívidas trabalhistas entre alienante e adquirente envolvidos. A sucessão, em sua vertente clássica, envolve dois requisitos: a) que uma unidade econômico-jurídica seja transferida de um para outro titular e b) que não haja solução de continuidade na prestação de serviços pelo obreiro. **A nova vertente interpretativa do instituto sucessório trabalhista insiste que o requisito essencial à figura é tão só a garantia de que qualquer mudança intra ou interempresarial não venha afetar os contratos de trabalho - <u>independentemente de ter ocorrido a continuidade da prestação laborativa</u>.** Isso significa que qualquer mudança intra ou interempresarial que seja significativa, a ponto de afetar os contratos empregatícios, seria hábil a provocar a incidência dos arts. 10 e 448 da CLT. **Cabe, ainda, reiterar que <u>a noção tida como fundamental é a de transferência de uma universalidade,</u>**

> **ou seja, a transferência de parte significativa do(s) estabelecimento(s) ou da empresa de modo a afetar significativamente os contratos de trabalho.** Assim, a passagem para outro titular de uma fração importante de um complexo empresarial (bens materiais e imateriais), comprometendo de modo importante o antigo complexo, pode ensejar a sucessão de empregadores, por afetar de maneira importante os antigos contratos de trabalho. Desse modo, qualquer título jurídico hábil a operar a transferência de universalidade no Direito brasileiro (compra e venda, arrendamento, concessão, permissão, delegação etc.) é compatível com a sucessão de empregadores. É indiferente, portanto, à ordem justrabalhista, a modalidade de título jurídico utilizada para o trespasse efetuado. Nesse contexto, a decisão do Tribunal Regional, que manteve a responsabilidade solidária da ora Recorrente, encontra-se em plena harmonia com a ordem jurídica vigente, pois a sucessão trabalhista opera uma assunção plena de direitos e obrigações trabalhistas pelo novo titular da empresa ou estabelecimento - que passa a responder, na qualidade de empregador sucessor, pelo passado, presente e futuro dos contratos empregatícios. Agravo de instrumento desprovido" (AIRR-20027-66.2014.5.04.0522, 3ª Turma, Relator Ministro Mauricio Godinho Delgado, DEJT 24/06/2016). (grifo nosso)

Embora exista a discussão, em provas objetivas de concursos públicos, o candidato deve estar atento aos dois requisitos tradicionalmente apontados pela doutrina clássica.

2.2 Exceções

A sucessão trabalhista é aplicável indistintamente tanto aos empregados urbanos quanto aos rurais, bastando para tanto a existência de vínculo empregatício.

Cabe ressaltar que existem algumas situações particulares nas quais não se aplicam as regras da sucessão trabalhista, é o caso do i) **empregado doméstico**; e ii) **falência ou recuperação judicial.**

O empregador doméstico é definido como a pessoa ou família que admite a seu serviço, sem finalidade lucrativa e em âmbito de sua residência, empregado doméstico. Tal conceituação afasta-o da figura prevista pela CLT, que considera como empregador a empresa que assume o risco da atividade econômica. Logo, inaplicáveis as normas e efeitos da sucessão trabalhista para essa categoria de empregadores, uma vez que o instituto jurídico refere-se a empresas.

Corroborando com este entendimento, o art. 7º, alínea 'a', da CLT estabelece que, salvo quando expressamente determinado, não se aplicam aos empregados domésticos os preceitos constantes daquele diploma. Assim, a relação laboral firmada com o empregado doméstico possui regramento próprio, a Lei Complementar n. 150/2015.

No tocantes às modificações de titularidade de empresas ou estabelecimentos decorrentes de aquisição em leilão ou hasta pública no caso de falência ou recuperação judicial, não haverá sucessão do arrematante nas obrigações do devedor, conforme se depreende do art. 141, inciso II e, do art. 60, parágrafo único, ambos da Lei de Falências (Lei 11.101/2005).

As demais situações às quais não se aplicam a sucessão trabalhista e envolvam a Administração Pública serão vistas logo mais em tópico individual.

2.3 Efeitos

Acerca da sucessão trabalhista, a CLT se limitava a prever que "qualquer alteração na estrutura jurídica da empresa não afetará os direitos adquiridos por seus empregados" (art. 448, CLT).

Sem embargo, a Lei nº 13.467/17 tratou do tema de forma pormenorizada, acrescentando o artigo 448-A, consoante o qual, na sucessão empresarial ou de empregadores, a responsabilidade pelas obrigações trabalhistas incumbe ao sucessor, inclusive aquelas anteriores à formalização.

Desse modo, prescreve a CLT como efeito jurídico da sucessão a transferência de débitos para o sucessor, que passa a ser o único e principal responsável pelo adimplemento e execução dos contratos de emprego anteriormente mantidos pela sucedida.

Registre-se, contudo, que, **excepcionalmente**, será cabível a responsabilização solidária da empresa sucedida, a qual integrará o polo passivo de eventual reclamação trabalhista em litisconsórcio, o que ocorrerá quando a sucessão decorrer de fraude, nos termos do parágrafo único do artigo 448-A.

A propósito, é comum sucessor e sucedido estabelecerem, por meio de cláusula contratual, a exclusão da responsabilidade da sucessora pelos haveres trabalhistas da sucedida. Contudo, a referida cláusula somente possui validade para efeitos de ação regressiva entre as empregadoras, não produzindo efeitos quanto aos empregados, haja vista os princípios protetivos do Direito do Trabalho.

> RECURSO DE REVISTA 1. ILEGITIMIDADE PASSIVA AD CAUSAM. SUCESSÃO DE EMPREGADORES. RESPONSABILIDADE DO SUCESSOR PELOS CRÉDITOS TRABALHISTAS. De acordo com a jurisprudência pacífica desta Corte Superior, constatada a sucessão trabalhista, cabe à empresa sucessora o adimplemento dos créditos trabalhistas, motivo pelo qual não há que se falar em sua ilegitimidade passiva ou irresponsabilidade pelos créditos anteriores à prestação de serviços. Precedentes. Incidência da Súmula n. 333 e do artigo 896, § 7º, da CLT. Recurso de revista de que não se conhece. [...] (RR-245000-67.2007.5.02.0081, 5ª Turma, Relator Ministro Guilherme Augusto Caputo Bastos, DEJT 10/12/2015).

Especificamente quanto à responsabilidade do sócio retirante em relação ao período em que figurou na sociedade, a Lei nº 13.467/17 acrescentou o artigo

10-A, que prevê ser subsidiária, aplicando-se somente às ações ajuizadas até dois anos após averbada a modificação do contrato.

Por seu turno, os incisos do referido artigo elencam a ordem de preferência a ser seguida em busca do adimplemento da obrigação, de modo que, somente na impossibilidade de adimplemento pela empresa devedora e por seus sócios atuais, o sócio retirante terá de arcar com os valores.

Ademais, a exemplo do que ocorre na sucessão empresarial, também será solidária a responsabilidade do sócio retirante em caso de fraude na alteração societária, conforme previsão do parágrafo único do artigo 10-A da CLT.

3. SUCESSÃO TRABALHISTA E A ADMINISTRAÇÃO PÚBLICA

A alienação da empresa pode ter natureza privada (ex: locação, arrendamento, compra e venda) ou se dar a título público, por meio de (i) privatização ou leilão público ou desestatização; (ii) estatização; (iii) substituição de concessionário de serviço público; (iv) desmembramento de Município; (v) cartórios extrajudiciais.

Especificamente no que tange à sucessão a título privado, o sucessor assume o contrato de trabalho, respondendo pelo ativo e passivo da sucedida, nos termos da OJ nº 261 da SDI-I do TST[4]. Por outro lado, quando se trata da troca de concessionário de serviço público, o TST isenta o novo arrendatário ou concessionário das obrigações decorrentes dos contratos extintos antes da sucessão, conforme teor da OJ nº 225 da SDI-I do TST[5]. Já quando ocorre o desmembramento de Município, desonera-se o sucessor de todas as obrigações trabalhistas dos contratos extintos ou vigentes, a teor da OJ nº 92 da SDI-I do TST[6].

---

4 OJ nº 261 da SDI-I do TST: "As obrigações trabalhistas, inclusive as contraídas à época em que os empregados trabalhavam para o banco sucedido, são de responsabilidade do sucessor, uma vez que a este foram transferidos os ativos, as agências, os direitos e deveres contratuais, caracterizando típica sucessão trabalhista."

5 OJ nº 225 da SDI-I do TST: "Celebrado contrato de concessão de serviço público em que uma empresa (primeira concessionária) outorga a outra (segunda concessionária), no todo ou em parte, mediante arrendamento, ou qualquer outra forma contratual, a título transitório, bens de sua propriedade:

I - em caso de rescisão do contrato de trabalho após a entrada em vigor da concessão, a segunda concessionária, na condição de sucessora, responde pelos direitos decorrentes do contrato de trabalho, sem prejuízo da responsabilidade subsidiária da primeira concessionária pelos débitos trabalhistas contraídos até a concessão;

II - no tocante ao contrato de trabalho extinto antes da vigência da concessão, a responsabilidade pelos direitos dos trabalhadores será exclusivamente da antecessora."

6 OJ nº 92 da SDI-I do TST: "Em caso de criação de novo município, por desmembramento, cada uma das novas entidades responsabiliza-se pelos direitos trabalhistas do empregado no período em que figurarem como real empregador."

A fim de aprofundar o estudo acerca das hipóteses de sucessão envolvendo a Administração e suas respectivas consequências, analisaremos a seguir cada uma delas.

3.1 Privatização ou desestatização

Ocorre quando há a venda de uma empresa estatal para uma empresa privada.

A redação original da Lei nº 8.031/90, que instituiu o Programa Nacional de Desestatização, possibilitava a exclusão da responsabilidade do adquirente ou a manutenção dos débitos trabalhistas do sucedido pelo edital de alienação. Assim, não haveria sucessão das dívidas existentes no momento da privatização.

Sem embargo, a Lei nº 9.491/97 excluiu os dispositivos que permitiam a irresponsabilidade do sucessor pelos débitos anteriores. Atualmente, considera-se que, preenchidos os requisitos necessários à sucessão, a alienação de uma empresa de direito público a outra de direito privado acarreta sucessão, inclusive dos contratos dos trabalhadores que ingressaram na Administração Direta ou Indireta sem concurso público, *ex vi* da súmula 430 do TST:

> ADMINISTRAÇÃO PÚBLICA INDIRETA. CONTRATAÇÃO. AUSÊNCIA DE CONCURSO PÚBLICO. NULIDADE. ULTERIOR PRIVATIZAÇÃO. CONVALIDAÇÃO. INSUBSISTÊNCIA DO VÍCIO.
>
> Convalidam-se os efeitos do contrato de trabalho que, considerado nulo por ausência de concurso público, quando celebrado originalmente com ente da Administração Pública Indireta, continua a existir após a sua privatização.

Desse modo, há continuidade do contrato de trabalho, inclusive com a convalidação do vício decorrente de contratação com inobservância à necessidade de aprovação em concurso público.

3.2 Estatização

Aqui ocorre o inverso da hipótese anterior, a exploração da empresa sai da esfera privada e vai para o controle do Estado. Nesse caso, não há que falar em sucessão, todos os contratos são extintos no momento em que as atividades passam para o Estado e, para que possam ser empregados novamente, devem ser aprovados em concurso público, nos termos do inciso II do art. 37 da CRFB. Nesse sentido, confira-se julgado do TST:

> AÇÃO RESCISÓRIA. SERVENTIA JUDICIAL. EXTINÇÃO DECORRENTE DE LEI ESTADUAL. FACTUM PRINCIPIS. Decisão rescindenda em que se entendeu que a determinação de encerramento das atividades das serventias judiciais do foro de Fortaleza, prevista em lei estadual, atendia à previsão

> contida no art. 31 do ADCT e implicou a extinção do contrato de trabalho dos Reclamantes, sendo que as parcelas rescisórias daí decorrentes deveriam ser suportadas pela ex-empregadora. Desconstituição decretada no grau originário da ação rescisória. Ausência de afronta aos arts. 5º, II e XXXVI, da Constituição Federal, 10, 448 e 486, §§ 1º, 2º e 3º, da Consolidação das Leis do Trabalho. Recurso ordinário a que se dá provimento, a fim de julgar improcedente a ação rescisória. (ROAR - 1056100-86.2002.5.07.0900, Relator Ministro: Gelson de Azevedo, Data de Julgamento: 08/06/2004, Subseção II Especializada em Dissídios Individuais, Data de Publicação: 30/07/2004)

Registre-se, contudo, não se tratar de posicionamento pacífico na Corte Trabalhista[7].

Outrossim, se a estatização se der apenas na fase de execução, o TST aceita que a execução se dê de forma direta e não por precatórios ou RPV, conforme se depreende da OJ nº 343 da SDI-I:

> PENHORA. SUCESSÃO. ART. 100 DA CF/1988. EXECUÇÃO.
> É válida a penhora em bens de pessoa jurídica de direito privado, realizada anteriormente à sucessão pela União ou por Estado-membro, não podendo a execução prosseguir mediante precatório. A decisão que a mantém não viola o art. 100 da CF/1988.

Destarte, ocorrida a estatização na fase de execução, não se beneficia a Fazenda Pública do regime de pagamentos do artigo 100 da CRFB.

3.3 Substituição de concessionário de serviço público

Em caso de substituição de um concessionário público por outro há a mitigação do entendimento tradicional, distinguindo-se como marco fundamental para fins de sucessão o momento de troca da titularidade da concessão. Nesse

---

7 SOCIEDADE DE ECONOMIA MISTA - SUCESSÃO - EXIGÊNCIA DE PRÉVIO CONCURSO PÚBLICO - PRINCÍPIO DA PROPORCIONALIDADE - FUNDO DE COMÉRCIO 1. No caso dos autos, o Banco do Estado de Goiás S.A. - sociedade de economia mista - assumiu o fundo de comércio da empresa sucedida. Acompanham o fundo de comércio os empregados, que dele fazem parte, já que contribuem para a consecução das finalidades empresariais. 2. Ofende o princípio da proporcionalidade exigir que os empregados da sucedida somente possam ingressar no quadro de empregados da sucessora por intermédio de concurso público, tendo em vista que apenas acompanharam os desideratos da sucessão, sem terem em nada contribuído para o resultado. 3. A incorporação do fundo de comércio de uma empresa por outra, mesmo que a sucessora seja sociedade de economia mista, não pode afetar os direitos do empregado. Inteligência dos arts. 10 e 448 da CLT. Recurso de Revista conhecido e parcialmente provido. (RR - 583918-72.1999.5.18.5555, Relatora Ministra: Maria Cristina Irigoyen Peduzzi, Data de Julgamento: 10/08/2005, 3ª Turma, Data de Publicação: DJ 02/09/2005).

contexto, a transferência de débitos apenas ocorrerá em relação aos empregados que se mantenham trabalhando, consoante se extrai da OJ nº 225 da SDI-I do TST:

> CONTRATO DE CONCESSÃO DE SERVIÇO PÚBLICO. RESPONSABILIDADE TRABALHISTA.
>
> Celebrado contrato de concessão de serviço público em que uma empresa (primeira concessionária) outorga a outra (segunda concessionária), no todo ou em parte, mediante arrendamento, ou qualquer outra forma contratual, a título transitório, bens de sua propriedade:
>
> I - em caso de rescisão do contrato de trabalho após a entrada em vigor da concessão, a segunda concessionária, na condição de sucessora, responde pelos direitos decorrentes do contrato de trabalho, sem prejuízo da responsabilidade subsidiária da primeira concessionária pelos débitos trabalhistas contraídos até a concessão;
>
> II - no tocante ao contrato de trabalho extinto antes da vigência da concessão, a responsabilidade pelos direitos dos trabalhadores será exclusivamente da antecessora.

Sob esse prisma, o TST exclui a responsabilidade do sucessor em relação aos contratos extintos antes da sucessão e estabelece a responsabilidade subsidiária do sucedido pelos débitos trabalhistas relativos ao período antecedente à substituição do concessionário, isto é, no qual figurou como empregador.

3.4 Desmembramento de município

Em caso de criação de Município por desmembramento, consoante a OJ nº 92 da SDI-I do TST, "cada uma das novas entidades responsabiliza-se pelos direitos trabalhistas do empregado no período em que figurarem como real empregador".

Desse modo, caso o empregado passe a laborar para o novo Município, este será responsável pelos débitos trabalhistas a partir de tal momento, enquanto o Município antigo responde pelas obrigações até o momento do desmembramento.

3.5 Cartórios extrajudiciais

Existem duas espécies de cartórios: os judiciais ou serventias judiciais, cujos servidores são funcionários públicos estatutários; e os cartórios extrajudiciais, cuja atividade é exercida em caráter privado por outorga do Estado. O último tipo é o objeto de análise deste tópico.

Com efeito, os trabalhadores de cartórios extrajudiciais são regidos pela CLT e, quando presentes os requisitos da relação de emprego, serão considerados empregados, porém, submetidos às normas de Organização Judiciária e subordinados também à Corregedoria. Por seu turno, o empregador será a pessoa física titular da serventia.

De acordo com a jurisprudência do TST, à exemplo do que se dá na sucessão entre concessionárias, ao assumir a serventia após aprovação em concurso, o tabelião titular não sucede o anterior nas obrigações trabalhistas relativas aos contratos extintos. De outro modo, mantida a prestação de serviço para o novo titular da serventia, configura-se a sucessão trabalhista.

> RECURSO DE REVISTA. LEIS Nos 13.015/2014 E 13.105/2015. SUCESSÃO TRABALHISTA. CARTÓRIO EXTRAJUDICIAL. CONTINUIDADE DA PRESTAÇÃO DE SERVIÇOS.
> A jurisprudência desta Corte Superior Trabalhista admite que a mudança de titularidade de cartório extrajudicial ocasione a sucessão trabalhista, nas exclusivas hipóteses em que haja continuidade na prestação de serviços em prol do titular sucessor. Da análise do caso vertente, observa-se que o egrégio TRT concluiu inexistir sucessão trabalhista, entretanto, manteve-se silente acerca da questão fática sobre a continuidade (ou não) da prestação de serviços pela autora ao novo titular da serventia. Mesmo provocado pela oposição de embargos de declaração, o Tribunal a quo negou-se a esclarecer tal questão fática, que é essencial ao deslinde do litígio, nos moldes da jurisprudência desta Corte acerca da matéria. Nesse contexto, cumpria à parte a arguição da preliminar de nulidade do acórdão regional por negativa de prestação jurisdicional, a fim de viabilizar o exame desta Corte Superior acerca de eventual necessidade de retorno dos autos à Corte de origem para a devida prestação jurisdicional, porquanto este Tribunal está desautorizado de revolver questão fática em virtude do óbice da Súmula nº 126/TST. Recurso de revista não conhecido. [...] (RR-10680-06.2014.5.18.0009, 3ª Turma, Relator Ministro Alexandre de Souza Agra Belmonte, DEJT 09/05/2019).

> SUCESSÃO TRABALHISTA. INEXISTÊNCIA Discute-se, nos autos, se houve sucessão trabalhista na retomada pelo Poder Público concedente, no caso, a União, do Porto de Imbituba-SC, que, anteriormente, era explorado pela Companhia Docas de Imbituba e passou, por meio de convênio de delegação, ao controle do Estado de Santa Catarina, com interveniência da empresa SCPAR Participações e Parcerias S.A. O Tribunal Regional manteve a sentença em que se entendeu não se tratar a hipótese de sucessão trabalhista, mas sim de reversão. Fundamentou que, "tendo sido levado a termo o contrato de concessão de serviço público, com a reversão dos bens atinentes à concessão, não se cogita ter ocorrido a transferência da unidade econômica da CDI ao Estado de Santa Catarina; o Estado apenas retomou a incumbência na prestação do serviço público portuário concedido, na forma da lei, sendo os efeitos jurídicos decorrentes como de aquisição originária do patrimônio destinado à exploração da atividade portuária ". Concluiu que "não há qualquer irregularidade ou ilicitude nos termos do Convênio de Delegação do

Porto de Imbituba (cláusula 4ª, parágrafo único, do Convênio de Delegação nº 01/2012), em especial quanto à expressa exclusão da responsabilidade do Estado de Santa Catarina pelo passivo trabalhista contraído pela CDI ". Portanto, ao que se constata, não houve transferência de bens ou da unidade empresarial anterior, a qualquer título, a atrair a aplicação do entendimento consubstanciado na Orientação Jurisprudencial nº 225 da SbDI-1 desta Corte ou do disposto nos artigos 10 e 448 da CLT, como pretende fazer crer a reclamante (precedentes). Recurso de revista não conhecido" (RR-577-97.2014.5.12.0043, 2ª Turma, Relator Ministro José Roberto Freire Pimenta, DEJT 07/06/2018).

RECURSO ORDINÁRIO EM AÇÃO RESCISÓRIA SOB A ÉGIDE DA LEI Nº 5.869/73 - MUDANÇA DE TITULARIDADE DE CARTÓRIO - INTEMPESTIVIDADE DOS EMBARGOS DE TERCEIRO APRESENTADOS PELO "NOVO" TITULAR DO CARTÓRIO - VIOLAÇÃO DE DISPOSITIVO DE LEI. 1. A penhora de faturamento de empresa executada visa, em um primeiro momento, apenas garantir o juízo com depósitos periódicos até atingir o total da dívida e, em etapa processual posterior, os valores integralizados serão entregues ao exequente.

2. Por esse motivo é que o depositário nomeado deverá, nos termos do art. 655-A, § 3º, do CPC/1973, prestar contas mensalmente ao juízo da execução apresentando um plano de administração e constrição (o que não se confunde com o pagamento) até a garantia total da execução, no intuito de a penhora não afetar o capital de giro da empresa nem a continuidade de suas atividades.

3. Desse modo, a constrição de parte do faturamento da empresa se renova mensalmente e a execução vai sendo garantida progressivamente, não se cogitando a fluência de prazo a partir da ciência da penhora, porquanto a constrição, no caso, nem sequer se completou, por ser realizada mês a mês mediante depósitos periódicos relativos ao percentual de faturamento do cartório.

4. Sendo assim, os embargos de terceiro apresentados pelo "novo" titular do cartório, em que recaiu penhora de 20% da renda líquida mensal até atingir o montante da dívida, são tempestivos, conforme reconhecido no acórdão rescindendo.

MUDANÇA DE TITULARIDADE DE CARTÓRIO - SUCESSÃO TRABALHISTA - VIOLAÇÃO DE DISPOSITIVO DE LEI.

1. No presente caso, a decisão rescindenda expressamente consigna que era "incontroverso nos autos que o empregado jamais prestou serviços ao novo titular que foi investido no cargo, mas apenas ao anterior".

2. Diante dessa premissa fática, insuscetível de revisão em sede de ação rescisória a teor da Súmula nº 410 do TST, verifica-se que a decisão rescindenda não viola os arts. 10 e 448 da CLT e foi proferida em consonância com a jurisprudência desta Corte à época, no sentido de que **a alteração da titularidade do serviço notarial, com a correspondente transferência da unidade econômico-jurídica que integra o estabelecimento, caracteriza**

a sucessão de empregadores, desde que haja continuidade na prestação dos serviços. Precedentes de todas as Turmas contemporâneos da decisão rescindenda.

3. Por outro lado, o acórdão rescindendo não ofendeu a coisa julgada que se formou na ação trabalhista principal. Isso porque o art. 472 do CPC/1973, ao estabelecer a eficácia da coisa julgada inter partes, deixa claro que a imutabilidade da coisa julgada somente pode atingir quem efetivamente participou do processo.

4. Na hipótese, a sentença que entendeu que os eventuais sucessores do cartório responderiam pelos débitos trabalhistas discutidos na ação principal projetou os efeitos da coisa julgada que ainda iria se formar para além das partes litigantes e para além do tempo, pois estabeleceu condenação e obrigação futura para quem não participou da relação processual e sequer detinha a titularidade do cartório demandado. A titularidade conferida ao terceiro-embargante, por meio de concurso público, ocorreu poucos meses antes do trânsito em julgado da ação.

5. As circunstâncias fáticas e jurídicas em que foi proferida a decisão transitada em julgado não atingem o terceiro-embargante, ora réu, especialmente porque a época da prestação dos serviços pela recla-mante é muito anterior à aprovação do terceiro-embargante no concurso que lhe conferiu a titularidade do cartório. Recurso ordinário conhecido e desprovido"

(RO-11518-13.2015.5.01.0000, Subseção II Especializada em Dissídios Individuais, Relator Ministro Luiz Philippe Vieira de Mello Filho, DEJT 24/11/2017).

Assim, não há sucessão trabalhista em relação ao novo titular de serventia extrajudicial quanto aos contratos extintos, admitindo-se, contudo, sua configuração na hipótese de continuidade da prestação de serviço.

4. COMPILAÇÃO JURISPRUDENCIAL

4.1 Súmulas e orientações jurisprudenciais do TST

OJ 92 da SDI-I. DESMEMBRAMENTO DE MUNICÍPIOS. RESPONSABILIDADE TRABALHISTA.

Em caso de criação de novo município, por desmembramento, cada uma das novas entidades responsabiliza-se pelos direitos trabalhistas do empregado no período em que figurarem como real empregador.

OJ 225 da SDI-I. CONTRATO DE CONCESSÃO DE SERVIÇO PÚBLICO. RESPONSABILIDADE TRABALHISTA (nova redação).

Celebrado contrato de concessão de serviço público em que uma empresa (primeira concessionária) outorga a outra (segunda concessionária), no todo ou em parte, mediante arrendamento, ou qualquer outra forma contratual, a título transitório, bens de sua propriedade:

I - em caso de rescisão do contrato de trabalho após a entrada em vigor da concessão, a segunda concessionária, na condição de sucessora, responde pelos direitos decorrentes do contrato de trabalho, sem prejuízo da responsabilidade subsidiária da primeira concessionária pelos débitos trabalhistas contraídos até a concessão; II - no tocante ao contrato de trabalho extinto antes da vigência da concessão, a responsabilidade pelos direitos dos trabalhadores será exclusivamente da antecessora.

OJ 261 da SDI-I. BANCOS. SUCESSÃO TRABALHISTA

As obrigações trabalhistas, inclusive as contraídas à época em que os empregados trabalhavam para o banco sucedido, são de responsabilidade do sucessor, uma vez que a este foram transferidos os ativos, as agências, os direitos e deveres contratuais, caracterizando típica sucessão trabalhista.

OJ 343 da SDI-I. PENHORA. SUCESSÃO. ART. 100 DA CF/1988. EXECUÇÃO

É válida a penhora em bens de pessoa jurídica de direito privado, realizada anteriormente à sucessão pela União ou por Estado-membro, não podendo a execução prosseguir mediante precatório. A decisão que a mantém não viola o art. 100 da CF/1988.

Súmula nº 430 do TST: ADMINISTRAÇÃO PÚBLICA INDIRETA. CONTRATAÇÃO. AUSÊNCIA DE CONCURSO PÚBLICO. NULIDADE. ULTERIOR PRIVATIZAÇÃO. CONVALIDAÇÃO. INSUBSISTÊNCIA DO VÍCIO. Convalidam-se os efeitos do contrato de trabalho que, considerado nulo por ausência de concurso público, quando celebrado originalmente com ente da Administração Pública Indireta, continua a existir após a sua privatização.

4.2 Informativos e julgados do TST

AÇÃO RESCISÓRIA. SERVENTIA JUDICIAL. EXTINÇÃO DECORRENTE DE LEI ESTADUAL. *FACTUM PRINCIPIS*. Decisão rescindenda em que se entendeu que a determinação de encerramento das atividades das serventias judiciais do foro de Fortaleza, prevista em lei estadual, atendia à previsão contida no art. 31 do ADCT e implicou a extinção do contrato de trabalho dos Reclamantes, sendo que as parcelas rescisórias daí decorrentes deveriam ser suportadas pela ex-empregadora. Desconstituição decretada no grau originário da ação rescisória. Ausência de afronta aos arts. 5º, II e XXXVI, da Constituição Federal, 10, 448 e 486, §§ 1º, 2º e 3º, da Consolidação das Leis do Trabalho. Recurso ordinário a que se dá provimento, a fim de julgar improcedente a ação rescisória. (ROAR - 1056100-86.2002.5.07.0900, Relator Ministro: Gelson de Azevedo, Data de Julgamento: 08/06/2004, Subseção II Especializada em Dissídios Individuais, Data de Publicação: 30/07/2004)

RECURSO DE REVISTA 1. ILEGITIMIDADE PASSIVA AD CAUSAM. SUCESSÃO DE EMPREGADORES. RESPONSABILIDADE DO SUCESSOR PELOS CRÉDITOS TRABALHISTAS. De acordo com a jurisprudência pacífica desta Corte Superior, constatada a sucessão trabalhista, cabe à empresa sucessora o adimplemento dos créditos trabalhistas, motivo pelo qual não há que se falar em sua ilegitimidade passiva ou irresponsabilidade pelos créditos anteriores à prestação de serviços. Precedentes. Incidência da Súmula n. 333 e do artigo 896, § 7º, da CLT. Recurso de revista de que não se conhece. [...] (RR-245000-67.2007.5.02.0081, 5ª Turma, Relator Ministro Guilherme Augusto Caputo Bastos, DEJT 10/12/2015).

GRATIFICAÇÃO DE FUNÇÃO. SUPRESSÃO. EXERCÍCIO POR MAIS DE DEZ ANOS. SUCESSÃO DO BESC PELO BANCO DO BRASIL S.A. EMPREGADO QUE NÃO ADERE AO QUADRO FUNCIONAL DO SUCESSOR. INEXISTÊNCIA DE JUSTO MOTIVO. INCIDÊNCIA DA SÚMULA Nº 372, I, DO TST. PRESERVAÇÃO DOS DIREITOS ADQUIRIDOS.

A sucessão do BESC pelo Banco do Brasil S.A. e a não adesão do reclamante ao quadro funcional do novo empregador não constituem justo motivo para a supressão do direito à incorporação de gratificação de função exercida por mais de dez anos, nos termos do item I da Súmula nº 372 do TST. A sucessão de determinado estabelecimento financeiro por outro importa em preservação dos direitos adquiridos pelos empregados à sua situação jurídica anterior, em atenção ao que dispõem os arts. 10, 448 e 468 da CLT. Ademais, o justo motivo a que se refere a Súmula nº 372, I, do TST não engloba situação criada pelo próprio empregador. Sob esse entendimento a SBDI-I, à unanimidade, conheceu dos embargos, por divergência jurisprudencial, e, no mérito, negou-lhes provimento para manter a decisão turmária que, ao não conhecer do recurso de revista, ratificara a condenação do banco reclamado à incorporação da gratificação de função exercida pelo empregado por mais de dez anos. TST-E-ED-RR-9161-82.2011.5.12.0036, SBDI-I, rel. Min. Luiz Philippe Vieira de Mello Filho, 7.12.2017 **(INFO 170)**

SUCESSÃO TRABALHISTA. INEXISTÊNCIA Discute-se, nos autos, se houve sucessão trabalhista na retomada pelo Poder Público concedente, no caso, a União, do Porto de Imbituba-SC, que, anteriormente, era explorado pela Companhia Docas de Imbituba e passou, por meio de convênio de delegação, ao controle do Estado de Santa Catarina, com interveniência da empresa SCPAR Participações e Parcerias S.A. O Tribunal Regional manteve a sentença em que se entendeu não se tratar a hipótese de sucessão trabalhista, mas sim de reversão. Fundamentou que, "tendo sido levado a termo o contrato de concessão de serviço público, com a reversão dos bens atinentes à concessão, não se cogita ter ocorrido a transferência da unidade econômica da CDI ao Estado de Santa Catarina; o Estado apenas retomou a incumbência na prestação do serviço público portuário concedido, na forma da lei, sendo os efeitos jurídicos decorrentes como de aquisição originária do patrimônio destinado à exploração da atividade portuária ". Concluiu que "não há qualquer irregularidade ou ilicitude nos termos do Convênio de Delegação do Porto de Imbituba (cláusula 4ª, parágrafo único, do Convênio de Delegação nº 01/2012), em especial quanto à expressa exclusão da responsabilidade do Estado de Santa Catarina pelo passivo trabalhista contraído pela CDI ". Portanto, ao que se constata, não houve transferência de bens ou da unidade empresarial anterior, a qualquer título, a atrair a aplicação do entendimento consubstanciado na Orientação Jurisprudencial nº 225 da SbDI-1 desta Corte ou do disposto nos artigos 10 e 448 da CLT, como pretende fazer crer a reclamante (precedentes). Recurso de revista não conhecido" (RR-577-97.2014.5.12.0043, 2ª Turma, Relator Ministro José Roberto Freire Pimenta, DEJT 07/06/2018).

RECURSO DE REVISTA 1 - CARTÓRIO. RESPONSABILIDADE DO ESTADO PELAS OBRIGAÇÕES TRABALHISTAS DO EMPREGADOR. NÃO CARACTERIZAÇÃO. A decisão do Tribunal Regional está em conformidade com a jurisprudência desta Corte, no sentido de que, em se tratando de atividade privada de exploração de serviços notariais e de registro, por delegação do Poder Público, nos termos dos artigos 256 da Constituição Federal e 22 da Lei 8.935/94, não se cogita de responsabilidade do Estado pelas obrigações trabalhistas do empregador. Precedentes. Recurso de revista não conhecido. 2 - CARTÓRIO.

AUSÊNCIA DE PRESTAÇÃO DE SERVIÇOS AO NOVO TITULAR. SUCESSÃO NÃO CARACTERIZADA. A jurisprudência desta Corte é de que o reconhecimento de sucessão trabalhista, na hipótese de cartório extrajudicial, pressupõe a continuidade da prestação de serviços em favor do novo titular, o que, no caso, não ocorreu (Súmula 126 do TST). Precedentes. Recurso de revista não conhecido (RR-265-59.2012.5.09.0663, 2ª Turma, Relatora Ministra Delaíde Miranda Arantes, DEJT 18/12/2018).

RECURSO DE REVISTA. LEIS Nos 13.015/2014 E 13.105/2015. SUCESSÃO TRABALHISTA. CARTÓRIO EXTRAJUDICIAL. CONTINUIDADE DA PRESTAÇÃO DE SERVIÇOS. A jurisprudência desta Corte Superior Trabalhista admite que a mudança de titularidade de cartório extrajudicial ocasione a sucessão trabalhista, nas exclusivas hipóteses em que haja continuidade na prestação de serviços em prol do titular sucessor. Da análise do caso vertente, observa-se que o egrégio TRT concluiu inexistir sucessão trabalhista, entretanto, manteve-se silente acerca da questão fática sobre a continuidade (ou não) da prestação de serviços pela autora ao novo titular da serventia. Mesmo provocado pela oposição de embargos de declaração, o Tribunal a quo negou-se a esclarecer tal questão fática, que é essencial ao deslinde do litígio, nos moldes da jurisprudência desta Corte acerca da matéria. Nesse contexto, cumpria à parte a arguição da preliminar de nulidade do acórdão regional por negativa de prestação jurisdicional, a fim de viabilizar o exame desta Corte Superior acerca de eventual necessidade de retorno dos autos à Corte de origem para a devida prestação jurisdicional, porquanto este Tribunal está desautorizado de revolver questão fática em virtude do óbice da Súmula nº 126/TST. Recurso de revista não conhecido. [...] (RR-10680-06.2014.5.18.0009, 3ª Turma, Relator Ministro Alexandre de Souza Agra Belmonte, DEJT 09/05/2019).

"A) AGRAVO DE INSTRUMENTO EM RECURSO DE REVISTA. RESPONSABILIDADE SUBSIDIÁRIA. INTERVENÇÃO ADMINISTRATIVA DO MUNICÍPIO EM INSTITUIÇÃO HOSPITALAR.

Demonstrada divergência jurisprudencial, impõe-se o provimento do agravo de instrumento para determinar o processamento do recurso de revista. Agravo de instrumento conhecido e provido.

B) RECURSO DE REVISTA. RESPONSABILIDADE SUBSIDIÁRIA. INTERVENÇÃO ADMINISTRATIVA DO MUNICÍPIO EM INSTITUIÇÃO HOSPITALAR.

A SDI-1 desta Corte esposou o entendimento de que a intervenção do município em sociedade contratada, mediante autorização em decreto municipal, como é o caso em análise, não implica sucessão de empregadores, porquanto o interventor não pratica atos em nome próprio, e sim em nome da entidade em que interveio, retirando dos proprietários desta apenas temporariamente a administração do empreendimento, motivo esse que, somado à ausência de lei e da vontade das partes que imponha a responsabilidade solidária do segundo reclamado, afasta a responsabilização solidária ou subsidiária do ente público. Recurso de revista conhecido e provido" (RR-1001409-72.2015.5.02.0491, 8ª Turma, Relatora Ministra Dora Maria da Costa, DEJT 16/06/2020).

"I - AGRAVO DE INSTRUMENTO. 1. INTERPOSTO NA VIGÊNCIA DA LEI Nº 13.467/2017. TRANSCENDÊNCIA POLÍTICA RECONHECIDA. Considerando a possibilidade de a decisão recorrida contrariar entendimento consubstanciado na Súmula nº 331, verifica-se a transcendência política, nos termos do artigo 896-A, § 1º, II, da CLT. 2. RESPONSABILIDA-

DE SUBSIDIÁRIA. ENTE PÚBLICO . INTERVENÇÃO MUNICIPAL. SÚMULA Nº 331. INAPLICABILIDADE. PROVIMENTO. Ante possível contrariedade à Súmula nº 331, o provimento do agravo de instrumento para o exame do recurso de revista é medida que se impõe. Agravo de instrumento a que se dá provimento.

II - RECURSO DE REVISTA. RESPONSABILIDADE SUBSIDIÁRIA. ENTE PÚBLICO. INTERVENÇÃO MUNICIPAL. SÚMULA Nº 331. INAPLICABILIDADE. PROVIMENTO. Segundo entendimento desta Corte, a simples intervenção não se confunde com a contratação por empresa interposta, já que não houve intermediação de mão de obra, nos limites traçados pela Súmula nº 331. **Com efeito, a administração temporária de uma empresa por outra, em razão de intervenção municipal ou estadual em concessionária de serviço público, não se confunde com a sucessão de empresas a que aludem os artigos 10 e 488 da CLT, que pressupõem a alteração da estrutura jurídica da empresa.** A assunção da atividade econômica é decorrência lógica do processo de intervenção e visa à garantia da continuidade da prestação do serviço público. Tampouco é possível a responsabilização subsidiária, uma vez que a intervenção não se confunde com a contratação dos serviços por empresa interposta. Precedentes. Na hipótese, o egrégio Tribunal Regional manteve a responsabilidade subsidiária do ente público reclamado, ao fundamento de que, na qualidade de interventor, seria responsável subsidiariamente pelos créditos trabalhistas devidos à reclamante no período de sua intervenção. Ao assim decidir, incorreu em contrariedade à Súmula nº 331, de forma que o provimento do recurso de revista é medida que se impõe para afastar a responsabilidade subsidiária imputada ao Município interventor. Recurso de revista de que se conhece e a que se dá provimento" (RR-11443-24.2016.5.15.0040, 4ª Turma, Relator Ministro Guilherme Augusto Caputo Bastos, DEJT 11/09/2020).

"A) AGRAVO DE INSTRUMENTO EM RECURSO DE REVISTA INTERPOSTO PELA RECLAMANTE. DENEGADO SEGUIMENTO AO RECURSO DE REVISTA COM FUNDAMENTO NO ARTIGO 896, § 1º-A, I, DA CLT. AUSÊNCIA DE INDICAÇÃO DO TRECHO DA DECISÃO RECORRIDA QUE CONSUBSTANCIA O PREQUESTIONAMENTO DA CONTROVÉRSIA. Nos termos do artigo 896, § 1º-A, I, da CLT, incluído pela Lei nº 13.015/2014, é ônus da parte, sob pena de não conhecimento," indicar o trecho da decisão recorrida que consubstancia o prequestionamento da controvérsia objeto do recurso de revista ". No caso, não há falar em observância do referido pressuposto, porque se verifica que a recorrente não indicou o trecho do acórdão recorrido que consubstancia o prequestionamento da matéria impugnada, conforme se depreende das razões recursais . Agravo de instrumento conhecido e não provido.

B) AGRAVO DE INSTRUMENTO EM RECURSO DE REVISTA INTERPOSTO PELO SEGUNDO RECLAMADO - ESTADO DO MATO GROSSO. RESPONSABILIDADE SUBSIDIÁRIA. INTERVENÇÃO ADMINISTRATIVA DO ESTADO. Em face da configuração de divergência jurisprudencial, dá-se provimento ao agravo de instrumento para determinar o processamento do recurso de revista. Agravo de instrumento conhecido e provido.

C) RECURSO DE REVISTA. RESPONSABILIDADE SUBSIDIÁRIA. INTERVENÇÃO ADMINISTRATIVA DO ESTADO. **A SDI-1 desta Corte Superior, em recente decisão, esposou o entendimento de que a intervenção do ente público em sociedade contratada, mediante autorização em decreto, não implica sucessão de empregadores, porquanto o interventor não pratica atos em nome próprio, e sim, em nome da entidade sobre a qual interveio, retirando dos proprietários desta apenas tem-**

porariamente a administração do empreendimento, motivo esse que, somado à ausência de lei e da vontade das partes que imponha a responsabilidade do ente público, afasta a responsabilização solidária ou subsidiária do segundo reclamado. Nesse contexto, merece reparos o acórdão regional que atribuiu a responsabilidade subsidiária ao ente público. Recurso de revista conhecido e provido" (RRAg-1143-97.2016.5.23.0066, 8ª Turma, Relatora Ministra Dora Maria da Costa, DEJT 05/02/2021).

5. QUESTÕES

1. (VUNESP - Prefeitura Municipal de Sorocaba - Procurador do Município - 2018) Nos termos da Consolidação das Leis do Trabalho, caracterizada a sucessão empresarial ou de empregadores, as obrigações trabalhistas são de responsabilidade do

a) sucessor, mesmo se contraídas na época em que o empregado trabalhava para o sucedido.

b) sucessor e, solidariamente, do sucedido.

c) sucessor e, subsidiariamente, do sucedido.

d) sucessor, salvo se o contrário dispuser o contrato de trabalho.

e) sucessor e do sucedido, respeitados os períodos em que se beneficiaram com a prestação dos serviços.

2. (CESPE - PGE/SE - Procurador do Estado - 2017) Com o desmembramento do município X, foi criado o município Y.

Nessa situação hipotética, segundo o TST, a responsabilidade trabalhista quanto aos empregados municipais deverá ser suportada

a) pelo município Y, que deverá suceder os empregados do município X contratados antes da criação do novo município.

b) pelo estado-membro a que os municípios pertencem.

c) por cada um dos municípios pelo período em que cada um deles figurar como real empregador.

d) pelos dois municípios, solidariamente, independentemente do período de vinculação dos empregados.

e) pelo município X, subsidiariamente, em relação aos empregados contratados pelo município Y.

3. (FCC - Prefeitura Municipal de Campinas - Procurador do Município - 2016) A empresa Delta Produções Culturais Ltda., que pertence ao grupo econômico Delta Empreendimentos S/A, contratou o empregado Zeus para a função de produtor cultural. Após dois anos de vigência do contrato de trabalho, os sócios originais da empregadora de Zeus retiraram-se da sociedade e as cotas societárias foram transferidas para outras pessoas. Por ocasião desta alteração societária, Zeus foi dispensado sem justa causa, mas não recebeu as devidas verbas rescisórias. Nessa situação,

a) a empresa Delta Empreendimentos S/A não responderá pelos haveres rescisórios de Zeus por não ser a sua efetiva e real empregadora.

b) apenas os sócios originais da empresa Delta Produções Culturais Ltda. terão responsabilidade pela rescisão contratual de Zeus, visto que a alteração societária implica modificação dos contratos de trabalho.

c) a responsabilidade da empresa Delta Empreendimentos S/A será subsidiária em relação à empresa Delta Produções Culturais Ltda., independentemente da alteração societária dessa última, desde que Zeus tenha prestado serviços concomitantemente às duas empresas do grupo econômico.

d) Zeus deverá acionar a empresa Delta Produções Culturais Ltda. para cobrar seus haveres rescisórios, podendo, ainda, postular pela responsabilidade solidária da empresa Delta Empreendimentos S/A em razão da formação do grupo econômico trabalhista.

e) as alterações na titularidade ou na estrutura jurídica da empresa empregadora alteram os contratos de trabalho, implicando formação de novo liame contratual trabalhista, havendo responsabilidade exclusiva dos novos sócios adquirentes.

4. (FUNDATEC - PGM/POA - Procurador do Município - 2016) Assinale a alternativa que contempla a correlação correta relativamente à responsabilidade pelo adimplemento dos créditos trabalhistas, considerando a lei, a doutrina e a jurisprudência majoritária.

a) Grupo Econômico: Responsabilidade principal da empregadora e subsidiária das demais empresas do grupo; Sucessão de Empregadores Típica (sem fraude): Responsabilidade exclusiva do empregador sucedido; Desmembramento de Municípios (emancipação): Responsabilidade do Município-mãe até a emancipação e a responsabilidade do novo Município pelo período posterior.

b) Grupo Econômico: Responsabilidade solidária entre as empresas do grupo; **Sucessão de Empregadores Típica (sem fraude):** Responsabilidade exclusiva do empregador sucessor; Desmembramento de Municípios (emancipação): Responsabilidade exclusiva do novo Município.

c) Grupo Econômico: Responsabilidade principal da empregadora e subsidiária das demais empresas do grupo; **Sucessão de Empregadores Típica (sem fraude):** Responsabilidade solidária entre empregador sucessor e sucedido; Desmembramento de Municípios (emancipação): Responsabilidade solidária dos Municípios.

d) Grupo Econômico: Responsabilidade solidária entre as empresas do grupo; **Sucessão de Empregadores Típica (sem fraude):** Responsabilidade principal do empregador sucedido e subsidiária do empregador sucessor; Desmembramento de Municípios (emancipação): Responsabilidade exclusiva do Município mãe.

e) Grupo Econômico: Responsabilidade solidária entre as empresas do grupo; Sucessão de Empregadores Típica (sem fraude): Responsabilidade exclusiva do empregador sucessor; Desmembramento de Municípios (emancipação): Responsabilidade do Município-mãe até a emancipação e a responsabilidade do novo Município pelo período posterior.

5. (CESPE - AGU - Advogado da União - Ano 2015) Julgue o item a seguir, relativo a alteração contratual, comissão de conciliação prévia, férias e aviso prévio no direito do trabalho.

Conforme entendimento consolidado pelo TST, o contrato de trabalho celebrado sem concurso público por empresa pública que venha a ser privatizada será considerado válido e seus efeitos, convalidados.

Gabarito: 1. A; 2. C; 3. D; 4. E; 5. Certo

Capítulo 7

TERCEIRIZAÇÃO NA FAZENDA PÚBLICA

CLARISSA PEREIRA BORGES[1]

ANDRÉ FELIPE PEDROSA PEREIRA LIMA[2]

Sumário: 1. Aspectos materiais da terceirização na Administração Pública. 1.1 Responsabilidade subsidiária da Administração Pública.1.2 Dificuldades probatórias. 2. A responsabilidade do Poder Público na terceirização. 3. Compilação jurisprudencial. 4. Questões

1. ASPECTOS MATERIAIS DA TERCEIRIZAÇÃO NA ADMINISTRAÇÃO PÚBLICA

De início, cumpre salientar que o tema terceirização na Administração Pública pode ter dupla conotação, como explica Victor Rhein[3]:

> Em sentido amplo, terceirização seria qualquer instituto por meio do qual um particular é contratado pela Administração Pública para a realização de uma atividade de interesse coletivo. Abrangeria as concessões de serviços, obras e bens públicos, as desestatizações, as desmonopolizações, entre outros institutos.
>
> De outro bordo, em sentido estrito, terceirização teria uma abrangência limitada, restrita aos mecanismos por meio dos quais a Administração Pública contrata um particular para a realização de certa atividade, que não se

1 Graduada em Direito pela Universidade Católica de Pernambuco. Pós-Graduada em Direito Público e em Direito Administrativo. Advogada da União. Autora de livros jurídicos. Professora de Direito Ambiental.

2 Graduado em Direito pela Faculdade Damas da Instrução Cristã. Pós-Graduado em Direito Ambiental pela Universidade Estácio de Sá. Procurador do Município de São José dos Pinhais. Autor de livros jurídicos e Professor de Direito Ambiental. Fundador do Curso Conteúdos PGE.

3 SCHIRATO, V. R. Terceirização na Administração Pública. Belo Horizonte, jul. 2013. Fórum de Contratação e Gestão Pública - FCGP. Disponível em: https://www.editoraforum.com.br/wp-content/uploads/2017/03/terceirizacao-administracao-publica.pdf. Acessado em: 23 jul 2019.

> configura a principal da Administração Pública (atividades meio). Assim, em sentido estrito, a terceirização corresponde ao instituto do Direito do Trabalho transplantado para a Administração Pública.

Assim, o presente artigo tratará sobre a terceirização em sentido estrito, apenas. Em primeiro lugar, cumpre dar um panorama geral sobre a Administração Pública e seus servidores, para que o leitor tenha uma correta compreensão do tema.

Vejamos o que dispõe o artigo 37 da Constituição da República Federativa do Brasil:

> Art. 37. A administração pública direta e indireta de qualquer dos Poderes da União, dos Estados, do Distrito Federal e dos Municípios obedecerá aos princípios de legalidade, impessoalidade, moralidade, publicidade e eficiência e, também, ao seguinte: (Redação dada pela Emenda Constitucional nº 19, de 1998)
>
> I - os cargos, empregos e funções públicas são acessíveis aos brasileiros que preencham os requisitos estabelecidos em lei, assim como aos estrangeiros, na forma da lei; (Redação dada pela Emenda Constitucional nº 19, de 1998)
>
> II - **a investidura em cargo ou emprego público depende de aprovação prévia em concurso público de provas ou de provas e títulos**, de acordo com a natureza e a complexidade do cargo ou emprego, na forma prevista em lei, ressalvadas as nomeações para cargo em comissão declarado em lei de livre nomeação e exoneração; (Redação dada pela Emenda Constitucional nº 19, de 1998)

Ou seja, via de regra, para ter acesso ao cargo público, o particular deve se submeter a um concurso público, tratando-se de concretização do princípio republicano, que pode ser de duas maneiras: a) provas e b) provas e títulos. A Constituição traz como exceções apenas os cargos em comissão declarados de livre nomeação e exoneração, que somente podem ocorrer em determinadas funções.

Outra exceção ao princípio do concurso público são as contratações por excepcional interesse público, que também não se encaixam nas hipóteses de terceirização, mas sim contratações temporárias sob o regime jurídico administrativo.

Pois bem, a regra do concurso público serve para determinar o amplo acesso e também escolher os melhores servidores, que assim são selecionados de acordo com a sua capacidade técnica e/ou operacional. De acordo com Joel de Menezes Niehbul:[4]

4 NIEBUHR. J. M. A terceirização no novo decreto nº 9.507/2018: entre a restrição para a administração direta, autárquica e fundacional e a flexibilidade para as estatais. Zenitê Blog.

O concurso público faz com que o acesso aos cargos e empregos públicos não se submeta a favores políticos e pessoais, mas dependa apenas do mérito do candidato, o que contribui para uma futura atuação impessoal, isenta e técnica, no fim das contas, para uma atuação harmonizada aos valores republicanos.

Como os servidores desempenham atividades de caráter público e essencial para a coletividade, também foi previsto regime diferenciado, que veda a demissão sem motivos. Isto é importante para que os servidores possam se insurgir contra eventuais abusos e desvios de finalidade de alguns governantes. Vejamos novamente o previsto na Constituição Federal:

> Art. 41. São estáveis após três anos de efetivo exercício os servidores nomeados para cargo de provimento efetivo em virtude de concurso público.
>
> § 1º O servidor público estável só perderá o cargo:
>
> I - em virtude de sentença judicial transitada em julgado;
>
> II - mediante processo administrativo em que lhe seja assegurada ampla defesa;
>
> III - mediante procedimento de avaliação periódica de desempenho, na forma de lei complementar, assegurada ampla defesa.

Verifica-se, portanto, que os servidores somente perderão seus cargos, se comprovado, por meio de processo administrativo, a motivação para tanto. Com isso, como dito anteriormente, reforça-se a autonomia e independência dos servidores públicos, em todas as esferas federativas.

É importante ressaltar que também existe a possibilidade de perda do cargo pelo servidor público quando houver excesso em relação aos limites com despesa de pessoal, nos moldes do artigo 169 da Constituição Federal, hipótese em que ficará vedada a criação de mesmo cargo pelo período de quatro anos.

Assim, a regra é que os recursos humanos da Administração Pública sejam recrutados por meio de concurso público. Por outro lado, algumas atividades são bastante difíceis de serem prestadas por meio de concurso público, seja porque é muito especializada, seja porque não há eficiência de sua prestação direta. Para melhor entendimento, passamos a conceituar a terceirização. De acordo com o doutrinador Henrique Correia:[5]

Disponível em: https://www.zenite.blog.br/a-terceirizacao-no-novo-decreto-no-9-5072018-entre-a-restricao-para-a-administracao-direta-autarquica-e-fundacional-e-a-flexibilidade-para-as-estatais/. Acessado em: jul 2019. Disponível em: https://www.zenite.blog.br/author/joel-niebuhr/.

5 CORREIA. Henrique. Terceirização na atividade-fim: julgamento do STF de 30/8/18. Migalhas. Disponível em: https://www.migalhas.com.br/dePeso/16,MI286807,91041Terceirizacao+na+atividadefim+julgamento+do+STF+de+30818. Acessado em: jul 2019.

> Ocorre a terceirização quando uma empresa, em vez de executar serviços diretamente com seus empregados, contrata outra empresa para que esta os realize, com o seu pessoal sob a sua responsabilidade. O empregado é contratado pela empresa intermediadora (empregadora), mas presta serviços em outro local (empresa tomadora).
>
> Na terceirização, há três pessoas envolvidas na relação jurídica: trabalhador, empresa prestadora (ou intermediadora) de serviços e empresa contratante (tomadora de serviços). Verifica-se, assim, que a relação é triangular. O vínculo empregatício ocorre entre trabalhador e empresa prestadora de serviços a terceiros, embora o trabalhador preste serviços em outro local, na empresa contratante.

Assim, temos a contratação de uma empresa, por meio de processo seletivo via licitação (art. 37, XXI, CRFB), para escolha da proposta mais vantajosa para a administração pública, sempre assegurando os princípios básicos previstos no Artigo 37 da Constituição. *In verbis:*

> Art. 3º da Lei 8.666/1993: A licitação destina-se a garantir a observância do princípio constitucional da isonomia, a seleção da **proposta mais vantajosa para a administração** e a promoção do desenvolvimento nacional sustentável e será processada e julgada em estrita conformidade com os princípios básicos da legalidade, da impessoalidade, da moralidade, da igualdade, da publicidade, da probidade administrativa, da vinculação ao instrumento convocatório, do julgamento objetivo e dos que lhes são correlatos.

Bem como a Nova Lei de Licitações (14.133/2021), que já está em vigor, dispõe o seguinte:

> Art. 5º Na aplicação desta Lei, serão observados os princípios da legalidade, da impessoalidade, da moralidade, da publicidade, da eficiência, do interesse público, da probidade administrativa, da igualdade, do planejamento, da transparência, da eficácia, da segregação de funções, da motivação, da vinculação ao edital, do julgamento objetivo, da segurança jurídica, da razoabilidade, da competitividade, da proporcionalidade, da celeridade, da economicidade e do desenvolvimento nacional sustentável, assim como as disposições do Decreto-Lei nº 4.657, de 4 de setembro de 1942 (Lei de Introdução às Normas do Direito Brasileiro).

Desta forma, irá surgir um contrato administrativo entre a Administração Pública e a empresa vencedora do processo licitatório. Após, a empresa ficará encarregada de contratar as pessoas que prestarão serviços de maneira terceirizada para a Administração Pública e de gerenciar a sua execução material, liberando a Administração destas atividades.

Vale salientar que estamos diante de período de transição entre a Lei n. 8.666/93 e a Lei 14.133, de maneira que o aluno ou profissional jurídico deverá verificar em qual das duas a licitação ou contrato está fundamentado, notadamente em razão dos artigos 190 e 191 da Nova Lei de Licitações.

Trataremos agora de dois pontos que geram controvérsia, principalmente nas demandas de natureza trabalhista.

1.1 Responsabilidade subsidiária da administração pública

A responsabilidade subsidiária da Administração Pública ocorre geralmente em demandas trabalhistas, nas quais a empresa contratada pela administração pública descumpre os requisitos previstos nos contratos administrativos, notadamente em relação à fiscalização na prestação de serviços de terceirizados, ocasionando a responsabilidade da administração pelas verbas e direitos trabalhistas devidos ao empregado terceirizado.

O tema é tratado originalmente pela Lei Federal 8.666/93, mas com a publicação da Nova Lei de Licitações, que promoveu significativas alterações no tema, o mesmo deverá mudar bastante. Em razão da transição existente, vamos tratar dos dois regimes jurídicos, para explicar o tema da maneira mais completa possível.

Para começar, vejamos a Súmula 331 do Tribunal Superior do Trabalho sobre o tema, que costuma ser bastante cobrada em concursos de Procuradorias e utilizadas nas peças processuais, para afastar a responsabilização do ente público:

> Súmula nº 331 do TST: CONTRATO DE PRESTAÇÃO DE SERVIÇOS. LEGALIDADE (nova redação do item IV e inseridos os itens V e VI à redação) - Res. 174/2011, DEJT divulgado em 27, 30 e 31.05.2011
>
> *I - A contratação de trabalhadores por empresa interposta é ilegal, formando-se o vínculo diretamente com o tomador dos serviços, salvo no caso de trabalho temporário (Lei nº 6.019, de 03.01.1974).*
>
> *II - A contratação irregular de trabalhador, mediante empresa interposta, não gera vínculo de emprego com os órgãos da Administração Pública direta, indireta ou fundacional (art. 37, II, da CF/1988).*
>
> *III - Não forma vínculo de emprego com o tomador a contratação de serviços de vigilância (Lei nº 7.102, de 20.06.1983) e de conservação e limpeza, bem como a de serviços especializados ligados à atividade-meio do tomador, desde que inexistente a pessoalidade e a subordinação direta.*
>
> *IV - O inadimplemento das obrigações trabalhistas, por parte do empregador, implica a responsabilidade subsidiária do tomador dos serviços quanto àquelas obrigações, desde que haja participado da relação processual e conste também do título executivo judicial.*

> *V - Os entes integrantes da Administração Pública direta e indireta respondem subsidiariamente, nas mesmas condições do item IV, caso evidenciada a sua conduta culposa no cumprimento das obrigações da Lei n.º 8.666, de 21.06.1993, especialmente na fiscalização do cumprimento das obrigações contratuais e legais da prestadora de serviço como empregadora. A aludida responsabilidade não decorre de mero inadimplemento das obrigações trabalhistas assumidas pela empresa regularmente contratada.*
>
> *VI – A responsabilidade subsidiária do tomador de serviços abrange todas as verbas decorrentes da condenação referentes ao período da prestação laboral.*

Conforme podemos verificar, facilmente a Administração Pública poderá ser condenada de maneira subsidiária, que é o comum na maioria dos feitos na justiça trabalhista, em razão da dificuldade que os magistrados possuem em aceitar os documentos apresentados pela Administração Pública, notadamente aqueles relacionados à fiscalização preventiva.

À rigor, a justiça trabalhista transformou a Administração Pública em verdadeira "garantidora universal" dos créditos e direitos trabalhistas, invertendo a ordem natural das coisas e o modelo consagrado de responsabilidade civil do Estado, tal como previsto na Carta Magna, haja vista que na prática quase inexiste hipóteses de excludentes do nexo de causalidade do Poder Público.

É importante lembrar que isso não deveria ser algo recorrente, tendo em vista que o disposto no artigo 71 da Lei 8.666/93:

> **O contratado é responsável pelos encargos trabalhistas,** previdenciários, fiscais e comerciais resultantes da execução do contrato.
>
> **A inadimplência do contratado, com referência aos encargos trabalhistas, fiscais e comerciais não transfere à Administração Pública a responsabilidade por seu pagamento**, nem poderá onerar o objeto do contrato ou restringir a regularização e o uso das obras e edificações, inclusive perante o Registro de Imóveis.

Ocorre que os juízes trabalhistas, na prática, não aplicam tal dispositivo, mas somente a súmula do Tribunal Superior do Trabalho, atropelando a disposição legal. Um argumento muito utilizado e que o leitor poderá se valer em sua prova ou petição profissional é a nova redação dada pela Lei nº 13.467/2017 ao art. 8º da CLT, qual seja:

> Art. 8º - As autoridades administrativas e a Justiça do Trabalho, na falta de disposições legais ou contratuais, decidirão, conforme o caso, pela jurisprudência, por analogia, por equidade e outros princípios e normas gerais de direito, principalmente do direito do trabalho, e, ainda, de acordo com os usos e costumes, o direito comparado, mas sempre de maneira que nenhum interesse de classe ou particular prevaleça sobre o interesse público.

§ 2º Súmulas e outros enunciados de jurisprudência editados pelo Tribunal Superior do Trabalho e pelos Tribunais Regionais do Trabalho não poderão restringir direitos legalmente previstos nem criar obrigações que não estejam previstas em lei.

No âmbito da Nova Lei de Licitações, o tema vem previsto da seguinte maneira. *In verbis*:

> Art. 121. **Somente o contratado** será responsável pelos encargos **trabalhistas**, previdenciários, fiscais e comerciais resultantes da execução do contrato.
>
> § 1º A inadimplência do contratado em relação aos encargos trabalhistas, fiscais e comerciais **não transferirá à Administração a responsabilidade pelo seu pagamento e não poderá onerar o objeto do contrato nem restringir a regularização** e o uso das obras e das edificações, inclusive perante o registro de imóveis, ressalvada a hipótese prevista no § 2º deste artigo.
>
> § 2º Exclusivamente nas contratações de serviços contínuos com regime de dedicação exclusiva de mão de obra, a Administração responderá solidariamente pelos encargos previdenciários e **subsidiariamente pelos encargos trabalhistas se comprovada falha na fiscalização do cumprimento das obrigações do contratado**.
>
> § 3º Nas contratações de serviços contínuos com regime de dedicação exclusiva de mão de obra, para assegurar o cumprimento de obrigações trabalhistas pelo contratado, a Administração, mediante disposição em edital ou em contrato, poderá, entre outras medidas:
>
> I - exigir caução, fiança bancária ou contratação de seguro-garantia com cobertura para verbas rescisórias inadimplidas;
>
> II - condicionar o pagamento à comprovação de quitação das obrigações trabalhistas vencidas relativas ao contrato;
>
> III - efetuar o depósito de valores em conta vinculada;
>
> IV - em caso de inadimplemento, efetuar diretamente o pagamento das verbas trabalhistas, que serão deduzidas do pagamento devido ao contratado;
>
> V - estabelecer que os valores destinados a férias, a décimo terceiro salário, a ausências legais e a verbas rescisórias dos empregados do contratado que participarem da execução dos serviços contratados serão pagos pelo contratante ao contratado somente na ocorrência do fato gerador.
>
> § 4º Os valores depositados na conta vinculada a que se refere o inciso III do § 3º deste artigo são **absolutamente impenhoráveis**.
>
> § 5º O recolhimento das contribuições previdenciárias observará o disposto no art. 31 da Lei nº 8.212, de 24 de julho de 1991.

Assim, podemos verificar que a Nova Lei de Licitações buscou deixar mais claro o regime da responsabilidade trabalhista, motivo pelo qual em breve deveremos ver modificações na jurisprudência do Tribunal superior do Trabalho.

Outro ponto a ser destacado na nova legislação, é o Artigo 50, que pode ser muito útil durante a execução contratual. Vejamos:

> Art. 50. Nas contratações de serviços com regime de dedicação exclusiva de mão de obra, o contratado deverá apresentar, quando solicitado pela Administração, sob pena de multa, **comprovação do cumprimento das obrigações trabalhistas e com o Fundo de Garantia do Tempo de Serviço (FGTS) em relação aos empregados diretamente envolvidos na execução do contrato**, em especial quanto ao:
>
> I - registro de ponto;
>
> II - recibo de pagamento de salários, adicionais, horas extras, repouso semanal remunerado e décimo terceiro salário;
>
> III - comprovante de depósito do FGTS;
>
> IV - recibo de concessão e pagamento de férias e do respectivo adicional;
>
> V - recibo de quitação de obrigações trabalhistas e previdenciárias dos empregados dispensados até a data da extinção do contrato;
>
> VI - recibo de pagamento de vale-transporte e vale-alimentação, na forma prevista em norma coletiva.

Do mesmo modo, no artigo 62, parágrafo primeiro, consta um dispositivo específico sobre a habilitação da empresa, no que se relaciona ao aspecto trabalhista. Vejamos:

> § 1º Constará do edital de licitação cláusula que exija dos licitantes, sob pena de desclassificação, declaração de que suas propostas econômicas **compreendem a integralidade dos custos para atendimento dos direitos trabalhistas assegurados na Constituição Federal, nas leis trabalhistas, nas normas infralegais**, nas convenções coletivas de trabalho e nos termos de ajustamento de conduta vigentes na data de entrega das propostas.
>
> Sobre o tema, é importante ainda mencionarmos a previsão do Artigo 135, parágrafo primeiro da Nova Lei de Licitações, que dispõe:
>
> § 1º A Administração **não se vinculará às disposições contidas em acordos, convenções ou dissídios coletivos de trabalho que tratem de matéria não trabalhista, de pagamento de participação dos trabalhadores nos lucros ou resultados do contratado, ou que estabeleçam direitos não previstos em lei**, como valores ou índices obrigatórios de encargos sociais ou previdenciários, bem como de preços para os insumos relacionados ao exercício da atividade.
>
> § 2º **É vedado a órgão ou entidade contratante vincular-se às disposições previstas nos acordos, convenções ou dissídios coletivos de trabalho que tratem de obrigações e direitos que somente se aplicam aos contratos com a Administração Pública**.

Desta feita, a nova legislação parece estar mais sensível aos problemas encontrados pela Administração Pública no tocante à responsabilização subsidiária, garantindo novos contornos sobre o tema e aclarando os instrumentos postos à disposição da contratante para evitar as condenações e garantir aos empregados terceirizados que efetivamente consigam seus direitos.

Por fim, cumpre salientar que ainda existem poucos processos judiciais com a aplicação da nova legislação, notadamente em razão de que a mesma entrou em vigor apenas em Abril de 2021, sendo que ainda não foi possível verificar mudança de posicionamento por parte do Poder Judiciário.

Esperamos que diante de tantas mudanças, o julgador fique mais próximo de efetivamente garantir o disposto em Lei e evite criar novos casos e procedimentos para responsabilizar indevidamente a administração pública, que fica à mercê das empresas contratas e acaba pagando duas vezes a conta.

1.2 Dificuldades probatórias

Além de violar os dispositivos legais referentes à licitação e contratos administrativos, que iremos problematizar a seguir, os juízes trabalhistas ignoram um ponto importantíssimo, referente ao ônus probatório.

A grande dificuldade que a Administração Pública possui para que possa demonstrar que não ocorreu culpa *in eligendo* ou *in vigilando*. Na grande parte das vezes, as condenações referem-se às horas extras e intervalos intrajornadas, sendo que tais requisitos são de responsabilidade da empresa contratada, haja vista a inexistência de subordinação jurídica perante a Administração Pública.

Não é razoável exigir dos entes públicos a fiscalização rigorosa de inúmeros empregados contratados, cada um com jornadas legais diferentes e peculiaridades das mais diferentes profissões (médicos, engenheiros, etc), bem como a eventual existência de acordos e convenções coletivas diversas.

Se fosse para ser assim, seria bem mais vantajoso a contratação de servidores públicos efetivos, submetidos à vinculo de natureza legal, pois evitaria o pagamento em duplicidade, que ocorre pela contratação da empresa e pela condenação na justiça laboral.

Desta forma, é preciso que seja revisto o tema, evitando-se a condenação ampla e irrestrita do ente público. Vale ressaltar que a fiscalização mais efetiva é a da própria licitação, meio pelo qual a Administração analisa critérios técnicos, financeiros, trabalhistas e fiscal (art. 27, da Lei 8.666/93) e Artigo 62 da Nova Lei de Licitações.

No ano de 2018, foi editado decreto de autoria do ex-presidente Michel Temer, tratando da terceirização na Administração Pública Federal direta e indireta. Vale ressaltar que tal regulamento não alcança os Estados e Municípios, entes dotados de autonomia e autoadministração, que podem editar seus próprios regulamentos sobre o tema.

Em relação ao Decreto nº 9.507/2018, podemos destacar o artigo 3º, que trata das atividades que não podem ser terceirizadas, por constituirem o núcleo fundamental do Estado. *In verbis:*

> Art. 3º Não serão objeto de execução indireta na administração pública federal direta, autárquica e fundacional, os serviços:
>
> I - que envolvam a tomada de decisão ou posicionamento institucional nas áreas de planejamento, coordenação, supervisão e controle;
>
> II - que sejam considerados estratégicos para o órgão ou a entidade, cuja terceirização possa colocar em risco o controle de processos e de conhecimentos e tecnologias;
>
> III - que estejam relacionados ao poder de polícia, de regulação, de outorga de serviços públicos e de aplicação de sanção; e
>
> IV - que sejam inerentes às categorias funcionais abrangidas pelo plano de cargos do órgão ou da entidade, exceto disposição legal em contrário ou quando se tratar de cargo extinto, total ou parcialmente, no âmbito do quadro geral de pessoal.
>
> § 1º Os serviços auxiliares, instrumentais ou acessórios de que tratam os incisos do **caput** poderão ser executados de forma indireta, vedada a transferência de responsabilidade para a realização de atos administrativos ou a tomada de decisão para o contratado.

Evidentemente, tais atividades não poderiam ser delegadas aos particulares, por se tratarem, em grande parte de Poderes Administrativos, notadamente em relação ao Poder de Polícia, o que iria violar a isonomia entre os particulares. Importante ressaltar que a autorização para ocorrer a terceirização na Administração Pública menciona apenas as atividades executivas. Vejamos:

> Decreto-lei nº 200/67. Art. 10. § 7º Para melhor desincumbir-se das tarefas de planejamento, coordenação, supervisão e controle e com o objetivo de impedir o crescimento desmesurado da máquina administrativa, **a Administração procurará desobrigar-se da realização material de tarefas executivas**, recorrendo, sempre que possível, à execução indireta, mediante contrato, desde que exista, na área, iniciativa privada suficientemente desenvolvida e capacitada a desempenhar os encargos de execução.

Interessante decisão do Tribunal de Contas do Estado de Pernambuco[6] foi no sentido de que nos termos do artigo 37, inciso XXI, da Constituição Fede-

6 Disponível em: http://www2.tce.pe.gov.br/internet.old/index.php/component/content/article/728-jurisprudencia/contratos/contratacao-de-terceirizados/4031-contratacao-de--terceirizados.

ral de 1988, bem como dos demais princípios constitucionais aplicáveis, não é permitida a terceirização da atividade-fim na Administração Pública, devendo ser observadas ainda as regras da Lei Federal 8.666/1993, atinentes à execução indireta a que se referem seus Artigos 6º, inciso VIII, e 10.

Ainda que saibamos da existência da decisão do Supremo Tribunal Federal admitindo a terceirização nas atividades-fim das empresas (explicação em momento posterior), acreditamos que tal hipótese é incompatível na Administração Pública. Vejamos como opinou o Ministério Público no julgado mencionado acima[7]:

> Nesses termos, a terceirização de atividades afetas à área-fim de um órgão ou entidade ou que estejam incluídas nas atribuições de seus cargos ou empregos públicos representa uma burla à obrigatoriedade de realização de concurso público, em clara afronta aos princípios constantes do caput, do artigo 37, da Constituição de 1988.
>
> Segundo, porque, conforme o princípio constitucional da legalidade, a atuação da Administração Pública deve se pautar nos exatos limites da lei, diferentemente das relações privadas, em que é permitido fazer tudo que a norma não proíba.
>
> De outro modo, qualquer interpretação em sentido favorável à terceirização da atividade-fim no setor público seria de uma inconstitucionalidade evidente, pois implicaria a ilegal hipótese de lei infraconstitucional negar vigência à norma constitucional, in casu, ao artigo 37, II, cujo teor impõe a prévia realização de concurso público para o ingresso no serviço público.

No mesmo sentido, o Tribunal de Contas do Estado do Espírito Santo respondeu consulta no mesmo sentido:

> A lei federal que trata da terceirização de atividade-fim (lei nº 6.019/1974, alterada pela lei nº 13.429/2017) não se aplica à Administração Pública, devendo sobre ela incidir as previsões do artigo 37, II e XXI, da Constituição Federal. O entendimento foi fixado pelo Tribunal de Contas do Estado (TCE-ES) respondendo à consulta formulada pelo prefeito de Ibitirama, Reginaldo Simão de Souza". (Acórdão 2512/2017, Relator conselheiro Rodrigo Chamoun)

Para finalizar essa pequena pesquisa sobre a opinião dos Tribunais de Contas, o Tribunal de Contas da União também já enfrentou o tema. *in verbis:*

7 Julgado disponível em: http://www2.tce.pe.gov.br/internet.old/index.php/component/content/article/728-jurisprudencia/contratos/contratacao-de-terceirizados/4031-contratacao-de-terceirizados.

> A contratação de trabalhador pela Administração Pública com intermediação de empresa de prestação de serviços a terceiros para atuação na área-fim representa burla a exigência constitucional do concurso público. (Acórdão 391/2009 – Plenário).

Importante salientar também que a ausência de pessoalidade é um requisito negativo da validade da terceirização na administração pública, uma vez que não há interesse na condição pessoal daquele que presta o serviço. Com efeito, a pretensão do Poder Público envolve apenas o serviço e sua adequada prestação, pouco importando quem é o trabalhador que o presta.

Uma questão atual, decorrente da presente condição de validade da terceirização, consiste na legitimidade da "cláusula de incentivo à continuidade", presente em instrumentos coletivos.

São ajustes estabelecidos em acordos e convenções coletivas de trabalho, por meio dos quais se pactua o afastamento do pagamento de aviso prévio indenizado e a redução da multa de 40% dos depósitos do FGTS, caso o sucessor do contrato administrativo com a entidade pública mantenha os empregados do prestador anterior nos mesmos postos de trabalho. Ocorre a extinção do contrato entre o tomador e o prestador original, sendo que o novo prestador, sucessor do contrato administrativo firmado com o ente da Administração que figura como tomador, mantem os trabalhadores, por meio do estabelecimento de nova relação de emprego com estes.

Questiona-se se a validade do mencionado ajuste seria uma violação ao princípio da impessoalidade e burla indireta ao concurso público como exigência constitucional (artigo 37), bem como se haveria validade no que tange ao afastamento do aviso prévio e da integralidade da multa de 40% dos depósitos do FGTS.

No segundo caso, qual seja, o afastamento do aviso prévio e da integralidade da multa de 40% dos depósitos do FGTS, a jurisprudência tem adotado como parâmetro predominante de limitação não restringir aspectos relacionados à saúde e segurança do trabalhador.

Quanto à "cláusula de incentivo de continuidade", embora ainda não haja posicionamento definitivo do TST, existem vários precedentes de Turmas, no sentido de reconhecer a invalidade da redução da multa de 40% sobre os depósitos do FGTS e supressão do aviso prévio.

Feita esta breve exposição, é importante ressaltar que o tema ainda não está totalmente definido na jurisprudência e doutrina nacional, havendo espaço para debates e futuras construções mais sólidas referentes ao tema.

2. A RESPONSABILIDADE DO PODER PÚBLICO NA TERCEIRIZAÇÃO

Aspecto de grande relevância refere-se à responsabilidade da administração pública na qualidade de tomadora de serviços.

Cumpre salientar, de início, que para existir a responsabilidade do tomador, será indispensável sua participação no polo passivo da fase de conhecimento e a presença no título executivo judicial, conforme redação do inciso IV da Súmula 331 do TST. Com efeito, o TST já entendeu que, caso o tomador não seja incluído no polo passivo da reclamação, haverá preclusão, sendo impossível futura reclamação trabalhista ajuizada em desfavor do tomador de serviços terceirizados.

> *Ementa: EMBARGOS SUJEITOS À SISTEMÁTICA DA LEI Nº 11.496/2007 - CARÊNCIA DE AÇÃO - IMPOSSIBILIDADE JURÍDICA DO PEDIDO - RECLAMAÇÃO TRABALHISTA AUTÔNOMA AJUIZADA EM DESFAVOR DO TOMADOR DOS SERVIÇOS TERCEIRIZADOS - RESPONSABILIDADE SUBSIDIÁRIA - IMPOSSIBILIDADE - EXISTÊNCIA DE DECISÃO TRANSITADA EM JULGADO EM QUE FIGUROU NO PÓLO PASSIVO DA AÇÃO APENAS A EMPRESA PRESTADORA DOS SERVIÇOS. Há carência do direito de ação, por impossibilidade jurídica do pedido, quando o empregado ajuíza reclamação trabalhista autônoma em desfavor do tomador dos serviços terceirizados, pleiteando sua responsabilização subsidiária quanto à satisfação dos direitos trabalhistas reconhecidos em ação anterior, já cobertos pelo manto da coisa julgada material, em que figurou no pólo passivo apenas a empresa prestadora dos serviços, real empregadora.* ***A responsabilização do tomador dos serviços está condicionada à sua integração no pólo passivo da reclamação trabalhista cujo título executivo judicial venha a assegurar ao obreiro a percepção de direitos trabalhistas não satisfeitos a tempo e modo pela empresa prestadora dos serviços, real empregadora.*** *Seria impróprio reabrir a discussão em torno dos direitos trabalhistas pleiteados na primeira reclamação trabalhista, a fim de possibilitar, nesta segunda ação, que a empresa tomadora exercesse o direito constitucional a ampla defesa e contraditório, demonstrando o cumprimento das obrigações trabalhistas devidas pela real empregadora, pois, como se disse, tal controvérsia já fora dirimida pelo título executivo judicial transitado em julgado. A credibilidade da Justiça e dos provimentos jurisdicionais dela emanados não convive com decisões contraditórias a respeito da mesma relação jurídica, o que seria natural caso fosse admitida a pretensão em análise e possibilitado o ajuizamento de ação autônoma em desfavor do tomador dos serviços tratando da mesma matéria objeto de título executivo* judicial devidamente aperfeiçoado *(E-RR - 231/2006-011-09-00.1).*

Atualmente, ainda prevalece tal orientação:

> "após intensos debates, superou-se o entendimento firmado inicialmente, que admitia a possibilidade de condenação do tomador de serviços como responsável subsidiário em ação autônoma, para consolidar o entendimento

> de que não é possível condenar o tomador de serviços como responsável subsidiário, em relação a créditos trabalhistas deferidos em ação anterior oposta apenas contra o empregador, em respeito aos princípios do contraditório e da ampla defesa e, ainda, tendo em vista a coisa julgada formada no processo anterior." (Processo: E-RR - 124400-64.2007.5.05.0006 Data de Julgamento: 05/12/2013, Relator Ministro: Alexandre de Souza Agra Belmonte, Data de Publicação: DEJT 19/12/2013)

Ressalte-se também a existência de violação ao contraditório e a ampla defesa. Nesse sentido, imagine que determinado trabalhador ajuizou reclamação trabalhista apenas contra a empresa prestadora do serviço. Posteriormente ao trânsito em julgado, o mesmo trabalhador não poderá ajuizar nova reclamação apenas contra o Poder Público. Caso seja ajuizada, deverá ser extinta sem resolução do mérito.

No que tange a responsabilidade da Administração Pública, na qualidade de tomadora de serviços, houve evolução da jurisprudência, até a chegada do entendimento atual.

A responsabilidade do Estado nos contratos de terceirização foi regulamentada pelo artigo 71, § 1º, da Lei 8666/93. A norma dispõe que a Administração Pública não responde pelos encargos trabalhistas do contratado, ou seja, a inadimplência do contratado, com referência aos encargos trabalhistas, fiscais e comerciais, não são transferidos à Administração Pública, semelhante disposição existe na Nova Lei de Licitações, conforme mencionado.

O artigo previu expressamente a inexistência de transferência para a Administração Pública da responsabilidade pelo pagamento das verbas trabalhistas. Com efeito, se o prestador de serviço restar inadimplente, a norma proíbe que haja a responsabilização do ente público tomador.

Inicialmente, a Súmula 331 do Tribunal Superior do Trabalho não tratava sobre o assunto. Nada obstante, através da Resolução 96/2000 passou a constar a seguinte redação:

> Súmula alterada (inciso IV) - Res. 96/2000, DJ 18, 19 e 20.09.2000
> Nº 331 (...)
>
> IV - O inadimplemento das obrigações trabalhistas, por parte do empregador, implica a responsabilidade subsidiária do tomador dos serviços, quanto àquelas obrigações, **inclusive quanto aos órgãos da administração direta, das autarquias, das fundações públicas, das empresas públicas e das sociedades de economia mista, desde que hajam participado da relação processual e constem também do título executivo judicial** (art. 71 da Lei nº 8.666, de 21.06.1993).

Ademais, o artigo 37, §6º, da Constituição Federal trata sobre a responsabilidade civil extracontratual do Estado, consagrando a responsabilidade objetiva. Na prática, havia uma responsabilização automática em razão do inadimplemento, sem necessidade alguma do reclamante provar culpa por parte da Administração.

Nesse sentido, o Tribunal Superior do Trabalho possuía entendimento inicial de que a responsabilidade subsidiária do tomador alcançaria a Administração Pública de forma irrestrita, justificando seu entendimento no artigo 37, §6º, da Constituição Federal que consagra a responsabilidade civil do Estado.

Diante do conflito estabelecido, qual seja, o entendimento do TST acerca da aplicação irrestrita da responsabilidade subsidiária da Administração Pública e o artigo 71, §6º, da Lei 8.666/93, o governador do DF à época, ajuizou uma Ação Direta de Constitucionalidade (ADC), tendo por objeto o art. 71 da Lei 8.666/93. Importante também destacar que fora questionado que o TST estava afastando a aplicação do artigo 71, §1º, da Lei 8.666/93 e, consequentemente, violando a cláusula de reserva de plenário (artigo 97 da Constituição Federal) e a Súmula Vinculante nº 10 do STF.

O STF, nessa ADC nº 16, entendeu que o artigo 71 seria constitucional, não tendo a Administração responsabilidade, a princípio.

> EMENTA: RESPONSABILIDADE CONTRATUAL. Subsidiária. Contrato com a administração pública. Inadimplência negocial do outro contraente. Transferência consequente e automática dos seus encargos trabalhistas, fiscais e comerciais, resultantes da execução do contrato, à administração. Impossibilidade jurídica. Consequência proibida pelo art., 71, § 1º, da Lei federal nº 8.666/93. Constitucionalidade reconhecida dessa norma. Ação direta de constitucionalidade julgada, nesse sentido, procedente. Voto vencido. É constitucional a norma inscrita no art. 71, § 1º, da Lei federal nº 8.666, de 26 de junho de 1993, com a redação dada pela Lei nº 9.032, de 1995. (ADC 16, Relator(a): Min. CEZAR PELUSO, Tribunal Pleno, julgado em 24/11/2010, DJe-173 DIVULG 08-09-2011 PUBLIC 09-09-2011 EMENT VOL-02583-01 PP-00001 RTJ VOL-00219-01 PP-00011).

De acordo com esse entendimento, o simples fato de a entidade dever algo a seus empregados não atrai, por si só, a responsabilidade da Administração. Deve, outrossim, ser demonstrada a sua culpa "*in vigilando*" ou "*in elegendo*" (Ex: não licitou quando era pra licitar; não fiscalizou uma execução que era precária etc.), casos em que haveria responsabilidade subsidiária da Administração tomadora (principal ou solidária, jamais).

Com isso, o TST foi obrigado a modificar o seu entendimento e acrescentou o inciso V à Súmula 331, compatibilizando o seu entendimento com o que fora decidido em sede de controle concentrado de constitucionalidade.

> Sumula 331, V - Os entes integrantes da Administração Pública direta e indireta respondem subsidiariamente, nas mesmas condições do item IV, caso evidenciada a sua conduta culposa no cumprimento das obrigações da Lei

> n.º 8.666, de 21.06.1993, especialmente na fiscalização do cumprimento das obrigações contratuais e legais da prestadora de serviço como empregadora. A aludida responsabilidade não decorre de mero inadimplemento das obrigações trabalhistas assumidas pela empresa regularmente contratada.

Com isso, a responsabilização deixou de ser automática e passou a decorrer da conduta culposa, sendo subsidiária. Ocorre que, na prática, a justiça do trabalho quase sempre invertia o ônus da prova, não aplicando o artigo 71 da Lei 8666/93, forçando com que a Administração provasse que não houve omissão na fiscalização. Destaque-se que o dever de Fiscalização está previsto na Lei de Licitações nos arts. 54, § 1º, 55, inciso XIII, 58, III, 66, 67, caput e seu § 1º, 77 e 78, da Lei 8666/93.

A Administração teria o ônus de demonstrar que os atos de fiscalização eram praticados, tendo em vista que seria um dever legal do ente público. Perceptível que, na prática, muito embora a Fazenda Pública tenha saído vitoriosa na ADC 16, continuava havendo muitas condenações.

O caso foi levado ao STF através do Recurso Extraordinário 760.931, cuja tese restou assim fixada:

> O inadimplemento dos encargos trabalhistas dos empregados do contratado não transfere automaticamente ao Poder Público contratante a responsabilidade pelo seu pagamento, seja em caráter solidário ou subsidiário, nos termos do art. 71, § 1º, da Lei nº 8.666/93.

Portanto, a responsabilidade não é automática, nem é genérica, sendo que *culpa in vigilando e a culpa in elegendo* precisam de efetiva comprovação da não fiscalização.

O TST vinha decidindo que, a partir do julgamento da ADC 16 e do RE 760.931, a demonstração da culpa do ente público passou a se apresentar como fato constitutivo do direito do empregado para que este imponha a responsabilidade subsidiária da Administração, cabendo a ele comprovar que esta foi negligente e escolheu mal ou não fiscalizou devidamente seu contrato. Caso contrário, haveria uma culpa presumida.

> AGRAVO DE INSTRUMENTO. RECURSO DE REVISTA. ACÓRDÃO DO TRT PROFERIDO APÓS A ATUAL REDAÇÃO DA SÚMULA Nº 331 DO TST. ENTE PÚBLICO. RESPONSABILIDADE SUBSIDIÁRIA DO TOMADOR DE SERVIÇOS RECONHECIDA PELA CORTE REGIONAL COM BASE NA DISTRIBUIÇÃO DO ÔNUS DA PROVA EM DESFAVOR DO RECLAMADO. VEDAÇÃO CONFORME ENTENDIMENTO DO STF. 1 – Aconselhável o provimento do agravo de instrumento para melhor exame do recurso de revista, por provável violação do art. 71, § 1º, da Lei nº 8.666/93. 2 – De acordo com a Súmula nº 331, V, do TST e a ADC nº 16 do STF, é vedado

o reconhecimento da responsabilidade subsidiária do ente público com base no mero inadimplemento do empregador no cumprimento das obrigações trabalhistas, e deve haver prova da culpa in eligendo ou in vigilando do tomador de serviços. 3 – Também de acordo com o entendimento do STF, em diversas reclamações constitucionais, não deve ser reconhecida a responsabilidade subsidiária com base na distribuição do ônus da prova em desfavor do ente público, cujos atos gozam da presunção de legalidade e de legitimidade. Por disciplina judiciária, essa diretriz passou a ser seguida pela Sexta Turma do TST, a partir da Sessão de Julgamento de 25/3/2015. 4 – Agravo de instrumento a que se dá provimento. **II – RECURSO DE REVISTA. ACÓRDÃO DO TRT PROFERIDO APÓS A ATUAL REDAÇÃO DA SÚMULA Nº 331 DO TST. ENTE PÚBLICO. RESPONSABILIDADE SUBSIDIÁRIA DO TOMADOR DE SERVIÇOS RECONHECIDA PELA CORTE REGIONAL COM BASE NA DISTRIBUIÇÃO DO ÔNUS DA PROVA EM DESFAVOR DO RECLAMADO. VEDAÇÃO CONFORME ENTENDIMENTO DO STF.** 1 – De acordo com a Súmula nº 331, V, do TST e a ADC nº 16 do STF, é vedado o reconhecimento da responsabilidade subsidiária do ente público com base no mero inadimplemento do empregador no cumprimento das obrigações trabalhistas, e deve haver prova da culpa in eligendo ou in vigilando do tomador de serviços. 2 – **Também de acordo com o entendimento do STF, em diversas reclamações constitucionais, não deve ser reconhecida a responsabilidade subsidiária com base na distribuição do ônus da prova em desfavor do ente público, cujos atos gozam da presunção de legalidade e de legitimidade.** Por disciplina judiciária, essa diretriz passou a ser seguida pela Sexta Turma do TST, a partir da Sessão de Julgamento de 25/3/2015. 3- Recurso de revista a que se dá provimento. (TST, RR 534600-64.2006.5.07.0032. Relator: Kátia Magalhães Arruda, Data de Julgamento: 20/05/2015, 6ª Turma).

Ocorre que, em recente julgado (E-RR-925-07.2016.5.05.0281), noticiado no final do ano de 2019, o TST parece ter alterado o seu entendimento. A Corte Trabalhista decidiu que cabe ao contratante comprovar a fiscalização do contrato. Segundo o relator do processo, o ministro Cláudio Brandão, a Lei 8.666/1993, que estabelece a ausência de responsabilização automática da administração pública pela falta de cumprimento da obrigação, atribui ao tomador de serviços a prerrogativa da fiscalização do contrato (art. 58, III) e estabelece que é dele o dever de fiscalização, a ser executada por pessoa especialmente designada (art. 66). A lei ainda prevê como causa de extinção do contrato o desatendimento das determinações da autoridade designada para fiscalizá-lo (art. 78, VII) e autoriza a retenção de parcelas resultantes de convênio se não forem observadas as recomendações da fiscalização.

Diante do impasse, recentemente o STF reconheceu a repercussão geral do tema, tratado no RE 1298647 (Tema 1118). No recurso, o Estado de São Paulo questiona decisão do TST que lhe impôs a responsabilidade subsidiária por parcelas devidas a um trabalhador contratado por empresa prestadora de serviço. O estado argumenta que o entendimento do TST tem causado impacto aos cofres públicos e pede que o STF defina de quem é o ônus de provar eventual conduta culposa na fiscalização de obrigações trabalhistas nesses casos, se do ente público contratante ou do empregado terceirizado. O Estado de São Paulo alega que a condenação do ente público sem a devida prova, por simples presunção, viola os dois entendimentos do STF (ADC 16 e RE 760931) e caracteriza declaração velada de inconstitucionalidade do parágrafo 1°, do art. 71 da Lei de Licitações. Assim, a Suprema Corte definirá em breve a validade da imposição de responsabilidade subsidiária à administração com fundamento na não comprovação da efetiva fiscalização, isto é, pela inversão do ônus da prova.

Como mencionamos anteriormente, por enquanto, mesmo após a entrada em vigor da Nova Lei de Licitações, o STF e TST vêm mantendo a sua jurisprudência consolidada. No entanto, esperamos que nas próximas edições do presente manual possamos presentear o leitor com a mudança de entendimentos sobre o tema, dificultando a responsabilização do Poder Público, que na prática, atualmente, é quase automática, sendo afastada em hipóteses restritivas.

Sobre o tema, vejamos a opinião da Professora Ingrid Arakaki[8]:

> Claramente a legislação não estipula quais meios a Administração se utilizará para assegurar o cumprimento das obrigações trabalhistas, tratando-se de rol meramente exemplificativo, não cabendo ao Judiciário fazê-lo.
>
> Assim, cumpridas as exigências previstas na Lei de Licitações no que tange à fiscalização do contrato, em regra, não há que se falar em falha. De modo que, demonstrando a Administração ter seguido tais preceitos, caberia a parte autora comprovar o contrário.
>
> Ressalta-se ainda que nos termos da já mencionada súmula 331 do TST, "A aludida responsabilidade não decorre de mero inadimplemento das obrigações trabalhistas assumidas pela empresa regularmente contratada."
>
> Diante disso, faz-se cada vez mais necessário a adequação do entendimento jurisprudencial à Nova lei de Licitações, afastando a responsabilidade subsidiária da Administração quando verificado o cumprimento dos atos fiscalizatórios previstos na lei.

Outrossim, é preciso deixar claro que a responsabilidade subsidiária com a comprovação da *culpa in vigilando e in elegendo* aplica-se para a responsabilidade da administração na terceirização de mão de obra. Vale destacar que, se houver a celebração de um contrato para a construção de uma obra, por exemplo, de um hospital, aplica-se a OJ 191 da SDI-1 do TST:

8 https://www.migalhas.com.br/depeso/343829/nova-lei-de-licitacoes-e-a-responsabilidade--pelos-encargos-trabalhista.

> 191. CONTRATO DE EMPREITADA. DONO DA OBRA DE CONSTRUÇÃO CIVIL. RESPONSABILIDADE. (nova redação) - Res. 175/2011, DEJT divulgado em 27, 30 e 31.05.2011. Diante da inexistência de previsão legal específica, o contrato de empreitada de construção civil entre o dono da obra e o empreiteiro não enseja responsabilidade solidária ou subsidiária nas obrigações trabalhistas contraídas pelo empreiteiro, salvo sendo o dono da obra uma empresa construtora ou incorporadora.

O entendimento é no sentido de excluir a responsabilidade do dono na obra, por ausência de previsão legal, excepcionando apenas a hipótese de o dono da obra ser empresa construtora ou incorporadora, que certamente não é o caso do ente público.

Portanto, o Poder Público, na condição de dono da obra, não se confunde com o fenômeno da terceirização, e, por conseguinte, não possui qualquer responsabilidade sobre os débitos trabalhistas do contratado.

É importante destacar que no caso dos encargos previdenciários aplica-se o artigo 71, §2º:

> Art. 71 (...)
>
> § 2º A Administração Pública responde solidariamente com o contratado pelos encargos previdenciários resultantes da execução do contrato, nos termos do art. 31 da Lei nº 8.212, de 24 de julho de 1991. (Redação dada pela Lei nº 9.032/95)

Assim, existe previsão de responsabilidade solidária do Poder Público sobre os encargos previdenciários. Aqui vale salientar que, se quisesse, o legislador teria feito o mesmo em relação aos encargos trabalhistas. Se não o fez, é justamente porque entende que a administração já afere, no momento da licitação, a aptidão orçamentária e financeira da empresa contratada.

Situação interessante ocorre no caso de a Administração Pública fiscalizar e efetivamente restar comprovado que houve o inadimplemento pela prestadora do serviço público. Qual a melhor solução a ser adotada? O correto é ajuizar uma ação de consignação e pagamento, de competência da Justiça do Trabalho, conforme já entendeu o STJ.

> CONFLITO NEGATIVO DE COMPETÊNCIA. JUSTIÇA FEDERAL. JUSTIÇA DO TRABALHO. CONTRATO DE TERCEIRIZAÇÃO. UNIÃO. AÇÃO DE CONSIGNAÇÃO EM PAGAMENTO DOS SALÁRIOS. RESPONSABILIDADE TRABALHISTA SUBSIDIÁRIA.
>
> COMPETÊNCIA DA JUSTIÇA DO TRABLHO.
>
> 1. A Súmula 331 do eg. Tribunal Superior do Trabalho, cuidando da terceirização de serviços ligados à atividade-meio da Administração Pública, reza

> que "o inadimplemento das obrigações trabalhistas, por parte do empregador, implica a responsabilidade subsidiária do tomador dos serviços quanto àquelas obrigações, desde que haja participado da relação processual e conste também do título executivo judicial".
>
> 2. A ação de consignação em pagamento proposta por ente estatal em face de sociedade empresária contratada para a prestação de serviços terceirizados à Administração Pública, visando elidir a responsabilidade trabalhista subsidiária, prevista na Súmula 331/TST, deve ser julgada pela Justiça Laboral.
>
> 3. Conflito conhecido para declarar competente a Justiça do Trabalho.
>
> (CC 136.739/RS, Rel. Ministro RAUL ARAÚJO, SEGUNDA SEÇÃO, julgado em 23/09/2015, DJe 15/10/2015)

Existe também uma corrente que defende que, para haver a responsabilidade do Poder Público, deveria haver o esgotamento dos meios executivos contra o devedor principal, inclusive com a desconsideração da personalidade jurídica. A tese não foi acatada pelo TST, conforme julgado colacionado:

> EMENTA: RECURSO DE REVISTA. BENEFÍCIO DE ORDEM. DESCONSIDERAÇÃO DA PERSONALIDADE JURÍDICA DA PRIMEIRA RECLAMADA DEVEDORA PRINCIPAL. **Esta Corte Superior tem sedimentado o entendimento de que os sócios do devedor principal e o condenado subsidiariamente são igualmente responsáveis pelo crédito reconhecido em face da empresa executada, razão pela qual a desconsideração da personalidade jurídica da primeira reclamada não constitui condição ao reconhecimento da responsabilidade subsidiária**. Logo, não há falar, também, em benefício de ordem entre os sócios da primeira reclamada e a tomadora de serviços. Precedentes. Recurso de revista de que não se conhece. RESPONSABILIDADE SUBSIDIÁRIA. ENTE PÚBLICO. PROVA DA CULPA. A inadimplência das obrigações trabalhistas por parte do empregador não transfere à Administração Pública a responsabilidade por seu pagamento, consoante dispõe o artigo 71, § 1º, da Lei nº 8.666/1993, declarado constitucional pelo Plenário do Supremo Tribunal Federal em 24 de novembro de 2010 (Ação Direta de Constitucionalidade nº 16/DF). Assim, foi acrescentado o item V à Súmula nº 331 do TST, no sentido de que os entes integrantes da Administração Pública direta e indireta respondem subsidiariamente, caso evidenciada a sua conduta culposa no cumprimento das obrigações da Lei nº 8.666/1993, especialmente na fiscalização do cumprimento das obrigações contratuais e legais da prestadora de serviço como empregadora. A aludida responsabilidade não decorre de mero inadimplemento das obrigações trabalhistas assumidas pela empresa regularmente contratada. No presente caso, o quadro fático delineado no acórdão regional revela que, efetivamente, o ente público não fiscalizou adequadamente a execução do contrato de prestação de serviços com a empregadora da reclamante. Nesse contexto, a decisão regional harmoniza-se

com o entendimento firmado na Súmula nº 331, V, desta Corte. Incidência do artigo 896, § 4º, da Consolidação das Leis do Trabalho. Recurso de revista de que não se conhece. (TST. 2ª Turma. RR – 29400-19.2010.5.17.0161. Data: 09/04/2014).

3. COMPILAÇÃO JURISPRUDENCIAL

Súmula nº 331 do TST: CONTRATO DE PRESTAÇÃO DE SERVIÇOS. LEGALIDADE (nova redação do item IV e inseridos os itens V e VI à redação) - Res. 174/2011, DEJT divulgado em 27, 30 e 31.05.2011.

I - A contratação de trabalhadores por empresa interposta é ilegal, formando-se o vínculo diretamente com o tomador dos serviços, salvo no caso de trabalho temporário (Lei nº 6.019, de 03.01.1974).

II - A contratação irregular de trabalhador, mediante empresa interposta, não gera vínculo de emprego com os órgãos da Administração Pública direta, indireta ou fundacional (art. 37, II, da CF/1988).

III - Não forma vínculo de emprego com o tomador a contratação de serviços de vigilância (Lei nº 7.102, de 20.06.1983) e de conservação e limpeza, bem como a de serviços especializados ligados à atividade-meio do tomador, desde que inexistente a pessoalidade e a subordinação direta.

IV - O inadimplemento das obrigações trabalhistas, por parte do empregador, implica a responsabilidade subsidiária do tomador dos serviços quanto àquelas obrigações, desde que haja participado da relação processual e conste também do título executivo judicial.

V - Os entes integrantes da Administração Pública direta e indireta respondem subsidiariamente, nas mesmas condições do item IV, caso evidenciada a sua conduta culposa no cumprimento das obrigações da Lei n.º 8.666, de 21.06.1993, especialmente na fiscalização do cumprimento das obrigações contratuais e legais da prestadora de serviço como empregadora. A aludida responsabilidade não decorre de mero inadimplemento das obrigações trabalhistas assumidas pela empresa regularmente contratada.

VI – A responsabilidade subsidiária do tomador de serviços abrange todas as verbas decorrentes da condenação referentes ao período da prestação laboral.

OJ 191 da SDI-1 do TST: 191. CONTRATO DE EMPREITADA. DONO DA OBRA DE CONSTRUÇÃO CIVIL. RESPONSABILIDADE. (nova redação) - Res. 175/2011, DEJT divulgado em 27, 30 e 31.05.2011. Diante da inexistência de previsão legal específica, o contrato de empreitada de construção civil entre o dono da obra e o empreiteiro não enseja responsabilidade solidária ou subsidiária nas obrigações trabalhistas contraídas pelo empreiteiro, salvo sendo o dono da obra uma empresa construtora ou incorporadora.

EMENTA: RESPONSABILIDADE CONTRATUAL. Subsidiária. Contrato com a administração pública. Inadimplência negocial do outro contraente. Transferência consequente e automática dos seus encargos trabalhistas, fiscais e comerciais, resultantes da execução do contrato, à administração. Impossibilidade jurídica. Consequência proibida pelo art., 71, § 1º, da Lei federal nº 8.666/93. Constitucionalidade reconhecida dessa norma. Ação direta de constitucionalidade julgada, nesse sentido, procedente. Voto vencido. É constitucional a norma inscrita no art. 71, § 1º, da Lei federal nº 8.666, de 26 de junho de 1993, com a redação dada pela Lei nº 9.032, de 1995. (ADC 16, Relator(a): Min. CEZAR PELUSO, Tribunal Pleno, julgado em 24/11/2010, DJe-173 DIVULG 08-09-2011 PUBLIC 09-09-2011 EMENT VOL-02583-01 PP-00001 RTJ VOL-00219-01 PP-00011).

CONFLITO NEGATIVO DE COMPETÊNCIA. JUSTIÇA FEDERAL. JUSTIÇA DO TRABALHO. CONTRATO DE TERCEIRIZAÇÃO. UNIÃO. AÇÃO DE CONSIGNAÇÃO EM PAGAMENTO DOS SALÁRIOS. RESPONSABILIDADE TRABALHISTA SUBSIDIÁRIA. COMPETÊNCIA DA JUSTIÇA DO TRABALHO.

1. A Súmula 331 do eg. Tribunal Superior do Trabalho, cuidando da terceirização de serviços ligados à atividade-meio da Administração Pública, reza que "o inadimplemento das obrigações trabalhistas, por parte do empregador, implica a responsabilidade subsidiária do tomador dos serviços quanto àquelas obrigações, desde que haja participado da relação processual e conste também do título executivo judicial".

2. A ação de consignação em pagamento proposta por ente estatal em face de sociedade empresária contratada para a prestação de serviços terceirizados à Administração Pública, visando elidir a responsabilidade trabalhista subsidiária, prevista na Súmula 331/TST, deve ser julgada pela Justiça Laboral.

3. Conflito conhecido para declarar competente a Justiça do Trabalho.

(CC 136.739/RS, Rel. Ministro RAUL ARAÚJO, SEGUNDA SEÇÃO, julgado em 23/09/2015, DJe 15/10/2015)

AGRAVO DE INSTRUMENTO. RECURSO DE REVISTA. ACÓRDÃO DO TRT PROFERIDO APÓS A ATUAL REDAÇÃO DA SÚMULA Nº 331 DO TST. ENTE PÚBLICO. RESPONSABILIDADE SUBSIDIÁRIA DO TOMADOR DE SERVIÇOS RECONHECIDA PELA CORTE REGIONAL COM BASE NA DISTRIBUIÇÃO DO ÔNUS DA PROVA EM DESFAVOR DO RECLAMADO. VEDAÇÃO CONFORME ENTENDIMENTO DO STF. 1 – Aconselhável o provimento do agravo de instrumento para melhor exame do recurso de revista, por provável violação do art. 71, § 1º, da Lei nº 8.666/93. 2 – De acordo com a Súmula nº 331, V, do TST e a ADC nº 16 do STF, é vedado o reconhecimento da responsabilidade subsidiária do ente público com base no mero inadimplemento do empregador no cumprimento das obrigações trabalhistas, e deve haver prova da culpa in eligendo ou in vigilando do tomador de serviços. 3 – Também de acordo com o entendimento do STF, em diversas reclamações constitucionais, não deve ser reconhecida a responsabilidade subsidiária com base na distribuição do ônus da prova em desfavor do ente público, cujos atos gozam da presunção de legalidade e de legitimidade. Por disciplina judiciária, essa diretriz passou a ser seguida pela Sexta Turma do TST, a partir da Sessão de Julgamento de 25/3/2015. 4 – Agravo de instrumento a que se dá provimento. **II – RECURSO DE REVISTA. ACÓRDÃO DO TRT PROFERIDO APÓS A ATUAL REDAÇÃO DA SÚMULA Nº 331 DO TST. ENTE PÚBLICO. RESPONSABILIDADE SUBSIDIÁRIA DO TOMADOR DE SERVIÇOS RECONHECIDA PELA CORTE REGIONAL COM BASE NA DISTRIBUIÇÃO DO ÔNUS DA PROVA EM DESFAVOR DO RECLAMADO. VEDAÇÃO CONFORME ENTENDIMENTO DO STF.** 1 – De acordo com a Súmula nº 331, V, do TST e a ADC nº 16 do STF, é vedado o reconhecimento da responsabilidade subsidiária do ente público com base no mero inadimplemento do empregador no cumprimento das obrigações trabalhistas, e deve haver prova da culpa in eligendo ou in vigilando do tomador de serviços. 2 – **Também de acordo com o entendimento do STF, em diversas reclamações constitucionais, não deve ser reconhecida a responsabili-**

lidade subsidiária com base na distribuição do ônus da prova em desfavor do ente público, cujos atos gozam da presunção de legalidade e de legitimidade. Por disciplina judiciária, essa diretriz passou a ser seguida pela Sexta Turma do TST, a partir da Sessão de Julgamento de 25/3/2015. 3- Recurso de revista a que se dá provimento. (TST, RR 534600-64.2006.5.07.0032. Relator: Kátia Magalhães Arruda, Data de Julgamento: 20/05/2015, 6ª Turma). (grifo nosso)

4. QUESTÕES

1. (CESPE - PGM/Campo Grande/MS - Procurador Municipal - 2019) De acordo com a jurisprudência consolidada do Tribunal Superior do Trabalho, julgue o item subsequente.

O tomador de serviços somente poderá ser responsabilizado subsidiariamente pelo não cumprimento de obrigações trabalhistas por parte do empregador quando tiver participado da relação processual e constar também do título executivo judicial.

2. (CESPE - PGM/Boa Vista/RR - Procurador Municipal - 2019) À luz da jurisprudência do Tribunal Superior do Trabalho e do STF, julgue o item a seguir, a respeito de FGTS e de relação de trabalho e de emprego.

Na hipótese de contratação irregular de trabalhador mediante empresa interposta, não é gerado vínculo de emprego com a administração pública direta, indireta ou fundacional.

3. (CESPE - PGE/PE - Analista Judiciário de Procuradoria - 2019) Órgão de imprensa oficial de determinado estado contratou uma empresa para fazer a distribuição dos diários oficiais por intermédio de motoboys. Recentemente, a empresa contratada demitiu um desses empregados, sem cumprir com o devido pagamento de verbas rescisórias a ele. Com relação a essa situação hipotética, julgue o próximo item.

Nessa situação, está caracterizada a terceirização do serviço, sendo cabível ao motoboy demitido solicitar a responsabilização subsidiária do órgão de imprensa oficial para o pagamento das verbas rescisórias não adimplidas pela empresa contratada.

4. (Instituto AOCP - TRT 1ª Região - Técnico Judiciário - 2018) Apolinário foi contratado, no dia 20 de nov. de 2017, pela empresa Terceirize Aqui Ltda. para exercer a função de operador de telemarketing. Essa empresa fornece os serviços de seus trabalhadores para outras empresas, como Telefonia Ltda. e Ligações Ilimitadas Ltda., as quais têm como função basilar a venda de planos de telefonia e atendimento às reclamações de serviços já prestados. Há cinco meses, a empresa Terceirize Aqui Ltda. realizou contrato com a empresa Telefonia Ltda., terceirizando os serviços de Apolinário na função de operador de telemarketing. Com base na Lei nº 13.429/2017, que dispõe, dentre outras peculiaridades, sobre as relações de trabalho na empresa de prestação de serviços a terceiros, e na Lei nº 13.467/2017, que alterou a Consolidação das Leis Trabalhistas, assinale a alternativa correta sobre a temática da terceirização.

a) Caso Apolinário seja dispensado sem justa causa e não receba as verbas rescisórias devidas pela empresa Terceirize Aqui Ltda., ele terá direito de pleitear as referidas verbas junto à empresa Telefonia Ltda., pois Apolinário encontra-se laborando efetivamente nesta última, o que a torna solidariamente responsável pelas obrigações trabalhistas referentes ao período em que ocorrer a prestação de serviços, tendo respaldo na Lei que trata da organização da seguridade social no que se refere ao recolhimento das contribuições previdenciárias.

b) Na posição das empresas contratantes Telefonia Ltda. e Ligações Ilimitadas Ltda., também poderiam estar pessoas físicas celebrando contratos com a empresa Terceirize Aqui Ltda.

c) A empresa Telefonia Ltda. irá remunerar e dirigir o trabalho de Apolinário enquanto este estiver prestando serviços no local.

d) Apolinário não poderia ser direcionado como empregado terceirizado para as empresas Telefonia Ltda. e Ligações Ilimitadas Ltda., pois as atividades exigidas por essas empresas do prestador de serviço é atividade principal, e a terceirização é permitida exceto para a realização da atividade principal da empresa.

e) A empresa Telefonia Ltda. pode requisitar a Apolinário que também exerça as atividades de limpeza e higienização do ambiente de trabalho, pois trata-se de atividades-meio da empresa.

Gabarito: 1. Certo; 2. Certo; 3. Errado; 4. B

Capítulo 8

DIREITO COLETIVO DO TRABALHO NA FAZENDA PÚBLICA

WENDEL PITON[1]

1. INTRODUÇÃO

O presente capítulo tem por objetivo analisar de forma sintética e objetiva o Direito Coletivo do Trabalho, suas características e institutos, ressaltando a importância e influência deste na Administração Pública. Para tanto, foi feita uma abordagem introdutória sobre o conceito de Direito Coletivo do Trabalho e seus principais institutos, enfatizando a negociação coletiva, perpassando pela organização sindical, o dissídio coletivo e, por fim, a sentença normativa. O tema será desenvolvido considerando uma ordenação lógica e coerente com a dinâmica estabelecida pela doutrina majoritária do Direito Material e Processual do Trabalho. Ressalto que o tema será tratado com abordagem predominantemente descritiva, enfatizando os posicionamentos majoritários doutrinários e jurisprudenciais, além de importantes alterações legislativas, tendo por objetivo servir de complementação aos manuais tradicionais, especialmente na preparação acadêmica e para concursos públicos.

---

1 Graduado em Direito pela Universidade Federal da Bahia. Especialista em Direito do Estado. Procurador do Estado do Pará. Coautor do livro "Cursos de Peças e Pareceres - Advocacia Pública - teoria e Prática" pela Editora Juspodivm.

2. DIREITO COLETIVO DO TRABALHO E FAZENDA PÚBLICA: ASPECTOS GERAIS

O Direito Coletivo do Trabalho, segundo Maurício Godinho Delgado[2], "*regula as relações entre organizações coletivas de empregados e empregadores e/ou entre as organizações obreiras e empregadores diretamente, a par das demais relações surgidas na dinâmica da representação e atuação coletiva dos trabalhadores.*"

O conteúdo do Direito Coletivo do Trabalho é alicerçado pelos princípios, regras e institutos que regem a existência e desenvolvimento das entidades coletivas trabalhistas. É função precípua do Direito Coletivo do Trabalho a pacificação de conflitos de natureza sociocoletiva[3]. São conflitos coletivos trabalhistas aqueles que atingem comunidades específicas de trabalhadores e empregadores ou tomadores de serviços, quer no âmbito restrito do estabelecimento ou empresa, quer no âmbito da categoria profissional ou, até mesmo, em uma acepção mais ampla de agregação de trabalhadores[4]. Nesse sentido, é de se ressaltar que os conflitos coletivos trabalhistas, gênero, podem ser subdivididos em duas grandes espécies: a) os **de caráter jurídico** e b) os de **caráter econômico**.

Os conflitos de natureza jurídica dizem respeito à divergência de interpretação sobre regras ou princípios jurídicos já existentes, quer insertos ou não em diplomas coletivos negociados. Por sua vez, os conflitos de natureza econômica versam sobre condições objetivas que envolvem o ambiente laboral e contratos de trabalho, com repercussões de evidente fundo material.

Desse modo, os conflitos coletivos são pacificados pelos seguintes métodos de solução: a) a **autocomposição**, caracterizada pela utilização de mecanismos de autotutela, como a greve e a mediação, que visam uma solução celebrada entre as partes visando pacificação social e; b) a **heterocomposição**, que dá ensejo à resolução do conflito por terceiro, como a arbitragem e o dissídio coletivo. Parte da doutrina ainda insere um terceiro grupo, a **autotutela**, tendo por exemplos a Greve e o Locaute (este proibido pelo direito brasileiro). No entanto, a doutrina majoritária indica que a greve, em verdade, é instrumento para pressionar o encontro de uma solução favorável para o conflito através de algumas dos demais métodos de solução e não como meio próprio de resolução desse conflito coletivo.

Nesse contexto, é imperioso que se trace uma análise detida nos diversos mecanismos de solução de conflitos coletivos bem como sua aplicabilidade ou inaplicabilidade no âmbito da Fazenda Pública. É inegável que nessa análise

---

2 DELGADO, Mauricio Godinho. Curso de Direito do Trabalho, 16. ed. rev. e ampl. São Paulo: LTr, 2017. Pg. 1454.

3 BARROS, Alice Monteiro In: Curso de Direito do Trabalho. 11. ed., São Paulo: LTr, 2017, p. 792.

4 NASCIMENTO, Op. Cit. p. 254.

sejam observadas as limitações impostas à Administração Pública por regras e princípios constitucionais. Com efeito, algumas das questões que são suscitadas como entraves para a realização da negociação com servidores públicos, como os limites orçamentários e o princípio da reserva legal.

Sobre o tema é importante ressaltar que o Brasil é signatário da Convenção nº 151 da OIT, que visa garantir e defender os interesses dos funcionários públicos, tanto municipais como estaduais e federais, tratando da liberdade sindical e do processo de negociação coletiva dos servidores públicos. A supramencionada Convenção foi promulgada pelo Decreto nº 1.256/94. Em seu art. 7º, a Convenção previu a adaptação da legislação nacional de forma a permitir a negociação no serviço público. Com efeito, seu art. 1º, "3", admite a negociação coletiva no serviço público, prevendo, "*no que se refere à administração pública, a legislação ou a prática nacional poderão fixar modalidades particulares de aplicação desta Convenção*". Assim é que a adaptação da legislação brasileira é necessária ao cumprimento da Convenção ratificada[5].

Foi sob esse prisma que recentemente ocorreu importante discussão promovida pelo Projeto de Lei nº 3.831, de 02 de dezembro de 2015, o qual tinha por objetivo estabelecer "*normas gerais para a negociação coletiva na administração pública direta, nas autarquias e nas fundações públicas dos poderes da União, dos Estados, do Distrito Federal e dos Municípios*"[6]. O mencionado PL foi vetado integralmente pelo então presidente da república Michel Temer sob o fundamento da inconstitucionalidade formal, por invadir competência legislativa de estados, Distrito Federal e município, bem como por apresentar vício de iniciativa, ao versar sobre regime jurídico de servidor público, matéria de iniciativa privativa do Presidente da República, a teor do artigo 61, § 1º, II, "c" da Constituição. O veto sofreu críticas de grande parte da doutrina, principalmente pelo fato de que a regulamentação da negociação coletiva ser instituto que não se encontra limitado ao regime jurídico dos servidores públicos. De todo modo, pode o tema voltar a ser discutido em função da possibilidade de o veto presidencial ser derrubado pela maioria absoluta dos deputados e senadores, conforme estipulado pelo artigo 66, §4º da CF/88.

Ressalte-se que o tema é objeto de novo Projeto de Lei (PL), de nº 711/2019, que também versa sobre a negociação coletiva na Administração Pública direta, nas autarquias e fundações públicas dos Poderes da União, dos Estados, do Distrito Federal e dos Municípios.

Analisaremos a seguir os principais institutos que configuram o Direito Coletivo do Trabalho, enfatizando as principais ferramentas negociação coletiva

5 SÜSSEKIND, Arnaldo. Convenções da OIT, 2ª edição, São Paulo: LTr, 1998. P. 338.

6 Disponível em: https://www.camara.leg.br/proposicoesWeb/fichadetramitacao?idProposicao=2057818. Acesso 09 jul. 2019.

trabalhista e sua relação com a Fazenda Pública, como a organização sindical e os diplomas característicos; convenção e acordo coletivos de trabalho, dissídio coletivo e sentença normativa.

3. ORGANIZAÇÃO SINDICAL

Segundo Maurício Godinho Delgado[7], é necessário compreender que "*a negociação se revela elemento inafastável da razão e existir do sindicato, sem a qual não se contemplaria sua função constitucional de autonomia e demais deveres e prerrogativas do art. 8º da Constituição.*"

Com efeito, diz o art. 8º, III, da CF: ao sindicato cabe a defesa dos direitos e interesses coletivos ou individuais da categoria, inclusive em questões judiciais ou administrativas. Sobre a legitimidade processual dos sindicados, assevera Mauro Schiavi:[8]

> Conforme o referido dispositivo constitucional, ao sindicato cabe a defesa dos direitos individuais e coletivos da categoria. No aspecto coletivo, a legitimação do sindicato é própria para a defesa da categoria por mandamento constitucional, podendo defender os interesses concretos e abstratos da categoria. Para a defesa de direitos individuais homogêneos, o sindicato o faz na qualidade de substituto processual, ou seja: defende em nome próprio direito alheio (art. 18 do CPC), sendo, atualmente, o entendimento do Supremo Tribunal Federal que a legitimidade do sindicato para a defesa dos direitos individuais homogéneos da categoria é ampla.

Notem que a Constituição Federal de 1988 configurou e estruturou o modelo da negociação coletiva no âmbito trabalhista alicerçados em quatro pilares fundamentais: a) **Liberdade Associativa e Sindical**; b) **unicidade sindical**; c) **quadro territorial** e d) **organização por categoria**. Tais características encontram-se definidas no art. 8.º da Constituição Federal. Vamos analisar esquematicamente cada uma a seguir.

3.1 Liberdade associativa e sindical

A **liberdade associativa e sindical** tem uma dimensão positiva (livre criação e/ou vinculação a uma entidade associativa e uma dimensão negativa (livre desfiliação da mesma entidade). Ambas contempladas na CF/88, no art. 5º, XX, CF/88, ao aduzir que "*ninguém poderá ser compelido a associar-se ou a permanecer associado*". Por sua vez o direito de reunião pacífica e de associação sem caráter paramilitar está assegurado na Constituição (art. 5º, XVI e XVII). Como

---

7 DELGADO, Maurício Godinho. Op. Cit., Pg. 1457.

8 SCHIAVI, Mauro. Manual de Direito Processual do Trabalho. 12ª edição, São Paulo: LTr, 2017. Pg. 1369.

forma de assegurar a aludida liberdade associativa e sindical, existem ferramentas de garantias à atuação sindical, tais como a vedação à dispensa sem justa causa do dirigente sindical, desde a data de sua inscrição eleitoral até um ano após o término do correspondente mandato (art. 8º, VIII, CF/88) e a intransferibilidade do dirigente sindical para fora da base territorial de seu sindicato (art. 543, CLT), dentre outras. O inciso I do art. 8.º da CF/1988 foi mencionado acima, vedando a interferência e a intervenção do Poder Público na organização sindical. Sobre o tema, confira:

> O ato de fiscalização estatal se restringe à observância da norma constitucional no que diz respeito à vedação da sobreposição, na mesma base territorial, de organização sindical do mesmo grau. Interferência estatal na liberdade de organização sindical. Inexistência. O poder público, tendo em vista o preceito constitucional proibitivo, exerce mera fiscalização. [RE 157.940, rel. min. Maurício Corrêa, j. 3-11-1997, 2ª T, DJ de 27-3-1998.]

3.2 Unicidade sindical

O princípio da **unicidade sindical**, previsto no art. 8º, II, da CF, é importante limitação constitucional à liberdade sindical. Maurício Godinho Delgado assevera que "*a unicidade corresponde à previsão normativa obrigatória de existência de um único sindicato representativo dos correspondentes obreiros, seja por empresa, seja por profissão, seja por categoria profissional.*"[9] Ou seja, a unicidade traduz o sistema pelo qual a lei impõe a presença na sociedade do sindicato único.

Com respeito ao controle da unicidade sindical, o Supremo Tribunal Federal pacificou a matéria, definindo que os estatutos sindicais, independentemente da inscrição no Cartório de Pessoas Jurídicas, teriam de ser levados a **depósito no órgão correspondente do Ministério do Trabalho, para fins essencialmente cadastrais e de verificação da unicidade sindical** (Súmula 677 do STF). Sobre o tema, o STF já decidiu que "a exigência de registro sindical no Ministério do Trabalho não ofende o texto da Constituição a liberdade sindical", confira:

> (...) Não ofende o texto da Constituição a exigência de registro sindical no Ministério do Trabalho, órgão este que, sem prejuízo de regime diverso passível de instituição pelo legislador comum, ainda continua a ser o órgão estatal incumbido de atribuição normativa para proceder à efetivação do ato registral. Precedente: RTJ 147/868, rel. min. Sepúlveda Pertence. O registro sindical qualifica-se como ato administrativo essencialmente vinculado, devendo ser praticado pelo ministro do Trabalho, mediante resolução fundamentada, sempre que, respeitado o postulado da unicidade sindical e observada a exigência de regularidade, autenticidade e representação, a entidade sindical interessada preencher, integralmente, os requisitos fixados pelo ordenamento positivo e

9 DELGADO, Maurício Godinho. Op. cit. Pg. 1517.

por este considerados como necessários à formação dos organismos sindicais. [ADPF 288 MC, rel. min. Celso de Mello, j. 21-10-2013, dec. monocrática, DJE de 25-10-2013 = ADI 3.805 AgR, rel. min. Eros Grau, j. 22-4-2009, P, DJE de 14-8-2009]

Obs: A ausência do registro sindical no Ministério do Trabalho enseja a ausência de legitimidade do sindicato para atuar em juízo, confira:

Orientação Jurisprudencial nº 15 da SDC do TST.

A comprovação da legitimidade ad processum da entidade sindical se faz por seu registro no órgão competente do Ministério do Trabalho, mesmo após a promulgação da Constituição Federal de 1988.

Desse modo, a Constituição afastou a possibilidade jurídica de intervenção e interferências político-administrativas do Estado (art. 8º, I, CF/88). Reforçou o papel dos sindicatos na defesa dos direitos e interesses coletivos ou individuais da categoria, inclusive em questões judiciais e administrativas (art. 8º, III, CF/88). Alargou os poderes da negociação coletiva trabalhista, sempre sob o manto da participação sindical (art. 8º, VI; art. 7º, VI, XIII, XIV e XXVI, CF/88). Assegurou amplamente o direito de greve (art. 9º, CF/88). Entretanto, manteve a Constituição, em sua redação original de 1988, o sistema de unicidade sindical (art. 8º, II, CF/88). Ressalte-se, entretanto, que a unicidade é antagônica ao sistema de liberdade sindical plena previsto pela Convenção 87 da OIT.

3.3 Quadro territorial

A base territorial mínima do sindicato não pode ser inferior à área de um Município (art. 8.º, inciso II, da CF/1988). A referida base territorial mínima de um município também é uma forma de restringir a liberdade sindical, por impossibilitar que os interessados constituam entes sindicais de menor abrangência territorial, para tratar de questões mais específicas.

Obs: Em observância ao princípio da unicidade sindical, não se aplicam acordos coletivos de trabalho celebrados com sindicatos nacionais à determinada base territorial onde exista sindicato local regularmente constituído e com legítima representatividade da categoria. TST-RO-2742-75.2010.5.09.0000, SDC, rel. Min. Márcio Eurico Vitral Amaro, 15.10.2013. Informativo n º 63.

3.4 Organização por categoria

O mencionado sistema sindical é organizado em categorias, como se observa dos comandos presentes no art. 8.º, incisos II, III e IV, da Constituição Federal de 1988. Isso não afasta a presença das chamadas categorias profissionais diferenciadas, conforme o art. 511, § 3.º, da CLT. Ressalte-se que a formação do sindicato será apenas para defesa dos trabalhadores, pois não há categoria diferenciada para empregadores.

De acordo com a Súmula nº 374 do TST, "*empregado integrante de categoria profissional diferenciada não tem o direito de haver de seu empregador vantagens previstas em instrumento coletivo no qual a empresa não foi representada por órgão de classe de sua categoria.*"

Tema controvertido é o conceito de categoria de servidores públicos para fins de enquadramento sindical. O TST fixou entendimento no sentido de que categoria de servidores engloba todos aqueles regidos pelo mesmo plano de carreira e regime previdenciário, configurando associação sindical própria ou diferenciada, por aplicação analógica do critério legal das categorias diferenciadas (CLT, art. 511, § 3º c/c o art. 4º da LINDB). Logo, segundo o Tribunal, não seria possível criar mais de um sindicato para representar ocupantes de cargos que têm o mesmo regime[10].

3.5 Organizações sindicais dos servidores públicos

Como se sabe, os servidores públicos em sentido amplo poderão ser divididos em dois grupos, os servidores civis e os militares. Em relação aos servidores civil em sentido amplo, ainda temos o desdobramento entre empregados públicos subordinados à CLT e os servidores públicos estatutários.

Os empregados públicos possuem como disciplina trabalhista a CLT e suas normas de ordem subsidiária, tanto a sindicalização, a negociação coletiva e a greve foram asseguradas pelo ordenamento jurídico, conforme arts. 7º, XXVI, 8º, VI e 9º da Constituição, 611 e seguintes da CLT, além da utilização da lei n. 7.783/89, que regulamenta o Direito de greve.

Já em relação aos servidores públicos civis estatutários, o art. 37, VI da CF/88, garantiu o direito à livre associação sindical. Conforme alerta Ilnah Toledo Augusto, para estes servidores consta previsão de sindicalização e de greve na própria carta magna, **mas não há qualquer lei específica que defina os critérios tanto da sindicalização quanto da greve ou da negociação coletiva.**[11] Ocorre que as Organizações Sindicais dos Servidores Públicos civis estatutários devem observância aos regimes **jurídicos criados por lei para a disciplina de cargos públicos efetivos**, a exemplo da Lei nº 8.112, de 1990, e às **regras e princípios constitucionais aplicáveis à Administração Pública**, em especial do artigo 37 da CF/88.

10 TST. RR - 36200-93.2009.5.20.0006 Data de Julgamento: 18/11/2015, Relator Ministro: Douglas Alencar Rodrigues, 7ª Turma, Data de Publicação: DEJT 04/12/2015.

11 AUGUSTO, Ilnah Toledo. Sindicalismo no setor público. Trajetórias e perspectivas, LTr, São Paulo, 2008. Pg. 89.

Notem que, em relação aos servidores públicos civis há duplicidade de regime jurídico, em celetistas e estatutários, mas uma tentativa de homogeneidade de normatização, com a adoção da Convenção n. 151 da OIT. Como dito, a mencionada Convenção faz previsão de organização sindical e de negociação coletiva entre as organizações do que denomina indistintamente de "pessoas empregadas pela administração pública" e a Administração, abrangendo, à primeira vista, celetistas e estatutários.

Já os militares não contam com qualquer admissão no tocante aos direitos de liberdade sindical, por expressa previsão constitucional. Decerto, a Constituição veda tanto a sindicalização quanto a greve, em seu art. 142, § 3º, IV, confira:

> Art. 142 (...) § 3º Os membros das Forças Armadas são denominados militares, aplicando-se lhes, além das que vierem a ser fixadas em lei, as seguintes disposições: (...) IV - ao militar são proibidas a sindicalização e a greve; (Incluído pela EC 18/1998)

A razão de ser é evidente, uma vez que os militares possuem regime próprio, baseado na hierarquia e na disciplina, configurando-se em uma relação de Direito Administrativo, com algumas restrições no âmbito trabalhista em comparação com os estatutários civis (Rcl 11.246 AgR, rel. min. Dias Toffoli, j. 27-2-2014, P, DJE de 2-4-2014).

Obs: Ressalte-se que, em que pese grande discussão sobre a constitucionalidade dos movimentos grevistas de militares, estes grupos de trabalhadores têm adotado a criação de associações, fundamentada no art. 5º, XVII a XXI da CF/88, visando a discussão dos interesses do grupo. **No entanto, tais entidades não têm legitimidade negocial coletiva e não podem ter objeto similar à atividade sindical sob pena de ilicitude de objeto**[12].

3.6 Receitas sindicais

A legislação brasileira faz menção a quatro tipos de contribuições dos trabalhadores para sua respectiva entidade sindical: a) contribuição sindical obrigatória, b) contribuição confederativa, c) contribuição assistencial e d) mensalidades dos associados do sindicato[13]. O tema é bastante polêmico e objeto de recentes modificações legislativas.

---

12 STF - RE: 764297 RN, Relator: Min. LUIZ FUX, Data de Julgamento: 18/06/2018, Data de Publicação: DJe-122 20/06/2018.

13 NASCIMENTO, Amauri Mascaro; NASCIMENTO, Sônia Mascaro; NASCIMENTO, Marcelo Mascaro. Direito sindical. 8ª ed. São Paulo: LTR, 2015, p. 458.

3.6.1. Contribuição sindical

A **contribuição sindical**, conhecida de forma inapropriada como "imposto sindical", visto tratar-se de contribuição, teria natureza compulsória e seria obrigatória para todos os empregados, profissionais liberais e, ainda, obrigatória aos empregadores. Ocorre que a reforma trabalhista (Lei 13.467/2017) modificou diversos dispositivos da CLT, trazendo novas luzes ao tema. Com efeito, a reforma atinge a obrigatoriedade da contribuição, na medida em que está só poderia ser descontada da folha de pagamento com autorização prévia do empregado, confira:

> Art. 545. Os empregadores ficam obrigados a descontar da folha de pagamento dos seus empregados, **desde que por eles devidamente autorizados**, as contribuições devidas ao sindicato, quando por este notificados. (Redação dada pela Lei nº 13.467, de 2017)

Sobre o tema, confira relevantíssimo precedente do STF no sentido de que **são compatíveis com a Constituição Federal os dispositivos da Lei 13.467/2017 (Reforma Trabalhista) que extinguiram a obrigatoriedade da contribuição sindical e condicionaram o seu pagamento à prévia e expressa autorização dos filiados:**

> São compatíveis com a Constituição Federal os dispositivos da Lei 13.467/2017 (Reforma Trabalhista) que extinguiram a obrigatoriedade da contribuição sindical e condicionaram o seu pagamento à prévia e expressa autorização dos filiados. (...) No âmbito formal, o STF entendeu que a Lei 13.467/2017 não contempla normas gerais de direito tributário (...)dispensada a edição de lei complementar para tratar sobre matéria relativa a contribuições. Também não se aplica ao caso a exigência de lei específica prevista no art. 150, § 6º, da CF, pois a norma impugnada não disciplinou nenhum dos benefícios fiscais nele mencionados, quais sejam, subsídio ou isenção, redução de base de cálculo, concessão de crédito presumido, anistia ou remissão. Sob o ângulo material, o Tribunal asseverou que a Constituição assegura a livre associação profissional ou sindical, de modo que ninguém é obrigado a filiar-se ou a manter-se filiado a sindicato [CF, art. 8º, V]. O princípio constitucional da liberdade sindical garante tanto ao trabalhador quanto ao empregador a liberdade de se associar a uma organização sindical, passando a contribuir voluntariamente com essa representação. Ressaltou que **a contribuição sindical não foi constitucionalizada no texto magno. Ao contrário, não há qualquer comando ao legislador infraconstitucional que determine a sua compulsoriedade**. A Constituição não criou, vetou ou obrigou a sua instituição legal. Compete à União, por meio de lei ordinária, instituir, extinguir ou modificar a natureza de contribuições [CF, art. 149]. Por sua vez, a CF previu que a assembleia geral fixará a contribuição que, em se tratando de categoria profissional, será descontada em folha, para custeio do sistema confederativo da representação

> sindical respectiva, independentemente da contribuição prevista em lei [CF, art. 8º, IV]. A parte final do dispositivo deixa claro que a contribuição sindical, na forma da lei, é subsidiária como fonte de custeio em relação à contribuição confederativa, instituída em assembleia geral. **Não se pode admitir que o texto constitucional, de um lado, consagre a liberdade de associação, sindicalização e expressão [CF, artigos 5º, IV e XVII, e 8º, caput] e, de outro, imponha uma contribuição compulsória a todos os integrantes das categorias econômicas e profissionais**. (ADI 5.794, rel. p/ o ac. min. Luiz Fux, j. 29-6-2018, P, Informativo 908)

Notem que a reforma trabalhista e a jurisprudência do STF fazem alusão à extinção da obrigatoriedade da contribuição sindical, não da própria contribuição[14]. Como dito, uma vez **devidamente autorizada**, seria devido o pagamento da contribuição Sindical. Ressalte-se que o STF tem reiteradamente decidido que, **de acordo com o novo regime da CLT, para cobrança da contribuição sindical é exigível a autorização prévia e expressa do sujeito passivo da cobrança, não bastando previsão em acordo coletivo ou assembleia** (STF. Medida Cautelar na Reclamação nº 35.540. Rel. Min. Roberto Barroso. Publicado em 25.06.2019).

Obs:. Quanto à obrigatoriedade da contribuição Sindical na Administração Pública antes da reforma, o STF já havia se manifestado no seguinte sentido: *"Facultada a formação de sindicatos de servidores públicos, não cabe excluí-los do regime da contribuição legal compulsória exigível dos membros da categoria"* (ADI 962, 11.11.1993, Galvão)" (RMS 21.758, Rel. Min. Sepúlveda Pertence, j. 20.09.1994, DJ 04.11.1994). Com efeito, a Nota Técnica SRT/MTE 36/2009 asseverava que *"todos os servidores públicos brasileiros, independentemente do regime jurídico a que pertençam"*, devem ter recolhida a contribuição sindical pelos entes da administração pública federal, estadual e municipal, direta e indireta.

Questionamento relevante em relação aos servidores públicos é o seguinte: **Seria necessária previsão legal específica para a contribuição sindical do servidor público?** Sobre o tema, o STF em recentíssima decisão asseverou que:

> **O STF tem se orientado no sentido de que a contribuição sindical é devida pelos servidores públicos, independentemente da existência de lei específica regulamentando sua instituição**. (ARE 807.155 AgR, rel. min. Roberto Barroso, j. 7-10-2014, 1ª T, DJE de 28-10-2014.] Vide ADI 5.794, rel. min. Edson Fachin, j. 29-6-2018, P, DJE de 23-4-2019)

14 DELGADO, Maurício Godinho; DELGADO, Gabriela Neves. A reforma trabalhista no Brasil: com os comentários à Lei n. 13.467/2017. São Paulo: LTr, 2018. p. 247.

Obs:. Ações sobre contribuição sindical de servidores estatutários devem ser julgadas pela Justiça comum:

O Plenário do Supremo Tribunal Federal (STF) decidiu que compete à Justiça comum processar e julgar causas que tratem do recolhimento e do repasse da contribuição sindical de servidores públicos regidos pelo regime estatutário. A decisão, unânime, foi tomada no julgamento do Recurso Extraordinário (RE) 1089282, com repercussão geral (Tema 994), DATA DE PUBLICAÇÃO DJE 04/02/2021 - ATA Nº 16/2021. DJE nº 21, divulgado em 03/02/2021.

Obs:. Contribuição Sindical e Fiscalização do TCU:

Antes da extinção da natureza compulsória da contribuição sindical, o TCU fixou entendimento que tal contribuição seria contribuição social criada pela CLT, espécie de tributo referido no art. 149 da CF/88, tendo o TCU competência para fiscalização. Sobre o tema o STF consignou: "*As contribuições sindicais compulsórias possuem natureza tributária, constituindo receita pública, estando os responsáveis sujeitos à competência fiscalizatória do Tribunal de Contas da União.*" (MS 28465, Relator(a): Min. MARCO AURÉLIO, Primeira Turma, julgado em 18/03/2014, ACÓRDÃO ELETRÔNICO DJe-066 DIVULG 02-04-2014 PUBLIC 03-04-2014)

Ocorre que, conforme vimos, com a Reforma Trabalhista (Le nº 13.467/17), os artigos 545, 578, 579, 582, 583, 587 e 602 da Consolidação das Leis do Trabalho – CLT, no que concerne a tal instituto, foram modificados, com o fim de torná-lo facultativo. O fato de a reforma trabalhista ter retirado a compulsoriedade da contribuição sindical reforça o debate quanto ao dever de prestar contas das entidades sindicais. Diante disso, tem-se claro que o caráter compulsório desta parcela se esvaiu, sendo imperioso perceber a alteração em sua natureza jurídica, pois não mais se subsome ao artigo 3º do CTN.

3.6.2. Contribuição confederativa

A **Contribuição confederativa**, fixada por assembleia, é voltada à manutenção das atividades assistenciais do sindicato, sendo devida apenas pelos filiados, nos termos do Art. 8º, IV da CF/88. Conforme a Súmula Vinculante nº 40 do STF: "*A contribuição confederativa de que trata o art. 8º, IV, da Constituição, só é exigível dos filiados ao sindicato respectivo*". Note que a contribuição confederativa não pode ser cobrada de todos os trabalhadores, ou seja, aqueles não filiados ao sindicato. Na mesma linha a OJ nº 17 da SDC do TST:

Orientação Jurisprudencial nº 17 da SDC do TST. Contribuições para entidades sindicais. Inconstitucionalidade de sua extensão a não associados. As cláusulas coletivas que estabeleçam contribuição em favor de entidade sindical, a qualquer título, obrigando trabalhadores não sindicalizados, são ofensivas ao direito de livre associação e sindicalização, constitucionalmente assegurado, e, portanto, nulas, sendo passíveis de devolução, por via própria, os respectivos valores eventualmente descontados.

3.6.3. *Mensalidade sindical*

Mensalidade sindical é contribuição prevista no estatuto do sindicato e cobrada apenas do trabalhador filiado. Tal mensalidade está prevista no art. 548, alínea "b", da CLT e é voltada para a manutenção de atividades recreativas e assistenciais do sindicato.

3.6.4. *Contribuição assistencial*

Essa contribuição tem fundamento no art. 513, alínea "e", da CLT e tem por finalidade compensar os custos decorrentes da participação nas negociações coletivas e, ainda, em razão da conquista de condições mais benéficas aos trabalhadores. Da mesma forma que ocorre com a contribuição confederativa, é nula, por afrontar o princípio da liberdade sindical, a cláusula de instrumento normativo que obriga empregados não sindicalizados ao pagamento da contribuição assistencial (Precedente Normativo nº 119 do TST).

4. NEGOCIAÇÃO COLETIVA TRABALHISTA: CONVENÇÃO E ACORDO COLETIVOS DE TRABALHO

A negociação coletiva trabalhista é método de solução de conflitos pela via autônoma, vez que é instrumentalizado por meio de ajustes das partes contrapostas através da celebração de acordo ou convenção coletiva de trabalho, ferramentas que contam com natureza contratual e eficácia normativa[15].

Para fins didáticos, podemos conceituar os instrumentos negociais conforme o art. 611 da CLT, da seguinte forma:

a) **Convenção Coletiva** é o acordo de caráter normativo, pelo qual dois ou mais Sindicatos representativos de categorias econômicas e profissionais estipulam condições de trabalho aplicáveis, no âmbito das respectivas representações, às relações individuais de trabalho. O alcance das normas coletivas, firmadas na convenção, não se limita aos filiados, mas a todo o âmbito das respectivas representações.

b) **Acordo Coletivo**, conforme o §1º do art. 611 da CLT, é o acordo celebrado com uma ou mais empresas da correspondente categoria econômica, que estipulem condições de trabalho, aplicáveis no âmbito da empresa ou das acordantes respectivas relações de trabalho. Desse modo, alcance das normas firmadas no acordo serão aplicáveis no âmbito da empresa ou empresas acordantes, ou seja, aplicação a todos os empregados, independentemente de filiação ao sindicato.

15 NASCIMENTO, Amauri Mascaro. Op. Cit. p. 257.

Convém ressaltar que a convenção coletiva de trabalho é celebrada entre sindicatos de trabalhadores e de empregadores, já o acordo coletivo de trabalho é celebrado entre sindicato de trabalhadores e empregador.

A possibilidade de negociação coletiva no âmbito da administração pública sempre foi tema polêmico. Para analisar o tema se faz necessário subdividir o tema entre; a) Negociação coletiva em face de pessoa jurídica de direito público sob o regime estatutário; b) Negociação coletiva em face de pessoa jurídica de direito público que contrate empregado celetista; e c) Negociação coletiva de trabalho nas estatais que contratem empregados celetistas.

4.1 Negociação coletiva em face de pessoa jurídica de direito público que contrate sob o regime estatutário

No caso em tela, **o entendimento predominante é o de impossibilidade da celebração de acordo ou convenção coletiva e também de ajuizamento de dissídio coletivo**, vez que o art. 39, § 3.º, da Constituição Federal não estendeu aos referidos trabalhadores a aplicação do art. 7.º, XXVI, que trata do reconhecimento de acordos e convenções coletivas de trabalho.

Ocorre que, considerando que a própria Constituição federal consagrou o direito de organização sindical do servidor público, não faria sentido negar o próprio elemento finalístico do sindicato, ou nas palavras de Maurício Godinho Delgado[16], o "*elemento inafastável da razão e existir do sindicato*", que sem dúvidas reside na possibilidade de negociação coletiva.

Sobre o tema, Henrique Correia e Élisson Miessa[17] asseveram que:

> (...) a negociação coletiva poderá ser realizada pelo setor público em decorrência do permissivo constitucional que garante o direito à sindicalização (art. 37, inciso VI, CF/88). O embate social e a busca por um diálogo entre as partes são fundamentais ao desenvolvimento da democracia. Assim, a negociação coletiva é uma das formas de se garantir que os servidores públicos possam manifestar suas inquietações em relação às condições de trabalho a que estão submetidos. Para o desenvolvimento do Estado Democrático de Direito, não basta a mera imposição da lei para que o diálogo social possa ser superado.

Conforme já apontado, o Brasil é signatário da Convenção nº 151 da OIT, que visa garantir e defender os interesses dos funcionários públicos, tanto municipais como estaduais e federais, tratando da liberdade sindical e do processo

---

16 DELGADO, Maurício Godinho. Op. cit. Pg. 1457.

17 CORREIA, Henrique e MIESSA, Élisson. Súmulas e OJs do TST Comentadas e Organizadas por assunto. 8ª Ed. Salvador. Editora Juspodivm. 2018. Pg. 1362.

de negociação coletiva dos servidores públicos. Ocorre que, apesar de ratificada em 2008 e promulgada em 2013, por meio do Decreto 7944/13, a convenção 151 da OIT, não foi regulamentada pelo Governo Brasileiro. Sobre o tema, tramita o Projeto de Lei nº 3831, de 02 de dezembro de 2015. Ocorre que, como dito anteriormente, o PL foi vetado integralmente pelo então presidente da república Michel Temer. Porém, a despeito da possibilidade de veto ser rejeitado pelo legislativo, conforme estipulado pelo artigo 66, §4º da CF/88, novo Projeto de Lei (PL) foi apresentado, de nº 711/2019, também versando sobre a negociação coletiva na Administração Pública.

Devemos, entretanto, rememorar que o tema da negociação coletiva na administração pública foi disciplinado pela Lei nº 8.112, de 11 de dezembro de 1990, que dispõe sobre o Regime Único Jurídico dos Servidores Civis da União (RJU). O art. 240, alínea "d", mencionava expressamente o direito à negociação coletiva do servidor público. No entanto, o dispositivo foi objeto da ADIn 492/DF, tendo o STF fixado tese em 1992 no sentido de que a relação de trabalho entre os servidores e o Estado é de natureza estatutária, o que justificaria a impossibilidade de a mesma ser regulada por instrumento coletivo e de ser admitido o ajuizamento do dissídio coletivo para solucionar os conflitos daí emergentes. O tema, entretanto, tem ganhado nos últimos anos novos contornos no próprio STF, como nos Mandados de Injunção nº. 670/ES, 708/DF e 712/PA, e o julgamento do RE n. 693.456, que trabalharam a temática do direito de greve na administração pública, tema que será objeto de análise mais detida ainda nessa obra.

Deve-se ressaltar que a negativa do reconhecimento do direito de sindicalização dos servidores é contrária à Convenção nº 87, que assegura a todos os trabalhadores da Administração Pública o direito de constituírem sindicatos e filiarem-se a eles, abrangendo os prestadores de serviços em todas as esferas de governo, independentemente da natureza da relação jurídica.

Como visto, a Convenção nº 151 garante o direito de sindicalização aos servidores públicos, reafirmando a liberdade sindical que já havia sido assegurada como um direito em amplo sentido através da Convenção nº 87, sendo possível afirmar que a verdadeira base jurídica da liberdade sindical dos servidores encontra-se nas Convenções ns. 87 e 151 da OIT.

Parte da doutrina indica deve haver um tratamento inteiramente distinto entre a negociação entabulada no setor privado e aquela estabelecida no serviço público[18], tendo em vista a necessidade de harmonizar a negociação com a competência constitucional dos Poderes Legislativo e Executivo para regular o

18 PEDREIRA, Pinho. A problemática da negociação coletiva dos servidores públicos. Revista LTr, São Paulo, ano 54, n. 3, p. 269-279, mar. 1990.

regime jurídico-administrativo. Nesse caso, **a negociação seria mera etapa do procedimento legislativo ou administrativo de adoção do ato regulamentar**. Essa é uma perspectiva em que se procura reconhecer aos ajustes coletivos uma eficácia mais política do que jurídica.[19]

Sobre o tema, devemos apontar que no sistema Constitucional vigente é forte a concepção de **não ser possível à Administração Pública transigir no que diz respeito à matéria reservada à lei**. Com efeito, a Súmula 679 do Supremo Tribunal Federal assevera que "a fixação de vencimentos dos servidores públicos não pode ser objeto de convenção coletiva". Avançando, a Constituição Federal prevê no art. 61, §1º, assevera que cabe ao Poder Legislativo dispor sobre lei que promova aumento da remuneração dos servidores da Administração Direta ou autárquica (art. 48, X). Por sua vez, o artigo 167, inciso II, veda a realização de despesas ou assunção de obrigações diretas que excedam os créditos orçamentários ou adicionais. Já o artigo 169, §1º, dispõe que a criação de cargos, empregos e funções públicas, a fixação de sua remuneração, a concessão de reajustes e outras vantagens, só poderão ser feitas se houver prévia dotação orçamentária e se houver autorização específica na lei de diretrizes orçamentárias.

Por outro lado, pondera respeitável corrente doutrinária[20] que, apesar de reconhecer as limitações constitucionais relativas à concessão de reajustes e limites de gastos com pessoal da Administração Pública, aponta a possibilidade de negociação coletiva no setor público, ainda que com limitações em face do sistema adotado pelo legislador constituinte. Para tanto, ressalta-se que a negociação coletiva não se restringe à questão de valores remuneratórios. Ora, negociação coletiva envolve também questões ligadas às condições dos trabalhadores, o que se aplica, inclusive por força constitucional, aos funcionários públicos.

Com efeito, exemplificando, a proteção ao meio ambiente do trabalho se dá a nível constitucional, assim como a redução dos riscos inerentes ao trabalho, por meio de normas de saúde, higiene e segurança, previsto no art. 7º, inciso XXII, é também aplicável aos servidores públicos nos termos do Art. 39, § 3º da CF/88. Assim, a busca de melhores condições de trabalho é finalidade preeminente da entidade sindical, não sendo apenas de cunho remuneratório. Nesse sentido, a Seção de Dissídios Coletivos (SDC) do TST tem adotado uma postura de flexibilização em determinadas situações, ao entender que, uma vez que a cláusulas com conteúdo social não possuem repercussão econômica, poderiam ser objeto

---

19 CAVALCANTI, Alessandra Damian. A Negociação Coletiva no Serviço Público como Corolário do Direito de Sindicalização e do Direito de Greve. São Paulo: LTr, 2018. Pg. 42.

20 ROCHA, Carmen Lúcia Antunes. Princípios constitucionais dos servidores públicos. São Paulo: Saraiva, 1999. p. 352.

de negociação coletiva envolvendo servidores públicos estatutários (TST. RODC-2027000-18.2007.5.02.0000).

4.2 Negociação coletiva de trabalho em face de pessoa jurídica de direito público que contrate sob o regime celetista

Por influência da Convenção 151 da OIT, o TST em 2012 alterou a redação da OJ nº 5 da SDC, acatando a tese da **possibilidade de dissídio coletivo exclusivamente para apreciação de cláusulas de natureza social em face de pessoa jurídica de direito público que mantenha empregados celetistas**. Com efeito, confira a redação do enunciado:

> **Orientação Jurisprudencial nº 5 da SDC do TST. Dissídio coletivo. Pessoa jurídica de direito público. Possibilidade jurídica. Cláusula de natureza social.** Em face de pessoa jurídica de direito público que mantenha empregados, cabe dissídio coletivo exclusivamente para apreciação de cláusulas de natureza social. Inteligência da Convenção nº 151 da Organização Internacional do Trabalho, ratificada pelo Decreto Legislativo nº 206/2010.

As **cláusulas sociais** fixam e regulam as novas condições para as relações de trabalho sem que tenham conteúdo econômico. São *cláusulas que tratem tão somente de benefícios sociais, sem repercussão no orçamento, para a categoria profissional vinculada à entidade de direito público demandada* (TST. RXOF e RODC 2025300-70.2008.5.02.0000, Rel. Min. Kátia Magalhães Arruda, DEJT 17.09.2010).

Por sua vez, as **cláusulas econômicas** estariam vedadas pelas mesmas limitações legais e orçamentárias apontadas pelo tópico anterior, aplicáveis igualmente aos servidores públicos estatutários e aos empregados públicos contratados por pessoa jurídica de direito público.

Desse modo, em face de pessoa jurídica de direito público que contrate sob o regime celetista, a celebração de acordo ou convenção coletiva fica condicionada à discussão de cláusulas sociais, ou seja, aquelas que não apresentam afetação direta ao orçamento. Conforme veremos adiante, essas cláusulas poderão, inclusive, ser objeto de dissídio coletivo conforme aponta a mencionada OJ nº 5 da SDC do TST.

4.3 Negociação coletiva de trabalho nas estatais que contratem empregados celetistas

Cumpre salientar que as empresas públicas e as sociedades de economia mista que explorem atividades econômicas estão sujeitas ao regime jurídico próprio das empresas privadas (CF/88, art. 173, § 1º, II). Dessa forma, como são consideradas pessoas jurídicas de direito privado, devem adotar o regime celetista na contratação de seus empregados.

Desse modo, em relação aos empregados públicos de empresas estatais não dependentes, não haveria a imposição das limitações tratadas anteriormente, uma vez que são típicos destinatários do art. 7.º, da Constituição Federal. Ocorre que a limitação orçamentária para o aumento na remuneração abrange celetistas empregados de empresas estatais dependentes.

Nos termos do art. 2º, inciso III, da Lei Complementar 101/2000, a empresa estatal dependente é a empresa controlada que recebe do ente controlador recursos financeiros para pagamento de despesas com pessoal ou de custeio em geral ou de capital, excluídos, no último caso, aqueles provenientes de aumento de participação acionária.

Quando se trata de negociação coletiva envolvendo estatais dependentes, deve-se ter em mente que o Ente Público acionista majoritário arcará com os custos oriundos de eventuais reajustes. Desse modo, o tema deve ser analisado sob o prisma do parágrafo único, I, do art. 22 da Lei de Responsabilidade Fiscal que veda a concessão de vantagem, aumento, reajuste ou adequação de remuneração a qualquer título, uma vez ultrapassado o limite prudencial pelo ente público. Veremos o tema de forma mais aprofundada quando da análise dos dissídios coletivos envolvendo estatais dependentes.

5. DISSÍDIO COLETIVO E SENTENÇA NORMATIVA

A doutrina divide os dissídios coletivos do trabalho em virtude do objeto submetido à tutela da jurisdição especial trabalhista. Assim, temos os dissídios coletivos do trabalho têm as seguintes modalidades: 1) dissídio de natureza econômica; 2) dissídio de natureza jurídica; e 2) dissídio de natureza revisional[21].

Desse modo, o **dissídio coletivo tem natureza econômica** quando tem ele o objetivo de criar normas de natureza salariais ou que tenham repercussão econômica imediata. Esse importante instrumento de solução de conflitos é o processo judicial destinado à solução de conflitos coletivos de interesses nas relações de trabalho, buscando criar e modificar normas e condições gerais de trabalho. Já o **dissídio coletivo de natureza jurídica** tem em vista a aplicação ou interpretação de norma preexistente. Para Amauri Mascaro Nascimento[22] teríamos ainda a modalidade de **dissídio coletivo de natureza revisional** que "*tem existência quando, na vigência de uma norma coletiva, surgem novas pretensões que levam os trabalhadores, com base em circunstâncias de fato ou outros fatores (...) à convicção de que devem ser reexaminadas as condições de trabalho a que se obrigaram por algum tempo*".

---

21 MELO, Raimundo Simão de. Processo coletivo do trabalho: dissídio coletivo, ação de cumprimento, ação anulatória. São Paulo: LTr, 2009. p. 66.

22 NASCIMENTO, Amauri Mascaro. Op. cit. P.376.

A Sentença Normativa, por sua vez, decorre do Poder Normativo da Justiça do Trabalho, que consiste na possibilidade de o poder judiciário trabalhista emitir disposições normativas vinculantes em relação a classes determinadas de empregadores e trabalhadores, cuja negociação coletiva tenha restado infrutífera. Com efeito, assim dispõe o art. 114, § 2º da CF/88:

> *Art. 114. (...)*
>
> *§ 2º - Recusando-se qualquer das partes à negociação ou à arbitragem, é facultado aos respectivos sindicatos ajuizar dissídios coletivos, podendo a Justiça do Trabalho estabelecer normas e condições, respeitadas as disposições convencionais e legais mínimas de proteção ao trabalho.*

Desse modo o poder normativo pode criar normas econômicas ou sociais. Uma vez ciente do instrumento constitucional, perquire-se sobre possibilidade de ajuizamento de dissídio coletivo no âmbito da Administração Pública.

Em relação aos **servidores estatutários e a viabilidade de dissídio coletivo de conteúdo econômico**, o entendimento predominante é o da **impossibilidade da celebração de acordo ou convenção coletiva e do próprio ajuizamento de dissídio coletivo**, uma vez que o art. 39, § 3.º, da Constituição Federal não estendeu aos referidos trabalhadores a aplicação do art. 7.º, XXVI, que trata do reconhecimento de acordos e convenções coletivas de trabalho.

Com efeito, a impossibilidade de dissídio coletivo tendo por objeto cláusula econômica no âmbito do regime jurídico estatutário é ponto praticamente incontroverso na doutrina. Já fixou o STF que:

> A pessoa jurídica de direito público chamada a juízo em dissídio coletivo não pode ser compelida à destinação compulsória de dotação orçamentária futura, ou à alocação de recursos não previstos no orçamento público, uma vez que não cabe ao órgão julgador ajuizar sobre os critérios de oportunidade e conveniência do interesse público, que normalmente se encontram fora do âmbito decisório da entidade empregadora, já que o procedimento deve submeter-se a regras de previsão orçamentária, a ser elaborada pela autoridade competente, e à aprovação legislativa, consoante as leis vigentes. (STF. ARE 665969. Rel. Min Luiz Fux. DJE 09/08/2012 ATA Nº 30/2012 - DJE nº 156, divulgado em 08/08/2012).

Nesse sentido, estabelece a Súmula nº 679 do STF: "*A fixação de vencimentos dos servidores públicos não pode ser objeto de convenção coletiva*". Como vimos, a Seção de Dissídios Coletivos (SDC) do TST tem adotado, em algumas situações, uma postura de flexibilização da aplicação da Orientação Jurisprudencial nº 5 da SDC/TST, ao entender que, uma vez que a cláusulas com conteúdo social não possuem repercussão econômica, poderiam ser objeto de dissídio coletivo envolvendo servidores públicos estatutários (TST. RODC-2027000-18.2007.5.02.0000).

Por sua vez, em relação às **pessoas jurídicas de direito público que contratem empregados celetistas,** o TST alterou a redação da OJ 5 da SDC, passando a fixar a tese da possibilidade de dissídio coletivo com o objeto exclusivo as cláusulas de natureza social, confira:

> **Orientação Jurisprudencial nº 5 da SDC do TST. Dissídio coletivo. Pessoa jurídica de direito público. Possibilidade jurídica. Cláusula de natureza social.** Em face de pessoa jurídica de direito público que mantenha empregados, cabe dissídio coletivo exclusivamente para apreciação de cláusulas de natureza social. Inteligência da Convenção nº 151 da Organização Internacional do Trabalho, ratificada pelo Decreto Legislativo nº 206/2010.

Já em relação às empresas públicas e sociedades de economia mista, como se sabe, em regra, estão sujeitas ao regime jurídico próprio das empresas privadas (CF/88, art. 173, § 1º, II). Dessa forma, como são consideradas pessoas jurídicas de direito privado, devem adotar o regime celetista na contratação de seus empregados, sendo os **empregados públicos destinatários do art. 7.º, da CF/88. Portanto, submetem-se, igualmente, à sentença normativa eventualmente prolatada em dissídio coletivo**.

Em decisão recente, o TST analisou o tema da possibilidade de dissídio coletivo de natureza econômica em **empresa pública dependente**, no âmbito de ente público que excedeu o limite com o gasto de pessoal estabelecido na Lei de Responsabilidade Fiscal.

Sobre o tema, o Art. 22 da Lei Complementar 101/2000 (LRF) ressalta o seguinte:

> Art. 22. (...) Parágrafo único. Se a despesa total com pessoal exceder a 95% (noventa e cinco por cento) do limite, são vedados ao Poder ou órgão referido no art. 20 que houver incorrido no excesso:
>
> I - concessão de vantagem, aumento, reajuste ou adequação de remuneração **a qualquer título, salvo os derivados de sentença judicial** ou de determinação legal ou contratual, ressalvada a revisão prevista no inciso X do art. 37 da Constituição;

Em um primeiro momento pode-se inferir que eventual Sentença Normativa decorrente de Dissídio Econômico poderia estar enquadrado na exceção do Inciso I, parágrafo único do art. 22 da LRF. Cabe, portanto, ponderar sobre as distinções entre sentença judicial clássica e sentença normativa. Sobre o tema, assim assevera Mauricio Godinho Delgado:

> Distingue-se, entretanto, a sentença normativa da sentença clássica, no que tange à sua substância, seu conteúdo. É que ela não traduz a aplicação de norma jurídica existente sobre relação fático-jurídica configurada (como ve-

> rificado nas sentenças clássicas); não é, por isso, rigorosamente, exercício de poder jurisdicional. Ela, na verdade, expressa, ao contrário, a própria criação de regras jurídicas gerais, abstratas, impessoais, obrigatórias, para incidência sobre relações ad futurum. Por essa razão, a sentença normativa, do ponto de vista material (isto é, substantivamente, sob a perspectiva de seu conteúdo), equipara-se à lei em sentido material.[23]

Com efeito, o TST ressaltou que somente as sentenças condenatórias e mandamentais são provenientes da função típica do Poder Judiciário. Por sua vez, **as sentenças normativas não representam, rigorosamente, exercício de poder jurisdicional, razão pela qual não constituem exceção à aplicação dos limites impostos pela Lei de Responsabilidade Fiscal, não sendo enquadradas na exceção do inciso I, parágrafo único do art. 22 da LRF. Nesse sentido, decidiu o TST:**

> Dissídio coletivo de natureza econômica. Reajuste salarial. Concessão por sentença normativa. **Caso em que a empresa estatal está vinculada a ente público que excedeu o limite com o gasto de pessoal estabelecido na Lei de Responsabilidade Fiscal. Impossibilidade**. Não é possível a concessão de reajuste pela via do exercício do poder normativo da Justiça do Trabalho quando o ente público ao qual está vinculada a empresa estatal encontra-se no limite de gasto com pessoal estabelecido pela Lei de Responsabilidade Fiscal (Lei Complementar nº 101/2000). Embora o art. 22, parágrafo único, I, da LRF, nessa circunstância, admita os aumentos ou reajustes decorrentes de sentença judicial, enquadram-se nesse conceito somente as sentenças condenatórias e mandamentais, pois provenientes da função típica do Poder Judiciário. As sentenças normativas não representam, rigorosamente, exercício de poder jurisdicional, razão pela qual não constituem exceção à aplicação dos limites impostos pela Lei de Responsabilidade Fiscal. Sob esses fundamentos, a SDC, por maioria, negou provimento ao recurso ordinário do sindicato profissional. Vencidos os Ministros Mauricio Godinho Delgado, relator, e Kátia Magalhães Arruda, que davam provimento ao recurso para conceder o reajuste de 7,5% à categoria. **TST-RO-296- 96.2015.5.10.0000, SDC, rel. Min. Mauricio Godinho Delgado, red. p/ acórdão Min. Emmanoel Pereira, 13.3.2017.**

Desse modo, mesmo diante do entendimento pela possibilidade de dissídio coletivo no âmbito de empresas públicas e sociedades de economia mista dependentes, caso o ente a qual a estatal esteja vinculada exceda o limite com o gasto de pessoal estabelecido na LRF, resta inviável dissídio coletivo de natureza econômica. **Dito de outro modo, as sentenças normativas não podem conce-**

23 DELGADO, Mauricio Godinho. Op. Cit. Pg. 1469.

der aumento ou reajuste salarial a empregados de estatal dependente de Ente Público que estiver no limite prudencial.

6. COMPILAÇÃO JURISPRUDENCIAL

6.1 Súmulas STF

Súmula Vinculante 40: A contribuição confederativa de que trata o art. 8º, IV, da CF só é exigível dos filiados ao sindicato respectivo.

Súmula 677 do STF: Até que lei venha a dispor a respeito, incumbe ao Ministério do Trabalho proceder ao registro das entidades sindicais e zelar pela observância do princípio da unicidade.

6.2 Súmulas e orientações jurisprudenciais do TST

SUM-374 NORMA COLETIVA. CATEGORIA DIFERENCIADA. ABRANGÊNCIA (conversão da Orientação Jurisprudencial nº 55 da SBDI-I) - Res. 129/2005, DJ 20, 22 e 25.04.2005. Empregado integrante de categoria profissional diferenciada não temo direito de haver de seu empregador vantagens previstas em instrumento coletivo no qual a empresa não foi representada por órgão declasse de sua categoria. (ex-OJ nº 55 da SBDI-I - inserida em SUM-397 AÇÃO RESCISÓRIA. ART. 966, IV, DO CPC DE 2015. ART. 485, IV, DO CPC DE 1973. AÇÃO DE CUMPRIMENTO. OFENSA À COISA JULGADA EMANADA DE SENTENÇA NORMATIVA MODIFICADA EM GRAU DE RECURSO. INVIABILIDADE. CABIMENTO DE MANDADO DE SEGURANÇA (atualizada em decorrência do CPC de 2015) - Res. 208/2016, DEJT divulgado em 22, 25 e 26.04.2016. Não procede ação rescisória calcada em ofensa à coisa julgada perpetrada por decisão proferida em ação de cumprimento, em face de a sentença normativa, na qual se louvava, ter sido modificada em grau de recurso, porque em dissídio coletivo somente se consubstancia coisa julgada formal. Assim, os meios processuais aptos a atacarem a execução da cláusula reformada são a exceção de pré-executividade e o mandado de segurança, no caso de descumprimento do art. 514 do CPC de 2015 (art. 572 do CPC de 1973). (ex-OJ nº 116 da SBDI-II - DJ 11.08.2003).

OJ-SDC-5 DISSÍDIO COLETIVO. PESSOA JURÍDICA DE DIREITO PÚBLICO. POSSIBILIDADE JURÍDICA. CLÁUSULA DE NATUREZA SOCIAL (redação alterada na sessão do Tribunal Pleno realizada em 14.09.2012) – Res. 186/2012, DEJT divulgado em 25, 26 e 27.09.2012. Em face de pessoa jurídica de direito público que mantenha empregados, cabe dissídio coletivo exclusivamente para apreciação de cláusulas de natureza social. Inteligência da Convenção n.º 151 da Organização Internacional do Trabalho, ratificada pelo Decreto Legislativo n.º 206/2010.

OJ-SDC-15SINDICATO. LEGITIMIDADE "AD PROCESSUM". IMPRESCINDIBILIDADE DO REGISTRO NO MINISTÉRIO DO TRABALHO (inserida em 27.03.1998). A comprovação da legitimidade "ad processum" da entidade sindical se faz por seu registro no órgão competente do Ministério do Trabalho, mesmo após a promulgação da Constituição Federal de 1988.

OJ-SDC-17CONTRIBUIÇÕES PARA ENTIDADES SINDICAIS. INCONSTITUCIONALIDADE DE SUA EXTENSÃO A NÃO ASSOCIADOS (mantida) DEJT divulgado em 25.08.2014. As cláusulas coletivas que estabeleçam contribuição em favor de entidade sindical, a qualquer título, obrigando trabalhadores não sindicalizados, são ofensivas ao direito de livre associação e sindicalização, constitucionalmente assegurado, e, portanto, nulas, sendo passíveis de devolução, por via própria, os respectivos valores eventualmente descontados.

OJ-SDI1T-68 BANCO DO ESTADO DE SÃO PAULO S.A. — BANESPA. CONVENÇÃO COLETIVA. REAJUSTE SALARIAL. SUPERVENIÊNCIA DE ACORDO EM DISSÍDIO COLETIVO. PREVALÊNCIA (DEJT divulgado em 03, 04 e 05.11.2009). O acordo homologado no Dissídio Coletivo n. TST — DC — 810.950/2001.3, que estabeleceu a garantia de emprego aos empregados em atividade do Banco do Estado de São Paulo S.A. — Banespa e que, portanto, não se aplica aos empregados aposentados, prevalece sobre a fixação do reajuste salarial previsto na convenção coletiva firmada entre a Federação Nacional do Bancos — Fenaban e os sindicatos dos bancários, ante a consideração do conjunto das cláusulas constantes do acordo e em respeito às disposições dos arts. 5º, XXXVI, e 7º, XXVI, da CF/1988.

6.3 Informativos e julgados do STF

Contribuição Sindical prescinde da existência de lei específica regulamentando sua instituição

O STF tem se orientado no sentido de que a contribuição sindical é devida pelos servidores públicos, independentemente da existência de lei específica regulamentando sua instituição. [ARE 807.155 AgR, rel. min. Roberto Barroso, j. 7-10-2014, 1ª T, DJE de 28-10-2014.] Vide ADI 5.794, rel. min. Edson Fachin, j. 29-6-2018, P, DJE de 23-4-2019.

Constitucionalidade da extinção do elemento compulsório da contribuição sindical.

São compatíveis com a Constituição Federal os dispositivos da Lei 13.467/2017 (Reforma Trabalhista) que extinguiram a obrigatoriedade da contribuição sindical e condicionaram o seu pagamento à prévia e expressa autorização dos filiados. (...) No âmbito formal, o STF entendeu que a Lei 13.467/2017 não contempla normas gerais de direito tributário (...)dispensada a edição de lei complementar para tratar sobre matéria relativa a contribuições. Também não se aplica ao caso a exigência de lei específica prevista no art. 150, § 6º, da CF, pois a norma impugnada não disciplinou nenhum dos benefícios fiscais nele mencionados, quais sejam, subsídio ou isenção, redução de base de cálculo, concessão de crédito presumido, anistia ou remissão. Sob o ângulo material, o Tribunal asseverou que a Constituição assegura a livre associação profissional ou sindical, de modo que ninguém é obrigado a filiar-se ou a manter-se filiado a sindicato [CF, art. 8º, V]. O princípio constitucional da liberdade sindical garante tanto ao trabalhador quanto ao empregador a liberdade de se associar a uma organização sindical, passando a contribuir voluntariamente com essa representação. Ressaltou que a contribuição sindical não foi constitucionalizada no texto magno. Ao contrário, não há qualquer comando ao legislador infraconstitucional que determine a sua compulsoriedade. A Constituição não criou, vetou ou obrigou a sua instituição legal. Compete à União, por meio de lei ordinária, instituir, extinguir ou modificar a natureza de contribuições [CF, art. 149]. Por sua vez, a CF previu que a assembleia geral fixará a contribuição que, em se tratando de categoria profissional, será descontada em folha, para custeio do sistema confederativo da representação sindical respectiva, independentemente da contribuição prevista em lei [CF, art. 8º, IV]. A parte final do dispositivo deixa claro que a contribuição sindical, na forma da lei, é subsidiária como fonte de custeio em relação à contribuição confederativa, instituída em assembleia geral. Não se pode admitir que o texto constitucional, de um lado, consagre a liberdade de associação, sindicalização e expressão [CF, artigos 5º, IV e XVII, e 8º, caput] e, de outro, imponha uma contribuição compulsória a todos os integrantes das categorias econômicas e profissionais. [ADI 5.794, rel. p/ o ac. min. Luiz Fux, j. 29-6-2018, P, Informativo 908.]

Lei que determina a participação do Poder Público nas negociações entre as entidades sindicais de trabalhadores e empregadores para atualização dos pisos salariais fixados ofende o princípio da autonomia sindical.

A parte final do parágrafo único do art. 2º da LC 459/2009, ao determinar a participação do "Governo do Estado de Santa Catarina" nas negociações entre as entidades sindicais de trabalhadores e empregadores para atualização dos pisos salariais fixados na referida lei complementar, ofende o princípio da autonomia sindical (art. 8º, I, CF/1988) e extrapola os contornos da competência legislativa delegada pela União. As negociações coletivas devem ocorrer com a participação dos representantes dos empregadores e dos trabalhadores, sem intromissão do governo (princípio da negociação livre). Ao criar mecanismo de participação estatal compulsória nas negociações coletivas, o Estado de Santa Catarina legisla sobre "direito coletivo do trabalho", não se restringindo a instituir o piso salarial previsto no inciso V do art. 7º da CF. [ADI 4.364, rel. min. Dias Toffoli, j. 2-3-2011, P, DJE de 16-5-2011.]

Exigência de registro sindical no Ministério do Trabalho não ofende o texto da Constituição a liberdade sindical.

(...) Não ofende o texto da Constituição a exigência de registro sindical no Ministério do Trabalho, órgão este que, sem prejuízo de regime diverso passível de instituição pelo legislador comum, ainda continua a ser o órgão estatal incumbido de atribuição normativa para proceder à efetivação do ato registral. Precedente: RTJ 147/868, rel. min. Sepúlveda Pertence. O registro sindical qualifica-se como ato administrativo essencialmente vinculado, devendo ser praticado pelo ministro do Trabalho, mediante resolução fundamentada, sempre que, respeitado o postulado da unicidade sindical e observada a exigência de regularidade, autenticidade e representação, a entidade sindical interessada preencher, integralmente, os requisitos fixados pelo ordenamento positivo e por este considerados como necessários à formação dos organismos sindicais. [ADPF 288 MC, rel. min. Celso de Mello, j. 21-10-2013, dec. monocrática, DJE de 25-10-2013 = ADI 3.805 AgR, rel. min. Eros Grau, j. 22-4-2009, P, DJE de 14-8-2009]

Interferência estatal na liberdade de organização sindical

O ato de fiscalização estatal se restringe à observância da norma constitucional no que diz respeito à vedação da sobreposição, na mesma base territorial, de organização sindical do mesmo grau. Interferência estatal na liberdade de organização sindical. Inexistência. O poder público, tendo em vista o preceito constitucional proibitivo, exerce mera fiscalização. [RE 157.940, rel. min. Maurício Corrêa, j. 3-11-1997, 2ª T, DJ de 27-3-1998.]

Negociação Coletiva e extinção do contrato do trabalho

A transação extrajudicial que importa rescisão do contrato de trabalho, em razão de adesão voluntária do empregado a plano de dispensa incentivada, enseja quitação ampla e irrestrita de todas as parcelas objeto do contrato de emprego, caso essa condição tenha constado expressamente do acordo coletivo que aprovou o plano, bem como dos demais instrumentos celebrados com o empregado". (STF. RE n. 590.415-SC. tema 152 de repercussão geral, Tribunal Pleno do STF, em sessão ocorrida em 30.04.2015)

Associação Militar não pode ter objeto similar à atividade sindical sob pena de ilicitude de objeto:

RECURSO EXTRAORDINÁRIO. CONSTITUCIONAL. ASSOCIAÇÃO DE MILITARES. ARTIGO 5º, INCISO XVII, DA CONSTITUIÇÃO DA REPÚBLICA. FINALIDADE ESTRUTURADA PARA CONTESTAR ATOS TÍPICOS DA ADMINISTRAÇÃO MILITAR. ATIVIDADE SINDICAL. DISSOLUÇÃO. ARTIGO 142, § 3º, DA CONSTITUIÇÃO DA REPÚBLICA. NECESSIDADE DE REVOLVIMENTO DO CONJUNTO FÁTICO-PROBATÓRIO DOS AUTOS. IMPOSSIBILIDADE. SÚMULA 279 DO STF. RECURSO DESPROVIDO. (...) Nos termos da Constituição da República de 1988, aos militares, a despeito de restar garantido o direito à livre associação (art. 5º, XVII) é defeso o exercício de atividade sindical, ex vi do art. 142, § 3º, da CF. V - Dada a destinação das Forças Armadas, voltada à defesa da pátria, à garantia dos poderes constituídos, da lei e da ordem (art. 142 da Constituição Federal), os seus membros, os militares, como são designados, consideradas as peculiaridades de suas atividades voltadas àqueles fins, têm os direitos e deveres inerentes às suas carreiras jungidos à rigidez de legislação especial embasada nos princípios da hierarquia e da disciplina, que deverão ser observadas e respeitadas por todos que ingressaram na caserna. VI - A APEB é uma entidade associativa permanente, que representa as praças do Exército Brasileiro (trabalhadores vinculados por laços profissionais e laborativos comuns), e tem como objetivo tratar de problemas coletivos de seus associados, defendendo seus interesses institucionais e conexos, uma vez que incorpora não apenas o papel representativo do sindicato em suas diversas dimensões como também suas funções negociais e assistenciais. VII - As atividades desempenhadas de forma reiterada pela APEB/RN ostentam uma preocupação estruturada em contestar atos típicos da Administração Militar, atuação esta com indiscutível viés sindical, e, portanto, ilícito. (...) Aqui, saliente-se, não se questiona, nem se afasta a possibilidade da associação de militares - com objeto lícito -, que à míngua de qualquer determinação constitucional em sentido contrário exsurge admissível, repousando a quizila apenas no caráter das atividades desempenhadas pela APEB/RN em favor de seus associados. Delimitada a problemática do questionamento, cumpre agora distinguir os conceitos de associação e sindicato. A associação é gênero que traz em sua própria definição a ideia de amplitude, sendo certo que no ordenamento jurídico brasileiro qualquer objeto social, que não possua caráter ilícito, poderá servir de base à constituição de uma entidade associativa. Assim sendo, não menos correto afirmar, apenas a título exemplificativo, ser possível constituírem-se associações de natureza política, religiosa, que velem pelo interesse público ou meramente recreativas. (...) Entretanto, como todo e qualquer direito fundamental, a liberdade de associação não poderá ser considerada de forma ilimitada, devendo ser admitidas restrições sempre que surjam conflitos entre normas de ordem constitucional. No particular o direito à associação, constitucionalmente garantido, contrapõe-se à vedação, também constitucional, à sindicalização de militares. (...) Partindo de tais premissas, acaso reste verificado que a finalidade primordial da APEB/RN é a busca por melhores condições de trabalho para os militares, configurado estará o seu objeto ilícito, aqui compreendido como ofensa ao dispositivo constitucional que veda a sindicalização de militares (art. 142, § 3º, IV, CF), impondo-se a dissolução da entidade associativa. (...) (STF - RE: 764297 RN - RIO GRANDE DO NORTE, Relator: Min. LUIZ FUX, Data de Julgamento: 18/06/2018, Data de Publicação: DJe-122 20/06/2018)

Dissídio Coletivo e estatal dependente

Dissídio coletivo de natureza econômica. Reajuste salarial. Concessão por sentença normativa. Caso em que a empresa estatal está vinculada a ente público que excedeu o limite com o gasto de pessoal estabelecido na Lei de Responsabilidade Fiscal. Impossibilidade. Não é possível a concessão de reajuste pela via do exercício do poder normativo da Justiça do Trabalho quando o ente público ao qual está vinculada a empresa estatal encontra-se no limite de gasto com pessoal estabelecido pela Lei de Responsabilidade Fiscal (Lei Complementar nº 101/2000). Embora o art. 22, parágrafo único, I, da LRF, nessa circunstância, admita os aumentos ou reajustes decorrentes de sentença judicial, enquadram-se nesse conceito somente as sentenças condenatórias e mandamentais, pois provenientes da função típica do Poder Judiciário. As sentenças normativas não representam, rigorosamente, exercício de poder jurisdicional, razão pela qual não constituem exceção à aplicação dos limites impostos pela Lei de Responsabilidade Fiscal. Sob esses fundamentos, a SDC, por maioria, negou provimento ao recurso ordinário do sindicato profissional. Vencidos os Ministros Mauricio Godinho Delgado, relator, e Kátia Magalhães Arruda, que davam provimento ao recurso para conceder o reajuste de 7,5% à categoria. (TST-RO-296--96.2015.5.10.0000, SDC, rel. Min. Mauricio Godinho Delgado, red. p/ acórdão Min. Emmanoel Pereira, 13.3.2017)

6.4 Informativos e julgados do TST

Acordo coletivo de trabalho com sindicato nacional em localidade que exista sindicato local:

Ação anulatória. Acordos coletivos de trabalho celebrados com sindicatos nacionais. Impossibilidade de aplicação em base territorial onde exista sindicato local representante da categoria profissional. Princípio constitucional da unicidade sindical. Em observância ao princípio da unicidade sindical, não se aplicam acordos coletivos de trabalho celebrados com sindicatos nacionais à determinada base territorial onde exista sindicato local regularmente constituído e com legítima representatividade da categoria. Na espécie, apesar de existir sindicato de trabalhadores no transporte marítimo com atuação no Estado do Paraná, a empresa, por considerar necessária a uniformização das condições de trabalho nos locais de sua atuação, deixou de celebrar com ele negociação coletiva para firmar acordos coletivos com os sindicatos nacionais de condutores da marinha mercante, de marinheiros e moços e de mestres e contramestres, os quais foram declarados nulos pelo TRT de origem, ao fundamento de que a referida prática violou o art. 8º, II, da CF. Nesse contexto, a SDC, à unanimidade, reputando insuficiente o motivo declarado pela empresa, negou provimento aos recursos ordinários. TST-RO-2742-75.2010.5.09.0000, SDC, rel. Min. Márcio Eurico Vitral Amaro, 15.10.2013 (Informativo n º 63).

Enquadramento sindical do servidor público engloba todos aqueles regidos pelo mesmo plano de carreira e regime previdenciário.

No âmbito das relações de trabalho celebradas na esfera privada, o critério básico que preside a sindicalização está vinculado à atividade preponderante do empregador, atividade essa responsável por criar o vínculo social básico denominado categoria econômica e que se confunde com a "solidariedade de interesses econômicos dos que empreendem atividades idênticas, similares ou conexas" (CLT, art. 511, § 1º). Diferentemente, porém, na esfera das relações administrativas de trabalho, celebradas por pessoas jurídicas de direito público, o critério da atividade preponderante, indutora do conceito de categoria econômica, não se mostra suficiente e adequado para definir o enquadramento sindical dos servidores públicos, seja pela própria natureza e finalidade dos entes jurídicos de direito público, seja pela amplitude das funções a eles reservadas, balizadas pelo Texto Constitucional (CF, art. 3º) e submetidas ao império do postulado da legalidade (CF, art. 37). 2.3. Regra geral, as relações de trabalho celebradas no âmbito da Administração Pública Direta são regidas pelo Direito Administrativo, não se confundindo, por evidente, com o regime jurídico contratual disciplinado pela Consolidação das Leis do Trabalho (CLT). Em face da natureza e especificidade das relações de trabalho mantidas entre a Administração Pública Direta e seus servidores, que são regidas pelo Direito Administrativo, resta claro que a estrutura sindical aplicável a esses trabalhadores não pode ser a mesma prevista na CLT. Disso resulta a necessidade de definição dos parâmetros para a construção do sistema sindical na esfera pública, a partir das regras fundamentais do sistema normativa (CF, art. 8º) e de outras de natureza infraconstitucional que, compatíveis com as especificidades que marcam a realidade coletiva do trabalho prestado às pessoas jurídicas de direito público interno, possam ser aplicadas de forma analógica (LINDB, art. 4º). 2.4. A leitura do Texto Constitucional revela que a fixação do sistema do sistema remuneratório dos servidores públicos está vinculada à consideração da natureza, do grau de responsabilidade e da complexidade dos cargos componentes de cada carreira, além dos requisitos para a investidura e das peculiaridades de cada um dos cargos (art. 39, § 1º). Como desdobramento natural da aplicação desses critérios, determinados cargos públicos, em face das especificidades que caracterizam o exercício de suas funções ou em consequência das condições de vida singulares a que se submetem os seus ocupantes, são regidos por leis específicas, razão pela qual se revela plausível e recomendável, em relação a eles, admitir-se a associação sindical própria ou diferenciada, por aplicação analógica do critério legal das categorias diferenciadas (CLT, art. 511, § 3º c/c o art. 4º da LINDB). Essa compreensão, por imposição do postulado da legalidade (CF, art. 5º, II), parece compatibilizar o direito fundamental de sindicalização dos servidores públicos (CF, art. 37, VI) e o critério restritivo da unicidade sindical (CF, art. 8º), também preservando as situações diferenciadas que caracterizam determinados grupos de servidores públicos. Com base nesses critérios, a análise acerca da existência de categoria especial de servidores públicos, passível de associação sindical diferenciada, dependerá da existência de leis instituidoras de regimes gerais ou especiais destinados a reger o vínculo institucional administrativo. 2.5. No caso dos autos, a Corte Regional considerou possível o desmembramento da categoria de servidores públicos estaduais, para a criação de ente sindical representativo dos servidores públicos da área administrativa e operacional da educação, sem, contudo, registrar a existência - que não pode ser presumida - de lei especial para essa classe de trabalhadores. Essa circunstância, por si só, é suficiente para afastar a possibilidade da dissociação pretendida, que passaria a representar, em realidade, verdadeira dissecção, compreendida como operação em que se separam cirurgicamente as partes de um corpo ou órgão, comprometendo-lhe a capacidade orgânica plena de funcionamento. Com efeito, os servidores públicos da área administrativa e operacional da Educação do Estado de Sergipe não parecem, à primeira vista, sujeitos a condições de vida singulares, que os diferencie dos demais servidores públicos estaduais vinculados às áreas administrativa e operacional das demais Secretarias do Estado de Sergipe ou mesmo dos demais servidores públicos vinculados àquela unidade federativa. Demonstrada, pois, a violação dos arts. 8º, II, da CF, 511, § 2º, e 574, ambos da CLT, impõe-se o provimento do recurso de revista para julgar improcedente a pretensão inicial deduzida. Precedentes desta Corte. Recurso de revista conhecido e provido." (RR - 36200-93.2009.5.20.0006 Data de Julgamento: 18/11/2015, Relator Ministro: Douglas Alencar Rodrigues, 7ª Turma, Data de Publicação: DEJT 04/12/2015).

Unicidade Sindical e bate territorial

Em observância ao princípio da unicidade sindical, não se aplicam acordos coletivos de trabalho celebrados com sindicatos nacionais à determinada base territorial onde exista sindicato local regularmente constituído e com legítima representatividade da categoria (TST-RO-2742-75.2010.5.09.0000, SDC, rel. Min. Márcio Eurico Vitral Amaro, 15.10.2013. Informativo n º 63).

7. QUESTÕES

1. (CS-UFG - Órgão: DEMAE/GO - Procurador Autárquico - 2017) A liberdade sindical foi elevada a nível constitucional, prevendo a liberdade de associação profissional ou sindical, sem interferência ou intervenção do Poder Público, sendo vedado à lei exigir autorização do Estado para a fundação de sindicato, ressalvado o registro no órgão competente. No entanto,

a) é vedada a criação de mais de uma organização sindical, em qualquer grau, representativa de categoria profissional ou econômica, na mesma base territorial, que será definida pelos trabalhadores ou empregadores interessados, não podendo ser inferior à área de um município.

b) é permitido à organização sindical exigir a filiação dos participantes da categoria econômica, para garantir sua participação nas negociações coletivas.

c) é permitido ao aposentado filiado o direito de voto, mas não o direito de ser votado nas organizações sindicais.

d) é facultativa a participação dos sindicatos nas negociações coletivas de trabalho, podendo as Centrais Sindicais celebrar Convenções e Acordos Coletivos de Trabalho.

2. (FEPESE - Prefeitura de Criciúma - Advogado - 2016) Assinale a alternativa que indica corretamente o instrumento jurídico de caráter normativo, pelo qual dois ou mais Sindicatos representativos de categorias econômicas e profissionais estipulam condições de trabalho aplicáveis, no âmbito das respectivas representações, às relações individuais de trabalho.

a) Acordo coletivo.

b) Convenção coletiva.

c) Contrato coletivo de trabalho.

d) Sentença arbitral do trabalho.

e) Termo de Ajustamento de conduta do trabalho.

3. (VUNESP - SEDUC-SP - Oficial Administrativo – 2011) Ao trabalhador garante-se o direito de livre associação profissional ou sindical. Quanto ao sindicato de trabalhadores, assinale a alternativa correta.

a) É facultativa a participação dos sindicatos nas negociações coletivas de trabalho.

b) O aposentado filiado tem direito a votar, mas não de ser votado nas organizações sindicais.

c) A assembleia geral fixará a contribuição que não poderá ser descontada em folha, por não incidir tributos.

d) É facultativa a criação de mais de uma organização sindical, na mesma base territorial.

e) Ao sindicato cabe a defesa dos direitos e interesses coletivos ou individuais da categoria, inclusive em questões judiciais ou administrativas.

4. (VUNESP - Prefeitura de Bauru/SP - Procurador Jurídico – 2018) O Acordo de caráter normativo, pelo qual dois ou mais Sindicatos representativos de categorias econômicas e profissionais estipulam condições de trabalho aplicáveis, no âmbito das respectivas representações, às relações individuais de trabalho, equivale a:

a) acordo coletivo de trabalho.

b) sentença normativa.

c) acordo individual.

d) convenção coletiva de trabalho.

e) precedente normativo.

5. (Banca: MPT - Órgão: MPT - Procurador do Trabalho - 2017 - Adaptada) Sobre a negociação coletiva e a administração pública, analise as assertivas abaixo:

I - A negociação coletiva é um dos mais importantes métodos de heterocomposição de solução de conflitos nas relações laborais, inclusive possibilitando à Administração Pública transigir no que diz respeito à matéria reservada à lei.

II - Para cobrança da contribuição sindical de servidor público sindicalizado é exigível previsão em acordo coletivo ou convenção coletiva, independentemente da existência de lei específica regulamentando sua instituição.

III - As cláusulas coletivas que estabeleçam contribuição em favor de entidade sindical, a qualquer título, obrigando trabalhadores não sindicalizados, são ofensivas ao direito de livre associação e sindicalização, constitucionalmente assegurado, e, portanto, nulas, sendo passíveis de devolução, por via própria, os respectivos valores eventualmente descontados.

IV - A Convenção n. 151 da Organização Internacional do Trabalho (OIT), que trata sobre os princípios do direito de sindicalização e negociação coletiva na administração pública, não foi ratificada pelo Brasil, ao contrário da Convenção n. 87, também da OIT, voltada para fomentar a negociação coletiva do trabalho.

Assinale a alternativa INCORRETA:

a) I e III;

b) III, III e IV;

c) I e IV;

d) I, II e IV;

e) II e III;

Gabarito: 1. A; 2. B; 3. E; 4. D; 5. D

Capítulo 9

GREVE E A FAZENDA PÚBLICA

NATÁLIA AGUIAR PARENTE[1]

Sumário: 1. Origem do instituto. 2. Previsão constitucional. 3. Previsão legal. 4. Direito de greve dos servidores públicos na jurisprudência do Supremo Tribunal Federal. 5. Abrangência subjetiva do precedente do Supremo Tribunal Federal. 6. Competência. 7. Conceito, requisitos e efeitos da greve para o vínculo jurídico. 8. Desconto salarial dos dias não trabalhados. 9. Contratação temporária em decorrência da greve. 10. Compilação Jurisprudencial. 10.1. Súmula STF. 10.2. Súmulas e orientações jurisprudenciais do TST. 10.3. Informativos e julgados do STF. 10.4. Informativos e julgados do TST. 10.5. Informativos e julgados do STJ. 11. Questões

1. ORIGEM DO INSTITUTO

A greve, nos moldes como existe hoje, surgiu com as rebeliões de trabalhadores assalariados em Paris. Durante a Revolução Industrial, os operários franceses reuniam-se para se insurgir contra as condições precárias de trabalho e reivindicar melhorias de seus empregadores na "Place de Grève", local que deu origem ao nome do instituto.

No ordenamento jurídico brasileiro, a greve foi inicialmente tipificada como crime pelo Código Penal de 1890. Por sua vez, a Constituição de 1937 considerou a greve como conduta antissocial nociva ao trabalho e ao capital. Na sequência, as Constituições de 1946 e 1967 reconheceram o direito dos trabalhadores à greve, tendo essa última proibido expressamente o exercício de tal direito no âmbito do serviço público e das atividades essenciais definidas em lei.

Foi então que a Constituição Federal de 1988 alçou o direito de greve à condição de um de direito fundamental social e, diferentemente da Constituição que a precedeu, ampliou tal direito ao serviço público e às atividades essenciais.

---

1 Graduada pela Universidade Federal do Ceará. Pós-Graduada em Direito Tributário. Advogada da União. Foi Procuradora do Estado de São Paulo e Procuradora do Estado do Amazonas. É professora de cursos preparatórios para concursos públicos na área da Advocacia Pública.

2. PREVISÃO CONSTITUCIONAL

De crime a direito fundamental, o direito de greve encontra-se previsto na atual Constituição da seguinte forma:

> Art. 9º É assegurado o direito de greve, competindo aos trabalhadores decidir sobre a oportunidade de exercê-lo e sobre os interesses que devam por meio dele defender.
>
> §1º A lei definirá os serviços ou atividades essenciais e disporá sobre o atendimento das necessidades inadiáveis da comunidade.
>
> § 2º Os abusos cometidos sujeitam os responsáveis às penas da lei.

A Constituição Federal de 1988 garantiu o direito de greve aos servidores públicos, *in verbis:*

> Art. 37. A administração pública direta e indireta de qualquer dos Poderes da União, dos Estados, do Distrito Federal e dos Municípios obedecerá aos princípios de legalidade, impessoalidade, moralidade, publicidade e eficiência e, também, ao seguinte:
>
> (...)
>
> VII - o direito de greve será exercido nos termos e nos limites definidos em lei específica;

Contudo, o direito de greve não foi assegurado à totalidade dos servidores públicos. A Constituição Federal vedou expressamente o direito de greve aos Policiais Militares, Bombeiros Militares e militares das Forças Armadas:

> Art. 42. Os membros das Polícias Militares e Corpos de Bombeiros Militares, instituições organizadas com base na hierarquia e disciplina, são militares dos Estados, do Distrito Federal e dos Territórios.
>
> § 1º Aplicam-se aos militares dos Estados, do Distrito Federal e dos Territórios, além do que vier a ser fixado em lei, as disposições do art. 14, § 8º; do art. 40, § 9º; e do art. 142, §§ 2º e 3º, cabendo a lei estadual específica dispor sobre as matérias do art. 142, § 3º, inciso X, sendo as patentes dos oficiais conferidas pelos respectivos governadores.
>
> Art. 142. § 3º. IV - ao militar são proibidas a sindicalização e a greve;

O motivo dessa vedação leva em conta a natureza das atribuições dessas carreiras. Com efeito, os militares estaduais e federais trabalham diretamente na área da segurança pública, exercendo atividade privativa e indelegável do Estado, que consiste na preservação da ordem pública e da incolumidade das pessoas e do patrimônio.

A suspensão dos trabalhos nessa área coloca em risco direitos fundamentais de todos os cidadãos a pretexto do exercício do direito fundamental social da categoria. Por meio da ponderação de tais interesses, a Constituição Federal de 1988 optou por excluí-los do direito de greve, evitando a paralisação de serviços públicos expressivos da soberania estatal.

Com base em interpretação teleológica, o Supremo Tribunal Federal estendeu a vedação de greve dos servidores militares a todas as carreiras policiais previstas no artigo 144 da Constituição Federal. Se, por um lado, as Forças Armadas são o braço armado do Estado para a segurança nacional, por outro, as carreiras policiais são o braço armado do Estado para a segurança pública[2].

Desse modo, no julgamento do ARE 654432/GO, o STF fixou a tese, segundo a qual "*1 - O exercício do direito de greve, sob qualquer forma ou modalidade, é vedado aos policiais civis e a todos os servidores públicos que atuem diretamente na área de segurança pública.*".

A proibição de greve dos servidores militares foi, então, estendida a todos os servidores públicos que atuem diretamente na área de segurança pública, tais como os policiais civis e os guardas municipais[3].

O fato de todas essas carreiras não poderem exercer o direito de greve, não as impede de reivindicar de alguma forma melhores condições de trabalho. É possível que a categoria participe de mediações com o Poder Público, na forma do artigo 165 do CPC[4].

3. PREVISÃO LEGAL

Os artigos 9º e 37, XII, da Constituição Federal clamam por lei para regulamentar o direito de greve dos trabalhadores em geral e dos servidores públicos, respectivamente.

---

2 Uma década antes do julgamento do ARE 654432/GO, na Reclamação 6568, que tratava sobre a greve da Polícia Civil no Estado de São Paulo, o STF já tinha sinalizado a impossibilidade de os policiais, de um modo geral, participarem de movimentos grevistas. Nesta oportunidade, foi dito que o risco é de uma "*greve de homens armados*". Ademais, o Ministro Eros Grau chegou a afirmar que não há como permitir que os órgãos de segurança pública participem de greve, funcionando com apenas 80% de seu efetivo, se nem com 100% deles se consegue garantir plenamente a ordem pública e a incolumidade física e patrimonial dos cidadãos.

3 Conquanto não seja totalmente equiparada à carreira policial, o direito de greve também está vedado à guarda municipal, porque a carreira atua diretamente na área da segurança pública, conforme entendimento do STF no RE nº 846.854/SP.

4 Essa possibilidade ficou assentada na segunda parte da tese fixada no ARE 654432, que dispôs: "*2 - É obrigatória a participação do Poder Público em mediação instaurada pelos órgãos classistas das carreiras de segurança pública, nos termos do art. 165 do Código de Processo Civil, para vocalização dos interesses da categoria.*"

A greve dos trabalhadores em geral foi regulamentada pela Lei n. 7.783/1989. Apesar da rápida regulamentação, o direito de greve dos trabalhadores em geral já podia ser exercido desde a promulgação da Constituição Federal. Isso porque a doutrina e jurisprudência sempre classificaram o artigo 9º como norma constitucional de eficácia contida cuja aplicabilidade é direta e imediata, ficando o legislador com o papel de delimitar e interpretar o direito.

Por outro lado, o direito de greve dos servidores públicos nunca foi regulamentado. Desse modo, os servidores públicos também poderiam, desde a promulgação da Constituição Federal, exercer o direito de greve?

Sendo uma norma de eficácia contida, a resposta seria afirmativa, pois o direito de greve dos servidores públicos teria aplicabilidade direta e imediata desde o advento da CF. A lei apenas limitaria o exercício do direito de greve, sem, contudo, condicioná-lo a sua existência. Sendo uma norma de eficácia limitada, a resposta seria negativa, poia a ausência de lei impediria o exercício deste direito, tendo em vista a aplicabilidade indireta e mediata do dispositivo.

A doutrina majoritária defende que o artigo 37, XII, da Constituição Federal é norma de eficácia limitada, tendo em vista a literalidade do dispositivo. Ainda que os servidores públicos possuam o direito de greve, o exercício deste direito depende de regulamentação legal.

A jurisprudência majoritária também entende que o artigo 37, XII, da Constituição Federal é norma de eficácia limitada. Nesse sentido, o Supremo Tribunal Federal julgou vários Mandados de Injunção cujo objetivo era a concretização do direito de greve a servidores públicos[5].

Com efeito, o Mandado de Injunção é um remédio constitucional manejável "*sempre que a falta de norma regulamentadora torne inviável o exercício dos direitos e liberdades constitucionais e das prerrogativas inerentes à nacionalidade, à soberania e à cidadania*"[6]. A falta de lei apenas inviabiliza o exercício de direitos que estão previstos em normas de eficácia limitada, de modo que o Mandado de Injunção não é cabível para concretizar direitos previstos em normas de eficácia contida e plena. Afinal, tais direitos são autoaplicáveis.

---

5 Neste sentido, o julgamento do Mandado de Injunção 20, com relatoria do ministro Celso de Mello: "*O preceito constitucional que reconheceu o direito de greve ao servidor público civil constitui norma de eficácia meramente limitada, desprovida, em consequência, de auto aplicabilidade, razão pela qual, para atuar plenamente, depende da edição da lei complementar exigida pelo próprio texto da Constituição. A mera outorga constitucional do direito de greve ao servidor público civil não basta - ante a ausência de autoaplicabilidade da norma constante do art. 37, VII, da Constituição - para justificar o seu imediato exercício. O exercício do direito público subjetivo de greve outorgado aos servidores civis só se revelará possível depois da edição da lei complementar reclamada pela Carta Política. (...).*" É válido lembrar que a Emenda Constitucional n. 19 de 1998 eliminou a necessidade de lei complementar, passando a exigir somente lei específica.

6 Redação do artigo 5º, LXXI, da Constituição Federal.

Sendo assim, aceitar a impetração de Mandado de Injunção para concretização do direito de greve a servidores públicos significa reconhecer a eficácia limitada da norma constitucional que o previu.

Nada obstante, é possível encontrar decisões mais recentes do STF afirmando ser o direito de greve dos servidores públicos uma norma de eficácia contida[7]. Curioso é que essas decisões são posteriores ao julgamento conjunto dos Mandados de Injunção n. 708, 670 e 712, precedente que concretizou judicialmente o exercício de greve dos servidores públicos.

Essa jurisprudência mais recente, todavia, ignora o fato de que a regulamentação do direito de greve dos servidores pelo STF não altera a eficácia da norma constitucional. Pelo contrário, a necessidade de o STF concretizar o direito via Mandado de Injunção apenas corrobora que o artigo 37, XII, da Constituição era e continua sendo uma norma de eficácia limitada, pois dependente de regulamentação. A única coisa que muda com o precedente do STF é que, antes dele, havia apenas o direito, agora há o direito e também a possibilidade de seu exercício[8].

4. DIREITO DE GREVE DOS SERVIDORES PÚBLICOS NA JURISPRUDÊNCIA DO SUPREMO TRIBUNAL FEDERAL

A demora da lei que garantisse o exercício do direito de greve dos servidores públicos ocasionou o ajuizamento de vários Mandados de Injunção no Supremo Tribunal Federal.

---

7 EMENTA: CONSTITUCIONAL. SERVIDOR PÚBLICO. DIREITO DE GREVE. ALEGADA VIOLAÇÃO AO ART. 37, VII. PRECEITO CONSTITUCIONAL DE EFICÁCIA CONTIDA. NECESSIDADE DE NORMA INFRACONSTITUCIONAL. OFENSA REFLEXA. AGRAVO IMPROVIDO. I - O preceito constitucional que garante o exercício de greve aos servidores públicos é de eficácia contida, de acordo com jurisprudência consolidada desta Corte. II - A eficácia plena do preceito constitucional demanda a existência de norma infraconstitucional que regulamente os efeitos e a forma de exercício deste direito. III - A ausência de lei não conduz a conclusão de que a Administração Pública deveria considerar justificadas as faltas, a ofensa ao texto constitucional, se ocorrente, seria meramente reflexa. IV - Agravo regimental improvido. (ARE 657385 SP, Rel. Ministro Luiz Fux, julgamento em 29 de fevereiro de 2012) (AI 618986 AgR, Relator(a): Min. RICARDO LEWANDOWSKI, Primeira Turma, julgado em 13/05/2008, DJe-102 DIVULG 05-06-2008 PUBLIC 06-06-2008 EMENT VOL-02322-06 PP-01097 LEXSTF v. 30, n. 359, 2008, p. 117-121).

8 Apesar dessa aparente alteração jurisprudencial, a FCC continua a cobrar o direito de greve dos servidores públicos como norma de eficácia limitada. O CESPE já anulou questões que se posicionavam entre eficácia contida e limitada, justamente por causa da existência de jurisprudência para ambos os lados. Desse modo, o CESPE vem se limitando a formular questões que exigem do candidato o conhecimento de que o artigo 37, XII, da Constituição Federal não tem eficácia plena (Prova Objetiva da PGM Manaus).

Por causa da separação dos Poderes, de início, o tribunal adotou uma postura bem tímida quanto à omissão legislativa. O risco de se imiscuir nas atribuições do Poder Legislativo fez com que o STF se limitasse a dar ciência ao Congresso Nacional do seu dever de legislar.

A mora legislativa foi declarada inúmeras vezes, até que a renitência do Poder Legislativo passou a exigir medidas mais enérgicas do Poder Judiciário, sob pena de omissão não só legislativa como também judicial.

Foi, então, que a jurisprudência do Supremo Tribunal Federal evoluiu seu entendimento quanto aos efeitos da decisão em Mandado de Injunção, atingindo o ápice da concretização dos direitos via mandado de injunção justamente no julgamento conjunto dos Mandados de Injunção n. 708, 670 e 712, que tratavam sobre o direito de greve dos servidores públicos.

O tribunal entendeu que, até que sobrevenha lei específica, a lei de greve dos trabalhadores em geral deve ser aplicada para a greve no serviço público. Segundo o STF, nada impede que o princípio da continuidade do serviço público possibilite um tratamento casuístico mais severo do que o previsto na Lei n. 7.783/1989, mormente quando se estiver diante de serviços ou atividades essenciais.

Vale dizer que o STF conferiu efeitos *erga omnes* à decisão. Em outras palavras, o Supremo Tribunal Federal concretizou o direito de greve para todos os servidores públicos e não somente para aqueles que impetraram o Mandado de Injunção objeto do julgamento.

É o que a doutrina constitucionalista chama de teoria concretista geral do Mandado de Injunção. Concretista, porque possibilita o exercício do direito e não só a declaração de mora legislativa. Geral, porque o faz para todos, não se limitando às partes do remédio constitucional[9].

Em conclusão, após o precedente do STF, todos os servidores públicos do âmbito federal, estadual e municipal podem exercer o direito de greve nos termos previstos pela Lei n. 7.783/1989, resguardadas as peculiaridades do serviço público.

---

9 Esse julgado paradigmático influenciou o legislador, que passou a prever expressamente a possibilidade de eficácia *erga omnes* ao mandado de injunção individual. Segundo a Lei n. 13.300/2017:

Art. 9º A decisão terá eficácia subjetiva limitada às partes e produzirá efeitos até o advento da norma regulamentadora.

§ 1º Poderá ser conferida eficácia ultra partes ou erga omnes à decisão, quando isso for inerente ou indispensável ao exercício do direito, da liberdade ou da prerrogativa objeto da impetração.

5. ABRANGÊNCIA SUBJETIVA DO PRECEDENTE DO SUPREMO TRIBUNAL FEDERAL

Com efeito, a indisponibilidade do interesse público, a prevalência do interesse público sobre o interesse privado e a continuidade dos serviços públicos são postulados que não podem ceder inteiramente ao direito de greve dos servidores públicos. Ainda que a Lei n. 7.783/1989 se aplique à greve no serviço público, apenas a análise do caso concreto demonstrará em qual medida tais preceitos legais devem incidir.

Em face disso, é importante delimitar a abrangência da expressão "servidores públicos" dada pelos Mandados de Injunção n. 708, 670 e 712. Desse modo, quais são os trabalhadores diretamente regulamentados pela Lei n. 7.783/1989 e quais são aqueles aos quais a Lei se lhes aplica no que couber?

A Lei n. 7.783/1989 se aplica a todos os trabalhadores da iniciativa privada. Equiparam-se a eles os empregados públicos das sociedades de economia mista e das empresas públicas. Ainda que tais entidades integrem a Administração Indireta, elas têm o mesmo regime jurídico das empresas privadas, inclusive quanto às obrigações trabalhistas[10]. Por essa razão, a Lei n. 7.783/1989 regulamenta diretamente os empregados privados e os empregados públicos das empresas públicas e das sociedades de economia mista[11].

Por "servidores públicos", estão compreendidos todos aqueles trabalhadores vinculados à Administração Direta, autarquias e fundações, não importando qual vínculo exista entre eles e o Poder Público. Afinal, não é porque um ente federativo opta pela contratação de empregados públicos, em vez de estatutários, que eles não trabalharão com a prestação de serviços públicos.

---

10 Art. 173. Ressalvados os casos previstos nesta Constituição, a exploração direta de atividade econômica pelo Estado só será permitida quando necessária aos imperativos da segurança nacional ou a relevante interesse coletivo, conforme definidos em lei.

§1º A lei estabelecerá o estatuto jurídico da empresa pública, da sociedade de economia mista e de suas subsidiárias que explorem atividade econômica de produção ou comercialização de bens ou de prestação de serviços, dispondo sobre:

II - a sujeição ao regime jurídico próprio das empresas privadas, inclusive quanto aos direitos e obrigações civis, comerciais, trabalhistas e tributários.

11 Vale lembrar que as sociedades de economia mista e empresas públicas estão excluídas do conceito de Fazenda Pública. Veja o que ensina Leonardo José Carneiro da Cunha: "À evidência, estão excluídas do conceito de Fazenda Pública as sociedades de economia mista e as empresas públicas. Embora integrem a Administração Pública indireta, não ostentam natureza de direito público, revestindo-se da condição de pessoas jurídicas de direito privado, a cujo regime estão subordinadas. Então, quando se alude à Fazenda Pública, na expressão não estão inseridas as sociedades de economia mista nem as empresas públicas, sujeitas que são ao regime geral das pessoas jurídicas de direito privado."

Desse modo, o precedente do Supremo Tribunal Federal comporta não só os servidores públicos em sentido estrito, como também os empregados públicos celetistas da Administração Pública Direta, autarquias e fundações, que trabalham diretamente com o atendimento de necessidades da comunidade.

6. COMPETÊNCIA

O dissídio de greve dos empregados privados e equiparados é processado e julgado na Justiça do Trabalho, na forma do artigo 114, inciso II, da Constituição Federal, cuja regulamentação é feita pelo artigo 8ª da Lei n. 7.783/1989 e pela Lei n. 7.701/1988.

Por sua vez, a omissão regulamentadora do direito de greve dos servidores públicos impôs ao STF traçar os parâmetros do exercício deste direito também no tocante à competência.

No julgamento dos MI n. 708, 670 e 712, o Supremo Tribunal Federal definiu que o processamento e o julgamento de eventuais dissídios de greve que envolvam servidores públicos devem ser realizados pela Justiça Comum.

A greve no serviço público implica a suspensão de serviços públicos essenciais às necessidades da população. A análise do prejuízo ocasionado pela paralisação e das garantias necessárias à continuidade do serviço público são melhor apreciadas pela Justiça que analisa diuturnamente as questões relacionadas aos mais diversos serviços públicos do que por aquela que está adstrita ao julgamento de questões laborais.

Dessa forma, o precedente fixou que, se os servidores públicos grevistas forem municipais ou estaduais, a competência será da Justiça Estadual. Se os servidores públicos grevistas forem da União, suas autarquias ou fundações, a competência será da Justiça Federal.

Por sua vez, no plano procedimental, o STF dispôs que os termos da Lei n. 7.701/88, que trata sobre a competência dos Tribunais do Trabalho em dissídios coletivos, devem ser aplicados, por analogia, aos dissídios de greve julgados na Justiça Comum.

Por aplicação analógica do art. 6º da Lei nº 7.701/88, se a greve for de servidores estaduais ou municipais e estiver restrita a uma unidade da Federação, a competência será do respectivo Tribunal de Justiça. Por sua vez, se a greve for de servidores federais e estiver restrita a uma única região da Justiça Federal, a competência será do respectivo TRF.

De outro lado, por aplicação analógica do art. 2º, I, "a", da Lei nº 7.701/88, se a greve for de âmbito nacional, ou abranger mais de uma região da Justiça Federal, ou ainda, compreender mais de uma unidade da federação, a competência para o dissídio de greve será do STJ.

Em conclusão, o STF entendeu que a greve dos servidores públicos, em sentido estrito, e dos empregados públicos da Administração Direta, autárquica e fundacional deveria ser julgada pela Justiça Comum, sendo lhe aplicável analogicamente as regras procedimentais da Lei nº 7.701/88.

É bem verdade que, no julgamento da ADI 3.365, o STF determinou que o art. 114, I da Constituição Federal somente pode ser interpretado no sentido de que não é da competência da Justiça do Trabalho a "*apreciação de causas que sejam instauradas entre o Poder Público e seus servidores, a ele vinculados por típica relação de ordem estatutária ou de caráter jurídico-administrativo*". Logo, as causas de servidores que possuam vínculo estatutário ou de caráter jurídico administrativo são de competência da Justiça Comum. De outro lado, as causas dos servidores que possuam vínculo empregatício com a Administração Pública são de competência da Justiça do Trabalho.

Contudo, o entendimento do STF na ADI 3.365 sobre a competência para julgamento das causas individuais dos servidores públicos acabou confundindo o entendimento do tribunal sobre a competência para julgamento dos dissídios de greve dos servidores públicos, definida nos Mandados de Injunção n. 708, 670 e 712.

Foi assim que, em 2018, o STF foi instado a se manifestar novamente sobre a competência para julgamento da greve de servidores públicos, em especial, a greve deflagrada por empregados públicos de um Município.

No RE 846854, o STF entendeu que a Justiça do Trabalho não era competente para julgar o dissídio de greve de empregados públicos do Município tão somente por causa da natureza do vínculo empregatício existente entre eles e o Poder Público e formulou a tese, segundo a qual "*A Justiça Comum Federal ou Estadual é competente para julgar a abusividade de greve de servidores públicos celetistas da administração direta, autarquias e fundações de direito público.*".

O julgado fundamentou que a apreciação da legalidade ou abusividade de greve não se insere adequadamente na lógica da ADI 3.365, pois a solução dos dissídios de greve não se relaciona diretamente com a natureza do vínculo existente entre servidores e Poder Público, mas com a análise da essencialidade dos serviços paralisados em decorrência do movimento paredista.

Outrossim, o STF afirmou que, quando definiu as balizas do direito de greve do serviço público no Mandado de Injunção, cuidou justamente de evitar colisão de competência relacionada às greves deflagradas por servidores de entes federativos, autarquias e fundações que contratam pelo regime estatutário e pelo celetista.

Fosse o vínculo jurídico o fator determinante para fixação da competência, uma greve composta por servidores estatutários e celetistas poderia ser julgada, ao mesmo tempo, abusiva pela Justiça Comum e não abusiva pela Justiça do Trabalho.

7. CONCEITO, REQUISITOS E EFEITOS DA GREVE PARA O VÍNCULO JURÍDICO

Por definição do artigo 2º da Lei de Greve, a greve é a "*suspensão coletiva, temporária e pacífica, total ou parcial, de prestação pessoal de serviços a empregador*".

O exercício do direito de greve é feito individualmente por cada trabalhador, que faz a opção de aderir ou não ao movimento grevista. Por mais que a decisão de participar da greve seja individual, não existe greve de uma pessoa só. Por isso, o legislador deixou claro que greve é a suspensão coletiva dos trabalhadores.

Em razão disso, a greve é um direito coletivo[12], porque ela só existe quando os trabalhadores conjuntamente resolvem suspender as atividades.

Além disso, a greve deve ser temporária e pacífica.

Temporária, porque a paralisação das atividades pelo trabalhador tem o objetivo de pressionar a classe patronal por melhores condições de trabalho. Uma vez estabelecida a negociação coletiva, a greve deve cessar.

Pacífica, porque a greve não tem como alvo a degradação do ambiente de trabalho nem a imposição de que outros colegas dela participem. Isso, em verdade, é abuso do direito de greve e merece as reprimendas da lei.

Por fim, a suspensão coletiva pode ser parcial ou total. Com efeito, a greve não precisa da totalidade de pessoas de uma empresa, de uma categoria ou de um setor para ser exercida.

Ainda que a greve seja uma forma de autotutela admitida pela lei, o exercício do direito de greve foi regulamentado e tem limites. Um deles é o de que a paralisação dos trabalhos só deve ocorrer em último caso. Antes de sua deflagração, as partes têm o dever de tentar solucionar o conflito.

Portanto, são requisitos para deflagração da greve: a) frustração ou impossibilidade de negociação prévia, direta e pacífica; b) convocação e realização assemblear para definir a pauta de reivindicações; c) comunicação, com antecedência mínima de 48 horas, ao empregador. No caso da greve no serviço público e atividades essenciais, a comunicação deve ser feita com antecedência mínima de 72 horas ao empregador e aos usuários.

Iniciada a greve, os trabalhadores deixam de cumprir as obrigações a que estão obrigados pelo contrato de trabalho ou pelo vínculo jurídico funcional. Com efeito, o artigo 7º da Lei de Greve (Lei n. 7.783/1989) dispõe que "*a participação em greve suspende o contrato de trabalho, devendo as relações obrigacionais,*

12 Há muita discussão a respeito da natureza jurídica do direito de greve. Alice Monteiro Barros defende que é um direito coletivo. Por sua vez, Homero Batista Mateus da Silva defende que é um direito individual, mas que apenas se exerce coletivamente.

durante o período, ser regidas pelo acordo, convenção, laudo arbitral ou decisão da Justiça do Trabalho.".

Desse modo, o legislador considera a greve como causa de suspensão do contrato de trabalho, que é paralisação total dos efeitos do contrato de trabalho para ambas as partes. De um lado, o trabalhador não está obrigado à prestação laboral. Do outro, o tomador dos serviços não tem o dever de pagar o salário.

A ausência da prestação de serviços não pode ser considerada falta injustificada nem pode estar sujeita a penalizações. A paralisação das atividades tem o condão de suspender o contrato de trabalho ou o vínculo funcional, mas não pode extingui-lo.

Com efeito, a liberdade sindical e o direito de greve são direitos garantidos pela Constituição Federal aos trabalhadores para que reivindiquem direitos da categoria. Nesse sentido, o mero exercício do direito de greve não pode acarretar sua demissão por justa causa.

O legislador deixou claro que "é vedada a rescisão de contrato de trabalho durante a greve (...)" (artigo 7º, parágrafo único, Lei de Greve). Ademais, segundo entendimento sumulado do STF, "*a simples adesão à greve não constitui falta grave.*" (Súmula 316). Não por outra razão o STF entendeu que é inconstitucional usar a participação em movimento grevista como fato desabonador da conduta[13].

Durante a greve ou durante o período de alerta de greve ("estado de greve"), é proibida a demissão de quaisquer empregados, sejam eles participantes ou não do movimento paredista[14]. Qualquer demissão que ocorra neste período é tida

---

13 Entendimento fixado na ADI 3235, cuja ementa segue na compilação jurisprudencial ao final do capítulo.

14 Agravo de instrumento. Recurso de revista. Deflagração de greve pela categoria. Rescisão do contrato de trabalho do reclamante sem justa causa, no curso da greve. Trabalhador que não aderiu ao movimento paredista. Art. 7º da lei 7.783/89. Indenização. Demonstrado no agravo de instrumento que o recurso de revista preenchia os requisitos do art. 896 da CLT, ante a constatação de violação, em tese, do art. 7º da Lei 7.783/89. Agravo de instrumento provido. Recurso de revista. Deflagração de greve pela categoria. Rescisão do contrato de trabalho do reclamante sem justa causa, no curso da greve. Trabalhador que não aderiu ao movimento paredista. Art. 7º da lei 7.783/89. Indenização. O instituto da greve, ao ser incorporado pela ordem jurídica como um direito, acaba por encontrar nela suas próprias potencialidades e limitações e, entre as potencialidades, está a proteção de dispensa dos trabalhadores, conforme art. 7º, parágrafo único, da Lei 7.783/89. Nessa medida, também o art. 6º da Lei 7.783/89 desautoriza a adoção de condutas antissindicais. Assim, em regra, não será possível ao empregador rescindir os contratos de trabalho no decurso de greve, ainda que não se trate de trabalhador grevista. No caso dos autos, verifica-se que o Reclamante foi dispensado sem justa causa em 21/3/2011, depois de deflagrada greve na categoria em 18/3/2011. Tem-se, com isso, que o ato de dispensa sem justa causa do empregado configura conduta antissindical da empresa. Nessa circunstância, compreende-se razoável fixar indenização como forma de compensação pelo ato ilícito praticado pela empregadora, além de ostentar recomendável diretriz pedagógica.

como discriminatória, pois o legislador presumiu que a extinção do vínculo neste período tem como intuito enfraquecer e intimidar o movimento paredista. A exceção à regra fica por conta do cometimento de falta grave pelo empregado.

Quanto aos servidores públicos da Administração Direta, autarquias ou fundações, sejam eles estatutários ou celetistas, além da garantia do artigo 7º da Lei de Greve, o artigo 41 da Constituição Federal lhes conferiu estabilidade[15]. Dessa forma, eles não podem ser demitidos tão sumariamente quanto os empregados da iniciativa privada.

Contra os servidores públicos dessas entidades, é preciso apurar eventuais ilegalidades do movimento grevista em processo administrativo disciplinar. Uma vez constatado o abuso do direito de greve, passa a ser possível a aplicação de eventuais penalidades.

A abertura de processo administrativo é o meio legalmente previsto para apuração de condutas abusivas por parte dos servidores, inclusive abusos no exercício do direito de greve. Nem mesmo os servidores que estão em estágio probatório podem ser exonerados sem direito à ampla defesa e ao contraditório, conforme entendimento do STF.

Sobre o tema, o Supremo Tribunal Federal manifestou-se pela constitucionalidade de Decreto que previu a possibilidade de abertura de processo administrativo disciplinar contra os servidores grevistas[16].

8. DESCONTO SALARIAL DOS DIAS NÃO TRABALHADOS

Apesar de ser um direito fundamental garantido constitucionalmente, a greve não é um direito absoluto. O seu exercício pode trazer consequências para os trabalhadores. Uma das consequências mais debatidas na doutrina e na jurisprudência gira em torno da possibilidade de desconto salarial dos dias não trabalhados em decorrência da greve.

Recurso de revista conhecido e parcialmente provido". (RR – 1810-20.2011.5.02.0462, Relator Ministro Mauricio Godinho Delgado, Data de Julgamento: 03/09/2014, 3ª Turma, Data de Publicação: DEJT 19/09/2014).

15 Súmula nº 390 do TST. Estabilidade. Art. 41 da CF/1988. Celetista. Administração direta, autárquica ou fundacional. Aplicabilidade. Empregado de empresa pública e sociedade de economia mista. Inaplicável.

I - O servidor público celetista da administração direta, autárquica ou fundacional é beneficiário da estabilidade prevista no art. 41 da CF/88.

II - Ao empregado de empresa pública ou de sociedade de economia mista, ainda que admitido mediante aprovação em concurso público, não é garantida a estabilidade prevista no art. 41 da CF/88.

16 Esse entendimento foi publicado na ADI 1335, que ainda não teve ementa publicada, mas integrou o Informativo 906 do STF.

A posição minoritária sustenta que a greve é um direito e o seu exercício não pode sacrificar outro direito - o direito ao salário, que, em última instância, é o direito à própria sobrevivência do trabalhador. Além disso, a greve em si pressupõe a ausência de atividade laboral, de modo que não se trata de ausência injustificada do trabalhador ao serviço, mas falta justificada em razão do direito de reivindicar melhores condições laborais. Logo, a não ser que a greve seja considerada abusiva, essa corrente defende que os salários dos dias parados durante a greve devem ser pagos normalmente.

A posição prevalecente na doutrina e jurisprudência defende o desconto salarial pelos dias não trabalhados em decorrência da greve como regra. Isso porque o artigo 7º da Lei de Greve (Lei n. 7.783/1989) dispôs que a greve suspende o contrato de trabalho, de modo que ambas as partes ficam desobrigadas de suas obrigações. Neste particular, o empregador não tem o dever de pagar o salário.

Independentemente de a greve ser declarada abusiva ou não, o não recebimento dos salários pelos dias parados é inerente ao risco do movimento e deve ser assumido, em regra, pelos seus participantes. Sendo assim, a regra é a de que haja desconto salarial pelos dias não trabalhados durante a greve.

Aderem a essa regra duas exceções. A primeira delas diz respeito à possibilidade de negociação coletiva prever o pagamento dos salários pelos dias não trabalhados, alterando a natureza jurídica da greve de suspensão para interrupção do contrato de trabalho. A segunda delas fica por conta das hipóteses em que o próprio empregador, ao descumprir normas trabalhistas relevantes, dá origem ao movimento grevista, tal como o caso de greve deflagrada por causa do não pagamento de salários. Nesse sentido, encontra-se a jurisprudência do Tribunal Superior do Trabalho, *in verbis:*

> GREVE. SUSPENSÃO DO CONTRATO DE TRABALHO. DESCONTO DOS DIAS PARADOS. O entendimento que prevalece na SDC é de que a greve configura a suspensão do contrato de trabalho, e, por isso, como regra geral, não é devido o pagamento dos dias de paralisação, exceto quando a questão é negociada entre as partes ou em situações excepcionais, como na paralisação motivada por descumprimento de instrumento normativo coletivo vigente, não pagamento de salários e más condições de trabalho. No caso, não constatada a ocorrência de nenhuma das hipóteses excepcionais admitidas pela jurisprudência, que, se motivadora da paralisação dos serviços, justificaria a decretação do pagamento dos dias parados. Registra-se que não foi possível averiguar, pelos documentos que constam nos autos, a data do encerramento da greve dos engenheiros do BASA. Recurso ordinário a que se dá provimento, para autorizar os descontos nos salários dos trabalhadores relativos aos dias não trabalhados em razão da paralisação." (RO-1018-19.2017.5.08.0000, Relatora Ministra Kátia Magalhães Arruda, Seção Especializada em Dissídios Coletivos, DEJT 15/02/2019)

Considerando a ausência de lei específica regulamentadora da greve no serviço público e a peculiar posição do Poder Público em suas relações jurídicas, surgiram dúvidas quanto à aplicação desse entendimento aos servidores públicos.

Além do argumento de que o desconto salarial dos dias não trabalhados tolhe o direito de greve, no caso particular dos servidores públicos, ganharam força mais dois argumentos contrários à tal possibilidade: a) o artigo 7º da Lei de Greve (Lei 7.783/1989), que prevê a suspensão do contrato de trabalho, não pode ser aplicado ao servidor público, porque ele não tem um contrato de trabalho, mas sim uma relação estatutária com o Estado, e b) a decisão pelo desconto salarial não pode ser tomada de forma unilateral pela Administração Pública.

A questão foi levada ao Supremo Tribunal Federal por meio do RE 693456, no qual se aprovou a seguinte tese de repercussão geral:

> A administração pública deve proceder ao desconto dos dias de paralisação decorrentes do exercício do direito de greve pelos servidores públicos, em virtude da suspensão do vínculo funcional que dela decorre, permitida a compensação em caso de acordo. O desconto será, contudo, incabível se ficar demonstrado que a greve foi provocada por conduta ilícita do Poder Público.

O Supremo Tribunal Federal entendeu que, para o caso do servidor estatutário, não existe propriamente um contrato de trabalho. Entretanto, nada impede a aplicação da Lei de Greve por analogia, até porque, para o servidor público, sua participação no movimento paredista não pode ser considerada como gozo de férias, licença, abono ou compensação. Desse modo, o pagamento dos dias parados violaria a legalidade, ao qual a Administração Pública está vinculada. Além disso, representaria o enriquecimento sem causa dos servidores que não trabalharam.

É de se observar que o Supremo Tribunal Federal emplacou quase integralmente o entendimento sedimentado no Tribunal Superior do Trabalho. A diferença ficou por conta do dever e não da faculdade do administrador público de proceder ao desconto dos dias de paralisação decorrentes da greve. Em seu voto, o Ministro Luís Barroso afirmou que *"O corte de ponto é necessário para a adequada distribuição dos ônus inerentes à instauração da greve e para que a paralisação, que gera sacrifício à população, não seja adotada pelos servidores sem maiores consequências"*.

Como visto, foi dado um tratamento mais rigoroso ao servidor público grevista. O Ministro Dias Toffoli, todavia, justifica:

> Existem também outros argumentos a justificar a ampliação dos ônus aos servidores públicos, por meio do desconto remuneratório, a saber: i) a manutenção do serviço público de forma contínua e eficiente interessa a toda a coletividade; ii) as referidas estabilidade e efetividade do servidor público também pesam

> sob o aspecto político e estratégico a favor do servidor, que não pode ser - em princípio - demitido e pode continuar a exercer pressão junto aos dirigentes após o período grevista; iii) alguns servidores, por prestarem serviços *uti universi*, estão menos sujeitos a sofrer cobranças diretas da coletividade para o pronto retorno às suas respectivas atividades.

Dessa forma, o Poder Público pode até negociar a compensação dos dias faltados, mas não pode alterar a natureza do movimento grevista de suspensão para interrupção do contrato de trabalho, para fins de pagar os dias parados.

Por outro lado, a Administração Pública tem discricionariedade de escolher a forma de pagamento, se por meio de compensação de jornada ou por meio de desconto em folha. Trata-se de uma opção que deve estar de acordo com a conveniência e oportunidade dos interesses públicos, não existindo direito subjetivo dos servidores grevistas à compensação ou ao pagamento dos dias parados de forma parcelada[17].

Alguns entes federados já editaram atos normativos impeditivos de compensação na hipótese de greve, nada havendo de ilegítimo nessa escolha da administração, haja vista a discricionariedade reconhecida pelo Supremo.

Todavia, um aspecto prático merece ser ressaltado. É comum que o servidor grevista receba seu salário normalmente durante a greve e a Administração só consiga operacionalizar o desconto após finalizado o movimento paredista. Desse modo, é possível que a quantia a ser descontada do pagamento do servidor seja considerável se realizada de uma só vez.

Em razão disso, o Superior Tribunal de Justiça entendeu que é desarrazoado proceder ao desconto dos dias parados em uma única parcela, quando o artigo 46 da Lei n. 8.112/1990, que rege os servidores públicos federais e que se aplica por analogia a todos os servidores, dispõe que as reposições poderão ser parceladas a pedido do interessado. Ademais, o tribunal frisou a natureza de verba alimentar. Nessa oportunidade, o STJ entendeu ser direito subjetivo do servidor à obtenção do parcelamento.

Sobre o tema, importa ainda mencionar que o STJ entende que não há necessidade de prévio processo administrativo para que esses descontos sejam realizados na remuneração dos servidores grevistas e nem há necessidade de intimação pessoal, podendo a Administração avisar ao servidor do desconto por outros meios.

---

17 A ausência de direito subjetivo à compensação e ao parcelamento do desconto foi mencionado no RE 693456. Ademais, no MS nº 28.515-MC/DF, o STF assentou que a compensação da jornada deve ser "*analisada na esfera da discricionariedade administrativa, não havendo norma que imponha sua obrigatoriedade*".

9. CONTRATAÇÃO TEMPORÁRIA EM DECORRÊNCIA DA GREVE

A regra é a impossibilidade de contratação temporária durante a greve, salvo nos casos previstos em lei. Isso porque o objetivo da paralisação dos trabalhos pelos grevistas é justamente exercer pressão sobre o empregador para fins de equalizar a negociação por melhores condições de trabalho. Caso a contratação temporária durante a paralisação fosse a regra, a greve perderia força, pois bastaria substituir os empregados por temporários até o fim da greve.

A legislação previu, *in verbis:*

> Lei 6.019/1974 (Lei de Trabalho Temporário)
>
> Art. 2º.
>
> § 1º. É proibida a contratação de trabalho temporário para a substituição de trabalhadores em greve, salvo nos casos previstos em lei.

> Lei n. 7.783/1989 (Lei de Greve)
>
> Art. 7º.
>
> Parágrafo único. É vedada a rescisão de contrato de trabalho durante a greve, bem como a contratação de trabalhadores substitutos, exceto na ocorrência das hipóteses previstas nos arts. 9º e 14.

É de se observar que a regra comporta exceções. Nada mais razoável. A proteção do direito de greve tem limites adstritos à finalidade do movimento, qual seja, buscar melhores condições laborais. O intuito do movimento grevista não é gerar danos irreparáveis ao empregador e à sociedade, até porque a continuidade da atividade empresarial interessa a todos. Sem ela, não há sequer emprego, quanto mais um emprego melhor, que é o móvel da greve.

Por esse motivo, o legislador previu a possibilidade de contratação temporária de trabalhadores em três hipóteses delineadas nos dois dispositivos legais transcritos abaixo: a) possibilidade de prejuízos irreparáveis por deterioração irreversível de bens, máquinas e equipamentos; b) necessidade de manter bens, máquinas e equipamentos essenciais à retomada das atividades empresariais; c) greve abusiva ou greve mantida após celebração de acordo, convenção ou decisão judicial.

> Lei n. 7.783/1989 (Lei de Greve)
>
> Art. 9º. Durante a greve, o sindicato ou a comissão de negociação, mediante acordo com a entidade patronal ou diretamente com o empregador, manterá em atividade equipes de empregados com o propósito de assegurar os serviços cuja paralisação resultem em prejuízo irreparável, pela deterioração irreversível de bens, máquinas e equipamentos, bem como a manutenção daqueles essenciais à retomada das atividades da empresa quando da cessação do movimento.

> Parágrafo único. Não havendo acordo, é assegurado ao empregador, enquanto perdurar a greve, o direito de contratar diretamente os serviços necessários a que se refere este artigo.
>
> Art. 14. Constitui abuso do direito de greve a inobservância das normas contidas na presente Lei, bem como a manutenção da paralisação após a celebração de acordo, convenção ou decisão da Justiça do Trabalho.

Dentre as hipóteses que possibilitam a contratação temporária, a greve abusiva é a mais ampla. Nela se encaixam todas as situações de greve exercida fora dos preceitos legais, tal como a greve em serviços ou atividade essenciais que se afasta do dever de manter a prestação dos serviços indispensáveis ao atendimento das necessidades inadiáveis da comunidade:

> Art. 11. Nos serviços ou atividades essenciais, os sindicatos, os empregadores e os trabalhadores ficam obrigados, de comum acordo, a garantir, durante a greve, a prestação dos serviços indispensáveis ao atendimento das necessidades inadiáveis da comunidade.
>
> Parágrafo único. São necessidades inadiáveis, da comunidade aquelas que, não atendidas, coloquem em perigo iminente a sobrevivência, a saúde ou a segurança da população.

Por serviços e atividades essenciais, deve se entender a listagem do artigo 10 da Lei de Greve[18]. Vale dizer que a prestação de serviços ou atividades essenciais não é tão corriqueira na atividade privada, tanto que o legislador listou os serviços e atividades essenciais em um rol taxativo.

Desse modo, a contratação temporária vige como regime de exceção na greve da iniciativa privada. O mesmo não se pode dizer da greve no serviço público.

---

18 Art. 10. São considerados serviços ou atividades essenciais: I - tratamento e abastecimento de água; produção e distribuição de energia elétrica, gás e combustíveis; II - assistência médica e hospitalar; III - distribuição e comercialização de medicamentos e alimentos; IV - funerários; V - transporte coletivo; VI - captação e tratamento de esgoto e lixo; VII - telecomunicações; VIII - guarda, uso e controle de substâncias radioativas, equipamentos e materiais nucleares; IX - processamento de dados ligados a serviços essenciais; X - controle de tráfego aéreo e navegação aérea; (Redação dada pela Lei nº 13.903, de 2019); XI compensação bancária. XII - atividades médico-periciais relacionadas com o regime geral de previdência social e a assistência social; (Incluído pela Lei nº 13.846, de 2019); XIII - atividades médico-periciais relacionadas com a caracterização do impedimento físico, mental, intelectual ou sensorial da pessoa com deficiência, por meio da integração de equipes multiprofissionais e interdisciplinares, para fins de reconhecimento de direitos previstos em lei, em especial na Lei nº 13.146, de 6 de julho de 2015 (Estatuto da Pessoa com Deficiência) (Incluído pela Lei nº 13.846, de 2019); XIV - outras prestações médico-periciais da carreira de Perito Médico Federal indispensáveis ao atendimento das necessidades inadiáveis da comunidade. (Incluído pela Lei nº 13.846, de 2019); e XV - atividades portuárias.(Incluído pela Lei nº 14.047, de 2020).

Os serviços públicos, por natureza, visam ao atendimento das necessidades da população, motivo pelo qual grande parte deles são tidos como essenciais. A heterogeneidade e gama de serviços públicos impedem uma posição prévia do que pode ser enquadrado como "serviços e atividades essenciais". Ciente disso, o Supremo Tribunal Federal entendeu que o supramencionado rol do artigo 10 é meramente exemplificativo para efeitos de greve no serviço público.

Inverteu-se, portanto, a lógica da excepcionalidade da contratação temporária durante a greve. Se, para iniciativa privada, a contratação temporária é exceção, para o serviço público, ela é regra, vez que o princípio da continuidade dos serviços públicos veda a interrupção total dos serviços prestados à população, impondo que, pelo menos, fração do serviço público esteja sempre em pleno funcionamento. Não por outra razão o artigo 12 do Projeto de Lei n. 375 de 2018, que dispõe sobre o exercício do direito de greve dos servidores públicos, preceitua:

> Art. 12. Passadas quarenta e oito horas da ciência da decisão judicial que tenha determinado o cumprimento dos percentuais mínimos fixados nesta Lei sem que ele tenha ocorrido, o Poder Público poderá realizar, em caráter emergencial, contratação por tempo determinado para atender a necessidade temporária de excepcional interesse público, de que trata a Lei nº 8.745, de 9 de dezembro de 1993, ou legislação estadual, distrital, ou municipal análoga.

É de se observar que a fração mínima de funcionamento do serviço público varia de acordo com a essencialidade ou não essencialidade da atividade estatal, de modo que nunca haverá a paralisação total do serviço público.

Vale dizer que, recentemente, o Supremo Tribunal Federal julgou constitucional a previsão em decreto de contratação temporária de servidores durante o período de greve para garantir a continuidade dos serviços públicos[19].

10. COMPILAÇÃO JURISPRUDENCIAL

10.1. Súmula STF

Súmula Vinculante 23: A Justiça do Trabalho é competente para processar e julgar ação possessória ajuizada em decorrência do exercício do direito de greve pelos trabalhadores da iniciativa privada.

Súmula 316: A simples adesão à greve não constitui falta grave.

19 Esse entendimento foi publicado na ADI 1335, que ainda não teve ementa publicada, mas integrou o Informativo 906 do STF.

10.2. Súmulas e orientações jurisprudenciais do TST

Súmula 189 do TST: A Justiça do Trabalho é competente para declarar a abusividade, ou não, da greve.

Orientação Jurisprudencial n. 38 da SDC do TST. É abusiva a greve que se realiza em setores que a lei define como sendo essenciais à comunidade, se não é assegurado o atendimento básico das necessidades inadiáveis dos usuários do serviço, na forma prevista na Lei nº 7.783/89.

Orientação Jurisprudencial n. 10 da SDC do TST. É incompatível com a declaração de abusividade de movimento grevista o estabelecimento de quaisquer vantagens ou garantias a seus partícipes, que assumiram os riscos inerentes à utilização do instrumento de pressão máximo.

Orientação Jurisprudencial n. 11 da SDC do TST. É abusiva a greve levada a efeito sem que as partes hajam tentado, direta e pacificamente, solucionar o conflito que lhe constitui o objeto.

Orientação Jurisprudencial nº 5 da SDC do TST. Em face de pessoa jurídica de direito público que mantenha empregados, cabe dissídio coletivo exclusivamente para apreciação de cláusulas de natureza social.

10.3. Informativos e julgados do STF

CONSTITUCIONAL. GARANTIA DA SEGURANÇA INTERNA, ORDEM PÚBLICA E PAZ SOCIAL. INTERPRETAÇÃO TELEOLÓGICA DOS ART. 9º, § 1º, ART. 37, VII, E ART. 144, DA CF. VEDAÇÃO ABSOLUTA AO EXERCÍCIO DO DIREITO DE GREVE AOS SERVIDORES PÚBLICOS INTEGRANTES DAS CARREIRAS DE SEGURANÇA PÚBLICA. 1.A atividade policial é carreira de Estado imprescindível a manutenção da normalidade democrática, sendo impossível sua complementação ou substituição pela atividade privada. A carreira policial é o braço armado do Estado, responsável pela garantia da segurança interna, ordem pública e paz social. E o Estado não faz greve. O Estado em greve é anárquico. A Constituição Federal não permite. 2.Aparente colisão de direitos. Prevalência do interesse público e social na manutenção da segurança interna, da ordem pública e da paz social sobre o interesse individual de determinada categoria de servidores públicos. Impossibilidade absoluta do exercício do direito de greve às carreiras policiais. Interpretação teleológica do texto constitucional, em especial dos artigos 9º, § 1º, 37, VII e 144. 3.Recurso provido, com afirmação de tese de repercussão geral: "1 - O exercício do direito de greve, sob qualquer forma ou modalidade, é vedado aos policiais civis e a todos os servidores públicos que atuem diretamente na área de segurança pública. 2 - É obrigatória a participação do Poder Público em mediação instaurada pelos órgãos classistas das carreiras de segurança pública, nos termos do art. 165 do Código de Processo Civil, para vocalização dos interesses da categoria. ARE 654432, Relator(a): Min. EDSON FACHIN, Relator(a) p/ Acórdão: Min. ALEXANDRE DE MORAES, Tribunal Pleno, julgado em 05/04/2017, PROCESSO ELETRÔNICO REPERCUSSÃO GERAL - MÉRITO DJe-114 DIVULG 08-06-2018 PUBLIC 11-06-2018 (INFO 860)

CONSTITUCIONAL. DIREITOS SOCIAIS. COMPETÊNCIA PARA O JULGAMENTO DA LEGALIDADE DE GREVE DE SERVIDORES PÚBLICOS CELETISTAS. JUSTIÇA COMUM. FIXAÇÃO DE TESE DE REPERCUSSÃO GERAL. 1. É competência da justiça comum, federal ou estadual, conforme o caso, o julgamento de dissídio de greve promovida por servidores públicos, na linha do precedente firmado no MI 670 (Rel. Min. MAURÍCIO CORRÊA, Rel. p/ acórdão Min. GILMAR MENDES, Tribunal Pleno, DJe de 30/10/2008). 2. As Guardas Municipais executam atividade de segurança pública (art. 144, § 8º, da CF), essencial ao atendimento de necessidades inadiáveis da comunidade (art. 9º, § 1º, CF), pelo que se submetem às restrições firmadas pelo Supremo Tribunal Federal no julgamento do ARE 654.432 (Rel. Min. EDSON FACHIN, redator para acórdão Min. ALEXANDRE DE MORAES, Tribunal Pleno, julgado em 5/4/2017). 3. A essencialidade das atividades desempenhadas pelos servidores públicos conduz à aplicação da regra de competência firmada pelo Supremo Tribunal Federal no MI 670, mesmo em se tratando de servidores contratados pelo Estado sob o regime celetista. 4. Negado provimento ao recurso extraordinário e fixada a seguinte tese de repercussão geral: "A Justiça Comum Federal ou Estadual é competente para julgar a abusividade de greve de servidores públicos celetistas da administração direta, autarquias e fundações de direito público". RE 846854, Relator(a): Min. LUIZ FUX, Relator(a) p/ Acórdão: Min. ALEXANDRE DE MORAES, Tribunal Pleno, julgado em 01/08/2017, ACÓRDÃO ELETRÔNICO REPERCUSSÃO GERAL - MÉRITO DJe-022 DIVULG 06-02-2018 PUBLIC 07-02-2018 (INFO 871)

1. Ação Direta de Inconstitucionalidade. 2. Parágrafo único do art. 1º do Decreto estadual n.º 1.807, publicado no Diário Oficial do Estado de Alagoas de 26 de março de 2004. 3. Determinação de imediata exoneração de servidor público em estágio probatório, caso seja confirmada sua participação em paralisação do serviço a título de greve. 4. Alegada ofensa do direito de greve dos servidores públicos (art. 37, VII) e das garantias do contraditório e da ampla defesa (art. 5º, LV). 5. Inconstitucionalidade. 6. O Supremo Tribunal Federal, nos termos dos Mandados de Injunção n.ºs 670/ES, 708/DF e 712/PA, já manifestou o entendimento no sentido da eficácia imediata do direito constitucional de greve dos servidores públicos, a ser exercício por meio da aplicação da Lei n.º 7.783/89, até que sobrevenha lei específica para regulamentar a questão. 7. Decreto estadual que viola a Constituição Federal, por (a) considerar o exercício não abusivo do direito constitucional de greve como fato desabonador da conduta do servidor público e por (b) criar distinção de tratamento a servidores públicos estáveis e não estáveis em razão do exercício do direito de greve. 8. Ação julgada procedente. (ADI 3235, Relator(a): Min. CARLOS VELLOSO, Relator(a) p/ Acórdão: Min. GILMAR MENDES (art. 38, II, RISTF), Tribunal Pleno, julgado em 04/02/2010, DJe-045 DIVULG 11-03-2010 PUBLIC 12-03-2010 EMENT VOL-02393-01 PP-00153 RTJ VOL-00214-01 PP-00029)

DIREITOS CONSTITUCIONAL E ADMINISTRATIVO. DIREITO DE GREVE. SERVIDOR PÚBLICO EM ESTÁGIO PROBATÓRIO. FALTA POR MAIS DE TRINTA DIAS. DEMISSÃO. SEGURANÇA CONCEDIDA. 1. A simples circunstância de o servidor público estar em estágio probatório não é justificativa para demissão com fundamento na sua participação em movimento grevista por período superior a trinta dias. 2. A ausência de regulamentação do direito de greve não transforma os dias de paralização em movimento grevista em faltas injustificadas. 3. Recurso extraordinário a que se nega seguimento. (RE 226966, Relator: Min. MENEZES DIREITO, Relator(a) p/ Acórdão: Min. CÁRMEN LÚCIA, Julgamento: 11/11/2008)

10.4. Informativos e julgados do TST

DC. Exercício do direito de greve. Abusividade. Configuração. Comunicação apenas do "estado de greve". Art. 13 da Lei n.º 7.783/89. Inobservância. Tendo em conta que o art. 13 da Lei n.º 7.783/89 exige que os empregadores e a população sejam avisados, com antecedência mínima de 72 horas, da data em que concretamente terá início a greve, a SDC, por maioria, deu provimento ao recurso ordinário para declarar a abusividade do movimento paredista na hipótese em que houve apenas a comunicação da realização de assembleia deliberando pelo chamado "estado de greve" da categoria. Vencidos os Ministros Kátia Magalhães Arruda,relatora, e Mauricio Godinho Delgado, os quais mantinham a decisão do TRT, que não considerou a greve abusiva, por entender que o sindicato observou o prazo previsto no art. 13 da Lei de Greve ao emitir, com bastante antecedência, comunicado às empresas e à sociedade informando que a categoria encontrava-se em "estado de greve", aguardando o transcurso das 72 horas exigidas por lei. TST-ReeNec-92400-15.2009.5.03.0000, SDC, rel. Min. Kátia Magalhães Arruda, red. p/ acórdão Min. Fernando Eizo Ono, 9.4.2012. (INFO 4)

DISSÍDIO COLETIVO DE GREVE. RECURSO ORDINÁRIO. CARÊNCIA DE AÇÃO. FALTA DE INTERESSE DE AGIR. O interesse de agir, normalmente caracterizado pelo binômio necessidade – utilidade, caracteriza-se como a necessidade de a parte ir a Juízo para alcançar a tutela pretendida e, ainda, quando essa tutela pode trazer alguma utilidade do ponto de vista prático. A despeito de a greve ser um direito constitucional, cuja decisão sobre a oportunidade de exercê-lo compete aos trabalhadores, não se trata de um direito absoluto, e está sujeito à apuração de possíveis abusos cometidos, que, inclusive, pode culminar na punição dos responsáveis, na forma da lei. O encerramento da greve, por si só, não elide o interesse das partes quanto à declaração da abusividade ou não do movimento, uma vez que, ao menos em tese, é concebível que a paralisação tenha gerado novas obrigações para os envolvidos no conflito e responsabilização dos autores de eventuais abusos. Nesse contexto, surge o interesse de agir do suscitante, que comporta a apreciação do Poder Judiciário. SERVIÇO PORTUÁRIO. RAMO ECONÔMICO NÃO INCLUÍDO NO ROL DE SERVIÇOS OU ATIVIDADES ESSENCIAIS ESTABELECIDO NA LEI Nº 7.783/89. Esta Corte já decidiu que o serviço portuário não está incluído no rol de serviços ou atividades essenciais estabelecido na Lei nº 7.783/89, que é taxativo. ABUSIVIDADE DA GREVE. Ensina a doutrina que do ponto de vista conceitual o movimento denominado de operação tartaruga enquadra-se na definição jurídica de greve e, como tal, deve ser examinado. A declaração da abusividade do movimento paredista implica a verificação da observância ou não dos requisitos estabelecidos na lei. A jurisprudência tem mitigado a exigência de comprovação de realização de assembleia autorizadora da greve, desde que outros elementos demonstrem que realmente a categoria profissional concordou com a paralisação do trabalho. No caso, apesar de não ter sido possível localizar nos autos elemento formal da autorização da categoria para o movimento de retardamento da produção, é incontroverso que efetivamente ocorreu. Portanto, se comprovadamente os trabalhadores reduziram a atividade de produção laboral, significa que anuíram ao movimento. Acrescente-se que ficou comprovado que houve tentativa de negociação. Quanto ao envio da notificação prévia, na própria exordial da representação, o suscitante afirma que nem comunicação da greve em tempo hábil, houve. Analisando essa afirmação, a par do argumento do suscitante de que a atividade portuária teria natureza essencial, já afastado nessa assentada, podemos concluir que o recorrente foi notificado que haveria o movimento de greve, porém, não no prazo de

72 horas fixado na lei para os serviços de natureza essencial. No caso, como não se trata de atividade dessa espécie, suficiente que a notificação da contraparte tenha ocorrido no prazo de 48 horas, nos termos da lei. Portanto, satisfeitos os aspectos legais, não há como se declarar a abusividade do movimento. HONORÁRIOS ADVOCATÍCIOS. A atual jurisprudência desta Corte estabelece-se que são devidos pelo sindicato os honorários advocatícios, nas causas em que atuar como substituto processual (item II da Súmula nº 219 do TST). Entretanto, em dissídio coletivo, o sindicato profissional age por representação legal em nome da categoria e na defesa dos seus interesses. Portanto, no contexto da representação coletiva, não cabe a condenação em honorários advocatícios. Recurso ordinário parcialmente provido" (RO-11414-67.2010.5.02.0000, Seção Especializada em Dissídios Coletivos, Relatora Ministra Kátia Magalhães Arruda, DEJT 15/04/2014).

RECURSO ORDINÁRIO. DISSÍDIO COLETIVO DE GREVE. CERCEAMENTO DO DIREITO DE DEFESA. PRAZO EXÍGUO PARA O OFERECIMENTO DE DEFESA. Não se revela o cerceamento de defesa, quando a parte suscitada deixa transcorrer o prazo assinado regularmente pelo Regional, nos moldes de seu Regimento Interno. A apresentação da contestação de forma extemporânea conduz ao não conhecimento de suas razões, nos termos pontuados pelo Tribunal de origem, sendo certo, ademais, que a parte sequer peticionou ao Juízo, em todas as oportunidades que teve antes do término do prazo da contestação, a fim de obter o elastecimento do prazo. Recurso ordinário conhecido e desprovido. LITISPENDÊNCIA. EXISTÊNCIA DE DISSÍDIO COLETIVO COM O MESMO OBJETO E MESMAS PARTES. Evidencia-se a litispendência quando se reproduz ação anteriormente ajuizada, nos termos do art. 337, § 1º, do CPC. No caso dos autos, embora o DC 212-50.2016.5.14.0000 tenha as mesmas partes e verse sobre reposição salarial, os pedidos não são os mesmos. A reposição salarial pleiteada naqueles autos se deu para o período de maio/2016 a abril/2017, incidindo a partir de 1º de maio de 2016, e o pedido formulado neste dissídio é de aplicação da perda salarial havida no período de maio/2016 a abril/2017, a partir de 1º de maio de 2017. Não obstante a norma coletiva analisada pelo DC 212-50.2016.5.14.0000 vigore até 30/04/2018, houve a fixação pela mesma norma da data base em maio, o que determinou a aplicação do reajuste salarial de 7% até 1º de maio de 2017. Assim sendo, os pedidos e as causas de pedir do dissídio coletivo em exame não são os mesmos, não se cogitando de litispendência. Recurso ordinário conhecido e desprovido. INEXISTÊNCIA DE COMUM ACORDO. INOBSERVÂNCIA DO ART. 114, § 2º, DA CF. A decisão proferida pela Corte Regional está em consonância com o entendimento reiterado da SDC, de que a deflagração da greve antes ou no curso da ação coletiva de natureza econômica torna desnecessária a observância do pressuposto do comum acordo, firme no art. 114, § 3º, da CF, e nos arts. 7º e 8º da Lei nº 7.783/89, que fixam a competência da Justiça do Trabalho para dirimir a greve, apreciando a procedência, ou não, das reivindicações que constituem o motivo da deflagração do movimento paredista. Recurso ordinário conhecido e desprovido. GREVE. ABUSIVIDADE. PROIBIÇÃO DE DESCONTO DOS SALÁRIOS DOS DIAS PARADOS. Nos termos do art. 14, I e II, da Lei nº 7.783/89, a greve não é considerada abusiva quando tem por finalidade o cumprimento de cláusula ou condição ou quando é motivada pela superveniência de fatos novos ou acontecimento imprevisto que modifique substancialmente a relação de trabalho. No dissídio coletivo em exame, o Sindicato profissional busca justamente o cumprimento de cláusulas previstas em sentença normativa anterior, a reposição salarial para período posterior ao da sentença normativa, diante das infrutíferas negociações, apontando para mudança substancial nas relações consistente no atraso reiterado do pagamento de salários aos trabalhadores em 2017. Assim, o exercício do direito de greve observou os limites delineados pela Lei nº 7.783/89. Quanto a não autorização para o desconto dos dias parados, a decisão regional encontra-se em consonância com o entendimento da SDC do TST, na medida em que, não obstante durante a greve haja suspensão das cláusulas contratuais, não obrigando ao pagamento dos dias parados, a conduta do empregador é levada em consideração e, sendo situação de descumprimento de instrumento normativo coletivo vigente, de não pagamento de salários e de más condições de trabalho, que geram repúdio, não está autorizado o desconto dos salários. Recurso ordinário conhecido e desprovido. REAJUSTE SALARIAL DE 3% . Apesar das dificuldades orçamentárias a que alude a Suscitada, é do entendimento pacificado desta SDC que todo trabalhador tem direito a reajuste salarial, ao menos anual, desde que o percentual de reajuste não esteja vinculado a índice de preços, por expressa proibição do art. 13 da Lei nº 10.192/2001. Para a hipótese destes autos, o índice INPC de perdas salariais inflacionárias apuradas no período de maio/2016 a abril/2017 foi de 3,9870%, tendo a decisão regional consignado a procedência do percentual de 3% a título de reajustamento salarial, estando abaixo, portanto, do índice referido apurado no período, razão pela qual, na forma da jurisprudência desta Seção, o reajuste deve ser mantido. Recurso ordinário conhecido e desprovido" (RO-236-44.2017.5.14.0000, Seção Especializada em Dissídios Coletivos, Relator Ministro Aloysio Corrêa da Veiga, DEJT 18/05/2018).

Agravo de instrumento. Recurso de revista. Deflagração de greve pela categoria. Rescisão do contrato de trabalho do reclamante sem justa causa, no curso da greve. Trabalhador que não aderiu ao movimento paredista. Art. 7º da lei 7.783/89. Indenização. Demonstrado no agravo de instrumento que o recurso de revista preenchia os requisitos do art. 896 da CLT, ante a constatação de violação, em tese, do art. 7º da Lei 7.783/89. Agravo de instrumento provido. Recurso de revista. Deflagração de greve pela categoria. Rescisão do contrato de trabalho do reclamante sem justa causa, no curso da greve. Trabalhador que não aderiu ao movimento paredista. Art. 7º da lei 7.783/89. Indenização. O instituto da greve, ao ser incorporado pela ordem jurídica como um direito, acaba por encontrar nela suas próprias potencialidades e limitações e, entre as potencialidades, está a proteção de dispensa dos trabalhadores, conforme art. 7º, parágrafo único, da Lei 7.783/89. Nessa medida, também o art. 6º da Lei 7.783/89 desautoriza a adoção de condutas antissindicais. Assim, em regra, não será possível ao empregador rescindir os contratos de trabalho no decurso de greve, ainda que não se trate de trabalhador grevista. No caso dos autos, verifica-se que o Reclamante foi dispensado sem justa causa em 21/3/2011, depois de deflagrada greve na categoria em 18/3/2011. Tem-se, com isso, que o ato de dispensa sem justa causa do empregado configura conduta antissindical da empresa. Nessa circunstância, compreende-se razoável fixar indenização como forma de compensação pelo ato ilícito praticado pela empregadora, além de ostentar recomendável diretriz pedagógica. Recurso de revista conhecido e parcialmente provido". (RR – 1810-20.2011.5.02.0462, Relator Ministro Mauricio Godinho Delgado, Data de Julgamento: 03/09/2014, 3ª Turma, Data de Publicação: DEJT 19/09/2014).

DISSÍDIO COLETIVO DE GREVE. RECURSO ORDINÁRIO. CARÊNCIA DE AÇÃO. FALTA DE INTERESSE DE AGIR. O interesse de agir, normalmente caracterizado pelo binômio necessidade – utilidade, caracteriza-se como a necessidade de a parte ir a Juízo para alcançar a tutela pretendida e, ainda, quando essa tutela pode trazer alguma utilidade do ponto de vista prático. A despeito de a greve ser um direito constitucional, cuja decisão sobre a oportunidade de exercê-lo compete aos trabalhadores, não se trata de um direito absoluto, e está sujeito à apuração de possíveis abusos cometidos, que, inclusive, pode culminar na punição dos responsáveis, na forma da lei. O encerramento da greve, por si só, não elide o interesse das partes quanto à declaração da abusividade ou não do movimento, uma vez que, ao menos em tese, é concebível que a paralisação tenha gerado novas obrigações para os envolvidos no conflito e responsabilização dos autores de eventuais abusos. Nesse contexto, surge o interesse de agir do suscitante, que comporta a apreciação do Poder Judiciário. SERVIÇO PORTUÁRIO. RAMO ECONÔMICO NÃO INCLUÍDO NO ROL DE SERVIÇOS OU ATIVIDADES ESSENCIAIS ESTABELECIDO NA LEI Nº 7.783/89. Esta Corte já decidiu que o serviço portuário não está incluído no rol de serviços ou atividades essenciais estabelecido na Lei nº 7.783/89, que é taxativo. ABUSIVIDADE DA GREVE. Ensina a doutrina que do ponto de vista conceitual o movimento denominado de operação tartaruga enquadra-se na definição jurídica de greve e, como tal, deve ser examinado. A declaração da abusividade do movimento paredista implica a verificação da observância ou não dos requisitos estabelecidos na lei. A jurisprudência tem mitigado a exigência de comprovação de realização de assembleia autorizadora da greve, desde que outros elementos demonstrem que realmente a categoria profissional concordou com a paralisação do trabalho. No caso, apesar de não ter sido possível localizar nos autos elemento formal da autorização da categoria para o movimento de retardamento da produção, é incontroverso que efetivamente ocorreu. Portanto, se comprovadamente os trabalhadores reduziram a atividade de produção laboral, significa que anuíram ao movimento. Acrescente-se que ficou comprovado que houve tentativa de negociação. Quanto ao envio da notificação prévia, na própria exordial da representação, o suscitante afirma que nem comunicação da greve em tempo hábil, houve. Analisando essa afirmação, a par do argumento do suscitante de que a atividade portuária teria natureza essencial, já afastado nessa assentada, podemos concluir que o recorrente foi notificado que haveria o movimento de greve, porém, não no prazo de 72 horas fixado na lei para os serviços de natureza essencial. No caso, como não se trata de atividade dessa espécie, suficiente que a notificação da contraparte tenha ocorrido no prazo de 48 horas, nos termos da lei. Portanto, satisfeitos os aspectos legais, não há como se declarar a abusividade do movimento. HONORÁRIOS ADVOCATÍCIOS. A atual jurisprudência desta Corte estabelece-se que são devidos pelo sindicato os honorários advocatícios, nas causas em que atuar como substituto processual (item II da Súmula nº 219 do TST). Entretanto, em *dissídio* coletivo, o sindicato profissional age por representação legal em nome da categoria e na defesa dos seus interesses. Portanto, no contexto da representação coletiva, não cabe a condenação em honorários advocatícios. Recurso ordinário parcialmente provido" (RO-11414-67.2010.5.02.0000, Seção Especializada em Dissídios Coletivos, Relatora Ministra Kátia Magalhães Arruda, DEJT 15/04/2014).

I - AGRAVO DE INSTRUMENTO. RECURSO DE REVISTA. LEI Nº 13.015/2014. NULIDADE DE DISPENSA. EMPREGADA DISPENSADA DURANTE O PERÍODO DENOMINADO "ESTADO DE GREVE". Ante a possível violação ao artigo 9º, § 2º, da Constituição Federal, deve ser provido o agravo de instrumento. Agravo de instrumento conhecido e provido. II - RECURSO DE REVISTA. NULIDADE DE RESCISÃO CONTRATUAL. EMPREGADA DISPENSADA DURANTE O PERÍODO DENOMINADO "ESTADO DE GREVE". 1. Cinge-se a controvérsia em se definir se, no período denominado "estado de greve", a empresa estaria autorizada a rescindir os contratos de trabalho de seus empregados. 2. Do quadro fático registrado pelo TRT, extrai-se que, após a instauração do Dissídio de Greve, foi realizada a primeira audiência (em 21/02/2014), em que restou acordada a suspensão do movimento de greve "em todas as Empresas, ficando mantido o estado de greve até o julgamento final do presente Dissídio Coletivo (...)". (fls. 237-238). 3. O artigo 9º da Constituição Federal garantiu de forma ampla o exercício do direito de greve, competindo aos trabalhadores os meios de exercê-lo e os interesses que devam por meio dele defender. Trata-se de direito fundamental, que segundo José Afonso da Silva, "não é um simples direito fundamental dos trabalhadores, mas um direito fundamental de natureza instrumental e desse modo se insere no conceito de garantia constitucional, porque funciona como meio posto pela Constituição à disposição dos trabalhadores, não como bem aferível em si, mas como um recurso de última instância para a concretização de seus direitos e interesses". (SILVA, José Afonso da. Curso de direito constitucional positivo, p. 269. 5ª ed. São Paulo: RT, 1989). 4. Embora o "estado de greve" não esteja previsto no artigo 7º da Lei 7. 783/89 (que proíbe as rescisões contratuais), resta claro que representa uma situação política em que a greve pode ser deflagrada a qualquer momento. 5. De nada adianta a proibição de rescisão contratual durante a greve (artigo 7º, da Lei 7. 783/89) se, no "estado de greve", essa mesma garantia não se fizer presente. Dispensar um empregado em "estado de greve" seria o mesmo que impedi-lo (ainda que de forma indireta) de participar da greve, fato igualmente vedado pelo ordenamento jurídico. 6. A prevalecer o entendimento de que o empregado pode ser dispensado durante o "estado de greve", estar-se-ia admitindo, pelo menos em tese, que a empresa poderia rescindir o contrato de todos os seus empregados. Isso porque esses mesmos empregados, por meio da instauração do dissídio de greve, já teriam manifestado a intenção em aderir ao movimento paredista. Ou seja, o ato de dispensa sem justa causa representaria, hipoteticamente, uma conduta de retaliação e, por consequência, antissindical. 7. Cite-se trecho de precedente julgado pela 3ª Turma desta Corte Superior, de Relatoria do Exmo. Ministro Maurício Godinho Delgado, in verbis: "em regra, não será possível ao empregador rescindir os contratos de trabalho no decurso de greve, ainda que não se trate de trabalhador grevista. E, ainda, no entender deste órgão julgador, ' estado de greve', greve é. "(Processo nº TST-AIRR-2158-11.2014.5.02.0049). 8. Adota-se, portanto, o entendimento de que, uma vez declarado o "estado de greve", o contrato de trabalho se encontrava suspenso. 9. E se não bastasse esse fundamento, verifica-se, ainda, que, nos autos do Dissídio Coletivo de Greve (n° 1000229-73. 2014.5.02.0000), foi proferida decisão (datada de 21/05/2014) determinando a suspensão das dispensas imotivadas. Ora, a OJ nº 82 da SDI-1 do TST estabelece que o contrato de trabalho é considerado rescindido somente depois da projeção do aviso - prévio, ainda que concedido de forma indenizada. Considerando que a dispensa da autora ocorreu em 8/5/2014 e somente se efetivou em 9/6/2014, é de se concluir que a decisão proferida no Dissídio Coletivo que impedia as rescisões contratuais alcança a autora. 10. Comprovada a conduta antissindical consistente no ato de dispensa durante o período denominado "estado de greve", deve ser reconhecida a violação do artigo 9º, § 2º, da Constituição Federal. Recurso de revista conhecido e provido" (RR-1237-44.2014.5.02.0084, 2ª Turma, Relatora Ministra Maria Helena Mallmann, DEJT 17/08/2018).

10.5. Informativos e julgados do STJ

ADMINISTRATIVO. SERVIDOR PÚBLICO. GREVE. DESCONTO DOS DIAS PARADOS. POSSIBILIDADE. INSTAURAÇÃO DE PROCESSO ADMINISTRATIVO E INTIMAÇÃO PESSOAL PARA REALIZAR O DESCONTO. DESNECESSIDADE. PARCELAMENTO DA REPOSIÇÃO. ART. 46, §

1º, LEI N. 8.112/90. PRINCÍPIO DA RAZOABILIDADE. PEDIDO DO INTERESSADO. POSSIBILIDADE. RECURSO PARCIALMENTE PROVIDO.

1. Cinge-se a controvérsia sobre a possibilidade do desconto dos dias parados e não compensados, provenientes do exercício do direito de greve, em parcela única sobre a remuneração do servidor público.

2. É pacífica a jurisprudência desta Corte Superior no sentido de que é licito o desconto dos dias não trabalhados em decorrência de movimento paredista. Precedentes: AgInt no AREsp 780.209/SC, Rel.

Ministra Assusete Magalhães, Segunda Turma, julgado em 24/5/2016, DJe 2/06/2016; EDcl no AgRg no AgRg no REsp 1497127/SC, Rel.

Ministro Humberto Martins, Segunda Turma, julgado em 17/5/2016, DJe 25/5/2016; AgRg no REsp 1377047/RN, Rel. Ministra Diva Malerbi (Desembargadora Convocada TRF 3ª REGIÃO), Segunda Turma, julgado em 17/3/2016, DJe 31/3/2016.

3. Prescinde de prévio processo administrativo o desconto realizado no salário de servidores públicos referente a dias não trabalhados em decorrência de greve. Precedentes.

4. Não há que se falar em necessidade de intimação pessoal para realizar a reposição dos dias parados por conta do exercício do direito de greve, quando há comprovação de que o próprio servidor público faz a opção pela compensação dos referidos dias em regime de mutirão.

5. Falta razoabilidade e é contra legem normativo administrativo que impede o parcelamento em conformidade com a lei, por aplicação analógica do art 46, caput e § 1º, da Lei n. 8.112/90, a pedido do interessado, dos valores a serem restituídos à Administração Pública relativos ao desconto dos dias parados em razão do movimento paredista.

6. Recurso em mandado de segurança parcialmente provido.

(RMS 49.339/SP, Rel. Ministro FRANCISCO FALCÃO, SEGUNDA TURMA, julgado em 06/10/2016, DJe 20/10/2016) (INFO 592)

ADMINISTRATIVO. RECURSO ESPECIAL. SERVIDOR PÚBLICO. GREVE. DESCONTO DOS DIAS NÃO TRABALHADOS. POSSIBILIDADE. PROCESSO ADMINISTRATIVO PRÉVIO. DESNECESSIDADE.

1. Esta Corte Superior possui entendimento de que não há necessidade de processo administrativo prévio para realizar descontos na remuneração do servidor em razão de dias parados em decorrência de greve. Precedentes.

2. Recurso especial a que se dá provimento.

(REsp 1373964/RN, Rel. Ministro OG FERNANDES, SEGUNDA TURMA, julgado em 19/09/2017, DJe 25/09/2017)

CONFLITO DE COMPETÊNCIA. GREVE DE SERVIDORES PÚBLICOS MUNICIPAIS. REGIME JURÍDICO DIVERSO. ESTATUTÁRIOS E CELETISTAS. CONFLITO POSITIVO DE COMPETÊNCIA ENTRE A JUSTIÇA ESTADUAL E A JUSTIÇA DO TRABALHO.

1. Cuida-se de conflito de competência entre a Justiça Estadual e a Justiça do Trabalho, decorrente da greve deflagrada pelos servidores do Município de Paulínia, formada, em sua quase totalidade (76%) de servidores estatutários, e o restante de celetistas.

2. A Constituição Federal de 1988 prevê o regime jurídico único para os servidores públicos, nos termos dos arts. 39 e seguintes.Contudo, não é novidade que a grande maioria dos entes federativos ainda hoje possuem um regime misto, formado por servidores estatutários e celetistas.

3. Neste sentido, também não é novidade que as greves já julgadas no âmbito da Justiça Estadual, em razão da interpretação dada ao art.114, I, da Constituição Federal, também eram deflagradas, em sua quase totalidade, por regime jurídico misto.

4. O Supremo Tribunal Federal, na ADIn n. 3.395 (Min.Cézar Peluso, DJ de 10.11.2006), determinou que o art. 114, I da Constituição Federal somente pode ser interpretado no sentido de que não é da competência da Justiça do Trabalho a "apreciação de causas que sejam instauradas entre o Poder Público e seus servidores, a ele vinculados por típica relação de ordem estatutária ou de caráter jurídico-administrativo".

5. Tratando-se de direito coletivo, a definição da competência não se faz com base no regime jurídico a que está submetido cada servidor municipal, mas sim com fundamento no movimento deflagrado, que, no caso, é a greve dos servidores municipais buscando melhoras na remuneração e nas condições de trabalho no serviço público, tanto é assim que é assistida por Sindicato que representa tanto os servidores estatutários quanto os celetistas.

6. A origem da lide coletiva é a mesma, qual seja, a greve deflagrada contra o serviço público. Não é possível cindir a greve em duas, para analisar as questões apresentadas pelas diversas espécies de servidores públicos.

7. A greve é una, devendo ser decidida a sua legalidade ou ilegalidade em um único juízo. Acaso, se acolhesse a tese da agravante poderíamos enfrentar a absurda hipótese da mesma greve ser julgada ilegal na Justiça Estadual, e legal na Justiça do Trabalho.

8. O movimento grevista que envolve o Poder Público e seus servidores, estatutários ou não, são julgados pela Justiça Comum, nos termos da decisão proferida pelo Supremo Tribunal Federal na ADIn n. 3.395.

Agravo regimental improvido.

(AgRg no CC 116.994/SP, Rel. Ministro HUMBERTO MARTINS, PRIMEIRA SEÇÃO, julgado em 22/06/2011, DJe 30/06/2011)

11. QUESTÕES

1. (VUNESP – Prefeitura de Porto Ferreira/SP - Ano 2017)

a) o exercício do direito de greve pelo servidor público depende de prévia intervenção legislativa, sob pena de ser considerado ilegal.

b) a Administração não tem o poder de descontar a remuneração dos servidores que aderem a greves, ficando permitida a compensação.

c) a norma que assegura o direito de greve do servidor público possui eficácia contida, razão pela qual não se aplica de forma subsidiária a lei geral de greve vigente no setor privado.

d) é constitucional disposição que estabeleça sanção diferenciada para servidor em estágio probatório que adira a movimento grevista.

e) a Administração tem o dever de descontar a remuneração dos servidores grevistas quando comprovada a ilegalidade do movimento, permitida a compensação em caso de acordo.

2. (CESPE – TRT 7ª Região – Analista Judiciário – Área Judiciária) A respeito do direito de greve e dos serviços essenciais, julgue os itens seguintes.

I- Poderá ser considerada abusiva a greve realizada em setores que a lei define como essenciais se, durante o movimento, não for assegurado o atendimento básico inadiável.

II- Conforme o TST, será considerado abusivo o movimento paredista se inexistir tentativa prévia de solução direta e pacífica do conflito.

III- São considerados essenciais os serviços e as atividades de telecomunicações, de transporte coletivo e de distribuição e comercialização de medicamentos.

IV- Em setores de qualquer natureza, é obrigatória a comunicação prévia do movimento de greve aos empregadores e usuários com a antecedência mínima de setenta e duas horas da paralisação.

Estão certos apenas os itens

a) I, II e III

b) I, II e IV

c) I, III e IV

d) II, III e IV

3. CESPE – PGM/Manaus – Procurador do Município – 2018) A respeito do direito de greve, da proteção ao trabalho da mulher, da alteração da relação de trabalho, da aplicação de justa causa e da equiparação salarial, julgue o item que se segue.

De acordo com o TST, a greve é um exemplo de interrupção do contrato de trabalho, e os dias parados devem ser pagos normalmente, a não ser que o ato seja considerado ilegal pela justiça do trabalho.

Certo ( ) Errado ( )

4. (FCC - Prefeitura de Caruaru/PE – Procurador do Município – 2018) Determinada categoria de trabalhadores em empresas de transporte coletivo está em plena negociação coletiva com a entidade patronal. Ocorre que, pretende utilizar seu direito constitucional de deflagrar a greve da categoria. Assim, nos termos da legislação vigente, deverá observar a comunicação da decisão aos empregadores e aos usuários com antecedência mínima de:

a) 96 horas;

b) 24 horas;

c) 36 horas;

d) 48 horas;

e) 72 horas.

5. (CESPE – EBSERH – Advogado – 2018) Julgue o item seguinte, no que tange a trabalho da mulher, segurança e higiene do trabalho, direito de greve e processo trabalhista.

Em caso de greve do serviço médico e hospitalar, as entidades sindicais ou os trabalhadores são obrigados a comunicar a decisão aos empregadores e aos usuários com antecedência mínima de setenta e duas horas da paralisação.

Certo ( ) Errado ( )

6. (VUNESP – PGE/SP – Procurador do Estado – 2018) É correto afirmar a respeito do direito de greve:

a) predomina, na Seção Especializada em Dissídios Coletivos – SDC, do Tribunal Superior do Trabalho, a posição de que a greve realizada por explícita motivação política (isto é, para fins de protesto) não é abusiva.

b) a Justiça Comum é competente para processar e julgar ação possessória ajuizada em decorrência do exercício do direito de greve pelos trabalhadores da iniciativa privada.

c) em caso de greve em atividade essencial, com possibilidade de lesão do interesse público, o Ministério Público do Trabalho poderá ajuizar dissídio coletivo, competindo à Justiça do Trabalho decidir o conflito.

d) observadas as condições previstas na Lei nº 7.783, de 28 de junho de 1989, a participação em greve não suspende o contrato de trabalho.

e) é compatível com a declaração de abusividade de movimento grevista o estabelecimento de vantagens ou garantias a seus participantes.

Gabarito: 1.E; 2.A; 3.Errado; 4.E; 5.Certo; 6.C.

Capítulo 10

CONTRATAÇÃO TEMPORÁRIA DE PESSOAL NA FAZENDA PÚBLICA

MIGUEL FELIPE ALMEIDA DA CÂMARA[1]

1. INTRODUÇÃO

Encerraremos a primeira parte do livro, referente ao direito material do trabalho na Fazenda Pública, com o capítulo sobre contratação temporária por excepcional interesse público.

Pode surgir a dúvida sobre a necessidade de abordar o tema neste livro. É natural o questionamento, já que o assunto é bastante relacionado à seara do Direito Constitucional e do Direito Administrativo.

Entretanto, entendemos que a contratação de pessoal por tempo determinado para atender ao excepcional interesse público tem extrema relevância em uma obra que pretende analisar as implicações do direito material e processual do trabalho aplicado à Fazenda Pública. Isso se dá especialmente pelos motivos a seguir.

---

1 Graduado em Direito pela Universidade Federal da Paraíba. Pós-graduado em Direito material e processual civil e em Direito Constitucional. Procurador do Estado de Pernambuco. Foi Procurador Municipal e servidor público federal. Execeu as funções de Editor-Geral da Lexmax - Revista dos Advogados da Paraíba (OAB-PB), Vice-presidente da Comissão do Jovem Advogado da Paraíba e do Núcleo de Apoio aos Estagiários da OAB-PB. É professor de cursos preparatórios para concursos e Exame de Ordem.

O primeiro deles é que a contratação temporária de servidores é usualmente confundida com o contrato temporário de natureza trabalhista, previsto na Lei nº 6.019/74, sendo também relacionada à contratação extraordinária de pessoal por meio de locação de serviços, instituto de natureza civilista.

Por conta disso, as demandas judiciais contra a Fazenda Pública são, por vezes, ora ajuizadas na vara do trabalho, ora na vara cível ou da fazenda pública, por não saber o demandante a natureza jurídica do vínculo formado com a Administração Pública, tema usualmente cobrado em provas de concurso da advocacia pública (tópico 6 deste capítulo).

Ademais, vemos, na prática, que advogados públicos são instados a se pronunciar em processos administrativos e judiciais de ex-servidores temporários que pedem o recebimento de verbas trabalhistas e o reconhecimento do vínculo empregatício com a Administração Pública.

Sendo assim, percebe-se que é um tema corriqueiro para quem advoga contra e a favor da Fazenda Pública. Por isso, iremos agora esclarecer os mais importantes pontos sobre a contratação temporária de servidores públicos.

2. PREVISÃO CONSTITUCIONAL E EXCEÇÃO AO CONCURSO PÚBLICO

Para ingressar na condição de servidor perante a Administração Pública, como já visto neste livro, é preciso a observância de concurso público, em respeito aos princípios constitucionais da impessoalidade[2] e da igualdade[3]. Essa é a regra geral, prevista na Constituição da República e expressa na primeira parte do art. 37, II:

> Art. 37, II: **A investidura em cargo ou emprego público depende de aprovação prévia em concurso público de provas ou de provas e títulos**, de acordo com a natureza e a complexidade do cargo ou emprego, na forma prevista em lei, ressalvadas as nomeações para cargo em comissão declarado em lei de livre nomeação e exoneração. (destaque nosso)

Todavia, existem exceções à obrigatoriedade de contratação de pessoal para a Administração Pública por meio concurso. Essas hipóteses estão previstas no próprio texto constitucional, devendo ser interpretadas restritivamente.[4]

2 CARVALHO FILHO, José dos Santos. Manual de Direito Administrativo. São Paulo: Atlas, 2015, p. 20.

3 STF. ADI nº 637 / MA. Medida Cautelar. Relator Min. Celso de Melo. Plenário. Julgado em 19 de março de 1992.

4 STF. RE 658.026, Repercussão Geral. rel. min. Dias Toffoli, j. 9-4-2014, P, *DJE* de 31-10-2014.

De início, podemos mencionar a contratação para preenchimento de cargos em comissão, prevista na parte final do inciso II, art. 37, bem como a contratação de pessoal por tempo determinado em situações excepcionais, conforme dispõe o inciso IX, art. 37, da Constituição:

> Art. 37, IX: a lei estabelecerá os casos de contratação por tempo determinado para atender a necessidade temporária de excepcional interesse público.

A obrigatoriedade de concurso público, bem como as exceções são referendadas em diversos julgados do STF ao longo dos anos.

Na ADI nº 22.229, de relatoria do Ministro Carlos Veloso, julgada em 09/06/2004, afirmou-se que a regra para a admissão de servidor é por meio de concurso público, prevista no art. 37, II, da Constituição. As duas exceções mais evidentes à regra são o preenchimento dos cargos em comissão referidos no art. 37, II, bem como a contratação de pessoal por tempo determinado para atender ao excepcional interesse público.

No mesmo sentido, ADI nº 3.430, julgada em 12/08/2009, de relatoria do Ministro Ricardo Lewandowski, afirmou que a contratação temporária de servidores sem concurso é exceção, e não regra na Administração Pública.

Portanto, desde julgados mais antigos até os atuais, reconhece-se a existência de exceções à regra geral de ingresso na Administração através de concurso.

Surge, assim, uma pergunta: além das já mencionadas, cargo em comissão e contratação temporária, **existem outras exceções?**

A resposta é positiva. Como dito, as exceções precisam estar no próprio texto constitucional, sob pena de nulidade da contratação[5]. Assim, compilamos as hipóteses, incluindo as mencionadas anteriormente:

> a) cargos em comissão (art. 37, II);
>
> b) contratação de servidores temporários (art. 37, IX);
>
> c) cargos eletivos (arts. 77, 46, 45, 28, 27e 29, inciso I, da CF);
>
> d) nomeações excepcionais (quinto-constitucional) para Tribunais estaduais, federais, superiores, de contas da União e dos Estados (arts. 4º; 73, § 2º; 71 e 75 da CF);
>
> e) agentes comunitários de saúde e agentes de combate às endemias (art. 198, § 4º);
>
> f) ex-combatentes (art. 53, I, do ADCT).

5 STF. RE 658.026. Dias toffoli. 09/04/2014.

A exceção que nos interessa neste momento é a da alínea "b", prevista no art. 37, IX, da Constituição Federal. Veremos agora com mais profundidade.

3. CONCEITUAÇÃO, FINALIDADE E REQUISITOS PARA A CONTRATAÇÃO TEMPORÁRIA DE SERVIDORES PÚBLICOS

A mais correta e incontroversa **conceituação** de contratação temporária de servidores é aquela prevista no próprio inciso IX do art. 37 da Constituição. O legislador constituinte a definiu como sendo "a contratação por tempo determinado para atender a necessidade temporária de excepcional interesse público".

A contratação temporária foi prevista com a **finalidade** de proteger o princípio da continuidade do serviço público, visto que situações temporárias e excepcionais poderiam acarretar a falta dos recursos humanos necessários para atender às demandas sociais, resultando em violações a direitos fundamentais, como o direito à saúde e à educação.[6]

Sendo assim, para evitar um mal maior, ou seja, a violação de direitos, excepcionou-se o ingresso por meio de concurso público de colaboradores da Administração Pública, em decorrência da necessidade de se adotar soluções céleres para a falta de servidores. Mas, quais seriam os requisitos para realizar essa contratação?

Do conceito trazido pelo inciso IX, art. 37, da CF/88, extraem-se ainda os **requisitos** essenciais para que seja considerada constitucional a contratação de servidores temporários.

Com base na jurisprudência do STF, pode-se afirmar, portanto, que são condições para a contratação temporária:[7]

a) **existência de lei** regulamentando a contratação;
b) **tempo determinado** da contratação;
c) **necessidade temporária** de interesse público;
d) **interesse público excepcional.**

Passaremos agora para a análise de cada requisito.

6 CARVALHO FILHO, José dos Santos. Manual de Direito Administrativo. São Paulo. Atlas. 2015, p. 343.

7 STF. ADI nº 2.229, Rel. Min. Carlos Velloso, julgada em 9/6/04, Plenário, DJ de 25/6/04. No mesmo sentido: ADI nº 3.430, Rel. Min. Ricardo Lewandowski, Plenário, DJe de 23/10/09 e ADI nº 3116, Rel. Min. Cármen Lúcia, Plenário, DJe de 23/5/11.

3.1 Competência legislativa da norma regulamentadora

No tocante à competência legislativa da norma regulamentar, o inciso IX do art. 37 preceitua que "a lei estabelecerá *os casos de contratação por tempo determinado para atender a necessidade temporária de excepcional interesse público*".

Da análise do referido dispositivo constitucional, percebe-se que essa é uma norma de eficácia limitada, pois, para que produza efeitos, necessita que uma outra norma, de caráter regulamentar, venha a disciplinar a matéria.

Para ficar mais claro, na classificação proposta por José Afonso da Silva, norma de eficácia limitada ou reduzida é aquela de aplicabilidade mediata ou indireta, haja vista que depende de complementação infraconstitucional para produzir os seus efeitos com plenitude.[8]

Dessa maneira, os casos de contratação temporária de servidores públicos só podem ocorrer se existir uma lei tratando a respeito do tema. Dessa conclusão, surge a dúvida: a quem compete produzir essa lei?

Em um primeiro momento, pode-se pensar que essa lei seja de abrangência nacional, regulamentando por todos os entes federados as hipóteses de contratação temporária de servidores.

Entretanto, em respeito ao sistema federativo e à autonomia dos entes políticos para dispor sobre a organização de sua estrutura administrativa em razão das peculiaridades de cada localidade, entende-se que a lei que trata o inciso IX do art. 37 é de competência de cada ente federativo.[9]

Assim, a União, os Estados e os Municípios devem promulgar sua própria lei para poder contratar servidores temporários. No âmbito federal, temos a Lei nº 8.745/93, que se aplica aos órgãos da Administração Federal direta, autárquica e fundacional.

Os Estados e os Municípios devem elaborar uma lei própria dispondo sobre as hipóteses de contratação por interesse público. Muitas das leis estaduais e municipais são baseadas na redação da Lei Federal nº 8.745/93, muitas vezes apenas reproduzindo os seus dispositivos.

É o próprio inciso IX do art. 37 da Constituição que prevê os requisitos centrais para a contratação do servidor temporário: o tempo determinado, a necessidade temporária e o excepcional interesse público. Contudo, é a lei do respectivo ente federativo que define e esmiúça cada um desses elementos.

---

8 SILVA, José Afonso. Aplicabilidade das normas constitucionais. São Paulo: Malheiros, 2008, 7ª ed., p. 87.

9 SILVA, José Afonso. Comentário contextual à Constituição. São Paulo: Malheiros, 2009, p. 340.

3.2 Necessidade temporária, excepcional interesse público e tempo determinado

Além da necessidade de lei regulamentando a contratação temporária de servidores públicos, como já tratado no tópico anterior, existem outros requisitos essenciais para que seja considerada constitucional a adoção da medida.

O primeiro que trataremos neste tópico específico é a **necessidade temporária** da contratação. Por ser exceção ao concurso público, a contratação de servidores por tempo determinado deve ser adotada quando verificada a presença de situações temporárias e urgentes.

A contratação de servidores nessa modalidade deve ser indispensável para sanar o problema ou resolver a demanda social, mas não deve ser adotada como solução definitiva. O que justifica a contratação temporária de servidores públicos é a situação atípica e transitória prevista na lei do ente contratante.[10]

Conclui-se ainda que, se a Fazenda Pública possuir outros meios ordinários e regulares para resolver a necessidade pública, ainda que também seja uma situação de urgência, não será admitida a contratação temporária.[11]

Contudo, reconhece-se que há um desvirtuamento do instituto. Principalmente em prefeituras do interior, contratam-se diretamente servidores por tempo determinado sob a justificativa de caos, por exemplo, na área da saúde.

Entretanto, a desorganização administrativa que gerou a situação calamitosa muitas vezes é produzida intencionalmente para possibilitar esse tipo de contratação, já que não há interesse do gestor em realizar concursos públicos.

Outro requisito é o **excepcional interesse público**. O sentido da expressão inserida no inciso IX do art. 37 da CF/88 é que a Administração só pode realizar a contratação quando respeitado o interesse da população, a fim de manter em funcionamento os serviços públicos essenciais, pois, sem tal medida, eles poderiam entrar em declínio.

O ingresso de pessoas no serviço público é uma medida excepcional que busca atender igualmente a uma situação de excepcional interesse público. Como exemplo, a Lei Federal nº 8.745/93, em seu art. 2º, elenca as situações em que se presume ser de necessidade temporária de excepcional interesse público. Para ver o rol completo, é recomendável a leitura integral dos dispositivos do art. 2º da Lei nº 8.745/93. Contudo, para fins de concursos públicos, estas são as situações mais importantes no âmbito federal:

---

10 MELLO, Celso Antônio Bandeira de. Regime constitucional dos servidores da Administração direta e indireta. São Paulo: Revista dos Tribunais, 1991, p. 83.

11 STF. RE 658.026, Repercussão Geral. rel. min. Dias Toffoli, j. 9-4-2014, P, *DJE* de 31-10-2014.

- assistência a situações de **calamidade pública**;
- assistência a emergências em **saúde pública**;
- realização de **recenseamentos** e outras pesquisas de natureza estatística efetuadas pela Fundação Instituto Brasileiro de Geografia e Estatística - IBGE;
- admissão de **professor substituto**, bem como professor ou pesquisador visitante, nacional ou estrangeiro;
- didático-pedagógicas em **escolas de governo**;
- assistência à **saúde para comunidades indígenas**;
- **combate a emergências ambientais**, na hipótese de declaração, pelo Ministro de Estado do Meio Ambiente, da existência de emergência ambiental na região específica;
- admissão de profissional de nível superior especializado para **atendimento a pessoas com deficiência** matriculadas regularmente em cursos técnicos de nível médio e em cursos de nível superior nas instituições federais de ensino.

Por fim, como consequência natural dos outros dois requisitos, há o **tempo determinado** da contratação. Ora, se a necessidade é temporária e o interesse público é excepcional, espera-se que a contratação também seja por tempo determinado, pelo período fixado em lei ou até que se volte à normalidade.

O Supremo Tribunal Federal tem declarado inconstitucionais diversas leis que não observam esses requisitos. Na ADI 3247, julgada em 2014, de Relatoria da Min. Cármen Lúcia, firmou-se a tese de que a contratação será legítima desde que a necessidade de contratação seja transitória e que haja um excepcional interesse público que a justifique.[12]

Na ADI 3237, de relatoria do Ministro Joaquim Barbosa, entendeu-se que deve existir lei descrevendo as hipóteses em que será possível a contratação, bem como o tempo máximo e qual a necessidade social que está sendo atendida.[13] No mesmo sentido, a ADI 3649, de relatoria do Ministro Luiz Fux.[14]

---

12 STF. Plenário. ADI 3247/MA, Rel. Min. Cármen Lúcia, julgado em 26/3/2014 (Info 740).

13 STF. Plenário. ADI 3237/DF, rel. Min. Joaquim Barbosa, julgado em 26/3/2014.

14 STF. Plenário. ADI 3649/RJ, Rel. Min. Luiz Fux, julgado em 28/5/2014 (Info 748).

4. HIPÓTESES GENÉRICAS E ATIVIDADES DE CARÁTER REGULAR E PERMANENTE

A lei do ente federativo regulamentadora da contratação de servidores temporários **não pode prever hipóteses abrangentes e genéricas**. Esse é o entendimento do Supremo Tribunal Federal, que, em diversos julgados, tem reiterado sobre a necessidade de a lei especificar a situação de emergência que justifique excepcionar a regra geral do ingresso por concurso público.

No Recurso Extraordinário nº 658026[15], ao analisar a lei do Município de Bertópolis/MG, o Supremo afirmou que a hipótese de contratação para "suprir necessidade de pessoal na área do magistério" não demonstrava a excepcionalidade e a transitoriedade da situação que fundamentam a contratação temporária de pessoal. É preciso, portanto, delimitar a situação de necessidade temporária por excepcional interesse público, o que não ocorreu no caso concreto.

Em 2017, no julgamento da ADI 3663[16], o STF reafirmou o seu posicionamento sobre a impossibilidade da utilização pela lei de hipóteses genéricas para contratação temporária de pessoal, sendo este o posicionamento que prevalece atualmente. Na mesma oportunidade, o Supremo afirmou ser **inconstitucional a permissão de prorrogações indefinidas** das contratações temporárias de servidores. Caso fosse permitida a extensão sem limite, o Administrador poderia burlar os requisitos do tempo determinado e da necessidade temporária.

Outro ponto que sempre suscitou discussões na doutrina e na jurisprudência diz respeito à possibilidade ou não da contratação temporária de pessoal para o desempenho de **atividades de caráter regular e permanente**.

Ao julgar a ADI 3068[17] e a ADI 3247, o Supremo firmou a tese favorável ao desempenho de atividades típicas permanentes, como as de professores e profissionais da área de saúde, desde que indispensáveis ao atendimento de necessidade temporária de excepcional interesse público. Atividades dessa natureza, por si só, não inviabilizam a contratação por tempo determinado:

> 1. A natureza permanente de algumas atividades públicas – como as desenvolvidas nas áreas da saúde, educação e segurança pública – não afasta, de plano, a autorização constitucional para contratar servidores destinados a suprir demanda eventual ou passageira. Necessidade circunstancial agregada ao ex-

15 STF. Plenário. RE 658026/MG, Rel. Min. Dias Toffoli, julgado em 9/4/2014 (Info 742).

16 STF. Plenário. ADI 3662/MT, Rel. Min. Marco Aurélio, julgado em 23/3/2017 (Info 858).

17 STF. Plenário. ADI 3068, Rel. p/ Ac. Min. Eros Grau, julgado em 25/08/2004.

> cepcional interesse público na prestação do serviço para o qual a contratação se afigura premente autoriza a contratação nos moldes do art. 37, inc. IX, da Constituição da República. 2. A contratação destinada a atividade essencial e permanente do Estado não conduz, por si, ao reconhecimento da alegada inconstitucionalidade. Necessidade de exame sobre a transitoriedade da contratação e a excepcionalidade do interesse público que a justifica. (ADI 3247, Relator(a): Min. CÁRMEN LÚCIA, Tribunal Pleno, julgado em 26/03/2014, ACÓRDÃO ELETRÔNICO DJe-158 DIVULG 15-08-2014 PUBLIC 18-08-2014) (INFO 740).[18]

Caberá ao Administrador demonstrar, em cada caso, a **emergencialidade** da contratação para as atividades regulares, já que, em regra, elas devem ser desempenhadas por servidores ingressos na Fazenda Pública por meio de concurso público.[19] Vale destacar que o Superior Tribunal de Justiça, em julgados recentes, proferiu entendimento seguindo a jurisprudência do Supremo.[20]

5. PROCESSO SELETIVO E QUARENTENA

As situações que motivam a contratação de servidores por tempo determinado são excepcionais, o que geralmente exige a adoção de uma solução rápida para suprir a falta de pessoal.

A realização de um concurso público exige o cumprimento de diversas formalidades e requer mais tempo até a sua conclusão, além de sofrer usualmente influência de questões externas, como a judicialização do certame, o que pode atrasar ainda mais o atendimento da necessidade de interesse público.

Por esse motivo, o procedimento de escolha dos contratados é mais célere e simples do que o previsto para concursos públicos. Trata-se, na verdade, de um **processo seletivo** simplificado, em que o legislador ordinário estabelece os critérios que baseiam a seleção e o administrador público possui maior margem de discricionariedade.

É o que prevê o art. 3º da Lei 8.745/93, ao dispor que o recrutamento do pessoal a ser contratado será realizado através de "processo seletivo simplificado sujeito a ampla divulgação, inclusive através do Diário Oficial da União, prescindindo de concurso público."

Por conta da situação ainda mais excepcional que envolve os casos de **calamidade pública**, **emergência ambiental** e **emergência em saúde pública**, o

---

18 STF. Plenário. ADI 3247/MA, Rel. Min. Cármen Lúcia, julgado em 26/3/2014 (Info 740).

19 STF. Plenário. ADI 3721/CE, Rel. Min. Teori Zavascki, julgado em 9/6/2016 (Info 829).

20 STJ. 1ª Seção. MS 20335-DF, Rel. Min. Benedito Gonçalves, julgado em 22/4/2015 (Info 560).

processo seletivo é dispensado, ocorrendo, assim, a contratação direta (§1º, art. 3º, Lei 8.745/93).

Contudo, no julgamento do Recurso Extraordinário nº 635.548/CE[21], em regime de repercussão geral, o Supremo Tribunal Federal decidiu que a seleção simplificada deve observar os princípios constitucionais da impessoalidade e da moralidade, haja vista serem esses normas que regem toda a Administração Pública.

Após a contratação e depois de terminado o vínculo entre o contratado e a Fazenda Pública, pode ser estabelecido tempo mínimo de espera até a nova contratação do mesmo servidor para a mesma função. A **quarentena**, caso prevista na lei do ente federativo, deve ser respeitada, sob pena de nulidade da contratação.

Nesse sentido, o art. 9º, inciso III, da Lei 8.745/93 **fixa o prazo de vinte e quatro meses** para as novas contratações temporárias no âmbito federal, com exceção dos casos de **assistência a situações de calamidade pública** e **combate a emergências ambientais**, na hipótese de declaração, pelo Ministério do Meio Ambiente, da existência de emergência ambiental em região específica.

Também no âmbito do RE 635.648, analisando o caso da contratação de uma professora a título temporário, o Supremo Tribunal Federal firmou a tese da compatibilidade entre a Constituição e a previsão legal que exija o transcurso de vinte e quatro meses, contados do término do contrato, antes de nova admissão de professor temporário anteriormente contratado.[22]

O STF, portanto, declarou ser constitucional a quarentena para contratação de servidores temporários. Contudo, no âmbito da jurisprudência dos Tribunais Superiores, há um precedente do Superior Tribunal de Justiça, o Recurso Especial nº 1433037/DF[23], que possibilita nova contratação temporária antes de decorrido o prazo de vinte e quatro meses, desde que seja em outro órgão público, não tendo este relação de dependência com o anterior, e para ocupar função distinta da já exercida.

Para exemplificar, o didático professor Márcio Cavalcanti explica:

> Carlos, após ser aprovado em processo seletivo simplificado, foi contratado temporariamente, com base na Lei nº 8.745/93, para prestar serviços técnicos na ANATEL. Cinco meses após acabar seu contrato temporário, Carlos participou de novo processo seletivo simplificado, desta vez para prestar outro tipo

21 STF.RE 635648, Relator(a): Min. EDSON FACHIN, Tribunal Pleno, julgado em 14/06/2017.

22 Idem.

23 REsp 1433037/DF, Rel. Ministro HUMBERTO MARTINS, SEGUNDA TURMA, julgado em 25/02/2014, DJe 12/03/2014. (INFO 540)

de serviço temporário (também com base na Lei nº 8.745/93), agora para o Ministério da Saúde. Carlos foi aprovado e, mesmo não tendo se passado 24 meses do último vínculo, ele tem direito de ser contratado.[24]

6. NATUREZA DO VÍNCULO COM A FAZENDA PÚBLICA E COMPETÊNCIA PARA JULGAR OS CONFLITOS: JUSTIÇA ESTADUAL OU JUSTIÇA DO TRABALHO?

Conforme visto anteriormente, a contratação por excepcional interesse público, nos termos do inciso IX do art. 37 da Constituição Federal, é uma exceção à regra do concurso público.

Tratando-se de um regime especial, embora exerça uma função pública, o servidor temporário não é titular de cargo ou emprego público, estando vinculado ao Estado por força de relação contratual, que se submete à legislação especial editada pelo ente contratante.

A identificação da natureza jurídica do vínculo existente entre o agente e o Poder Público é a peça fundamental para a definição da competência, o processamento e o julgamento do litígio entre as partes, conforme entendimento do Supremo Tribunal Federal[25].

No caso dos empregados públicos, o vínculo jurídico que liga o servidor ao Estado possui natureza contratual, sendo regido preponderantemente por normas da Consolidação das Leis do Trabalho (CLT), razão pela qual são também conhecidos como "servidores celetistas".

Quanto aos celetistas, não há dúvidas de que a competência jurisdicional para solução de litígios em face do Poder Público pertence à Justiça do Trabalho, nos termos do art. 114, inciso I, da Constituição Federal, conforme será aprofundado no Capítulo 11.

De outro modo, o servidor titular de cargo público possui vínculo institucional com o ente estatal, estando submetido a um estatuto, uma lei, e não ao contrato de trabalho, como ocorre com os empregados públicos.

No julgamento da ADI 3395[26], o STF fixou o entendimento de que o juízo competente para processar e julgar as demandas envolvendo os servidores estatuários é a Justiça Comum.

---

24 CAVALCANTE, Márcio André Lopes. **É constitucional a quarentena para recontratação de servidores temporários prevista no art. 9º, III, da Lei 8.745/93**. Buscador Dizer o Direito, Manaus. Disponível em: https://www.buscadordizerodireito.com.br/jurisprudencia/detalhes/e140dbab44e01e699491a59c9978b924. Acesso em: 27/05/2019.

25 STF. Rcl 8909 AgR/MG, rel. orig. min. Marco Aurélio, red. p/ o ac. min. Cármen Lúcia, julgamento em 22-9-2016.

26 ADI 3395 MC, Relator(a): Min. CEZAR PELUSO, Tribunal Pleno, julgado em 05/04/2006.

Assim, o art. 114 da Constituição da República, ao firmar a competência da Justiça do Trabalho, não abrange as causas instauradas entre o Poder Público e servidor que lhe seja vinculado por relação jurídico-estatutária.

Conforme entendimento da Corte, o inciso I do artigo 114 da Constituição Federal, ao utilizar a expressão "relação de trabalho", referiu-se apenas aos servidores celetistas, não incluindo em seu âmbito material de validade as relações de natureza jurídico-administrativa.

Surge, então, a dúvida sobre qual o juízo competente para dirimir possíveis litígios entre o servidor temporário e o Poder Público.

Segundo o doutrinador Rafael de Carvalho Rezende de Oliveira[27], a questão não é totalmente pacífica em razão de dois fatores: o primeiro ponto é que os servidores temporários possuem vínculos contratuais com a Administração, semelhante aos vínculos dos empregados públicos celetistas; a segunda questão é que o regime especial temporário é fixado autonomamente por cada ente federativo, característica que o aproxima do regime estatutário.

Contudo, o Supremo Tribunal Federal já se manifestou em diversas oportunidades no sentido de que o serviço temporário não é regido pela CLT, o que afasta a competência da Justiça do Trabalho.[28]

Isso, porque, embora o vínculo entre o temporário e o Poder Público tenha origem, na prática, a partir da assinatura de contrato, não se trata de um contrato de trabalho, e sim de um contrato especial de natureza administrativa regido por uma lei específica emanada do ente federativo.

Recentemente, ao apreciar a Reclamação nº 4351, o Supremo definiu que o juízo competente para processar e julgar as demandas entre o Poder Público e os servidores temporários é a Justiça Comum, tendo em vista que a relação entre o Estado e o servidor contratado é um vínculo jurídico temporário de cunho administrativo, decidindo nestes termos:

> 1. Compete à Justiça comum pronunciar-se sobre a existência, a validade e a eficácia das relações entre servidores e o poder público fundadas em vínculo jurídico-administrativo temporário. 2. Não descaracteriza a competência da Justiça comum o fato de se requererem verbas rescisórias, FGTS e outros encargos de natureza símile, dada a prevalência da questão de fundo, a qual diz respeito à própria natureza da relação jurídico-administrativa, ainda que desvirtuada ou submetida a vícios de origem. 3. Agravo regimental provido e reclamação

27 OLIVEIRA, Rafael Carvalho Rezende. Curso de Direito Administrativo – 6. ed. rev., atual. e ampl. – Rio de Janeiro: Forense; São Paulo: MÉTODO, 2018.

28 STF. 2ª Turma, AI 784188 AgR/MG, Rel. Min. Joaquim Barbosa, julgamento em 10-05-2011.

julgada procedente para se anularem os atos decisórios proferidos pela Justiça do Trabalho e se determinar o envio dos autos de referência à Justiça comum.

(STF, Rcl 4351 MC-AgR, Relator(a) p/ Acórdão: Min. DIAS TOFFOLI, Tribunal Pleno, julgado em 11/11/2015, PUBLIC 13-04-2016) (INFO 807)

É possível concluir, portanto, que compete à Justiça Comum Estadual solucionar os litígios entre a Administração Pública e os servidores temporários municipais e estaduais, bem como compete à Justiça Federal o processamento de demandas envolvendo servidores temporários federais.

7. NULIDADE DA CONTRATAÇÃO TEMPORÁRIA E VERBAS DEVIDAS

O inciso IX do art. 37 da Constituição Federal autoriza contratações sem concurso público, desde que atendidos os requisitos legais já abordados anteriormente no tópico 3. A não observância das normas constitucionais e infraconstitucionais para esse tipo de contratação especial resulta no desvirtuamento do instituto.

A intenção do legislador foi de socorrer a Administração diante de situações de necessidade temporária de excepcional interesse público, previstas na legislação do ente federativo, e não de criar meio capaz de burlar a obrigatoriedade de concurso público.

Na prática, entretanto, é rotineiro ver contratos temporários prorrogados sucessiva e indefinidamente, revestindo de continuidade e permanência a prestação de serviços que, por sua natureza, deveria ser temporária e transitória.

Especialmente nos entes federativos de menor porte, como os pequenos municípios, também é usual casos em que o administrador público não observa atentamente as situações extraordinárias que autorizam a admissão de servidores temporários e contrata, indiscriminadamente e sem concurso público, funcionários sob o pretexto de necessidade temporária de excepcional interesse público.

Nas situações em que a contratação temporária não atende aos requisitos legais, deve ser reconhecida a sua nulidade, por se tratar, em verdade, de contratação irregular, sem observância da regra constitucional do concurso público.

Diante da irregularidade e precariedade do vínculo, muitos servidores temporários ingressaram com ações judiciais solicitando o reconhecimento de relação de trabalhista junto à Administração Pública, pleiteando diversas verbas de natureza tipicamente celetista.

Reiteradamente, o Supremo Tribunal Federal é instado a se manifestar sobre a questão e tem jurisprudência consolidada no sentido de que a **nulidade da contratação de servidor temporário sem concurso**, nos termos do art. 37, IX,

CF/88 resulta em regra, apenas no direito ao recebimento de salários durante o período, respeitado o salário-mínimo, e ao levantamento dos depósitos realizados no Fundo de Garantia do Tempo de Serviço (FGTS).

No julgamento do RE 765320 em 2016, o Supremo reforçou o entendimento, sob o regime de repercussão geral, de que a contratação por tempo determinado para atendimento de necessidade temporária de excepcional interesse público realizada em desconformidade com os preceitos do art. 37, IX, da Constituição Federal não gera quaisquer efeitos jurídicos válidos em relação aos servidores contratados, com exceção do direito à percepção dos salários referentes ao período trabalhado e, nos termos do art. 19-A da Lei 8.036/1990, ao levantamento dos depósitos efetuados no Fundo de Garantia do Tempo de Serviço – FGTS:

> 1. Reafirma-se, para fins de repercussão geral, a jurisprudência do Supremo Tribunal Federal no sentido de que a contratação por tempo determinado para atendimento de necessidade temporária de excepcional interesse público realizada em desconformidade com os preceitos do art. 37, IX, da Constituição Federal não gera quaisquer efeitos jurídicos válidos em relação aos servidores contratados, com exceção do direito à percepção dos salários referentes ao período trabalhado e, nos termos do art. 19-A da Lei 8.036/1990, ao levantamento dos depósitos efetuados no Fundo de Garantia do Tempo de Serviço – FGTS. 2. Recurso extraordinário a que se dá parcial provimento, com o reconhecimento da repercussão geral do tema e a reafirmação da jurisprudência sobre a matéria.
>
> (RE 765320 RG, Relator(a): Min. TEORI ZAVASCKI, julgado em 15/09/2016, PROCESSO ELETRÔNICO REPERCUSSÃO GERAL - MÉRITO DJe-203 DIVULG 22-09-2016 PUBLIC 23-09-2016)

Vale destacar "também" o posicionamento do Supremo sobre a **nulidade de contratação dos empregados públicos sem concurso**, já que o raciocínio é o mesmo.

Assim, em relação aos empregados públicos, o Plenário do STF, na análise do RE 596.478-RG, assentou entendimento de que, mesmo quando reconhecida a nulidade da contratação do empregado público, nos termos do art. 37, § 2º, da Constituição Federal, subsiste o direito do trabalhador ao depósito do FGTS quando reconhecido ser devido o salário pelos serviços prestados, por força do art. 19-A da Lei nº 8.036/90.

Esse entendimento foi reforçado em 2014, com o julgamento Recurso Extraordinário nº 705140.[29]

29 STF - RE: 705140 RS, Relator: Min. TEORI ZAVASCKI, Data de Julgamento: 28/08/2014, Tribunal Pleno, Data de Publicação: ACÓRDÃO ELETRÔNICO DJe-217 DIVULG 04-11-2014 PUBLIC 05-11-2014).

O direito ao valor dos depósitos do FGTS cujo contrato de trabalho seja declarado nulo só passou a ser possível após a introdução, em 2001, do citado artigo 19-A na Lei 8.036/1990.

O dispositivo teve a constitucionalidade questionada em diversas oportunidades, tendo a Suprema Corte se posicionado pela validade da norma em julgados importantes, como no RE 596.478-RG e na ADI 3127/DF.

Desse modo, face a nulidade da contratação, não há direito ao recebimento de verbas rescisórias típicas do regime celetista, já que a situação jurídica é incompatível com a aplicação das normas da CLT. Nesse sentido, é a Súmula 363 do TST:

> Súmula nº 363. Contrato Nulo. Efeitos.
>
> A contratação de servidor público, após a CF/1988, sem prévia aprovação em concurso público, encontra óbice no respectivo art. 37, II e § 2º, somente lhe conferindo direito ao pagamento da contraprestação pactuada, em relação ao número de horas trabalhadas, respeitado o valor da hora do salário mínimo, e dos valores referentes aos depósitos do FGTS.

Em relação ao reconhecimento do direito à percepção dos salários referentes ao período trabalhado, entende-se que a medida se revela impositiva por força do princípio da dignidade da pessoa humana, visto que, na hipótese de o servidor ter efetivamente trabalhado e prestado um serviço ao Poder Público, há de ser reconhecido o seu direito de receber as verbas alimentares correspondentes aos seus esforços. Ademais, a medida afasta a alegação de enriquecimento ilícito por parte da Administração.

O Superior Tribunal de Justiça também já havia fixado entendimento semelhante desde 2010, quando editou a **Súmula de nº 466, nos seguintes termos:**

> STJ, Súmula nº 466: O titular da conta vinculada ao FGTS tem o direito de sacar o saldo respectivo quando declarado nulo seu contrato de trabalho por ausência de prévia aprovação em concurso público.

Outra questão que merece destaque diz respeito ao pedido de anotação na carteira de trabalho do servidor temporário que teve o contrato declarado nulo, por contratação pela Administração Pública sem observância de concurso público. O TST possui jurisprudência consolidada nesse sentido:

> CONTRATO NULO. AUSÊNCIA DE CONCURSO PÚBLICO. EFEITOS. **ANOTAÇÃO NA CTPS. IMPOSSIBILIDADE**. De acordo com a Súmula nº 363 do TST, nos casos de contratação irregular de servidor por ente da Administração, sem prévia aprovação em concurso público, é devido apenas o pagamento da contraprestação pactuada, em relação ao número de horas

> trabalhadas, respeitado o valor da hora do salário-mínimo, e dos valores referentes aos depósitos do FGTS. Recurso de revista conhecido e provido. (RR-273-76.2013.5.22.0101, 6ª Turma, Relator Ministro Augusto César Leite de Carvalho, DEJT 17/12/2015)

Não se vislumbra, portanto, a possibilidade de anotação na CTPS, visto que contrato nulo não gera efeitos jurídicos. Além do mais, a natureza do vínculo gerado pela Administração e o servidor temporário, como já dito no tópico anterior, decorre de um estatuto jurídico, ou seja, da lei específica do ente federativo, e não possui natureza trabalhista. Sendo assim, não há possibilidade de anotação na carteira de trabalho pelo serviço prestado.

Por fim, como já antecipado, diante da nulidade da contratação temporária, os servidores possuem, **em regra**, apenas direito ao recebimento do salário e ao levantamento do FGTS.

Contudo, no julgamento do RE 1.066.677, em 22.05.2020, sob a sistemática de repercussão geral, Tema 551, o Supremo Tribunal Federal foi além e deu novos contornos à temática, acrescentando **duas exceções**, o que permitiu o pagamento de 13º salário e férias remuneradas acrescidas do terço de férias, fixando a seguinte tese:

> Servidores temporários não fazem jus a décimo terceiro salário e férias remuneradas acrescidas do terço constitucional, salvo (I) expressa previsão legal e/ou contratual em sentido contrário, ou (II) comprovado desvirtuamento da contratação temporária pela Administração Pública, em razão de sucessivas e reiteradas renovações e/ou prorrogações. (nota de rodapé 30)
>
> STF. RE 1066677, Relator: Marco Aurélio, Relator p/ Acórdão: Alexandre de Moraes, Tribunal Pleno, julgado em 22/05/2020, Repercussão Geral, Tema 551, Divulg 30-06-2020 Public 01-07-2020.

Portanto, quando houver expressa previsão legal e/ou contratual autorizando o pagamento das verbas, bem como na hipótese de comprovado desvirtuamento da contratação temporária pelas sucessivas e reiteradas renovações, terá o contratado direito ao recebimento de 13º salário e férias acrescidas do terço constitucional, conforme o novo entendimento do Supremo Tribunal Federal firmado no RE RE 1.066.677.

8. COMPILAÇÃO JURISPRUDENCIAL

8.1. Informativos - STF

RECURSO EXTRAORDINÁRIO. REPERCUSSÃO GERAL. CONSTITUCIONAL. ADMINISTRATIVO. SERVIDOR PÚBLICO. CONTRATAÇÃO TEMPORÁRIA. DIREITO A DÉCIMO TERCEIRO SALÁRIO E FÉRIAS REMUNERADAS, ACRESCIDAS DO TERÇO CONSTITUCIONAL. 1. A contratação de servidores públicos por tempo determinado, para atender a necessidade temporária de excepcional interesse público, prevista no art. 37, IX, da Constituição, submete-se ao regime jurídico-administrativo, e não à Consolidação das Leis do Trabalho. 2. O direito a décimo terceiro salário e a férias remuneradas, acrescidas do terço constitucional, não decorre automaticamente da contratação temporária, demandando previsão legal ou contratual expressa a respeito. 3. No caso concreto, o vínculo do servidor temporário perdurou de 10 de dezembro de 2003 a 23 de março de 2009. 4. Trata-se de notório desvirtuamento da finalidade da contratação temporária, que tem por consequência o reconhecimento do direito ao 13º salário e às férias remuneradas, acrescidas do terço. 5. Recurso extraordinário a que se nega provimento. Tese de repercussão geral: "Servidores temporários não fazem jus a décimo terceiro salário e férias remuneradas acrescidas do terço constitucional, salvo (I) expressa previsão legal e/ou contratual em sentido contrário, ou (II) comprovado desvirtuamento da contratação temporária pela Administração Pública, em razão de sucessivas e reiteradas renovações e/ou prorrogações". (RE 1066677, Relator(a): MARCO AURÉLIO, Relator(a) p/ Acórdão: ALEXANDRE DE MORAES, Tribunal Pleno, julgado em 22/05/2020, PROCESSO ELETRÔNICO REPERCUSSÃO GERAL - MÉRITO DJe-165 DIVULG 30-06-2020 PUBLIC 01-07-2020) (**INFO 984**)

ADMINISTRATIVO. RECURSO EXTRAORDINÁRIO COM REPERCUSSÃO GERAL. REQUISITOS PARA CONTRATAÇÃO DE PROFESSOR SUBSTITUTO NO ÂMBITO DE INSTITUIÇÕES FEDERAIS DE ENSINO SUPERIOR. PREVISÃO LEGAL QUE NÃO AUTORIZA NOVA CONTRATAÇÃO SEM A OBSERVÂNCIA DO INTERSTÍCIO DE 24 (VINTE E QUATRO) MESES. CONSTITUCIONALIDADE. RECURSO A QUE SE DÁ PROVIMENTO. 1. Embora não se apliquem integralmente as regras do concurso público para as contratações por necessidade temporária, deve a seleção simplificada observar os princípios da impessoalidade e da moralidade, inscritos no art. 37, caput, da CRFB. Precedentes. 2. A previsão legal que não autoriza nova contratação de professor substituto sem a observância de interstício mínimo concretiza a moralidade administrativa. 3. Cabe ao Poder Judiciário assumir postura deferente à opção manifestada pelo legislador quando o direito invocado é proporcional ao interesse público comum. 4. Não configura ofensa à isonomia a previsão legal de proibição, por prazo determinado, de nova contratação de candidato já anteriormente admitido em processo seletivo simplificado para atender a necessidade temporária de excepcional interesse público, sob pena de transformar-se "em ordinário o que é, pela sua natureza, extraordinário e transitório" (ROCHA, Cármen Lúcia Antunes. Princípios constitucionais dos servidores públicos. São Paulo: Saraiva, 1999, p. 244) 5. Recurso extraordinário a que se dá provimento. (RE 635648, Relator(a): Min. EDSON FACHIN, Tribunal Pleno, julgado em 14/06/2017, PROCESSO ELETRÔNICO REPERCUSSÃO GERAL - MÉRITO DJe-206 DIVULG 11-09-2017 PUBLIC 12-09-2017) **(INFO 869)**

CONSTITUCIONAL. CONTRATAÇÃO TEMPORÁRIA DE SERVIDORES (ART. 37, IX, CF). LEI COMPLEMENTAR 12/1992 DO ESTADO DO MATO GROSSO. INCONSTITUCIONALIDADE. MODULAÇÃO DE EFEITOS. 1. A Constituição Federal é intransigente em relação ao princípio do concurso público como requisito para o provimento de cargos públicos (art. 37, II, da CF). A exceção prevista no inciso IX do art. 37 da CF deve ser interpretada restritivamente, cabendo ao legislador infraconstitucional a observância dos requisitos da reserva legal, da atualidade do excepcional interesse público justificador da contratação temporária e da temporariedade e precariedade dos vínculos contratuais. 2. A Lei Complementar 12/1992 do Estado do Mato Grosso valeu-se de termos vagos e indeterminados para deixar ao livre arbítrio do administrador a indicação da presença de excepcional interesse publico sobre virtualmente qualquer atividade, admitindo ainda a prorrogação dos vínculos temporários por tempo indeterminado, em franca violação ao art. 37, IX, da CF. 3. Ação direta julgada procedente, para declarar inconstitucional o art. 264, inciso VI e § 1º, parte final, da Lei Complementar 4/90, ambos com redação conferida pela LC 12/92, com efeitos ex nunc, preservados os contratos em vigor que tenham sido celebrados exclusivamente com fundamento nos referidos dispositivos, por um prazo máximo de até 12 (doze) meses da publicação da ata deste julgamento. (ADI 3662, Relator(a): Min. MARCO AURÉLIO, Relator(a) p/ Acórdão: Min. ALEXANDRE DE MORAES, Tribunal Pleno, julgado em 23/03/2017, PROCESSO ELETRÔNICO DJe-080 DIVULG 24-04-2018 PUBLIC 25-04-2018) **(INFO 858)**

ADMINISTRATIVO. RECURSO EXTRAORDINÁRIO. SERVIDOR PÚBLICO CONTRATADO POR TEMPO DETERMINADO PARA ATENDIMENTO DE NECESSIDADE TEMPORÁRIA DE EXCEPCIONAL INTERESSE PÚBLICO. REQUISITOS DE VALIDADE (RE 658.026, REL. MIN. DIAS TOFFOLI, DJE DE 31/10/2014, TEMA 612). DESCUMPRIMENTO. EFEITOS JURÍDICOS. DIREITO À PERCEPÇÃO DOS SALÁRIOS REFERENTES AO PERÍODO TRABALHADO E, NOS TERMOS DO ART. 19-A DA LEI 8.036/1990, AO LEVANTAMENTO DOS DEPÓSITOS EFETUADOS NO FUNDO DE GARANTIA DO TEMPO DE SERVIÇO – FGTS. 1. Reafirma-se, para fins de repercussão geral, a jurisprudência do Supremo Tribunal Federal no sentido de que a contratação por tempo determinado para atendimento de necessidade temporária de excepcional interesse público realizada em desconformidade com os preceitos do art. 37, IX, da Constituição Federal não gera quaisquer efeitos jurídicos válidos em relação aos servidores contratados, com exceção do direito à percepção dos salários referentes ao período trabalhado e, nos termos do art. 19-A da Lei 8.036/1990, ao levantamento dos depósitos efetuados no Fundo de Garantia do Tempo de Serviço – FGTS. 2. Recurso extraordinário a que se dá parcial provimento, com o reconhecimento da repercussão geral do tema e a reafirmação da jurisprudência sobre a matéria. (RE 765320 RG, Relator(a): Min. TEORI ZAVASCKI, julgado em 15/09/2016, PROCESSO ELETRÔNICO REPERCUSSÃO GERAL - MÉRITO DJe-203 DIVULG 22-09-2016 PUBLIC 23-09-2016)

ADMINISTRATIVO E PROCESSUAL CIVIL. DISSÍDIO ENTRE SERVIDOR TEMPORÁRIO E O PODER PÚBLICO. ADI Nº 3.395/DF-MC. COMPETÊNCIA DA JUSTIÇA COMUM. RECLAMAÇÃO JULGADA PROCEDENTE. 1. Compete à Justiça comum pronunciar-se sobre a existência, a validade e a eficácia das relações entre servidores e o poder público fundadas em vínculo jurídico-administrativo temporário. 2. Não descaracteriza a competência da Justiça comum o fato de se requererem verbas rescisórias, FGTS e outros encargos de natureza símile, dada a prevalência da questão de fundo, a qual diz respeito à própria natureza da relação jurídico-administrativa, ainda que desvirtuada ou submetida a vícios de origem. 3. Agravo regimental provido e reclamação julgada procedente para se anularem os atos decisórios proferidos pela Justiça do Trabalho e se determinar o envio dos autos de referência à Justiça comum. (Rcl 4351 MC-AgR, Relator(a): Min. MARCO AURÉLIO, Relator(a) p/ Acórdão: Min. DIAS TOFFOLI, Tribunal Pleno, julgado em 11/11/2015, ACÓRDÃO ELETRÔNICO DJe-068 DIVULG 12-04-2016 PUBLIC 13-04-2016) **(INFO 807)**

CONSTITUCIONAL E TRABALHO. CONTRATAÇÃO DE PESSOAL PELA ADMINISTRAÇÃO PÚBLICA SEM CONCURSO. NULIDADE. EFEITOS JURÍDICOS ADMISSÍVEIS EM RELAÇÃO A EMPREGADOS: PAGAMENTO DE SALDO SALARIAL E LEVANTAMENTO DE FGTS (RE 596.478 - REPERCUSSÃO GERAL). INEXIGIBILIDADE DE OUTRAS VERBAS, MESMO A TÍTULO INDENIZATÓRIO. 1. Conforme reiteradamente afirmado pelo Supremo Tribunal Federal, a Constituição de 1988 reprova severamente as contratações de pessoal pela Administração Pública sem a observância das normas referentes à indispensabilidade da prévia aprovação em concurso público, cominando a sua nulidade e impondo sanções à autoridade responsável (CF, art. 37, § 2º). 2. No que se refere a empregados, essas contratações ilegítimas não geram quaisquer efeitos jurídicos válidos, a não ser o direito à percepção dos salários referentes ao período trabalhado e, nos termos do art. 19-A da Lei 8.036/90, ao levantamento dos depósitos efetuados no Fundo de Garantia por Tempo de Serviço - FGTS. 3. Recurso extraordinário desprovido. (STF - RE: 705140 RS, Relator: Min. TEORI ZAVASCKI, Data de Julgamento: 28/08/2014, Tribunal Pleno, Data de Publicação: ACÓRDÃO ELETRÔNICO DJe-217 DIVULG 04-11-2014 PUBLIC 05-11-2014)

Ementa: 1) A contratação temporária prevista no inciso IX do art. 37 da Constituição da República não pode servir à burla da regra constitucional que obriga a realização de concurso público para o provimento de cargo efetivo e de emprego público. 2) O concurso público, posto revelar critério democrático para a escolha dos melhores a desempenharem atribuições para o Estado, na visão anglo-saxônica do merit system, já integrava a Constituição Imperial de 1824 e deve ser persistentemente prestigiado. 3) Deveras, há circunstâncias que compelem a Administração Pública a adotar medidas de caráter emergencial para atender a necessidades urgentes e temporárias e que desobrigam, por permissivo constitucional, o administrador público de realizar um concurso público para a contratação temporária. 4) A contratação temporária, consoante entendimento desta Corte, unicamente poderá ter lugar quando: 1) existir previsão legal dos casos; 2) a contratação for feita por tempo determinado; 3) tiver como função atender a necessidade temporária, e 4) quando a necessidade temporária for de excepcional interesse público. 5) In casu, o Plenário desta Corte entreviu a inconstitucionalidade de toda a Lei nº 4.599 do Estado do Rio de Janeiro que disciplina a contratação temporária, dado o seu caráter genérico diante da ausência de uma delimitação precisa das hipóteses de necessidade de contratação temporária. Restou ressalvada a posição vencida do relator, no sentido de que apenas o art. 3º da norma objurgada conteria preceito inconstitucional, posto dúbio e dotado de trecho capaz de originar uma compreensão imprecisa, inválida e demasiado genérica, no sentido de que a própria norma por si só estaria criando os cargos necessários à realização da atividade, o que é juridicamente inviável, uma vez que referida providência dependeria de lei específica a ser aprovada diante de uma superveniente necessidade, nos termos do que previsto no art. 61, §1º, II, alínea "a", da Constituição da República. 6) É inconstitucional a lei que, de forma vaga, admite a contratação temporária para as atividades de educação pública, saúde pública, sistema penitenciário e assistência à infância e à adolescência, sem que haja demonstração da necessidade temporária subjacente. 7) A realização de contratação temporária pela Administração Pública nem sempre é ofensiva à salutar exigência constitucional do concurso público, máxime porque ela poderá ocorrer em hipóteses em que não há qualquer vacância de cargo efetivo e com o escopo, verbi gratia, de atendimento de necessidades temporárias até que o ocupante do cargo efetivo a ele retorne. Contudo, a contratação destinada a suprir uma necessidade temporária que exsurge da vacância do cargo efetivo há de durar apenas o tempo necessário para a realização do próximo concurso público, ressoando como razoável o prazo de 12 meses. 8) A hermenêutica consequencialista indicia que a eventual declaração de inconstitucionalidade da lei fluminense com efeitos ex tunc faria exsurgir um vácuo jurídico no ordenamento estadual, inviabilizando, ainda que temporariamente, a manutenção de qualquer tipo de contratação temporária, o que carrearia um periculum in mora inverso daquele que leis como essa, preventivas, destinadas às tragédias abruptas da natureza e às epidemias procuram minimizar, violando o princípio da proporcionalidade – razoabilidade. 9) Ex positis, e ressalvada a posição do relator, julgou-se procedente a ação declarando-se a inconstitucionalidade da Lei Estadual do Rio de Janeiro nº 4.599, de 27 de setembro de 2005. 10) Reconhecida a necessidade de modulação temporal dos efeitos da declaração de inconstitucionalidade para preservar os contratos celebrados até a data desta sessão (28/05/2014), improrrogáveis após 12 (doze) meses a partir do termo a quo acima. (ADI 3649, Relator(a): Min. LUIZ FUX, Tribunal Pleno, julgado em 28/05/2014, ACÓRDÃO ELETRÔNICO DJe-213 DIVULG 29-10-2014 PUBLIC 30-10-2014) **(INFO 748)**

RECURSO EXTRAORDINÁRIO. REPERCUSSÃO GERAL RECONHECIDA. AÇÃO DIRETA DE INCONSTITUCIONALIDADE DE LEI MUNICIPAL EM FACE DE TRECHO DA CONSTITUIÇÃO DO ESTADO DE MINAS GERAIS QUE REPETE TEXTO DA CONSTITUIÇÃO FEDERAL. RECURSO PROCESSADO PELA CORTE SUPREMA, QUE DELE CONHECEU. CONTRATAÇÃO TEMPORÁRIA POR TEMPO DETERMINADO PARA ATENDIMENTO A NECESSIDADE TEMPORÁRIA DE EXCEPCIONAL INTERESSE PÚBLICO. PREVISÃO EM LEI MUNICIPAL DE ATIVIDADES ORDINÁRIAS E REGULARES. DEFINIÇÃO DOS CONTEÚDOS JURÍDICOS DO ART. 37, INCISOS II E IX, DA CONSTITUIÇÃO FEDERAL. DESCUMPRIMENTO DOS REQUISITOS CONSTITUCIONAIS. RECURSO PROVIDO. DECLARADA A INCONSTITUCIONALIDADE DA NORMA MUNICIPAL. MODULAÇÃO DOS EFEITOS.

1. O assunto corresponde ao Tema nº 612 da Gestão por Temas da Repercussão Geral do portal do STF na internet e trata, "à luz dos incisos II e IX do art. 37 da Constituição Federal, [d]a constitucionalidade de lei municipal que dispõe sobre as hipóteses de contratação temporária de servidores públicos". 2. Prevalência da regra da obrigatoriedade do concurso público (art. 37, inciso II, CF). As regras que restringem o cumprimento desse dispositivo estão previstas na Constituição Federal e devem ser interpretadas restritivamente. 3. O conteúdo jurídico do art. 37, inciso IX, da Constituição Federal pode ser resumido, ratificando-se, dessa forma, o entendimento da Corte Suprema de que, para que se considere válida a contratação temporária, é preciso que: a) os casos excepcionais estejam previstos em lei; b) o prazo de contratação seja predeterminado; c) a necessidade seja temporária; d) o interesse público seja excepcional; e) a necessidade de contratação seja indispensável, sendo vedada a contratação para os serviços ordinários permanentes do Estado, e que devam estar sob o espectro das contingências normais da Administração. 4. É inconstitucional a lei municipal em comento, eis que a norma não respeitou a Constituição Federal. A imposição constitucional da obrigatoriedade do concurso público é peremptória e tem como objetivo resguardar o cumprimento de princípios constitucionais, dentre eles, os da impessoalidade, da igualdade e da eficiência. Deve-se, como em outras hipóteses de reconhecimento da existência do vício da inconstitucionalidade, proceder à correção da norma, a fim de atender ao que dispõe a Constituição Federal. 5. Há que se garantir a instituição do que os franceses denominam de la culture de gestion, a cultura de gestão (terminologia atualmente ampliada para

'cultura de gestão estratégica') que consiste na interiorização de um vetor do progresso, com uma apreensão clara do que é normal, ordinário, e na concepção de que os atos de administração devem ter a pretensão de ampliar as potencialidades administrativas, visando à eficácia e à transformação positiva. 6. Dá-se provimento ao recurso extraordinário para o fim de julgar procedente a ação e declarar a inconstitucionalidade do art. 192, inciso III, da Lei nº 509/1999 do Município de Bertópolis/MG, aplicando-se à espécie o efeito ex nunc, a fim de garantir o cumprimento do princípio da segurança jurídica e o atendimento do excepcional interesse social. (RE 658026, Relator(a): Min. DIAS TOFFOLI, Tribunal Pleno, julgado em 09/04/2014, ACÓRDÃO ELETRÔNICO REPERCUSSÃO GERAL - MÉRITO DJe-214 DIVULG 30-10-2014 PUBLIC 31-10-2014) **(INFO 742)**

AÇÃO DIRETA DE INCONSTITUCIONALIDADE. ART. 2º, INC. VII, DA LEI 6.915/1997 DO ESTADO DO MARANHÃO. CONTRATAÇÃO DE PROFESSORES POR TEMPO DETERMINADO. INTERPRETAÇÃO E EFEITO DAS EXPRESSÕES "NECESSIDADE TEMPORÁRIA" E "EXCEPCIONAL INTERESSE PÚBLICO". POSSIBILIDADE DE CONTRATAÇÃO TEMPORÁRIA PARA SUPRIR ATIVIDADES PÚBLICAS DE NATUREZA PERMANENTE. TRANSITORIEDADE CARACTERIZADA. PARCIAL PROVIMENTO DA AÇÃO.

1. A natureza permanente de algumas atividades públicas - como as desenvolvidas nas áreas da saúde, educação e segurança pública – não afasta, de plano, a autorização constitucional para contratar servidores destinados a suprir demanda eventual ou passageira. Necessidade circunstancial agregada ao excepcional interesse público na prestação do serviço para o qual a contratação se afigura premente autoriza a contratação nos moldes do art. 37, inc. IX, da Constituição da República. 2. A contratação destinada a atividade essencial e permanente do Estado não conduz, por si, ao reconhecimento da alegada inconstitucionalidade. Necessidade de exame sobre a transitoriedade da contratação e a excepcionalidade do interesse público que a justifica. 3. Ação direta de inconstitucionalidade julgada parcialmente procedente para dar interpretação conforme à Constituição. (ADI 3247, Relator(a): Min. CÁRMEN LÚCIA, Tribunal Pleno, julgado em 26/03/2014, ACÓRDÃO ELETRÔNICO DJe-158 DIVULG 15-08-2014 PUBLIC 18-08-2014) **(INFO 740)**

8.2 Informativos - TST

INCOMPETÊNCIA DA JUSTIÇA DO TRABALHO. ADMISSÃO SEM CONCURSO PÚBLICO APÓS A CONSTITUIÇÃO DE 1988. LEI DO RESPECTIVO ENTE PÚBLICO ESTABELECENDO O REGIME ESTATUTÁRIO.

A competência para processar e julgar ação movida por servidor público contratado na vigência da Constituição de 1988, sem prévia aprovação em concurso público, depende da natureza do regime jurídico adotado pelo ente público para seus servidores. Se de natureza administrativa ou estatutária, a competência é da Justiça comum. De outra sorte, se o vínculo for regido pelas disposições da CLT, a competência é da Justiça do Trabalho. Sob esse entendimento, a SBDI-I, por unanimidade, conheceu dos embargos do Município de Boa Vista do Tupim/BA, e, no mérito, por maioria, deu-lhes provimento para declarar a incompetência da Justiça do Trabalho para processar e julgar a lide, determinando a remessa dos autos à Justiça comum, nos termos do art. 64, § 3º, do CPC de 2015, visto que registrado na decisão embargada que o regime jurídico adotado pelo Município é o estatutário. Vencidos os Ministros Cláudio Mascarenhas Brandão, relator, e José Roberto Freire Pimenta. TST-E-ED-RR-1114-36.2013.5.05.0201, SBDI-I, rel. Min. Cláudio Mascarenhas Brandão, red. p/ acórdão Min. Márcio Eurico Vitral Amaro, 12.4.2018. (INFO 176)

AÇÃO RESCISÓRIA. EXECUÇÃO FISCAL. MULTA POR INFRAÇÃO À LEGISLAÇÃO TRABALHISTA. CONTRATAÇÃO DE SERVIDORES PÚBLICOS TEMPORÁRIOS. REGIME ESTATUTÁRIO. INCOMPETÊNCIA DA JUSTIÇA DO TRABALHO.

Não compete à Justiça do Trabalho processar e julgar lides em que se discute sanção aplicada por infração à legislação trabalhista a município que mantém vínculo de natureza estatutária com servidores admitidos em caráter temporário. O STF, em decisão proferida na ADI-MC 3.395/DF, definiu que as contratações temporárias realizadas sob a égide inciso IX do art. 37 da CF têm natureza jurídico-administrativa, o que afasta a competência da Justiça do Trabalho. Na espécie, a pretensão rescisória fora proposta pelo Município de Laguna/SC em face de acórdão proferido em sede execução fiscal promovida pela União para a cobrança de multa imposta pela Auditoria do Ministério do Trabalho e Emprego em decorrência do não recolhimento do FGTS dos servidores temporários contratados sob o regime estatutário, mas sem submissão a concurso público. No caso, ressaltou-se que embora as ações relativas às penalidades administrativas impostas pelos órgãos de fiscalização das relações de trabalho sejam da competência da Justiça do Trabalho (art. 114, VII, da CF), qualquer discussão em torno da legalidade das relações entre servidores temporários e o Município de Laguna deve ocorrer na Justiça comum. Com esses fundamentos, a SBDI-II, à unanimidade, conheceu do recurso ordinário interposto pelo Município e, no mérito, deu-lhe provimento para julgar procedente o pedido de rescisão do julgado e desconstituir a sentença, por incompetência da Justiça do Trabalho, declarando, consequentemente, nulos os atos decisórios praticados na ação primitiva, bem como determinar a remessa do feito originário à Vara da Fazenda Pública da Comarca de Laguna/SC. TST-RO-456-38.2013.5.12.0000, SBDI-II, rel. Min. Douglas Alencar Rodrigues, 7.4.2015 (INFO EXECUÇÃO 13)

SERVIDOR PÚBLICO. RELAÇÃO DE CARÁTER ESTATUTÁRIO. PEDIDOS RELATIVOS AO RECOLHIMENTO DO FGTS E À ANOTAÇÃO DA CTPS. INCOMPETÊNCIA DA JUSTIÇA DO TRABALHO.

Não obstante os pedidos de recolhimento do FGTS e de anotação da CTPS sejam estranhos ao regime jurídico estatutário, é incompetente a Justiça do Trabalho para julgar demandas entre a Administração Pública e seus servidores, em razão da natureza administrativa do vínculo. Na espécie, respaldada em farta jurisprudência tanto do STF como do próprio TST, a SBDI-I, por unanimidade, conheceu dos embargos, e, no mérito, negou-lhes provimento, mantendo a decisão da Terceira Turma, que conhecera da revista por violação do art. 114 da CF e, no mérito, dera-lhe provimento para determinar a remessa dos autos à origem, a fim de providenciar seu envio à Justiça Comum. TST-E-RR-124000-42.2008.5.22.0103, SBDI-I, rel. Min. Brito Pereira, 19.4.2012. (INFO 6)

INCOMPETÊNCIA DA JUSTIÇA DO TRABALHO. DEMANDA ENVOLVENDO A ADMINISTRAÇÃO PÚBLICA E SERVIDOR. ADMISSÃO SEM CONCURSO PÚBLICO. RELAÇÃO JURÍDICO-ADMINISTRATIVA. COMPETÊNCIA DA JUSTIÇA COMUM.

A Justiça do Trabalho é incompetente para processar e julgar demanda na qual resultou caracterizada a admissão de servidor, após a Constituição da República de 1988, sem prévia submissão a concurso público. Com efeito, consoante decidido pelo STF, no julgamento do AgReg nº 7.217/MG, cabe à Justiça comum o prévio exame acerca da existência, da validade e da eficácia do vínculo jurídico-administrativo existente entre servidor e Administração Pública, eis que, para o reconhecimento do liame trabalhista, deverá o julgador, anteriormente, averiguar a presença, ou não, de eventual vício a macular a relação administrativa. Sob esse fundamento, a SBDI-I, por maioria, conheceu dos embargos interpostos pela reclamante, por divergência jurisprudencial, e, no mérito, negou-lhes provimento. Vencidos os Ministros João Oreste Dalazen, Brito Pereira, Márcio Eurico Vitral Amaro, Alexandre de Souza Agra Belmonte e Cláudio Mascarenhas Brandão, que davam provimento aos embargos para, reformulando a decisão recorrida, reconhecer a competência da Justiça do Trabalho para processar e julgar a lide. TST-E-ED--RR-629-39.2011.5.22.0102, SBDII, rel. Min. Renato de Lacerda Paiva, 31.3.2016 (INFO 131)

8.3 Informativos - STJ

ADMINISTRATIVO E PROCESSUAL CIVIL. MANDADO DE SEGURANÇA COLETIVO. CONTRATAÇÃO DE PESSOAL POR TEMPO DETERMINADO PARA ATENDER A NECESSIDADE TEMPORÁRIA DE EXCEPCIONAL INTERESSE PÚBLICO. AUSÊNCIA DE ILEGALIDADE OU ABUSO DE PODER. DIREITO LÍQUIDO E CERTO INEXISTENTE.1. Mandado de Segurança coletivo impetrado pelo Sindicato Nacional dos Servidores das Agências Nacionais de Regulação - Sinagências contra a Portaria Interministerial n. 140/2013, expedida pelo Ministro do Planejamento, Orçamento e Gestão e pelo Ministro da Saúde, a qual autorizou a contratação, por tempo determinado, de 200 profissionais para a Agência Nacional de Saúde Suplementar.

2. O ato apontado como coator foi editado em observância às normas de regência (art. 37, IX, da CF e art. 2º da Lei n. 8.745/1993), preenchendo os requisitos exigidos para a contratação temporária de pessoal, mediante o assentamento expresso da motivação para a referida providência (crescente número de demandas e enorme passivo de procedimentos administrativos), da existência de disponibilidade orçamentária para o seu custeio e da comprovação de que as atividades a serem desempenhadas, ainda que permanentes do órgão, são de natureza temporária para suprir interesse público relevante (mormente diante da inexistência de cargos vagos para a realização imediata de concurso público).

3. Mandado de segurança denegado. (MS 20.335/DF, Rel. Ministro BENEDITO GONÇALVES, PRIMEIRA SEÇÃO, julgado em 22/04/2015, DJe 29/04/2015) **(INFO 560)**

ADMINISTRATIVO. SERVIÇO PÚBLICO. CONTRATAÇÃO TEMPORÁRIA. ART. 9º, III, DA LEI N. 8.745/1993. VEDAÇÃO PARA NOVA CONTRATAÇÃO APENAS, NA MESMA ATIVIDADE, A QUEM TENHA MANTIDO CONTRATO DE IGUAL NATUREZA HÁ MENOS DE 24 MESES.

1. A vedação prevista no art. 9º, III, da Lei n. 8.745/1993, que proíbe nova contratação temporária do servidor, antes de decorridos 24 meses do encerramento do contrato anterior celebrado com apoio na mesma lei, deve ser interpretada restritivamente, de acordo com a finalidade para qual foi criada, ou seja, impedir a continuidade do servidor temporário no exercício de funções públicas permanentes, em burla ao princípio constitucional que estabelece o concurso público como regra para a investidura em cargos públicos.

2. Na hipótese de contratação de servidor temporário para outra função pública, por outro órgão, sem relação de dependência com aquele que o contratara anteriormente, precedida por processo seletivo equiparável a concurso público, não se aplica a vedação do art. 9º, inciso III, da Lei n. 8.745/1993, por referir-se a cargo distinto do que foi ocupado anteriormente.

REsp 1433037/DF, Rel. Ministro HUMBERTO MARTINS, SEGUNDA TURMA, julgado em 25/02/2014, DJe 12/03/2014. **(INFO 540)**

9. QUESTÕES

1. (FCC – Câmara Legislativa do Distrito Federal - Procurador Legislativo - Ano 2018) Lei de certo Estado da Federação, de iniciativa do Chefe do Poder Executivo, ao disciplinar a contratação de servidores por tempo determinado para atender à necessidade temporária de excepcional interesse público, dispõe que:

> Art. X – *Consideram-se como necessidade temporária de excepcional interesse público as contratações que visem a:*
>
> [...] III – *suprir necessidades de pessoal na área do magistério.*

À luz da jurisprudência do Supremo Tribunal Federal, a norma acima transcrita mostra-se:

a) incompatível com a Constituição Federal, uma vez que apenas a União poderia disciplinar as situações que justificam a contratação de servidores públicos por necessidade temporária de excepcional interesse público.

b) incompatível com a Constituição Federal, uma vez que as situações que justificam a contratação de servidores públicos por necessidade temporária de excepcional interesse público devem ser fixadas por decreto do Governador, por inserirem-se no âmbito da organização e do funcionamento da Administração Pública.

c) incompatível com a Constituição Federal no ponto em que considera como necessidade temporária de excepcional interesse público as contratações para suprir necessidades de pessoal na área do magistério.

d) compatível com a Constituição Federal, uma vez que, ainda que a matéria pudesse ser objeto de decreto do Governador, não há óbice para que seja disciplinada por lei de iniciativa do Chefe do Poder Executivo.

e) compatível com a Constituição Federal, uma vez que cabe apenas à lei, de iniciativa do Governador, definir as situações que justificam a contratação temporária de excepcional interesse público.

2. (PUC/PR – PGE/PR - PROCURADOR DO ESTADO - ANO 2015) Constituinte prevê a possibilidade de contratação de servidores por tempo determinado para atender à necessidade temporária de excepcional interesse público, observando os parâmetros da lei (art. 37, IX, CF). Em vários casos concretos, o Administrador Público Estadual tem optado em fazer essa contratação pelo regime previsto na Consolidação das Leis do Trabalho (CLT). Caso o sindicato dos servidores públicos promova uma ação judicial questionando a violação de direitos trabalhistas dos servidores temporários (regidos pela CLT), na visão do Supremo Tribunal Federal, a competência para essa ação será da:

a) Justiça Federal.

b) Justiça Estadual.

c) Justiça do Trabalho.

d) Justiça do Trabalho e da Justiça Federal, simultaneamente.

e) Justiça Estadual e da Justiça do Trabalho, concorrentemente.

3. (VUNESP – PGM/SP - Procurador do Município - Ano 2014) Com relação à terceirização no serviço público, assinale a alternativa correta.

a) Observadas as regras insertas na Lei n.º 8.666, de 21.06.1993, os entes integrantes da Administração Pública direta e indireta, somente responderão de forma subsidiária pelos créditos trabalhistas da empresa interposta, se comprovado o inadimplemento destas por culpa da prestadora de serviços.

b) Havendo necessidade temporária de excepcional interesse público, a Constituição Federal de 1988 autoriza expressamente a terceirização dos serviços pelo prazo máximo de 6 meses.

c) A terceirização dos serviços públicos na ocorrência de necessidade temporária de excepcional interesse público está autorizada pela Lei n.º 8.745/93 que trata da contratação por tempo determinado na Administração Pública.

d) Não observado o cumprimento das obrigações da Lei n.º 8.666/93 na terceirização de serviços e constatada a subordinação direta com a Administração Pública indireta, haverá o reconhecimento do vínculo de emprego direto com esta.

e) Mesmo observado o cumprimento das obrigações da Lei n.º 8.666/93, se constatada a conduta culposa da Administração Pública direta e indireta, especialmente na fiscalização do cumprimento das obrigações contratuais e legais da prestadora de serviço como empregadora, responderá de forma subsidiária no inadimplemento das obrigações trabalhistas por parte do empregador.

4. (ESAF – PGFN - Procurador da Fazenda - Ano 2015) Sobre os servidores públicos, assinale a opção incorreta.

a) Os vencimentos dos cargos do Poder Legislativo e do Poder Judiciário não poderão ser superiores aos pagos pelo Poder Executivo.

b) O direito de greve será exercido nos termos e nos limites definidos em lei complementar.

c) É vedada a vinculação ou equiparação de quaisquer espécies remuneratórias para o efeito de remuneração de pessoal do serviço público.

d) A administração fazendária e seus servidores fiscais terão, dentro de suas áreas de competência e jurisdição, precedência sobre os demais setores administrativos, na forma da lei.

e) A lei estabelecerá os casos de contratação por tempo determinado para atender a necessidade temporária de excepcional interesse público.

5. (UFPR - Câmara de Quintandinha - Advogado - Ano 2018) Sobre os agentes públicos, é incorreto afirmar:

a) Empregado público é a pessoa física que desempenha a função de órgão no âmbito de pessoa estatal com personalidade de direito público, submetido ao regime de direito do trabalho, com as modificações próprias do regime de direito público.

b) Será celetista o empregado que desempenhar função em autarquia, sendo submetido a regime estatutário e ao estágio probatório, com as modificações próprias do regime de direito público.

c) Servidor público é uma pessoa física que atua como órgão de uma pessoa jurídica de direito público mediante vínculo jurídico de direito público, caracterizado pela investidura em posição jurídica criada por lei.

d) Os servidores com regime jurídico especial têm previsão na Constituição Federal, em seu artigo 37, IX, observada a contratação por tempo determinado para atender à necessidade temporária de excepcional interesse público.

e) Empregados privados de empresas estatais têm amparo no direito do trabalho que disciplina o relacionamento jurídico entre as empresas estatais e seus empregados. A Constituição Federal exige que a contratação seja feita mediante concurso público.

Gabarito: 1.C ; 2.B ; 3.E ; 4.B ; 5.B.

Parte II

DIREITO PROCESSUAL DO TRABALHO NA FAZENDA PÚBLICA

Capítulo 11

PRINCÍPIOS DO PROCESSO DO TRABALHO E A APLICABILIDADE À FAZENDA PÚBLICA

CAIO FELIPE CAMINHA DE ALBUQUERQUE[1]

1. INTRODUÇÃO

Os princípios são normas jurídicas essenciais para a efetiva compreensão de todos os ramos do Direito. São eles que formam a estrutura necessária para a organização do sistema normativo, em razão de sua maior abertura e "elasticidade" em comparação às regras. É justamente essa maior abertura que permite que os princípios cumpram diversas funções no ordenamento jurídico, como: a) Orientação da produção de normas jurídicas; b) Interpretação das normas jurídicas; e c) Suprimento de lacunas normativas.

Nesse contexto, percebe-se como os princípios do Direito Processual Trabalhista são importantes para a compreensão da matéria. Entretanto, existem princípios próprios do processo trabalhista e princípios do processo comum que também são aplicáveis ao Direito Processual do Trabalho. Isso porque, apesar de ser estudado de forma autônoma, esse ramo do Direito está intimamente ligado ao Direito Processual Civil, que rege o processo judicial de uma maneira geral. Por esse motivo, o art. 769 da Consolidação das Leis do Trabalho prevê que, nos casos omissos, o direito processual comum será fonte subsidiária do direito processual do trabalho, desde que haja compatibilidade. Logo, os princípios gerais do processo também são aplicáveis ao processo trabalhista.

---

1 Graduado em Direito pelo Instituto de Educação Superior da Paraíba – IESP. Procurador do Município de João Pessoa/PB.

Apesar de não serem o verdadeiro objeto do presente capítulo, é necessário mencionar, resumidamente, alguns dos princípios processuais gerais aplicáveis ao processo trabalhista:

I- Devido processo legal: está previsto no art. 5º, LIV, da Constituição Federal, segundo o qual "ninguém será privado da liberdade ou de seus bens sem o devido processo legal". Esse princípio serve para proteger as partes contra abusos. Para tanto, as regras processuais devem ser estabelecidas previamente por lei, bem como devem ser estritamente observadas pela autoridade julgadora;

II- Igualdade: a igualdade entre as partes do processo é uma decorrência do *caput* do art. 5º da Constituição Federal. Não podem ser tolerados tratamentos desiguais para pessoas em uma mesma situação (igualdade formal). Por outro lado, também não podem ser aceitos tratamentos iguais para pessoas em situações diferentes (igualdade material);

III- Inafastabilidade da jurisdição: está prevista no art. 5º, XXXV, da Constituição Federal e impede que a lei exclua da apreciação do Poder Judiciário qualquer lesão ou ameaça a Direito. Por conseguinte, o direito de acesso ao judiciário para a solução de controvérsias deve ser amplo e desimpedido;

IV- Contraditório e ampla defesa: está previsto no art. 5º, LV, da Constituição Federal, que assegura aos litigantes, em processo judicial ou administrativo, e aos acusados em geral, o contraditório e ampla defesa, com os meios e recursos a ela inerentes. Esse direito tem estreita ligação com o devido processo legal e assegura às partes a capacidade de argumentar e defender sua posição no processo.

V- Motivação das decisões judiciais: está previsto no art. 93, IX, da Constituição Federal. Todas as decisões judiciais devem ter uma fundamentação lógica e adequada, sob pena de nulidade;

VI- Publicidade: decorre do art. 93, IX, da Constituição Federal, que afirma que todos os julgamentos do Poder Judiciário serão públicos. Esse princípio pode ser excepcionado nos casos de segredo de justiça previstos no art. 189 do CPC;

VII- Vedação da prova ilícita: está previsto no art. 5º, LVI, da Constituição Federal. Todas as provas utilizadas no processo devem ser obtidas pelos meios legais e respeitando os direitos e as garantias fundamentais. Dessa forma, a prova obtida por meios ilícitos é considerada inadmissível;

VIII- Duração razoável do processo: é assegurada pelo art. 5º, LXXVIII, da Constituição Federal. Esse direito/princípio serve para evitar a morosidade da justiça, que pode resultar na inefetividade do processo. É claro que deve ser levada em conta a complexidade da causa, assim como a estrutura do Poder Judiciário, para a aferição da duração razoável;

IX- Demanda/inércia: está previsto no art. 2º do CPC. Em razão desse princípio, o Poder Judiciário deve permanecer inerte até ser provocado pela parte interessada para manifestar-se sobre determinada controvérsia;

X- Impulso oficial: está previsto no art. 2º do CPC. Por conta desse princípio, apesar de o processo começar por iniciativa da parte, o seu desenvolvimento é feito pelo juiz da causa de acordo com o procedimento legal, independentemente da vontade das partes;

XI- Instrumentalidade das formas: decorre do art. 188 do CPC. Os atos processuais não dependem de uma forma específica, exceto quando a lei expressamente a exigir. Dessa forma, devem ser considerados válidos os atos que, mesmo realizados da forma errada, preencham a finalidade essencial;

XII- Cooperação: é um importante princípio que está previsto expressamente no art. 6º do CPC. Todos os sujeitos do processo (inclusive o juiz) precisam cooperar entre si para a obtenção, em tempo razoável, de uma decisão de mérito justa e efetiva. Apesar de as partes processuais defenderem posições antagônicas, é do interesse de todos que o processo seja desenvolvido de uma maneira justa. Portanto, não podem ser toleradas atitudes de má-fé ou que afetem negativamente a marcha processual.

2. PRINCÍPIOS DO DIREITO PROCESSUAL TRABALHISTA

2.1. Princípio da proteção ao trabalhador

A Justiça do Trabalho foi criada com o propósito específico de conferir uma proteção mais adequada e especializada no âmbito das relações trabalhistas. Em termos jurídicos, considera-se que o trabalhor é vulnerável em face do poder econômico do empregador, o que gera uma relação desequilibrada. Por esse motivo, é necessário que o sistema processual trabalhista (assim como ocorre com o direito material trabalhista) seja voltado ao equilíbrio dessa relação.

É importante lembrar que a Constituição Federal, em seu art. 5º, *caput*, consagra o princípio da igualdade ou da isonomia de todos perante a lei. Como é cediço, essa igualdade possui dois aspectos: um formal e um material. A igualdade formal consiste na aplicação das mesmas regras a todas as pessoas, indistintamente. Por sua vez, a igualdade material representa a nivelação das partes por meio de tratamentos iguais aos iguais e tratamentos desiguais aos desiguais, na medida das desigualdades. Nesse contexto, o princípio da proteção ao trabalhador busca justamente fazer valer a igualdade material entre as partes da relação trabalhista, o que justifica a existência de normas protetivas.

No Direito Processual Trabalhista, o princípio da proteção ao trabalhador tem uma aplicação um pouco diversa se comparada ao Direito Trabalhista material. Isso porque o processo judicial também é regido pelo princípio da paridade de armas, uma decorrência do direito ao devido processo legal, à ampla defesa e ao contraditório (art. 5º, LV, da CF). Por conseguinte, a proteção ao trabalhador deve ser aplicada de modo a não violar essa necessidade de que as partes disponham de igual capacidade de defesa dos seus direitos no processo judicial. É por esse motivo que Mauro Schiavi, por exemplo, utiliza a expressão "protecionismo temperado ao trabalhador"[2] para referir-se a esse princípio.

2.1.1. Âmbitos de incidência do princípio da proteção ao trabalhador

É possível afirmar que o princípio da proteção ao trabalhador incide, pelo menos, em quatro âmbitos distintos: a) Na criação das normas processuais trabalhistas; b) Na interpretação das normas processuais trabalhistas; c) No suprimento de lacunas normativas; e d) No tratamento do trabalhador no âmbito processual.

O primeiro âmbito de incidência do princípio da proteção é o legislativo. Para que o sistema normativo trabalhista permaneça coeso, o legislador deve observar o princípio mencionado na criação das normas processuais. É claro que deve ser mantida a paridade de armas entre as partes processuais, mas também devem existir normas favoráveis ao trabalhador justamente para materializar essa paridade.

Nesse contexto, algumas normas processuais podem ser citadas como mais favoráveis ao trabalhador:

I- Art. 651 da CLT: A competência das Varas Trabalhistas é determinada pela localidade onde o empregado, reclamante ou reclamado, prestar serviços ao empregador, ainda que tenha sido contratado noutro local ou no estrangeiro;

II- Art. 844 da CLT: O não comparecimento do reclamante à audiência importa o arquivamento da reclamação, enquanto que o não comparecimento do reclamado importa revelia, além de confissão quanto à matéria de fato;

III- Art. 790, §1º, da CLT: Tratando-se de empregado que não tenha obtido o benefício da justiça gratuita, ou isenção de custas, o sindicato que houver intervindo no processo responderá solidariamente pelo pagamento das custas devidas;

IV- Art. 790, §3º, da CLT: É facultado aos juízes, órgãos julgadores e presidentes dos tribunais do trabalho de qualquer instância conceder, a requerimento ou de ofício, o benefício da justiça gratuita, inclusive quanto a traslados e instrumentos, àqueles que perceberem salário igual ou inferior a 40% (quarenta por cento) do limite máximo dos benefícios do Regime Geral de Previdência Social;

V- Art. 791 da CLT: Os empregados (e também os empregadores) poderão reclamar pessoalmente perante a Justiça do Trabalho;

---

2 SCHIAVI, Mauro. Manual de direito processual do trabalho. 12. ed. de acordo com o Novo CPC. São Paulo: LTr, 2017, p.125.

VI- Art. 791-A, §4º, da CLT: Vencido o beneficiário da justiça gratuita, desde que não tenha obtido em juízo, ainda que em outro processo, créditos capazes de suportar a despesa, as obrigações decorrentes de sua sucumbência ficarão sob condição suspensiva de exigibilidade e somente poderão ser executadas se, nos dois anos (no processo civil esse prazo é de cinco anos, nos termos do art. 98, §3º, do CPC) subsequentes ao trânsito em julgado da decisão que as certificou, o credor demonstrar que deixou de existir a situação de insuficiência de recursos que justificou a concessão de gratuidade, extinguindo-se, passado esse prazo, tais obrigações do beneficiário.

Também no momento da interpretação das normas processuais trabalhistas deve incidir o princípio protetivo. Novamente, é necessário deixar claro que a paridade de armas não pode ser desrespeitada, assim como a imparcialidade do juiz, mas, da mesma forma, não será possível interpretar as normas processuais de maneira desfavorável ao trabalhador. Deve-se levar em conta a vulnerabilidade e a hipossuficiência dessa parte processual.

Nesse ponto, o princípio da instrumentalidade das formas ganha especial relevo, uma vez que o alcance da finalidade do ato, apesar da inadequação da forma, dependerá de uma análise interpretativa do órgão julgador. Em razão do princípio da proteção, o juiz deverá ter cautela ao interpretar as nulidades processuais em relação aos atos praticados pelo trabalhador e deverá levar em conta a vulnerabilidade e a hipossuficiência. No mesmo sentido, a comprovação da insuficiência de recursos pelo trabalhador, para fins de concessão do benefício da justiça gratuita (art. 790, §4º, da CLT), deve ser interpretada com cautela e levando em consideração a vulnerabilidade do reclamante.

O princípio protetivo serve, ainda, para suprir eventuais lacunas normativas. O próprio art. 769 da Consolidação das Leis do Trabalho abre espaço para a utilização desse princípio. Isso porque, por conta do dispositivo mencionado, a norma processual comum somente será aplicável para suprir eventual omissão se houver compatibilidade com o direito processual trabalhista. Dessa maneira, caso uma norma processual comum contrarie a necessária proteção ao trabalhador, ela não poderá ser aplicada subsidiariamente ao processo do trabalho.

Por fim, entendemos que o princípio da proteção tem incidência também no que tange ao tratamento conferido ao trabalhador durante o processo trabalhista. Cabe ressaltar que o art. 765 da CLT afirma que os juízes trabalhistas terão ampla liberdade na direção do processo. Nesse caso, resta claro que essa liberdade não pode ser exercida de forma contrária ao princípio protetivo. Na verdade, o oposto deve ocorrer: o juiz deve utilizar essa ampla liberdade justamente para tornar mais efetivo o princípio, sem abrir mão da imparcialidade. Isso será feito também por meio da determinação de quaisquer diligências necessárias ao esclarecimento da causa, levando-se em consideração a natural dificuldade do trabalhador em produzir provas.

2.2. Princípio da celeridade

A duração razoável do processo já é um direito fundamental assegurado pela Constituição Federal (art. 5º, LXXVIII) e vale para todos os processos judiciais. Na seara trabalhista, essa duração razoável corresponde ao princípio da celeridade.

Nesse contexto, o processo deve ser célere e chegar a um provimento judicial justo e efetivo com a maior brevidade possível. Isso é especialmente verdade no âmbito trabalhista por conta da natureza das verbas controvertidas: elas são alimentares. Como o trabalhador depende dessas verbas para o seu sustento, não seria efetivo um provimento judicial tardio. Em outras palavras, é possível afirmar que há uma forte ligação entre o princípio da celeridade e a dignidade da pessoa humana.

Com fundamento no princípio da celeridade, a OJ nº 310 da SDI-I do TST afirma que o prazo em dobro conferido pelo art. 229 do CPC aos litisconsortes que tiverem diferentes procuradores, de escritórios de advocacia distintos, não é aplicável ao processo trabalhista.

Por outro lado, é importante ressaltar que a necessária celeridade processual não impede a contagem em dias úteis dos prazos. Essa forma de contagem foi instituída pela Lei nº 13.467/2017, que alterou a redação do art. 775 da CLT. Assim, atualmente o processo trabalhista segue a mesma regra aplicável aos prazos processuais previstos no Código de Processo Civil. Essa inovação, apesar de resultar em prazos um pouco mais longos, é justa por auxiliar a atuação dos advogados sem esvaziar o princípio da celeridade.

Vale ressaltar que diversas regras processuais trabalhistas são informadas pelo princípio da celeridade, como as seguintes:

I- Prazos do processo trabalhista: o processo do trabalho tem, via de regra, prazos menores em comparação com o procedimento comum do Código de Processo Civil. Alguns exemplos podem ser citados:

a) Art. 841 da CLT: Recebida e protocolada a reclamação, o escrivão ou secretário, dentro de 48 (quarenta e oito) horas, remeterá a segunda via da petição, ou do termo, ao reclamado, notificando-o ao mesmo tempo, para comparecer à audiência do julgamento, que será a primeira desimpedida, depois de 5 (cinco) dias;

b) Art. 894 da CLT: No Tribunal Superior do Trabalho cabem embargos, no prazo de 8 (oito) dias;

c) Art. 895 da CLT: O recurso ordinário poderá ser interposto no prazo de 8 (oito) dias;

d) Art. 897 da CLT: O agravo de petição e o agravo de instrumento podem ser interpostos no prazo de 8 (oito) dias;

II- Audiência una: de acordo com o art. 849 da CLT, a audiência trabalhista deve ser, sempre que possível, contínua ou una. Em outras palavras, a tentativa de conciliação, a apresentação da defesa, a produção das provas e até a prolação da sentença devem ocorrer em uma mesma audiência, salvo motivo de força maior. Essa regra pretigia a celeridade processual por concentrar os atos que serão praticados;

III- Irrecorribilidade imediata das decisões interlocutórias: o art. 893 da CLT prevê que as decisões interlocutórias não podem ser objeto de recursos imediatamente. A apreciação dessas decisões somente pode ocorrer por meio dos recursos interpostos em face da decisão definitiva. Com isso, o processo torna-se mais célere, já que há uma redução da possibilidade de interposição de recursos.

2.2.1. Celeridade e os prazos diferenciados da fazenda pública

A necessidade de um processo célere não impede a existência de prazos diferenciados, especialmente em relação à Fazenda Pública. Essa prerrogativa existe em função dos interesses defendidos pelos entes públicos em juízo, o que faz com que eles não estejam na mesma situação que os particulares. Levando-se em consideração o princípio da igualdade em seu sentido material, justifica-se o tratamento diferenciado conferido à Fazenda Pública, posicionamento também defendido por Leonardo Carneiro da Cunha[3].

Nesse contexto, os prazos diferenciados de que dispõem os entes públicos não configuram um privilégio, mas uma decorrência natural das situações diversas em que se encontram as partes do processo. Cabe ressaltar que isso não gera uma violação do princípio da celeridade. Isso porque nenhum princípio é absoluto; eles podem ser aplicados em diferentes medidas e admitem exceções.

No âmbito trabalhista, o tema em análise é regido pelo Decreto-Lei nº 779/69. Esse diploma normativo confere à Fazenda Pública a contagem em quádruplo do prazo entre a citação e a ocorrência da audiência, previsto no art. 841 da CLT, bem como o prazo em dobro para a interposição de recursos.

É importante notar que o Novo Código de Processo Civil estabeleceu, em seu art. 183, a contagem em dobro para todas as manifestações processuais da Fazenda Pública, ou seja, foi mais abrangente do que o Decreto-Lei nº 779/69. Considerando que não há disposição específica no âmbito trabalhista e que não há incompatibilidade com esse sistema processual, a regra do Código de Processo Civil prevalece no processo do trabalho. Por outro lado, a regra que estabelece a contagem em quádruplo do prazo entre a citação e a audiência é específica.

---

3 CUNHA, Leonardo Carneiro da. A Fazenda Pública em juízo. 13. ed., totalmente reformulada, Rio de Janeiro: Forense, 2016, p. 33.

Como a norma específica deve prevalecer sobre a norma geral, a Fazenda Pública continua dispondo desse prazo em quádruplo.

2.3. Princípios da informalidade e da simplicidade

Os princípios da informalidade e da simplicidade buscam desburocratizar o processo trabalhista e facilitar o acesso à justiça. Ambos são corolários do princípio da celeridade e auxiliam a sua aplicação.

A informalidade afasta a necessidade de apego às formas na prática dos atos processuais e no direcionamento do procedimento. É o que prevê o art. 188 do CPC, aplicável subsidiariamente ao processo trabalhista: "Os atos e os termos processuais independem de forma determinada, salvo quando a lei expressamente a exigir, considerando-se válidos os que, realizados de outro modo, lhe preencham a finalidade essencial". É justamente essa informalidade que fundamenta a aplicação do princípio da instrumentalidade das formas na interpretação dos vícios formais dos atos processuais.

As seguintes regras processuais trabalhistas podem ser citadas como aplicações do princípio da informalidade:

I- Possibilidade de apresentação de reclamação verbal (art. 840 da CLT);

II- Desnecessidade de despacho para o recebimento da reclamação (art. 841 da CLT);

III- Possibilidade de apresentação verbal da defesa (art. 847 da CLT);

IV- Possibilidade de as partes litigarem pessoalmente (art. 791 da CLT);

V- Possibilidade de interposição de recursos por simples petição (art. 899 da CLT).

Por sua vez, a simplicidade é semelhante, mas mais abrangente, determinando uma interpretação das normas processuais que facilite o andamento processual e evite burocracias desnecessárias. Essa simplicidade justifica, por exemplo, a existência do procedimento sumaríssimo para dissídios individuais cujo valor não ultrapasse quarenta salários mínimos (art. 852-A da CLT).

2.4. Princípio da oralidade

O princípio da oralidade resulta em uma preferência do procedimento trabalhista pela exposição oral de argumentos. Isso torna o processo mais simples e mais informal, o que, por sua vez, facilita o acesso ao Poder Judiciário.

É por conta desse princípio que a reclamação trabalhista pode ser apresentada verbalmente, caso em que será será reduzida a termo, em duas vias datadas e assinadas pelo escrivão ou secretário (art. 840, §2º, da CLT). No mesmo sentido, a contestação pode ser apresentada verbalmente na audiência, dentro do prazo de 20 (vinte) minutos (art. 847 da CLT).

Vale ressaltar que o princípio da oralidade é plenamente aplicável aos advogados públicos. Por conseguinte, a defesa do ente público também poderá ser apresentada verbalmente.

Ademais, princípio da oralidade compreende os seguintes subprincípios:

I- Concentração dos atos processuais: os atos processuais devem ser concentrados na audiência una ou em poucas audiências, de modo que não haja uma perda de informações relevantes para o julgamento da causa que não tenham sido escritas;

II- Imediatidade: os atos de intrução do processo devem ser realizados na audiência e perante o juiz, tendo em vista a concentração desses atos;

III- Irrecorribilidade imediata das decisões interlocutórias: o ar. 893, §1º, da CLT estabelece que as decisões interlocutórias no processo trabalhista não podem ser objeto de recursos imediatamente, sendo necessário que a impugnação ocorra nos recursos interpostos em face da decisão final. Essa regra, contudo, não é absoluta, sendo admissível a interposição imediata de recurso nos seguintes casos, conforme prevê a Súmula nº 214 do TST:

a) decisão de Tribunal Regional do Trabalho contrária à Súmula ou Orientação Jurisprudencial do Tribunal Superior do Trabalho;

b) decisão suscetível de impugnação mediante recurso para o mesmo Tribunal; e

c) decisão que acolhe exceção de incompetência territorial, com a remessa dos autos para Tribunal Regional distinto daquele a que se vincula o juízo excepcionado, consoante o disposto no art. 799, § 2º, da CLT.

Por fim, cabe mencionar que há autores que indicam a identidade física do juiz como subprincípio da oralidade. Esse subprincípio decorreria da regra prevista no art. 132 do CPC/73, que afirmava que "o juiz, titular ou substituto, que concluir a audiência julgará a lide, salvo se estiver convocado, licenciado, afastado por qualquer motivo, promovido ou aposentado, casos em que passará os autos ao seu sucessor". Entretanto, entendemos que, como não houve repetição dessa norma ou a inclusão de norma semelhante no Novo Código de Processo Civil, esse subprincípio não mais subsiste.

2.5. Princípio da conciliação

A Justiça do Trabalho, conforme mencionado, tem o propósito de conferir uma proteção adequada e especializada no âmbito das relações trabalhistas. Como esse ramo do Poder Judiciário lida muito com demandas que envolvem verbas alimentares, é essencial que sejam buscadas formas de tonar esse processo o mais efetivo possível. Uma dessas formas é a preferência pela conciliação como forma de solução da controvérsia trabalhista.

Conforme prevê o art. 764 da CLT, as demandas apreciadas pela Justiça do Trabalho serão sempre sujeitas à conciliação. Para tanto, o juiz deve empregar sempre "os seus bons ofícios e persuasão no sentido de uma solução conciliatória dos conflitos" (art. 764, §1º, da CLT). Além disso, é possível a realização da conciliação que solucione a controvérsia em qualquer momento do processo (art. 764, §3º, da CLT).

Mesmo sendo possível a conciliação em todo o procedimento, existem dois momentos no processo trabalhista em que a tentativa de conciliação é obrigatória:

I- Na abertura da audiência (art. 846 da CLT); e

II- Após a instrução processual e a apresentação de razões finais pelas partes, e antes da decisão de mérito (art. 850 da CLT).

Havendo a conciliação, o termo lavrado valerá como decisão irrecorrível, salvo para a Previdência Social no que tange às contribuições devidas, nos termos do art. 841, parágrafo único da CLT. No entanto, é importante mencionar que, segundo a Súmula nº 418 do TST, a homologação do acordo constitui uma faculdade do juiz, inexistindo direito líquido e certo tutelável pela via do mandado de segurança. Ocorrendo a homologação, conforme dispõe a Súmula nº 259 do TST, o termo de conciliação somente será impugnável por ação rescisória.

2.5.1. Conciliação e a atuação do advogado público

A Fazenda Pública tem capacidade para firmar negócios processuais e para realizar conciliações. Entretanto, é necessário pontuar que a conciliação no âmbito trabalhista muitas vezes envolve o reconhecimento de ao menos parcela dos pedidos do reclamante e isso gera um problema para a Fazenda Pública.

Como é cediço, os entes públicos devem resguardar o interesse público (tanto o primário quanto o secundário), que é indisponível. Por conseguinte, o advogado público não pode simplesmente dispor do interesse público em prol de um único indivíduo, sob pena de violação dos princípios da impessoalidade e da supremacia do interesse público sobre o privado.

Nesse contexto, mesmo que a Administração Pública possa conciliar, é necessário que sejam adotados procedimentos que evitem a violação dos princípios que regem o regime jurídico-administrativo. Analisando o tema, Leonardo Carneiro da Cunha apresentou os seguintes requisitos para que haja o reconhecimento da procedência do pedido por parte da Fazenda Pública:

> a) prévio processo administrativo, por meio do qual a Administação Pública averigue e conclua objetivamente que não há razão na defesa a ser apresentada em juízo;

b) haver prévia autorização da autoridade administrativa competente para o cumprimento da obrigação exigida pelo particular (não sendo um ato autônomo do advogado público);

c) que o reconhecimento seja objeto de fiscalização pelos órgãos de controle, a exemplo do Poder Legislativo, do Tribunal de Contas, entre outros;

d) respeitar a isonomia e a impessoalidade, se sorte que, havendo demandas repetitivas ou diversos casos em idêntica situação de conflito com a Adminístação Pública, o reconhecimento deve ocorrer em todos os casos, não sendo possível haver escolha ou seleção arbitrária de apenas alguns dos casos. Nessa hipótese, é cabível até mesmo um ato geral regulando as condições da autocomposição[4].

Portanto, é correto afirmar que o princípio da conciliação no âmbito trabalhista é aplicável à Fazenda Pública, mas desde que respeitados os princípios da Administração Pública por meio de procedimentos específicos.

2.6. Princípio do *jus postulandi*

O *jus postulandi* consiste na possibilidade de a parte figurar no processo pessoalmente, ou seja, sem necessitar de advogado. Esse direito é assegurado pelo art. 791 da CLT e vale igualmente para empregados e empregadores.

Cabe ressaltar que o *jus postulandi* não é ilimitado na seara trabalhista. Nesse sentido, a Súmula nº 425 do TST trata do alcance dessa regra, afirmando que ela fica limitada às Varas do Trabalho e aos Tribunais Regionais do Trabalho, não alcançando:

I- a ação rescisória;

II- a ação cautelar;

III- o mandado de segurança; e

IV- os recursos de competência do Tribunal Superior do Trabalho.

2.6.1. Representação da fazenda pública

As pessoas jurídicas de direito público interno são representadas nos processos judiciais por meio dos advogados públicos, conforme dispõem os arts. 131 e 132 da Constituição Federal. Esses agentes tornam presente a Fazenda Pública no processo e manifestam a sua vontade, defendendo seus interesses.

Como a Fazenda Pública compreende pessoas jurídicas, o princípio do *jus postulandi* não é exatamente aplicável, uma vez que essas entidades não possuem

---

4 CUNHA, Leonardo Carneiro da. A Fazenda Pública em juízo. 13. ed., totalmente reformulada, Rio de Janeiro: Forense, 2016, p. 93-94.

existência própria e não podem litigar pessoalmente no processo. O que ocorre, segundo Leonardo Carneiro da Cunha (2016, p. 11), é que o advogado público torna presente o ente público respectivo em juízo, mas esse agente público não se confunde com o ente.

Entretanto, é importante mencionar que existe uma regra específica para formalização da representação de entes públicos. Considerando que essa representação decorre diretamente da lei, a Súmula nº 436 do TST afirma que "União, Estados, Municípios e Distrito Federal, suas autarquias e fundações públicas, quando representadas em juízo, ativa e passivamente, por seus procuradores, estão dispensadas da juntada de instrumento de mandato e de comprovação do ato de nomeação". Para que a representação seja regular, basta que o signatário declara-se exercente do cargo de procurador, não sendo suficiente a mera indicação do número de inscrição na Ordem dos Advogados do Brasil.

3. COMPILAÇÃO JURISPRUDENCIAL

3.1. Súmulas e orientações jurisprudenciais do TST

Súmula nº 9 do TST: AUSÊNCIA DO RECLAMANTE (mantida) - Res. 121/2003, DJ 19, 20 e 21.11.2003

A ausência do reclamante, quando adiada a instrução após contestada a ação em audiência, não importa arquivamento do processo.

Súmula nº 214 do TST: DECISÃO INTERLOCUTÓRIA. IRRECORRIBILIDADE (nova redação) - Res. 127/2005, DJ 14, 15 e 16.03.2005

Na Justiça do Trabalho, nos termos do art. 893, § 1º, da CLT, as decisões interlocutórias não ensejam recurso imediato, salvo nas hipóteses de decisão: a) de Tribunal Regional do Trabalho contrária à Súmula ou Orientação Jurisprudencial do Tribunal Superior do Trabalho; b) suscetível de impugnação mediante recurso para o mesmo Tribunal; c) que acolhe exceção de incompetência territorial, com a remessa dos autos para Tribunal Regional distinto daquele a que se vincula o juízo excepcionado, consoante o disposto no art. 799, § 2º, da CLT.

Súmula nº 259 do TST: TERMO DE CONCILIAÇÃO. AÇÃO RESCISÓRIA (mantida) - Res. 121/2003, DJ 19, 20 e 21.11.2003

Só por ação rescisória é impugnável o termo de conciliação previsto no parágrafo único do art. 831 da CLT.

Súmula nº 418 do TST: MANDADO DE SEGURANÇA VISANDO À HOMOLOGAÇÃO DE ACORDO (nova redação em decorrência do CPC de 2015) - Res. 217/2017 - DEJT divulgado em 20, 24 e 25.04.2017

A homologação de acordo constitui faculdade do juiz, inexistindo direito líquido e certo tutelável pela via do mandado de segurança.

Súmula nº 425 do TST: JUS POSTULANDI NA JUSTIÇA DO TRABALHO. ALCANCE. Res. 165/2010, DEJT divulgado em 30.04.2010 e 03 e 04.05.2010

O jus postulandi das partes, estabelecido no art. 791 da CLT, limita-se às Varas do Trabalho e aos Tribunais Regionais do Trabalho, não alcançando a ação rescisória, a ação cautelar, o mandado de segurança e os recursos de competência do Tribunal Superior do Trabalho.

Súmula 436 do TST: REPRESENTAÇÃO PROCESSUAL. PROCURADOR DA UNIÃO, ESTADOS, MUNICÍPIOS E DISTRITO FEDERAL, SUAS AUTARQUIAS E FUNDAÇÕES PÚBLICAS. JUNTADA DE INSTRUMENTO DE MANDATO (conversão da Orientação Jurisprudencial nº 52 da SBDI-I e inserção do item II à redação) - Res. 185/2012, DEJT divulgado em 25, 26 e 27.09.2012

I- A União, Estados, Municípios e Distrito Federal, suas autarquias e fundações públicas, quando representadas em juízo, ativa e passivamente, por seus procuradores, estão dispensadas da juntada de instrumento de mandato e de comprovação do ato de nomeação.

II- Para os efeitos do item anterior, é essencial que o signatário ao menos declare-se exercente do cargo de procurador, não bastando a indicação do número de inscrição na Ordem dos Advogados do Brasil.

Orientação Jurisprudencial nº 310 da SDI-1 do TST: LITISCONSORTES. PROCURADORES DISTINTOS. PRAZO EM DOBRO. ART. 229, CAPUT E §§ 1º E 2º, DO CPC DE 2015. ART. 191 DO CPC DE 1973. INAPLICÁVEL AO PROCESSO DO TRABALHO (atualizada em decorrência do CPC de 2015) – Res. 208/2016, DEJT divulgado em 22, 25 e 26.04.2016

Inaplicável ao processo do trabalho a norma contida no art. 229, caput e §§ 1º e 2º, do CPC de 2015 (art. 191 do CPC de 1973), em razão de incompatibilidade com a celeridade que lhe é inerente.

3.2. Informativos e julgados do TST

Revelia e confissão ficta. Atraso do preposto à audiência inaugural. Comparecimento antes da tentativa de conciliação. Ausência de contrariedade à Orientação Jurisprudencial n.º 245 da SBDI-I.

Conquanto a Orientação Jurisprudencial n.º 245 da SBDI-I estabeleça que "inexiste previsão legal tolerando o atraso no horário de comparecimento da parte na audiência", esse entendimento deve ser conjugado com os princípios da informalidade e da simplicidade que regem o Processo do Trabalho. Assim, tendo em conta que, no caso, a audiência teve início com a presença do advogado da reclamada e o preposto adentrou a sala sete minutos após o início, no momento em que o juiz designava perito, porém antes da tentativa de conciliação, participando da sessão até seu término, a SBDI-I, em sua composição plena, decidiu, pelo voto prevalente da Presidência, não conhecer dos embargos, ressaltando que, no caso, não há registro de que o comparecimento tardio do preposto tenha causado prejuízo à audiência ou retardado ato processual. Vencidos os Ministros Rosa Maria Weber, relatora, Antônio José de Barros Levenhagen, Lelio Bentes Corrêa, Horácio Raymundo de Senna Pires, Augusto César Leite de Carvalho, José Roberto Freire Pimenta e Delaíde Miranda Arantes, os quais conheciam do recurso por contrariedade à Orientação Jurisprudencial n.º 245 da SBDI-I e, no mérito, davam-lhe provimento para declarar a revelia e aplicar a confissão à reclamada quanto à matéria de fato. TST-E-RR-28400-60.2004.5.10.0008, SBDI-I, rel. Min. Rosa Maria Weber, red. p/ acórdão Min. Maria Cristina Irigoyen Peduzzi, 24.5.2012 (INFO 10).

Recurso ordinário em mandado de segurança. Não conhecimento. Inexistência de capacidade postulatória da autoridade coatora. Atribuição de legitimação recursal concorrente. Art. 14, § 2º, da Lei nº 12.016/2009. Vedação à adoção do jus postulandi. Irregularidade de representação.

Com o advento da Lei nº 12.016/2009, e consoante o disposto no seu art. 14, § 2º, a autoridade coatora adquiriu legitimidade para recorrer das decisões concessivas de segurança. Todavia, o direito de recorrer a que alude tal dispositivo traduz o conceito de legitimação recursal concorrente, o que não se confunde com a capacidade postulatória atribuída notadamente a advogados. Assim, existindo a intenção de interpor recurso por parte da autoridade coatora, deve ela se servir da advocacia pública, especialmente porque não se admite a adoção do jus postulandi em sede de mandado de segurança, conforme se extrai da Súmula nº 425 do TST. Com esse entendimento, SBDI-II, por maioria, não conheceu do recurso ordinário, por irregularidade de representação. Vencido o Ministro Emmanoel Pereira, que entendia pela declaração de nulidade do processo por ausência de intimação da AGU. TST-RO-126400-41.2009.5.03.0000, SBDI-II, rel. Min. Alberto Luiz Bresciani de Fontan Pereira, 9.12.2014 (INFO 97).

Reclamação. Não cabimento. Ausência de capacidade postulatória. Incidência da Súmula nº 425 do TST.

Não se conhece de reclamação (art. 988 do CPC de 2015) na hipótese em que o reclamante postula em causa própria e não comprova sua condição de advogado regularmente inscrito nos quadros da OAB, pois a dispensa da capacidade postulatória mediante a competente habilitação técnica legal somente pode ocorrer nos casos expressamente autorizados por lei, conforme entendimento consagrado pelo Supremo Tribunal Federal. Ademais, ao caso concreto não se aplica o jus postulandi de que trata o art. 791 da CLT, pois este dispõe acerca das lides decorrentes da relação de emprego, ao passo que, na espécie, a reclamação envolve matéria sindical, de competência da Justiça do Trabalho em virtude do art. 114, III, da CF. Incide, portanto, a ratio decidendi da Súmula nº 425 do TST, cuja redação não faz referência à reclamação porque editada em momento anterior à existência do referido instrumento jurídico no âmbito da Justiça do Trabalho. Sob esse entendimento, e ausentes quaisquer das situações que autorizam o cabimento da reclamação, o Órgão Especial, por unanimidade, extinguiu o processo, sem resolução de mérito, na forma do art. 485, I e IV, do CPC de 2015. TST-Rcl-20103-47.2016.5.00.0000, Órgão Especial, rel. Min. José Roberto Freire Pimenta, 6.12.2016 (INFO 150).

Recurso de revista. Lei n. 13.467/2017. Lei n. 13.015/2014. Instrução Normativa n. 40 do TST. Julgamento 'extra petita'. Reconvenção. Pedido expresso na conclusão da contestação.

1 - Extrai-se dos excertos que o Tribunal Regional entendeu prejudicada a análise da reconvenção apresentada pela reclamada por ausência de pedido expresso ao fim da contestação, no tocante ao reconhecimento do pedido de demissão ou dispensa por

justa causa. 2 - Com efeito, a partir da vigência do CPC/15, admite-se a apresentação de reconvenção em peça única, juntamente à própria contestação. Por outro lado, em clara tendência adotada pelo novo diploma processual civil, há uma desvalorização do excessivo rigor formal para maior prestígio da apreciação do mérito da questão litigiosa, destacando-se como tal o disposto no art. 322, que possibilita ao magistrado apreciar o teor da petição inicial (e da reconvenção, por consectário) levando em conta o conjunto argumentativo juntamente ao princípio da boa-fé. 3 - Opor à parte litigante óbice à análise do pedido reconvencional por mera ausência de repetição de forma expressa ao fim da peça processual se apresenta como conduta não mais admitida no âmbito das regras processuais hoje em vigor. 4 - Nesse aspecto, destaque-se, inclusive, que o princípio da informalidade é adotado há mais tempo no processo do trabalho, no qual se aplica a regra do art. 840, § 1º, da CLT, em que se exige que a petição inicial apresente o pedido e uma breve exposição dos fatos de que resulte o dissídio, sem maiores rigores formais. 5 – Recurso de revista conhecido e provido." TST-RR-716-17.2017.5.14.0131, 6ª Turma, rel. Min. Kátia Magalhães Arruda, julgado em 22/4/2020 (INFO 217).

4. QUESTÕES

1. (Banca: TRT 22ª Região – Orgão: TRT 22ª Região - Juiz do Trabalho - 2013) São princípios do direito processual do trabalho:

a) conciliação e *jus postulandi*;

b) identidade física do juiz e posição debitória complexa das partes;

c) oralidade e salvaguarda das partes;

d) impulso oficial nas execuções e *jus variandi*;

e) subsidiariedade do CPC e irrecorribilidade.

2. (CESPE - TRT 8ª Região - Técnico Administrativo - 2016) Assinale a opção correta a respeito dos princípios gerais do processo trabalhista.

a) Dado o princípio da oralidade aplicável ao processo laboral, o juiz deverá propor a conciliação antes da abertura da audiência.

b) O devido processo legal é princípio aplicável ao processo trabalhista e garante a celeridade no andamento do processo.

c) Configura hipótese de aplicação do princípio da proteção no processo do trabalho a regra de que o não comparecimento do reclamante à audiência importa no arquivamento da reclamação.

d) Caracteriza o princípio da simplificação de procedimentos a norma que permite aos empregadores reclamar pessoalmente perante a justiça do trabalho e acompanhar as suas reclamações durante todo o processo, inclusive interpor recursos no Tribunal Superior do Trabalho (TST), independentemente de advogado.

e) Decorre do princípio da adstrição ou congruência, aplicável ao processo do trabalho, o fato de o juiz poder determinar o pagamento de indenização a empregado estável que tiver pedido apenas reintegração, se houver incompatibilidade de retorno ao serviço.

3. (FCC - TRT 14ª Região - Analista Judiciário Oficial de Justiça Avaliador Federal - 2016) Em relação aos princípios gerais do processo trabalhista, não havendo norma trabalhista para a prática de determinado ato processual

a) aplica-se subsidiariamente a Lei de Execuções Fiscais seja qual for a fase processual.

b) a Consolidação das Leis do Trabalho não prevê nenhuma norma específica sobre o tema, cabendo ao magistrado escolher a norma processual que melhor se aplica ao caso.

c) será aplicado o Código de Processo Civil para solucionar o caso, exceto nas fases recursal e de execução, pois nessas fases se aplica a Lei de Execuções Fiscais.

d) nos casos omissos, o direito processual comum será fonte subsidiária do direito processual do trabalho, exceto quando houver incompatibilidade com as normas do processo judiciário do trabalho.

e) poderá ser aplicado de forma supletiva o direito processual comum, seja qual for a fase processual, bastando apenas que haja omissão da norma trabalhista.

4. (ESAF - PGFN - Procurador da Fazenda Nacional - 2007) No âmbito do processo do trabalho, a nulidade de todo o processado não pode ser declarada quando ocorrer a possibilidade de aproveitamento de determinado ato válido praticado no processo. Indique entre as opções abaixo aquela que encerra o princípio revelado pelo enunciado da questão.

a) Princípio da transcendência ou do prejuízo.

b) Princípio da convalidação.

c) Princípio do interesse de agir.

d) Princípio da instrumentalidade das formas.

e) Princípiodautilidade.

5. (CESPE/Câmara dos Deputados/Analista Legislativo – Consultor Legislativo Área V): Em relação aos princípios e às fontes do direito processual do trabalho, julgue o item a seguir.

O princípio da imparcialidade do juiz não é aplicável ao processo do trabalho, uma vez que a justiça laboral possui caráter tutelar que visa à proteção do trabalhador, hipossuficiente em face do seu empregador.

Gabarito: 1. A; 2. C; 3. D; 4. D; 5. Errado.

Capítulo 12

COMPETÊNCIA DA JUSTIÇA DO TRABALHO E DA FAZENDA PÚBLICA

ÉLISSON MIESSA[1]

1. INTRODUÇÃO

A jurisdição é una (indivisível). No entanto, para que ela possa ser exercida efetivamente, é necessário racionalizar os trabalhos e organizar as tarefas, o que dá origem à competência, que é a delimitação do exercício legítimo da jurisdição[2].

Isso quer dizer que todos os juízes possuem jurisdição dentro do território nacional, mas somente atuarão de forma legítima se tiverem competência. A

---

1 Procurador do Trabalho. Professor de Direito Processual do Trabalho do curso CERS online. Autor e coordenador de obras relacionadas à seara trabalhista publicadas pela editora Juspodivm. Mestrando em Direito pela Faculdade de Direito de Ribeirão Preto/USP.

2 NEVES, Daniel Amorim Assumpção. *Manual de direito processual civil*. 2. ed. Rio de Janeiro: Forense; São Paulo: Método, 2010. p. 110.

competência, portanto, é uma divisão artificial do Poder Judiciário, a fim de facilitar a estrutura material e organizacional de seus órgãos.

Desse modo, se, por exemplo, o caso versar sobre reconhecimento de vínculo empregatício, qualquer juiz terá jurisdição para a causa, mas somente o juiz do trabalho poderá julgá-la, pois apenas ele tem competência para esse caso.

A definição de qual juízo é competente ocorre por meio de cinco critérios:

1) em razão da matéria;

2) em razão da pessoa;

3) em razão da função (funcional);

4) em razão do lugar (territorial);

5) em razão do valor da causa.

Consigna-se que os critérios de competência declinados anteriormente devem conviver em um determinado caso, não sendo, portanto, excludentes. Desse modo, em um processo deverá, por exemplo, ser analisada a competência material, funcional e territorial.

Além disso, no processo do trabalho, o valor da causa não é critério para delimitação da competência, mas serve tão somente para definir o rito processual (sumário, sumaríssimo ou ordinário).

2. COMPETÊNCIA ABSOLUTA E RELATIVA

2.1. Competência absoluta

A **competência absoluta** é aquela criada em razão do interesse público. Diante disso, as partes não têm liberdade entre aplicá-la ou não (CPC/2015, art. 62). Noutras palavras, a competência absoluta tem natureza cogente (obrigatória).

Em razão dessa natureza obrigatória, a incompetência absoluta pode ser alegada por todos os sujeitos do processo, podendo inclusive ser conhecida *ex officio*[3] pelo juiz.

Além disso, ela pode ser alegada a **qualquer tempo e grau de jurisdição** (CPC/2015, art. 64, § 1º). No entanto, para o C. TST não se admite a alegação da incompetência absoluta nas instâncias superiores, em que é exigido o prequestionamento, conforme prevê a OJ nº 62 da SDI-I do TST: "É necessário o prequestionamento como pressuposto de admissibilidade em recurso de natureza extraordinária, ainda que se trate de incompetência absoluta".

3 Independe de provocação das partes.

Ademais, a incompetência absoluta gera nulidade absoluta do processo, podendo até mesmo ser alegada como vício de rescindibilidade na ação rescisória (CPC/2015, art. 966, II).

Reconhecida a incompetência absoluta, os autos serão encaminhados ao juízo competente, que prossegue no processo. Esse prosseguimento é chamado de *translatio judicii*.

Recebidos os autos pelo juízo competente, salvo decisão judicial em sentido contrário, os efeitos de decisão proferida pelo juízo incompetente serão conservados até que outra seja proferida, se for o caso, pelo juízo competente (CPC/2015, art. 64, § 4º).

São espécies de competência absoluta:

– **competência em razão da matéria**: definida acordo com a causa de pedir e o pedido;

– **competência em razão da pessoa**: delimitada observando a qualidade das partes do processo;

– **competência em razão da função (funcional):** estabelecida de acordo com a repartição das atividades jurisdicionais dentre os órgãos que atuam no processo.

Portanto, se a causa é, por exemplo, da competência da Justiça do Trabalho em razão da matéria (ex., vínculo de emprego), não poderá ser julgada por um juiz da Justiça Comum. Nesse caso, o juiz da Justiça Comum deve conhecer *ex officio* sua incompetência ou qualquer sujeito do processo poderá alegá-la, devendo os autos serem encaminhados à Justiça do Trabalho para julgamento.

2.2. Competência relativa

A **competência relativa** é aquela que privilegia a vontade das partes. Assim, as próprias partes podem aplicá-la ou não no caso concreto, sem que haja qualquer vício processual.

Isso não quer dizer que a lei não vai definir a competência relativa. O que ocorre nesse caso é que a lei define um juízo competente, mas, se as partes quiserem, poderão modificá-lo.

Por se tratar de opção concedida às partes, a incompetência relativa não pode ser conhecida *ex officio*, dependendo, obrigatoriamente, de provocação do réu (OJ nº 149 da SDI-II do TST)[4]. A propósito, a incompetência relativa pode

4 Orientação Jurisprudencial nº 149 da SDI-II do TST. Conflito de competência. Incompetência territorial. Hipótese do art. 651, § 3º, da CLT. Impossibilidade de declaração de ofício de incompetência relativa. Não cabe declaração de ofício de incompetência territorial no caso do uso, pelo trabalhador, da faculdade prevista no art. 651, § 3º, da CLT. Nessa hipótese, resolve-se o conflito pelo reconhecimento da competência do juízo do local onde a ação foi proposta.

ser alegada pelo Ministério Público nas causas em que atuar (CPC/2015, art. 65, parágrafo único).

A exceção de incompetência relativa deverá ser apresentada em peça que sinalize a existência da exceção, ou seja, em peça autônoma, como impõe o art. 800 da CLT, modificado pela Lei nº 13.467/17 (Reforma Trabalhista).[5]

Não sendo alegada a incompetência, o juiz que era inicialmente incompetente passa a ser competente para a causa, ocorrendo o fenômeno denominado prorrogação de competência.

Sendo alegada a incompetência relativa, o juiz incompetente encaminhará os autos ao juízo competente e, salvo decisão judicial em sentido contrário, os efeitos da decisão serão conservados até que outra seja proferida, se for o caso, pelo juízo competente, assim como ocorre nos casos de incompetência absoluta.

É espécie de competência relativa, no processo do trabalho, a competência em razão do lugar (territorial), que é definida levando-se em conta aspectos geográficos.

2.3. Diferenças entre a competência absoluta e relativa

Podemos esquematizar da seguinte forma as diferenças entre a competência absoluta e a competência relativa.

	Competência absoluta	**Competência relativa**
Espécies	Competência material; competência em razão da pessoa; competência funcional	Competência territorial; competência em razão do valor da causa
Momento de alegação	Qualquer tempo e grau de jurisdição, exceto instância superior que depende do prequestionamento	5 dias a contar da notificação e antes da audiência
Conhecimento ex officio	Pode ser conhecida *ex officio*	Não pode ser conhecida *ex officio*
Forma de alegação	Preliminar de contestação, qualquer petição e até mesmo oralmente na audiência	Exceção de incompetência (CLT, art. 800)

5 No mesmo sentido, SCHIAVI, Mauro. *A reforma trabalhista e o processo do trabalho.* São Paulo: LTr, 2017. p. 93.

	Competência absoluta	Competência relativa
Modificação	Não pode ser modificada	Pode ser modificada pela: a) prorrogação; b) conexão; ou c) continência.
Nulidade	Gera nulidade absoluta	Gera nulidade relativa
Ação rescisória	Poderá ser objeto de ação rescisória	Não pode ser objeto de ação rescisória

3. COMPETÊNCIA EM RAZÃO DA MATÉRIA E DA PESSOA

A Justiça do Trabalho teve considerável alteração na sua competência após o advento da EC nº 45/04. Nesse contexto, o art. 114 CF/88, principal dispositivo que declina a competência dessa Justiça Especializada, estabelece:

> **Art. 114.** Compete à Justiça do Trabalho processar e julgar:
>
> I – as ações oriundas da relação de trabalho, abrangidos os entes de direito público externo e da administração pública direta e indireta da União, dos Estados, do Distrito Federal e dos Municípios;
>
> II – as ações que envolvam exercício do direito de greve;
>
> III – as ações sobre representação sindical, entre sindicatos, entre sindicatos e trabalhadores, e entre sindicatos e empregadores;
>
> IV – os mandados de segurança, habeas corpus e habeas data, quando o ato questionado envolver matéria sujeita à sua jurisdição;
>
> V – os conflitos de competência entre órgãos com jurisdição trabalhista, ressalvado o disposto no art. 102, I, o;
>
> VI – as ações de indenização por dano moral ou patrimonial, decorrentes da relação de trabalho;
>
> VII – as ações relativas às penalidades administrativas impostas aos empregadores pelos órgãos de fiscalização das relações de trabalho;
>
> VIII – a execução, de ofício, das contribuições sociais previstas no art. 195, I, a, e II, e seus acréscimos legais, decorrentes das sentenças que proferir;
>
> IX – outras controvérsias decorrentes da relação de trabalho, na forma da lei.
>
> § 1º – Frustrada a negociação coletiva, as partes poderão eleger árbitros.
>
> § 2º Recusando-se qualquer das partes à negociação coletiva ou à arbitragem, é facultado às mesmas, de comum acordo, ajuizar dissídio coletivo de natureza econômica, podendo a Justiça do Trabalho decidir o conflito, respeitadas as disposições mínimas legais de proteção ao trabalho, bem como as convencionadas anteriormente.

> § 3º Em caso de greve em atividade essencial, com possibilidade de lesão do interesse público, o Ministério Público do Trabalho poderá ajuizar dissídio coletivo, competindo à Justiça do Trabalho decidir o conflito.

A competência em razão da matéria é identificada pela causa de pedir (fatos e fundamentos jurídicos) e pelo pedido deduzidos em juízo. Nessa hipótese, o processo poderá ser de competência da Justiça Especializada (Justiça do Trabalho, Eleitoral ou Militar) ou da Justiça Comum (Justiça Federal ou Estadual).

Já a competência em razão da pessoa é definida levando-se em conta a qualidade das partes envolvidas na relação jurídico-processual.

Quando a Fazenda Pública ou ainda, de forma mais ampla, algum dos entes da Administração Pública (direta ou indireta) figura em algum dos polos da relação jurídica processual, há impactos na competência material para o julgamento do feito.

4. COMPETÊNCIA PARA JULGAMENTO RELACIONADO AOS SERVIDORES DA ADMINISTRAÇÃO PÚBLICA

A administração pública abrange a União, os Estados, os Municípios, as autarquias, as fundações, as sociedades de economia mista e as empresas públicas.

No que se refere às empresas públicas e às sociedades de economia mista, o art. 173, II, da CF/88 submete-as ao regime próprio das empresas privadas, inclusive quanto aos direitos e obrigações trabalhistas, ou seja, deve contratar pelo regime celetista. Nesse contexto, não há dúvida de que a Justiça do Trabalho é competente para julgar as ações oriundas de seus empregados.

Quanto à União, aos Estados, aos Municípios, às autarquias e às fundações públicas, a questão não é pacífica. Isso porque a relação de trabalho, nesses entes, conforme entendimento do Supremo Tribunal Federal, pode ser de três espécies:

1) relação empregatícia (regime celetista);
2) relação estatutária;
3) relação de caráter jurídico-administrativa (temporária).

4.1. Relação empregatícia

De acordo com o entendimento do STF e do TST, a competência da Justiça do Trabalho está limitada às ações oriundas da relação de emprego, ou seja, quando o ente público adotar o regime celetista para seus servidores (empregados públicos).

No entanto, o STF entende que, mesmo sendo empregado público, a discussão sobre a exoneração de empregado em estágio probatório é da Justiça Comum, por se tratar de validade de ato administrativo, sendo considerado de natureza constitucional-administrativa[6].

Ademais, entende que cabe à Justiça Comum "processar e julgar controvérsias relacionadas à fase pré-contratual de seleção e de admissão de pessoal e eventual nulidade do certame em face da Administração Pública, direta e indireta, nas hipóteses em que adotado o regime celetista de contratação de pessoas, salvo quando a sentença de mérito tiver sido proferida antes de 6 de junho de 2018, situação em que, até o trânsito em julgado e a sua execução, a competência continuará a ser da Justiça do Trabalho."[7]

4.2. Relação estatutária

Fica a cargo da Justiça Comum a competência para julgar as relações estatutárias. Nesse sentido, a Súmula nº 137 do STJ:

> **Súmula nº 137 do STJ**. Competência – Processo e Julgamento – Servidor Público Municipal – Direitos Relativos ao Vínculo Estatutário.
>
> Compete à Justiça Comum Estadual processar e julgar ação de servidor público municipal, pleiteando direitos relativos ao vínculo estatutário.

Assim, cabe à Justiça Federal julgar os servidores públicos estatutários federais e à Justiça Estadual, os servidores públicos estatutários estaduais ou municipais.

4.3. Relação de caráter jurídico-administrativa

Os servidores temporários são os contratados para "atender a necessidade temporária de excepcional interesse público", nos termos do art. 37, IX, da CF/88.

Nesse caso, entende-se que há uma relação de caráter jurídico-administrativa, de modo que a competência é da Justiça Comum[8], ainda que se discuta o desvirtuamento do contrato temporário ou o contrato faça remissão aos direitos da CLT[9].

---

6 STF-ARE 809482 AgR, Relator(a): Min. Roberto Barroso, Primeira Turma, julgado em 17.3.2017, Acórdão eletrônico DJe-062 Divulg. 28.3.2017 Public. 29.3.2017.

7 STF – Tema 992 de Repercussão Geral – RE 960429 RG / RN. DJ 05.03.2020.

8 STF-RE-573.202-9: Reconheceu repercussão geral para afastar a competência da Justiça do Trabalho para processar e julgar ações entre o ente público e o servidor admitido mediante contratação temporária. DJE 11.4.2008. Também nesse sentido, TST-RO-456-38.2013.5.12.0000, SBDI-II, rel. Min. Douglas Alencar Rodrigues, 7.4.2015 (Informativo execução nº 13).

9 STJ- AgRg CC 138.099/RS, REl. Min. Sérgio Kukina, Primeira Seção, julg. 25.3.2015, Dje 31.3.2015.

Em resumo, é possível esquematizar a competência para julgar as ações envolvendo os servidores públicos da seguinte forma:

Competência da Justiça do Trabalho	Competência da Justiça Comum
Empregado público (celetista)	Servidor estatutário
	Servidor temporário

4.4. Cargo em comissão

No que tange aos trabalhadores submetidos ao cargo em comissão, a competência depende do regime adotado pela administração pública. Sendo o regime celetista a competência é da Justiça do trabalho[10], enquanto na hipótese de adotar o regime estatutário a competência será da Justiça comum[11].

4.5. Alteração do regime de contratação. Empregados contratados antes da CF/88, sem submissão do concurso público

É possível que o ente público altere seu regime de contratação, modificando seu regime de celetista para estatutário, especialmente em decorrência do regime único dos servidores públicos. É o que se denomina de transmudação (ou transposição) do regime jurídico.

Nesse caso, a competência da Justiça Laboral fica limitada ao período celetista, como descreve a OJ nº 138 da SDI-I do TST:

> Compete à Justiça do Trabalho julgar pedidos de direitos e vantagens previstos na legislação trabalhista referente ao período anterior à Lei nº 8.112/90, mesmo que a ação tenha sido ajuizada após a edição da referida lei. A superveniência de regime estatutário em substituição ao celetista, mesmo após a sentença, limita a execução ao período celetista[12].

---

10 TST; RR 0000227-35.2013.5.15.0149; Terceira Turma; Rel. Min. Alberto Bresciani; DEJT 13/03/2015; TST; ARR 0000415-58.2013.5.15.0042; Terceira Turma; Rel. Min. Maurício Godinho Delgado; DEJT 12/02/2016; Pág. 1081; TST; RR 0000099-92.2013.5.03.0102; Sétima Turma; Rel. Min. Vieira de Mello Filho; DEJT 17/04/2015; Pág. 2411.

11 **Súmula nº 218 do STJ.** Competência – Ação de Servidor Estadual – Processo e Julgamento – Direitos e Vantagens Estatutárias – Cargo em Comissão. Compete à Justiça dos Estados processar e julgar ação de servidor estadual decorrente de direitos e vantagens estatutárias no exercício de cargo em comissão.

12 O STF também entende que, havendo alteração do regime jurídico, a competência da Justiça do Trabalho fica restrita para processar e julgar ações relativas às verbas trabalhistas referentes ao período em que o servidor mantinha vínculo celetista com a Administração, antes da transposição para regime estatutário (ARE 1001075 RG, Relator(a): Min. GILMAR MENDES,

Ademais, o TST entende que "a transferência do regime jurídico de celetista para estatutário implica extinção do contrato de trabalho, fluindo o prazo da prescrição bienal a partir da mudança de regime" (Súmula nº 382 do TST).

4.5.1. Empregados contratados antes da CF/88, sem submissão ao concurso público

Há uma situação peculiar acerca da transmudação do regime jurídico: os **empregados contratados antes da Constituição Federal de 1988, sem submissão ao concurso público**, os quais provocaram divergências e evoluções no entendimento jurisprudencial. Explico.

A Lei nº 8.112/90, no âmbito federal, estabeleceu no art. 243 que todos os servidores que tinham ingressado no serviço público, antes da Constituição Federal, sob o regime de emprego público, automaticamente seu regime seria convertido para estatutário.

Ocorre que alguns servidores tinham ingressado na administração sem concurso público, sendo-lhes garantida a estabilidade pelo art. 19 do ADCT, desde que, na data da promulgação da CF/88, estivessem em exercício há pelo menos 5 anos continuados.

Diante disso, o TST passou a entender que tais servidores, embora pudessem prosseguir vinculados ao ente público (federal, estadual ou municipal), não poderiam ter seu regime modificado, mantendo-se o regime original celetista. Assim, como a mudança era inválida, a Justiça do Trabalho sempre seria competente para julgá-los[13].

No entanto, o TST, acompanhando entendimento do STF, passou a entender que, na realidade, era possível a chamada transmudação (ou transposição) de regime, não sendo admitido, por ser inconstitucional, o aproveitamento de tais servidores para os cargos cuja investidura a Constituição exige a submissão ao concurso, vedando, assim, a equiparação das vantagens devidas aos ocupantes de cargos efetivos[14].

---

julgado em 08/12/2016, PROCESSO ELETRÔNICO REPERCUSSÃO GERAL - MÉRITO DJe-017 DIVULG 31-01-2017 PUBLIC 01-02-2017.

13 STF – Repercussão geral no recurso extraordinário com agravo nº 906.491 Distrito Federal. Rel. Min. Teori Zavascki. DJE 7.10.2015; STF-ADI-1150/RS. Tribunal Pleno. Rel. Min. Moreira Alves. DJ 17.4.1998; TST-RR-1308-02-2012-5-22-0103. 2ª Turma. Rel. Min. José Roberto Freire Pimenta. DEJT 8.11.2013.

14 ArgInc-RR-105100-93.1996.5.04.0018, Tribunal Pleno, Relatora Ministra Maria Helena Mallmann, DEJT 18/09/2017.

Desse modo, havendo transmudação do regime **esses servidores não são mais celetistas, mas estatutários, embora fiquem sem prover cargo** (ADI 1.150/RS). Assim, a partir da mudança, extingue-se o contrato de trabalho, ficando a Justiça do Trabalho competente apenas para o período anterior à modificação do regime.

4.5.2. Contratação sem concurso público após a Constituição Federal de 1988

Com o advento da Constituição Federal de 1988, não se admite a contratação de servidores públicos sem a realização de concurso público, por força do art. 37.

No entanto, caso irregularmente a Administração pública contrate sem concurso público, a competência para processar e julgar a ação movida pelo trabalhador dependerá do regime jurídi-co adotado pelo ente público para os seus servidores:

- se tiver natureza administrativa ou estatutária, a competência será da Justiça Comum;
- se for celetista, a competência será da Justiça do Trabalho.[15]

5. COMPETÊNCIA TRABALHISTA PERANTE A GREVE

A greve pode ser conceituada como "a suspensão coletiva, temporária e pacífica, total ou parcial, de prestação pessoal de serviços a empregador" (Lei nº 7.783/89). Trata-se de um direito fundamental utilizado pelos trabalhadores, para pressionar o empregador a atender a suas reivindicações.

Nos termos do art. 114, II, da CF/88, todas "as ações que envolvam exercício do direito de greve" são de competência da Justiça do Trabalho. Nesse contexto, passou a ser de competência dessa Justiça Trabalhista:

– **as ações possessórias** (reintegração de posse, manutenção de posse e interdito proibitório). Exemplo: Banco Z ajuíza interdito proibitório para evitar protestos dentro ou na porta do banco;

Para as ações possessórias, o Supremo Tribunal Federal editou a Súmula vinculante nº 23, a qual declina:

> **Súmula Vinculante nº 23:** A Justiça do Trabalho é competente para processar e julgar ação possessória ajuizada em decorrência do exercício do direito de greve pelos trabalhadores da iniciativa privada.

15 TST-E-ED-RR-1114-36.2013.5.05.0201, SBDI-I, rel. Min. Cláudio Mascarenhas Brandão, red. p/ acórdão Min. Márcio Eurico Vitral Amaro, 12.4.2018 (Informativo nº 176).

A súmula vinculante restringiu a competência da Justiça do Trabalho apenas à iniciativa privada, o que significa que as ações decorrentes do exercício de greve dos servidores públicos estatutários são de competência da Justiça Comum (ADI 3395).

– **as ações indenizatórias** decorrentes do exercício do direito de greve. Exemplo: trabalhadores quebram maquinários da empresa durante o movimento grevista;

Nas ações indenizatórias, a doutrina e a jurisprudência não são pacíficas acerca das ações ajuizadas em face de terceiros em decorrência do exercício do direito de greve, por exemplo, quando na greve provoca-se um dano ao vizinho da empresa em greve ou quando a greve prejudica aqueles que se utilizam do transporte coletivo.

Nesse caso, para a tese majoritária, a competência é da Justiça do trabalho, vez que, sendo competência material, finca-se apenas na causa de pedir e no pedido, ou seja, estando os fatos e fundamentos jurídicos ou os pedidos relacionadas ao exercício do direito de greve, a competência é da Justiça do Trabalho[16]. Para outros, o art. 114, II, da CF/88 une a competência material com a competência em razão da pessoa, o que significa que apenas quando existirem trabalhadores, empregadores e sindicatos discutindo o exercício do direito de greve a competência será da Justiça do Trabalho.[17]

– **as ações de obrigação de fazer**, a fim de garantir, durante a greve, a prestação dos serviços indispensáveis ao atendimento das necessidades inadiáveis da comunidade etc. Exemplo: MPT ajuíza ação civil pública para que 50% dos ônibus coletivos mantenham-se em funcionamento durante o movimento grevista.

Também não é de competência da Justiça do Trabalho o julgamento das ações penais decorrentes do exercício do direito de greve (ADI 3684).

Há de se consignar, ainda, que as ações envolvendo o direito de greve podem gerar dissídios individuais ou dissídio de greve.

---

16. (...)A Justiça do Trabalho é competente para julgar pedido de indenização contra o Sindicato, em face dos atos que se desenrolaram durante o exercício do direito de greve, pela prática de ato ilícito contra terceiros que sofreram constrangimento ilegal e cárcere privado, impedidos de se retirar do prédio onde realizada a manifestação por seis horas. A competência da Justiça do Trabalho decorre da expressa dicção do inciso II do art. 114 da CF, que ao remeter às "ações que envolvem o direito de greve", não limita àquelas relacionadas à relação do trabalho (...) (RR nº 333000-76.2008.5.12.0001, 6ª Turma do TST, Rel. Aloysio Corrêa da Veiga. unânime, DEJT 13.05.2010); No mesmo sentido, STJ-Resp. 207.555-MG, Rel. Ricardo Villas Bôas Cueva. Julgado 06.12.12.
17. RO nº 05867-2006-001-12-00-6 (033/2007), 1ª Turma do TRT da 12ª Região/SC, Rel. Marcus Pina Mugnaini. j. 06.06.2007.

As ações individuais são as especificadas anteriormente, devendo ser ajuizadas na Vara do Trabalho.

Já o dissídio de greve vem estabelecido no § 3º do art. 114 da CF/88, tendo a finalidade de declarar a abusividade ou não do movimento grevista. Essa ação é de competência originária dos Tribunais (TRT ou TST), considerando a sua extensão territorial.

Assim, atingindo a greve apenas um Tribunal Regional, é dele a competência para solucioná-la, como se depreende do art. 677 da CLT. Por outro lado, atingindo mais de um Tribunal Regional, a competência será do TST, nos termos do art. 2º, I, "a", da Lei nº 7.701/88.

Existe uma exceção quando a extensão do dissídio de greve atinge mais de um tribunal. É no caso de a greve atingir as circunscrições dos TRTs da 2ª e 15ª Região (todo o Estado de São Paulo). Nessa hipótese, a competência será do TRT da 2ª Região, conforme estabelece o art. 12 da Lei nº 7.520/86, alterado pela Lei nº 9.254/96.

5.1. Dissídio coletivo de greve de servidor público

O STF fixou tese no sentido de que "a justiça comum, federal ou estadual, é competente para julgar a abusividade de greve de servidores públicos celetistas da Administração pública direta, autarquias e fundações públicas"[18].

Portanto, sendo pessoa jurídica de direito público, para o E. STF a competência para julgar o dissídio coletivo de greve é da justiça comum, sendo de competência da justiça do trabalho apenas as pessoas jurídicas de direito privado, inclusive as empresas públicas e as sociedades de economia mista.

No caso de dissídio de greve ajuizado na justiça comum, o STF decidiu que "até a devida disciplina legislativa, devem-se definir as situações provisórias de competência constitucional para a apreciação desses dissídios no contexto nacional, regional, estadual e municipal"[19], aplicando-se analogicamente a Lei nº 7.701/88.

Desse modo, o STJ tem competência nos seguintes casos:

1) movimento de âmbito nacional;

2) movimento que atinja mais de uma região da justiça federal;

3) movimento que compreenda mais de uma unidade da federação (art. 2º, I, "a", da Lei nº 7.701/1988).

---

18 STF - Tema 544 de Repercussão Geral - RE 846854. Tese fixada pelo plenário do STF em 01.8.2017.

19 STF – MI 708/DF, Rel. Min. GILMAR MENDES, DJe 25.10.07.

Por outro lado, o Tribunal Regional Federal será competente se a controvérsia estiver ligada a servidor público federal e adstrita:

a) a uma única região da justiça federal (aplicação analógica do art. 6º da Lei nº 7.701/1988);

b) ao âmbito local.

Já o Tribunal de Justiça será competente para os servidores públicos estaduais e municipais quando a controvérsia estiver restrita:

a) a uma unidade da federação (aplicação analógica do art. 6º da Lei nº 7.701/1988);

b) ao âmbito local.

6. AÇÕES ENVOLVENDO SINDICATOS

Pela análise do art. 114, III, da CF/88 é possível extrair que a Justiça do Trabalho tem competência para processar e julgar todas as ações que envolvam os sindicatos e ou discutam questões sindicais[20]. Nesse contexto, a Justiça do Trabalho é competente para as ações:

1) **sobre representação sindical**. Exemplo: quando dois ou mais sindicatos disputarem a representação da categoria;
2) **entre sindicatos**. Exemplos: cobrança de multa do sindicato patronal pelo sindicato dos empregados, em decorrência do não cumprimento de obrigações assumidas na convenção coletiva; repartição das contribuições sindicais etc.;
3) **entre sindicatos e empregados**. Exemplos: descontos indevidos de contribuições assistenciais e confederativas; vícios nas eleições sindicais; direito de filiação ou desfiliação;
4) **entre sindicatos e empregadores.** Exemplos: *ações visando acabar com atos antissindicais praticados pelo empregador; consignação de pagamento de contribuição sindical ajuizada pelo empregador.*

Ressalta-se que, como já dito, o art. 114, III, da CF/88 atrai para a Justiça do Trabalho todas as questões relacionadas aos sindicatos, sejam as intersindicais (entre sindicatos, como é o caso, p. ex., da disputa de representação sindical), sejam as intrassindicais.

20 SCHIAVI, Mauro. *Manual de Direito Processual do Trabalho.* 9. ed. São Paulo: LTr, 2015. p. 258.

No último caso, "envolvem todas as questões do Sindicato considerado em si mesmo e não em conflito com outro sindicato"[21]. Assim, são abrangidas, por exemplo, as questões relacionadas à legalidade de criação dos sindicatos (inclusive no tocante ao registro sindical e aos atos constitutivos em cartório), a convocação de Assembleias, as eleições sindicais[22] e também sobre os cargos de direção, registro de candidatura e a ação do dirigente sindical para pagamento de seus créditos e honorários junto à entidade sindical[23].

Ressalta-se que, embora o art. 114, III, da CF/88 utilize apenas sindicatos, ele deve ser interpretado extensivamente, incluindo, assim, as federações, as confederações e até mesmo as centrais sindicais.

O STF entende que "compete à Justiça comum processar e julgar demandas em que se discute o recolhimento e o repasse de contribuição sindical de servidores públicos regidos pelo regime estatutário."[24]

Por fim, destaca-se que, com o advento da EC nº 45/04, a Súmula nº 222 do STJ é considerada como superada pela doutrina e jurisprudência, sendo, atualmente, competência da Justiça do Trabalho julgar as ações relacionadas à contribuição sindical. Registra-se que referida súmula permanece aplicável aos processos já sentenciados na data das alterações realizadas pela emenda (Súmula nº 367 do STJ).

7. AÇÕES DE INDENIZAÇÃO POR DANO MORAL OU PATRIMONIAL

Com a inclusão do art. 114, VI, da CF/88, por meio da Emenda Constitucional nº 45/04, terminou a divergência acerca da competência da Justiça Trabalhista para processar e julgar "as ações de indenização por dano moral ou patrimonial, decorrentes da relação de trabalho". Definiu-se, pois, que tais ações são de competência dessa Justiça Especializada.

---

21 SCHIAVI, Mauro. *Manual de direito processual do trabalho.* 11. ed. São Paulo: LTr, 2016. p. 266 e 267.

22 Nesse sentido, a doutrina majoritária defende o cancelamento da Súmula nº 4 do STJ: "Compete a Justiça Estadual julgar causa decorrente do processo eleitoral sindical". (LEITE, Carlos Henrique Bezerra. *Curso de direito processual do trabalho.* 14. ed. São Paulo: Saraiva, 2016. p. 308).

23 SCHIAVI, Mauro. *Manual de direito processual do trabalho.* 11. ed. São Paulo: LTr, 2016. p. 266 e 267.

24 STF – Tema 994 - RE 1089282, Relator(a): GILMAR MENDES, Tribunal Pleno, julgado em 07/12/2020, PROCESSO ELETRÔNICO REPERCUSSÃO GERAL - MÉRITO DJe-021 DIVULG 03-02-2021 PUBLIC 04-02-2021.

Assim, se determinado empregado alega que sofreu dano moral por ato praticado pelo empregador, durante a relação de emprego, o pedido de indenização deverá ser postulado na Justiça do Trabalho.[25]

7.1. Acidente de trabalho e doença ocupacional

As ações acidentárias, que derivam do acidente de trabalho, podem dar origem a, pelo menos, duas ações diferentes:

1) promovida pelo trabalhador **em face do INSS**, para recebimento de benefício previdenciário. Nesse caso, embora a entidade autárquica seja integrante do polo da ação, a **competência é da Justiça Comum Estadual**, uma vez que o art. 109, I, da CF expressamente exclui essa ação da competência da Justiça Federal[26];
2) ajuizada pelo trabalhador **em face do empregador**, postulando indenização por danos morais ou patrimoniais. Aqui, a **competência é da Justiça do Trabalho.**

É o que dispõe a Súmula vinculante nº 22 do STF:

> A Justiça do Trabalho é competente para processar e julgar as ações de indenização por danos morais e patrimoniais decorrentes de acidente de trabalho propostas por empregado contra empregador, inclusive aquelas que ainda não possuíam sentença de mérito em primeiro grau quando da promulgação da Emenda Constitucional nº 45/04.

Ademais, inserem-se na competência da Justiça do Trabalho as doenças equiparadas ao acidente do trabalho (Súmula nº 392 do TST), ou seja, as doenças ocupacionais. Doença ocupacional é gênero que tem como espécies a doença profissional e a doença de trabalho. Doença profissional é a doença típica de

---

25. O C. TST já decidiu que nos casos em que não for reconhecido o vínculo de emprego, mas sim relação de natureza civil, o julgamento da indenização por danos morais será de competência da justiça comum. AR - 11702-25.2017.5.00.0000, Relator Ministro: Alexandre de Souza Agra Belmonte, Data de Julgamento: 16/10/2018, Subseção II Especializada em Dissídios Individuais, Data de Publicação: DEJT 19/10/2018.

26. Art. 109. Aos juízes federais compete processar e julgar: I – as causas em que a União, entidade autárquica ou empresa pública federal forem interessadas na condição de autoras, rés, assistentes ou oponentes, exceto as **de falência, as de acidentes de trabalho** e as sujeitas à Justiça Eleitoral e à Justiça do Trabalho; (...) – grifo nosso. O Novo CPC reproduz essa diretriz no art. 45, inciso I.

determinada profissão, por exemplo, empregado de mineradora que contrai silicose, pois trabalha exposto ao pó de sílica. Já a doença de trabalho, embora tenha origem no trabalho do obreiro, não está vinculada a determinada profissão, como é o caso da LER/DORT.

8. AÇÕES RELATIVAS ÀS PENALIDADES ADMINISTRATIVAS IMPOSTAS AOS EMPREGADORES PELOS ÓRGÃOS DE FISCALIZAÇÃO DO TRABALHO

A fiscalização administrativa, na seara trabalhista, é exercida pela Secretaria Especial de Previdência e Trabalho do Ministério da Economia. Desse modo, se tal órgão aplica multa a determinada empresa, caso esta tenha interesse de anular o auto de infração, deverá ajuizar ação na Justiça do Trabalho, nos termos do art. 114, VII, da CF. Da mesma forma, a execução da multa também será de competência da Justiça especializada. Em resumo, após o advento da Emenda Constitucional nº 45/04, todas as discussões relacionadas às penalidades administrativas impostas aos empregadores pelos órgãos de fiscalização do trabalho são de competência da Justiça do Trabalho.

Por fim, registra-se que as penalidades administrativas lavradas por órgão de fiscalização de profissões regulamentadas (ex., CREA, OAB etc.) não são de competência da Justiça do Trabalho, estando afastadas do art. 114, inciso VII, da Constituição Federal[27]. Do mesmo modo, não são de competência da Justiça do Trabalho lides em que se discute sanção aplicada por infração à legislação trabalhista a município que mantém vínculo de natureza estatutária com servidores admitidos em caráter temporário[28].

9. EXECUÇÃO, DE OFÍCIO, DAS CONTRIBUIÇÕES SOCIAIS DAS SENTENÇAS QUE PROFERIR

A sentença trabalhista pode versar sobre verbas indenizatórias e salariais.

As verbas de natureza indenizatória (ex., indenização por danos morais, multa do art. 477 da CLT etc.) não se sujeitam à incidência de contribuições sociais. Já as verbas de natureza salarial (ex., salário, horas extras etc.) estão submetidas à incidência das contribuições sociais, que servem, entre outros objetivos, para o custeio da previdência social.

No caso de ajuizamento de reclamação trabalhista, tais verbas também sofrerão incidência das contribuições sociais, as quais poderão ser executadas

---

27 SCHIAVI, Mauro. *Manual de direito processual do trabalho*. 6. ed. São Paulo: LTr, 2013. p. 272.

28 TST-RO-456-38.2013.5.12.0000, SBDI-II, rel. Min. Douglas Alencar Rodrigues, 7.4.2015 (Informativo execução nº 13).

de ofício (independente de provocação). É o que estabelece o artigo o art. 114, VIII, CF:

> **Art. 114.** Compete à Justiça do Trabalho processar e julgar:
> (...)
> VIII- a execução, de ofício, das contribuições sociais previstas no art. 195, I, a, e II, e seus acréscimos legais, decorrentes das sentenças que proferir; (...)

Assim, havendo condenação, por exemplo, ao pagamento do 13º salário e das horas extras, o juiz deverá executar de ofício as contribuições sociais incidentes sobre tais verbas.

Dúvida existia acerca da competência da Justiça do Trabalho para a execução das contribuições sociais, quando a reclamação trabalhista tivesse cunho meramente declaratório.

> **Exemplo**: empregado ajuíza reclamação trabalhista postulando tão somente o reconhecimento do vínculo empregatício, do período de 1.2.07 a 1.3.10. Nessa hipótese, indaga-se: o juiz do trabalho, reconhecendo o vínculo empregatício, poderá executar de ofício as contribuições sociais do período? Do mesmo modo, postulado o pagamento de reflexos nas horas extras sobre os pagamentos realizados "por fora", tem a Justiça do Trabalho competência para executar as contribuições incidentes sobre os salários realizados "por fora"?

O Supremo Tribunal Federal **decidiu que a Justiça do Trabalho somente é competente para executar as contribuições sociais decorrentes de sentença condenatória em pecúnia que proferir ou objeto de acordo judicial homologado**, ou seja, não tem competência na hipótese de sentença meramente declaratória, dando origem à Súmula Vinculante nº 53 do STF:

> A competência da Justiça do Trabalho prevista no art. 114, VIII, da Constituição Federal alcança a execução de ofício das contribuições previdenciárias relativas ao objeto da condenação constante das sentenças que proferir e acordos por ela homologados.

Nesse sentido, a Súmula 368, item I, do TST:

> **Súmula nº 368 do TST**. Descontos previdenciários. Imposto de renda. Competência. Responsabilidade pelo recolhimento. Forma de cálculo. Fato gerador.
> I – A Justiça do Trabalho é competente para determinar o recolhimento das contribuições fiscais. A competência da Justiça do Trabalho, quanto à execução das contribuições previdenciárias, limita-se às sentenças condenatórias em pecúnia que proferir e aos valores, objeto de acordo homologado, que integrem o salário de contribuição. (...)

Aliás, a Lei nº 13.467/2017 (Reforma Trabalhista) alterou o parágrafo único do art. 876 da CLT, reproduzindo o art. 114, VIII, da CF/88 e ratificando o entendimento sedimentado na Súmula Vinculante nº 53 do STF e na Súmula nº 368, I, do TST, como se verifica a seguir:

> Parágrafo único. A Justiça do Trabalho executará, de ofício, as contribuições sociais previstas na alínea a do inciso I e no inciso II do caput do art. 195 da Constituição Federal, e seus acréscimos legais, relativas ao objeto da condenação constante das sentenças que proferir e dos acordos que homologar.

Portanto, a Justiça do Trabalho tem competência para executar apenas as contribuições sociais decorrentes de sentença **condenatória em pecúnia que proferir ou objeto de acordo judicial homologado, o que não inclui o caso de decisões meramente declaratórias.**

Consigna-se que a Justiça do Trabalho também é competente para executar as contribuições sociais referentes ao seguro de acidente de trabalho (Súmula nº 454 do TST[29]). Além disso, tem competência ainda para executar as contribuições previdenciárias decorrentes dos acordos firmados perante a Comissão de Conciliação Prévia[30].

A competência da Justiça do Trabalho para executar as contribuições sociais não inclui as contribuições devidas a terceiros do sistema S (Sesi, Sesc, Senai etc.)

> Atenção: De acordo com o STF, "a Justiça do Trabalho é competente para executar, de ofício, as contribuições previstas no artigo 195, incisos I, alínea a, e II, da Carta da República, relativamente a títulos executivos judiciais por si formalizados em data anterior à promulgação da Emenda Constitucional nº 20/1998" (Tese de repercussão geral – tema 505 – RE 595326, j. em 21.08.2020).

10. AÇÕES ENVOLVENDO O MEIO AMBIENTE DO TRABALHO

As ações relacionadas ao meio ambiente do trabalho são de competência da Justiça do Trabalho, conforme se depreende da Súmula nº 736 do STF:

---

29. Súmula nº 454 do TST. Competência da Justiça do Trabalho. Execução de ofício. Contribuição social referente ao seguro de acidente de trabalho (SAT). Arts. 114, VIII, e 195, I, "A", da Constituição da República. Compete à Justiça do Trabalho a execução, de ofício, da contribuição referente ao Seguro de Acidente de Trabalho (SAT), que tem natureza de contribuição para a seguridade social (arts. 114, VIII, e 195, I, "a", da CF), pois se destina ao financiamento de benefícios relativos à incapacidade do empregado decorrente de infortúnio no trabalho (arts. 11 e 22 da Lei nº 8.212/1991).
30. TST-E-RR-40600-80.2009.5.09.0096, SBDI-I, rel. Min. José Roberto Freire Pimenta, 24.5.2012 (informativo nº 10 do TST).

"Compete à justiça do trabalho julgar as ações que tenham como causa de pedir o descumprimento de normas trabalhistas relativas à segurança, higiene e saúde dos trabalhadores".

No caso da Administração Pública, a competência será da Justiça do Trabalho, independentemente do regime jurídico adotado para seus servidores: celetista ou estatutário.

11. COMPETÊNCIA EM RAZÃO DO LUGAR (TERRITORIAL)

A competência em razão do lugar é aquela delimitada com base nos limites geográficos (territorial) de cada órgão do Poder Judiciário. Portanto, divide-se a competência considerando cada parte do território nacional.

Essa modalidade de competência é relativa, o que significa que depende de provocação da parte interessada, a ser alegada em exceção de incompetência (CLT, art. 800), sob pena de prorrogação da competência, ou seja, o juiz, inicialmente incompetente, passa a ser competente.

A competência territorial, no processo do trabalho, vem descrita no art. 651 da CLT que estabelece:

> **Art. 651** – A competência das Juntas de Conciliação e Julgamento[31] é determinada pela localidade onde o empregado, reclamante ou reclamado, prestar serviços ao empregador, ainda que tenha sido contratado noutro local ou no estrangeiro.
>
> § 1º – Quando for parte de dissídio agente ou viajante comercial, a competência será da Junta da localidade em que a empresa tenha agência ou filial e a esta o empregado esteja subordinado e, na falta, será competente a Junta da localização em que o empregado tenha domicílio ou a localidade mais próxima.
>
> § 2º – A competência das Juntas de Conciliação e Julgamento, estabelecida neste artigo, estende-se aos dissídios ocorridos em agência ou filial no estrangeiro, desde que o empregado seja brasileiro e não haja convenção internacional dispondo em contrário.
>
> § 3º – Em se tratando de empregador que promova realização de atividades fora do lugar do contrato de trabalho, é assegurado ao empregado apresentar reclamação no foro da celebração do contrato ou no da prestação dos respectivos serviços.

Pela análise desse dispositivo, é possível estabelecer a seguinte estrutura para a competência territorial da Justiça do Trabalho:

---

31 Leia-se Vara do Trabalho.

Regra: local da prestação dos serviços (*caput*);

- **1ª exceção:** agente ou viajante comercial;
- **2ª exceção:** empregado brasileiro que trabalha no exterior;
- **3ª exceção:** empregador que promove a prestação dos serviços fora do lugar da celebração do contrato.

11.1. Local da prestação dos serviços

Como visto, a regra é o ajuizamento da reclamação trabalhista no local da prestação dos serviços (CLT, art. 651, *caput*).

Consigna-se que, nos termos do *caput* do aludido artigo, mesmo que a contratação tenha ocorrido em outro local ou no estrangeiro, a competência será do juízo do local da prestação dos serviços. Esta regra se aplica na hipótese de o empregado ser reclamante ou reclamado.

Ademais, a competência do local da prestação dos serviços também será utilizada nas causas de relação de trabalho, pois o art. 1º da Instrução Normativa nº 27/2005 do TST determina que estas ações seguirão o rito previsto na CLT.

11.2. Agente ou viajante comercial

A primeira exceção da competência territorial trabalhista é a reclamação do agente ou viajante comercial, disposta no § 1º do art. 651 da CLT.

Nessa hipótese, definiram-se duas regras sucessivas:

- **Regra principal**: competência da Vara do Trabalho em que a empresa tenha agência ou filial e a esta o empregado esteja subordinado.
- **Regra secundária (subsidiária)**: **na falta** de agência ou filial ou se o empregado não estiver subordinado a nenhuma delas, ele poderá **optar** entre ajuizar a ação no seu domicílio ou na localidade mais próxima.

11.3. Empregado brasileiro que trabalha no exterior

A segunda exceção é do empregado brasileiro que trabalha no exterior, de modo que, embora a prestação do serviço tenha ocorrido em outro país, a reclamação poderá ser ajuizada na Justiça brasileira.

Desse modo, o § 2º do art. 651 da CLT prevê a competência internacional, estabelecendo que a Vara do Trabalho é competente, na hipótese de prestação dos serviços em agência ou filial no exterior, desde que o empregado seja brasileiro (nato ou naturalizado) e não haja convenção internacional dispondo em contrário.

É o caso, por exemplo, de um brasileiro ser contratado para prestar serviços na Alemanha. Nesse caso, admite-se que a reclamação seja ajuizada na Justiça do Trabalho brasileira.

Atente-se para o fato de que, havendo convenção internacional estabelecendo o foro competente, não se aplicará a regra do § 2º, do art. 651 da CLT.

Por fim, é importante observar que o referido parágrafo trata de regra de competência e, portanto, de direito processual, nada versando sobre direito material. Isso significa que, embora a Justiça do Trabalho possa ser competente, o direito material aplicável será aquele que é mais favorável ao trabalhador no conjunto de normas em relação a cada matéria, incidindo, assim, a teoria do conglobamento mitigado ou por institutos (Lei nº 7.064/82, art. 3º).

11.4. Empregador que promove a prestação dos serviços fora do lugar da celebração do contrato

O § 3º do art. 651 da CLT estabelece a competência no caso de o empregador promover atividades fora do local da contratação.

Nessa hipótese, a legislação confere a opção de o empregado escolher entre:

- a Vara do Trabalho da celebração do contrato; ou
- a Vara do Trabalho do local de prestação dos serviços.

11.5. Foro de eleição

O foro de eleição é a possibilidade de as próprias partes, de comum acordo, elegerem um local para dirimir futuras questões judiciais. É o que acontece, por exemplo, no contrato de locação, em que as partes estipulam determinado foro (ex., São Paulo) que será o competente para discutir aquele contrato.

A previsão do foro de eleição vem declinada no art. 63 do CPC/2015, tendo aplicação tão somente nos casos de competência relativa (territorial ou em razão do valor).

No processo do trabalho, é majoritário o entendimento de que o foro de eleição é inaplicável, por ser incompatível com a ideologia desse ramo processual, sendo este, inclusive, o posicionamento do C. TST, conforme dispõe o art. 2º, I, da Instrução Normativa nº 39/2016:

> Art. 2º Sem prejuízo de outros, não se aplicam ao Processo do Trabalho, em razão de inexistência de omissão ou por incompatibilidade, os seguintes preceitos do Código de Processo Civil:
>
> I – art. 63 (modificação da competência territorial e eleição de foro);
>
> (...).

12. COMPILAÇÃO JURISPRUDENCIAL

12.1. Súmulas STF

Súmula Vinculante nº 22: A Justiça do Trabalho é competente para processar e julgar as ações de indenização por danos morais e patrimoniais decorrentes de acidente de trabalho propostas por empregado contra empregador, inclusive aquelas que ainda não possuíam sentença de mérito em primeiro grau quando da promulgação da Emenda Constitucional nº 45/04.

Súmula Vinculante nº 23: A Justiça do Trabalho é competente para processar e julgar ação possessória ajuizada em decorrência do exercício do direito de greve pelos trabalhadores da iniciativa privada.

Súmula Vinculante nº 53 do STF: A competência da Justiça do Trabalho prevista no art. 114, VIII, da Constituição Federal alcança a execução de ofício das contribuições previdenciárias relativas ao objeto da condenação constante das sentenças que proferir e acordos por ela homologados.

Súmula nº 736 do STF: "Compete à justiça do trabalho julgar as ações que tenham como causa de pedir o descumprimento de normas trabalhistas relativas à segurança, higiene e saúde dos trabalhadores."

12.2. Súmulas e orientações jurisprudenciais do TST

Súmula nº 382 do TST: MUDANÇA DE REGIME CELETISTA PARA ESTATUTÁRIO. EXTINÇÃO DO CONTRATO. PRESCRIÇÃO BIENAL

A transferência do regime jurídico de celetista para estatutário implica extinção do contrato de trabalho, fluindo o prazo da prescrição bienal a partir da mudança de regime.

Súmula nº 368 do TST: DESCONTOS PREVIDENCIÁRIOS. IMPOSTO DE RENDA. COMPETÊNCIA. RESPONSABILIDADE PELO RECOLHIMENTO. FORMA DE CÁLCULO. FATO GERADOR

I - A Justiça do Trabalho é competente para determinar o recolhimento das contribuições fiscais. A competência da Justiça do Trabalho, quanto à execução das contribuições previdenciárias, limita-se às sentenças condenatórias em pecúnia que proferir e aos valores, objeto de acordo homologado, que integrem o salário de contribuição.

II - É do empregador a responsabilidade pelo recolhimento das contribuições previdenciárias e fiscais, resultantes de crédito do empregado oriundo de condenação judicial. A culpa do empregador pelo inadimplemento das verbas remuneratórias, contudo, não exime a responsabilidade do empregado pelos pagamentos do imposto de renda devido e da contribuição previdenciária que recaia sobre sua quota-parte.

III – Os descontos previdenciários relativos à contribuição do empregado, no caso de ações trabalhistas, devem ser calculados mês a mês, de conformidade com o art. 276,

§ 4º, do Decreto n º 3.048/1999 que regulamentou a Lei nº 8.212/1991, aplicando-se as alíquotas previstas no art. 198, observado o limite máximo do salário de contribuição.

IV - Considera-se fato gerador das contribuições previdenciárias decorrentes de créditos trabalhistas reconhecidos ou homologados em juízo, para os serviços prestados até 4.3.2009, inclusive, o efetivo pagamento das verbas, configurando-se a mora a partir do dia dois do mês seguinte ao da liquidação (art. 276, "caput", do Decreto nº 3.048/1999). Eficácia não retroativa da alteração legislativa promovida pela Medida Provisória nº 449/2008, posteriormente convertida na Lei nº 11.941/2009, que deu nova redação ao art. 43 da Lei nº 8.212/91.

V - Para o labor realizado a partir de 5.3.2009, considera-se fato gerador das contribuições previdenciárias decorrentes de créditos trabalhistas reconhecidos ou homologados em juízo a data da efetiva prestação dos serviços. Sobre as contribuições previdenciárias não recolhidas a partir da prestação dos serviços incidem juros de mora e, uma vez apurados os créditos previdenciários, aplica-se multa a partir do exaurimento do prazo de citação para pagamento, se descumprida a obrigação, observado o limite legal de 20% (art. 61, § 2º, da Lei nº 9.430/96).

VI – O imposto de renda decorrente de crédito do empregado recebido acumuladamente deve ser calculado sobre o montante dos rendimentos pagos, mediante a utilização de tabela progressiva resultante da multiplicação da quantidade de meses a que se refiram os rendimentos pelos valores constantes da tabela progressiva mensal correspondente ao mês do recebimento ou crédito, nos termos do art. 12-A da Lei nº 7.713, de 22/12/1988, com a redação conferida pela Lei nº 13.149/2015, observado o procedimento previsto nas Instruções Normativas da Receita Federal do Brasil.

Súmula nº 454 do TST. COMPETÊNCIA DA JUSTIÇA DO TRABALHO. EXECUÇÃO DE OFÍCIO. CONTRIBUIÇÃO SOCIAL REFERENTE AO SEGURO DE ACIDENTE DE TRABALHO (SAT). ARTS. 114, VIII, E 195, I, "A", DA CONSTITUIÇÃO DA REPÚBLICA.

Compete à Justiça do Trabalho a execução, de ofício, da contribuição referente ao Seguro de Acidente de Trabalho (SAT), que tem natureza de contribuição para a seguridade social (arts. 114, VIII, e 195, I, "a", da CF), pois se destina ao financiamento de benefícios relativos à incapacidade do empregado decorrente de infortúnio no trabalho (arts. 11 e 22 da Lei nº 8.212/1991).

Orientação Jurisprudencial nº 62 da SDI-I do TST: PREQUESTIONAMENTO. PRESSUPOSTO DE ADMISSIBILIDADE EM APELO DE NATUREZA EXTRAORDINÁRIA. NECESSIDADE, AINDA QUE SE TRATE DE INCOMPETÊNCIA ABSOLUTA

É necessário o prequestionamento como pressuposto de admissibilidade em recurso de natureza extraordinária, ainda que se trate de incompetência absoluta.

Orientação Jurisprudencial nº 138 da SDI-I do TST: COMPETÊNCIA RESIDUAL. REGIME JURÍDICO ÚNICO. LIMITAÇÃO DA EXECUÇÃO

Compete à Justiça do Trabalho julgar pedidos de direitos e vantagens previstos na legislação trabalhista referente a período anterior à Lei nº 8.112/90, mesmo que a ação tenha sido ajuizada após a edição da referida lei. A superveniência de regime estatutário em substituição ao celetista, mesmo após a sentença, limita a execução ao período celetista.

Orientação Jurisprudencial nº 149 da SDI-II do TST: CONFLITO DE COMPETÊNCIA. INCOMPETÊNCIA TERRITORIAL. HIPÓTESE DO ART. 651, § 3º, DA CLT. IMPOSSIBILIDADE DE DECLARAÇÃO DE OFÍCIO DE INCOMPETÊNCIA RELATIVA.

Não cabe declaração de ofício de incompetência territorial no caso do uso, pelo trabalhador, da faculdade prevista no art. 651, § 3º, da CLT. Nessa hipótese, resolve-se o conflito pelo reconhecimento da competência do juízo do local onde a ação foi proposta.

12.3. Súmulas do STJ

Súmula nº 137 do STJ: Compete a justiça comum estadual processar e julgar ação de servidor publico municipal, pleiteando direitos relativos ao vínculo estatutário.

Súmula nº 218 do STJ: Compete à Justiça dos Estados processar e julgar ação de servidor estadual decorrente de direitos e vantagens estatutárias no exercício de cargo em comissão.

Súmula nº 367 do STJ: A competência estabelecida pela EC n. 45/2004 não alcança os processos já sentenciados.

13. QUESTÕES

1. (CESPE - PGM/Campo Grande/MS - Procurador Municipal - 2019) Em 2017, João foi contratado, em Campo Grande – MS, como auxiliar administrativo da empresa X, sediada no mesmo município. Em 2018, depois de um ano de serviços prestados a essa empresa, João foi dispensado sem justa causa. Em 2019, ele mudou seu domicílio para Corumbá – MS e lá ajuizou reclamação trabalhista contra a empresa X em determinada vara do trabalho de Corumbá. Na petição inicial, João afirmou ter trabalhado apenas em Campo Grande, mas sustentou a competência da vara do trabalho de Corumbá, por ser o foro de seu atual domicílio. Três dias depois de ter sido notificada e antes da data marcada para a audiência, a empresa X apresentou peça sinalizada como exceção de incompetência territorial, alegando a competência de vara do trabalho de Campo Grande. A partir dessa situação hipotética, julgue o item a seguir à luz da legislação processual trabalhista:

A competência territorial é de vara do trabalho de Campo Grande, pois este foi o local da prestação dos serviços.

2. (UPENET/IAUPE - Universidade de Pernambuco - Advogado – 2019) João foi admitido nos quadros funcionais da empresa X Ltda. em 08.12.2017, para exercer a função de operador de produção, tendo sua CTPS assinada no prazo previsto pela legislação trabalhista, além de a empresa ter obedecido aos demais comandos legais para que João se tornasse beneficiário da Previdência Social. No dia 05.04.2019, João sofreu acidente de trabalho ao operar uma máquina por ausência de manutenção por parte de sua empregadora. João ficou com o seu braço direito sequelado. Imediatamente, ajuizou reclamação trabalhista junto a uma das varas do trabalho do local da prestação de serviços, postulando indenização por danos morais em desfavor da empresa X Ltda. Sobre esse caso, assinale a alternativa CORRETA.

a) A Justiça do Trabalho é incompetente para processar e julgar a demanda, pois a teor do § 3º c/c o inciso I do Art. 109 da Constituição Federal, compete à Justiça Comum estadual apreciar e julgar as ações de natureza acidentária.

b) A Justiça do Trabalho é incompetente para processar e julgar a demanda, pois a teor do § 3º c/c o inciso I do Art. 109 da Constituição Federal, compete à Justiça Comum Federal apreciar e julgar as ações de natureza acidentária.

c) A Justiça do Trabalho é incompetente para processar e julgar a demanda, pois a Súmula Vinculante 22, oriunda do Supremo Tribunal Federal, confere competência à Justiça Comum Estadual para processar e julgar demandas dessa natureza.

d) A Justiça do Trabalho é competente para processar e julgar a demanda, ainda que houvesse pedido cumulado de danos morais com o de benefício previdenciário, pois ambos eram decorrentes de relação jurídica de emprego.

e) A Justiça do Trabalho é competente para processar e julgar a demanda somente em relação ao pedido de danos morais, por força do que dispõe a Súmula Vinculante 22, oriunda do Supremo Tribunal Federal.

3. (QUADRIX - CRM/PR - Advogado - 2018) Com base no entendimento jurisprudencial do TST, julgue o próximo item.

No que toca à execução das contribuições previdenciárias, a competência da Justiça do Trabalho limita-se às sentenças condenatórias em pecúnia que proferir e aos valores, objeto de acordo homologado, que integrem o salário de contribuição.

4. (FCC - Prefeitura Caruaru/PE - Procurador do Município - 2018) Ariel distribuiu reclamação trabalhista em Caruaru requerendo complementação de aposentadoria, sob alegação de que trabalhou em sociedade de economia mista. O juiz do trabalho deu-se por incompetente e determinou a remessa dos autos à Justiça Federal Comum. Esta, por sua vez, também se declarou incompetente, tendo em vista se tratar de matéria decorrente do vínculo de emprego. No caso, a competência para julgar referido conflito entre o juiz de trabalho e o juiz federal é do:

a) Superior Tribunal de Justiça

b) Supremo Tribunal Federal

c) Tribunal Regional Federal

d) Tribunal Superior do Trabalho

e) Tribunal Regional do Trabalho

5. (CESPE – PGM/Manaus/AM - Procurador do Município - 2018) Em relação à competência da justiça do trabalho, à revelia e às provas no processo do trabalho, julgue o item que se segue.

A ação de indenização por dano moral decorrente da relação de trabalho proposta por sucessores de trabalhador falecido é de competência da justiça do trabalho.

Gabarito: 1. Certo; 2. E; 3. Certo; 4. A; 5. Certo

Capítulo 13

NEGÓCIOS JURÍDICOS PROCESSUAIS DA FAZENDA PÚBLICA NA JUSTIÇA DO TRABALHO

LUIZ FILIPE DE ARAÚJO RIBEIRO[1]

Sumário: 1. Introdução. 2. Origem e evolução dos negócios processuais. 3. Conceito e classificação dos negócios processuais 4. Pressupostos de existência, validade e eficácia dos negócios processuais. 5. Negócios processuais no âmbito do processo trabalhista. 6. Negócios jurídicos processuais da Fazenda Pública na Justiça do Trabalho.

1. INTRODUÇÃO

Durante muito tempo, prevaleceu a ideia de que, por integrar o Direito Público, caracterizado pela indisponibilidade das normas cogentes, não haveria qualquer espaço de liberdades das partes no processo[2]. Assim, uma vez ajuizada a demanda, por meio do princípio dispositivo, todos os demais atos dali em diante já estavam devidamente estabelecidos pela legislação, sendo assim, totalmente irrelevante a vontade das partes[3].

No Brasil, a despeito da ausência de questionamentos quanto às convenções sobre a eleição de foro, a suspensão do processo, a dilação de prazos, ou até mesmo quanto à possibilidade de desistência da ação e desistência do recurso, até bem pouco tempo, muito pouco ou quase nada havia em termos de pesquisa

---

1 Mestre em Direito Constitucional pela Universidade Federal do Rio Grande do Norte (UFRN). Especialista em Direito Processual Civil, Direito Imobiliário, Urbanístico, Registral e Notarial. Graduado em Direito pela Universidade Federal do Piauí (UFPI). Procurador do Estado do Piauí (PGE-PI). Ex-Procurador do Estado da Paraíba (PGE-PB). Professor, Advogado, Consultor Jurídico. Membro da Associação Brasileira de Direito Processual - ABDPro. Membro da Associação de Norte e Nordeste de Professores de Processo - ANNEP. Sócio do escritório Moreira, Nunes, Ribeiro & Correia Advocacia.

2 CABRAL, Antonio do Passo. **Convenções processuais**. Salvador: Juspodivm, 2016. p. 135.

3 DIDIER Jr., Fredie. Princípio do respeito ao autorregramento da vontade no processo civil. In: CABRAL, Antonio do Passo. NOGUEIRA, Pedro Henrique (Coords.). **Negócios processuais**. Salvador: Juspodivm, 2015. p. 21.

doutrinária sobre os negócios processuais. O anúncio do projeto do novo Código de Processo Civil mudou essa perspectiva. Tal afirmação se justifica porque vários autores da doutrina nacional pesquisaram acerca das convenções processuais tanto no Brasil quanto no exterior[4] principalmente após 2010.

Nesse sentido, seguindo uma tendência de "extensão da incidência da autonomia privada na conformação do processo"[5] já percebida em outros países, a Lei Federal nº 13.105, de 16 de março de 2015, instituiu o novo Código de Processo Civil não só ratificando todos os exemplos de negócios processuais já existentes no CPC anterior, como também estabelecendo novas hipóteses como a cláusula geral de negociação atípica (art. 190), o calendário processual (art. 191), o saneamento consensual (art. 357, § 2º), o saneamento compartilhado (art. 357, § 3º) e a escolha consensual do perito (art. 471).

A partir de então, se de um lado não houve mais discussão sobre a existência dos negócios processuais, por outro lado, surgiu a premente necessidade de se estudar e compreender tantos os pressupostos quanto os limites para a celebração dos negócios processuais[6], sobretudo quando envolve a Justiça do Trabalho e a Fazenda Pública. Por intermédio de pesquisa bibliográfica, feita por meio de fontes secundárias como livros e revistas especializadas, publicações avulsas, outras pesquisas como teses e dissertações, serão expostos vários posicionamentos doutrinários acerca do tema proposto.

2. ORIGEM E EVOLUÇÃO DOS NEGÓCIOS PROCESSUAIS

O direito romano é sempre lembrado quando se busca a origem histórica de algum instituto jurídico. Na Roma Antiga, a *litiscontestatio* era uma espécie de um convite, via oral e solene, de ambas as partes com as testemunhas para constatar tanto a existência quanto os termos da disputa[7]. Em outras palavras, ela era uma espécie de acordo entre as partes sobre o início e o fim do litígio, bem como sobre a designação de juiz competente (*iudex*) para ser

---

4 CABRAL, Antonio do Passo. NOGUEIRA, Pedro Henrique. (Coords). **Negócios processuais.** Salvador: Editora. Juspodivm, 2015.

5 CAPONI, Remo. Autonomia privada e processo civil: os acordos processuais. In.: **Revista Eletrônica de Direito Processual – REDP**. Volume XIII. Ano 8. Jan-jun. 2014. Rio de Janeiro. p. 736.

6 CUNHA, Leonardo Carneiro da. Negócios jurídicos processuais no processo civil brasileiro. *In*: CABRAL, Antonio do Passo. NOGUEIRA, Pedro Henrique (Coords.). **Negócios processuais**. Salvador: Juspodivm, 2015. p. 58.

7 POSADA, Giovanni F. Priori. La influencia de la litiscontestatio en la determinación de la litis en el proceso civil latino-americano. Disponível em <https://www.academia.edu/12823181/La_influencia_de_la_litiscontestatio_en_la_determinaci%C3%B3n_de_la_litis_en_el_proceso_civil_latinoamericano> Acesso em 16. Ago. 2017.

decidido[8]. Por isso, a *litiscontestatio* é apontada como o protótipo dos acordos processuais[9].

No Brasil, ainda na vigência do Código de Processo Civil de 1939, Pontes de Miranda[10] viu na desistência da ação um exemplo de negócio jurídico. Já Calmon de Passos[11] entendia que os negócios jurídicos eram admissíveis no âmbito processual, desde que fossem devidamente homologados judicialmente. Em 1984, em um artigo intitulado "Convenções das partes sobre matéria processual", Barbosa Moreira identificou que o Código de Processo Civil de 1973 tratava da eleição convencional de foro, da suspensão convencional do processo, da convenção sobre o ônus da prova, do adiamento da audiência por convenção das partes, entre outros exemplos.

Até a primeira década do século XXI, prevalecia aquilo que Leonardo Carneiro da Cunha chama de "dogma da irrelevância da vontade", ou seja, "a vontade não tem qualquer relevância na produção de efeitos pelo ato processual" e "as situações jurídicas processuais não decorrem da vontade das partes, ou de qualquer sujeito do processo, mas de expressas previsões normativas"[12]. As consequências do publicismo processual, ou "movimento da socialização processual", são percebidas por intermédio da relutância "a qualquer possibilidade de reforço da participação das partes no *iter* processual, em especial quando esta puder resultar em quebra do protagonismo judicial"[13].

Entretanto, em 2007, Marinoni e Arenhart trataram a hipótese de suspensão convencional do processo prevista no art. 265, II, do CPC/1973 como negócio jurídico processual que, dentro dos limites legais, determina a paralisação do processo por prazo improrrogável nunca superior a seis meses[14]. No ano seguinte, Leonardo Greco defendeu a admissibilidade de convenções processuais celebradas pelas partes, compreendidas como atos bilaterais de disposição destinados

8 Ibidem.

9 CABRAL, Antonio do Passo. **Convenções processuais**. Salvador: Juspodivm, 2016. p. 31.

10 MIRANDA, Pontes. **Comentários ao Código de Processo Civil**, III. 2. ed. Rio de Janeiro: Revista Forense, 1958. p. 261.

11 CALMON DE PASSOS, José Joaquim. **Esboço de uma teoria das nulidades aplicada às nulidades processuais.** Rio de Janeiro: Forense, 2002. p. 69/70.

12 CUNHA, Leonardo Carneiro da. Negócios jurídicos processuais no processo civil brasileiro. *In*: CABRAL, Antonio do Passo. NOGUEIRA, Pedro Henrique (Coords.). **Negócios processuais**. Salvador: Juspodivm, 2015. p. 37/38.

13 FARIA, Guilherme Henrique Lage. **Negócios processuais no modelo constitucional de processo.** Salvador: Juspodivm, 2016. p. 26.

14 MARINONI, Luiz Guilherme. ARENHART, Sérgio Cruz. **Curso de processo civil**. Vol. 2. 6. ed. rev.,2007 atual. e ampl. São Paulo: Editora Revista dos Tribunais, 2007. p. 192.

a produzir efeitos no processo[15]. Já Fernando Gajardoni destacou que o artigo 1.109 do CPC/1973 estabelecia uma regra geral de flexibilização procedimental, permitindo ao órgão jurisdicional a adaptação do procedimento da jurisdição voluntária às peculiaridades do caso concreto[16].

Nessa mesma época, Fredie Didier Jr. instituiu grupo de pesquisa na UFBA sobre negócios jurídicos processuais, influenciado pela obra de Marcos Bernardes de Mello[17], o qual, a partir da doutrina de Pontes de Miranda, desenvolveu o conceito e a classificação dos fatos jurídicos, bem como quanto aos planos de existência, validade e eficácia dos fatos jurídicos. Assim, a partir da segunda metade da década passada, iniciou-se uma clara tendência, na literatura brasileira, a favor da admissibilidade dos negócios jurídicos processuais.

O CPC/2015 fomentou mecanismos de autocomposição, "incentivando as soluções cooperativas (art. 6º) e negociadas (art. 3º §§ 2º e 3º); positivou diversas disposições sobre conciliação e mediação nos tribunais (art. 165 a 175); impôs ao juiz deveres de estímulo à autocomposição (art. 139, V)[18]". Ademais, o CPC/2015 manteve todas previsões de negócios processuais que já haviam no CPC/1973 e também acrescentou novas hipóteses como o saneamento consensual (art. 357, § 2º), o saneamento compartilhado (art. 357, §3º), além da escolha consensual do perito (art. 471), por exemplo. Todavia, as maiores novidades em matéria de negócios processuais são a cláusula geral de negociação sobre o processo (art. 190) e a previsão do calendário processual (art. 191).

Percebe-se, portanto, que o CPC/2015 representou um notório avanço, em relação à temática dos negócios processuais no direito brasileiro, "a ponto de já se afirmar a existência de um microssistema de negociação processual, cujo regime se estende também aos negócios unilaterais e plurilaterais[19]".

3. CONCEITO E CLASSIFICAÇÃO DOS NEGÓCIOS PROCESSUAIS

Atualmente, um dos conceitos mais reproduzidos nos artigos e livros sobre o tema é aquele que foi elaborado por Fredie Didier Jr. e Pedro Henrique Nogueira. Segundo eles:

---

15 GRECO, Leonardo. Os atos de disposição processual: primeiras reflexões. In. MEDINA, José Miguel Garcia, CRUZ. Luana Pedrosa de Figueiredo; CERQUEIRA, Luís Otávio Sequeira de; GOMES JR., Luz Manoel (coord.). **Os poderes do juiz e o controle das decisões judiciais: estudos em homenagem à professora Teresa Arruda Alvim Wambier.** São Paulo: RT, 2008. p. 290.

16 GAJARDONI, Fernando da Fonseca. **Flexibilização procedimental.** São Paulo: Atlas, 2008. p. 145-147.

17 CABRAL, Antonio do Passo. **Convenções processuais.** Salvador: Juspodivm, 2016. p. 131.

18 CABRAL, Antonio do Passo. **Convenções processuais.** Salvador: Juspodivm, 2016. p. 132.

19 NOGUEIRA, Pedro Henrique Pedrosa. **Negócios jurídicos processuais.** Salvador: Juspodivm, 2016. p. 224.

> o negócio processual é o fato jurídico voluntário em cujo suporte fático, descrito em norma processual, esteja conferido ao respectivo sujeito o poder de escolher a categoria jurídica ou estabelecer, dentre dos limites fixados no próprio ordenamento jurídico, certas situações jurídicas processuais.[20]

Outro conceito que ganhou bastante notoriedade é aquele utilizado por Antonio do Passo Cabral na sua tese de livre-docência, apresentada na USP em 2015. Para ele:

> o negócio jurídico processual é o ato que produz ou pode produzir efeitos no processo escolhidos em função da vontade do sujeito que o pratica. São, em geral, declarações de vontade unilaterais ou plurilaterais admitidas pelo ordenamento jurídico como capazes de constituir, modificar e extinguir situações processuais, ou alterar o procedimento[21].

Um dos primeiros critérios utilizados para realizar a classificação dos negócios processuais é a quantidade de declarações de vontade manifestadas para a formação do negócio processual. Assim, quando há apenas uma única declaração de vontade, têm-se os negócios **unilaterais**, como por exemplo: a desistência da ação antes do oferecimento da contestação (art. 200, parágrafo único, c/c art. 485, § 4º, do CPC/2015); a renúncia do prazo (art. 225 do CPC/2015); a renúncia à pretensão formulada na ação ou na reconvenção (art. 487, III, c, do CPC/2015) e a desistência do recurso (art. 998 do CPC/2015). Já os negócios processuais **bilaterais** são aqueles que existem duas manifestações de vontade, como por exemplo: a suspensão convencional do processo (art. 313, II, do CPC/2015); a convenção sobre o ônus da prova (art. 373, § 3º e § 4º, do CPC/2015); adiamento da audiência por convenção das partes (art. 362, I, do CPC/2015). Já os negócios jurídicos **plurilaterais**, por seu turno, seriam aqueles formados pela vontade de mais de dois sujeitos[22], como por exemplo: a sucessão processual voluntária (art. 109, § 1º, do CPC/2015); o saneamento consensual e saneamento compartilhado (art. 357, § 2º e §3º, respectivamente do CPC/2015); e o calendário processual (art. 191 do CPC/2015).

Outra classificação bastante utilizada pela doutrina é aquela que distingue os negócios processuais expressamente previstos pelo legislador daqueles que não foram expressamente previstos pelo legislador e, nesse caso, decorrem da

---

20 DIDIER JR., Fredie; NOGUEIRA, Pedro Henrique Pedrosa. **Teoria dos fatos jurídicos processuais**. 2. ed. Salvador: Juspodivm, 2012, p. 59/60.

21 CABRAL, Antonio do Passo. **Convenções processuais**. Salvador: Juspodivm, 2016. p. 48/49.

22 DIDIER JR., Fredie. Art. 190. In: STRECK, Lenio Luiz; NUNES, Dierle; CUNHA, Leonardo Carneiro da (orgs.) **Comentários ao Código de Processo Civil.** São Paulo: Saraiva, 2016. p. 294.

criatividade dos sujeitos envolvidos. No primeiro caso, há os negócios processuais **típicos**, como por exemplo: a sucessão processual voluntária (art. 109, § 1º, do CPC/2015); o calendário processual (art. 191 do CPC/2015); a desistência da ação (art. 200, parágrafo único do CPC/2015); renúncia do prazo (art. 225 do CPC/2015); a suspensão convencional do processo (art. 313, II, do CPC/2015); adiamento da audiência por convenção das partes (art. 362, I do CPC/2015); a convenção sobre o ônus da prova (art. 373, § 3º e § 4º, do CPC/2015); a renúncia à pretensão formulada na ação ou na reconvenção (art. 487, III, c, do CPC/2015).

No segundo caso, têm-se os negócios processuais **atípicos**, ou seja, aqueles praticados em razão da autonomia das partes, ainda que na legislação não haja um modelo expressamente previsto (sem qualquer adequação a um tipo)[23]. Antes do CPC/2015, não havia no ordenamento jurídico brasileiro uma norma que autorizasse a celebração de negócios processuais fora daqueles casos expressamente previstos. Essa realidade mudou com a publicação do CPC/2015, principalmente em razão do disposto no artigo 190 do CPC/2015, que inaugurou a chamada cláusula geral de negociação sobre o processo[24]: versando o processo sobre direitos que admitam autocomposição, é lícito às partes plenamente capazes estipular mudanças no procedimento para ajustá-lo às especificidades da causa e convencionar sobre os seus ônus, poderes, faculdades e deveres processuais, antes ou durante o processo. Assim, o nosso sistema processual hoje abarca e fomenta o autorregramento da vontade e, assim, devemos admitir convenções processuais atípicas"[25]. Tal "abertura" tem permitido que a doutrina e os operadores do direito vislumbrem as mais diversas possibilidades de negócios processuais.

Os negócios processuais também podem ser classificados de acordo com o momento da sua celebração, consoante prevê a parte final do artigo 190 do CPC/2015: antes ou durante o processo. De uma maneira majoritária, a doutrina acolhe essa classificação entre os negócios processuais **anteriores (ou antecedentes)** ao processo e os negócios processuais **incidentais (ou concomitantes)** ao processo. Registra-se, por oportuno, a divergência doutrinária de Pedro Henrique Nogueira em relação a essas nomenclaturas. Para ele, existem "os negócios jurídicos sobre o processo e os negócios jurídicos processuais"[26]. Isso ocorre,

---

23 CABRAL, Antonio do Passo. **Convenções processuais**. Salvador: Juspodivm, 2016. p. 85/86.

24 DIDIER JR. Fredie. *Curso de direito processual civil: introdução ao direito processual civil, parte geral e processo de conhecimento.* 17.ed. rev. amp. e atual. Salvador: Juspodivm, 2015. p. 377.

25 CABRAL, Antonio do Passo. **Convenções processuais**. Salvador: Juspodivm, 2016. p. 90.

26 "Da norma do art. 190, *caput*, do CPC/2015 extrai-se a possibilidade ampla de celebração de *negócios jurídicos sobre o processo* (assim entendidos aqueles anteriores à existência concreta da demanda a que se refiram), assim como de *negócios jurídicos processuais* (assim entendidos aqueles que tenham referibilidade a algum procedimento concreto)" NOGUEIRA, Pedro Henrique Pedrosa. **Negócios jurídicos processuais.** Salvador: Juspodivm, 2016. p. 231.

segundo ele, porque os "negócios jurídicos que têm em mira futuras demandas não são adjetivados de "processuais", falta-se a "processualidade" ínsita à existência concreta de um procedimento ao qual se refira, embora sejam *negócios jurídicos sobre o processo*"[27].

Via de regra, os negócios processuais são **expressos** como ocorre com a eleição negocial do foro (artigo 47, § 1º e 63, do CPC/2015); a desistência da ação (artigos 90 e 200 do CPC/2015); a renúncia do prazo (art. 225 do CPC/2015); e a suspensão do processo por convenção das partes (artigo 313, II, do CPC/2015), por exemplo. Por outro lado, é possível que os negócios processuais **tácitos**, como o consentimento do cônjuge para a propositura de ação real imobiliária, o consentimento tácito para a sucessão processual voluntária (art. 109, § 1º, do CPC/2015); a recusa tácita à proposta de autocomposição formulada pela outra parte (art. 154, parágrafo único, do CPC/2015); a renúncia tácita à convenção de arbitragem (art. 337, § 6º, do CPC/2015) e a aceitação tácita da decisão (art. 1.000, parágrafo único do CPC/2015)[28].

Murilo Teixeira Avelino apresenta uma classificação que distingue os negócios processuais que **influenciam na situação jurídica titularizada pelo juiz** e aqueles que **não influenciam na situação jurídica titularizada pelo juiz**[29]. No primeiro grupo, encontram-se aquelas situações em que o legislador impôs a manifestação do juízo como elemento para o aperfeiçoamento do negócio processual. Assim, sem a emissão volitiva do juízo, o ato não está apto a superar o plano da validade. Isso ocorre com o saneamento consensual (art. 357, § 2º, do CPC/2015), saneamento compartilhado (art. 357, § 3º do CPC/2015) e o calendário processual (art. 191 do CPC/2015). Já no segundo grupo, não há disposição pelo juízo, ou seja, ele não é sujeito do negócio jurídico processual, como ocorre, por exemplo: na convenção sobre a competência relativa (art. 63 do CPC/2015); escolha consensual do perito (art. 471 do CPC/2015); e nas situações em que o Código exige a homologação do juiz como a desistência da ação (art. 200 do CPC/2015). Como bem pontua Roberto Campos Gouveia Filho, aqui a participação do Estado-juiz no âmbito dos negócios processuais se dá como "senhor da validade"[30], ou seja, a ele compete dizer se a negociação feita pelas partes (ou outros sujeitos do processo) é válida ou não e, com isso, se produz ou não efeitos.

---

27 Ibidem. p. 231.

28 Ibidem, p. 294.

29 AVELINO, Murilo Teixeira. A posição do magistrado em face dos negócios jurídicos processuais – já uma releitura. In.: CABRAL, Antonio do Passo; NOGUEIRA, Pedro Henrique (coords). **Coleção Grandes Temas do novo CPC. Negócios processuais** - vol. 1. 2. ed. Salvador: Juspodivm, 2016. p. 385.

30 GOUVEIA FILHO, Roberto Campos. **Negócios processuais.** Artigo ainda pendente de publicação, gentilmente cedido pelo autor.

4. PRESSUPOSTOS DE EXISTÊNCIA, VALIDADE E EFICÁCIA DOS NEGÓCIOS PROCESSUAIS

A compreensão dos negócios processuais passa, necessariamente, pelas noções da teoria geral do direito, principalmente da teoria do fato jurídico. Em razão das mais diversas cominações que podem ser realizadas entre os 03 (três) planos (existência, validade e eficácia), Marcos Bernardes de Mello apresenta 02 (duas) conclusões que utilizaremos como premissas daqui em diante: a) "que existência, validade e eficácia são três situações distintas por que podem passar os fatos jurídicos e, portanto, não é possível tratá-las como se fossem iguais; b) que o elemento existência é a base de que dependem os outros elementos"[31].

Em relação ao plano da **existência**, a manifestação da vontade consciente é o cerne do suporte fático, portanto, a sua ausência implica não existir o negócio. Percebe-se, assim, que não é qualquer manifestação de vontade, mas aquela que possui a "consciência de negócio"[32], pois esta é elemento do núcleo do suporte fáctico dos negócios jurídicos. Nesse sentido, Antonio do Passo Cabral afirma que os acordos processuais são fruto de manifestação de "vontade convergente e concertada"[33]. Em sentido bem próximo, Marco Paulo Di Spirito fala "não há liberdade sem informação"[34]. Apesar da dificuldade de se estabelecer a liberdade de estipulação ou conformação entre empregado e empregador, entendemos ser plausível estabelecer negócios processuais através de acordo coletivo de trabalho ou convenção coletiva de trabalho, até mesmo porque de acordo com o disposto no § 3º do art. 8º da CLT, a Justiça do Trabalho analisará exclusivamente a conformidade dos elementos essenciais do negócio jurídico, respeitado o disposto no art. 104 do Código Civil, e balizará sua atuação pelo princípio da intervenção mínima na autonomia da vontade coletiva.

Em relação ao plano de **validade**, ganha força no direito brasileiro, o entendimento no sentido da sujeição dos negócios jurídicos processuais a um duplo regime (substancial e processual). Assim, de um modo geral, o controle de validade dos negócios processuais não deve se limitar a observar os parâmetros traçados nos artigos 276 e seguintes do CPC/2015, mas também as diretrizes previstas no artigo 104 e seguintes do Código Civil e aqui podemos

---

31 MELLO, Marcos Bernardes. **Teoria do fato jurídico: plano de existência.** 13. ed. São Paulo: Saraiva, 2007. p. 99.

32 Ibidem, p. 46.

33 CABRAL, Antonio do Passo. **Convenções processuais**. Salvador: Ed. Juspodivm, 2016. p. 256.

34 DI SPIRITO, Marco Paulo Denucci. Art. 190. In: ALMEIDA RIBEIRO, Sérgio Luiz de. GOUVEIA FILHO, Roberto P. Campos. CARDOSO PANTALEÃO, Izabel Cristina Pinheiro. GRASSI DE GOUVEIA, Lúcio. (Coord.). **Novo Código de Processo Civil comentado**. Tomo I. São Paulo: Lualri Editora, 2017. p. 315.

incluir também o art. 9º da CLT, por exemplo. Como bem destaca Roberto Campos Gouveia Filho, "é preciso levar em consideração o regime jurídico para analisar as nulidades"[35]. Assim, sem abrir mão das regras do Código Civil e o do Código de Processo Civil, a depender do direito material a ser tutelado no processo, é necessário observar as normas do Código de Defesa do Consumidor nas respectivas demandas, bem como as normas da CLT nos processos trabalhistas, por exemplo.

No dia 23/02/2021, no julgamento do REsp 1.810.444/SP, a Quarta Turma do STJ, por unanimidade, negou provimento ao recurso especial, nos termos do voto do Relator Luis Felipe Salomão sob o fundamento que esse controle é complexo, pois "não se limita à observância dos requisitos de validade apontados na legislação híbrida entre direito processual e civil, mas também, e principalmente, aos ditames constitucionais". Assim, ratificou a nulidade de negócio jurídico processual que previa liminarmente o bloqueio dos ativos financeiros da parte devedora sem que esta fosse ouvida e sem a necessidade de prestação de garantia. No caso, a Corte entendeu que tal convenção processual interferiria no poder geral de cautela do julgador, uma vez que o deferimento de tutela provisória de urgência, antes mesmo da citação do executado, é ato privativo do magistrado, sendo, portanto, inviável convenção privada acerca da questão.[36]

O parágrafo único do artigo 190 do CPC/2015 estabelece os parâmetros para que o magistrado exerça o controle de validade dos negócios processuais atípicos. Da leitura do referido dispositivo legal, chamam a atenção 02 (dois) pressupostos específicos e negativos: ausência de inserção abusiva em contrato de adesão ou ausência de manifesta situação de vulnerabilidade. Fredie Didier Jr. denomina hipótese específica de "incapacidade processual negocial: a incapacidade pela situação de vulnerabilidade".[37] Essa situação na qual o sujeito é capaz (de fato, de direito e processualmente), porém vulnerável, o que poderia ser aplicada nas demandas de consumo e de trabalho, afastando-se, a priori, toda e qualquer possibilidade de celebrar negócios processuais. Partindo da premissa de que não existem palavras inúteis na lei, não é o simples fato de termos um contrato de adesão ou termos uma parte

---

35 GOUVEIA FILHO, Roberto Campos. Através de conversas presenciais e por meio eletrônico sobre o tema.

36 Negócio jurídico processual não pode dispor sobre ato regido por norma de ordem pública. Disponível em: <https://www.stj.jus.br/sites/portalp/Paginas/Comunicacao/Noticias/25022021-Negocio-juridico-processual-nao-pode-dispor-sobre-ato-regido-por-norma-de--ordem-publica.aspx >. Acesso em: 27 de fev. de 2021.

37 DIDIER JR., Fredie. Art. 190. In: STRECK, Lenio Luiz; NUNES, Dierle; CUNHA, Leonardo Carneiro da (orgs.) **Comentários ao Código de Processo Civil.** São Paulo: Saraiva, 2016. p. 299.

vulnerável que será elemento suficiente para declarar a nulidade do negócio processual por invalidade. Tudo vai depender da análise de cada caso concreto, até mesmo porque o negócio jurídico processual pode ser invalidado parcialmente e o controle dos requisitos objetivos e subjetivos de validade da convenção de procedimento deve ser conjugado com a regra segundo a qual não há invalidade do ato sem prejuízo.

Encerrando a discussão sobre existência e validade dos atos processuais, o artigo 200 traz, no *caput* a regra geral de desnecessidade de homologação judicial como condição de **eficácia**. Já o parágrafo único do art. 200 apresenta a desistência como uma exceção, pois a lei exige, expressamente, a homologação judicial como condição de eficácia da desistência da ação. Além disso, é possível lembrar de pelo menos 02 (duas) outras exceções: o saneamento consensual/compartilhado (art. 356, § 2º e § 3º) e o calendário processual (art. 191). Nesses casos, como a convenção influencia na situação jurídica do juízo, o legislador exigiu a efetiva participação do Estado-juiz no negócio processual.

5. NEGÓCIOS PROCESSUAIS NO ÂMBITO DO PROCESSO TRABALHISTA

Se a possibilidade de celebração de negócios processuais no processo civil foi ratificada e ampliada pelo CPC/2015, a aplicação desse instrumento em outros tipos de processos ainda desperta entendimentos divergentes. De um lado, partindo da expressa previsão legal contida no artigo 15 do CPC/2015, suas disposições deveriam ser aplicadas supletiva e subsidiariamente aos processos eleitorais, trabalhistas ou administrativos, na ausência de normas que regulem. Logo, diante da inexistência de normas que vedassem os negócios processuais nesses processos, os negócios processuais seriam permitidos por aplicação subsidiária do CPC/2015.

No entanto, no dia 15/03/2016, por meio da Resolução nº 203, o Tribunal Superior do Trabalho editou a Instrução Normativa nº 39[38], que em seu art. 2º dispõe que não se aplicam ao Processo do Trabalho: I - art. 63 (modificação da competência territorial e eleição de foro); II - art. 190 e parágrafo único (negociação processual); VII - art. 373, §§ 3º e 4º (distribuição diversa do ônus da prova por convenção das partes). No dia 05/05/2016, a ANAMATRA ajuizou a ADI 5516, a qual ainda está pendente de julgamento, porém já possui o parecer da Procuradoria Geral da República no sentido que a referida Ins-

38 BRASIL. **Resolução nº 203, de 15 de março de 2016**. Edita a Instrução Normativa nº 39, que dispõe sobre as normas do Código de Processo Civil de 2015 aplicáveis e inaplicáveis ao Processo do Trabalho, de forma não exaustiva. Disponível em: <http://www.tst.jus.br/documents/10157/429ac88e-9b78-41e5-ae28-2a5f8a27f1fe> Acesso em: 15. Jul. 2017. p. 02/03.

trução Normativa viola: a competência privativa da União para legislar sobre direito processual (art. 22, I, da Constituição Federal); o princípio da reserva legal (art. 5º, II, da CF); e os limites da competência regimental dos Tribunais nos moldes delineados pelo art. 96, I, da Constituição Federal. Assim, opinou pela concessão parcial de medida cautelar e, ao final, por procedência parcial do pedido pugnando pela interpretação conforme a Constituição, sem redução de texto, com efeito *ex nunc*, para reconhecer-lhe função exclusivamente orientadora, afastando-lhe função normativa e suprimindo, por conseguinte, efeito vinculante sobre a atividade jurisdicional.[39].

É importante destacar que a Corregedoria-Geral da Justiça do Trabalho já havia expedido a Recomendação CGJT 02/2013, publicada no Diário Eletrônico do dia 24/07/13, orientando que, nos processos em que envolvam a Fazenda Pública, fosse dispensada a realização de audiência inicial e que o Reclamado fosse citado para apresentar defesa no prazo de 20 (vinte) dias, exceto quando o ente público manifestar interesse expresso na realização da audiência com vistas à conciliação. Percebe-se que, antes mesmo do CPC/2015, o TST já admitia a possibilidade de mudanças no procedimento para ajustá-lo às especificidades da causa.

A doutrina laboral aponta alguns exemplos de negócios processuais válidos. No âmbito do processo coletivo do trabalho, admite-se, por exemplo, a negociação de uma norma coletiva que autorizasse a liberação imediata de depósitos recursais, a favor do obreiro, tão logo simplesmente publicado o acórdão regional que ratifique sentença condenatória líquida, independentemente de novas intenções recursais[40]. Até mesmo no processo individual do trabalho as convenções processuais seriam aceitáveis, por exemplo, se conferissem ao trabalhador o direito de arrolar até cinco testemunhas ou fixassem o dever da empregadora de, quando da interposição de recurso, recolher o valor total da condenação a título de depósitos recursais[41].

Analisando a jurisprudência trabalhista, percebe-se que mesmo após a Instrução Normativa nº 39/2016, o TST considerou válido e eficaz o negócio processual no qual as partes dispensaram a oitiva de testemunhas e concordaram

---

39 Nesse sentido foi o parecer do Procurador Geral da República nos autos da ADI 5.516/DF. BRASIL. **Nº 213.147/2016-AsJConst/SAJ/PGR**. Parecer do Procurador Geral da República nos autos da Medida Cautelar da Ação Direita de Inconstitucionalidade 5.516/DF. Disponível em http://www.stf.jus.br/portal/processo/verProcessoAndamento.asp?incidente=4977107> Acesso em: 06. Ago. 2017.

40 JUNQUEIRA, Fernanda Antunes Marques; MARANHÃO, Ney. **Negócio processual no processo do trabalho: apontamentos gerais**. Revista eletrônica [do] Tribunal Regional do Trabalho da 9ª Região, Curitiba, PR, v. 6, n. 55, p. 44-70, out./nov. 2016. p. 64.

41 Ibidem, p. 66.

com a juntada da ata de audiência de outro processo para ser utilizada como prova emprestada (RR-147300-49.2012.5.13.0004, 3ª Turma, Relator Ministro Alexandre de Souza Agra Belmonte, DEJT 27/10/2017).

6. NEGÓCIOS JURÍDICOS PROCESSUAIS DA FAZENDA PÚBLICA NA JUSTIÇA DO TRABALHO

Leonardo Carneiro da Cunha afirma que "não existe vedação legal à celebração de negócios processuais pela Fazenda Pública"[42]. Ele entende que se um advogado público (procurador federal, estadual ou municipal, por exemplo) "pode convencionar sobre a suspensão do processo, escolher o procedimento a ser adotado, o meio de impugnação a ser utilizado, é porque pode celebrar negócio processual"[43]. No mesmo sentido, Lorena Miranda Santos Barreiros afirma que "os entes públicos são destinatários do regramento estatuído no art. 190 do CPC/2015"[44]. Isso se deve, entre outros motivos, ao grau de abertura alcançado pela consensualidade administrativa, às alterações havidas no Direito Administrativo que resultaram na adoção de um modelo gerencial, voltado para a valorização da eficiência administrativa, por meio de uma postura mais flexível, paritária e dialógica com o particular[45]. No mesmo sentido, é a opinião do Fórum Permanente de Processualistas Civis[46].

O âmbito de liberdade da Fazenda Público em juízo é mais restrito que o espaço de conformação das pessoas físicas ou das pessoas jurídicas de direito privado. Assim, as prerrogativas "relacionadas ao regime jurídico de direito material a que se sujeitam as pessoas jurídicas de direito público ou à própria natureza dessas não podem ser restringidas ou afastadas por negócios processuais"[47]. Por esse prisma, não se poderia utilizar um negócio processual para se afastar o regime de pagamento por meio de precatórios, por exemplo. Por outro lado, em relação às prerrogativas processuais relacionadas com o funcionamento estrutural da Administração (como a intimação pessoal na forma prevista no

---

42 CUNHA, Leonardo Carneiro. **A Fazenda Pública em juízo**. 13. ed. Rio de janeiro: Forense, 2016. p. 663.

43 Ibidem, p. 663.

44 BARREIROS, Lorena Miranda Santos. **Convenções processuais e poder público**. Salvador: Juspodivm, 2016. p. 94.

45 Ibidem, p. 92.

46 Enunciado n. 256 do Fórum Permanente de Processualistas Civis: a Fazenda Pública pode celebrar negócio jurídico processual.

47 BARREIROS, Lorena Miranda Santos. **Convenções processuais e poder público**. Salvador: Juspodivm, 2016. p. 345.

art. 183 do CPC/2015[48], por exemplo) são "mais permeáveis à possibilidade de lícita disposição, desde que dessa disposição não decorra prejuízo ao exercício, pelo ente público, de seus direitos ao contraditório e ampla defesa"[49] e seja devidamente motivada[50].

Nesse contexto, é importante citar alguns exemplos de normas que fomentaram a celebração de negócios processuais pela Fazenda Pública. A primeira é a Portaria PGFN nº 360, de 13/06/2018, autorizando a realização, no âmbito da Procuradoria Geral da Fazenda Nacional, de modalidades específicas de negócio jurídico processual, inclusive calendarização[51]. E mais recentemente, em 14/02/2019, a Procuradoria Geral do Estado de Pernambuco editou a Portaria PGE Nº 24/2019, autorizou a realização de modalidades de negócio jurídico processual em processos nos quais a Fazenda Pública Estadual seja parte, inclusive execuções fiscais, execuções contra a Fazenda Pública Estadual, e em relação a débitos tributários e não-tributários inscritos em dívida ativa, e passíveis de cobrança pela Procuradoria Geral do Estado de Pernambuco, nos termos dos artigos 190 e 191 do CPC/2015[52].

Diante do exposto, a celebração de negócios jurídicos processuais pela Fazenda Pública na Justiça do Trabalho encontra um campo fértil, principalmente durante as audiências, pois seria o momento propício para convencionar sobre a redução ou ampliação da quantidade de testemunhas e até mesmo dispensa da produção da prova testemunhal. Além disso, na audiência seria possível, a delimitação consensual das questões de fato e de direito, escolha consensual do

---

48 Art. 183 do CPC/2015. A União, os Estados, o Distrito Federal, os Municípios e suas respectivas autarquias e fundações de direito público gozarão de prazo em dobro para todas as suas manifestações processuais, cuja contagem terá início a partir da intimação pessoal. § 1º A intimação pessoal far-se-á por carga, remessa ou meio eletrônico. § 2º Não se aplica o benefício da contagem em dobro quando a lei estabelecer, de forma expressa, prazo próprio para o ente público.

49 BARREIROS, Lorena Miranda Santos. **Convenções processuais e poder público**. Salvador: Juspodivm, 2016. p. 349.

50 Ibidem, p. 355.

51 BRASIL. **Portaria PGFN Nº 360, de 13 de junho de 2018.** Autoriza a realização, no âmbito da Procuradoria Geral da Fazenda Nacional, de modalidades específicas de negócio jurídico processual, inclusive calendarização. Disponível em:< http://www.pgfn.fazenda.gov.br/noticias/arquivos/2018/portaria-360-2018.pdf > Acesso em: 20. Jul. 2019.

52 BRASIL. **Portaria PGE Nº 24, de fevereiro de 2019.** Autoriza a realização de modalidades de negócio jurídico processual - NJP, no âmbito da Procuradoria Geral do Estado de Pernambuco, em processos nos quais a Fazenda Pública Estadual seja parte, inclusive execuções fiscais, execuções contra a Fazenda Pública Estadual, e em relação a débitos tributários e não-tributários inscritos em dívida ativa, e passíveis de cobrança pela Procuradoria Geral do Estado de Pernambuco, nos termos dos artigos 190 e 191 da Lei Federal nº 13.105, de 16 de março de 2015. Disponível em:< https://www.legisweb.com.br/legislacao/?id=374853.pdf > Acesso em: 20. Jul. 2019.

perito e a calendarização dos próximos atos processuais. Todos esses exemplos visam ajustar o procedimento de acordo com as especificidades da causa, representam uma economia de tempo e de recursos financeiros, respeitando as prerrogativas da Fazenda Pública, sem conflitar com o âmbito de proteção dos direitos trabalhistas.

Capítulo 14

ARBITRAGEM TRABALHISTA COM O PODER PÚBLICO

LEONARDO CARNEIRO DA CUNHA[1]

JOÃO OTÁVIO TERCEIRO NETO[2]

Sumário: 1. Introdução. 2. A arbitragem no brasil. 2.1. A legislação brasileira. 2.2. Arbitrabilidade objetiva e subjetiva. 3. A arbitragem trabalhista. 4. A arbitragem trabalhista com o poder público.

1. INTRODUÇÃO

Ante a inexistência de disciplina legal específica, sempre foi muito polêmica a admissibilidade da arbitragem para a resolução de dissídios individuais trabalhistas[3]. Após alguns anos de instabilidade, a jurisprudência do Tribunal Superior do Trabalho veio a se consolidar contra a possibilidade de utilização da arbitragem para a solução de disputas trabalhistas individuais. Por outro lado, a Constituição já previa expressamente, em seu art. 114, §§1º e 2º, a admissibilidade da arbitragem trabalhista coletiva.

A Lei 13.467, de 2017, acrescentou à Consolidação das Leis do Trabalho o art. 507-A, que assim dispõe: *"Nos contratos individuais de trabalho cuja remuneração seja superior a duas vezes o limite máximo estabelecido para os benefícios do Regi-*

---

1 Mestre em Direito pela UPFE. Doutor em Direito pela PUC-SP, com pós-doutorado pela Universidade de Lisboa. Professor Associado da Faculdade de Direito do Recife (UFPE), nos cursos de graduação, mestrado e doutorado. Membro do Instituto Iberoamericano de Direito Processual, do Instituto Brasileiro de Direito Processual, da Associação Norte e Nordeste de Professores de Processo, do Instituto Pernambucano de Advogados e do Comitê Brasileiro de Arbitragem. Membro da Academia Brasileira de Direito (ocupante da cadeira 08). Procurador licenciado do Estado de Pernambuco. Advogado e consultor jurídico.

2 Doutorando e mestre em Direito pela UFPE. Professor de Direito Processual Civil. Membro do Instituto Brasileiro de Direito Processual, da Associação Norte e Nordeste de Professores de Processo e do Comitê Brasileiro de Arbitragem. Advogado e consultor jurídico.

3 Sobre o tema, consultar: VERÇOSA, Fabiane. "Arbitragem para a resolução de dissídios individuais trabalhistas em tempos de reforma da CLT e de conjecturas sobre a extinção da justiça do trabalho: o direito trabalhista na encruzilhada". *Revista Brasileira de Arbitragem*, São Paulo, n. 61, p. 7-35, 2019.

me Geral de Previdência Social, poderá ser pactuada cláusula compromissórias de arbitragem, desde que por iniciativa do empregado ou mediante sua concordância expressa, nos termos previstos na Lei nº 9.307, de 23 de setembro de 1996".

Passou a ser possível, como se percebe, a instauração de arbitragem para a solução de conflito individual do trabalho. Em outras palavras, é possível, no sistema brasileiro, a arbitragem trabalhista, que é regulada pelas normas decorrentes da Lei 9.307, de 1996. As arbitragens – aí incluída a arbitragem trabalhista – são regidas por tal Lei, bem como por disposições contidas no Código de Processo Civil e em algumas leis esparsas que se referem a esse meio de solução de disputas.

Com a inserção do art. 507-A à CLT, não há mais qualquer dúvida quanto à possibilidade de arbitragem para a solução de disputas trabalhistas. Aliás, a mudança legislativa aplica-se aos contratos anteriores que já contivessem cláusulas arbitrais trabalhistas, segundo entendimento consolidado no enunciado 485 da Súmula do STJ: *"A Lei de Arbitragem aplica-se aos contratos que contenham cláusula arbitral, ainda que celebrados antes da sua edição".*

A convenção de arbitragem, seja a cláusula compromissória, seja o compromisso arbitral, é um negócio jurídico processual. Sendo a convenção de arbitragem uma cláusula processual, há de produzir efeitos no processo a ser instaurado. Logo, o disposto no art. 507-A da CLT aplica-se aos contratos anteriores à sua vigência que contenham cláusula arbitral.

No presente artigo, tratar-se-á de algumas particularidades da arbitragem trabalhista envolvendo o Poder Público. Para cumprir essa finalidade, convém relembrar algumas noções gerais sobre a arbitragem e, em seguida, enfrentar as limitações específicas impostas às arbitragens trabalhistas individual e coletiva com a Fazenda Pública.

2. A ARBITRAGEM NO BRASIL

2.1 A legislação brasileira

A Lei 9.307, de 1996, dispõe sobre a arbitragem e estabelece, logo no seu art. 1º, que "as pessoas capazes de contratar poderão valer-se da arbitragem para dirimir litígios relativos a direitos patrimoniais disponíveis". É preciso, então, que haja a presença de requisitos subjetivos (capacidade jurídica) e objetivos (direito patrimonial disponível).

As partes interessadas podem submeter a solução de seus litígios ao juízo arbitral mediante convenção de arbitragem, assim entendida a cláusula compromissória e o compromisso arbitral. Em outras palavras, a convenção de arbitragem é o gênero, do qual há duas espécies: a cláusula compromissória e o compromisso arbitral.

A cláusula compromissória é, nos termos do art. 4º da Lei 9.307, de 1996, "a convenção através da qual as partes em um contrato comprometem-se a submeter à arbitragem os litígios que possam vir a surgir, relativamente a tal contrato". A cláusula compromissória deve ser estipulada por escrito, podendo inserir-se no próprio contrato ou em documento apartado que a ele se refira. Já o compromisso arbitral, segundo disposto no art. 9º da mesma lei, "é a convenção através da qual as partes submetem um litígio à arbitragem de uma ou mais pessoas, podendo ser judicial ou extrajudicial". Enquanto o compromisso extrajudicial deve ser celebrado por instrumento público ou por escrito particular, assinado por duas testemunhas, o judicial há de ser celebrado por termo nos autos, perante o juízo ou tribunal, onde tenha curso a demanda. Tanto a cláusula compromissória quanto o compromisso arbitral produzem o chamado efeito vinculante, submetendo efetivamente as partes à arbitragem.

Pela cláusula compromissória, as partes *comprometem-se* a submeter a controvérsia a um juízo arbitral. Por sua vez, o compromisso arbitral é a convenção pela qual as partes *já submetem* a controvérsia a um juízo arbitral.

O *Código Civil*, ao tratar das várias espécies de contrato, disciplina o *compromisso* em seus arts. 851, 852 e 853. Nos termos do Código Civil, é admitido o compromisso, judicial ou extrajudicial, para resolver litígios entre pessoas que podem contratar, sendo certa, ademais, a admissibilidade de inclusão nos contratos da cláusula compromissória, a fim de resolver divergências mediante juízo arbitral, na forma estabelecida em lei especial. O art. 852 veda expressamente o compromisso arbitral para solução de questões de estado, de direito pessoal de família e de outras que não tenham caráter estritamente patrimonial.

É possível haver cláusula compromissória em contrato de adesão. Não há vedação nesse sentido. A Lei 9.307, de 1996, apenas contém algumas exigências, a fim de resguardar a situação do aderente. Para que a cláusula compromissória seja eficaz nos contratos de adesão, é preciso que o aderente tome a iniciativa de instituir a arbitragem ou concorde, expressamente, com a sua instituição, desde que o faça por escrito em documento anexo ou em negrito, com a assinatura ou visto especialmente para essa cláusula. Não importa se o negócio é de consumo. Sendo o contrato de adesão, há de se respeitar tais exigências, sob pena de completa ineficácia da cláusula compromissória, a ser considerada como não escrita.

A arbitragem pode ser de direito ou de equidade, a critério das partes, que poderão, ainda, escolher as regras de direito que serão aplicadas, ou convencionar que o julgamento se realize com base nos princípios gerais do direito, nos usos e costumes e nas regras internacionais de comércio.

As partes podem, na cláusula compromissória, já estabelecer as regras necessárias e suficientes para a instituição da arbitragem, ou simplesmente reportar-se às regras de algum órgão arbitral institucional ou entidade especializada, de maneira que, sobrevindo a controvérsia, é possível a instituição imediata da arbitragem. É o que se chama de cláusula compromissória *cheia*.

No caso de a cláusula compromissória ser *vazia*, isto é, caso não haja acordo prévio sobre a forma de instituir a arbitragem, a parte interessada manifestará à outra parte sua intenção de dar início à arbitragem, por via postal ou por outro meio idôneo de comunicação, convocando-a para firmar o compromisso arbitral. Não comparecendo a parte convocada ou, comparecendo, caso se recuse a firmar o compromisso arbitral, faculta-se à outra parte a propositura de demanda perante o Poder Judiciário para que o juiz estatal determine a sua celebração. Ao juiz cabe estimular uma celebração consensual. Não sendo possível e não havendo consenso, o juiz decidirá sobre o conteúdo do compromisso arbitral. O árbitro deve ser escolhido nos termos do compromisso arbitral. Se este nada dispuser a respeito, caberá ao juiz nomear árbitro único para a solução do litígio. A sentença do juiz valerá como compromisso arbitral, podendo ser impugnada por recurso de apelação sem efeito suspensivo, de modo que é possível já instituir a arbitragem, mesmo pendente apelação contra a sentença que determina sua instituição.

Há aí uma ação materialmente sumária, com procedimento especial. A sentença arbitral substitui a declaração de vontade da parte e vale como compromisso arbitral.

O árbitro não precisa ser bacharel em Direito nem ter qualquer especialidade imposta pela lei. Pode ser árbitro qualquer pessoa capaz e que tenha a confiança das partes. É preciso que seja alguém imparcial; não deve ser impedido nem suspeito. Os casos de impedimento e suspeição, previstos para os juízes, aplicam-se igualmente aos árbitros.

As partes nomearão um ou mais árbitros, sempre em número ímpar, podendo também nomear os respectivos suplentes. Quando as partes nomearem árbitros em número par, estes estão autorizados a, desde logo, nomear mais um. Não havendo acordo, as partes devem requerer ao Poder Judiciário a nomeação do árbitro. Sendo nomeados vários árbitros, estes, por maioria, elegerão o presidente do tribunal arbitral. Não havendo consenso, o mais idoso será designado presidente. Todas essas regras têm caráter supletivo. É sempre possível que as partes ou o regulamento da instituição que administre o processo estabeleçam regras distintas.

Ao árbitro cabe decidir, de ofício ou a requerimento das partes, as questões relativas à existência, à validade e à eficácia da convenção de arbitragem e do contrato que contenha a cláusula compromissória. O árbitro ou o tribunal arbitral poderá tomar o depoimento das partes, ouvir testemunhas e determinar a realização de perícias ou outras provas que sejam necessárias, mediante requerimento das partes ou de ofício. Em caso de recusa da testemunha para comparecer à audiência, o árbitro ou o presidente do tribunal arbitral poderá requerer ao Poder Judiciário que determine sua condução. Havendo necessidade de medidas coercitivas ou cautelares, os árbitros poderão solicitá-las ao órgão do Poder Judiciário que seria, originariamente, competente para julgar a causa.

A sentença arbitral deve conter relatório, fundamentação (mencionando-se, expressamente, se os árbitros julgaram por equidade), o dispositivo, a data e o lugar em que foi proferida.

A sentença arbitral não precisa ser homologada. Nada tendo sido convencionado, o prazo para prolação da sentença é de 6 (seis) meses, contado da instituição da arbitragem ou da substituição do árbitro. Tal prazo pode ser prorrogado de comum acordo entre as partes e o árbitro. Os árbitros podem proferir sentenças parciais, acolhendo uma parte do pedido e deixando a outra para depois, por ser necessária uma instrução mais demorada.

A sentença é irrecorrível e produz coisa julgada, constituindo título executivo judicial. O árbitro não tem poderes para processar o cumprimento da sentença, que deve ser promovido pela parte vitoriosa perante o Poder Judiciário.

Embora seja irrecorrível a sentença arbitral, a parte interessada, mediante comunicação à outra parte, pode solicitar ao árbitro ou ao tribunal arbitral que corrija erro material da sentença arbitral ou que esclareça alguma obscuridade, elimine contradição da sentença arbitral, ou se pronuncie sobre ponto omitido a respeito do qual devia manifestar-se a decisão.

O Poder Judiciário não pode rever o mérito da sentença arbitral. É possível, entretanto, que a parte interessada postule ao órgão do Poder Judiciário, mediante demanda específica, a decretação da nulidade da sentença arbitral, nas hipóteses previstas na própria Lei de Arbitragem. Tal demanda anulatória da sentença arbitral submete-se ao procedimento comum, previsto no CPC, devendo ser proposta no prazo de até 90 (noventa) dias após o recebimento da notificação da sentença arbitral ou de seu aditamento.

2.2 Arbitrabilidade objetiva e subjetiva

Já se viu que a Lei 9.307, de 1996, estabelece ser possível a arbitragem para (a) as pessoas capazes de contratar, relativamente a (b) direitos patrimoniais disponíveis. São, então, dois os requisitos para que se admita uma arbitragem: a capacidade de fato ou de exercício e a disponibilidade de um direito patrimonial.

A doutrina brasileira passou a entender que a arbitragem, na verdade, depende da presença da chamada *arbitrabilidade*, que pode ser *objetiva* e *subjetiva*. Essas definições são mais adequadas a identificar quem pode submeter-se à arbitragem e qual a controvérsia possível a ser submetida a uma arbitragem.

A *arbitrabilidade subjetiva* refere-se a quem pode ser parte numa arbitragem. A legislação vale-se da expressão "pessoas capazes". Rigorosamente, tal expressão não abrange os entes despersonalizados, a exemplo do condomínio, do espólio e das sociedades de fato. Tais entes, embora não tenham personalidade jurídica, desfrutam de capacidade. Não são poucos os doutrinadores que consideram a *capacidade* como a nota definidora do conceito jurídico de pessoa. Com efeito, para muitos, o direito, ao se referir a "pessoa", não utiliza o sentido ético da palavra, identificando-a com a capacidade jurídica. Por isso, a quem se confere personalidade, outorga-se igualmente capacidade. Em outras palavras, quem tem personalidade tem, somente por isso, capacidade jurídica. Daí por que o Código Civil brasileiro, em seu art. 1.º, dispõe que toda *pessoa* é capaz de direitos e deveres na ordem civil.

A personalidade não se confunde, todavia, com a capacidade. Conquanto se afirme que a capacidade seja um elemento da personalidade, nem sempre que haja capacidade deve existir, necessariamente, personalidade. Em algumas hipóteses, o legislador entende desnecessário atribuir personalidade a alguns entes, mas lhes assegura capacidade jurídica e processual. Assim, por exemplo, o condomínio, a massa falida, o espólio e outros tantos, embora não desfrutem de personalidade jurídica, têm capacidade para adquirir direitos e contrair obrigações, podendo, até mesmo, ser parte em juízo, ativa ou passivamente. Tais entes não são pessoas, mas são sujeitos de direito, podendo ser titulares de poderes, deveres, direitos, ônus e faculdades, de índole material ou processual.

Daí se infere que há sujeitos de direito que não são pessoas. Tais sujeitos não são pessoas, mas se lhes atribui capacidade jurídica, porque: (a) sua existência se caracteriza pela transitoriedade e pela fugacidade, não se recomendando que lhes seja deferida personalidade jurídica, que exige duração temporal com certa estabilidade; e, ainda, pela (b) necessidade de se conferir segurança às relações jurídicas, garantindo o exercício de pretensões de terceiros contra tais sujeitos desprovidos de personalidade jurídica.[4]

Se tais entes têm capacidade jurídica, podem adquirir direitos e contrair obrigações e, ainda, podem ser parte em processo judicial, não há razão para vetar-lhes o acesso à arbitragem. Há, então, arbitrabilidade subjetiva, não transparecendo qualquer impediente à celebração da arbitragem.

---

4 MELLO, Marcos Bernardes de. *Teoria do fato jurídico:* plano da eficácia: primeira parte. São Paulo: Saraiva, 2003, p. 127. Essa situação de transitoriedade que desaconselha a atribuição de personalidade jurídica a alguns sujeitos de direito não guarda pertinência com o condomínio edilício, que desfruta de duração temporal com certa estabilidade. Deveria, então, ser conferida personalidade jurídica ao condomínio edilício. O condomínio não tem, contudo, personalidade, mas é sujeito de direito, dotado de capacidade jurídica (MELLO, Marcos Bernardes de. *Teoria do fato jurídico:* plano da eficácia: primeira parte. São Paulo: Saraiva, 2003, idem, nota de rodapé n. 235, p. 128).

Além da capacidade da parte, é preciso, para que haja arbitragem, que ela possa dispor ou transigir sobre o direito patrimonial. É preciso, enfim, que haja *arbitrabilidade objetiva.* Exige-se, em outras palavras, que as partes tenham capacidade de administração de bens, e não de disposição. Se não há capacidade de administração de bens, não há poderes para celebração de uma convenção de arbitragem. É o caso do inventariante, do administrador judicial na falência e do síndico de um condomínio. Para celebração de uma convenção de arbitragem, essas partes necessitam das respectivas autorizações exigidas por lei para dispor de direitos (autorização judicial, no caso do inventariante e do administrador judicial, e da assembleia de condôminos, no caso do condomínio).

3. A ARBITRAGEM TRABALHISTA

Apesar da controvérsia doutrinária e jurisprudencial acerca da admissibilidade da arbitragem no Direito do Trabalho, já havia, antes da Reforma Trabalhista, casos em que o direito positivo brasileiro considerava, expressamente, ser cabível a adoção da arbitragem para dirimir disputas laborais.

Como já visto, a Constituição, no seu art. 114, §§ 1º e 2º, prescreve ser admissível a arbitragem no âmbito do direito coletivo do trabalho[5]. Nesse sentido, o art. 3º da Lei de Greve (Lei 7.783, de 1989) dispõe que "Frustrada a negociação coletiva ou verificada a impossibilidade de recursos via arbitral, é facultada a cessação coletiva do trabalho". Também contêm referências à arbitragem trabalhista coletiva a Lei 10.101, de 2000, que trata da participação do empregado nos lucros e resultados da empresa[6], e a Lei dos Portos (Lei 12.815, de 2013)[7].

---

5 § 1º Frustrada a negociação coletiva, as partes poderão eleger árbitros.

§ 2º Recusando-se qualquer das partes à negociação coletiva ou à arbitragem, é facultado às mesmas, de comum acordo, ajuizar dissídio coletivo de natureza econômica, podendo a Justiça do Trabalho decidir o conflito, respeitadas as disposições mínimas legais de proteção ao trabalho, bem como as convencionadas anteriormente.

6 Art. 4º Caso a negociação visando à participação nos lucros ou resultados da empresa resulte em impasse, as partes poderão utilizar-se dos seguintes mecanismos de solução do litígio:

I - mediação;

II - arbitragem de ofertas finais, utilizando-se, no que couber, os termos da Lei nº 9.307, de 23 de setembro de 1996.

§ 1º Considera-se arbitragem de ofertas finais aquela em que o árbitro deve restringir-se a optar pela proposta apresentada, em caráter definitivo, por uma das partes.

§ 2º O mediador ou o árbitro será escolhido de comum acordo entre as partes.

§ 3º Firmado o compromisso arbitral, não será admitida a desistência unilateral de qualquer das partes.

§ 4º O laudo arbitral terá força normativa, independentemente de homologação judicial.

7 Art. 37. Deve ser constituída, no âmbito do órgão de gestão de mão de obra, comissão paritária para solucionar litígios decorrentes da aplicação do disposto nos arts. 32, 33 e 35.

Além disso, a Lei Complementar 75, de 1993 (Lei Orgânica do Ministério Público da União), estabelece, em seu art. 83, XI, que compete ao Ministério Público do Trabalho "atuar como árbitro, se assim for solicitado pelas partes, nos dissídios de competência da Justiça do Trabalho". Note-se que o dispositivo não se restringe, de forma expressa, aos dissídios coletivos, o que levou parte da doutrina a utilizá-lo, antes da Reforma Trabalhista, como base normativa para defender o cabimento da arbitragem também no âmbito do direito individual do trabalho.

Em 2015, com a reforma da Lei de Arbitragem empreendida pela Lei nº 13.129, tentou-se incluir, no texto legal, o art. 4º, § 4º, com a seguinte redação: "Desde que o empregado ocupe ou venha a ocupar cargo ou função de administrador ou de diretor estatutário, nos contratos individuais de trabalho poderá ser pactuada cláusula compromissória, que só terá eficácia se o empregado tomar a iniciativa de instituir a arbitragem ou se concordar expressamente com a sua instituição". Esse dispositivo, contudo, foi vetado pelo então Vice-Presidente da República, seguindo orientação do Ministério do Trabalho e Emprego.

Hoje, com a inserção do art. 507-A na CLT, não há mais dúvida quanto à admissibilidade da arbitragem trabalhista individual no direito brasileiro – embora haja quem sustente, sem razão, ser inconstitucional tal artigo[8].

Com efeito, resta superada a ideia de indisponibilidade absoluta dos direitos do trabalhador, que embasou, durante muito tempo, a posição contrária à arbitrabilidade dos conflitos laborais. A esse respeito, é oportuna a observação de André Roque:

> Em primeiro lugar, é preciso ter em mente que os direitos trabalhistas, em geral, não são absolutamente indisponíveis. Embora a CLT estabeleça a sua irrenunciabilidade pelo empregado, seus efeitos ou consequências de ordem patrimonial são suscetíveis de apreciação econômica e plenamente disponíveis. Quando um empregado postula, por exemplo, o recebimento de determinada verba que não lhe foi paga ou indenização pelo descumprimento de norma da CLT, não se está decidindo o direito trabalhista em si mesmo, mas sua repercussão patrimonial e a quantificação do valor efetivamente devido ao trabalhador, sendo este interesse francamente disponível.
>
> Trata-se, guardadas as devidas proporções, de fenômeno bastante semelhante ao que ocorre com os direitos da personalidade em geral. Ainda que os direitos

§ 1º Em caso de impasse, as partes devem recorrer à arbitragem de ofertas finais.

§ 2º Firmado o compromisso arbitral, não será admitida a desistência de qualquer das partes.

§ 3º Os árbitros devem ser escolhidos de comum acordo entre as partes, e o laudo arbitral proferido para solução da pendência constitui título executivo extrajudicial.

8 TEIXEIRA FILHO, Manoel Antonio. *O processo do trabalho e a Reforma Trabalhista*. São Paulo: LTr, 2017, p. 45.

> à vida, à liberdade, ao nome, à honra ou à intimidade sejam indisponíveis em si mesmos, sendo considerados atributos essenciais ao ser humano, uma eventual indenização por danos morais em decorrência de sua violação constitui direito plenamente disponível, sendo admitida a sua apreciação pela via arbitral[9].

Portanto, a arbitragem trabalhista, antes admitada apenas no âmbito do direito coletivo do trabalho, pode ser utilizada também para solucionar disputas laborais individuais, desde que envolvam exclusivamente direitos patrimoniais disponíveis.

O art. 507-A da CLT, porém, impõe uma limitação à arbitrabilidade subjetiva: somente pode celebrar convenção de arbitragem aquele trabalhador "cuja remuneração seja superior a duas vezes o limite máximo estabelecido para os benefícios do Regime Geral de Previdência Social". Há, assim, uma presunção de que o trabalhador que recebe remuneração de valor superior ao referido patamar seria "hipersuficiente", possuindo condições técnicas de avaliar as consequências da pacutação da convenção arbitral. Essa regra, todavia, só se aplica à cláusula compromissória, de modo que nada impede que, depois de surgido o litígio e rompido o vínculo empregatício, seja celebrado compromisso arbitral por empregado que receba menos de duas vezes o limite máximo estabelecido para os benefícios do RGPS[10].

Além disso, o art. 507-A da CLT também estabelece que "poderá ser pactuada cláusula compromissórias de arbitragem, desde que por iniciativa do empregado ou mediante sua concordância expressa, nos termos previstos na Lei nº 9.307, de 23 de setembro de 1996". A previsão legal cria, então, uma segunda condição de validade da convenção arbitral: é preciso que ela seja pactuada por iniciativa do trabalhador ou mediante sua concordância expressa.

A parte final do art. 507-A da CLT assemelha-se ao § 2º do art. 4º da Lei 9.307, segundo o qual "Nos contratos de adesão, a cláusula compromissória só terá eficácia se o aderente tomar a iniciativa de instituir a arbitragem ou concordar, expressamente, com a sua instituição, desde que por escrito em documento anexo ou em negrito, com a assinatura ou visto especialmente para essa cláusula".

A similaridade entre os dispositivos deve-se ao fato de que o contrato de trabalho é, não raramente, um contrato de adesão. Diante disso, há de ser aplicado, na interpretação da cláusula compromissória trabalhista, o disposto no art. 423

9 ROQUE, André Vasconcelos. "A arbitragem de dissídios individuais após a Reforma Trabalhista: limites e possibilidades". *Solução de conflitos trabalhistas*: novos caminhos. Carolina Tupinambá (org.). São Paulo: LTr, 2018, p. 337.

10 ROQUE, André Vasconcelos. "A arbitragem de dissídios individuais após a Reforma Trabalhista: limites e possibilidades". *Solução de conflitos trabalhistas*: novos caminhos. Carolina Tupinambá (org.). São Paulo: LTr, 2018, p. 341.

do Código Civil, que determina que as cláusulas insertas em contrato de adesão, quando ambíguas ou contraditórias, devem ser interpretadas de maneira mais favorável ao aderente (*interpretatio contra stipulatorem*)[11].

Afora tais particularidades relativas ao momento de celebração da convenção de arbitragem trabalhista, é preciso, evidentemente, que o procedimento arbitral, sabidamente flexível, seja adaptado para servir melhor à solução das disputas laborais. Justamente por isso, algumas instituições arbitrais brasileiras já contêm, em seus regulamentos, disposições específicas para a arbitragem trabalhista.

A título de exemplo, o Centro Brasileiro de Mediação e Arbitragem (CBMA) instituiu o Protocolo para Arbitragem Trabalhista, com regras aplicáveis a arbitragens que envolvam direitos individuais e coletivos trabalhistas[12]. Igualmente, a Câmara de Arbitragem e Mediação Especializada (CAMES) criou o Regulamento de Conciliação e Arbitragem Sumária para disputas trabalhistas de até R$ 200.000,00[13].

4. A ARBITRAGEM TRABALHISTA COM O PODER PÚBLICO

Da mesma forma que a admissibilidade da arbitragem trabalhista sempre foi tema controverso, tradicionalmente, sempre houve resistência para a arbitragem com o Poder Público. Ao longo da história do Brasil, formaram-se três correntes doutrinárias: (a) a que não admite arbitragem que envolva o Poder Público; (b) a que admite sempre, mesmo que não haja lei específica, sendo suficiente a própria lei da arbitragem; (c) a que admite, desde que haja lei específica para determinada atividade pública.

A primeira corrente funda-se na ideia de indisponibilidade do interesse público, enquanto a segunda defende que o interesse da Administração Pública não equivale ao interesse público. Já a terceira apoia-se na necessidade de respeito ao princípio da legalidade.

As opiniões mais atuais dividem-se entre a segunda e a terceira correntes, havendo uma tendência de prevalecer a segunda. De todo modo, já há disposição expressa prevendo a arbitragem com o Poder Público. A Lei 9.307, de 1996, foi alterada pela Lei 13.129, de 2015, passando a contar, em seu art. 1º, com um § 1º

---

11 Sobre a interpretação da convenção de arbitragem trabalhista, consultar: CUNHA, Leonardo Carneiro da; TERCEIRO NETO, João Otávio. "A interpretação da cláusula compromissória na arbitragem trabalhista". *Solução de conflitos trabalhistas*: novos caminhos. Carolina Tupinambá (org.). São Paulo: LTr, 2018.

12 Disponível em: http://www.cbma.com.br/protocolo_arbitragem_trabalhista. Acesso em 12 de julho de 2019.

13 Disponível em: https://www.camesbrasil.com.br/arbitragem/trabalhista/. Acesso em 12 de julho de 2019.

que assim dispõe: "A administração pública direta e indireta poderá utilizar-se da arbitragem para dirimir conflitos relativos a direitos patrimoniais disponíveis".

E, nos termos do § 2º do art. 1º da Lei 9.307, de 1996, igualmente acrescentado pela Lei 13.129, de 2015, "A autoridade ou o órgão competente da administração pública direta para a celebração de convenção de arbitragem é a mesma para a realização de acordos ou transações".

Já se viu que há a arbitrabilidade subjetiva e a arbitrabilidade objetiva. A arbitrabilidade, que significa a possibilidade de um litígio ou de uma disputa submeter-se à arbitragem, pode referir-se à matéria (*ratione materiae* – arbitrabilidade objetiva) ou à pessoa (*ratione personae* – arbitrabilidade subjetiva).[14] O § 1º do art. 1º da Lei 9.307, de 1996, prevê expressamente a possibilidade de a Administração Pública valer-se da arbitragem para a solução de suas disputas. Há, portanto, arbitrabilidade subjetiva.

Quanto à arbitrabilidade objetiva, é preciso investigar quais os litígios cuja natureza é compatível com a arbitragem. Nesse sentido, cumpre observar se o litígio insere-se numa relação de direito privado ou numa relação de direito público. Como explica Ana Perestrelo de Oliveira, "A dicotomia é clássica e plena de consequências ao nível da arbitrabilidade da controvérsia. No primeiro caso, o ente público age desprovido de poderes de autoridade (*acta jure gestionis*), ao contrário do que sucede no segundo, em que atua com poderes de império (*acta jure imperii*)".[15]

O § 1º do art. 1º da Lei 9.307, de 1996, como já se viu, assim dispõe: "A administração pública direta e indireta poderá utilizar-se da arbitragem para dirimir conflitos relativos a direitos patrimoniais disponíveis". O dispositivo menciona a *disponibilidade* e, igualmente, a *patrimonialidade* do direito. Há uma arbitrabilidade ampla relativamente ao Poder Público quando este atua *jure gestionis*, ou seja, quando ele estiver inserido numa relação de direito privado. Quando, porém, a relação for pública, na qual houver manifesto exercício do poder de império, será preciso examinar o grau de (in)disponibilidade do direito. Para que seja possível a arbitragem, deve haver *disponibilidade* e o direito deve ser *patrimonial*.

Dito isso, parece claro o cabimento da arbitragem trabalhista com o Poder Público, desde que envolva direitos patrimoniais disponíveis. A regra geral é que as disputas laborais com o Poder Público, sejam elas individuais, sejam elas co-

---

14 A eventual inarbitrabilidade da disputa determina a invalidade da convenção de arbitragem, sendo igualmente causa de anulação da sentença arbitral, nos termos do art. 32, I, da Lei 9.307, de 1996.

15 OLIVEIRA, Ana Perestrelo. *Arbitragem de litígios com entes públicos*. 2 ed. Coimbra: Almedina, 2015, p. 15.

letivas, são arbitráveis, pois, para o Estado, os interesses envolvidos, nas relações laborais, serão sempre patrimoniais e disponíveis.

A Administração Pública, portanto, pode submeter suas disputas a uma arbitragem, podendo esta ser *ad hoc* ou institucional.[16]

Há, entretanto, algumas adaptações que devem ser feitas. A Administração Pública, de qualquer dos poderes, está submetida aos princípios previstos no art. 37 da Constituição Federal, a saber: legalidade, moralidade, publicidade, impessoalidade e eficiência.

Diante disso, a arbitragem que envolva o Poder Público não pode ser sigilosa, nem confidencial, em razão da necessidade de observância ao princípio da publicidade. Além disso, em virtude do princípio da legalidade, a doutrina entende que não é possível arbitragem por equidade, quando o Poder Público figurar como uma das partes envolvidas; só é possível a arbitragem por legalidade.

Exatamente por isso, o § 3º do art. 2º da Lei 9.307, de 1996, assim dispõe: "A arbitragem que envolva a administração pública será sempre de direito e respeitará o princípio da publicidade". Significa que não pode haver arbitragem por equidade com o Poder Público, nem ela pode ser confidencial ou regida pelo sigilo. Só é possível haver com a Fazenda Pública arbitragem por legalidade, respeitando-se o princípio da publicidade.

É preciso, porém, compatibilizar o princípio da publicidade com as hipóteses de sigilo previstas em lei, que resguardam a segurança nacional (como, por exemplo, nas hipóteses previstas na Lei 12.527, de 2011). Bem por isso, nos termos do enunciado 104 do Fórum Nacional do Poder Público: "Na arbitragem com a Administração Pública, a publicidade dos atos e documentos do processo está sujeita à mitigação em função dos casos de sigilo previstos em lei". Também por isso, consoante anotado no enunciado 105 do Fórum Nacional do Poder Público: "Caracteriza-se boa prática da Administração Pública dar conhecimento ao tribunal arbitral e à parte adversa do recebimento de pedido de acesso à informação com fundamento na Lei 12.527/2011, relacionado a procedimento arbitral do qual seja parte".

A Administração Pública, por causa dos princípios da impessoalidade e da moralidade, deve contratar bens e serviços mediante licitação. A escolha do juízo ou tribunal arbitral deve ser submetida ao procedimento licitatório? Não tem prevalecido o entendimento de que seria necessária a realização de licitação. Há, de um lado, quem defenda que se trata de caso de inexigibilidade de

16 Nesse sentido, o enunciado 572 do Fórum Permanente de Processualistas Civis: "A Administração Pública direta ou indireta pode submeter-se a uma arbitragem *ad hoc* ou institucional".

licitação,[17] cujas hipóteses legais são exemplificativas, e não exaustivas. Há, por outro lado, quem afirme que não se aplicam as normas sobre licitação à escolha da câmara arbitral.[18]

A sentença arbitral proferida contra Fazenda Pública não está sujeita à remessa necessária. Nesse sentido, o enunciado 164 do Fórum Permanente de Processualistas Civis: "A sentença arbitral contra a Fazenda Pública não está sujeita à remessa necessária". O art. 496 do CPC, que disciplina a remessa necessária, aplica-se apenas ao ambiente do processo judicial, não tendo incidência relativamente ao processo arbitral.

Ao lado disso tudo, uma sentença arbitral que imponha uma condenação pecuniária ao Poder Público deve acarretar a expedição de precatório, em razão do que dispõe o art. 100 da Constituição Federal, regra que não pode ser afastada, ainda que se trate de arbitragem[19]. Se a condenação for de pequeno valor, não se expede precatório, mas Requisição de Pequeno Valor – RPV, a ser paga em sessenta dias, nos termos da legislação de regência. Só não haverá necessidade de precatório ou de RPV, se o ente que integra a Administração Pública for uma sociedade de economia mista ou uma empresa pública, cujo regime jurídico é de direito privado, não estando sujeitas ao precatório.

Com essas ressalvas e adaptações, admite-se a arbitragem trabalhista que envolva entes da Administração Pública.

Com o acréscimo do art. 507-A à CLT pela Reforma Trabalhista, a arbitragem trabalhista passou a ser admissível não só no âmbito do direito coletivo do trabalho, mas também para a resolução de disputas laborais individuais – o que já refletiu, inclusive, nos regulamentos de algumas instituições arbitrais brasileiras, que passaram a conter disposições específicas relativas à arbitragem trabalhista.

Sendo possível também a utilização da arbitragem pela Fazenda Pública, é certo afirmar que o direito positivo brasileiro permite a arbitragem trabalhista envolvendo o Poder Público.

Essa modalidade, entretanto, sujeita-se a uma dupla limitação: por um lado, o art. 507-A impõe restrições à celebração da cláusula compromissória traba-

---

17 AMARAL, Paulo Osternack. *Arbitragem e Administração Pública.* Belo Horizonte: Fórum, 2012, p. 75.

18 BONÍCIO, Marcelo José Magalhães. "Breve análise sobre a arbitragem em conflitos que envolvem o Estado". *Revista da Procuradoria Geral do Estado de São Paulo.* São Paulo, v. 75, p. 13-20, 2012. Nesse sentido, o enunciado 103 do Fórum Nacional do Poder Público: "A escolha da câmara arbitral e a indicação de árbitro pela Administração Pública não se sujeitam ao regime jurídico em matéria de licitações e contratos administrativos".

19 Nesse sentido, o enunciado 101 do Fórum Nacional do Poder Público: "O cumprimento da sentença arbitral de obrigação de pagar quantia certa pela Fazenda Pública deve seguir a ordem cronológica de apresentação dos precatórios".

lhista, limitando a arbitrabilidade subjetiva; por outro, a presença da Fazenda Pública no processo arbitral exige que se observe o princípio da publicidade e impede que se institua arbitragem por equidade, devendo-se sempre obedecer à legalidade. Além disso, transitada em julgado a sentença arbitral condenatória em face do Poder Público, o crédito do empregado se sujeitará ao regime de precatório ou de RPV.

Capítulo 15

PROCEDIMENTO TRABALHISTA, PRAZOS E COMUNICAÇÕES PROCESSUAIS DA FAZENDA PÚBLICA NO PROCESSO DO TRABALHO

LAÍS NUNES DE OLIVEIRA[1]

ANDRÉ BORGES COELHO DE MIRANDA FREIRE[2]

1. INTRODUÇÃO

O processo do trabalho é sabidamente regido pelos princípios da celeridade e da simplicidade. Aquele que começa a estudá-lo poderia chegar à incorreta conclusão de que a Fazenda Pública, destituída de seu *ius imperii* ao contratar empregados, seria equiparada em tudo aos particulares no âmbito processual.

Se é certo que, em determinados casos, isso é verdade,[3] também não é menos certo que há uma longa tradição, inclusive legislativa, de concessão de prerrogativas processuais à Fazenda Pública no processo do trabalho, de que é testemunha o longevo Decreto-Lei n. 779 de 1969, que será melhor abordado no tópico a seguir.

Mais recentemente, com a sistematização das prerrogativas processuais dos entes públicos realizada pelo CPC, surgem questionamentos sobre sua aplicabili-

---

1 Procuradora do Estado de Sergipe. Pós-graduada em Direito Constitucional.

2 Procurador do Estado de Sergipe. Mestrando em Direito Tributário na Faculdade de Direito da USP. Advogado.

3 Confira-se, por exemplo, o que preceitua a OJ 152 da SDI-1 do TST: "Pessoa jurídica de direito público sujeita-se à revelia prevista no artigo 844 da CLT".

dade ao processo do trabalho, que, embora autônomo e regido pelo princípio da especialidade, também aplica subsidiariamente o Digesto Processual.

Assim, o presente capítulo, analisando a legislação aplicável, em especial o referido Decreto-Lei, o CPC, e a jurisprudência, pretende apresentar aos leitores: a) as peculiaridades do procedimento trabalhista aplicável à Fazenda; b) os prazos processuais a que se submete e c) o modo como se dão as comunicações processuais a ela dirigidas.

2. PECULIARIDADES DO PROCEDIMENTO TRABALHISTA PARA A FAZENDA PÚBLICA

Em paralelo às regras estabelecidas na Consolidação das Leis do Trabalho (CLT) e às processuais civis, que também se aplicam, subsidiariamente, ao processo do trabalho, o Decreto-lei nº 779/69 dispõe sobre a aplicação de normas processuais trabalhistas às pessoas jurídicas de direito público e equiparadas que não explorem atividade econômica. Nesse sentido, o referido Decreto-Lei traz disposições básicas sobre procedimento processual trabalhista da Fazenda Pública.

Dada sua brevidade de texto, segue transcrito abaixo o Decreto-lei nº 779/69, para leitura inicial:

> Art. 1º Nos processos perante a Justiça do Trabalho, constituem privilégio da União, dos Estados, do Distrito Federal, dos Municípios e das autarquias ou fundações de direito público federais, estaduais ou municipais que não explorem atividade econômica:
>
> I - a presunção relativa de validade dos recibos de quitação ou pedidos de demissão de seus empregados ainda que não homologados nem submetidos à assistência mencionada nos parágrafos 1º, 2º e 3º do artigo 477 da Consolidação das Leis do Trabalho;
>
> II - o quádruplo do prazo fixado no artigo 841, "in fine", da Consolidação das Leis do Trabalho;
>
> III - o prazo em dôbro para recurso;
>
> IV - a dispensa de depósito para interposição de recurso;
>
> V - o recurso ordinário "ex officio" das decisões que lhe sejam total ou parcialmente contrárias;
>
> VI - o pagamento de custas a final salva quanto à União Federal, que não as pagará.
>
> Art. 2º O disposto no artigo anterior aplica-se aos processos em curso mas não acarretará a restituição de depósitos ou custas pagas para efeito de recurso até decisão passada em julgado.
>
> Art. 3º Êste Decreto-lei entra em vigor na data de sua publicação, revogadas as disposições em contrário.

Verifica-se da leitura do normativo supratranscrito a instituição de prerrogativas à Fazenda Pública no âmbito do processo do trabalho. Tais prerrogativas se devem ao caráter de "litigante habitual" das pessoas jurídicas de direito público, característica que, somada ao interesse público na proteção do Erário e às limitações do atuar administrativo, autoriza a concessão, a elas, de ditas regras diferenciadas.

Os incisos II e III do artigo 1º transcrito acima serão abordados especificamente no tópico a seguir – Prazos processuais da Fazenda Pública na Justiça do Trabalho. Neste tópico, por outro lado, trataremos das peculiaridades gerais do procedimento processual aplicável à Fazenda.

Primeiramente, deve-se destacar que não há um rito específico aplicável à Fazenda. A ela aplicam-se os **ritos** previstos na legislação processual trabalhista, ao menos no que se refere aos ritos ordinário e sumário. Quanto ao sumaríssimo, há vedação legal expressa (art. 852-A, p.u., da CLT), cobrada pelas bancas de concurso à exaustão. A vedação estende-se, inclusive, aos casos em que pessoa jurídica de direito público tem como litisconsorte passivo empresa privada (a exemplo de em casos de terceirização).[4]

Peculiaridade interessante respeitante à Fazenda Pública é quanto à representação, que se dá, segundo o CPC, na seguinte forma:

> Art. 75. Serão representados em juízo, ativa e passivamente:
>
> I - a União, pela Advocacia-Geral da União, diretamente ou mediante órgão vinculado;
>
> II - o Estado e o Distrito Federal, por seus procuradores;
>
> III - o Município, por seu prefeito ou procurador;
>
> IV - a autarquia e a fundação de direito público, por quem a lei do ente federado designar;

É interessante ressaltar, inclusive, que essa representação, ao contrário do que ocorre com os particulares, chega a dispensar a presença de preposto do reclamado. Nesse sentido, há conhecido precedente do TST:

> RECURSO DE EMBARGOS. AUSÊNCIA DO PREPOSTO NA AUDIÊNCIA. ENTE PÚBLICO REPRESENTADO PELO PROCURADOR DOESTADO. INAPLICABILIDADE DA CONFISSÃO FICTA. VIOLAÇÃO AO ART. 896 DA CLT NÃO RECONHECIDA. A v. decisão não entendeu pela aplicação de confissão na audiência, por entender que a presença do Procurador do Estado, elide a revelia. Tal decisão não viola a literalidade do art. 844 da

4 Nesse sentido, orientou-se o CESPE na questão 58 do concurso da PGE-SE, em 2017.

> CLT. Estando o procurador presente em juízo, está o Estado regularmente representado, não havendo se falar na exigência de preposto, na medida em que o próprio procurador poderá sê-lo, obrigando o Estado por suas declarações, em face do que dispõe o art. 12, I do CPC. Embargos não conhecidos."(TST, RR 493230- 88.1998.5.04.5555, Rel. Min. Aloysio Corrêa da Veiga, SDI-1, DJ 11.5.2007).

Advirta-se o leitor, entretanto, de que essa orientação não é pacífica, de modo que é mais prudente contar-se com a presença de preposto que não seja o advogado público. Confira-se, nesse sentido, precedente mais recente sobre o tema:

> RECURSO DE REVISTA - CERCEAMENTO DE DEFESA - PESSOA JURÍDICA DE DIREITO PÚBLICO - REVELIA - AUSÊNCIA DE PREPOSTO NA AUDIÊNCIA - PRESENÇA DE PROCURADOR - INDEFERIMENTO DA CONTESTAÇÃO - ORIENTAÇÃO JURISPRUDENCIAL Nº 152 DA SBDI-1 DO TST. No Âmbito da Justiça do Trabalho, as prerrogativas concedidas aos entes públicos estão expressamente dispostas no Decreto-Lei nº 779/69, entre as quais não se observa a inaplicabilidade da confissão ficta. In casu, o Tribunal Regional manteve a revelia do ente público que, apesar da presença do procurador da autarquia estadual, não se fez representar por preposto em audiência, com fundamento na Orientação Jurisprudencial nº 152 da SBDI-1 do TST. Ressalte-se que o comparecimento do procurador, mesmo com defesa escrita, não supre a necessidade do preposto. Logo, o indeferimento da juntada da contestação, no caso, não caracteriza o cerceamento do direito de defesa. Precedentes. Recurso de revista não conhecido. (TST - 7ª Turma, RR 20674220125150076, Relator Ministro Luiz Philippe Vieira de Mello Filho, DEJT 04/05/2015)

Ressalta-se que, para aqueles que entendem a previsão do art. 844, § 5º, da CLT, como afastadora da revelia no caso de apresentação de contestação, a discussão apresentada acima perde o sentido.

A propósito da revelia, como já anunciado na introdução, embora dotada de diversos privilégios processuais, quando emprega, a Fazenda Pública despe-se de seu império e equipara-se aos particulares.

Primeiramente, esclareça-se que, mesmo no processo civil, como o revelam os arts. 344 e 345 do CPC, há regular revelia sempre que não houver contestação. São apenas os efeitos materiais da revelia, leia-se, a confissão ficta dos fatos alegados na inicial, que, em certos casos não se verificam.

No processo civil, é comum subsumir os interesses da Fazenda Pública ao art. 345, II, do CPC, como interesses indisponíveis, em relação aos quais não haveria confissão ficta.

Em tese, pode haver direitos fazendários disponíveis, como já o reconheceu o STJ, no REsp 1.084.745-MG, em relação a ação de cobrança contra Município, em relação a contrato de locação, considerado privado pelo STJ, e não propriamente um contrato administrativo.

Apesar do precedente, no processo civil, é muito rara a aplicação dos efeitos da revelia à Fazenda Pública, pois quase sempre se considera seu interesse patrimonial indisponível, mesmo em relação a direitos de servidores estatutários.

No direito do trabalho, por outro lado, a regra é contrária. Há presunção de que os interesses patrimoniais da Fazenda, ao contratar empregados, é disponível.

Tanto é assim que foi editada a OJ 152 da SDI-I do TST, que assim reza: "Pessoa jurídica de direito público sujeita-se à revelia prevista no art. 844 da CLT".

Assim, não havendo apresentação de defesa em audiência ou não havendo apresentação de contestação (para aqueles que consideram a ausência à audiência não determinante para haver revelia, com a inovação trazida pela reforma trabalhista no art. 844, § 5º, já referido), será a Fazenda Pública revel.

É de se ressaltar, inclusive, nesse ponto, a existência de Recomendação da Corregedoria-Geral da Justiça do Trabalho, segundo a qual a Fazenda não deve ser notificada para comparecer à audiência inaugural, mas para contestar no seu prazo em quádruplo:

> AGRAVO DE INSTRUMENTO EM RECURSO DE REVISTA. REVELIA. FAZENDA PÚBLICA. O Regional entendeu que não se sustenta a tese de revelia e confissão ficta pretendida pela parte autora, uma vez que a Recomendação do CGJT nº 2/2013 estabelece que, nos processos em que a Fazenda Pública for parte, não há necessidade de realização de audiência inicial, salvo quando, a requerimento de qualquer das partes, existir interesse na celebração de acordo, o que não é o caso. Asseverou, ainda, que o juízo de primeira instância, ao dispensar a União do comparecimento à audiência inicial, determinou que ela apresentasse defesa, nos termos do art. 1º, II, da referida recomendação, o que foi devidamente realizado. Nesse contexto, não se vislumbra violação dos arts. 5º, LV, da CF e 844 da CLT nem contrariedade à OJ nº 152 da SDI-1/TST. Agravo de instrumento conhecido e não provido.
>
> (TST - AIRR: 3292920155090028, Relator: Dora Maria da Costa, Data de Julgamento: 22/11/2017, 8ª Turma, Data de Publicação: DEJT 24/11/2017)

Adotado esse procedimento, é certo que a ausência de contestação induzirá a verificação dos efeitos materiais da revelia no processo do trabalho.

Como se viu do dispositivo transcrito acima, também se aplica à Fazenda Pública a **remessa necessária**. Embora o normativo não preveja exceções, a jurisprudência trabalhista houve por bem estender ao processo do trabalho os casos excetivos em que descabe a remessa necessária no CPC. Confira-se, pois, o teor da súmula 303 do TST, *in verbis*:

FAZENDA PÚBLICA. REEXAME NECESSÁRIO (nova redação em decorrência do CPC de 2015) - Res. 211/2016, DEJT divulgado em 24, 25 e 26.08.2016

I - Em dissídio individual, está sujeita ao reexame necessário, mesmo na vigência da Constituição Federal de 1988, decisão contrária à Fazenda Pública, salvo quando a condenação não ultrapassar o valor correspondente a: a) 1.000 (mil) salários mínimos para a União e as respectivas autarquias e fundações de direito público; b) 500 (quinhentos) salários mínimos para os Estados, o Distrito Federal, as respectivas autarquias e fundações de direito público e os Municípios que constituam capitais dos Estados; c) 100 (cem) salários mínimos para todos os demais Municípios e respectivas autarquias e fundações de direito público.

II – Também não se sujeita ao duplo grau de jurisdição a decisão fundada em:

a) súmula ou orientação jurisprudencial do Tribunal Superior do Trabalho;

b) acórdão proferido pelo Supremo Tribunal Federal ou pelo Tribunal Superior do Trabalho em julgamento de recursos repetitivos;

c) entendimento firmado em incidente deresolução de demandas repetitivas ou de assunção de competência;

d) entendimento coincidente com orientação vinculante firmada no âmbito administrativo do próprio ente público, consolidada em manifestação, parecer ou súmula administrativa.

III - Em ação rescisória, a decisão proferida pelo Tribunal Regional do Trabalho está sujeita ao duplo grau de jurisdição obrigatório quando desfavorável ao ente público, exceto nas hipóteses dos incisos anteriores. (ex-OJ nº 71 da SBDI-1 - inserida em 03.06.1996)

IV - Em mandado de segurança, somente cabe reexame necessário se, na relação processual, figurar pessoa jurídica de direito público como parte prejudicada pela concessão da ordem. Tal situação não ocorre na hipótese de figurar no feito como impetrante e terceiro interessado pessoa de direito privado, ressalvada a hipótese de matéria administrativa. (ex-OJs nºs 72 e 73 da SBDI-1 – inseridas, respectivamente, em 25.11.1996 e 03.06.1996).

Por fim, no que se refere às **despesas processuais**, o Decreto-Lei referido outorga aos entes públicos dilação no pagamento de custas (apenas ao final), assim como delas isenta a União, ente mantenedor da Justiça do Trabalho.

O depósito recursal, que tem natureza jurídica de garantia do juízo, tampouco é exigido da Fazenda Pública, o que está em consonância com o regime constitucional de precatórios, pois não há sentido em garantir imediatamente a futura execução se a execução apenas pode dar-se pela via do precatório.

No que se refere aos honorários advocatícios, tornaram-se a regra na Justiça do Trabalho apenas com a reforma trabalhista. O novel art. 791-A, § 1º, da CLT preceitua, inclusive, serem devidos honorários advocatícios nos feitos em que for parte a Fazenda Pública.

Por fim, no que toca à execução contra a Fazenda Pública, aplica-se o regime regular de precatórios, de fundamento constitucional, que decorre da própria Constituição, e não apenas do CPC.

A remessa necessária, as despesas processuais e os honorários advocatícios e a execução trabalhista contam com capítulos específicos nesta obra, nos quais esses temas serão aprofundados.

3. PRAZOS PROCESSUAIS DA FAZENDA PÚBLICA NA JUSTIÇA DO TRABALHO

O Decreto-Lei nº 779/69 transcrito acima, em seus incisos II e III, estabelece, respectivamente, o prazo em quádruplo para a União, Estados, Distrito Federal, Municípios, autarquias e fundações públicas oferecerem Contestação, e o prazo em dobro para interporem Recurso.

E o que dispõe o Novo Código de Processo Civil? O CPC/15, subsidiariamente aplicável ao processo do trabalho, estabelece em seu art. 183, caput: *"A União, os Estados, o Distrito Federal, os Municípios e suas respectivas autarquias e fundações de direito público gozarão de prazo em dobro para todas as suas manifestações processuais, cuja contagem terá início a partir da intimação pessoal"*.

Segundo o diploma processual civil, então, a Fazenda Pública gozará de prazo em dobro para todas as suas manifestações processuais, inclusive a contestação. Trata-se de inovação do novo CPC, uma vez que o Código de 1973 estabelecia, em seu art. 188, o prazo em quádruplo para a Fazenda Pública contestar.

Questiona-se, pois: como ficou a regra estabelecida no DL nº 779/69, que em consonância com o antigo CPC, estabelece o prazo processual em quádruplo para a Fazenda Pública apresentar contestação? Tal previsão permanece após a mudança do novo Diploma Processual, que passou a prever o prazo em dobro para todas as manifestações processuais do Poder Público?

De início, não podemos olvidar a disposição do art. 769 da CLT: *"Nos casos omissos, o direito processual comum será fonte subsidiária do direito processual do trabalho, exceto naquilo em que for incompatível com as normas deste Título."* Ora, pelo critério da especialidade e por expressa disposição da Consolidação das Leis do Trabalho, o Código de Processo Civil aplica-se apenas subsidiariamente ao processo do trabalho, de forma que sempre que houver incompatibilidade entre as normas, prevalece as regras específicas do processo do trabalho.

Dessa forma, não há como se afastar a aplicação do art. 1º, II do DL nº 779/69, que prevê o prazo em quádruplo para a Fazenda Pública contestar. Sendo assim, quando dispõe o art. 841 da CLT que o reclamado deve ser notificado pelo menos 5 (cinco) dias antes da audiência de julgamento, na qual apresentará contestação, depreende-se que, sendo reclamado o Poder Público, o interstício mínimo será de 20 (vinte) dias, portanto, em quádruplo.

No que concerne ao prazo em dobro para recorrer, como visto, a regra permaneceu a mesma desde o CPC/73 até o CPC/15, bem como no DL nº 779/69. Assim, a Fazenda Pública dispõe do prazo em dobro para interpor qualquer recurso trabalhista, ao passo que, como visto, dispõe do prazo em quádruplo para contestar.

Ponto importante a destacar é o caso da Empresa Brasileira de Correios e Telégrafos, que por meio do Decreto-Lei nº 509/59 foi equiparada à Fazenda Pública, fazendo jus às prerrogativas processuais como tal, dentre as quais os prazos em dobro para recorrer e em quádruplo para contestar.

Ademais, cabe rememorar o entendimento consagrado pelo Tribunal Superior do Trabalho na Orientação Jurisprudencial n. 310 da SDI-I no sentido da inexistência de prazo em dobro no âmbito do processo do trabalho para a hipótese de litisconsortes com advogados distintos, na forma do art. 229 do CPC/15 ("*Os litisconsortes que tiverem diferentes procuradores, de escritórios de advocacia distintos, terão prazos contados em dobro para todas as suas manifestações, em qualquer juízo ou tribunal, independentemente de requerimento*").

Segundo o TST, pela simplicidade e celeridade do procedimento trabalhista, tal regra não se aplica. Entretanto, caso um dos litisconsortes seja integrante da Fazenda Pública, aplicar-se-á o prazo em dobro tão somente para este, e não para outra parte. Tal duplicação do prazo, na hipótese, ocorre pela já explicitada prerrogativa processual do Poder Público, independentemente da inaplicabilidade da regra do art. 229 do CPC ao processo do trabalho.

Por fim, importante destacar, quanto ao prazo para oferecimento de embargos à execução pela Fazenda Pública, que a Lei nº 9.494/97 alterou o art. 884 da Consolidação das Leis do Trabalhando, fixando o prazo de 30 (trinta) dias. Assim, o prazo para o Poder Público apresentar embargos à execução na Justiça do Trabalho deixou de ser cinco dias e passou, desde 2001, a ser de trinta dias.

4. COMUNICAÇÕES PROCESSUAIS DIRIGIDAS À FAZENDA PÚBLICA

No que se refere às intimações, até a edição do CPC/2015, a jurisprudência trabalhista tendia a apenas reconhecer a prerrogativa de intimação pessoal à advocacia pública federal, em razão de previsões legais específicas nesse sentido, nas normas de regência das carreiras, senão vejamos:

> RECURSO DE REVISTA DA FUNDAÇÃO UNIVERSIDADE FEDERAL DE SÃO CARLOS - FUFSCAR. INTIMAÇÃO POR DIÁRIO ELETRÔNICO. FAZENDA PÚBLICA. A prerrogativa esculpida nos arts. 17 da Lei 10.910/2004 e

> 35, IV e 38 da Lei Complementar nº 73/93, no sentido de que os Procuradores Federais devem ser intimados e notificados pessoalmente nos processos nos quais atuem em razão de suas atribuições não pode ser suprida pela simples ciência, em audiência ou pela publicação do DEJT, ante o seu caráter cogente e por ser norma especial. Recurso de revista conhecido e provido. AGRAVO DE INSTRUMENTO DA IRON SEGURANÇA ESPECIALIZADA LTDA. Considerando o provimento do recurso de revista da FUFSCAR, no sentido de determinar o retorno dos autos ao TRT de origem, fica prejudicado o exame desse tópico, podendo ser objeto de novo recurso de revista sem que haja preclusão. (TST - ARR: 4075720115150008, Relator: Augusto César Leite de Carvalho, Data de Julgamento: 21/11/2018, 6ª Turma, Data de Publicação: DEJT 30/11/2018)

Para os procuradores estaduais e municipais, antes do CPC/2015, não se reconhecia a prerrogativa em questão:

> AGRAVO DE INSTRUMENTO INTERPOSTO PELA RECLAMADA FAZENDA PÚBLICA DO ESTADO DE SÃO PAULO. INTEMPESTIVIDADE. PROCURADORIA DO ESTADO. INTIMAÇÃO PESSOAL. O Código de Processo Civil/73 (vigente à época) previa, em seu art. 236, que a intimação das partes seria feita pela publicação dos atos no órgão oficial. Nesse contexto, inexistia previsão legal para que a intimação de Procurador do Estado fosse pessoal, aplicando-se, por conseguinte, a regra geral do Código de Processo Civil/73. Precedentes desta Corte Superior. Incidência do art. 896, § 7º, da CLT. Agravo de instrumento de que não se conhece. RECURSO DE REVISTA INTERPOSTO PELAS RECLAMANTES ANTES DA VIGÊNCIA DA LEI Nº 13.015/2014. SUCESSÃO DE EMPREGADORES. FEPASA. CPTM. ESTRADA DE FERRO SOROCABANA. DIFERENÇAS DE COMPLEMENTAÇÃO DE PENSÃO. PARIDADE COM OS FERROVIÁRIOS ATIVOS DA CPTM. A Corte de origem, valorando fatos e provas e em estrita observância do princípio do livre convencimento motivado, asseverou não haver sucessão de empregadores. Assentou o acórdão regional que esposos das reclamantes pensionistas eram empregados da Estrada de Ferro Sorocabana. A jurisprudência desta Corte Superior vem, reiteradamente, decidindo que a Estrada de Ferro Sorocabana não foi sucedida pela CPTM, o que torna incabível a pretensão de diferenças de complementação de pensão com base no plano de cargos e salários da CPTM. Assim, a pretensão recursal encontra óbice no art. 896, § 7º, da CLT. Recurso de revista de que não se conhece. (TST - ARR: 15126720105020040, Relator: Walmir Oliveira da Costa, Data de Julgamento: 15/08/2018, 1ª Turma, Data de Publicação: DEJT 17/08/2018)

A contrario sensu, é certo que, sob a égide do atual art. 183 do CPC, deve-se reconhecer a necessidade de intimação pessoal da advocacia pública, sob pena de nulidade, como se verifica do seguinte e recente precedente do TST:

A) AGRAVO DE INSTRUMENTO EM RECURSO DE REVISTA. NULIDADE DO ACÓRDÃO REGIONAL POR AUSÊNCIA DE INTIMAÇÃO PESSOAL DO ENTE PÚBLICO SOBRE A INCLUSÃO DO RECURSO ORDINÁRIO EM PAUTA DE JULGAMENTO. Ante a demonstração de possível ofensa ao art. 5º, LV, da CF, merece processamento o recurso de revista. Agravo de instrumento conhecido e provido. B) RECURSO DE REVISTA. NULIDADE DO ACÓRDÃO REGIONAL POR AUSÊNCIA DE INTIMAÇÃO PESSOAL DO ENTE PÚBLICO SOBRE A INCLUSÃO DO RECURSO ORDINÁRIO EM PAUTA DE JULGAMENTO. A intimação constitui ato judicial que visa dar publicidade aos atos processuais e ciência às partes dos atos e termos do processo, assegurando eventual manifestação e acompanhamento dos atos praticados, razão pela qual incumbe ao julgador zelar pela sua regularidade, a fim de preservar a condução íntegra do processo e a observância do devido processo legal, garantindo o pleno exercício do contraditório e da ampla defesa. **No tocante à intimação de entes públicos, o art. 183 do CPC/15 preceitua que a contagem do prazo de suas manifestações "terá início a partir da intimação pessoal", a qual "far-se-á por carga, remessa ou meio eletrônico", conforme regra estabelecida no § 1º da referida norma. No caso dos autos, não restou evidenciada a efetiva intimação pessoal do recorrente, Município de Canoas, acerca da inclusão do feito em pauta de julgamento do recurso ordinário. Nesse contexto, impõe-se o acolhimento da questão preliminar arguida, a fim de declarar a nulidade absoluta do acórdão regional decorrente da ausência de regular intimação pessoal do ente público sobre a inclusão do recurso ordinário em pauta de julgamento, em respeito às garantias constitucionais positivadas no inciso LV do artigo 5º da Carta Magna.** Recurso de revista conhecido e provido. (TST - RR: 204125820155040205, Relator: Dora Maria da Costa, Data de Julgamento: 24/04/2019, 8ª Turma, Data de Publicação: DEJT 26/04/2019) (grifos nossos)

No entanto, é certo que essa posição, embora seja prevalecente, tendo sido inclusive objeto de decisão do órgão especial do TST, em sede de embargos de declaração (ED-Ag-ED-Ag-AIRR - 14900-24.1993.5.06.0201), não é completamente pacífica, como se depreende do precedente seguinte:

AGRAVO. AGRAVO DE INSTRUMENTO EM RECURSO DE REVISTA. INTEMPESTIVIDADE. PROCURADORIA DO ESTADO. INTIMAÇÃO PESSOAL. INAPLICABILIDADE DO ARTIGO 183 DO CPC/2015 (CORRESPONDENTE AO ARTIGO 236 DO CPC/1973) EM DECORRÊNCIA DO PRINCÍPIO DA ESPECIALIDADE. Deve ser confirmada a decisão monocrática mediante a qual não se conheceu do agravo de instrumento em recurso de revista, por intempestivo. De acordo com a Lei nº 11.419/2006, a Instrução Normativa nº 30 do TST e a Resolução nº 136/2014 do CSJT, a publicação da decisão judicial no Diário Eletrônico da Justiça do Trabalho é suficiente

> para efeito de intimação da Fazenda Pública Estadual. Inaplicável, assim, o artigo 183 do CPC/2015 (correspondente ao artigo 236 do CPC/1973), ante o princípio da especialidade. Precedentes. Agravo desprovido. (Ag-AIRR - 1398-68.2013.5.02.0026, Relator Ministro: Emmanoel Pereira, Data de Julgamento: 16/05/2018, 1ª Turma, Data de Publicação: DEJT 18/05/2018)

Ademais, aceita a prerrogativa de intimação pessoal da Fazenda Pública, pensa-se não haver óbice à intimação em audiência a que alude a súmula 197 do TST[5], pois se o CPC outorga a prerrogativa da intimação pessoal, é também certo que admite a expressamente a intimação da decisão em audiência (art. 1.003, §1º).

Por fim, a notificação do art. 794 da CLT, que equivale à citação do processo civil, deve seguir o mesmo raciocínio (art. 246, 2º, do CPC, que exige citação por oficial). Destaque-se que a Lei 11.419/06 (art. 9º) considera pessoal as intimações e citações eletrônicas que facultem o acesso à íntegra do processo.

Por fim, é de se rememorar, que eventual desrespeito às prerrogativas da Fazenda não tem o condão de gerar nulidade, em caso de não haver prejuízo:

> AGRAVO DE INSTRUMENTO EM RECURSO DE REVISTA INTERPOSTO NA VIGÊNCIA DA LEI 13.015/2014. AUTARQUIA. AUSÊNCIA DE CITAÇÃO PESSOAL. ÓBICE DA SÚMULA 422/TST. 1. O TRT afastou a alegada nulidade de citação com base no artigo 794 da CLT, ao fundamento de que não houve prejuízo ao Agravante. Registrou entendimento de que, inobstante a ausência da citação pessoal, a parte exerceu tempestivamente sua defesa. Em seu agravo de instrumento, ateve-se o Agravante a asseverar que "a denegação do seguimento ao Recurso de Revista não atentou para o fato da existência de nulidade de citação insanável, tendo em vista que a falta de citação pessoal da Fazenda Pública viola diretamente o art. 5º, incisos, LIV e LV da Constituição Federal". (fl. 5685). Não refutou, portanto, o fundamento regional sobre a inexistência de prejuízos ao contraditório e à ampla defesa. (...) Agravo de instrumento desprovido. (TST - AIRR: 888000919895150014, Relator: Douglas Alencar Rodrigues, Data de Julgamento: 25/10/2017, 5ª Turma, Data de Publicação: DEJT 27/10/2017)

É dizer: se alguma prerrogativa processual da Fazenda Pública for desrespeitada, mas não se verificar prejuízo algum, não haverá nulidade.

5 "O prazo para recurso da parte que, intimada, não comparecer à audiência em prosseguimento para a prolação da sentença conta-se de sua publicação".

5. COMPILAÇÃO JURISPRUDENCIAL

5.1 Súmulas e orientações jurisprudenciais do TST

Súmula 197- **PRAZO (mantida) - Res. 121/2003, DJ 19, 20 e 21.11.2003**

O prazo para recurso da parte que, intimada, não comparecer à audiência em prosseguimento para a prolação da sentença conta-se de sua publicação.

Súmula 283 – TST. RECURSO ADESIVO. PERTINÊNCIA NO PROCESSO DO TRABALHO. CORRELAÇÃO DE MATÉRIAS (mantida) - Res. 121/2003, DJ 19, 20 e 21.11.2003. O recurso adesivo é compatível com o processo do trabalho e cabe, no prazo de 8 (oito) dias, nas hipóteses de interposição de recurso ordinário, de agravo de petição, de revista e de embargos, sendo desnecessário que a matéria nele veiculada esteja relacionada com a do recurso interposto pela parte contrária.

OJ 192 SDI1 TST. EMBARGOS DECLARATÓRIOS. PRAZO EM DOBRO. PESSOA JURÍDICA DE DIREITO PÚBLICO. DECRETO-LEI Nº 779/69. Inserida em 08.11.00

É em dobro o prazo para a interposição de embargos declaratórios por pessoa jurídica de direito público.

OJ 310 SDI1 TST. LITISCONSORTES. PROCURADORES DISTINTOS. PRAZO EM DOBRO. ART. 229, CAPUT E §§ 1o E 2o DO CPC DE 2015. ART. 191 DO CPC DE 1973. INAPLICÁVEL AO PROCESSO DO TRABALHO. (atualizada redação pela Resolução n. 208 do TST, de 19.04.2016. Inaplicável ao processo do trabalho a regra contida no art. 229, caput e §§ 1o e 2o do CPC de 2015 (art. 191 do CPC de 1973) em razão de incompatibilidade com a celeridade que lhe é inerente.

OJ 318 SDI1 TST. AUTARQUIA. FUNDAÇÃO PÚBLICA. LEGITIMIDADE PARA RECORRER. REPRESENTAÇÃO PROCESSUAL. (incluído o item II e alterada em decorrência do CPC de 2015) - Res. 220/2017, DEJT divulgado em 21, 22 e 25.09.2017

I - Os Estados e os Municípios não têm legitimidade para recorrer em nome das autarquias e das fundações públicas.

II – Os procuradores estaduais e municipais podem representar as respectivas autarquias e fundações públicas em juízo somente se designados pela lei da respectiva unidade da federação (art. 75, IV, do CPC de 2015) ou se investidos de instrumento de mandato válido.

5.2 Informativos e julgados do TST

RECURSO DE EMBARGOS. AUSÊNCIA DO PREPOSTO NA AUDIÊNCIA. ENTE PÚBLICO REPRESENTADO PELO PROCURADOR DOESTADO. INAPLICABILIDADE DA CONFISSÃO FICTA. VIOLAÇÃO AO ART. 896 DA CLT NÃO RECONHECIDA. A v. decisão não entendeu pela aplicação de confissão na audiência, por entender que a presença do Procurador do Estado, elide a revelia. Tal decisão não viola a literalidade do art. 844 da CLT. Estando o procurador presente em juízo, está o Estado regularmente representado, não havendo se falar na exigência de preposto, na medida em que o próprio procurador poderá sê-lo, obrigando o Estado por suas declarações, em face do que dispõe o art. 12, I do CPC. Embargos não conhecidos."(TST, RR 493230- 88.1998.5.04.5555, Rel. Min. Aloysio Corrêa da Veiga, SDI-1, DJ 11.5.2007)

RECURSO DE REVISTA - CERCEAMENTO DE DEFESA - PESSOA JURÍDICA DE DIREITO PÚBLICO - REVELIA - AUSÊNCIA DE PREPOSTO NA AUDIÊNCIA - PRESENÇA DE PROCURADOR - INDEFERIMENTO DA CONTESTAÇÃO - ORIENTAÇÃO JURISPRUDENCIAL Nº 152 DA SBDI-1 DO TST. No Âmbito da Justiça do Trabalho, as prerrogativas concedidas aos entes públicos estão expressamente dispostas no Decreto-Lei nº 779/69, entre as quais não se observa a inaplicabilidade da confissão ficta. In casu, o Tribunal Regional manteve a revelia do ente público que, apesar da presença do procurador da autarquia estadual, não se fez representar por preposto em audiência, com fundamento na Orientação Jurisprudencial nº 152 da SBDI-1 do TST. Ressalte-se que o comparecimento do procurador, mesmo com defesa escrita, não supre a necessidade do preposto. Logo, o indeferimento da juntada da contestação, no caso, não caracteriza o cerceamento do direito de defesa. Precedentes. Recurso de revista não conhecido. (TST - 7ª Turma, RR 20674220125150076, Relator Ministro Luiz Philippe Vieira de Mello Filho, DEJT 04/05/2015)

RECURSO DE REVISTA DA FUNDAÇÃO UNIVERSIDADE FEDERAL DE SÃO CARLOS - FUFSCAR. INTIMAÇÃO POR DIÁRIO ELETRÔNICO. FAZENDA PÚBLICA. A prerrogativa esculpida nos arts. 17 da Lei 10.910/2004 e 35, IV e 38 da Lei Complementar nº 73/93, no sentido de que os Procuradores Federais devem ser intimados e notificados pessoalmente nos processos nos quais atuem em razão de suas atribuições não pode ser suprida pela simples ciência, em audiência ou pela publicação do DEJT, ante o seu caráter cogente e por ser norma especial. Recurso de revista conhecido e provido. AGRAVO DE INSTRUMENTO DA IRON SEGURANÇA ESPECIALIZADA LTDA. Considerando o provimento do recurso de revista da FUFSCAR, no sentido de determinar o retorno dos autos ao TRT de origem, fica prejudicado o exame desse tópico, podendo ser objeto de novo recurso de revista sem que haja preclusão. (TST - ARR: 4075720115150008, Relator: Augusto César Leite de Carvalho, Data de Julgamento: 21/11/2018, 6ª Turma, Data de Publicação: DEJT 30/11/2018)

AGRAVO DE INSTRUMENTO INTERPOSTO PELA RECLAMADA FAZENDA PÚBLICA DO ESTADO DE SÃO PAULO. INTEMPESTIVIDADE. PROCURADORIA DO ESTADO. INTIMAÇÃO PESSOAL. O Código de Processo Civil/73 (vigente à época) previa, em seu art. 236, que a intimação das partes seria feita pela publicação dos atos no órgão oficial. Nesse contexto, inexistia previsão legal para que a intimação de Procurador do Estado fosse pessoal, aplicando-se, por conseguinte, a regra geral do Código de Processo Civil/73. Precedentes desta Corte Superior. Incidência do art. 896, § 7º, da CLT. Agravo de instrumento de que não se conhece. RECURSO DE REVISTA INTERPOSTO PELAS RECLAMANTES ANTES DA VIGÊNCIA DA LEI Nº 13.015/2014. SUCESSÃO DE EMPREGADORES. FEPASA. CPTM. ESTRADA DE FERRO SOROCABANA. DIFERENÇAS DE COMPLEMENTAÇÃO DE PENSÃO. PARIDADE COM OS FERROVIÁRIOS ATIVOS DA CPTM. A Corte de origem, valorando fatos e provas e em estrita observância do princípio do livre convencimento motivado, asseverou não haver sucessão de empregadores. Assentou o acórdão regional que esposos das reclamantes pensionistas eram empregados da Estrada de Ferro Sorocabana. A jurisprudência desta Corte Superior vem, reiteradamente, decidindo que a Estrada de Ferro Sorocabana não foi sucedida pela CPTM, o que torna incabível a pretensão de diferenças de complementação de pensão com base no plano de cargos e salários da CPTM. Assim, a pretensão recursal encontra óbice no art. 896, § 7º, da CLT. Recurso de revista de que não se conhece. (TST - ARR: 15126720105020040, Relator: Walmir Oliveira da Costa, Data de Julgamento: 15/08/2018, 1ª Turma, Data de Publicação: DEJT 17/08/2018)

A) AGRAVO DE INSTRUMENTO EM RECURSO DE REVISTA. NULIDADE DO ACÓRDÃO REGIONAL POR AUSÊNCIA DE INTIMAÇÃO PESSOAL DO ENTE PÚBLICO SOBRE A INCLUSÃO DO RECURSO ORDINÁRIO EM PAUTA DE JULGAMENTO. Ante a demonstração de possível ofensa ao art. 5º, LV, da CF, merece processamento o recurso de revista. Agravo de instrumento conhecido e provido. B) RECURSO DE REVISTA. NULIDADE DO ACÓRDÃO REGIONAL POR AUSÊNCIA DE INTIMAÇÃO PESSOAL DO ENTE PÚBLICO SOBRE A INCLUSÃO DO RECURSO ORDINÁRIO EM PAUTA DE JULGAMENTO. A intimação constitui ato judicial que visa dar publicidade aos atos processuais e ciência às partes dos atos e termos do processo, assegurando eventual manifestação e acompanhamento dos atos praticados, razão pela qual incumbe ao julgador zelar pela sua regularidade, a fim de preservar a condução íntegra do processo e a observância do devido processo legal, garantindo o pleno exercício do contraditório e da ampla defesa. **No tocante à intimação de entes públicos, o art. 183 do CPC/15 preceitua que a contagem do prazo de suas manifestações "terá início a partir da intimação pessoal", a qual "far-se-á por carga, remessa ou meio eletrônico", conforme regra estabelecida no § 1º da referida norma. No caso dos autos, não restou evidenciada a efetiva intimação pessoal do recorrente, Município de Canoas, acerca da inclusão do feito em pauta de julgamento do recurso ordinário. Nesse contexto, impõe-se o acolhimento da questão preliminar arguida, a fim de declarar a nulidade absoluta do acórdão regional decorrente da ausência de regular intimação pessoal do ente público sobre a inclusão do recurso ordinário em pauta de julgamento, em respeito às garantias constitucionais positivadas no inciso LV do artigo 5º da Carta Magna.** Recurso de revista conhecido e provido. (TST - RR: 204125820155040205, Relator: Dora Maria da Costa, Data de Julgamento: 24/04/2019, 8ª Turma, Data de Publicação: DEJT 26/04/2019).

AGRAVO. AGRAVO DE INSTRUMENTO EM RECURSO DE REVISTA. INTEMPESTIVIDADE. PROCURADORIA DO ESTADO. INTIMAÇÃO PESSOAL. INAPLICABILIDADE DO ARTIGO 183 DO CPC/2015 (CORRESPONDENTE AO ARTIGO 236 DO CPC/1973) EM DECORRÊNCIA DO PRINCÍPIO DA ESPECIALIDADE. Deve ser confirmada a decisão monocrática mediante a qual não se conheceu do agravo de instrumento em recurso de revista, por intempestivo. De acordo com a Lei nº 11.419/2006, a Instrução Normativa nº 30 do TST e a Resolução nº 136/2014 do CSJT, a publicação da decisão judicial no Diário Eletrônico da Justiça do Trabalho é suficiente para efeito de intimação da Fazenda Pública Estadual. Inaplicável, assim, o artigo 183 do CPC/2015 (correspondente ao artigo 236 do CPC/1973), ante o princípio da especialidade. Precedentes. Agravo desprovido. (Ag-AIRR - 1398-68.2013.5.02.0026, Relator Ministro: Emmanoel Pereira, Data de Julgamento: 16/05/2018, 1ª Turma, Data de Publicação: DEJT 18/05/2018)

AGRAVO DE INSTRUMENTO EM RECURSO DE REVISTA INTERPOSTO NA VIGÊNCIA DA LEI 13.015/2014. AUTARQUIA. AUSÊNCIA DE CITAÇÃO PESSOAL. ÓBICE DA SÚMULA 422/TST. 1. O TRT afastou a alegada nulidade de citação com base no artigo 794 da CLT, ao fundamento de que não houve prejuízo ao Agravante. Registrou entendimento de que, inobstante a ausência da citação pessoal, a parte exerceu tempestivamente sua defesa. Em seu agravo de instrumento, ateve-se o Agravante a asseverar que "a denegação do seguimento ao Recurso de Revista não atentou para o fato da existência de nulidade de citação insanável, tendo em vista que a falta de citação pessoal da Fazenda Pública viola diretamente o art. 5º, incisos, LIV e LV da Constituição Federal". (fl. 5685). Não refutou, portanto, o fundamento regional sobre a inexistência de prejuízos ao contraditório e à ampla defesa. (...) Agravo de instrumento desprovido. (TST - AIRR: 888000919895150014, Relator: Douglas Alencar Rodrigues, Data de Julgamento: 25/10/2017, 5ª Turma, Data de Publicação: DEJT 27/10/2017).

6. QUESTÕES

1. (CESPE - PGE/SE - Procurador do Estado - 2017) Empregado de empresa de serviços gerais e conservação que prestava serviços para uma autarquia ajuizou reclamação trabalhista em desfavor desta e de sua empregadora, pleiteando o pagamento de horas extras e dando à causa o valor equivalente a trinta e oito salários mínimos.

Considerando-se a legislação pertinente e o rito processual trabalhista, é correto afirmar que, nessa situação hipotética,

a) a demanda deverá, necessariamente, atender ao procedimento ordinário.
b) cada uma das partes poderá requerer a oitiva de até seis testemunhas.
c) em razão da obrigatoriedade de recurso no caso de a autarquia ser vencida na demanda, o magistrado não poderá tentar a conciliação.
d) a demanda deverá, necessariamente, atender ao procedimento sumaríssimo.
e) caso a petição inicial não apresente os pedidos liquidados, o processo será arquivado, com condenação ao pagamento de custas.

2. (CESPE - PGE/PI - Procurador do Estado - 2008) O art. 191 do CPC estabelece que, existindo litisconsortes com diferentes procuradores, os prazos devem ser contados em dobro para contestar, para recorrer e, de modo geral, para falar nos autos. Sendo assim, a regra contida no referido artigo.

a) se aplica ao processo do trabalho, uma vez que a CLT é omissa, sendo, por isso, o CPC aplicado de forma subsidiária.
b) se aplica ao processo do trabalho, uma vez que a CLT também prevê a aplicação do prazo em dobro aos litisconsortes com procuradores distintos.
c) não se aplica ao processo do trabalho, por ser incompatível com o princípio da celeridade, inerente ao processo trabalhista.
d) não se aplica ao processo do trabalho, já que regras específicas de processo civil não podem ser aplicadas a esse tipo de processo.
e) não se aplica ao processo do trabalho, por ser incompatível com norma expressa da CLT.

3. (FCC - 2012 - PGE/SP – Procurador) As pessoas jurídicas de direito público, segundo o entendimento do TST:

a) não podem ser consideradas revéis, por defenderem interesses considerados indisponíveis.
b) não se submetem à multa por atraso no pagamento das verbas rescisórias.

c) têm afastado o duplo grau de jurisdição obrigatório na ação rescisória quando a decisão desfavorável está em consonância com súmula do Tribunal Superior do Trabalho.

d) têm direito ao duplo grau de jurisdição quando condenadas ao pagamento de qualquer quantia de dinheiro.

e) têm o prazo em quádruplo para a oposição de embargos de declaração.

4. (Banca: TRT 14ª Região – Orgão: TRT 14ª Região - Juiz do Trabalho - 2012) De acordo com a CLT escolha a alternativa INCORRETA:

a) No Processo do Trabalho, a notificação será feita em registro postal com franquia, salvo para os entes da Administração Pública direta e indireta, que deverão ser notificados por mandado, conforme determina a CLT.

b) Sendo várias as reclamações e havendo identidade de matéria, poderão ser acumuladas num só processo, se se tratar de empregados da mesma empresa ou estabelecimento.

c) A execução da decisão proferida em ação rescisória far-se-á nos próprios autos da ação que lhe deu origem, e será instruída com o acórdão da rescisória e a respectiva certidão de trânsito em julgado.

d) Findo o interrogatório, poderá qualquer dos litigantes retirar-se, prosseguindo a instrução com o seu representante.

e) As decisões cognitivas ou homologarias deverão sempre indicar a natureza jurídica das parcelas constantes da condenação ou do acordo homologado, inclusive o limite de responsabilidade de cada parte pelo recolhimento da contribuição previdenciária, se for o caso.

5. (FCC - PGE/MT - Procurador do Estado – 2016) Na reclamação trabalhista ajuizada por Diana em face da sua empregadora AMAS – Autarquia Municipal de Assistência Social do Município de Campo Grande, foram analisados dois pedidos. A sentença deferiu a pretensão de maior valor e rejeitou a de menor expressão econômica. Na presente situação, de acordo com as regras da Consolidação das Leis do Trabalho, a responsabilidade pelas custas processuais será

a) do réu, que deverá arcar com metade do valor, uma vez que sucumbente apenas em um dos dois pedidos, à base de 1% sobre o valor atribuído à causa.

b) do réu, que deverá arcar com o pagamento integral à base de 2% sobre o valor da causa, sem isenção, porque tal benefício atinge apenas os órgãos da Administração direta, não abrangendo entes da Administração indireta como as Autarquias.

c) de ambas as partes, em rateio de 50%, visto que houve sucumbência parcial, ou seja, foram formulados dois pedidos, um foi acolhido e o outro rejeitado; à base de 2% sobre o valor de cada pedido.

d) do réu, que arcará com o pagamento integral, visto que foi vencido, ainda que em um pedido, à base de 2% sobre o valor da condenação, ficando a Autarquia Municipal, todavia, isenta na forma da lei.

e) de cada uma das partes, na proporção exata de cada pedido, visto que houve sucumbência recíproca, à base de 1% sobre o valor de cada pedido.

Gabarito: 1. A; 2. C; 3. C; 4. A; 5. D

Capítulo 16

CONCILIAÇÃO E MEDIAÇÃO NA JUSTIÇA DO TRABALHO E A FAZENDA PÚBLICA

CAIO VICTOR NUNES COELHO MARQUES[1]

1. INTRODUÇÃO

Em uma sociedade que tem as bases fincadas em ideais democráticos, a possibilidade de participação dos cidadãos nos processos deliberativos é uma prática necessária para atribuir uma maior legitimidade frente ao arbítrio que pode recair sobre uma determinada decisão.

A Administração Pública é um dos maiores litigantes habituais no cenário jurídico brasileiro, tratando-se de um dado que retrata a forte cultura da litigância arraigada na mentalidade do cidadão brasileiro, bem como no próprio Poder Público. Esse pensamento estimula uma busca exacerbada à judicialização de inúmeras demandas, onde muitas vezes outros métodos de resolução de conflitos poderiam ser mais eficazes.

O elevado número de processos judiciais envolvendo a Administração Pública retrata, ainda, uma falta de capacidade do Poder Público em solucionar seus conflitos ainda no âmbito administrativo, extrajudicialmente, demonstrando uma

---

1 Mestre em Direito e Desenvolvimento pelo Unipê. Pós-graduado em Direito Civil e Processo Civil pelo Unipê. Graduado em Ciências Jurídicas pela UFPB. Professor Universitário no Curso de Direito do Unipê e da Associação Paraibana de Ensino Renovado - Asper. Sócio do escritório Coelho, Marques, Ruslan e Dore Advocacia e Consultoria.

falta de diálogo com a população na busca de prevenir e solucionar as demandas que se encontra envolvida antes de sua judicialização.

Com relação à mediação no âmbito trabalhista, a resolução 125 do Conselho Nacional de Justiça (CNJ), em seu texto, ressalva que será editada resolução específica dispondo sobre a Política Judiciária de tratamento adequado dos conflitos de interesses da Justiça do Trabalho. Apesar disso, as alterações trazidas pela Lei nº 13.467/2017 para a Consolidação das Leis Trabalhistas (CLT) abriu uma série de oportunidades para a adoção de meio adequados de resolução de conflitos, através do encorajamento ao diálogo, possibilitando as partes negociarem com relação a seus interesses, mesmo extrajudicialmente, aflorando, assim, a discussão sobre a utilização da mediação dos conflitos da administração pública na seara trabalhista.

2. SISTEMA MULTIPORTAS E MEDIAÇÃO COMO INSTRUMENTO DE COOPERAÇÃO

As práticas que receberam, inicialmente, a nomenclatura de métodos alternativos de resolução de conflitos, originada da expressão "*alternative dispute resolution – ADR*", concebe variadas técnicas de resolução de conflitos que diferem do litígio judicial propriamente dito[2].

Utiliza-se a nomenclatura já adotada no CPC/2015, meios *adequados*[3] de solução de conflitos. Nesse contexto, em busca de oferecer respostas mais céleres e efetivas aos conflitos da sociedade, em combate contra a morosidade do judiciário e os altos custos dos processos judiciais, está em destaque a discussão sobre o chamado "Sistema Multiportas", criado pela Corte Superior de Washington, DC, com objetivo de fazer uma triagem preliminar dos conflitos[4] (*screening process*).

Ou seja, o sistema multiportas almeja adotar a forma de resolução de conflito que seja mais adequada para cada litígio em particular. Segundo Fernanda Tartuce, é responsabilidade do advogado oferecer e discutir com os clientes qual o meio mais adequado para lidar com seu o conflito[5].

2 SILVA, Paulo Eduardo Alves da. Mediação e conciliação, produtividade e qualidade. **Revista do Advogado.** São Paulo, AASP, n. 123, ago./2014, p. 4.

3 Afirma Fernanda Vasconcelos que "os mecanismos de solução de conflitos devem ser adequados para o enfrentamento da controvérsia a partir de fatores como o tipo de litígio, as condições das partes [...]" BRANDÃO, Fernanda Holanda de Vasconcelos. Op. Cit., p. 157.

4 BRANDÃO, Fernanda Holanda de Vasconcelos. Op. Cit., p. 157.

5 TARTUCE, Fernanda. Conciliação em juízo: o que (não) conciliar? **Negociação, mediação e arbitragem**: curso básico para programas de graduação em direito. In SALLES, Carlos Alberto (coord.). Rio de Janeiro: Forense.; São Paulo: Método, 2012. P. 149.

Como foi visto acima, através da compreensão do sistema multiportas, os meios adequados de resolução de conflitos, passam de meros métodos para auxiliar apenas o "desafogamento" do judiciário, para uma verdadeira oportunidade de oferecer a cada conflito o meio mais adequado de acordo com suas próprias peculiaridades[6].

Assim, não se trata simplesmente de oferecer às partes um meio alternativo ao órgão jurisdicional, pois ele está afundado em uma infinidade de processos, e portanto torna-se lento e ineficaz. Trata-se de adotar um determinado caminho por ele ser mais adequado para resolver um determinado conflito, analisando-se diversos fatores como "celeridade, confidencialidade, custos, desejo de manter um relacionamento, ter controle sobre a decisão e sobre o procedimento"[7], entre outros, de tal forma que o método escolhido atenda melhor aos anseios das partes.

2.1 Métodos autocompositivos e heterocompositivos de resolução de conflito

Tanto a conciliação, quanto a mediação são formas de resolução de conflitos em que se busca auxiliar as partes a chegarem a autocomposição[8]. Em que pese a existência de um terceiro estranho ao conflito, ele tem a função assistencial, de facilitação, para que as partes cheguem a um acordo. Difere-se da heterocomposição na medida em que nesta última o terceiro decide pelas partes, as quais cabe apenas cumprir ao que foi estabelecido, como é o caso da arbitragem.

Em primeiro lugar, a conciliação não se trata de uma mera forma de descongestionar o judiciário da sobrecarga de processos, mas um meio de pacificação de conflito que pode trazer efeitos imediatos para as partes através de um acordo. É composto pelas partes e por um terceiro imparcial, que tem como objetivo auxiliá-las em busca de uma autocomposição, podendo esse terceiro apresentar proposições para as partes, que podem ser acatadas ou não[9].

Esse método de resolução de conflitos pode se dar judicialmente, ou extrajudicialmente. A conciliação judicial é aquela que é realizada durante a fase processual, seja no início do processo, antes mesmo da resposta do réu (art. 334

6 LORENCINI, Marco Antonio Garcia Lopes. A Contribuição dos Meios Alternativos para a Solução das Controvérsias. In SALLES, Carlo Alberto de (coord.). As grandes transformações do processo civil brasileiro. Homenagem ao Professor Kazuo Watanabe – São Paulo: Quartier Latin, 2009, p. 621.

7 Ibidem, p. 622.

8 Esse entendimento é defendido por Fredie Didier Jr., porém não é um entendimento pacificado pela doutrina.

9 BRANDÃO, Fernanda Holanda de Vasconcelos. Op. Cit., p. 179.

do CPC/2015), seja em outro momento do processo, enquanto a conciliação extrajudicial é realizada antes mesmo de existir uma ação, sendo ela pré-processual.[10]

Assim, como a conciliação, a mediação é composta pelas partes e por um terceiro imparcial. Ocorre que na mediação, a função desse terceiro é apenas encorajar e facilitar o diálogo entre as partes, sem a possibilidade de propor uma solução, diferentemente da conciliação. Assim, busca amenizar a discórdia entre os envolvidos através do diálogo, para que seja possível chegar a uma escolha proposta pelas próprias partes, sendo mais eficaz e satisfatória para todos.

Carlos Eduardo de Vasconcelos[11], ao conceituar o método da mediação, evidenciou a questão do diálogo na mediação, como sendo o meio pelo qual as partes podem chegar a um consenso por si só, com o auxílio de um terceiro imparcial que terá como função facilitar esse diálogo através da condução do procedimento.

A resolução nº 125/2010 do Conselho Nacional de Justiça - CNJ foi o primeiro instrumento legal que deu início a uma maior integração dos métodos adequados de resolução de conflitos com a prática jurídica brasileira, acarretando uma mudança de mentalidade dos operadores do direito para a solução de controvérsias a partir de mecanismos consensuais.

Essa resolução traz, em suas justificativas, a visão da mediação como a ampliação do direito de acesso à Justiça, e ainda como um instrumento efetivo de pacificação social.

Essa ideia da mediação como acesso à justiça e como mecanismo de pacificação social é sedimentada ao passar dos anos, após a vigência da resolução trazida, sendo definitivamente firmada através da Lei de Mediação nº 13.140 de 26 de junho de 2015.

3. A MEDIAÇÃO COMO MÉTODO DE RESOLUÇÃO CONSENSUAL DE CONFLITOS COM A ADMINISTRAÇÃO PÚBLICA

Visando à criação de organismos, onde a busca pelo consensualismo é institucionalizada, o Código de Processo Civil de 2015 dispõe sobre a criação de câmaras de mediação e conciliação por parte dos entes públicos, conforme prever o seu artigo 174, "A União, os Estados, o Distrito Federal e os Municípios criarão câmaras de mediação e conciliação, com atribuições relacionadas à solução consensual de conflitos no âmbito administrativo".

---

10 Idem.

11 VASCONCELOS, Carlos Eduardo de. **Mediação de conflitos e práticas restaurativas.** 5ª ed. rev., atual. e ampl. Rio de Janeiro: Forense; São Paulo: MÉTODO, 2017. p. 60.

Essas câmaras teriam como principal atribuição a solução consensual de conflitos no âmbito administrativo. Conforme dispõem os incisos do artigo 174, as câmaras teriam competência para dirimir conflitos entre órgãos e entidades da própria Administração, além de utilizar a conciliação para a resolução de conflitos no âmbito da Administração e promover, quando cabível, celebração de termo de ajustamento de conduta.

3.1 Das câmaras de resolução de conflitos no âmbito da administração pública

Logo em seguida ao Código de Processo Civil de 2015, foi publicada a Lei nº 13.140 de 2015, que dispõe sobre a mediação entre particulares como meio de solução de controvérsias e sobre a autocomposição de conflitos no âmbito da administração pública. A referida lei, em seu artigo 32, disciplinou sobre a criação, pela Advocacia Geral da União, das câmaras de resolução pacífica de conflitos no âmbito administrativo. O fato é que o artigo 32 da lei 13.140/2015, além de prever as possibilidades de composição amigável entre os órgãos da administração, nos mesmos moldes do que é previsto no artigo 174 do CPC/2015, restou abrangida a possibilidade de resolução de conflitos entre a administração pública e particulares, não mais limitando-se apenas aos conflitos entre o próprio poder público.

Com o destaque feito pelo inciso II do artigo 32 da Lei 13.140/2015, fica claro o intuito de esclarecer a possibilidade de se buscar a resolução de conflitos por meio de composição entre o particular e a administração pública, devendo, também, esse tipo de demanda ser submetida a apreciação pelas câmaras de prevenção e resolução administrativa.

Essas câmaras administrativas de resolução de conflitos não são novidades por completo no ordenamento jurídicos brasileiro. A existência desse tipo de câmara já havia sido prevista anteriormente. A Advocacia Geral da União, através do Ato Regimental nº 5, de 27 de setembro de 2007, já havia instituído a Câmara de Conciliação e Arbitragem da Administração Federal (CCAF), por exemplo. Questões como estrutura e competência dessa câmara foram tratadas no decreto nº 7.392/2010, contudo, não havia previsão, no caso dessa câmara, da resolução amigável de conflitos entre a administração pública e o particular. Apenas o poder público poderia utilizar dessas câmaras em demandas que envolvessem seus próprios órgãos.

Assim, o que se percebe de pronto, perante a legislação existente até então, é que a principal inovação da Lei 13.140, artigo 32, foi justamente disciplinar a possibilidade de dirimir amigavelmente conflitos que envolvam particulares e a administração pública, prevendo ainda noções gerais para a instituição dessas câmaras nos entes federativos.

A possibilidade de início da utilização da mediação para solucionar conflitos, em que a administração pública seja parte, está prevista no artigo 33 da

Lei nº 13.140/2015, permitindo, inclusive, que esse instituto seja adotado antes mesmo da criação de câmaras administrativas de mediação. Assim, é possível que os entes públicos já busquem solucionar seus conflitos com os particulares utilizando o procedimento de mediação descrito na referida lei, na tentativa de encontrar o consenso como método mais democrático para solucionar o conflito, antes mesmo que essas câmaras sejam instaladas.

3.2 A mediação coletiva na administração pública

Em seu parágrafo único, o artigo 33 prevê, ainda, a possibilidade de a administração pública invocar o procedimento de mediação coletiva para dirimir conflitos, como uma forma de buscar o desafogamento do judiciário, através da adoção da mediação em casos que atingem a coletividade na prestação de serviços públicos, e que poderiam resultar em um grande número de processos judiciais.

> Art. 33, parágrafo único, Lei nº 13.140/2015 - A Advocacia Pública da União, dos Estados, do Distrito Federal e dos Municípios, onde houver, poderá instaurar, de ofício ou mediante provocação, procedimento de mediação coletiva de conflitos relacionados à prestação de serviços públicos.

E, então, uma das criações mais significativas para a busca da utilização de métodos amigáveis de resolução conflitos com a administração pública foi a figura da transação por adesão[12]. A lei 13.140/2015, em seu artigo 35, § 1º, estabelece quais são os critérios que devem ser cumpridos para que haja a possibilidade de adoção desse instituto.

Existem duas condições gerais que deve ser seguida pelo Advogado-Geral da União: *i)* com base na jurisprudência do STF e dos demais tribunais superiores, quando pacificada a discussão, o Advogado-Geral da União pode autorizar a utilização do acordo de adesão; *ii)* A outra alternativa é no caso em que o Advogado-Geral da União emite parecer favorável para a realização desse tipo de acordo, o qual deve ser aprovado pelo Presidente da República. Essa disciplina se encontra nos incisos I e II do art. 35, §1º da lei 13.140/2015.

12 O caso mais famoso e recente do modelo de transação por adesão foi o acordo assinado entre poupadores e bancos para encerrar os processos relacionados aos expurgos inflacionários dos planos econômicos e homologado pelo Ministro Dias Toffoli no Supremo Tribunal Federal. A discussão girava em torno da correção de aplicações na poupança durante a entrada em vigor dos planos econômicos Bresser (1987), Verão (1989) e Collor 2 (1991), quando foram criados índices de correção monetária menores que os da inflação do período. A controvérsia, portanto, era se os poupadores têm direito à diferença entre a correção da poupança e a inflação registrada na época, os chamados expurgos inflacionários.

3.3 A resolução de conflitos nos diversos entes federativos

A lei 13.140/2015 disciplina as hipóteses de resolução amigável de conflitos com a administração pública federal, contudo não há qualquer impedimento que os órgãos e entidades dos demais entes federativos se beneficiem também dessas possibilidades legais criadas para favorecer a utilização de métodos autocompositivos de resolução de conflitos com a administração pública. Inclusive, na busca estatal de desobstrução do poder judiciário, esse tipo de prática passa a ser incentivado para tal finalidade. Tanto é assim que o §4º do artigo 35 da lei de mediação dispõe, justamente, da renúncia, daquele que acordar com a administração pública, do seu direito de ação.

Inclusive, esse é um dos principais objetivos da administração pública, a busca pelo desafogamento da máquina judiciária. Já no caso em que a parte que busca negociar com a administração pública, mas que já tenha processo judicial tramitando, em caso de acordo, ele deve renunciar o direito pleiteado na demanda de forma expressa. Isso é o que disciplina o §5º do artigo 35 da Lei 13.140/2015.

3.4 Controvérsias entre órgãos ou entidades de direito público

A partir do artigo 36 da referida lei, dispõe-se sobre os casos em que a administração pública possui conflitos que envolvam controvérsias jurídicas entre órgãos ou entidades de direito público, devendo tais conflitos serem submetidos a uma composição extrajudicial a ser realizada pela Advocacia-Geral da União.

O §1º desse artigo legisla no sentido de que, não havendo consenso na busca pela resolução do conflito em questão, o Advogado-Geral da União deve arbitrar a demanda, dirimindo o conflito com base na legislação aplicável. Assim, semelhante a uma cláusula escalonada, o referido dispositivo dispõe que incialmente se buscará solucionar a demanda através da autocomposição, caso seja infrutífera, será solucionada mediante arbitragem.

Dessa forma, pode-se observar que a Lei 13.140/2015 trouxe ao ordenamento jurídico brasileiro uma série de regras que disciplinam os critérios que possibilitam uma tentativa de composição de eventual litígio que envolva a administração pública em um dos polos da demanda. Tanto nas demandas em que a administração pública se encontra em oposição a um cidadão ou uma instituição privada, quanto nas hipóteses de conflitos entre os órgãos da própria administração pública.

4. MEDIAÇÃO NO ÂMBITO DA JUSTIÇA DO TRABALHO

Por mais que a utilização da mediação como método adequado de resolução de conflitos seja uma realidade crescente com o advento de legislações como o

Código de Processo Civil de 2015 e da Lei de Mediação (Lei nº 13.140/2015), a sua aplicação no âmbito da justiça do trabalho é alvo, ainda, de muitas discussões.

Em que pese a falta de previsão legal da aplicação da mediação no âmbito trabalhista, é possível apontar alguns avanços ocorridos com relação ao emprego de métodos consensuais como forma de resolução de conflitos, como é o caso do Ato nº 168/TST/GP, de 04/04/2016, que previu o procedimento autocompositivo pré-processual em dissídios coletivos, bem como a elaboração da resolução do Conselho Superior da Justiça do Trabalho nº 174/2016, criando os NUPEMC-JT (Núcleos Permanentes de Métodos Consensuais de Solução de Disputas) e os CEJUSC-JT (Centros Judiciário de Métodos Consensuais de Solução de Disputas). A resolução 174/2016 do CSJT busca estimular a utilização de métodos como a mediação e a conciliação na solução de conflitos trabalhista, através da regulamentação de políticas de negociação na Justiça do Trabalho.

No mesmo sentido, as alterações inseridas na CLT pela Lei 13.467/2017, como o artigo 652, buscam estimular a adoção de métodos consensuais, permitindo, inclusive, que o acordo obtido na mediação ou conciliação seja levado para homologação do juízo trabalhista.

Assim, alguns artigos trazem maiores possibilidades para a realização de acordos, visando encorajar uma cultura de diálogo entre as partes, concedendo uma maior segurança jurídica quanto aos acordos firmados.

> Art. 484-A. O contrato de trabalho poderá ser extinto por acordo entre empregado e empregador.
>
> Art. 507-A. Nos contratos individuais de trabalho cuja remuneração seja superior a duas vezes o limite máximo estabelecido para os benefícios do Regime Geral de Previdência Social, poderá ser pactuada cláusula compromissória de arbitragem, desde que por iniciativa do empregado ou mediante a sua concordância expressa, nos termos previstos na Lei nº 9.307, de 23 de setembro de 1996.
>
> Art. 510-A. Nas empresas com mais de duzentos empregados, é assegurada a eleição de uma comissão para representá-los, com a finalidade de promover-lhes o entendimento direto com os empregadores.
>
> Art. 510-B. A comissão de representantes dos empregados terá as seguintes atribuições: (...)
>
> III – promover o diálogo e o entendimento no ambiente de trabalho com o fim de prevenir conflitos;
>
> IV – buscar soluções para os conflitos decorrentes da relação de trabalho, de forma rápida e eficaz, visando à efetiva aplicação das normas Legais e contratuais; "
>
> Art. 620. As condições estabelecidas em acordo coletivo de trabalho sempre prevalecerão sobre as estipuladas em convenção Coletiva de trabalho.

> Art. 652. Compete às Varas do Trabalho: (...)
>
> f) decidir quanto à homologação de acordo extrajudicial em matéria de competência da Justiça do Trabalho"
>
> Art. 855-B. O processo de homologação de acordo Extrajudicial terá início por petição conjunta, sendo obrigatória a representação das partes por advogado.
>
> Art. 855-B. O processo de homologação de acordo Extrajudicial terá início por petição conjunta, sendo obrigatória a representação das partes por advogado.

As modificações na CLT apresentadas acima buscam incentivar as partes a utilizarem métodos autocompositivos de resolução de conflitos trabalhista com mais segurança jurídica, redução de custos, maior celeridade, contando, ainda, com a possibilidade de homologação judicial das negociações extrajudiciais.

Dessa forma, constata-se o anseio de expandir as possibilidades de negociação na justiça do trabalho como uma forma de impulsionar os métodos adequados de resolução de conflitos, devendo ser levado em consideração o fato de que a adoção desses métodos não deve ser uma fonte de injustiças e dominação do trabalhador, mas como uma ponte que viabilize o diálogo entre as partes, ofertando meios, algumas vezes, mais eficazes de solucionar litígios.

5. QUESTÕES

1. (CESPE - PGM/Campo Grande/MS - Procurador Municipal - 2019) Em 2017, João foi contratado, em Campo Grande – MS, como auxiliar administrativo da empresa X, sediada no mesmo município. Em 2018, depois de um ano de serviços prestados a essa empresa, João foi dispensado sem justa causa. Em 2019, ele mudou seu domicílio para Corumbá – MS e lá ajuizou reclamação trabalhista contra a empresa X em determinada vara do trabalho de Corumbá. Na petição inicial, João afirmou ter trabalhado apenas em Campo Grande, mas sustentou a competência da vara do trabalho de Corumbá, por ser o foro de seu atual domicílio. Três dias depois de ter sido notificada e antes da data marcada para a audiência, a empresa X apresentou peça sinalizada como exceção de incompetência territorial, alegando a competência de vara do trabalho de Campo Grande. A partir dessa situação hipotética, julgue o item a seguir à luz da legislação processual trabalhista.

A audiência de conciliação, instrução e julgamento do processo poderá ser realizada, perante o juízo considerado competente, somente depois de decidida a exceção de incompetência.

2. (VUNESP - UNICAMP – Procurador de Universidade Assistente – 2018) Na hipótese de conciliação trabalhista, o termo que for lavrado valerá como decisão irrecorrível,

a) exceto se for parte a Fazenda Pública, a qual deverá ratificar o acordo no prazo alusivo ao recurso.

b) inclusive para a Previdência Social, desde que esteja presente o representante do Ministério Público do Trabalho.

c) exceto para a Previdência Social, que poderá interpor agravo de instrumento quanto às contribuições que lhe forem devidas.

d) exceto para a Previdência Social, que poderá interpor o recurso ordinário, por meio da União, quanto às contribuições que lhe forem devidas, se a demanda estiver na fase de conhecimento.

e) inclusive para a Previdência Social, independentemente da presença do representante do Ministério Público do Trabalho.

3. (FCC - TRT 15ª Região - Analista Judiciário Oficial de Justiça - 2018) Denis, dispensado sem justa causa, tem muitas horas a receber e resolve tentar negociá-las com o empregador, pois não tem pretensão de ajuizar reclamação trabalhista em face do mesmo. Após algumas semanas de negociação Denis e o empregador chegam a um consenso, fazendo um acordo para pagamento das horas extras em cinco parcelas. Visando a segurança para ambos, resolvem utilizar-se do processo de jurisdição voluntária para homologação do acordo extrajudicial entabulado, sendo que:

a) a representação por advogado nesse caso é desnecessária, tendo em vista que a negociação do acordo foi feita diretamente pelas partes.

b) a representação das partes por advogado, que poderá ser o mesmo para ambas, é obrigatória, ainda que a negociação do acordo tenha sido feita diretamente por elas.

c) o acordo será apresentado em petição conjunta, que será analisada pelo juiz no prazo de cinco dias a contar de sua distribuição.

d) o juiz analisará o acordo no prazo de quinze dias a contar da distribuição da petição, designará audiência se entender necessário e proferirá sentença.

e) a petição de homologação do acordo interrompe o prazo prescricional em relação às horas extras nela especificadas.

Gabarito: 1. Certo; 2. D; 3. D

Capítulo 17

HONORÁRIOS ADVOCATÍCIOS E AS DESPESAS PROCESSUAIS NA JUSTIÇA DO TRABALHO E A FAZENDA PÚBLICA

JULIANA COELHO TAVARES MARQUES[1]

Sumário: 1. Introdução. 2. Honorários advocatícios na justiça do trabalho: noções preliminares. 3. Fazenda Pública e as peculiaridades do arbitramento de honorários advocatícios. 4. Fazenda Pública e o pagamento das despesas processuais. 5. Compilação Jurisprudencial. 5.1. Súmulas do TST. 5.2. Informativos e julgados do TST. 6. Questões.

1. INTRODUÇÃO

A Lei 13.467/17 implementou importantes e profundas modificações na Consolidação das Leis do Trabalho, tanto de natureza material, como processual e os processos envolvendo a administração pública direta ou indiretamente também foram atingidos, especialmente no que concerne aos temas dos honorários advocatícios e das despesas processuais.

Quanto aos honorários advocatícios, a "Reforma Trabalhista" determinou expressamente serem cabíveis honorários nas ações contra a Fazenda Pública, mas, não se ocupou de traçar os parâmetros que deviam ser observados, deixando a omissão ser suplementada pelo disposto no Código de Processo Civil.

A incipiente regulamentação na órbita trabalhista lança questionamentos também sobre a aplicabilidade dos honorários advocatícios em sede de execução e na responsabilização subsidiária, temas que serão desenvolvidos no decorrer do trabalho.

Já no que concerne as despesas processuais, muito embora o legislador não tenha feito grandes mudanças quanto a isenção da Fazenda Pública no pa-

1 Mestre em Direito Econômico pelo PPGCJ – UFPB. Especialista em Direito Material e Processual do Trabalho pela ESMAT13 e em Direito Civil e Processo Civil pelo Unipê. Membra Efetiva da Associação Norte e Nordeste de Professores de Processo (ANNEP). Professora Universitária efetiva no curso de Direito da Associação Paraibana de Ensino Renovado (ASPER) e da ESMAT13 e substituta na UFPB. Advogada.

gamento de custas, emolumentos e depósito judicial, permanece controverso o debate acerca do pagamento dos honorários periciais dos beneficiários da justiça gratuita, pela União.

O artigo está dividido em 03 tópicos: no primeiro, é traçado o cenário global das modificações havidas na Consolidação das Leis do Trabalho quanto ao tema dos honorários advocatícios. Já no segundo tópico, o estudo se horizontaliza, focalizando nas peculiaridades relativas ao arbitramento das verbas honorárias nas ações em que a Fazenda Pública é parte. No tópico final discute-se as prerrogativas da administração pública quanto ao pagamento das despesas processuais.

O objetivo deste ensaio é traçar o panorama e os pressupostos para o aprofundamento do estudo do regramento dos honorários advocatícios e das despesas processuais envolvendo a administração pública.

2. HONORÁRIOS ADVOCATÍCIOS NA JUSTIÇA DO TRABALHO: NOÇÕES PRELIMINARES

A Lei 13.467/17 implementou importantes e profundas modificações na Consolidação das Leis do Trabalho, tanto de natureza material, como processual. Uma das mais importantes mudanças foi na disciplina dos honorários advocatícios. Eles não decorriam de mera sucumbência, sendo tão somente cabíveis quando a parte, cumulativamente, estivesse assistida por sindicato da categoria profissional, e comprovasse situação econômica que não lhe permitisse demandar sem prejuízo do próprio sustento ou da respectiva família.

Tais inovações sobre o tema honorários estão dispostas precisamente no artigo 791-A da CLT (abaixo transcrito), que determina o arbitramento dos honorários de sucumbência, quando do julgamento do processo, a serem quitados pela parte vencida, os requisitos gerais de fixação da verba, bem como sua aplicabilidade nas ações contra a Fazenda Pública:

> Art. 791-A/ CLT. Ao advogado, ainda que atue em causa própria, serão devidos honorários de sucumbência, fixados entre o mínimo de 5% (cinco por cento) e o máximo de 15% (quinze por cento) sobre o valor que resultar da liquidação da sentença, do proveito econômico obtido ou, não sendo possível mensurá-lo, sobre o valor atualizado da causa.
>
> § 1º Os honorários são devidos também nas ações contra a Fazenda Pública e nas ações em que a parte estiver assistida ou substituída pelo sindicato de sua categoria.
>
> § 2º Ao fixar os honorários, o juízo observará:
>
> I - o grau de zelo do profissional;
>
> II - o lugar de prestação do serviço;
>
> III - a natureza e a importância da causa;

IV - o trabalho realizado pelo advogado e o tempo exigido para o seu serviço.

§ 3º Na hipótese de procedência parcial, o juízo arbitrará honorários de sucumbência recíproca, vedada a compensação entre os honorários.

§ 4º Vencido o beneficiário da justiça gratuita, desde que não tenha obtido em juízo, ainda que em outro processo, créditos capazes de suportar a despesa, as obrigações decorrentes de sua sucumbência ficarão sob condição suspensiva de exigibilidade e somente poderão ser executadas se, nos dois anos subsequentes ao trânsito em julgado da decisão que as certificou, o credor demonstrar que deixou de existir a situação de insuficiência de recursos que justificou a concessão de gratuidade, extinguindo-se, passado esse prazo, tais obrigações do beneficiário.

§ 5º São devidos honorários de sucumbência na reconvenção.

Em síntese, de acordo com o texto legal, serão devidos honorários de sucumbência ao advogado (inclusive membros da Advocacia Pública), os quais serão fixados, via de regra, entre o mínimo de 5% e o máximo de 15% sobre o valor que resultar da liquidação de sentença, do proveito econômico, ou não sendo possível, sobre o valor atualizado da causa.

De acordo com o §2º, o juízo deverá observar o grau de zelo do profissional, o lugar de prestação do serviço, a natureza e a importância da causa e, por fim, o trabalho realizado pelo advogado e o tempo exigido para o seu serviço.

O regramento dos honorários que será debatido neste ensaio de agora por diante é somente aplicável para aqueles processos ajuizados após 11 de novembro de 2017, data da entrada em vigor da Lei 13.467/17. É exatamente nesse sentido o Enunciado 98 pacificado na 2ª Jornada de Direito Material e Processual do Trabalho[2]:

> ENUNCIADO 98. HONORÁRIOS DE SUCUMBENCIA. INAPLICABILIDADE AOS PROCESSOS EM CURSO. Em razão da natureza híbrida das normas que regem honorários advocatícios (material e processual), a condenação à verba sucumbencial só poderá ser imposta nos processos iniciados após a entrada em vigor da Lei 13.467/2017, haja vista a garantia da não surpresa, bem como em razão do princípio da causalidade, uma vez que a expectativa de custos e riscos é aferida no momento da propositura da ação.

Não é ocioso destacar que o tema ainda é controverso, tendo sido objeto de questionamento perante o Supremo Tribunal Federal na Ação Direta de Inconstitucionalidade, especialmente no que concerne a disciplina para a parte

---

2 ANAMATRA. **2ª Jornada de direito material e processual na justiça do trabalho:** enunciados aprovados. São Paulo: LTr, 2017.

beneficiária da justiça gratuita, ainda pendente de julgamento definitivo. Todavia, o Ministro Relator Luiz Roberto Barroso, julgando parcialmente procedente a ADI 5766 (atualmente suspenso por pedido de vista do Min. Luiz Fux), considerou que deveria haver uma interpretação conforme a Constituição, consubstanciada nas seguintes teses:

> 1. O direito à gratuidade de justiça pode ser regulado de forma a desincentivar a litigância abusiva, inclusive por meio da cobrança de custas e de honorários a seus beneficiários.
>
> 2. A cobrança de honorários sucumbenciais do hipossuficiente poderá incidir: (i) sobre verbas não alimentares, a exemplo de indenizações por danos morais, em sua integralidade; e (ii) sobre o percentual de até 30% do valor que exceder ao teto do Regime Geral de Previdência Social, mesmo quando pertinente a verbas remuneratórias.
>
> 3. É legítima a cobrança de custas judiciais, em razão da ausência do reclamante à audiência, mediante prévia intimação pessoal para que tenha a oportunidade de justificar o não comparecimento.

Além do já exposto, a legislação trabalhista não previu expressamente a majoração dos honorários sucumbenciais em sede recursal. Este fato vem causando uma celeuma dentro do Judiciário Trabalhista. Algumas turmas do TST já se manifestaram, sobre a possibilidade de majoração dos honorários advocatícios em grau recursal (mesmo para aqueles processos que já estavam em trâmite antes da entrada em vigor da Reforma Trabalhista), desde que expressamente requeridos, que sejam obedecidos os limites já previstos na fase de conhecimento e que se observe o trabalho adicional realizado (TST - AIRR: 5131820165230009, Relator: Breno Medeiros, Data de Julgamento: 22/08/2018, 5ª Turma, Data de Publicação: DEJT 31/08/2018; TST - AIRR: 13230720145030110, Relator: Dora Maria da Costa, Data de Julgamento: 26/06/2018, 8ª Turma, Data de Publicação: DEJT 29/06/2018; TST-AIRR-21491-93.2016.5.04.0025, 4ª Turma, Relatora Ministra Maria de Assis Calsing, DEJT 08/06/2018).

Ocorre que os Tribunais Regionais vêm decidindo pela não aplicação da regra da majoração por falta de previsão legal específica na CLT. Nesse sentido já decidiu a 17ª Turma do Tribunal Regional do Trabalho da 2ª Região (São Paulo) (Processo 1002304-25.2017.5.02.0374) e, mais recentemente, a 1ª Câmara do Tribunal Regional do Trabalho da 12ª Região (TRT-SC) em julgamento de ação de um trabalhador contra um frigorífico catarinense (Processo 0000431-25.2018.5.12.0008).

Tenha-se em foco que deve ser levado em consideração quanto ao regramento dos honorários advocatícios que é passível de aplicação subsidiária daquilo previsto no Código de Processo Civil, conforme expressamente autoriza o artigo 769 da CLT: "nos casos omissos, o Direito Processual Civil será fonte subsidiária do Direito Processual do Trabalho, exceto naquilo em que for incompatível com as normas deste título".

3. FAZENDA PÚBLICA E AS PECULIARIDADES DO ARBITRAMENTO DE HONORÁRIOS ADVOCATÍCIOS

Após análise do regramento geral dos honorários na justiça do trabalho traça-se, a partir de agora, o panorama do tema no que concerne as ações em que a Fazenda Pública seja parte.

Com efeito, o artigo 791-A da CLT expressamente prevê, em seu parágrafo primeiro, que são devidos honorários nas ações contra a Fazenda Pública. De pronto, é importante mencionar que as ações a que se refere o dispositivo são abrangentes, não se limitando as reclamações trabalhistas por excelência, mas também, as ações anulatórias, as execuções fiscais, etc.

O Tribunal Superior do Trabalho, atento a omissão legislativa, bem como visando adequar seus entendimento ao próprio Código de Processo Civil de 2015, que representou uma mudança paradigmática em nosso ordenamento jurídico, reformulou a Súmula 219, alterando a redação do item I, e acrescendo os itens IV a VI, que passou a ter a seguinte dicção:

> **Súmula nº 219 do TST** - HONORÁRIOS ADVOCATÍCIOS. CABIMENTO (alterada a redação do item I e acrescidos os itens IV a VI em decorrência do CPC de 2015) - Res. 204/2016, DEJT divulgado em 17, 18 e 21.03.2016
>
> I - Na Justiça do Trabalho, a condenação ao pagamento de honorários advocatícios não decorre pura e simplesmente da sucumbência, devendo a parte, concomitantemente: a) estar assistida por sindicato da categoria profissional; b) comprovar a percepção de salário inferior ao dobro do salário mínimo ou encontrar-se em situação econômica que não lhe permita demandar sem prejuízo do próprio sustento ou da respectiva família. (art.14,§1º, da Lei nº 5.584/1970). (ex-OJ nº 305da SBDI-I).
>
> II - É cabível a condenação ao pagamento de honorários advocatícios em ação rescisória no processo trabalhista.
>
> III – São devidos os honorários advocatícios nas causas em que o ente sindical figure como substituto processual e nas lides que não derivem da relação de emprego.
>
> IV – Na ação rescisória e nas lides que não derivem de relação de emprego, a responsabilidade pelo pagamento dos honorários advocatícios da sucumbência submete-se à disciplina do Código de Processo Civil (arts. 85, 86, 87 e 90).
>
> V - Em caso de assistência judiciária sindical ou de substituição processual sindical, excetuados os processos em que a Fazenda Pública for parte, os honorários advocatícios são devidos entre o mínimo de dez e o máximo de vinte por cento sobre o valor da condenação, do proveito econômico obtido

ou, não sendo possível mensurá-lo, sobre o valor atualizado da causa (CPC de 2015, art. 85, § 2º).

VI - Nas causas em que a Fazenda Pública for parte, aplicar-se-ão os percentuais específicos de honorários advocatícios contemplados no Código de Processo Civil. (grifo nosso)

Observe-se que o Enunciado acima delineado determina, diretamente a utilização do artigo 85, § 3º do CPC/2015, que traz os limites de percentuais para fixação de honorários nas causas em que a Fazenda Pública for parte.

> Art. 85/CPC/2015. A sentença condenará o vencido a pagar honorários ao advogado do vencedor. (...)
>
> § 3º Nas causas em que a Fazenda Pública for parte, a fixação dos honorários observará os critérios estabelecidos nos incisos I a IV do § 2º e os seguintes percentuais:
>
> I - mínimo de dez e máximo de vinte por cento sobre o valor da condenação ou do proveito econômico obtido até 200 (duzentos) salários-mínimos;
>
> II - mínimo de oito e máximo de dez por cento sobre o valor da condenação ou do proveito econômico obtido acima de 200 (duzentos) salários-mínimos até 2.000 (dois mil) salários-mínimos;
>
> III - mínimo de cinco e máximo de oito por cento sobre o valor da condenação ou do proveito econômico obtido acima de 2.000 (dois mil) salários-mínimos até 20.000 (vinte mil) salários-mínimos;
>
> IV - mínimo de três e máximo de cinco por cento sobre o valor da condenação ou do proveito econômico obtido acima de 20.000 (vinte mil) salários-mínimos até 100.000 (cem mil) salários-mínimos;
>
> V - mínimo de um e máximo de três por cento sobre o valor da condenação ou do proveito econômico obtido acima de 100.000 (cem mil) salários-mínimos.

Destaque-se que os percentuais variam entre vinte e três por cento, diminuindo a medida em que aumenta o proveito econômico auferido. Ora, não seria essa uma incompatibilidade com o ordenamento trabalhista, que determina que os honorários trabalhistas devem ser arbitrados entre 5 e 15 por cento do valor do proveito econômico?

Entende-se que se trata de uma opção do TST em deliberadamente dar tratamento diferenciado nas causas envolvendo a Fazenda Pública, inclusive destacando que nesses casos especiais, as condenações devem seguir lógica própria, não havendo que se falar em incompatibilidade com os princípios trabalhistas.

O que foi visto até agora adequa-se perfeitamente aos honorários arbitrados ainda na fase cognitiva dos procedimentos trabalhistas, mas e na execução, como ficam os honorários da Fazenda Pública?

A questão está no fato de que estabelece o artigo 889 da CLT que "aos trâmites e incidentes do processo da execução são aplicáveis, naquilo em que não contravierem ao presente Título, os preceitos que regem o processo dos executivos fiscais para a cobrança judicial da dívida ativa da Fazenda Pública Federal."

Ou seja, o que o diploma normativo trabalhista prevê é que até o início da fase executória o processo do trabalho se valha, de forma subsidiária, das normas processuais comuns, desde que compatíveis com as normas processuais trabalhistas. Já na fase executiva, antes da aplicação das normas processuais comuns, deverá se valer das normas que regem os executivos fiscais (Lei 6.830/1980), que, diga-se de passagem, nada tratam acerca da questão dos honorários.

O tratamento diferenciado decorre justamente do fato das normas de cobrança judicial de dívida ativa fazendária serem mais efetivas em comparação com as execuções comuns por terem como objeto os créditos públicos. É importante observar que estas também devem ser compatíveis com a principiologia processual trabalhista.

O Tribunal Superior do Trabalho já se manifestou quanto a matéria, quando do julgamento do RR-1168-29.2013.5.03.0016, em 11.04.2019, posicionando-se no sentido de que são devidos os honorários advocatícios nas execuções fiscais trabalhistas e serão calculados com base nos parâmetros do artigo 85, § 3º do CPC/2015, conforme o salário mínimo vigente quando prolatada sentença líquida ou o que estiver em vigor na data da decisão de liquidação:

> RECURSO DE REVISTA. EXECUÇÃO FISCAL. HONORÁRIOS ADVOCATÍCIOS. CRITÉRIOS DE CÁLCULO. CAUSA EM QUE É PARTE A FAZENDA PÚBLICA. OBSERVÂNCIA DO SALÁRIO-MÍNIMO VIGENTE QUANDO PROLATADA A SENTENÇA LÍQUIDA OU O QUE ESTIVER EM VIGOR NA DATA DA DECISÃO DE LIQUIDAÇÃO PARA A APURAÇÃO DOS VALORES A SEREM ENQUADRADOS NAS FAIXAS DE ARBITRAMENTO PREVISTAS NO § 3º DO ART. 85 DO CPC. 1. O Tribunal Regional, mantendo a sentença em que julgados procedentes os embargos à execução, extinguindo a execução fiscal ajuizada pela União, condenou a Fazenda Pública ao pagamento dos honorários de sucumbência, adotando como base o proveito econômico obtido pela executada, que corresponderia a todo o débito em execução diante da insubsistência dos autos de infração. 2. Nas causas em que for parte a Fazenda Pública, os honorários advocatícios serão fixados com base nos percentuais previstos no art. 85, § 3º, do CPC. 3. Lado outro, conforme inciso IV do § 4º do mesmo artigo, em qualquer das hipóteses do § 3º "será considerado o salário-mínimo vigente quando prolatada sentença líquida ou o que estiver em vigor na data da decisão de liquidação ". 4. Portanto, sendo a Fazenda Pública parte no processo, o juiz, ao fixar os honorários advocatícios,

além de observar os critérios estabelecidos nos incisos I a IV do § 2º do art. 85 do CPC, deve considerar "o salário mínimo vigente quando prolatada a sentença líquida ou o que estiver em vigor na data da decisão de liquidação" para o cálculo dos valores a serem enquadrados nas faixas de arbitramento previstas no § 3º do citado artigo. 5. Considerando que o TRT adotou como base o valor da execução, que segundo a inicial era de R$ 898.665,96, atualizado somente até março/2013, equivalente, portanto a 1.325,46 salários mínimos nessa época, e não os valores atualizados correspondentes à data da decisão em que arbitrados os honorários advocatícios (agosto de 2016), houve violação do art. 85, § 4º, IV, do CPC. Recurso de revista conhecido e provido" (RR-1168-29.2013.5.03.0016, 1ª Turma, Relator Ministro Hugo Carlos Scheuermann, DEJT 11/04/2019).

Não é ocioso destacar que existem duas espécies de execução contra a Fazenda Pública: a) aquelas que envolvem a sistemática dos precatórios (art. 100, caput, CF/88); b) aquelas contra a Fazenda Pública cobrando dívidas de pequeno valor (art. 100, §3º, CF/88), nas quais o precatório é dispensado.

Na sistemática dos precatórios, se a Fazenda Pública apresentou embargos à execução, terá que pagar honorários advocatícios se perder. Se a Fazenda Pública não apresentou embargos à execução, não precisa pagar. Aplica-se aqui a regra do art. 1º-D da Lei n. 9.494/97 (que foi incorporada ao CPC-15 no artigo 85 § 7º: não serão devidos honorários no cumprimento de sentença contra a Fazenda Pública que enseje expedição de precatório, desde que não tenha sido impugnada).

Assim, com relação à fazenda pública, necessário se faz respeitar o artigo 85, §7º do Código de Processo Civil. Dessa forma, somente se impugnada a execução pela Fazenda Pública serão devidos honorários advocatícios em sede de execução. Da mesma forma, serão devidos honorários pela Fazenda Pública em caso de desistência da execução fiscal após o oferecimento de embargos:

> HONORÁRIOS ADVOCATÍCIOS. EXECUÇÃO FISCAL. FAZENDA PÚBLICA. SUCUMBENTE. CABIMENTO. Tratando-se de ação executória que, mesmo sendo declarada a inexigibilidade do crédito fiscal exequendo em razão de decisão proferida em outra demanda, não se pode ignorar que foi necessária a prolação de sentença para se reconhecer a improcedência do pleito exordial. Como a ré teve de constituir advogado para defender os seus interesses em juízo, acarretando-lhe, assim, a assunção de despesas com tal contratação, a situação retratada enseja a aplicação, por analogia, da diretriz emanada da Súmula nº 153 do STJ, no sentido de que "a desistência da execução fiscal, após o oferecimento dos embargos, não exime o exequente dos encargos da sucumbência". Logo, são devidos os honorários advocatícios pela mera sucumbência, na forma do art. 85, do CPC. (TRT-3 - AP: 00114504220165030010

MG 0011450-42.2016.5.03.0010, Relator: Jose Marlon de Freitas, Data de Julgamento: 23/07/2020, Oitava Turma, Data de Publicação: 24/07/2020. DEJT/TRT3/Cad.Jud. Página 1345. Boletim: Sim.)

Embora atualmente não se encontre jurisprudência no âmbito do TST a respeito da aplicação, ou não, dos honorários advocatícios na fase executiva, acredita-se que a Corte Trabalhista irá refutar a tese. Neste sentido, Gustavo de Andrade[3]:

> A razão de existir das referidas normas (impossibilidade de aplicação da multa e dos honorários em cumprimento de sentença contra a Fazenda Pública que enseje expedição de precatório, desde que não tenha sido impugnada) é o respeito ao artigo 100 da Constituição Federal, vez que a Fazenda Pública não pode cumprir voluntariamente as decisões transitadas em julgado, sendo necessária a adoção do procedimento executivo pelo credor, tendente a formar o precatório, respeitando, assim, a ordem de pagamentos.

Todavia, nem sempre os pagamentos realizados pela Fazenda Pública serão realizados mediante precatórios, vez que, para valores de menor monta é aplicável a requisição de pequeno valor. Nestes casos, o entendimento do STF (Recurso Extraordinário 420.816/PR) é de ser possível o pagamento voluntário por parte da Fazenda Pública, em razão da desnecessidade de adoção do regime de precatórios.

Assim, em não havendo o pagamento voluntário, iniciada a execução, ainda que não haja impugnação, acredita-se que serão devidos os honorários advocatícios na execução, tendo em vista inexistir qualquer contradição com a principiologia trabalhista quanto a matéria.

Até então abordou-se o tema dos honorários tendo a administração pública como credora principal ou devedora principal, e nos casos de condenação trabalhista decorrentes de responsabilidade subsidiária da administração pública, como fica o pagamento dos honorários?

Como se sabe, nos casos de responsabilização subsidiária, a execução só será redirecionada caso o devedor principal não quite a dívida reconhecida judicialmente. Assim, eventuais multas e, por conseguinte, honorários advocatícios imputados na fase executiva seriam extensíveis à Fazenda Pública?

---

3 ANDRADE, Gustavo Bezerra Muniz de. A fazenda pública e os honorários advocatícios no processo do trabalho. In: MIESSA, Elisson (Coord). **Honorários advocatícios na justiça do trabalho**. Salvador: Juspodivm, 2019, p. 966.

Gustavo Andrade[4] entende ser negativa a resposta, ainda que se trate de valor enquadrado como de pequeno valor, já que a responsabilização da Administração Pública está relacionada a fatos extraprocessuais (surgidos durante a relação de trabalho havida em decorrência da omissão na fiscalização da prestadora de serviços).

Logo, em sendo a condenação por honorários executivos fato endoprocessual e ainda mais se tratando de penalidade, não podem ultrapassar a pessoa do devedor principal.

4. FAZENDA PÚBLICA E O PAGAMENTO DAS DESPESAS PROCESSUAIS

As despesas processuais são os custos financeiros do processo que serão suportados pelas partes que tem como espécies as custas, honorários periciais e advocatícios, emolumentos, multas, etc.

As custas, que incidirão na base de 2% sobre a condenação, observado o mínimo de R$ 10,64 e o máximo de quatro vezes o limite máximo dos benefícios do Regime Geral de Previdência Social, tem seu regramento previsto nos artigos 789 e 789-A da CLT, possuem natureza de taxa judiciária (natureza tributária) sendo contraprestação paga ao Estado em decorrência da prestação jurisdicional e são sempre pagas ao final, ou seja, após o trânsito em julgado ou no prazo alusivo ao recurso.

Estas não se confundem com o depósito recursal que tem natureza de garantia do juízo recursal, e nem com os emolumentos, que são os ressarcimentos das despesas efetuadas pelos órgãos da Justiça do Trabalho pelo fornecimento de certidões, cartas etc[5].

Especificamente quanto a Fazenda Pública, o artigo 790-A da CLT determina serem isentos do pagamento de custas e de emolumentos a União, os Estados, o Distrito Federal, os Municípios e respectivas autarquias e fundações públicas federais, estaduais ou municipais que não explorem atividade econômica. Por outro lado, a isenção não alcança as entidades fiscalizadoras do exercício profissional, as empresas públicas (exceto a Empresa Brasileira de Correios e Telégrafos, conforme OJ 147/SBDI-1, item II), as sociedades de economia mista, as permissionárias e concessionárias de serviço público, nem exime as pessoas jurídicas da obrigação de reembolsar as despesas judiciais realizadas pela parte vencedora.

4 ANDRADE, Gustavo Bezerra Muniz de. A fazenda pública e os honorários advocatícios no processo do trabalho. In: MIESSA, Elisson (Coord). **Honorários advocatícios na justiça do trabalho**. Salvador: Juspodivm, 2019, p. 970.

5 LEITE, Carlos Henrique Bezerra. **Curso de direito processual do trabalho** [*ebook*]. 16 ed. São Paulo: Saraiva Educação, 2018.

Da mesma forma, a Fazenda Pública está dispensada do pagamento de depósito recursal. Destaque-se que a lógica da isenção não se aplica em sua totalidade ao caso do depósito prévio para ajuizamento de ação rescisória, vez que, quanto a este instituto, as fundações públicas estaduais não estão dispensadas do recolhimento[6].

Um dos pontos mais controversos da reforma trabalhista é o relativo ao pagamento dos honorários periciais, pela União, dos beneficiários da gratuidade judiciária. Assim dispõe o artigo 790-B da CLT:

> Art. 790-B. A responsabilidade pelo pagamento dos honorários periciais é da parte sucumbente na pretensão objeto da perícia, ainda que beneficiária da justiça gratuita.
>
> § 4º Somente no caso em que o beneficiário da justiça gratuita não tenha obtido em juízo créditos capazes de suportar a despesa referida no *caput*, ainda que em outro processo, a União responderá pelo encargo.

Em síntese, o que o polêmico parágrafo 4º do dispositivo, em interpretação literal, leva a crer é que a União responderia pelos honorários periciais dos beneficiários da justiça gratuita apenas nos casos de inexistência de créditos suficientes a custear a despesa.

Assim, o que se pode concluir é que a interpretação literal do dispositivo pode significar a restrição do acesso à justiça quanto a abrangência da gratuidade de justiça, bem como uma certa maneira de punição ao trabalhador que requer o pagamento de parcela cuja definição depende de conhecimento e análises técnicas.

É justamente pela limitação ao acesso à justiça que diversos tribunais vem declarando a inconstitucionalidade do dispositivo, apoiados tanto no Enunciado nº 100 da 2ª Jornada de Direito Material e Processual do Trabalho, como no voto do Min. Fachin durante o julgamento da ADI 5766-DF. Neste sentido, já possuem declaração incidental de inconstitucionalidade, por exemplo: o TRT 3, TRT 4, TRT 14 e o TRT 19. Ao longo do capítulo objetivou-se delinear o cenário e pressupostos relativos ao estudo do regramento dos honorários advocatícios e das despesas processuais envolvendo a administração pública, sem qualquer intuito de esgotar o tema.

Neste ponto é importante ressaltar que os temas envolvendo a interação entre o direito do trabalho, seja material ou processual e a Fazenda Pública ainda são pouco abordados na doutrina pátria, o que dificulta sobremaneira a criação de soluções jurídicas para os desafios postos na prática trabalhista.

---

6 NEIVA, Rogerio. **Direito e processo do trabalho aplicados à administração pública e fazenda pública**. 2. ed. rev., atual. e ampl. – Rio de Janeiro: Forense; São Paulo: Método, 2015.

Em apertada síntese, detectou-se a incipiência do regramento trabalhista dos honorários advocatícios devidos nas ações em que a Fazenda Pública é parte e propôs-se soluções. Discutiu-se ainda sobre a isenção do pagamento das custas, emolumentos e depósito recursal pela Fazenda Pública, bem como o dever ou não da União de arcar com o pagamento dos honorários periciais no caso de beneficiários da justiça gratuita.

5. COMPILAÇÃO JURISPRUDENCIAL

5.1 Súmulas do TST

Súmula nº 219 do TST - HONORÁRIOS ADVOCATÍCIOS. CABIMENTO (alterada a redação do item I e acrescidos os itens IV a VI em decorrência do CPC de 2015) - Res. 204/2016, DEJT divulgado em 17, 18 e 21.03.2016

I - Na Justiça do Trabalho, a condenação ao pagamento de honorários advocatícios não decorre pura e simplesmente da sucumbência, devendo a parte, concomitantemente: a) estar assistida por sindicato da categoria profissional; b) comprovar a percepção de salário inferior ao dobro do salário mínimo ou encontrar-se em situação econômica que não lhe permita demandar sem prejuízo do próprio sustento ou da respectiva família. (art.14,§1º, da Lei nº 5.584/1970). (ex-OJ nº 305da SBDI-I).

II - É cabível a condenação ao pagamento de honorários advocatícios em ação rescisória no processo trabalhista.

III – São devidos os honorários advocatícios nas causas em que o ente sindical figure como substituto processual e nas lides que não derivem da relação de emprego.
IV – Na ação rescisória e nas lides que não derivem de relação de emprego, a responsabilidade pelo pagamento dos honorários advocatícios da sucumbência submete-se à disciplina do Código de Processo Civil (arts. 85, 86, 87 e 90).

V - Em caso de assistência judiciária sindical ou de substituição processual sindical, excetuados os processos em que a Fazenda Pública for parte, os honorários advocatícios são devidos entre o mínimo de dez e o máximo de vinte por cento sobre o valor da condenação, do proveito econômico obtido ou, não sendo possível mensurá-lo, sobre o valor atualizado da causa (CPC de 2015, art. 85, § 2º).

VI - Nas causas em que a Fazenda Pública for parte, aplicar-se-ão os percentuais específicos de honorários advocatícios contemplados no Código de Processo Civil.

5.2 Informativos e julgados do TST

RECURSO DE REVISTA. EXECUÇÃO FISCAL. HONORÁRIOS ADVOCATÍCIOS. CRITÉRIOS DE CÁLCULO. CAUSA EM QUE É PARTE A FAZENDA PÚBLICA. OBSERVÂNCIA DO SALÁRIO-MÍNIMO VIGENTE QUANDO PROLATADA A SENTENÇA LÍQUIDA OU O QUE ESTIVER EM VIGOR NA DATA DA DECISÃO DE LIQUIDAÇÃO PARA A APURAÇÃO DOS VALORES A SEREM ENQUADRADOS NAS FAIXAS DE ARBITRAMENTO PREVISTAS NO § 3º DO ART. 85 DO CPC. 1. O Tribunal Regional, mantendo a sentença em que julgados procedentes os embargos à execução, extinguindo a execução fiscal ajuizada pela União, condenou a Fazenda Pública ao pagamento dos honorários de sucumbência, adotando como base o proveito econômico obtido pela executada, que corresponderia a todo o débito em execução diante da insubsistência dos autos de infração. 2. Nas causas em que for parte a Fazenda Pública, os honorários advocatícios serão fixados com base nos percentuais previstos no art. 85, § 3º, do CPC. 3. Lado outro, conforme inciso IV do § 4º do mesmo artigo, em qualquer das hipóteses do § 3º "será considerado o salário-mínimo vigente quando prolatada sentença líquida ou o que estiver em vigor na data da decisão de liquidação". 4. Portanto, sendo a Fazenda Pública parte no processo, o juiz, ao fixar os honorários advocatícios, além de observar os critérios estabelecidos nos incisos I a IV do § 2º do art. 85 do CPC, deve considerar "o salário mínimo vigente quando prolatada a sentença líquida ou o que estiver em vigor na data da decisão de liquidação" para o cálculo dos valores a serem enquadrados nas faixas de arbitramento previstas no § 3º do citado artigo. 5. Considerando que o TRT adotou como base o valor da execução, que segundo a inicial era de R$ 898.665,96, atualizado somente até março/2013, equivalente, portanto a 1.325,46 salários mínimos nessa época, e não os valores atualizados correspondentes à data da decisão em que arbitrados os honorários advocatícios (agosto de 2016), houve violação do art. 85, § 4º, IV, do CPC. Recurso de revista conhecido e provido" (RR-1168-29.2013.5.03.0016, 1ª Turma, Relator Ministro Hugo Carlos Scheuermann, DEJT 11/04/2019).

6. QUESTÕES

1. (VUNESP - FAPESP - Procurador - 2018) Em reclamação trabalhista, a responsabilidade pelo pagamento dos honorários periciais é:

a) da reclamada, desde que sucumbente em qualquer objeto da demanda.

b) da parte sucumbente na pretensão objeto da perícia, salvo se beneficiária da justiça gratuita.

c) da União, tendo em vista o princípio da gratuidade na Justiça do Trabalho.

d) da parte sucumbente na pretensão objeto da perícia, ainda que beneficiária da justiça gratuita.

e) das partes litigantes, devendo o juiz exigir adiantamento de valores para realização da perícia.

2. (FCC – TST - Técnico Judiciário - 2017) No tocante aos honorários periciais e advocatícios no processo do trabalho, considere:

I. Ao advogado, ainda que atue em causa própria, serão devidos honorários de sucumbência, fixados entre o mínimo de 5% e o máximo de 20% sobre o valor que resultar da liquidação de sentença, do proveito econômico obtido ou não, não sendo possível mensurá-lo, sobre o valor atualizado da causa.

II. Na hipótese de procedência parcial, o juízo arbitrará honorários de sucumbência recíproca, vedada a compensação entre os honorários.

III. A responsabilidade pelo pagamento dos honorários periciais é da parte sucumbente na pretensão objeto da perícia, ainda que beneficiária da justiça gratuita. Entretanto, deverá ter obtido créditos em juízo capazes de suportar a referida despesa, ainda que em outro processo, caso contrário, a União responderá pelo encargo.

Tendo em vista as alterações introduzidas na CLT, pela Lei nº 13.467/2017, está correto o que consta em

a) II e III, apenas.

b) I, II e III.

c) I, apenas.

d) III, apenas.

e) I e II, apenas.

3. (FCC - TRT 15ª Região - Analista Judiciário Oficial de Justiça – 2018) Nos dissídios individuais, nos dissídios coletivos, nas ações e procedimentos de competência da Justiça do Trabalho e nas demandas propostas perante a Justiça Estadual, no exercício da jurisdição trabalhista, as custas

a) serão calculadas sobre o valor arbitrado pelo juiz, no caso de procedência do pedido formulado em ação declaratória.

b) serão calculadas sobre o valor arbitrado pelo juiz, no caso de procedência do pedido formulado em ação constitutiva.

c) serão pagas, de forma solidária, pelas partes vencidas nos dissídios coletivos, e serão calculadas sobre o valor arbitrado na decisão, ou pelo Presidente do Tribunal.

d) serão pagas pelo vencido, e comprovado o seu recolhimento, quando da interposição do recurso.

e) serão calculadas sobre o valor da causa quando a condenação não for líquida.

4. (FCC - TRT 2ª Região - Técnico Judiciário - 2018) Na reclamação trabalhista "V" o valor da causa é R$ 100.000,00. Durante a tramitação processual, as partes celebraram um acordo no valor total de R$ 70.000,00, convencionando que as custas processuais serão pagas pela empresa reclamada. Nesse caso, as custas processuais devidas pela empresa são de

a) 2% sobre o valor da causa.

b) 2% sobre o valor do acordo.

c) 1% sobre o valor do acordo.

d) 1% sobre o valor da causa.

e) 3% sobre o valor da causa.

5. (VUNESP - PGE/SP - Procurador do Estado - 2018) A respeito do pagamento de despesas processuais e de honorários, no processo judicial trabalhista, é correto afirmar:

a) não existe previsão legal para o pagamento de honorários ao advogado que atuar em causa própria.

b) é vedado ao juiz deferir o parcelamento de honorários periciais.

c) a responsabilidade pelo pagamento dos honorários periciais será sempre do empregador, independentemente de sucumbência na pretensão objeto da perícia.

d) na hipótese de procedência parcial, o juízo arbitrará honorários de sucumbência recíproca, vedada a compensação entre os honorários.

e) o benefício da justiça gratuita não pode ser concedido de ofício pela autoridade judicial.

Gabarito: 1. D; 2. A.; 3. C; 4. B; 5. D

Capítulo 18

REMESSA NECESSÁRIA NO PROCESSO DO TRABALHO

BRUNO CARNEIRO DA CUNHA ALMEIDA[1]

1. ASPECTOS GERAIS DA REMESSA NECESSÁRIA: CONCEITO, NATUREZA JURÍDICA E CONSTITUCIONALIDADE

O ordenamento jurídico estabelece, em algumas situações, a obrigatoriedade do duplo grau de jurisdição para que determinadas decisões transitem em julgado e alcancem eficácia definitiva.

Trata-se da chamada remessa necessária, também denominada de reexame necessário, duplo grau de jurisdição obrigatório, remessa obrigatória ou remessa *ex officio*, atualmente prevista no art. 496 do CPC.

De acordo com tal disposição legal, submetem-se ao duplo grau de jurisdição obrigatório as sentenças desfavoráveis às pessoas jurídicas de direito público (União, Estados, Distrito Federal, Municípios e suas respectivas autarquias e fundações de direito público), assim como as sentenças de procedência total ou parcial dos embargos à execução fiscal (art. 496, I e II, CPC).

Nessas hipóteses, não interposto o recurso pela parte, cumpre ao juízo determinar a remessa dos autos ao tribunal, sob pena de avocação pelo presidente do respectivo tribunal (art. 496, § 1º, CPC).

Discute-se sobre a natureza jurídica do reexame necessário, dividindo-se a doutrina quanto à sua categorização como recurso.

---

1 Mestre em Direito pela Universidade Católica de Pernambuco. Pós-graduado em Direito Processual Civil pela Universidade Candido Mendes. Pós-graduado em Direito Material e Processual do Trabalho pela Escola Superior da Magistratura Trabalhista da Paraíba. Graduado em Direito pela Universidade Federal da Paraíba. Procurador do Município de João Pessoa.

Para a doutrina majoritária, a remessa necessária não tem natureza recursal, por diversas razões: (i) ausência de voluntariedade, característica dos recursos no sistema processual brasileiro, pois o reexame necessário decorre diretamente da lei, não havendo a manifestação de vontade própria dos recursos; (ii) inexistência de dialeticidade, uma vez que o reexame necessário não tem razões ou contrarrazões, não havendo a impugnação específica dos fundamentos da decisão que se verifica na interposição dos recursos; (iii) não previsão em lei como recurso, não preenchendo o requisito da taxatividade.[2]

Para parcela minoritária da doutrina, o reexame necessário ostenta natureza recursal. Nessa linha, sustenta Leonardo Carneiro da Cunha[3] que a remessa necessária constitui recurso de ofício, interposto por simples declaração de vontade, com a provocação do juiz. Defende que a definição de recurso, no Brasil, contém dois elementos (a) provocação ao reexame da matéria e (b) impugnação da decisão recorrida, os quais estão presentes no reexame necessário, pois neste caso a impugnação é compulsória, por força de lei, não voluntária.

Mostra-se mais adequada a primeira corrente, que afasta a natureza recursal do reexame necessário, tendo em vista que, no sistema processual brasileiro, os recursos são interpostos voluntariamente, mediante impugnação específica dos fundamentos da decisão recorrida (dialeticidade), o que não se verifica na remessa necessária. Além disso, a redação do art. 496 do CPC manifesta uma opção legislativa em excluir a natureza recursal do reexame necessário, inserindo-o no capítulo da sentença e da coisa julgada.

Assim, compreende-se o reexame necessário como condição legal para a eficácia definitiva[4] da decisão, cujo trânsito em julgado só ocorrerá após o duplo grau de jurisdição obrigatório.

Nesse aspecto, ressalte-se que o reexame necessário impede o trânsito em julgado da decisão. Nesse sentido determina a Súmula 423 do STF: "Não transita

---

2 Nesse sentido: NEVES, Daniel Amorim Assumpção. *Manual de direito processual civil.* 8. ed. Salvador: Juspodivm, 2016, p. 1448; MARINONI, Luiz Guilherme; ARENHART, Sérgio Cruz; MITIDIERO, Daniel. *Novo curso de processo civil.* Vol. II. 2. ed. São Paulo: Revista dos Tribunais, 2016, p. 513-514. WAMBIER, Luiz Rodrigues; TALAMINI, Eduardo. *Curso avançado de processo civil.* Vol. 2. 16. ed. São Paulo: Revista dos Tribunais: 2016, p. 454-455. RODRIGUES, Marco Antonio. *A fazenda pública no processo civil.* 2. ed. São Paulo: Atlas, 2016, p. 81-82.

3 CUNHA, Leonardo Carneiro da. *A fazenda pública em juízo.* 16. ed. Rio de Janeiro: Forense, 2019, p. 191-196.

4 Fala-se em condição legal para eficácia "*definitiva*" da decisão porque a sentença pode gerar efeitos ainda que pendente o reexame necessário, como ocorre na sentença em mandado de segurança (art. 14, §§ 1º e 3º, Lei nº 12.016/2009). Assim, a remessa necessária não afasta a possibilidade de produção de efeitos pela decisão (execução provisória), mas impede o seu trânsito em julgado, de modo que a coisa julgada só se forma após o reexame necessário.

em julgado a sentença por haver omitido o recurso *ex officio*, que se considera interposto *ex lege*".

Em razão desse impedimento ao trânsito em julgado, não cabe ação rescisória contra a decisão não submetida ao reexame necessário, conforme entendimento consolidado na OJ 21 da SDI-II do TST:

> Orientação Jurisprudencial nº 21, SDI-II do TST.
>
> É incabível ação rescisória para a desconstituição de sentença não transitada em julgado porque ainda não submetida ao necessário duplo grau de jurisdição, na forma do Decreto-lei 779/1969. Determina-se que se oficie ao Presidente do TRT para que proceda à avocatória do processo principal para o reexame da sentença rescindenda.

Por fim, questiona-se sobre a constitucionalidade do reexame necessário, por eventual privilégio excessivo em favor da Fazenda Pública, o que caracterizaria ofensa ao princípio constitucional da isonomia.

Apesar de algumas críticas por parcela da doutrina, a remessa necessária tem sua constitucionalidade reconhecida pela doutrina amplamente majoritária[5], que reconhece as peculiaridades da atuação da Fazenda Pública em juízo, que enfrenta dificuldades inerentes à estrutura administrativa.

Além disso, a supremacia do interesse público justifica o regime jurídico processual diferenciado da Fazenda Pública. A jurisprudência, por sua vez, segue a mesma linha e reconhece a constitucionalidade do instituto.

2. DISCIPLINA LEGAL E ÂMBITO DE APLICAÇÃO DA REMESSA NECESSÁRIA NO PROCESSO DO TRABALHO

No âmbito do processo do trabalho, o reexame necessário está previsto no art. 1º, V, do Decreto-Lei nº 779/1969, nos termos seguintes:

> Art. 1º. Aos processos perante a Justiça do Trabalho, constituem privilégio da União, dos Estados, do Distrito Federal, dos Municípios e das autarquias ou fundações de direito público federais, estaduais ou municipais que não explorem atividade econômica:
>
> (...)
>
> V - o recurso ordinário "ex officio" das decisões que lhe sejam total ou parcialmente contrárias;

5 Nesse sentido: CUNHA, Leonardo Carneiro da. *A fazenda pública em juízo.* 16. ed. Rio de Janeiro: Forense, 2019, p. 28-32. RODRIGUES, Marco Antonio. *A fazenda pública no processo civil.* 2. ed. São Paulo: Atlas, 2016, p. 82-83.

Como se vê, tal disposição legal apresenta apenas uma previsão genérica de reexame necessário nos casos de decisões desfavoráveis às pessoas jurídicas de direito público, sem apresentar uma regulamentação legal sobre o tema.

Em razão dessa insuficiência normativa (omissão), somada à compatibilidade com o processo do trabalho, encontram-se atendidos os requisitos do art. 769 da CLT para aplicação subsidiária da legislação processual civil, o que atrai a incidência do regime jurídico do reexame necessário previsto no art. 496 do CPC, conforme reconhece o art. 3º, X, da Instrução Normativa nº 39 do TST.

Assim, a remessa necessária no processo do trabalho segue o regime jurídico previsto no CPC, a exemplo das hipóteses de dispensa elencadas nos §§ 3º e 4º do art. 496 do CPC.

Aspecto essencial a ser estudado sobre a remessa necessária no processo do trabalho refere-se ao seu âmbito de aplicação, ou seja, importa delimitar quais decisões estão sujeitas ao duplo grau de jurisdição obrigatório.

A aplicabilidade do reexame necessário está definida no art. 1º, V, do Decreto-Lei nº 779/1969, segundo o qual a remessa necessária se aplica às decisões contra as quais seria cabível o recurso ordinário.

Portanto, há reexame necessário das sentenças de primeiro grau ou acórdãos dos Tribunais Regionais proferidos no exercício de sua competência originária, pois tais decisões constituem as hipóteses de cabimento do recurso ordinário (art. 895, I e II, CLT).

Daí por que o reexame necessário se aplica também aos acórdãos de Tribunais Regionais que julgam ação rescisória e mandado de segurança, conforme disposto nos itens III e IV da Súmula 303 do TST:

> Súmula 303, TST. (...)
>
> III - Em ação rescisória, a decisão proferida pelo Tribunal Regional do Trabalho está sujeita ao duplo grau de jurisdição obrigatório quando desfavorável ao ente público, exceto nas hipóteses dos incisos anteriores.
>
> IV - Em mandado de segurança, somente cabe reexame necessário se, na relação processual, figurar pessoa jurídica de direito público como parte prejudicada pela concessão da ordem. Tal situação não ocorre na hipótese de figurar no feito como impetrante e terceiro interessado pessoa de direito privado, ressalvada a hipótese de matéria administrativa.

Por sua vez, as decisões proferidas em fase de execução não se sujeitam à remessa necessária, por serem recorríveis por agravo de petição (art. 897, "a", CLT) e não por recurso ordinário.

Na verdade, as hipóteses de aplicação acima decorrem da obrigatoriedade legal de remessa necessária como condição para a formação da coisa julgada contra a Fazenda Pública.

É por isso que, no processo civil, prevalece o entendimento de que as decisões parciais de mérito também devem se submeter ao reexame necessário, uma vez que tais decisões são proferidas mediante cognição exauriente e têm aptidão para a formação da coisa julgada material.[6]

No processo do trabalho, deve ser seguido o mesmo raciocínio. Inclusive, o TST reconhece a aplicabilidade das decisões parciais de mérito aos processos trabalhistas, conforme art. 5º da IN 39/2016[7], sendo cabível recurso ordinário de imediato contra tais decisões.

Embora ainda sejam incomuns na prática trabalhista, as decisões parciais de mérito proferidas no processo do trabalho devem se submeter ao reexame necessário, haja vista o entendimento do TST no sentido do cabimento do recurso ordinário de imediato contra aquelas decisões.

Por outro lado, é evidente a inaplicabilidade da remessa necessária em face de decisões proferidas em procedimentos de precatório, tendo em vista a natureza administrativa da atividade do presidente do tribunal no precatório (Súmula 311 do STJ[8]; Súmula 733 do STF[9]).

Nesse sentido reconhece a OJ nº 8 do Pleno do TST, nos termos seguintes:

> 8. PRECATÓRIO. MATÉRIA ADMINISTRATIVA. REMESSA NECESSÁRIA. NÃO CABIMENTO (DJ 25.04.2007)
>
> Em sede de precatório, por se tratar de decisão de natureza administrativa, não se aplica o disposto no art. 1º, V, do Decreto-Lei nº 779, de 21.08.1969, em que se determina a remessa necessária em caso de decisão judicial desfavorável a ente público.

---

6 Nesse sentido: CUNHA, Leonardo Carneiro da. *A fazenda pública em juízo.* 16 ed. Rio de Janeiro: Forense, 2019, p. 196. RODRIGUES, Marco Antonio. *A fazenda pública no processo civil.* 2 ed. São Paulo: Atlas, 2016, p. 93. Enunciado 17 do Fórum Nacional do Poder Público: "A decisão parcial de mérito proferida contra a Fazenda Pública está sujeita ao regime da remessa necessária".

7 Art. 5° Aplicam-se ao Processo do Trabalho as normas do art. 356, §§ 1º a 4º, do CPC que regem o julgamento antecipado parcial do mérito, cabendo recurso ordinário de imediato da sentença.

8 Súmula 311/STJ. Os atos do presidente do tribunal que disponham sobre processamento e pagamento de precatório não têm caráter jurisdicional.

9 Súmula 733/STF. Não cabe recurso extraordinário contra decisão proferida no processamento de precatórios.

Outra questão a ser pontuada sobre a remessa necessária no processo do trabalho refere-se à impossibilidade de agravamento da condenação em face da Fazenda Pública. Apesar de não possuir natureza recursal (segundo o entendimento majoritário), a remessa necessária tem por finalidade a proteção do interesse da Fazenda Pública, através do reexame da causa a fim de evitar condenações indevidas em prejuízo do interesse público.

Assim, considerando tal finalidade do reexame necessário, não pode haver prejuízo para a Fazenda Pública em seu julgamento, conforme Súmula 45 do STJ: "No reexame necessário, é defeso, ao Tribunal, agravar a condenação imposta à Fazenda Pública".

Esse entendimento também se aplica no processo do trabalho, de modo que não pode haver *reformatio in pejus* em reexame necessário.[10]

3. HIPÓTESES DE DISPENSA DA REMESSA NECESSÁRIA

Diante da aplicação subsidiária do regime jurídico do CPC, as hipóteses de dispensa da remessa necessária previstas no art. 496, §§ 3º e 4º, do CPC são aplicáveis ao processo do trabalho, com as devidas adaptações.

Assim, há dispensa do reexame necessário de acordo com o valor da condenação ou do direito controvertido, não havendo a remessa obrigatória quando a condenação for inferior aos seguintes valores: (i) 1.000 (mil) salários-mínimos para a União e as respectivas autarquias e fundações de direito público (art. 496, § 3º, I, CPC); (ii) 500 (quinhentos) salários-mínimos para os Estados, o Distrito Federal, as respectivas autarquias e fundações de direito público e os Municípios que constituam capitais dos Estados (art. 496, § 3º, II, CPC); (iii) 100 (cem) salários-mínimos para todos os demais Municípios e respectivas autarquias e fundações de direito público (art. 496, § 3º, II, CPC).

Nesse sentido reconhece a Súmula 303, I, do TST, nos termos seguintes:

> Súmula 303, item I, TST. Em dissídio individual, está sujeita ao reexame necessário, mesmo na vigência da Constituição Federal de 1988, decisão contrária à Fazenda Pública, salvo quando a condenação não ultrapassar o valor correspondente a: a) 1.000 (mil) salários mínimos para a União e as respectivas autarquias e fundações de direito público; b) 500 (quinhentos)

10 Nesse sentido: ARANTES, Delaíde Alves Miranda; LEMOS, Maria Cecilia de Almeida Monteiro. A remessa necessária no processo do trabalho à luz do Novo Código de Processo Civil. *Revista do Tribunal Regional do Trabalho da 3ª Região.* Belo Horizonte, v. 62, n. 93, jan./jun. 2016, p. 126. Em sentido contrário: SCHIAVI, Mauro. *Manual de direito processual do trabalho.* 10. ed. São Paulo: LTr, 2016, p. 859.

salários mínimos para os Estados, o Distrito Federal, as respectivas autarquias e fundações de direito público e os Municípios que constituam capitais dos Estados; c) 100 (cem) salários mínimos para todos os demais Municípios e respectivas autarquias e fundações de direito público.

Além da dispensa em razão do valor, a remessa necessária também fica dispensada quando a decisão estiver em conformidade com entendimentos jurisprudenciais ou administrativos elencados no § 4º do art. 496 do CPC.

Tal disposição legal estabelece diversas hipóteses de dispensa do reexame necessário, nos termos seguintes:

> Art. 496, **§ 4º**. Também não se aplica o disposto neste artigo quando a sentença estiver fundada em:
>
> I - súmula de tribunal superior;
>
> II - acórdão proferido pelo Supremo Tribunal Federal ou pelo Superior Tribunal de Justiça em julgamento de recursos repetitivos;
>
> III - entendimento firmado em incidente de resolução de demandas repetitivas ou de assunção de competência;
>
> IV - entendimento coincidente com orientação vinculante firmada no âmbito administrativo do próprio ente público, consolidada em manifestação, parecer ou súmula administrativa.

O TST reconhece a aplicabilidade das hipóteses de dispensa do reexame necessário previstas acima, com as devidas adaptações ao processo do trabalho, conforme disposto na Súmula 303, II:

> Súmula 303, item II, TST. Também não se sujeita ao duplo grau de jurisdição a decisão fundada em:
>
> a) súmula ou orientação jurisprudencial do Tribunal Superior do Trabalho;
>
> b) acórdão proferido pelo Supremo Tribunal Federal ou pelo Tribunal Superior do Trabalho em julgamento de recursos repetitivos;
>
> c) entendimento firmado em incidente de resolução de demandas repetitivas ou de assunção de competência;
>
> d) entendimento coincidente com orientação vinculante firmada no âmbito administrativo do próprio ente público, consolidada em manifestação, parecer ou súmula administrativa.

Portanto, de acordo o entendimento sumulado do TST, fica dispensado o reexame necessário quando a decisão estiver fundada em: (i) súmula ou OJ do TST; (ii) acórdão do STF ou TST em julgamento de recursos repetitivos; (iii) entendimento firmado em IRDR ou IAC; e (iv) entendimento administrativo do ente público.

4. REMESSA NECESSÁRIA E SENTENÇA ILÍQUIDA

Interessante questão refere-se à aplicabilidade da dispensa da remessa necessária em razão do valor (art. 496, § 3º, CPC) às decisões ilíquidas, ou seja, aquelas que não têm valor certo e determinado.

No processo civil, prevalece o entendimento de que, tratando-se de sentença ilíquida, não se aplica a dispensa do reexame necessário em razão do valor da condenação, conforme Súmula 490 do STJ: "A dispensa de reexame necessário, quando o valor da condenação ou do direito controvertido for inferior a sessenta salários mínimos, não se aplica a sentenças ilíquidas".

Tal entendimento sumulado está em consonância com o § 3º do art. 496 do CPC, que prevê a dispensa do reexame necessário em razão do valor quando a condenação ou o proveito econômico obtido na causa for de "valor certo e líquido" inferior aos limites nele previstos.

Portanto, o art. 496, § 3º, do CPC exige expressamente que a sentença seja líquida ("valor certo e líquido") para que seja possível a dispensa do reexame necessário em razão do valor da condenação ou do direito controvertido.

Contudo, de acordo com o entendimento do TST, a questão apresenta diferente solução no processo do trabalho.

Isso porque, no âmbito trabalhista, as sentenças ilíquidas apresentam um arbitramento da condenação, mediante fixação do chamado "valor provisório da condenação", como determina o art. 789, § 2º, da CLT: "Não sendo líquida a condenação, o juízo arbitrar-lhe-á o valor e fixará o montante das custas processuais".

Nesses casos, embora ilíquida, a sentença não se submete ao reexame necessário quando o valor provisoriamente arbitrado for inferior aos valores previstos no art. 496, § 3º, do CPC e no item I da Súmula 303 do TST, conforme entendimento do TST exemplificado pelos julgados abaixo:

> RECURSO DE REVISTA. RECLAMANTE. REEXAME NECESSÁRIO. A jurisprudência desta Corte Superior firmou entendimento no sentido de que a sentença ilíquida não se sujeita ao reexame necessário quando o valor arbitrado a condenação pelo juízo de primeiro grau for inferior a sessenta salários mínimos. Sendo esta a hipótese dos autos verifica-se a violação do art. 475, I, do CPC. Recurso de revista de que se conhece e a que se dá provimento. (ARR - 896-47.2012.5.01.0203, Relatora Desembargadora Convocada: Cilene Ferreira Amaro Santos, Data de Julgamento: 08/06/2016, 4ª Turma, Data de Publicação: DEJT 10/06/2016)
>
> REMESSA EX OFFICIO. INEXIGIBILIDADE. SENTENÇA ILÍQUIDA. VALOR DA CONDENAÇÃO INFERIOR A 60 SALÁRIOS MÍNIMOS. LIQUIDAÇÃO POSTERIOR. APURAÇÃO DE VALOR SUPERIOR. IRRE-

> LEVÂNCIA. SÚMULA 303, I, "A" DO TST. 1. A jurisprudência desta Corte orienta-se no sentido de que não está sujeita à remessa ex officio a sentença ilíquida quando o valor da condenação arbitrado pelo julgador de origem for inferior a 60 salários mínimos, ainda que na liquidação posterior seja apurado valor que ultrapasse aquele limite. 2. O parâmetro da admissibilidade ou não do recurso de ofício é o valor arbitrado na sentença. 3. Na hipótese dos autos, registrou o Tribunal Regional que se arbitrou na sentença a condenação em R$ 10.000,00 (dez mil reais), valor inferior a 60 salários mínimos. Imperioso concluir que a decisão que não conheceu do reexame necessário está em consonância com o disposto na Súmula n.º 303, I, "a", do TST. 4. Recurso de Revista não conhecido.
>
> (RR - 247000-25.2007.5.09.0411, Relator Desembargador Convocado: Marcelo Lamego Pertence, Data de Julgamento: 15/06/2016, 1ª Turma, Data de Publicação: DEJT 17/06/2016)
>
> I - AGRAVO DE INSTRUMENTO. RECURSO DE REVISTA. RECLAMANTE. REEXAME NECESSÁRIO. O Tribunal Regional concluiu pelo reexame necessário, conhecendo de tema não alegado pelo ente público no recurso ordinário voluntário, sob o fundamento de que a sentença era ilíquida. O juízo de primeiro grau arbitrou o valor da condenação em R$ 10.000,00, (fl. 183). Demonstrada possível violação do art. 475, I, § 2º, do CPC/1973. Agravo de instrumento de que se conhece e a que se dá provimento, para determinar o processamento do recurso de revista, observando-se o disposto na Resolução Administrativa nº 928/2003. II - RECURSO DE REVISTA. RECLAMANTE. REEXAME NECESSÁRIO. A jurisprudência desta Corte Superior firmou entendimento no sentido de que a sentença ilíquida não se sujeita ao reexame necessário quando o valor arbitrado a condenação pelo juízo de primeiro grau for inferior a sessenta salários mínimos. Sendo esta a hipótese dos autos verifica-se a violação do art. 475, I, do CPC. Recurso de revista de que se conhece e a que se dá provimento.
>
> (ARR - 896-47.2012.5.01.0203, Relatora Desembargadora Convocada: Cilene Ferreira Amaro Santos, Data de Julgamento: 08/06/2016, 4ª Turma, Data de Publicação: DEJT 10/06/2016)

Esse entendimento, porém, merece críticas. O arbitramento previsto no art. 789, § 2º, da CLT tem por objetivo a fixação do valor das custas processuais, correspondentes a 2% sobre aquele valor arbitrado da condenação (art. 789, I, CLT). Tal arbitramento, contudo, não afasta a regra específica para dispensa do reexame necessário prevista no art. 496, § 3º, CPC, que expressamente exige "valor certo e líquido" e, por isso, impede a dispensa da remessa necessária nas decisões ilíquidas.

O entendimento do TST, então, é incoerente ao aplicar a dispensa pelo valor prevista no art. 496, § 3º, do CPC e, concomitantemente, desprezar a exigência imposta nesse mesmo dispositivo legal quanto ao "valor certo e líquido".

Apesar de criticável, prevalece tal entendimento do TST, de modo que, no processo do trabalho, adota-se o valor provisório da condenação, arbitrado na sentença (art. 789, § 2º, CLT), como parâmetro para dispensa do reexame necessário em razão do valor.

Portanto, mesmo as sentenças ilíquidas ficam dispensadas do reexame necessário nas hipóteses em que o valor provisoriamente arbitrado da condenação for inferior aos limites legais do art. 496, § 3º, do CPC.

5. RECURSO DE REVISTA EM REMESSA NECESSÁRIA

Questiona-se sobre a possibilidade de interposição de recurso de revista contra acórdão proferido em remessa necessária, na hipótese em que o ente público tenha deixado de apresentar recurso ordinário.

No âmbito do processo civil, prevalece no STJ[11] o entendimento no sentido do cabimento do recurso especial contra acórdão proferido em remessa necessária, sem apelação do ente público, compreendendo-se que a falta de anterior apelação não opera efeito preclusivo.

No processo do trabalho, porém, prevalece entendimento diverso, conforme OJ 334 da SDI-I do TST: "Incabível recurso de revista de ente público, que não interpôs recurso ordinário voluntário da decisão de primeira instância, ressalvada a hipótese de ter sido agravada, na segunda instância, a condenação imposta".

Tal entendimento do TST baseia-se no argumento de que, não havendo interposição de recurso ordinário pelo ente público, haveria aceitação tácita da decisão de primeiro grau e a consequente preclusão lógica do direito de recorrer.

Esse raciocínio, porém, sofre merecidas críticas da doutrina. Conforme lição de Leonardo Carneiro da Cunha[12], a ausência de recurso configura um ato-fato processual, em que a vontade do sujeito não tem relevância jurídica. Logo, não há ato incompatível com a posterior interposição de recurso especial (ou de revista), ou seja, inexistem vontades ou condutas contraditórias, razão pela qual não se pode falar em preclusão lógica.

Apesar da procedente crítica, prevalece o entendimento consolidado da OJ 334 da SDI-I do TST, segundo a qual não cabe recurso de revista do ente público contra decisão proferida em remessa necessária, quando não tenha sido interposto o anterior recurso ordinário pela Fazenda Pública.

---

11 REsp 905.771/CE, Rel. Ministro Teori Albino Zavaski, Corte Especial, julgado em 29/06/2010, DJe 19/08/2010.

12 CUNHA, Leonardo Carneiro da. *A fazenda pública em juízo.* 16. ed. Rio de Janeiro: Forense, 2019, p. 214-215.

Nesse aspecto, importa destacar a parte final do enunciado, que prevê a possibilidade de interposição de recurso de revista quando houver agravamento da condenação.

6. COMPILAÇÃO JURISPRUDENCIAL

6.1 Súmula e orientações jurisprudenciais do TST

Súmula 303, TST. FAZENDA PÚBLICA. REEXAME NECESSÁRIO (nova redação em decorrência do CPC de 2015) - Res. 211/2016, DEJT divulgado em 24, 25 e 26.08.2016

I – Em dissídio individual, está sujeita ao reexame necessário, mesmo na vigência da Constituição Federal de 1988, decisão contrária à Fazenda Pública, salvo quando a condenação não ultrapassar o valor correspondente a: a) 1.000 (mil) salários mínimos para a União e as respectivas autarquias e fundações de direito público; b) 500 (quinhentos) salários mínimos para os Estados, o Distrito Federal, as respectivas autarquias e fundações de direito público e os Municípios que constituam capitais dos Estados; c) 100 (cem) salários mínimos para todos os demais Municípios e respectivas autarquias e fundações de direito público.

II – Também não se sujeita ao duplo grau de jurisdição a decisão fundada em:

a) súmula ou orientação jurisprudencial do Tribunal Superior do Trabalho;

b) acórdão proferido pelo Supremo Tribunal Federal ou pelo Tribunal Superior do Trabalho em julgamento de recursos repetitivos;

c) entendimento firmado em incidente de resolução de demandas repetitivas ou de assunção de competência;

d) entendimento coincidente com orientação vinculante firmada no âmbito administrativo do próprio ente público, consolidada em manifestação, parecer ou súmula administrativa.

III – Em ação rescisória, a decisão proferida pelo Tribunal Regional do Trabalho está sujeita ao duplo grau de jurisdição obrigatório quando desfavorável ao ente público, exceto nas hipóteses dos incisos anteriores.

IV – Em mandado de segurança, somente cabe reexame necessário se, na relação processual, figurar pessoa jurídica de direito público como parte prejudicada pela concessão da ordem. Tal situação não ocorre na hipótese de figurar no feito como impetrante e terceiro interessado pessoa de direito privado, ressalvada a hipótese de matéria administrativa.

Orientação Jurisprudencial nº 21, SDI-II do TST.

É incabível ação rescisória para a desconstituição de sentença não transitada em julgado porque ainda não submetida ao necessário duplo grau de jurisdição, na forma do Decreto-lei 779/1969. Determina-se que se oficie ao Presidente do TRT para que proceda à avocatória do processo principal para o reexame da sentença rescindenda.

Orientação Jurisprudencial nº 8, Pleno do TST. PRECATÓRIO. MATÉRIA ADMINISTRATIVA. REMESSA NECESSÁRIA. NÃO CABIMENTO (DJ 25.04.2007)

Em sede de precatório, por se tratar de decisão de natureza administrativa, não se aplica o disposto no art. 1º, V, do Decreto-Lei nº 779, de 21.08.1969, em que se determina a remessa necessária em caso de decisão judicial desfavorável a ente público.

6.2 Julgados do TST

RECURSO DE REVISTA. RECLAMANTE. REEXAME NECESSÁRIO. A jurisprudência desta Corte Superior firmou entendimento no sentido de que a sentença ilíquida não se sujeita ao reexame necessário quando o valor arbitrado a condenação pelo juízo de primeiro grau for inferior a sessenta salários mínimos. Sendo esta a hipótese dos autos verifica-se a violação do art. 475, I, do CPC. Recurso de revista de que se conhece e a que se dá provimento.

(ARR - 896-47.2012.5.01.0203, Relatora Desembargadora Convocada: Cilene Ferreira Amaro Santos, Data de Julgamento: 08/06/2016, 4ª Turma, Data de Publicação: DEJT 10/06/2016)

REMESSA EX OFFICIO. INEXIGIBILIDADE. SENTENÇA ILÍQUIDA. VALOR DA CONDENAÇÃO INFERIOR A 60 SALÁRIOS MÍNIMOS. LIQUIDAÇÃO POSTERIOR. APURAÇÃO DE VALOR SUPERIOR. IRRELEVÂNCIA. SÚMULA 303, I, "A" DO TST. 1. A jurisprudência desta Corte orienta-se no sentido de que não está sujeita à remessa ex officio a sentença ilíquida quando o valor da condenação arbitrado pelo julgador de origem for inferior a 60 salários mínimos, ainda que na liquidação posterior seja apurado valor que ultrapasse aquele limite. 2. O parâmetro da admissibilidade ou não do recurso de ofício é o valor arbitrado na sentença. 3. Na hipótese dos autos, registrou o Tribunal Regional que se arbitrou na sentença a condenação em R$ 10.000,00 (dez mil reais), valor inferior a 60 salários mínimos. Imperioso concluir que a decisão que não conheceu do reexame necessário está em consonância com o disposto na Súmula n.º 303, I, "a", do TST. 4. Recurso de Revista não conhecido.

(RR - 247000-25.2007.5.09.0411, Relator Desembargador Convocado: Marcelo Lamego Pertence, Data de Julgamento: 15/06/2016, 1ª Turma, Data de Publicação: DEJT 17/06/2016)

AGRAVO DE INSTRUMENTO. RECURSO DE REVISTA. RECLAMANTE. REEXAME NECESSÁRIO. O Tribunal Regional concluiu pelo reexame necessário, conhecendo de tema não alegado pelo ente público no recurso ordinário voluntário, sob o fundamento de que a sentença era ilíquida. O juízo de primeiro grau arbitrou o valor da condenação em R$ 10.000,00, (fl. 183). Demonstrada possível violação do art. 475, I, § 2º, do CPC/1973. Agravo de instrumento de que se conhece e a que se dá provimento, para determinar o processamento do recurso de revista, observando-se o disposto na Resolução Administrativa nº 928/2003. II - RECURSO DE REVISTA. RECLAMANTE. REEXAME NECESSÁRIO. A jurisprudência desta Corte Superior firmou entendimento no sentido de que a sentença ilíquida não se sujeita ao reexame necessário quando o valor arbitrado a condenação pelo juízo de primeiro grau for inferior a sessenta salários mínimos. Sendo esta a hipótese dos autos verifica-se a violação do art. 475, I, do CPC. Recurso de revista de que se conhece e a que se dá provimento.

(ARR - 896-47.2012.5.01.0203, Relatora Desembargadora Convocada: Cilene Ferreira Amaro Santos, Data de Julgamento: 08/06/2016, 4ª Turma, Data de Publicação: DEJT 10/06/2016)

7. QUESTÕES

1. (VUNESP - Prefeitura de Sorocaba/SP - Procurador de Município - 2018) Considere o caso hipotético a seguir.

O Município ajuizou uma ação de execução fiscal, no valor de R$ 95.400,00 (equivalente a 100 salários-mínimos). O devedor/executado ajuizou embargos à execução, que foram julgados procedentes. O fundamento da decisão que acolheu os embargos foi o entendimento de que teria ocorrido a prescrição da pretensão executória, visto que o processo ficou mais de sete anos parado após sua suspensão em razão da não localização de bens penhoráveis, com base na Súmula nº 314 do STJ ("Em execução fiscal, não localizados bens penhoráveis, suspende-se o processo por um ano, findo o qual se inicia o prazo da prescrição quinquenal intercorrente.").

Considerando que os fatos que serviram de fundamento à sentença são verdadeiros e incontroversos, é correto afirmar que, no caso relatado,

a) não é aplicável a remessa necessária, tendo em vista o valor da causa, bem como em razão de a decisão estar fundada em súmula do STJ.

b) é cabível a remessa necessária para toda causa de valor superior a 200 salários-mínimos; o simples fato de a decisão estar fundada em súmula do STJ não seria óbice à remessa necessária.

c) é cabível a remessa para toda causa de valor superior a 50 salários-mínimos; entretanto, no presente caso não será possível em razão de a decisão estar fundada em súmula do STJ.

d) apesar de o valor da causa, em tese, permitir a remessa necessária, no presente caso esta não seria aplicável, em razão de a decisão estar fundada em súmula do STJ.

e) é cabível a remessa para toda causa de valor superior a 500 salários-mínimos; somente se a decisão estivesse fundada em súmula vinculante, não seria aplicável a remessa necessária.

2. (CONSUPLAN - TJ/MG - Juiz de Direito - 2018) O município de Belo Horizonte foi condenado no pagamento de indenização, no valor de R$ 2.000,00 claramente contra a prova dos autos e, na sentença, o Juiz determinou a remessa necessária. O Tribunal, de forma correta,

a) não conhecerá da remessa necessária.

b) conhecerá da remessa necessária e reformará a sentença.

c) conhecerá da remessa necessária e confirmará a sentença.

d) determinará o retorno dos autos para o primeiro grau de jurisdição a fim de ser exercido o juízo de retratação.

3. (FEPESE - CELESC - Advogado - 2018) Está sujeita ao duplo grau de jurisdição a sentença:

1. proferida contra a União, os Estados, o Distrito Federal e os Municípios.

2. proferida contra a autarquia e as fundações.

3. que julgar procedentes, no todo ou em parte, os embargos à execução fiscal. 4. proferida contra empresas públicas.

Assinale a alternativa que indica todas as afirmativas **corretas**.

4. (VUNESP - Câmara de Cotia/SP - Procurador Legislativo - 2017) Está sujeita ao duplo grau de jurisdição, não produzindo efeito senão depois de confirmada pelo tribunal:

a) decisão que concede a antecipação da tutela proferida contra a União, os Estados, o Distrito Federal, os Municípios e as respectivas autarquias e fundações de direito público.

b) sentença que julgar procedentes, no todo ou em parte, os embargos à execução de instituições financeiras de natureza jurídica de empresa pública.

c) sentença proferida contra a União, os Estados, o Distrito Federal, os Municípios e as respectivas autarquias e fundações de direito público, quando não for possível precisar, desde logo, o valor da condenação.

d) sentença cujo valor da condenação, do proveito, do benefício ou da vantagem econômica em discussão for de valor certo e líquido inferior a 100 (cem) salários-mínimos para todos os municípios e respectivas autarquias e fundações de direito público.

e) sentença, ainda que fundada em entendimento coincidente com orientação vinculante firmada no âmbito administrativo do próprio ente público, consolidada em manifestação, parecer ou súmula administrativa.

5. (FCC - SEGEP/MA - Procurador do Estado - 2016) NÃO está sujeita à remessa necessária a sentença proferida contra o Estado

a) quando a condenação ou o proveito econômico obtido na causa for de valor certo e líquido inferior a mil salários mínimos.

b) se também não houver apelação do vencido.

c) se ele for revel.

d) fundada em entendimento coincidente com orientação vinculante firmada no âmbito administrativo do próprio ente público, consolidada em manifestação, parecer ou súmula administrativa.

e) que julgar parcialmente procedentes os embargos à execução fiscal, qualquer que seja o valor da dívida.

Gabarito: 1. D; 2. A; 3. A; 4. C; 5. D

Capítulo 19

EXECUÇÃO NO PROCESSO DO TRABALHO E A FAZENDA PÚBLICA

WOLNEY DE MACEDO CORDEIRO[1]

1. INTRODUÇÃO

A formatação da competência da Justiça do Trabalho conduz o foco do direito processual do trabalho preponderantemente para as relações privadas. Nesse diapasão, a atuação da Fazenda Pública no juízo laboral apresenta-se rarefeita e episódica. Por tal motivo, não se encontra no âmbito da execução trabalhista uma sistematização mais concreta acerca dos procedimentos judiciais envolvendo o poder público.

Esse quadro se justifica pelo fato de a atuação da Justiça do Trabalho nas ações envolvendo o poder público afigurar-se cada vez mais escassa, em face da interpretação jurisprudencial promovida pelo STF, no julgamento da ADI 3.395:

1 Desembargador do Trabalho do TRT da 13ª Região. Mestre e Doutor em Direito. Professor Titular do UNIPÊ-Centro Universitário de João Pessoa e ESMAT-Escola Superior da Magistratura Trabalhista da 13ª Região. Presidente do TRT da 13ª Região no biênio 2019-2021. Autor de diversas obras e artigos jurídicos.

> Ementa: CONSTITUCIONAL E TRABALHO. COMPETÊNCIA DA JUSTIÇA DO TRABALHO. ART.114, I, DA CONSTITUIÇÃO FEDERAL. EMENDA CONSTITUCIONAL 45/2004. AUSÊNCIA DE INCONSTITUCIONALIDADE FORMAL. EXPRESSÃO "RELAÇÃO DE TRABALHO". INTERPRETAÇÃO CONFORME À CONSTITUIÇÃO. EXCLUSÃO DAS AÇÕES ENTRE O PODER PÚBLICO E SEUS SERVIDORES. PRECEDENTES. MEDIDA CAUTELAR CONFIRMADA. AÇÃO DIRETA JULGADA PARCIALMENTE PROCEDENTE. 1. O processo legislativo para edição da Emenda Constitucional 45/2004, que deu nova redação ao inciso I do art. 114 da Constituição Federal, é, do ponto de vista formal, constitucionalmente hígido. 2. A interpretação adequadamente constitucional da expressão "relação do trabalho" deve excluir os vínculos de natureza jurídico-estatutária, em razão do que a competência da Justiça do Trabalho não alcança as ações judiciais entre o Poder Público e seus servidores. 3. Medida Cautelar confirmada e Ação Direta julgada parcialmente procedente.
>
> (ADI 3395, Relator(a): ALEXANDRE DE MORAES, Tribunal Pleno, julgado em 15/04/2020, PROCESSO ELETRÔNICO DJe-165 DIVULG 30-06-2020 PUBLIC 01-07-2020)

A ausência de uma competência direcionada aos litígios envolvendo servidores públicos reduz drasticamente a possibilidade concreta de procedimentos executórios envolvendo a Fazenda Pública. Essa constatação, por outro lado, não elimina a possibilidade de algumas situações na quais é necessário o direcionamento da execução de obrigação de pagar quantia certa contra a Fazenda Pública, como por exemplo, o reconhecimento da responsabilidade subsidiária da administração pública pelas obrigações decorrentes do contrato de terceirização, nos termos da Súmula n.º 331, V e VI e TST, *verbis*:

> V - Os entes integrantes da Administração Pública direta e indireta respondem subsidiariamente, nas mesmas condições do item IV, caso evidenciada a sua conduta culposa no cumprimento das obrigações da Lei n.º 8.666, de 21.06.1993, especialmente na fiscalização do cumprimento das obrigações contratuais e legais da prestadora de serviço como empregadora. A aludida responsabilidade não decorre de mero inadimplemento das obrigações trabalhistas assumidas pela empresa regularmente contratada.
>
> VI - A responsabilidade subsidiária do tomador de serviços abrange todas as verbas decorrentes da condenação referentes ao período da prestação laboral.

Além do mais, o inciso VII do art. 114 da Constituição Federal abre a possibilidade de a Fazenda Pública executar, perante a Justiça do Trabalho as multas aplicadas pela fiscalização das condições laborais. Ou seja, também tomando por base um espectro extremamente reduzido, identifica-se no escopo do direito processual do trabalho a possibilidade da execução fiscal.

O presente trabalho enfocará a atuação executória da Fazenda Pública por intermédio de duas óticas diversas: a execução movida em face da Fazenda Pública e a execução movida pelo ente público, consubstanciada na **execução fiscal** de competência da Justiça do Trabalho.

2. PROCEDIMENTO DAS EXECUÇÕES EM FACE DA FAZENDA PÚBLICA NO ÂMBITO DO DIREITO PROCESSUAL DO TRABALHO

Conforme registrado na parte introdutória, não existe uma atuação abrangente da Justiça do Trabalho quanto às execuções em face da Fazenda Pública. Essa condição gera a escassez de um normativo explícito acerca de execuções desse tipo, conduzindo à aplicação subsidiária (CLT, art. 769) e supletiva (CPC, art. 15) da norma processual civil.

Neste tópico, procederemos à análise das execuções contra a Fazenda Pública fundadas em títulos judicial e extrajudicial.

2.1 Execução em face da fazenda pública fundada em título executivo judicial

Não existe um procedimento próprio e específico da execução em face da Fazenda Pública no processo laboral. No entanto, a execução só poderá ter início quando o título executivo judicial se encontrar **líquido e certo**, após o procedimento previsto na CLT, art. 879. Até a liquidação do julgado, não se reconhece à Fazenda Pública nenhuma garantia adicional além daquelas presentes no trâmite da fase de conhecimento.

A partir do momento em que o título executivo cumpre os requisitos de liquidez e certeza, desencadeia-se a fase executória, que passa a ser regulada pelo direito processual civil, conforme alerta de Mauro Schiavi:

> Na Justiça do Trabalho, em se tratando de título executivo judicial, o processo em face da Fazenda Pública se processa pelo regime da Consolidação das Leis do Trabalho até a fixação do valor devido, aplicando-se o procedimento do art. 879 da CLT. Uma vez homologados os cálculos, seguirá a execução pelo rito especial, aplicando-se, no que couber, o art. 534 do CPC e o art. 535 do CPC. (2019, p. 591)

Nessas e em outras situações, deve ser processada a execução contra a Fazenda Pública, nos termos do CPC, arts. 534 e 535, tendo em vista a inexistência de qualquer regramento sobre o tema na norma processual trabalhista, *verbis*:

> Art. 534. No cumprimento de sentença que impuser à Fazenda Pública o dever de pagar quantia certa, o exequente apresentará demonstrativo discriminado e atualizado do crédito contendo: I – o nome completo e o número de inscrição no Cadastro de Pessoas Físicas ou no Cadastro Nacional da Pessoa Jurídica do

exequente; II – o índice de correção monetária adotado; III – os juros aplicados e as respectivas taxas; IV – o termo inicial e o termo final dos juros e da correção monetária utilizados; V – a periodicidade da capitalização dos juros, se for o caso; VI – a especificação dos eventuais descontos obrigatórios realizados. § 1º Havendo pluralidade de exequentes, cada um deverá apresentar o seu próprio demonstrativo, aplicando-se à hipótese, se for o caso, o disposto nos §§ 1º e 2º do art. 113. § 2º A multa prevista no § 1º do art. 523 não se aplica à Fazenda Pública. Art. 535. A Fazenda Pública será intimada na pessoa de seu representante judicial, por carga, remessa ou meio eletrônico, para, querendo, no prazo de 30 (trinta) dias e nos próprios autos, impugnar a execução, podendo arguir: I – falta ou nulidade da citação se, na fase de conhecimento, o processo correu à revelia; II – ilegitimidade de parte; III – inexequibilidade do título ou inexigibilidade da obrigação; IV – excesso de execução ou cumulação indevida de execuções; V – incompetência absoluta ou relativa do juízo da execução; VI – qualquer causa modificativa ou extintiva da obrigação, como pagamento, novação, compensação, transação ou prescrição, desde que supervenientes ao trânsito em julgado da sentença. § 1º A alegação de impedimento ou suspeição observará o disposto nos arts. 146 e 148. § 2º Quando se alegar que o exequente, em excesso de execução, pleiteia quantia superior à resultante do título, cumprirá à executada declarar de imediato o valor que entende correto, sob pena de não conhecimento da arguição. § 3º Não impugnada a execução ou rejeitadas as arguições da executada: I – expedir-se-á, por intermédio do presidente do tribunal competente, precatório em favor do exequente, observando-se o disposto na Constituição Federal; II – por ordem do juiz, dirigida à autoridade na pessoa de quem o ente público foi citado para o processo, o pagamento de obrigação de pequeno valor será realizado no prazo de 2 (dois) meses contado da entrega da requisição, mediante depósito na agência de banco oficial mais próxima da residência do exequente. § 4º Tratando-se de impugnação parcial, a parte não questionada pela executada será, desde logo, objeto de cumprimento. § 5º Para efeito do disposto no inciso III do caput deste artigo, considera-se também inexigível a obrigação reconhecida em título executivo judicial fundado em lei ou ato normativo considerado inconstitucional pelo Supremo Tribunal Federal, ou fundado em aplicação ou interpretação da lei ou do ato normativo tido pelo Supremo Tribunal Federal como incompatível com a Constituição Federal, em controle de constitucionalidade concentrado ou difuso. § 6º No caso do § 5º, os efeitos da decisão do Supremo Tribunal Federal poderão ser modulados no tempo, de modo a favorecer a segurança jurídica. § 7º A decisão do Supremo Tribunal Federal referida no § 5º deve ter sido proferida antes do trânsito em julgado da decisão exequenda. § 8º Se a decisão referida no § 5º for proferida após o trânsito em julgado da decisão exequenda, caberá ação rescisória, cujo prazo será contado do trânsito em julgado da decisão proferida pelo Supremo Tribunal Federal."

O processamento da execução em face da fazenda pública leva em consideração o fato de os bens públicos serem impenhoráveis. Elimina-se do judiciário a principal ferramenta de promoção da execução de natureza sub-rogatória. Na realidade, a construção do rito procedimental próprio da Fazenda Pública não consiste uma verdadeira garantia assegurada ao ente público, mas sim uma adequação procedimental em face da impossibilidade de serem penhorados bens públicos

O rito preconizado pelo CPC, arts. 534 e 535 difere substancialmente daquele que estabelecido no Código anterior, nos seus arts. 731 e 732. Adotou a norma processual codificada vigente a perspectiva de unidade procedimental, com o estabelecimento da execução como mera **fase de cumprimento**. Extinguiu-se, assim, a necessidade da citação da fazenda pública, que deverá ser simplesmente ser intimada para apresenta a **impugnação** no prazo de trinta dias (CPC, art. 535, *caput*).

Para que essa intimação se aperfeiçoe, será necessária a apresentação, por parte do exequente, de "demonstrativo discriminado e atualizado do crédito", contendo os requisitos preconizados pelo CPC, art. 534, I-VI. Obviamente, o demonstrativo em questão só poderá ser confeccionado diante da liquidez do título executivo. A ausência da apresentação do mencionado documento impede a continuidade da execução.

2.1.1 Impugnação da fazenda pública – embargos à execução

A intimação dirigida à Fazenda Pública não se consubstancia em ordem de pagamento, **mas sim a oportunidade para a apresentação do meio de defesa do órgão público**. Daí porque não se aplica à execução em face da fazenda pública a multa prevista no CPC, art. 523, § 1º (art. 534, § 2º). Por se tratar de execução sem a prática de atos sub-rogatórios, o manejo da impugnação pelo devedor estatal não necessita de qualquer tipo de garantia ou caução para ser ajuizada e determinar a suspensão dos atos executivos.

Na impugnação, a fazenda pública poderá arguir todas as matérias preconizadas pelo CPC, art. 535 e seus incisos. No caso do direito processual do trabalho, a nomenclatura **impugnação** não é utilizada para descrever o meio de defesa do devedor na execução. A CLT, art. 884 mantém a terminologia **embargos à execução** para designar o meio pelo qual o devedor, inclusive a Fazenda Pública, exerce sua defesa perante a execução. Por tal razão, adotaremos, no presente trabalho, a terminologia de **embargos** para designar a forma de defesa da Fazenda Pública.

Façamos uma análise das hipóteses de cabimento da impugnação da Fazenda Pública.

2.1.1.1 Falta ou nulidade da citação se, na fase de conhecimento, o processo correu à revelia (cpc, art. 535, I)

A relação processual só se apresenta plenamente integralizada mediante a notificação do réu. Sem o chamamento do réu e a concessão de oportunidade, para que ele exerça de forma concreta o contraditório, não existe no mundo jurídico relação processual passível de gerar efeitos. A ausência ou grave defeito na notificação a ser endereçada ao réu, desde que tenha implicado a revelia (CLT, art. 844), gera um título judicial não apenas eivado de nulidade, mas sim inexistente, pois incapaz de ostentar sequer a aparência de validade. No âmbito trabalhista, o eminente processualista Manoel Antônio Teixeira Filho sistematizou a questão das sentenças inexistentes, conforme se vê do seguinte escólio:

> Julgamos ser necessário que a doutrina trabalhista se convença, de uma vez para sempre, que os conceitos de sentença nula e de sentença inexistente são absolutamente inconfundíveis e que tal dessemelhança justifica a diversidade dos meios adequados à invalidade e de outra e das competências jurisdicionais para decretar a nulidade ou declarar a inexistência. (1994, p. 364)

Havendo a formação defeituosa, derivada de problemas concretos na integralização da relação processual, é cabível o manejo dos embargos à execução.

Atente-se para o fato de que normalmente as matérias objeto dos embargos dizem respeito a problemas posteriores à formação do título executivo. É óbvio que não se admite a rediscussão das questões fáticas e jurídicas atinentes à própria estruturação da tutela de cognição, até por conta de vedação expressa do próprio texto da consolidação (art. 884, § 1º). Excepcionalmente, entretanto, os vícios ocorridos na fase de cognição podem contaminar de forma contundente o próprio título já formado, admitindo a sua correção por intermédio dos embargos. Nesse sentido, o vício de citação é:

> [...] matéria mais relevante que pode ser alegada em quaisquer embargos à execução de título executivo judicial; aliás, não só em embargos mas em qualquer demanda, até como alegação de defesa em qualquer processo; e, no processo de execução, em defesa intraprocessual (MALACHINI, 2001, p. 557).

Sendo o réu revel e caracterizada a ausência ou a nulidade da notificação, é possível o manejo dos embargos. Nesse caso, o eventual acolhimento da medida terá efeitos que transcenderão os limites da tutela de execução, alcançando diretamente os atos praticados na fase de tutela de cognição. Ou seja, acolhidos os embargos pelo fundamento do CPC, art. 535, I, serão nulificados todos os atos praticados desde a notificação Fazenda Pública, reiniciando-se todo o trâmite da ação trabalhista.

Nem todos os casos de ausência ou nulidade de citação, por outro lado, poderão ser objeto da impugnação. Quando o réu, embora revel, tenha sido regularmente intimado da sentença condenatória e não havendo qualquer vício em relação à referida intimação, precluirá o direito de manejar a matéria em sua impugnação. Deverá o réu apontar o defeito no ato citatório manejando o correspondente recurso em face daquela decisão condenatória, conforme se vê dos seguintes julgados:

> NULIDADE DA CITAÇÃO ARGÜIDA EM SEDE DE EMBARGOS À EXECUÇÃO. PRECLUSÃO. Em face da regra insculpida no art. 852, in fine, da CLT, pela qual o revel será intimado da sentença, a argüição de nulidade por falta de citação no processo de conhecimento deve ser efetuada por intermédio do recurso ordinário, restando preclusa quando feita em sede de embargos à execução. No caso, operou-se a preclusão temporal, ou seja, a perda da faculdade de praticar o ato processual (argüição de nulidade) por não ter sido praticado no prazo para tanto designado (recurso ordinário). A possibilidade da articulação da nulidade de citação no processo de conhecimento contemplada no art. 741, inc. I, do CPC restringe-se ao processo comum, no qual o revel não é intimado da sentença de fundo, intervindo no processo no estado em que se encontra (CPC, art. 322). Agravo de petição a que se nega provimento. (TRT 12ª R.; AP 0003078-55.2011.5.12.0002; Sexta Câmara; Rel. Juíza Lília Leonor Abreu; DOESC 15/08/2014).

> NULIDADE DA CITAÇÃO. ALEGAÇÃO EM SEDE DE EMBARGOS DO DEVEDOR. HIPÓTESE EM QUE É ADMISSÍVEL. **Caso o reclamado seja intimado da sentença de cognição, de forma válida, a eventual nulidade de citação para o processo de conhecimento deve ser alegada por meio de recurso ordinário, sob pena de preclusão.** Todavia, é admissível tal alegação em sede de embargos do devedor caso comprove que também não recebeu a intimação da sentença condenatória. (TRT 18ª R.; AP 00417-2005-002-18-00-0; Rel. Juiz Platon Teixeira de Azevedo Filho; Julg. 25/01/2006; DJEGO 14/02/2006) – (negrito nosso).

Em tais casos a arguição de nulidade pressupõe a impossibilidade de impugnação do tema na fase de conhecimento anterior ao desencadeamento da execução.

2.1.1.2 Ilegitimidade de parte (CPC, art. 535, II)

A ilegitimidade das partes também é matéria suscitável no âmbito dos embargos. Essa hipótese de cabimento não é novidade no âmbito de nossa processualística, tendo em vista que a redação original do art. 741 do antigo CPC já contemplava a possibilidade de ser discutida a *legitimidade* das partes em relação ao processo de execução. Obviamente não se trata da legitimação própria da cognição, tendo em vista que essa discussão se exaure quando da formação do respectivo título.

A legitimação que é alvo dos embargos é aquela típica da execução. É certo que no atual panorama jurídico, na qual a execução das sentenças não mais se aperfeiçoa por intermédio de uma ação autônoma, pode parecer de difícil compreensão a discussão da legitimidade. Poder-se-ia pensar que, sendo o cumprimento da sentença uma mera fase complementar da tutela de cognição, não haveria mais espaço para a discussão concernente à legitimidade. Essa conclusão, entretanto, não se apresenta defensável.

A atividade executiva continua a existir, no entanto alojada organicamente no mesmo procedimento que deu origem ao título judicial. A tutela de execução continua a ser manifestada no âmbito processual, sendo facilmente detectável em relação aos atos típicos de cognição. Ora, se a perda da autonomia da execução não significou a eliminação da própria tutela executiva, não é demais supor que, sendo esta instaurada, teremos a formação de uma nova relação processual que, em algumas situações não coincidirá explicitamente com aquela descrita nos limites da fase de cognição. Impugnará aquele apontado como executado apenas para obter sua exclusão do âmbito de incidência da tutela de execução. Conforme afirma Araken de Assis:

> É cabível ao executado alegar, via impugnação, ilegitimidade ativa ou passiva (art. 475-l, iv). Parece curioso, mas é exato: a parte ilegítima, passivamente na execução, todavia de legitima para impugnar e alegar a própria ilegitimidade e assim excluir da execução. (2006, p. 325)

Direcionada a tutela de execução contra Fazenda Pública quando ela não integra explicitamente do título executivo respectivo, a discussão da *legitimidade* quanto à responsabilidade pela obrigação exequenda será enfrentada no âmbito dos embargos à execução.

2.1.1.3 Inexequibilidade do título ou inexigibilidade da obrigação (CPC, art. 535, III; CLT, art. 884, § 5º)

O título, para que seja alvo da tutela de execução, deverá contemplar obrigação revestida do caráter da **exigibilidade**. Araken de Assis rebelava-se com a utilização do termo *inexigibilidade* (1998, p. 964), pois, na sua ótica, não exprimiria de forma correta o defeito do título executivo. Na lição jurista, não é correta a utilização dos termos pela legislação processual então vigente, tendo em vista que todas as hipóteses de *inexigibilidade* deságuam necessariamente nas condições de *exequibilidade* do título, termo mais adequado para nominar o vício processual. A questão, no entanto, não apresenta maiores repercussões de ordem prática, tendo em vista que não há qualquer discrepância doutrinária acerca da delimitação conceitual dessa hipótese de cabimento da impugnação.

O CPC, entretanto, rendeu-se aos argumentos doutrinários acerca da questão e alterou a hipótese de cabimento da impugnação para se referir à **inexequibilidade** do título ou **inexigibilidade** da obrigação (art. 535, III). Nessa perspectiva, os embargos podem ser acolhidos caso o título seja inexequível, em face de não cumprir as condições de exequibilidade, como por exemplo, liquidez e certeza. Também poderá ser extinta a execução caso a obrigação constante do título não seja exigível, em virtude da ausência de pressupostos intrínsecos.

Exigível é a obrigação que contempla integralmente todos os requisitos para o desencadeamento da tutela de execução. A obrigação prevista no título só se torna exigível quando desaparecem todos os empecilhos para sua concretização no mundo jurídico. Observe-se que o vício que dá ensejo ao acolhimento da impugnação não se opera em relação ao próprio título executivo, mas sim em relação à obrigação ali contemplada.

São exemplos de inexigibilidade passível de observância no âmbito do direito processual do trabalho a execução de sentença portadora de obrigação ilíquida, a execução de acordo com parcelas ainda passíveis de vencimento, o cumprimento imediato de obrigação de fazer submetida à condição suspensiva, entre outras situações. O acolhimento da alegação de inexigibilidade da obrigação não impede, entretanto, a renovação da tutela executiva. Conforme assevera Cândido Rangel Dinamarco:

> A falta de exigibilidade do crédito exeqüendo importa carência de ação executiva por falta de necessidade de tutela jurisdicional...; e negar a exigibilidade não é negar a existência do próprio crédito, o qual poderá voltar a ser pleiteado em juízo se e quando se tornar exigível. (2004, p. 673)

A procedência dos embargos, nas hipóteses convencionais de inexigibilidade da obrigação, apenas posterga a concretização da tutela executiva. Não se veda de forma definitiva a atuação executiva em face do devedor, mas apenas vincula-se a continuidade de tal tutela ao momento imediatamente posterior à solução dos vícios apontados. Imaginemos a hipótese de execução de sentença condenatória de obrigação ilíquida. Constatado o vício, o juiz deverá estancar a prática dos atos executivos, mediante o acolhimento da defesa típica do devedor. No entanto, corrigido o vício do título, mediante um incidente prévio de liquidação, os atos de execução poderão ser praticados novamente.

A noção de inexequibilidade do título executivo, entretanto, veio a ser ampliada com a inserção do parágrafo quinto do art. 884 da CLT, por intermédio da Medida Provisória nº. 2.180-35, de 24.08.2001. O referido acréscimo criou uma hipótese específica de *inexigibilidade* do título executivo, baseada nos próprios fundamentos jurídicos que fundamentaram a prolação da decisão judicial. Segundo o texto inserido, "...considera-se inexigível o título judicial fundado em lei ou ato normativo declarados inconstitucionais pelo Supremo Tribunal Federal ou em aplicação ou interpretação tidas por incompatíveis com a Constituição."

Dispositivo análogo foi trazido pelo CPC, art. 535, § 5º a 8º. A atual normatização esclarece algumas dúvidas e estabelece alguns limites para o reconhecimento da inexigibilidade do título judicial. A questão, no entanto, vem de há muito sendo debatida na doutrina, que, em alguns casos, tem considerado inconstitucional a possibilidade de desconstituir o título executivo judicial, já no âmbito da prestação da tutela executiva, sob o fundamento de ferimento da garantia preconizada pelo inciso XXVI, do art. 5º da Carta Política vigente. Do ponto de vista jurisprudencial, há inúmeros precedentes dos Tribunais Regionais do Trabalho reconhecendo a inconstitucionalidade da CLT, art. 884, § 5º:

> INEXIGIBILIDADE DO TÍTULO JUDICIAL E COISA JULGADA INCONSTITUCIONAL. ENQUADRAMENTO EQUIVOCADO. A PRETENDIDA DECLARAÇÃO DE INEXIGIBILIDADE DO TÍTULO JUDICIAL, FUNDADA NO ARTIGO 741 DO CPC E § 5º DO ART. 884 DA CLT, QUE FOI ACRESCIDO PELA MP N. 2.102 E SUAS REEDIÇÕES, ASSIM COMO A ALEGAÇÃO DE COISA JULGADA INCONSTITUCIONAL, AFIGURAM-SE INCABÍVEIS, TENDO EM VISTA QUE, NO CASO, NÃO SE CUIDA DA APLICAÇÃO OU DE INTERPRETAÇÃO DE LEI OU ATO NORMATIVO DECLARADO INCONSTITUCIONAL PELO STF OU INCOMPATÍVEL COM A CONSTITUIÇÃO FEDERAL. No caso, a coisa julgada é inatacável, ainda que o STF tenha decidido pela ausência de direito adquirido em outro caso concreto, haja vista que a divergência jurisprudencial não se enquadra nas hipóteses dos artigos 741 do CPC e 884, § 5º, da CLT. Competência da Justiça do Trabalho para a execução. O prazo legal para o STF julgar a ADI 3395 expirou sem que o julgamento fosse realizado e, portanto, a liminar concedida deixou de gerar seus efeitos. Em vista disso este TRT da 21ª Região revogou a RA 50/2009 de 03.12.2009. A sentença transitada em julgado, ainda que tivesse sido proferido por Juízo absolutamente incompetente, somente poderia ser rescindida mediante ação rescisória, nos termos do art. 485, inciso II, do CPC, não sendo possível fazê-lo na fase de execução. No mesmo sentido dispõe o art. 575, inciso II, do CPC. Agravo de petição não provido. (TRT 21ª R.; APet 4600-16.2008.5.21.0021; Ac. 132.160; Primeira Turma; Rel. Des. José Barbosa Filho; DEJTRN 31/01/2014).

A norma em questão, no entanto, não apresenta qualquer ofensa constitucional. O que se busca tutelar, em última análise, é a própria integridade da coisa julgada, evitando que seus efeitos se perpetuem com bases normativas flagrantemente inconstitucionais. Não é, entretanto, a mera divergência entre os órgãos jurisdicionais inferiores e o Supremo Tribunal Federal que ensejará a desconstituição da tutela executiva. É indispensável que a decisão transitada em julgado tenha tomado como fundamento norma declarada inconstitucional pelo Supremo Tribunal Federal, seja por intermédio do controle concentrado ou mesmo difuso. Nesse sentido é a lição de Teori Albino Zavascki: "É indiferente, também, que o precedente tenha sido tomado em controle concentrado ou difuso, ou que, nesse último caso, haja resolução do Senado suspendendo a execução da norma". (2005, p. 87)

Por outro lado, a possibilidade de arguição de inexigibilidade do título executivo em face da inconstitucionalidade não pode representar um mero acréscimo do direito de defesa do devedor, mas sim a verificação quanto à relevância e substância da alegação. Na hipótese albergada pela CLT, art. 884, § 5º, há uma nítida preponderância do interesse público, pois se busca a integridade constitucional do sistema normativo e não uma possibilidade adicional de tutela para o executado. Essa é, aliás, a orientação jurisprudencial atualmente dominante no âmbito do Tribunal Superior do Trabalho, conforme os seguintes julgados:

> AGRAVO DE INSTRUMENTO. RECURSO DE REVISTA. EXECUÇÃO. RESPONSABILIDADE SUBSIDIÁRIA. ENTE PÚBLICO. INEXIGIBILIDADE DO TÍTULO EXECUTIVO. RELATIVIZAÇÃO DA COISA JULGADA. ART. 884, § 5º, DA CLT. PRESSUPOSTOS. ALCANCE. PRECEDENTES DO SUPREMO TRIBUNAL FEDERAL. 1. O parágrafo 5º do art. 884 da CLT, inserido pelo art. 9º da medida provisória nº 2.180-35 de 2001, dispõe sobre a tormentosa e atormentadora questão da relativização ou desconsideração da coisa julgada. A controvertida constitucionalidade dessa norma é objeto da ação direta de inconstitucionalidade adi nº 3740/DF, pendente de julgamento. 2. A coisa julgada, qualidade da decisão judicial de que já não caiba recurso (decreto-lei nº 4.657/42), ostenta, como se sabe, os atributos da imutabilidade e da coercibilidade. Trata-se de direito fundamental expressamente consagrado no art. 5º, XXXVI, da Constituição Federal, destinado não só a tutelar relevantes interesses individuais, mas também a garantir a segurança jurídica e a paz social. 3. O Supremo Tribunal Federal, em decisões recentes, tanto monocráticas quanto colegiadas, conquanto não haja declarado a inconstitucionalidade dos acréscimos promovidos pelos arts. 9º e 10 da MP nº 2.180-35/2001 nos arts. 884 da CLT e 741 do CPC, respectivamente, vem clara e expressamente restringindo o alcance dessas normas, de forma a evitar a simples rediscussão de controvérsia já apreciada em decisão transitada em julgado, ainda que proferida em confronto com a jurisprudência predominante no Supremo Tribunal Federal (STF, agravo regimental no recurso extraordinário nº 592912/RS, Rel. Min. Celso de Mello, segunda turma, dje-229 de 22/11/2012). 4. À luz da interpretação restritiva preconizada pela doutrina e pela jurisprudência recente do Supremo Tribunal Federal e do Superior Tribunal de justiça, bem como em face da força normativa dos princípios e regras insculpidos no art. 5º, XXXVI, da CF, infere-se que a aplicação do art. 884, § 5º, da CLT, pressupõe, pelo menos: 1) a comprovação de que o trânsito em julgado da decisão que se visa a relativizar haja ocorrido após a vigência da MP nº 2.18035/2001 (nesse sentido, a Súmula nº 487 do STJ); 2) a comprovação de que não ultrapassado o biênio decadencial da ação rescisória, opção viável para deduzir pretensão desse jaez, conforme decidido pelo tribunal pleno do STF (RE nº 328.812ED/AM; DJE de 2/5/2008), ou, ainda, a observância do prazo para apresentação de embargos à execução, a teor do art. 884, § 5º, da CLT, contado a partir da publicação da decisão definitiva do Supremo Tribunal Federal em matéria

> constitucional; 3) a demonstração de que a norma declarada inconstitucional ou de interpretação tida por incompatível com a Constituição Federal haja sido adotada, de forma clara e expressa, como fundamento principal pela sentença transitada em julgado. Segundo a jurisprudência assente do STJ, não estão abrangidas pelo art. 741, parágrafo único, do CPC as sentenças que deixaram de aplicar norma declarada constitucional, ainda que em controle concentrado de constitucionalidade (RESP nº 1.189.619/PE, DJ-e de 2/9/2010, julgado nos termos do art. 543-C do CPC recursos repetitivos); 4) que, para verificar se o título executivo fundou-se em norma inconstitucional, não haja necessidade de rediscutir a controvérsia, tampouco reexaminar os fatos e provas do processo que originou a decisão transitada em julgado (STF, AGR no RE nº 592.912/RS, DJE. 229 de 22/11/2012). 5. A pretensão de declaração de inexigibilidade de título executivo que adota o entendimento consagrado na Súmula nº 331 do TST para condenar subsidiariamente a administração pública pelo inadimplemento das obrigações trabalhistas assumidas pela prestadora de serviços não atende a tais pressupostos, independentemente do questionamento da constitucionalidade do § 5º do art. 884 da CLT. 6. Agravo de instrumento de que se conhece e a que se nega provimento. (TST; AIRR 0106600-46.2009.5.03.0026; Quarta Turma; Rel. Min. João Oreste Dalazen; DEJT 22/11/2013; Pág. 1551).

Demonstrando o devedor que a decisão que origina o título judicial albergou-se fundamentalmente em norma declarada inconstitucional pelo Supremo Tribunal Federal, na forma da CLT, art. 884, § 5º, deverão ser os embargos acolhidos, a fim de que se estanquem os efeitos da tutela de execução.

As modificações trazidas pelo CPC, como afirmamos anteriormente, apresentam alguns acréscimos, que podem ser aplicados ao processo do trabalho. O regramento do art. 535, §5º-8º, mantendo a diretriz anterior, especificou de forma mais adequada as hipóteses de inexigibilidade. Diferenciou, de maneira objetiva, a declaração de inconstitucionalidade por meio de controle concentrado (CPC, art. 535, §5º; CF, art. 102, I, a; § 1º) ou difuso (CPC, art. 535, § 5º; CF, art. 102, III) exercida pelo STF. Em todas as situações previstas no § 5º do art. 525, deverá ser observada a eventual modulação dos efeitos da inconstitucionalidade declarada pelo STF (CPC, art. 535, § 6º), bem como só será aplicável às decisões transitadas em julgado após a decretação de inconstitucionalidade (CPC, art. 535, § 8º).

2.1.1.4 Excesso de execução ou cumulação indevida de execuções (CPC, art. 535, IV)

O excesso de execução, matéria sobre a qual a legislação trabalhista é completamente omissa, é suscitável no âmbito dos embargos à execução e se caracteriza quando: a) o devedor pugna por quantia superior àquela constante no título judicial (CPC, art. 917, § 2º, I); b) a execução recai sobre coisa diversa daquela especificada no título (CPC, art. 917, §2º, II); c) se processa a execução de forma diferente daquela constante da sentença (CPC, art. 917, § 2º, III); d) o credor não cumpre prestação a que estava obrigado antes de exigir do devedor (CPC, art. 917, § 2º, IV); e) o credor não demonstrar que foi implementada a condição contida no título executivo (CPC, art. 917, §2º, V).

Todas essas hipóteses encontram-se delimitadas para os embargos à execução fundada em título extrajudicial, mas podem ser aplicadas aos embargos do devedor trabalhista, tendo em vista se tratar do único dispositivo legal que expressamente conceitua o instituto do excesso de execução. Além do mais, tratando-se de hipótese de cumprimento de sentenças trabalhistas, a hipótese mais corriqueira de excesso de execução é a cobrança de quantia superior à que conste de maneira expressa no título.

Em relação especificamente a esta hipótese de excesso de execução, o legislador foi extremamente perspicaz no sentido de atribuir um ônus adicional ao devedor que maneja a impugnação. Alegando a existência de disparidade entre o valor objeto da tutela executiva e aquela constante do título, a Fazenda deverá indicar já na petição da impugnação o valor que entende ser devido (CPC, art. 535, § 2º). A falta da indicação do respectivo valor conduzirá, obrigatoriamente, à rejeição liminar da impugnação.

Ao indicar o valor que entende ser realmente devido, no âmbito da execução, a controvérsia limitar-se-á à diferença entre o montante pugnado pelo credor e informado no âmbito da petição dos embargos. A rejeição liminar, no entanto, só é possível quando a matéria manejada na impugnação se restrinja ao excesso de execução.

Pode acontecer de a Fazenda Pública, na mesma impugnação, alegar excesso de execução e algum vício no âmbito da penhora realizada. Caso deixe de indicar de forma expressa o montante do valor a pagar, o juiz limitar-se-á a analisar as alegações de erro ou vício na penhora, não conhecendo do fundamento relativo ao excesso de penhora. Todavia deverá analisar os demais fundamentos da impugnação.

2.1.1.5 Incompetência absoluta ou relativa do juízo da execução (CPC, art. 535, V)

O texto do CPC passou adotar como hipótese autônoma de cabimento da impugnação **a incompetência absoluta ou relativa do juízo da execução**. A questão não assume grande relevância doutrinária, na medida em que as alegações de incompetência poderiam ser manejadas com a previsão contida no antigo CPC, art. 741, VII. Além do mais, do ponto de vista prático, a questão da arguição de incompetência só assume contornos mais concretos no âmbito da execução de título extrajudicial, ou mesmo naquelas situações de títulos judiciais não produzidos perante o próprio juízo executório.

Não há nenhum impedimento para a assimilação dessa hipótese aos embargos à execução do processo do trabalho, conforme jurisprudência dos Tribunais do Trabalho:

> FASE DE EXECUÇÃO. ARGUIÇÃO DE INCOMPETÊNCIA ABSOLUTA. **A incompetência absoluta a ser arguida nos embargos à execução é aquela referente ao juízo da execução e não ao de conhecimento, como se infere dos arts. 301, II, e 741, VII, do CPC.** Obrigação de pequeno valor. Execução direta. Limites. Conforme nova redação do § 4º do artigo 100 da CF, o valor mínimo a ser estipulado por Lei pelos entes públicos como obrigação de pequeno valor será o valor do maior benefício do regime geral da previdência social. Caso não haja, atualmente, Lei disciplinando a matéria, incidirá a regra geral preconizada no artigo 87, II, do ADCT, o qual prevê o limite de trinta salários mínimos para dispensa de precatório judicial. Agravo de petição conhecido e não-provido. (TRT 16ª R.; AP 0152300-66.2010.5.16.0020; Primeira Turma; Rel. Des. José Evandro de Souza; Julg. 26/11/2014; DEJTMA 05/12/2014; Pág. 18)" (negrito nosso)

Tal arguição é possível, obviamente, se as questões de competência suscitadas sejam supervenientes à formação do título executivo.

2.1.1.6 Causas impeditivas, modificativas ou extintivas das obrigações executadas (CPC, art. 535, VI)

A matéria não sofreu modificações em relação ao texto anterior que já preconizava, de maneira expressa, a possibilidade de arguição de causas impeditivas, modificativas ou extintivas das obrigações objeto da tutela executiva. Nesse caso, prevalece a regra de que essas causas, para que possam ser arguidas em sede de impugnação, devem ser posteriores à prolação da sentença.

A própria CLT, embora de forma um tanto quanto limitada, já preconiza algumas hipóteses análogas para o manejo dos embargos (CLT, art. 884, § 1º), reportando-se expressamente ao "*...acordo, quitação ou prescrição da dívida.*" Nesse sentido, qualquer causa superveniente à sentença que de alguma forma impeça a concretização da obrigação contida no título, poderá ser manejada por meio dos embargos.

O acolhimento da pretensão do embargante implica a extinção da execução e a impossibilidade de continuação da cobrança do título em face do devedor.

Julgados definitivamente os embargos à execução manejados pela Fazenda Pública, seguir-se-á a fase de quitação do débito, mediante a observância das diretrizes fixadas no CPC, art. 535, § 3º e CF, art. 100. Nesse caso, far-se-á a expedição do requisitório precatório ou a requisição de pequeno valor, conforme o caso.

2.1.2 Execução em face da fazenda pública fundada em título executivo extrajudicial

Tradicionalmente, não existia em nosso ordenamento jurídico execução em face da Fazenda Pública fundada em título executivo extrajudicial. O vigente CPC, no entanto, passou a adotar um procedimento executório inédito na processualista: a execução de títulos extrajudiciais em face da fazenda pública, nos termos do art. 910:

> Art. 910. Na execução fundada em título extrajudicial, a Fazenda Pública será citada para opor embargos em 30 (trinta) dias. § 1º Não opostos embargos ou transitada em julgado a decisão que os rejeitar, expedir-se-á precatório ou requisição de pequeno valor em favor do exequente, observando-se o disposto no art. 100 da Constituição Federal. § 2º Nos embargos, a Fazenda Pública poderá alegar qualquer matéria que lhe seria lícito deduzir como defesa no processo de conhecimento. § 3º Aplica-se a este Capítulo, no que couber, o disposto nos artigos 534 e 535.

O rito segue a orientação geral para o cumprimento de sentença, todavia inserido em uma ação autônoma, lastreada por título executivo extrajudicial. A possibilidade de execução fundada em título extrajudicial já era admitida pela jurisprudência cível, conforme se vê da Súmula 297 do Superior Tribunal de Justiça: "É cabível execução por título extrajudicial contra a Fazenda Pública.".

O referido procedimento, no entanto, nunca despertou maiores interesse no direito processual do trabalho, onde a regulamentação do CPC não encontra qualquer eco. De fato, a execução regulada pelo artigo 910 do CPC é de obrigação de pagar, hipótese absolutamente fora da realidade trabalhista.

Obviamente, não se pode afastar a execução fundada em termo de ajuste de conduta em face da Fazenda Pública. Embora o Termo de Ajuste de Conduta perante o Ministério Público do Trabalho seja considerado como um título executivo extrajudicial trabalhista (CLT, art. 876), não se pode olvidar o fato de que esse instrumento não é exclusivo do direito processual do trabalho. Trata-se, na verdade, de matéria prevista originalmente pela Lei nº. 7.347, de 24.07.1985, art. 5º, § 6º que regula o instituto da ação civil pública no direito brasileiro.

A ideia básica do Termo de Ajuste de Conduta é obter do eventual réu da ação civil pública o reconhecimento da prática de ato ensejador de correção através da jurisdição coletiva e possibilitar a reparação das pretensas lesões decorrentes. Não se trata de uma transação ou mesmo de uma conciliação, mas sim uma verdadeira confissão por parte do acusado, devidamente respaldada pelos membros do Ministério Público. Conforme já nos pronunciamos anteriormente:

> [...] não há, portanto, espaço para renúncias ou transações no âmbito do procedimento investigatório, até porque o Ministério Público não é o titular da relação jurídica que está sendo protegida. Não seria admissível, pois, que o representante do *parquet* pudesse transacionar em direitos que, mesmo de cunho patrimonial, são considerados irrenunciáveis por nossa legislação. (2005, p. 86).

O legislador, ao alçar o termo de ajuste de conduta ao nível de título extrajudicial, objetivou eliminar a fase de cognição, possibilitando o recurso direito ao poder judiciário, com o fito de possibilitar a imediata correção das irregularidades apontadas. Como a formação do termo de ajuste de conduta depende da manifestação volitiva do acusado, haverá a completa eliminação da atividade cognitiva que tenha por finalidade aferir e delimitar a conduta imputada e sancionada. Trata-se, portanto, de uma concretização dos comandos normativos protetivos dos direitos metaindividuais. "Em regra, portanto, o compromisso de ajustamento de conduta visa a alcançar aquilo que seria pretendido com o ajuizamento da ação civil pública, ou seja, aquilo que a ordem jurídica prescreve como comportamento devido..." (LEAL, 2005, p. 221).

Vê-se que o objetivo primordial do termo de ajuste de conduta é evitar a discussão fática e jurídica quanto à materialidade da conduta afrontosa aos interesses metaindividuais. Trata-se, portanto, de uma alternativa posta à disposição do acusado que poderá aceitá-la ou não, pois, apenas por intermédio do provimento jurisdicional concreto, é que poderá impor compulsoriamente determinada conduta.

O realce dessas características é de extrema relevância para que se possa aquilatar o verdadeiro alcance dessa modalidade de título executivo extrajudicial. Ao contrário da maioria dos títulos extrajudiciais, o termo de ajuste de conduta, normalmente, contempla obrigações de fazer e de não fazer, firmadas juntamente com obrigações de pagar, quase sempre de natureza de cláusula penal. Nesse contexto, a obrigação implementada no respectivo documento apresenta-se relevante do ponto de vista social, tendo em vista a tutela de um interesse de cunho metaindividual. De fato, como já afirmamos anteriormente, a atividade do Ministério Público na efetivação do termo não é de mediador ou de conciliador.

É fato que o representante do Ministério Público pode ser chamado a mediar conflitos individuais e o exercício dessas atribuições pode gerar um título executivo extrajudicial, na forma do CPC, art. 784, IV:

> Art. 784. São títulos executivos extrajudiciais: [...] IV – o instrumento de transação referendado **pelo Ministério Público**, pela Defensoria Pública, pela Advocacia Pública, pelos advogados dos transatores ou por conciliador ou mediador credenciado pelo tribunal;" (negrito nosso)

Nessa situação, no entanto, a atividade do Ministério Público relaciona-se, tão somente, à certificação da validade da manifestação volitiva dos transatores, mesmo assim em sede de direito de caráter individual. Não se vislumbra a ocorrência de qualquer interesse público na formação do referido título, mas apenas a necessidade de assegurar a lisura na estruturação do negócio jurídico.

Quando nos deparamos com a formação do termo de ajuste de conduta, concluímos que a finalidade da atuação do Ministério Público é a tutela de direitos metaindividuais, e não a garantia de relações jurídicas individualizadas. Nessa situação, o agir do representante do Ministério Público não enfeixa uma relação de cunho *transacional*, mas sim um mero registro da conformação do acusado em sanar as lesões indicadas. Nessa linha de raciocínio, expõe, com brilhantismo, o eminente Hugo Nigro Mazzilli:

> [...] o compromisso de ajustamento de conduta não é um contrato; nele o órgão público legitimado não é o titular do direito transindividual, e, como não pode dispor do direito material, não pode fazer concessões quanto ao conteúdo material da lide. É, pois, o compromisso de ajustamento de conduta um ato administrativo negocial por meio do qual só o causador do dano se compromete, exceto implicitamente, a não propor ação de conhecimento para pedir aquilo que já está reconhecido no título. (2005, p. 359).

Ao obter a concordância do acusado em admitir a responsabilidade pelas lesões apontadas, o representante do *parquet* atua no exercício pleno de suas atribuições de defensor da sociedade, não se identificando qualquer resquício de composição privada de conflitos. Sendo assim, embora enquadrado legalmente como título extrajudicial, não se pode negar que o Termo de Ajuste de Conduta é um instrumento da realização de direitos não patrimoniais e, portanto, impregnados pelo interesse público. Nessa situação, a concordância e o reconhecimento do acusado perante o órgão ministerial conferem ao termo de ajuste um nível bem mais denso de certeza ao documento, equivalente ao próprio pronunciamento jurisdicional.

Não há dúvidas de que a execução do termo de ajuste de conduta pode ser direcionada à Fazenda Pública, quando esta anuiu em cumprir as obrigações propostas pelo Ministério Público do Trabalho. Nesse caso, a execução será fundada em título executivo extrajudicial, sendo plenamente admissível na perspectiva trabalhista, conforme entendimento consolidado do Tribunal Superior do Trabalho, *verbis*:

> EXECUÇÃO. TÍTULO EXECUTIVO EXTRAJUDICIAL. MULTA PELO DESCUMPRIMENTO DE TERMO DE AJUSTE DE CONDUTA. 1. Não demonstrada a alegada violação direta e literal de dispositivo da Constituição da República, única hipótese autorizada pelo legislador ordinário para o processamento do recurso de revista nos feitos em execução, forçoso concluir pela inadmissibilidade do agravo de instrumento. 2. Nos termos do artigo 876 da consolidação das Leis do Trabalho, com a nova redação dada pela Lei nº 9.958/2000 e do artigo 5º, § 6º, da Lei nº 7.347/85 (Lei da ação civil pública), o termo de ajuste de conduta firmado pelo ministério público do trabalho constitui título extrajudicial passível de execução direta executável nesta justiça especial. Precedentes desta corte superior. 3. Nesse sentido, não prospera a alegação de afronta ao artigo 100 da Constituição da República, porquanto referido dispositivo não retira a eficácia da execução direta dos títulos extrajudiciais, mas apenas determina o procedimento especial a ser observado na execução de título judicial contra a Fazenda Pública. Agravo de instrumento a que se nega provimento. (TST; AIRR 91900-03.2005.5.01.0401; Primeira Turma; Rel. Min. Lelio Bentes Corrêa; DEJT 14/06/2013; Pág. 405)

Ressalte-se, finalmente, que o título executivo extrajudicial cobrado em face da Fazenda Pública poderá ostentar obrigações de fazer e de não fazer, bem como eventualmente obrigações de pagar. Só na hipótese de o título contemplar a obrigação de pagar é que se afigura necessária a observância do rito contido no CF, art. 100 para concretizar o pagamento.

3. PROCEDIMENTO DE EXECUÇÃO FISCAL DE COMPETÊNCIA DA JUSTIÇA DO TRABALHO (CF, ART. 114, VII)

A temática relacionada à execução fiscal normalmente não se inseriria no âmbito dos procedimentos executivos de índole trabalhista. A Constituição, no entanto, no seu art. 114, VII, estabelece a competência da Justiça do Trabalho para o julgamento de ações sobre as penalidades administrativas aplicadas a empregadores. O mencionado dispositivo abre espaço para o processamento das execuções fiscais destinadas à cobrança das multas aplicadas pela fiscalização do trabalho e inscritas na dívida ativa da União.

3.1 Obrigações exequíveis nos limites da execução fiscal trabalhistas: multas decorrentes de penalidades administrativas

Quando se inseriu a possibilidade de a Justiça Laboral analisar as questões processuais atinentes ao procedimento administrativo de atuação do poder de polícia estatal (CF, art. 114), buscou-se excepcionar a regra geral mediante a análise das características de especialização dos órgãos do poder judiciário. Partindo-se da premissa apontada, rompeu-se com a regra geral de atribuição de competência para os litígios da União (CF, art. 109, I) com a finalidade precípua de serem aprimorados os mecanismos de controle jurisdicional dos atos de imposição de penalidades administrativas e, consequentemente, da cobrança das sanções de índole pecuniária. Comentando a mencionada alteração constitucional e seguindo a mesma linha do raciocínio, preconizava Antônio Álvares da Silva:

> Essa 'idéia superlativa' exigirá que as instituições jurídicas sejam eficazes, eficientes, rápidas, capazes de transmudarem de nação para nação, regendo fenômenos econômicos, coma rapidez necessária de competição internacional. A época dos recursos, das instituições burocráticas, dos caminhos penosos e demorados pelas estantes dos tribunais já é coisa do passado. Ou compreendemos esta realidade ou nossas instituições não acompanharão os tempos. (2005, p. 253)

A mudança constitucional atraiu para a justiça especializada a atribuição de sua cobrança, pois, quanto ao mérito da obrigação executada, há uma perfeita sintonia com as matérias apreciadas pelo judiciário laboral. Trata-se, por conseguinte, de norma de fixação de competência residual, todavia explicitamente direcionada para o aprimoramento da prestação jurisdicional. É, pois, residual no que concerne à manutenção de uma regra mais geral e abrangente para a distribuição da competência das ações envolvendo a União Federal (CF, art. 109, I). Esse caráter residual, entretanto, não pode ser utilizado como critério ou pressupostos para "retalhar" as atribuições inseridas na delegação constitucional.

Infelizmente, a partir da análise da jurisprudência dominante em relação ao tema, verificaremos que essa diretriz tem sido abandonada, resultando em uma hermenêutica restritiva da abrangência da competência laboral para a matéria fiscal. Registre-se, entretanto, que, em um primeiro momento, os julgados do Superior Tribunal de Justiça se apresentaram extremamente flexíveis em relação aos limites do mencionado dispositivo constitucional. De fato, a redação do mencionado dispositivo constitucional não trata, de forma explícita, da possibilidade de cobrança das sanções pecuniárias aplicadas a empregadores, mas sim, genericamente, das "[...] ações relativas a penalidades administrativas [...]". Obviamente, a ação executiva destinada à cobrança das penas pecuniárias é perfeitamente enquadrável nos limites semânticos impostos pelo inciso VII. Conforme entendimento exemplificado pelo julgado publicado poucos meses após a promulgação da Emenda Constitucional nº 45, de 30.12.2014:

> CONFLITO DE COMPETÊNCIA. EXECUÇÃO FISCAL. MULTA APLICADA POR ÓRGÃO FISCALIZADOR DAS RELAÇÕES DE TRABALHO. EMENDA CONSTITUCIONAL N. 45/2004. COMPETÊNCIA DA JUSTIÇA DO TRABALHO. **1. O julgamento das causas envolvendo cobrança de valores relativos à aplicação de penalidades administrativas impostas por órgão fiscalizador compete à Justiça do Trabalho, consoante nova redação dada ao artigo 114 da Constituição Federal pela Emenda Constitucional n. 45/2004**. 2. O marco temporal da competência da Justiça do Trabalho exsurge

> com o advento da Emenda Constitucional n. 45/2004 para os processos em que estejam pendentes de julgamento do mérito. 3. Conflito de competência conhecido para declarar a competência do Juízo da 32ª Vara do Trabalho de São Paulo/SP, o suscitado. (CC 101.078/SP, Rel. Ministro BENEDITO GONÇALVES, PRIMEIRA SEÇÃO, julgado em 11/03/2009, DJe 23/03/2009). (Destaque nosso).

Essa interpretação abrangente e flexibilizadora, entretanto, não teve continuidade em relação à análise dos demais aspectos do inciso VII. Inicialmente, o STJ negou-se a conferir uma interpretação mais abrangente ao termo "empregadores" inserido no mencionado inciso. Assim, excluiu-se da competência qualquer sanção aplicada a ente não considerado empregador, mesmo que havida nos limites de uma relação de trabalho. É sabido que, nos limites da atividade fiscalizatória dos conselhos profissionais, são aplicadas penalidades pecuniárias. Muito embora tais penalidades sejam aplicadas por força de **relações de trabalho**, não se reconhece a extensão da competência executória trabalhista para tais parcelas:

> AGRAVO REGIMENTAL NO CONFLITO DE COMPETÊNCIA. JUSTIÇA FEDERAL E JUSTIÇA DO TRABALHO. EXECUÇÃO FISCAL. CONSELHO DE FISCALIZAÇÃO PROFISSIONAL. SÚMULA 66/STJ. COMPETÊNCIA DO JUÍZO FEDERAL. RECURSO INCAPAZ DE INFIRMAR OS FUNDAMENTOS DA DECISÃO AGRAVADA. AGRAVO DESPROVIDO. [...]. **3. A Primeira Seção desta Corte de Justiça orienta-se no sentido de que a atividade fiscalizatória exercida pelos conselhos profissionais, decorrente da delegação do poder de polícia, está inserida no âmbito do direito administrativo, não podendo ser considerada relação de trabalho e, de conseqüência, não está incluída na esfera de competência da Justiça Trabalhista.** 4. O Supremo Tribunal Federal, ao declarar a inconstitucionalidade do art. 58, §§ 1º, 2º, 4º, 5º, 7º e 8º, da Lei 9.649/98, no julgamento da ADI 1.717/DF (Pleno, Rel. Min. Sydney Sanches, DJ de 28.3.2003), entendeu que os serviços de fiscalização de profissões regulamentadas constituem atividade típica de Estado, preservando, assim, a natureza de autarquias federais dos conselhos de fiscalização profissional. Destarte, "mantida a condição de autarquias federais dos Conselhos de Fiscalização Profissional, permanece inalterada a competência da Justiça Federal para os casos a eles referentes" (CC 72.703, Rel. Min. Castro Meira, DJ de 4.12.2006). 5. O suscitado - Juízo de Direito de Campanha/MG, investido de jurisdição federal, nos termos do art. 109, § 3º, da Constituição Federal -, deve ser considerado o juízo competente para o julgamento da demanda. 6. Agravo regimental desprovido. (AgRg no CC 80.665/MG, Rel. Ministra DENISE ARRUDA, PRIMEIRA SEÇÃO, julgado em 27/08/2008, DJe 22/09/2008)" (Destaque nosso)

As restrições impostas à exegese do inciso VII do art. 114 não apresentam como alvo apenas a natureza dos sujeitos aos quais a penalidade pecuniária foi direcionada, mas também a própria origem da multa. Observe-se que existem situações em nossa ordem jurídica nas quais há penalidades aplicadas a empregadores, não necessariamente por órgãos ligados à estrutura fiscalizadora do Ministério do Trabalho. É o caso das obrigações provenientes do FGTS, que ensejam a aplicação de diversas penalidades, conforme se vê da Lei n. 8.036, de 11.05.1990, arts. 22 e 23. Não há qualquer dúvida de que as ações fiscais decorrentes desses créditos se encaixam com perfeição com nos balizamentos fixados pelo dispositivo constitucional sob análise. A postura do STJ, entretanto, de forma até incoerente em relação às outras estruturas exegéticas, acabou por reconhecer a competência da Justiça Federal para o processamento das ações destinadas a discutir as penalidades aplicadas a empregador decorrentes do Fundo de Garantia do Tempo de Serviço, conforme Súmula 349 do Superior Tribunal de Justiça:

> Súmula 349 do STJ: Compete à Justiça Federal ou aos juízes com competência delegada o julgamento das execuções fiscais de contribuições devidas pelo empregador ao FGTS.

O que chama a atenção, no caso específico da Súmula 349 do STJ, não é apenas o desprezo pela eloquência do inciso VII, mas também pela desconsideração do explícito regramento da Lei nº 8.036, de 11.05.1990, art. 23, § 5º que atribui à cobrança do FGTS do empregador o mesmo tratamento conferido às penalidades devidas pelo descumprimento da legislação laboral.

Também se identifica uma nítida tendência do Tribunal Superior do Trabalho em restringir a atuação da Justiça do Trabalho no que concerne à competência inserida no inciso VII do art. 114 da CF. Conforme visto, não houve maiores problemas na jurisprudência do Superior Tribunal de Justiça em reconhecer, mesmo diante da redação genérica do referido inciso, a competência do judiciário trabalhista para executar as penas pecuniárias aplicadas pelos órgãos de fiscalização das relações de trabalho. Não houve, entretanto, nenhuma ação ou tentativa em expandir os limites da competência atribuída permitindo ao judiciário trabalhista não apenas cobrar o valor da multa aplicada, mas também de aplicá-la. Ora, diante da decisão jurisdicional que acolhe a pretensão do trabalhador evidencia-se o descumprimento da norma protetiva. Se for inequívoco tal descumprimento não se afiguraria nenhum impedimento jurídico ou fático para a imposição e cobrança da multa administrativa pelo próprio órgão jurisdicional. Essa hipótese já havia sido defendida pela doutrina há muito tempo pela doutrina, conforme se vê do pensamento de Antônio Álvares da Silva, *verbis*:

> [...] se é da competência da Vara decidir sobre o direito trabalhista, é claro que é ela também competente, por natural ilação, para aplicar a multa que derive do direito reconhecido na sentença, pois se trata de um dissídio típico entre empregado e empregador, oriunda da relação de trabalho. Apenas se diferencia do dissídio comumente decidido num aspecto: em vez de ter uma função

ressarcitória, a multa possui finalidade punitiva. Essa função é na prática tão importante quanto a condenação patrimonial, para a garantia do ordenamento trabalhista. (2005, p. 262)

Com a fixação da competência executória para as multas, eliminar-se-ia, por conseguinte, qualquer óbice para a imposição das sanções de índole administrativa pelos próprios órgãos judiciários trabalhistas. Esse caminho, entretanto, foi descartado pelo Tribunal Superior do Trabalho que acabou por conferir uma interpretação absolutamente restritiva ao disposto no inciso VII, conforme se vê dos seguintes julgados:

> "RECURSO DE REVISTA 1. COMPETÊNCIA DA JUSTIÇA DO TRABALHO. APLICAÇÃO DA MULTA ADMINISTRATIVA PREVISTA NO ART. 201 DA CLT. A jurisprudência desta Corte tem entendido que o art. 114 da Constituição Federal não atribuiu competência à Justiça do Trabalho para impor, ex officio, multas administrativas, mas apenas para julgar e executar as penalidades aplicadas pelos órgãos de fiscalização do Trabalho, legítimos possuidores dessa atribuição, conforme estabelecem os arts. 156, III, e 626 da CLT. Precedentes. Recurso de revista conhecido e provido. [...]. Recurso de revista não conhecido. (TST; RR 0201800-90.2009.5.03.0152; Segunda Turma; Rel. Min. Delaide Miranda Arantes; DEJT 05/05/2017; Pág. 1007)"

> "RECURSO DE REVISTA. APLICAÇÃO DE MULTA ADMINISTRATIVA. COMPETÊNCIA DA JUSTIÇA DO TRABALHO. A jurisprudência desta Corte se firmou no sentido de que a Justiça do Trabalho não tem competência para a aplicação da multa prevista no artigo 201 da CLT. Precedentes. Recurso de revista conhecido e provido. [...]. Recurso de revista conhecido e provido. (TST; RR 0077700-34.2009.5.03.0097; Sexta Turma; Rel. Min. Augusto Cesar Leite de Carvalho; DEJT 26/02/2016; Pág. 1785)

Diante desse panorama, **conclui-se que a atividade executória fiscal da Justiça do Trabalho se limita à cobrança das multas aplicadas pelo Ministério do Trabalho em face do descumprimento de normas de proteção ao trabalhador**. Tais multas devem ser inscritas na dívida ativa da União e consubstanciam-se em título executivo.

3.2 Procedimento da execução fiscal trabalhista

O rito da execução fiscal trabalhista segue as mesmas diretrizes da Lei nº 6.830, de 22.09.1980, pois não se trata de crédito de natureza laboral típica. Não há argumentos plausíveis no sentido de se afastar o rito geral das execuções fiscais para a cobrança de multas fundadas na competência da CF, art. 114, VII. Nesse caso, é a natureza do crédito exequendo que determinará a diretriz normativa a ser observada no procedimento executório. Tratando-se de crédito fiscal, independentemente do ramo do judiciário no qual tramitará a cobrança, será observado o rito dos executivos fiscais. Nesse sentido, é a lúcida análise procedida por Mauro Schiavi:

> Embora a Justiça do Trabalho não tenha grande tradição na aplicação da Lei de Fiscal à fase de execução trabalhista, no art. 889 da CLT há determinação para que, nos casos omissos, o Juiz do Trabalho aplique a Lei n. 6.830/80 na trabalhista. Embora os títulos executivos extrajudiciais constem no art. 876 da CLT, não se trata um rol taxativo, e sim exemplificativo, não vedando que outros títulos executivos possam ser executados no foro trabalhista, como o executivo fiscal oriundo atos de fiscalização do trabalho. Após a EC n. 45/04, a certidão da dívida ativa da decorrente de infrações aplicadas ao empregador pelos órgãos de fiscalização do constitui um novo título executivo extrajudicial que será executado na Justiça Trabalho, segundo a Lei n. 6.830/80. Por se tratar de ação de rito especial, o Juiz do não aplicará a CLT." (2017, p. 558).

A atividade executiva, nesse particular, deve ser iniciada mediante a provocação do órgão estatal incumbido da cobrança da **dívida ativa da União**. Obviamente, por se tratar de hipótese especialíssima de execução fundada em título extrajudicial, inviável a provocação da tutela executiva de ofício. Essa provocação limita-se à atuação nas chamadas execuções previdenciárias, conforme previsto na CLT, art. 876, parágrafo único:

> A Justiça do Trabalho executará, de ofício, as contribuições sociais previstas na alínea *a* do inciso I e no inciso II do **caput** do art. 195 da Constituição Federal, e seus acréscimos legais, relativas ao objeto da condenação constante das sentenças que proferir e dos acordos que homologar.

A petição inicial deverá ser instruída com a Certidão da Dívida Ativa, que se constitui no título executivo lastreador da execução, nos termos da Lei nº 6.830/80, art. 6º, § 1º:

> Art. 6º - A petição inicial indicará apenas: I - o Juiz a quem é dirigida; II - o pedido; e III - o requerimento para a citação. § 1º - A petição inicial será instruída com a Certidão da Dívida Ativa, que dela fará parte integrante, como se estivesse transcrita. [...]

O juiz deverá despachar a inicial e determinar a citação do devedor para citar o devedor para o pagamento da quantia constante do título executivo, no prazo de cinco dias, conforme a Lei nº 6.830, de 22.09.1980, art. 7º, I; 8º, *caput:*

> Art. 7º - O despacho do Juiz que deferir a inicial importa em ordem para: I - citação, pelas sucessivas modalidades previstas no artigo 8º;[...]

> Art. 8º - O executado será citado para, no prazo de 5 (cinco) dias, pagar a dívida com os juros e multa de mora e encargos indicados na Certidão de Dívida Ativa, ou garantir a execução, observadas as seguintes normas:[...]

Sendo a execução devidamente instruída com a Certidão da Dívida Ativa, não é facultado ao juiz indeferir a petição inicial, pois o crédito de natureza fiscal, nessa situação, goza de presunção de liquidez e certeza. Conforme entendimento do Tribunal Superior do Trabalho:

> I. EMBARGOS DE DECLARAÇÃO. AGRAVO DE INSTRUMENTO. RECURSO DE REVISTA. AÇÃO DE EXECUÇÃO FISCAL. MULTA ADMINISTRATIVA. DESCUMPRIMENTO DE LEGISLAÇÃO TRABALHISTA. RESPONSABILIDADE DO SÓCIO CUJO NOME CONSTA NA CERTIDÃO DE DÍVIDA ATIVA. POSSIBILIDADE. CONFORME SE VERIFICA, HOUVE JUÍZO DE RETRATAÇÃO, TENDO SIDO EXPENDIDOS NOVOS FUNDAMENTOS PARA NÃO ADMITIR O RECURSO DE REVISTA INTERPOSTO PELA UNIÃO, CONFORME NOVO DESPACHO DE ADMISSIBILIDADE, CONTRA O QUAL A UNIÃO INTERPÔS AGRAVO DE INSTRUMENTO, REFUTANDO OS NOVOS FUNDAMENTOS ASSENTADOS NA DECISÃO EM REFERÊNCIA, MOTIVO PELO QUAL O RECURSO DEVE SER ANALISADO. EMBARGOS DE DECLARAÇÃO ACOLHIDOS, COM EFEITO MODIFICATIVO. II. AGRAVO DE INSTRUMENTO. RECURSO DE REVISTA. AÇÃO DE EXECUÇÃO FISCAL. MULTA ADMINISTRATIVA. DESCUMPRIMENTO DE LEGISLAÇÃO TRABALHISTA. RESPONSABILIDADE DO SÓCIO CUJO NOME CONSTA NA CERTIDÃO DE DÍVIDA ATIVA. POSSIBILIDADE. VIOLAÇÃO DO ART. 4º, V, DA LEI Nº 6.830/80 APARENTEMENTE DEMONSTRADA. AGRAVO DE INSTRUMENTO A QUE SE DÁ PROVIMENTO PARA DETERMINAR O PROCESSAMENTO DO RECURSO DE REVISTA. III. RECURSO DE REVISTA. AÇÃO DE EXECUÇÃO FISCAL. MULTA ADMINISTRATIVA. DESCUMPRIMENTO DE LEGISLAÇÃO TRABALHISTA. RESPONSABILIDADE DO SÓCIO CUJO NOME CONSTA NA CERTIDÃO DE DÍVIDA ATIVA. POSSIBILIDADE. 1. Esta corte entende que a execução fiscal de multa administrativa, imposta contra infração a normas trabalhistas, não pode ser redirecionada aos sócios da empresa, uma vez que o art. 135 do CTN diz respeito aos créditos decorrentes de obrigações tributárias. 2. O caso dos autos é diferente pois, embora trate de multas administrativas aplicadas pelos órgãos de fiscalização do trabalho, o nome do sócio consta, desde o início, expressamente incluído na certidão de dívida ativa. Portanto, não se trata de redirecionamento da execução, que era inicialmente promovida apenas contra a empresa, mas de ação promovida diretamente contra a empresa e o sócio corresponsável. **3. Nos termos da Lei nº 6.830/80, é cabível a execução contra a empresa e seu sócio cujo nome consta da CDA, tendo em vista que: 1) o objeto da execução é multa aplicada pela autoridade administrativa à empresa, por descumprimento de dispositivos da CLT, de natureza não tributária, cuja cobrança compete à união; 2) a**

inscrição da dívida gera presunção de liquidez e certeza, inclusive contra a pessoa física responsável; 3) essa presunção somente pode ser ilidida por prova em contrário a cargo do próprio executado. 4. Recurso de revista a que se dá provimento. (TST; RR 0043400-66.2006.5.04.0471; Sexta Turma; Rel. Minª Kátia Magalhães Arruda; DEJT 20/02/2015)" (Destaque nosso).

Após a citação, o devedor poderá pagar a obrigação executada e pôr fim ao procedimento executório, ou ainda garantir a execução mediante depósito em dinheiro, fiança bancário ou seguro-garantia judicial, de acordo com a Lei nº 6.830, de 22.09.1980, art. 9º, I e II:

> Art. 9º - Em garantia da execução, pelo valor da dívida, juros e multa de mora e encargos indicados na Certidão de Dívida Ativa, o executado poderá: I - efetuar depósito em dinheiro, à ordem do Juízo em estabelecimento oficial de crédito, que assegure atualização monetária; II - oferecer fiança bancária ou seguro garantia; [...]"

Admite, ainda, a norma que o devedor proceda à nomeação de bens à penhora, desde que respeita a ordem própria da norma dos executivos fiscais, nos termos da Lei nº 6.830, de 22.09.1980, arts. 9º, III e IV e 11:

> Art. 9º - Em garantia da execução, pelo valor da dívida, juros e multa de mora e encargos indicados na Certidão de Dívida Ativa, o executado poderá: [...] III - nomear bens à penhora, observada a ordem do artigo 11; ou IV - indicar à penhora bens oferecidos por terceiros e aceitos pela Fazenda Pública. [...]
>
> Art. 11 - A penhora ou arresto de bens obedecerá à seguinte ordem: I - dinheiro; II - título da dívida pública, bem como título de crédito, que tenham cotação em bolsa; III - pedras e metais preciosos; IV - imóveis; V - navios e aeronaves; VI - veículos; VII - móveis ou semoventes; e VIII - direitos e ações.

Os créditos cobrados por intermédio da execução fiscal trabalhista são de natureza fiscal, no entanto as obrigações não são tributárias. Nessa perspectiva, a execução não poderá ser redirecionada para outras pessoas físicas ou jurídicas além daquelas enumeradas no título executivo extrajudicial, sendo inaplicável à hipótese o disposto no Código Tributário Nacional, art. 135, conforme jurisprudência dominante do Tribunal Superior do Trabalho:

> AGRAVO EM AGRAVO DE INSTRUMENTO EM RECURSO DE REVISTA INTERPOSTO DE DECISÃO PUBLICADA NA VIGÊNCIA DA LEI Nº 13.015/2014. EXECUÇÃO FISCAL. MULTA ADMINISTRATIVA. DESCUMPRIMENTO DE LEGISLAÇÃO TRABALHISTA. SÓCIO CUJO NOME CONSTA NA CERTIDÃO DE DÍVIDA ATIVA (CDA). RESPONSABILIZAÇÃO. POSSIBILIDADE. Constatado equívoco na decisão agravada, dá-se provimento ao agravo para determinar o processamento do agravo de

> instrumento. AGRAVO DE INSTRUMENTO EM RECURSO DE REVISTA INTERPOSTO NA VIGÊNCIA DA LEI Nº 13.015/2014. EXECUÇÃO FISCAL. MULTA ADMINISTRATIVA. DESCUMPRIMENTO DE LEGISLAÇÃO TRABALHISTA. SÓCIO CUJO NOME CONSTA NA CERTIDÃO DE DÍVIDA ATIVA (CDA). RESPONSABILIZAÇÃO. POSSIBILIDADE. Agravo de instrumento a que se dá provimento para determinar o processamento do recurso de revista, uma vez demonstrada potencial violação do art. 135, III, do CTN. RECURSO DE REVISTA INTERPOSTO NA VIGÊNCIA DA LEI Nº 13.015/2014. EXECUÇÃO FISCAL. MULTA ADMINISTRATIVA. DESCUMPRIMENTO DE LEGISLAÇÃO TRABALHISTA. SÓCIO CUJO NOME CONSTA NA CERTIDÃO DE DÍVIDA ATIVA (CDA). RESPONSABILIZAÇÃO. POSSIBILIDADE. Consoante entendimento desta Corte Superior, a execução fiscal de multa administrativa aplicada em virtude de infração a normas trabalhistas não pode ser redirecionada aos sócios da empresa, tendo em vista que o art. 135 do CTN alude a créditos decorrentes de obrigações tributárias. Todavia, na hipótese vertente, conquanto se trate de multa administrativa aplicada por órgãos de fiscalização do trabalho, o nome do sócio consta expressamente na certidão de dívida ativa (CDA). Logo, a hipótese não é de redirecionamento da execução propriamente dito, inicialmente promovida apenas contra a empresa, mas de ação promovida diretamente em face da empresa e do sócio corresponsável. Nos termos da Lei nº 6.830/80, a Dívida Ativa regularmente inscrita goza da presunção de certeza e liquidez, e é cabível execução contra a empresa e seu sócio cujo nome consta da CDA. E isso porque: o objeto da execução consiste em multa aplicada pela autoridade administrativa à empresa, por descumprimento de dispositivos da CLT, de natureza não tributária, cuja cobrança compete à União; a inscrição da dívida gera presunção de liquidez e certeza, inclusive contra a pessoa física responsável; e tal presunção somente pode ser elidida por prova contrária, a cargo do próprio executado. Nesse contexto, conclui-se pela possibilidade de responsabilização do sócio cujo nome consta na CDA, não se justificando a extinção da execução fiscal. Violação, que se reconhece, do art. 135, III, do CTN. Precedentes do STJ e do TST. Recurso de revista conhecido e provido. (TST; RR 0801241-95.2007.5.10.0011; Sétima Turma; Rel. Min. Cláudio Mascarenhas Brandão; DEJT 19/05/2017; Pág. 2612)

No entanto, admite-se o redirecionamento da execução aos sócios, quando identificada a **dissolução irregular** da sociedade empresarial:

> AGRAVO DE INSTRUMENTO EM RECURSO DE REVISTA EM FACE DE DECISÃO PUBLICADA ANTES DA VIGÊNCIA DA LEI Nº 13.015/2014. EXECUÇÃO FISCAL. MULTA ADMINISTRATIVA POR INFRAÇÃO À LEGISLAÇÃO TRABALHISTA. REDIRECIONAMENTO DA EXECUÇÃO PARA OS SÓCIOS. PRESUNÇÃO DA DISSOLUÇÃO IRREGULAR DA SOCIEDADE NÃO CARACTERIZADA. HÁ MUITO, DEFENDO A TESE DE SER POSSÍVEL A RESPONSABILIZAÇÃO PASSIVA DOS SÓCIOS PARA A

> EXECUÇÃO DE OBRIGAÇÃO ORIUNDA DO DESCUMPRIMENTO DA LEGISLAÇÃO TRABALHISTA, OU SEJA, CONTRA ATO INFRINGENTE DA LEI, QUANDO SE EVIDENCIA A FALTA DE BOA-FÉ CONTRATUAL EM DETRIMENTO DOS CREDORES EM NÃO INFORMAR A SUBSEQUENTE ALTERAÇÃO DE ENDEREÇO DA SUA SEDE EMPRESARIAL, COM SUPORTE NOS ARTIGOS 4º, § 2º, DA LEI Nº 6.830/80 E 135, III, DO CTN, NA SÚMULA Nº 435 DO STJ E NA JURISPRUDÊNCIA DO STF. Fui convencido, pela acertada jurisprudência desta Corte, de não ser possível o redirecionamento da execução fiscal em face dos sócios e representantes da pessoa jurídica na hipótese em que se executam créditos oriundos de infração administrativa, tendo em vista a aplicabilidade restrita do artigo 135, III, do CTN aos créditos de natureza tributária. Essa norma prescreve que, nas obrigações de natureza tributária, os sócios somente poderão ser responsabilizados, pessoalmente, caso venham a praticar atos com excesso de poderes ou infração de lei, contrato social ou estatutos. Ocorre que, **o Superior Tribunal de Justiça, ao julgar recurso especial representativo da controvérsia (REsp 1371128/RS), nos termos do artigo 543 - C do CPC, ratificou a jurisprudência desta Corte quanto à inaplicabilidade do artigo 135, III, do CTN, mas reconheceu a possibilidade de redirecionar a execução fiscal de dívida de natureza não tributária contra sócio da pessoa jurídica executada quando ocorre a dissolução irregular da sociedade, ainda que se trate de ilícito presumido. Constatou-se que, se este fato jurídico. dissolução irregular da sociedade. é suficiente para redirecionar a execução fiscal para o sócio-gerente, segundo a dicção do dispositivo legal mencionado, também o será para os casos que envolverem créditos de natureza não tributária, com arrimo nos artigos 10 do Decreto nº 3.078/19 e 158 da Lei nº 6.404/78.** [...]Agravo de instrumento a que se nega provimento. (TST; AIRR 0030600-02.2008.5.02.0015; Sétima Turma; Rel. Min. Cláudio Mascarenhas Brandão; DEJT 18/09/2015; Pág. 2469) (Destaque nosso)

Concretizada a penhora, seguir-se-á a fase de expropriação. Nesse caso, o crédito fiscal, embora ostente caráter privilegiadíssimo, sucumbirá diante da preferência preponderante do crédito de natureza trabalhista, que deverá ser quitado em primeiro lugar.

4. COMPILAÇÃO JURISPRUDENCIAL

4.1 Julgados do TST

AGRAVO DE INSTRUMENTO. RECURSO DE REVISTA. EXECUÇÃO. RESPONSABILIDADE SUBSIDIÁRIA. ENTE PÚBLICO. INEXIGIBILIDADE DO TÍTULO EXECUTIVO. RELATIVIZAÇÃO DA COISA JULGADA. ART. 884, § 5º, DA CLT. PRESSUPOSTOS. ALCANCE. PRECEDENTES DO SUPREMO TRIBUNAL FEDERAL. 1. O parágrafo 5º do art. 884 da CLT, inserido pelo art. 9º da medida provisória nº 2.180-35 de 2001, dispõe sobre a tormentosa e atormentadora questão da relativização ou desconsideração da coisa julgada. A controvertida constitucionalidade dessa norma é objeto da ação direta de inconstitucionalidade ADI nº 3740/DF, pendente de julgamento. 2. A coisa julgada, qualidade da decisão judicial de que já não caiba recurso (decreto-lei nº 4.657/42), ostenta, como se sabe, os atributos da imutabilidade e da coercibilidade. Trata-se de direito fundamental expressamente consagrado no art. 5º, XXXVI, da Constituição Federal, destinado não só a tutelar relevantes interesses individuais, mas também a garantir a segurança jurídica e a paz social. 3. O Supremo Tribunal Federal, em decisões recentes, tanto monocráticas quanto colegiadas, conquanto não haja declarado a inconstitucionalidade dos acréscimos promovidos pelos arts. 9º e 10 da MP nº 2.180-35/2001 nos arts. 884 da CLT e 741 do CPC, respectivamente, vem clara e expressamente restringindo o alcance dessas normas, de forma a evitar a simples rediscussão de controvérsia já apreciada em decisão transitada em julgado, ainda que proferida em confronto com a jurisprudência predominante no Supremo Tribunal Federal (STF, agravo regimental no recurso extraordinário nº 592912/RS, Rel. Min. Celso de Mello, segunda turma, dje-229 de 22/11/2012). 4. À luz da interpretação restritiva preconizada pela doutrina e pela jurisprudência recente do Supremo Tribunal Federal e do Superior Tribunal de justiça, bem como em face da força normativa dos princípios e regras insculpidos no art. 5º, XXXVI, da CF, infere-se que a aplicação do art. 884, § 5º, da CLT, pressupõe, pelo menos: 1) a comprovação de que o trânsito em julgado da decisão que se visa a relativizar haja ocorrido após a vigência da MP nº 2.18035/2001 (nesse sentido, a Súmula nº 487 do STJ); 2) a comprovação de que não ultrapassado o biênio decadencial da ação rescisória, opção viável para deduzir pretensão desse jaez, conforme decidido pelo tribunal pleno do STF (RE nº 328.812ED/AM; DJE de 2/5/2008), ou, ainda, a observância do prazo para apresentação de embargos à execução, a teor do art. 884, § 5º, da CLT, contado a partir da publicação da decisão definitiva do Supremo Tribunal Federal em matéria constitucional; 3) a demonstração de que a norma declarada inconstitucional ou de interpretação tida por incompatível com a Constituição Federal haja sido adotada, de forma clara e expressa, como fundamento principal pela sentença transitada em julgado. Segundo a jurisprudência assente do STJ, não estão abrangidas pelo art. 741, parágrafo único, do CPC as sentenças que deixaram de aplicar norma declarada constitucional, ainda que em controle concentrado de constitucionalidade (RESP nº 1.189.619/PE, DJ-e de 2/9/2010, julgado nos termos do art. 543-C do CPC recursos repetitivos); 4) que, para verificar se o título executivo fundou-se em norma inconstitucional, não haja necessidade de rediscutir a controvérsia, tampouco reexaminar os fatos e provas do processo que originou a decisão transitada em julgado (STF, AGR no RE nº 592.912/RS, DJE. 229 de 22/11/2012). 5. A pretensão de declaração de inexigibilidade de título executivo que adota o entendimento consagrado na Súmula nº 331 do TST para condenar subsidiariamente a administração pública pelo inadimplemento das obrigações trabalhistas assumidas pela prestadora de serviços não atende a tais pressupostos, independentemente do questionamento da constitucionalidade do § 5º do art. 884 da CLT. 6. Agravo de instrumento de que se conhece e a que se nega provimento. (TST; AIRR 0106600-46.2009.5.03.0026; Quarta Turma; Rel. Min. João Oreste Dalazen; DEJT 22/11/2013; Pág. 1551)

EXECUÇÃO. TÍTULO EXECUTIVO EXTRAJUDICIAL. MULTA PELO DESCUMPRIMENTO DE TERMO DE AJUSTE DE CONDUTA. 1. Não demonstrada a alegada violação direta e literal de dispositivo da Constituição da República, única hipótese autorizada pelo legislador ordinário para o processamento do recurso de revista nos feitos em execução, forçoso concluir pela inadmissibilidade do agravo de instrumento. 2. Nos termos do artigo 876 da consolidação das Leis do Trabalho, com a nova redação dada pela Lei nº 9.958/2000 e do artigo 5º, § 6º, da Lei nº 7.347/85 (Lei da ação civil pública), o termo de ajuste de conduta firmado pelo ministério público do trabalho constitui título extrajudicial passível de execução direta executável nesta justiça especial. Precedentes desta corte superior. 3. Nesse sentido, não prospera a alegação de afronta ao artigo 100 da Constituição da República, porquanto referido dispositivo não retira a eficácia da execução direta dos títulos extrajudiciais, mas apenas determina o procedimento especial a ser observado na execução de título judicial contra a Fazenda Pública. Agravo de instrumento a que se nega provimento. (TST; AIRR 91900-03.2005.5.01.0401; Primeira Turma; Rel. Min. Lelio Bentes Corrêa; DEJT 14/06/2013; Pág. 405)

CONFLITO DE COMPETÊNCIA. EXECUÇÃO FISCAL. MULTA APLICADA POR ÓRGÃO FISCALIZADOR DAS RELAÇÕES DE TRABALHO. EMENDA CONSTITUCIONAL N. 45/2004. COMPETÊNCIA DA JUSTIÇA DO TRABALHO. **1. O julgamento das causas envolvendo cobrança de valores relativos à aplicação de penalidades administrativas impostas por órgão fiscalizador compete à Justiça do Trabalho, consoante nova redação dada ao artigo 114 da Constituição Federal pela Emenda Constitucional n. 45/2004**. 2. O marco temporal da competência da Justiça do Trabalho exsurge com o advento da Emenda Constitucional n. 45/2004 para os processos em que estejam pendentes de julgamento do mérito. 3. Conflito de competência conhecido para declarar a competência do Juízo da 32ª Vara do Trabalho de São Paulo/SP, o suscitado. (CC 101.078/SP, Rel. Ministro BENEDITO GONÇALVES, PRIMEIRA SEÇÃO, julgado em 11/03/2009, DJe 23/03/2009). Destaque nosso.

AGRAVO REGIMENTAL NO CONFLITO DE COMPETÊNCIA. JUSTIÇA FEDERAL E JUSTIÇA DO TRABALHO. EXECUÇÃO FISCAL. CONSELHO DE FISCALIZAÇÃO PROFISSIONAL. SÚMULA 66/STJ. COMPETÊNCIA DO JUÍZO FEDERAL. RECURSO INCAPAZ DE INFIRMAR OS FUNDAMENTOS DA DECISÃO AGRAVADA. AGRAVO DESPROVIDO. [...]. **3. A Primeira Seção desta Corte de Justiça orienta-se no sentido de que a atividade fiscalizatória exercida pelos conselhos profissionais, decorrente da delegação do poder de polícia, está inserida no âmbito do direito administrativo, não podendo ser considerada relação de trabalho e, de conseqüência, não está incluída na esfera de competência da Justiça Trabalhista.** 4. O Supremo Tribunal Federal, ao declarar a inconstitucionalidade do art. 58, §§ 1º, 2º, 4º, 5º, 7º e 8º, da Lei 9.649/98, no julgamento da ADI 1.717/DF (Pleno, Rel. Min. Sydney Sanches, DJ de 28.3.2003), entendeu que os serviços de fiscalização de profissões regulamentadas constituem atividade típica de Estado, preservando, assim, a natureza de autarquias federais dos conselhos de fiscalização profissional. Destarte, "mantida a condição de autarquias federais dos Conselhos de Fiscalização Profissional, permanece inalterada a competência da Justiça Federal para os casos a eles referentes" (CC 72.703, Rel. Min. Castro Meira, DJ de 4.12.2006). 5. O suscitado - Juízo de Direito de Campanha/MG, investido de jurisdição federal, nos termos do art. 109, § 3º, da Constituição Federal -, deve ser considerado o juízo competente para o julgamento da demanda. 6. Agravo regimental desprovido. (AgRg no CC 80.665/MG, Rel. Ministra DENISE ARRUDA, PRIMEIRA SEÇÃO, julgado em 27/08/2008, DJe 22/09/2008)" (Destaque nosso)

"RECURSO DE REVISTA 1. COMPETÊNCIA DA JUSTIÇA DO TRABALHO. APLICAÇÃO DA MULTA ADMINISTRATIVA PREVISTA NO ART. 201 DA CLT. A jurisprudência desta Corte tem entendido que o art. 114 da Constituição Federal não atribuiu competência à Justiça do Trabalho para impor, ex officio, multas administrativas, mas apenas para julgar e executar as penalidades aplicadas pelos órgãos de fiscalização do Trabalho, legítimos possuidores dessa atribuição, conforme estabelecem os arts. 156, III, e 626 da CLT. Precedentes. Recurso de revista conhecido e provido. [...]. Recurso de revista não conhecido. (TST; RR 0201800-90.2009.5.03.0152; Segunda Turma; Rel. Min. Delaide Miranda Arantes; DEJT 05/05/2017; Pág. 1007)"

"RECURSO DE REVISTA. APLICAÇÃO DE MULTA ADMINISTRATIVA. COMPETÊNCIA DA JUSTIÇA DO TRABALHO. A jurisprudência desta Corte se firmou no sentido de que a Justiça do Trabalho não tem competência para a aplicação da multa prevista no artigo 201 da CLT. Precedentes. Recurso de revista conhecido e provido. [...]. Recurso de revista conhecido e provido. (TST; RR 0077700-34.2009.5.03.0097; Sexta Turma; Rel. Min. Augusto Cesar Leite de Carvalho; DEJT 26/02/2016; Pág. 1785)

I. EMBARGOS DE DECLARAÇÃO. AGRAVO DE INSTRUMENTO. RECURSO DE REVISTA. AÇÃO DE EXECUÇÃO FISCAL. MULTA ADMINISTRATIVA. DESCUMPRIMENTO DE LEGISLAÇÃO TRABALHISTA. RESPONSABILIDADE DO SÓCIO CUJO NOME CONSTA NA CERTIDÃO DE DÍVIDA ATIVA. POSSIBILIDADE. CONFORME SE VERIFICA, HOUVE JUÍZO DE RETRATAÇÃO, TENDO SIDO EXPENDIDOS NOVOS FUNDAMENTOS PARA NÃO ADMITIR O RECURSO DE REVISTA INTERPOSTO PELA UNIÃO, CONFORME NOVO DESPACHO DE ADMISSIBILIDADE, CONTRA O QUAL A UNIÃO INTERPÔS AGRAVO DE INSTRUMENTO, REFUTANDO OS NOVOS FUNDAMENTOS ASSENTADOS NA DECISÃO EM REFERÊNCIA, MOTIVO PELO QUAL O RECURSO DEVE SER ANALISADO. EMBARGOS DE DECLARAÇÃO ACOLHIDOS, COM EFEITO MODIFICATIVO. II. AGRAVO DE INSTRUMENTO. RECURSO DE REVISTA. AÇÃO DE EXECUÇÃO FISCAL. MULTA ADMINISTRATIVA. DESCUMPRIMENTO DE LEGISLAÇÃO TRABALHISTA. RESPONSABILIDADE DO SÓCIO CUJO NOME CONSTA NA CERTIDÃO DE DÍVIDA ATIVA. POSSIBILIDADE. VIOLAÇÃO DO ART. 4º, V, DA LEI Nº 6.830/80 APARENTEMENTE DEMONSTRADA. AGRAVO DE INSTRUMENTO A QUE SE DÁ PROVIMENTO PARA DETERMINAR O PROCESSAMENTO DO RECURSO DE REVISTA. III. RECURSO DE REVISTA. AÇÃO DE EXECUÇÃO FISCAL. MULTA ADMINISTRATIVA. DESCUMPRIMENTO DE LEGISLAÇÃO TRABALHISTA. RESPONSABILIDADE DO SÓCIO CUJO NOME CONSTA NA CERTIDÃO DE DÍVIDA ATIVA. POSSIBILIDADE. 1. Esta corte entende que a execução fiscal de multa administrativa, imposta contra infração a normas trabalhistas, não pode ser redirecionada aos sócios da empresa, uma vez que o art. 135 do CTN diz respeito aos créditos decorrentes de obrigações tributárias. 2. O caso dos autos é diferente pois, embora trate de multas administrativas aplicadas pelos órgãos de fiscalização do trabalho, o nome do sócio consta, desde o início, expressamente incluído na certidão de dívida ativa. Portanto, não se trata de redirecionamento da execução, que era inicialmente promovida apenas contra a empresa, mas de ação promovida diretamente contra a empresa e o sócio corresponsável. **3. Nos termos da Lei nº 6.830/80, é cabível a execução contra a empresa e seu sócio cujo nome consta da CDA, tendo em vista que: 1) o objeto da execução é multa aplicada pela autoridade administrativa à empresa, por descumprimento de dispositivos da CLT, de natureza não tributária, cuja cobrança compete à união; 2) a inscrição da dívida gera presunção de liquidez e certeza, inclusive contra a pessoa física responsável; 3) essa presunção somente pode ser ilidida por prova em contrário a cargo do próprio executado.** 4. Recurso de revista a que se dá provimento. (TST; RR 0043400-66.2006.5.04.0471; Sexta Turma; Rel. Minª Kátia Magalhães Arruda; DEJT 20/02/2015)" (Destaque nosso).

"AGRAVO EM AGRAVO DE INSTRUMENTO EM RECURSO DE REVISTA INTERPOSTO DE DECISÃO PUBLICADA NA VIGÊNCIA DA LEI Nº 13.015/2014. EXECUÇÃO FISCAL. MULTA ADMINISTRATIVA. DESCUMPRIMENTO DE LEGISLAÇÃO TRABALHISTA. SÓCIO CUJO NOME CONSTA NA CERTIDÃO DE DÍVIDA ATIVA (CDA). RESPONSABILIZAÇÃO. POSSIBILIDADE. Constatado equívoco na decisão agravada, dá-se provimento ao agravo para determinar o processamento do agravo de instrumento. AGRAVO DE INSTRUMENTO EM RECURSO DE REVISTA INTERPOSTO NA VIGÊNCIA DA LEI Nº 13.015/2014. EXECUÇÃO FISCAL. MULTA ADMINISTRATIVA. DESCUMPRIMENTO DE LEGISLAÇÃO TRABALHISTA. SÓCIO CUJO NOME CONSTA NA CERTIDÃO DE DÍVIDA ATIVA (CDA). RESPONSABILIZAÇÃO. POSSIBILIDADE. Agravo de instrumento a que se dá provimento para determinar o processamento do recurso de revista, uma vez demonstrada potencial violação do art. 135, III, do CTN. RECURSO DE REVISTA INTERPOSTO NA VIGÊNCIA DA LEI Nº 13.015/2014. EXECUÇÃO FISCAL. MULTA ADMINISTRATIVA. DESCUMPRIMENTO DE LEGISLAÇÃO TRABALHISTA. SÓCIO CUJO NOME CONSTA NA CERTIDÃO DE DÍVIDA ATIVA (CDA). RESPONSABILIZAÇÃO. POSSIBILIDADE. Consoante entendimento desta Corte Superior, a execução fiscal de multa administrativa aplicada em virtude de infração a normas trabalhistas não pode ser redirecionada aos sócios da empresa, tendo em vista que o art. 135 do CTN alude a créditos decorrentes de obrigações tributárias. Todavia, na hipótese vertente, conquanto se trate de multa administrativa aplicada por órgãos de fiscalização do trabalho, o nome do sócio consta expressamente na certidão de dívida ativa (CDA). Logo, a hipótese não é de redirecionamento da execução propriamente dito, inicialmente promovida apenas contra a empresa, mas de ação promovida diretamente em face da empresa e do sócio corresponsável. Nos termos da Lei nº 6.830/80, a Dívida Ativa regularmente inscrita goza da presunção de certeza e liquidez, e é cabível execução contra a empresa e seu sócio cujo nome consta da CDA. E isso porque: o objeto da execução consiste em multa aplicada pela autoridade administrativa à empresa, por descumprimento de dispositivos da CLT, de natureza não tributária, cuja cobrança compete à União; a inscrição da dívida gera presunção de liquidez e certeza, inclusive contra a pessoa física responsável; e tal presunção somente pode ser elidida por prova contrária, a cargo do próprio executado. Nesse contexto, conclui-se pela possibilidade de responsabilização do sócio cujo nome consta na CDA, não se justificando a extinção da execução fiscal. Violação, que se reconhece, do art. 135, III, do CTN. Precedentes do STJ e do TST. Recurso de revista conhecido e provido. (TST; RR 0801241-95.2007.5.10.0011; Sétima Turma; Rel. Min. Cláudio Mascarenhas Brandão; DEJT 19/05/2017; Pág. 2612)"

AGRAVO DE INSTRUMENTO EM RECURSO DE REVISTA EM FACE DE DECISÃO PUBLICADA ANTES DA VIGÊNCIA DA LEI Nº 13.015/2014. EXECUÇÃO FISCAL. MULTA ADMINISTRATIVA POR INFRAÇÃO À LEGISLAÇÃO TRABALHISTA. REDIRECIONAMENTO DA EXECUÇÃO PARA OS SÓCIOS. PRESUNÇÃO DA DISSOLUÇÃO IRREGULAR DA SOCIEDADE NÃO CARACTERIZADA. HÁ MUITO, DEFENDO A TESE DE SER POSSÍVEL A RESPONSABILIZAÇÃO PASSIVA DOS SÓCIOS PARA A EXECUÇÃO DE OBRIGAÇÃO ORIUNDA DO DESCUMPRIMENTO DA LEGISLAÇÃO TRABALHISTA, OU SEJA, CONTRA ATO INFRINGENTE DA LEI, QUANDO SE EVIDENCIA A FALTA DE BOA-FÉ CONTRATUAL EM DETRIMENTO DOS CREDORES EM NÃO INFORMAR A SUBSEQUENTE ALTERAÇÃO DE ENDEREÇO DA SUA SEDE EMPRESARIAL, COM SUPORTE NOS ARTIGOS 4º, § 2º, DA LEI Nº 6.830/80 E 135, III, DO CTN, NA SÚMULA Nº 435 DO STJ E NA JURISPRUDÊNCIA DO STF. Fui convencido, pela acertada jurisprudência desta Corte, de não ser possível o redirecionamento da execução fiscal em face dos sócios e representantes da pessoa jurídica na hipótese em que se executam créditos oriundos de infração administrativa, tendo em vista a aplicabilidade restrita do artigo 135, III, do CTN aos créditos de natureza tributária. Essa norma prescreve que, nas obrigações de natureza tributária, os sócios somente poderão ser responsabilizados, pessoalmente, caso venham a praticar atos com excesso de poderes ou infração de lei, contrato social ou estatutos. Ocorre que, **o Superior Tribunal de Justiça, ao julgar recurso especial representativo da controvérsia (REsp 1371128/RS), nos termos do artigo 543 - C do CPC, ratificou a jurisprudência desta Corte quanto à inaplicabilidade do artigo 135, III, do CTN, mas reconheceu a possibilidade de redirecionar a execução fiscal de dívida de natureza não tributária contra sócio da pessoa jurídica executada quando ocorre a dissolução irregular da sociedade, ainda que se trate de ilícito presumido. Constatou-se que, se este fato jurídico. dissolução irregular da sociedade. é suficiente para redirecionar a execução fiscal para o sócio-gerente, segundo a dicção do dispositivo legal mencionado, também o será para os casos que envolverem créditos de natureza não tributária, com arrimo nos artigos 10 do Decreto nº 3.078/19 e 158 da Lei nº 6.404/78.** [...]Agravo de instrumento a que se nega provimento. (TST; AIRR 0030600-02.2008.5.02.0015; Sétima Turma; Rel. Min. Cláudio Mascarenhas Brandão; DEJT 18/09/2015; Pág. 2469) (Destaque nosso)

4.2 Julgados dos tribunais regionais do trabalho

FASE DE EXECUÇÃO. ARGUIÇÃO DE INCOMPETÊNCIA ABSOLUTA. **A incompetência absoluta a ser arguida nos embargos à execução é aquela referente ao juízo da execução e não ao de conhecimento, como se infere dos arts. 301, II, e 741, VII, do CPC.** Obrigação de pequeno valor. Execução direta. Limites. Conforme nova redação do § 4º do artigo 100 da CF, o valor mínimo a ser estipulado por Lei pelos entes públicos como obrigação de pequeno valor será o valor do maior benefício do regime geral da previdência social. Caso não haja, atualmente, Lei disciplinando a matéria, incidirá a regra geral preconizada no artigo 87, II, do ADCT, o qual prevê o limite de trinta salários mínimos para dispensa de precatório judicial. Agravo de petição conhecido e não-provido. (TRT 16ª R.; AP 0152300-66.2010.5.16.0020; Primeira Turma; Rel. Des. José Evandro de Souza; Julg. 26/11/2014; DEJTMA 05/12/2014; Pág. 18)" (negrito nosso)

NULIDADE DA CITAÇÃO ARGÜIDA EM SEDE DE EMBARGOS À EXECUÇÃO. PRECLUSÃO. Em face da regra insculpida no art. 852, in fine, da CLT, pela qual o revel será intimado da sentença, a argüição de nulidade por falta de citação no processo de conhecimento deve ser efetuada por intermédio do recurso ordinário, restando preclusa quando feita em sede de embargos à execução. No caso, operou-se a preclusão temporal, ou seja, a perda da faculdade de praticar o ato processual (argüição de nulidade) por não ter sido praticado no prazo para tanto designado (recurso ordinário). A possibilidade da articulação da nulidade de citação no processo de conhecimento contemplada no art. 741, inc. I, do CPC restringe-se ao processo comum, no qual o revel não é intimado da sentença de fundo, intervindo no processo no estado em que se encontra (CPC, art. 322). Agravo de petição a que se nega provimento. (TRT 12ª R.; AP 0003078-55.2011.5.12.0002; Sexta Câmara; Rel. Juíza Lília Leonor Abreu; DOESC 15/08/2014).

NULIDADE DA CITAÇÃO. ALEGAÇÃO EM SEDE DE EMBARGOS DO DEVEDOR. HIPÓTESE EM QUE É ADMISSÍVEL. **Caso o reclamado seja intimado da sentença de cognição, de forma válida, a eventual nulidade de citação para o processo de conhecimento deve ser alegada por meio de recurso ordinário, sob pena de preclusão.** Todavia, é admissível tal alegação em sede de embargos do devedor caso comprove que também não recebeu a intimação da sentença condenatória. (TRT 18ª R.; AP 00417-2005-002-18-00-0; Rel. Juiz Platon Teixeira de Azevedo Filho; Julg. 25/01/2006; DJEGO 14/02/2006) – (negrito nosso)".

INEXIGIBILIDADE DO TÍTULO JUDICIAL E COISA JULGADA INCONSTITUCIONAL. ENQUADRAMENTO EQUIVOCADO. A PRETENDIDA DECLARAÇÃO DE INEXIGIBILIDADE DO TÍTULO JUDICIAL, FUNDADA NO ARTIGO 741 DO CPC E § 5º DO ART. 884 DA CLT, QUE FOI ACRESCIDO PELA MP N. 2.102 E SUAS REEDIÇÕES, ASSIM COMO A ALEGAÇÃO DE COISA JULGADA INCONSTITUCIONAL, AFIGURAM-SE INCABÍVEIS, TENDO EM VISTA QUE, NO CASO, NÃO SE CUIDA DA APLICAÇÃO OU DE INTERPRETAÇÃO DE LEI OU ATO NORMATIVO DECLARADO INCONSTITUCIONAL PELO STF OU INCOMPATÍVEL COM A CONSTITUIÇÃO FEDERAL. No caso, a coisa julgada é inatacável, ainda que o STF tenha decidido pela ausência de direito adquirido em outro caso concreto, haja vista que a divergência jurisprudencial não se enquadra nas hipóteses dos artigos 741 do CPC e 884, § 5º, da CLT. Competência da Justiça do Trabalho para a execução. O prazo legal para o STF julgar a ADI 3395 expirou sem que o julgamento fosse realizado e, portanto, a liminar concedida deixou de gerar seus efeitos. Em vista disso este TRT da 21ª Região revogou a RA 50/2009 de 03.12.2009. A sentença transitada em julgado, ainda que tivesse sido proferido por Juízo absolutamente incompetente, somente poderia ser rescindida mediante ação rescisória, nos termos do art. 485, inciso II, do CPC, não sendo possível fazê-lo na fase de execução. No mesmo sentido dispõe o art. 575, inciso II, do CPC. Agravo de petição não provido. (TRT 21ª R.; APet 4600-16.2008.5.21.0021; Ac. 132.160; Primeira Turma; Rel. Des. José Barbosa Filho; DEJTRN 31/01/2014).

5. QUESTÕES

1. (CESPE – PGM/Campo Grande/MS - Procurador Municipal – 2019) De acordo com a jurisprudência consolidada do Tribunal Superior do Trabalho, julgue o item subsequente.

Na execução trabalhista por carta precatória, se indicado pelo juízo deprecante o bem constrito ou se já devolvida a carta, os embargos de terceiro serão oferecidos no juízo deprecante.

2. (NC/UFPR - PGM/Curitiba/PR - Procurador do Município - 2019) O cumprimento da tutela (execução de título judicial) constitui um dos pontos mais delicados no processo do trabalho, ante a falta de sistematização, pois a CLT tem apenas dezessete artigos, sendo que um deles remete à Lei de Executivos Fiscais (Lei nº 6.830/80), com 40 artigos, e esta remete subsidiariamente ao CPC. Considerando as peculiaridades do processo do trabalho, assinale a alternativa correta.

a) Nos casos de execução de sentença contra pessoa jurídica de direito público, os juros e a correção monetária serão calculados até o pagamento do valor principal da condenação.

b) De acordo com o art. 114, VIII, da Constituição da República, a Justiça do Trabalho é competente para processar e julgar as execuções fiscais cujos fatos geradores decorram de suas decisões, especialmente o imposto sobre a renda.

c) Segundo o entendimento do TST, a Justiça do Trabalho é materialmente incompetente para processar e julgar pedidos de direitos e vantagens previstos na legislação trabalhista referente a período anterior à Lei nº 8.112/90, mesmo que a ação tenha sido ajuizada após a edição da referida lei.

d) Tratando-se de reclamações trabalhistas plúrimas, a aferição do que vem a ser obrigação de pequeno valor, para efeito de dispensa de formação de precatório e aplicação do disposto no § 3º do art. 100 da CF/88, deve ser realizada considerando-se a soma dos créditos de cada reclamante, e não o seu valor individualizado.

e) Na execução por carta precatória, os embargos de terceiro serão oferecidos no juízo deprecado, salvo se indicado pelo juízo deprecante o bem constrito ou se já devolvida a carta, conforme o art. 676, parágrafo único, do CPC de 2015.

3. (FCC - PGM/Caruaru/PE - Procurador do Município – 2018) Em reclamação trabalhista, foi determinada a expedição de Carta Precatória Executória, sendo que, após a citação do executado, e não sendo oferecidos bens à penhora, o Oficial de Justiça penhorou um dos seus imóveis, avaliando-o e nomeando o executado como depositário. Imediatamente, o executado opôs embargos à execução, alegando que a avaliação não foi corretamente efetuada, eis que o imóvel tem valor superior ao estimado pelo Oficial de Justiça. Neste caso, o julgamento dos embargos caberá

a) ao juízo deprecante, por se tratar de matéria atinente à sua competência, na medida em que o juízo deprecado é mero cumpridor do ato deprecado.

b) ao juízo deprecante, uma vez que o processo principal corre em sua Vara do Trabalho, tendo expedido a carta precatória.

c) indistintamente ao juízo deprecante ou juízo deprecado, não havendo legislação sobre o assunto.

d) ao juízo que recebeu os embargos à execução.

e) ao juízo deprecado, pois a matéria se refere a suposto vício na penhora.

4. (VUNESP - PGM/Sorocaba/SP - Procurador do Município – 2018) Na fase de execução, a apresentação de embargos pressupõe a garantia da execução ou penhora de bens, estando dispensados(as) de referida exigência, entre outros,

a) as autarquias e as entidades filantrópicas

b) os Estados, os Municípios e as empresas públicas.

c) a União e suas autarquias, as sociedades de economia mista e as empresas públicas.

d) os Municípios, as fundações e as sociedades de economia mista.

e) a União, as sociedades de economia mista e a massa falida.

5. (CESPE - PGM/Manaus/AM - Procurador do Município - 2018) Julgue o próximo item à luz da jurisprudência do TST acerca dos recursos na justiça do trabalho, da liquidação e da execução no processo do trabalho.

Na execução trabalhista, é impenhorável o faturamento de empresa porque isso comprometeria o desenvolvimento regular de suas atividades, bem como o próprio emprego de seus trabalhadores.

6. (CESPE - PGM/Manaus/AM - Procurador do Município – 2018) Julgue o próximo item à luz da jurisprudência do TST acerca dos recursos na justiça do trabalho, da liquidação e da execução no processo do trabalho.

Caso a reclamação trabalhista não requeira a incidência de correção monetária e juros de mora em eventual condenação trabalhista, essas rubricas não poderão ser incluídas na liquidação da respectiva sentença.

7. (CESPE - PGE/PE - Procurador do Estado - 2018) De acordo com o disposto na CLT e com a jurisprudência do TST a respeito da execução trabalhista, a parte executada será citada para pagar a quantia devida ou indicar bens à penhora no prazo de:

a) vinte e quatro horas.

b) trinta e seis horas.

c) quarenta e oito horas.

d) sessenta horas.

e) setenta e duas horas.

Gabarito: 1. Certo; 2. E; 3. E; 4. A; 5. Errado; 6. Errado; 7. C

Capítulo 20

AÇÃO RESCISÓRIA NA JUSTIÇA DO TRABALHO E A FAZENDA PÚBLICA

PAULO HENRIQUE TAVARES DA SILVA[1]

Sumário: 1. A chave do entendimento. 2. Procedimento. 2.1. Causa de pedir estruturada. 2.2. Prazo para ajuizamento. 2.3. Legitimidade. 2.4. Depósito 2.5. Competência. 2.6. Documento essencial e suspensão do cumprimento da decisão rescindenda. 2.7. Postura do réu e tramitação junto ao Tribunal. 3. Efeitos do acórdão em caso de acolhimento da pretensão. 4. Compilação jurisprudencial. 5. Questões.

1. A CHAVE DO ENTENDIMENTO

O primeiro desafio que se apresenta quando estudamos ação rescisória diz respeito a sua natureza jurídica. Curiosamente, se solvermos satisfatoriamente esse problema, já teremos condições, também, com razoável grau de eficiência, de enunciar um conceito satisfatório quanto ao instituto. Para tanto, de logo é necessário gizarmos que se trata de ação, ou seja, estamos iniciando uma nova relação processual, cujo atendimento dos requisitos gerais e especiais, estes acerca das condições técnicas e de conteúdo (pressupostos de constituição e validade da relação e condições da ação), devem se fazer plenamente presentes. Outrossim, convém destacar *que não estamos lidando com recurso*. Embora o instituto carregue características que, no seu uso, são assemelhadas aquelas outras figuras processuais.

Noutro lado, embora seu escopo dirija-se a decisões judiciais, *a ação rescisória volta-se contra a coisa julgada*. Somente decisões que atingiram tal nível

1 Doutor e mestre em Direitos Humanos e Desenvolvimento Econômico pelo Programa de Pós-Graduação em Ciências Jurídicas da Universidade Federal da Paraíba (Brasil). Professor permanente do Programa de Pós-Graduação em Direito do Centro Universitário de João Pessoa – PB (mestrado). Professor do CCJ/UFPB, vinculado ao Departamento de Direito Privado. Magistrado do Trabalho, Juiz titular da 5ª Vara do Trabalho de João Pessoa-PB - Brasil. Líder dos Grupos de Pesquisa Estado, sociedade civil e desenvolvimento econômico sustentável (UNIPÊ) e Paz, justiça e instituições eficazes (UFPB).

de autoridade, consistente em sua imutabilidade e indiscutibilidade, são alvos potenciais de pretensões rescisórias. Aliás, prescreve o CPC, seu art. 502: "Denomina-se coisa julgada material a autoridade que torna imutável e indiscutível a decisão de mérito não mais sujeita a recurso".

Essas decisões que atingiram os requisitos necessários ao atingimento da coisa julgada material gozam de presunção de validade (lembrando que a coisa julgada denominada formal, é mero fato processual, decorrente da ausência de recursos, eis que todos os possíveis foram manejados ou que não se têm mais prazo para interpô-los). O reconhecimento de um dos vícios elencados na norma processual irá acarretar não apenas na declaração de que houve a desatenção aos elementos que se consideravam essenciais, mas é preciso que se retire do cenário jurídico aquela figura patológica. Daí porque, a ação rescisória, num primeiro momento, *é desconstitutiva, ou constitutiva-negativa*. Se, além da retirada do campo jurídico, ainda houver a necessidade de se prolatar novo julgado, a decisão que dali provier vai adotar a natureza jurídica que a pretensão originária continha. Por exemplo, se a decisão que foi objeto da ação rescisória dizia respeito a pretensão condenatória, a decisão da rescisória irá apreciar o cabimento da condenação, assim, também, se for constitutiva ou meramente declaratória. Afasta-se, pois, que a ação rescisória, no seu primeiro e mais relevante momento, gera decisão meramente declaratórias, uma vez que isso somente tem cabimento nas hipóteses de reconhecimento de vícios que envolvem a ineficácia ou a inexistência.

De posse dessas orientações iniciais, fica fácil entender as seguintes disposições do CPC quanto ao tema, postas no art. 966, indispensáveis ao desenvolvimento do instituto:

> § 2º Nas hipóteses previstas nos incisos do caput, será rescindível a decisão transitada em julgado que, embora não seja de mérito, impeça:
>
> I - nova propositura da demanda; ou
>
> II - admissibilidade do recurso correspondente.
>
> § 3º A ação rescisória pode ter por objeto apenas 1 (um) capítulo da decisão.
>
> § 4º Os atos de disposição de direitos, praticados pelas partes ou por outros participantes do processo e homologados pelo juízo, bem como os atos homologatórios praticados no curso da execução, estão sujeitos à anulação, nos termos da lei.

Digno de nota é o disposto no item V da Sum. 100 do TST: "O acordo homologado judicialmente tem força de decisão irrecorrível, na forma do art. 831 da CLT. Assim sendo, o termo conciliatório transita em julgado na data da sua homologação judicial". No mesmo sentido, e expressamente, a Súmula 259 do TST. Portanto, no âmbito trabalhista, *a decisão que homologa a conciliação desafia ação rescisória e não ação anulatória*. Alinha-se ao entendimento do CPC, contudo, os casos de decisões homologatórias de arrematação e de cálculos. Vejamos:

> **SUM-399 AÇÃO RESCISÓRIA. CABIMENTO. SENTENÇA DE MÉRITO. DECISÃO HOMOLOGATÓRIA DE ADJUDICAÇÃO, DE ARREMATAÇÃO E DE CÁLCULOS (conversão das Orientações Jurisprudenciais nºs 44, 45 e 85, primeira parte, da SBDIII) - Res. 137/2005, DJ 22, 23 e 24.08.2005**
>
> I - É incabível ação rescisória para impugnar decisão homologatória de adjudicação ou arrematação. (ex-OJs nºs 44 e 45 da SBDI-II - inseridas em 20.09.2000)
>
> II - A decisão homologatória de cálculos apenas comporta rescisão quando enfrentar as questões envolvidas na elaboração da conta de liquidação, quer solvendo a controvérsia das partes quer explicitando, de ofício, os motivos pelos quais acolheu os cálculos oferecidos por uma das partes ou pelo setor de cálculos, e não contestados pela outra.

Somente nas decisões nulas, assim objetivamente consideradas, em decorrência da desatenção expressa aos requisitos fundamentais que os incisos daquele artigo estabelecem, é que se falará no cabimento da rescisória. As demais hipóteses, a exemplo do dito no parágrafo 4º daquele artigo, serão objeto de ação anulatória. Já o parágrafo 2º, do art. 966 do CPC, ajuda-nos na construção do conceito de ação rescisória. No dizer de Mauro Schiavi, ação rescisória é: "ação de rito especial destinada a desconstituir a coisa julgada material, nas hipóteses previstas em lei"[2]. Mas ouso complementar o ensinamento, apresentando que a ação rescisória *detém rito especial, destinada a desconstituir decisões de mérito, como também aquelas que declararam inadmissíveis recursos manejados na ação que produziu a coisa julgada, por manifesta desatenção aos requisitos legais.*

Em verdade, complementando o dito no § 2º em tela, decisões que, embora formalmente não sejam de mérito, impeçam nova propositura da demanda, são, sob a perspectiva material, decisões de mérito. É o caso das célebres preliminares de ilegitimidade passiva "ad causam" no processo do trabalho, por inexistência de vínculo de emprego, pois sua eventual acolhida e, decisão que, erroneamente (no nosso entender), extinga o processo, sem o julgamento do mérito, possui, inegavelmente, efeitos definitivos, uma vez que aquele que não é parte legítima, por nunca ter sido empregador, jamais, em relação a momento pretérito, poderá sê-lo.

---

2 SCHIAVI, Mauro. **Manual de Direito Processual do Trabalho**. 9ed. São Paulo: LTr, 2015, p. 1352.

Também o CPC, em relação ao sistema anterior, inova ao permitir a rescisória de capítulo(s) da decisão (partes com conteúdo de mérito). Aliás, tal modalidade vem a calhar no processo do trabalho, uma vez que a grande maioria das decisões é mesmo composta de unidades que vão sendo costuradas a partir do elemento nuclear da relação de emprego. Temos, em cumulação objetiva, inúmeros pedidos que se agregam numa mesma relação (aviso prévio, férias, 13º salários, adicionais, gratificações etc.). Cada ponto desse contém, geralmente, análise que pode ser individualizada. Igualmente, nos processos trabalhistas, existem questões prejudiciais que independem da iniciativa das partes para serem resolvidas na sentença, por envolver matérias de ordem pública, a exemplo da anotação da CTPS ou determinação do recolhimento do FGTS (ver art. 26, parágrafo único, da Lei 8.063/90), o que se ajusta ao disposto no art. 503 daquele diploma, adiante transcrito, e integram o conceito de mérito para fins de rescisória:

> Art. 503. A decisão que julgar total ou parcialmente o mérito tem força de lei nos limites da questão principal expressamente decidida.
>
> § 1º O disposto no caput aplica-se à resolução de questão prejudicial, decidida expressa e incidentemente no processo, se:
>
> I - dessa resolução depender o julgamento do mérito;
>
> II - a seu respeito tiver havido contraditório prévio e efetivo, não se aplicando no caso de revelia;
>
> III - o juízo tiver competência em razão da matéria e da pessoa para resolvê-la como questão principal.
>
> § 2º A hipótese do § 1º não se aplica se no processo houver restrições probatórias ou limitações à cognição que impeçam o aprofundamento da análise da questão prejudicial.

Vejamos agora os elementos necessários à propositura e processamento dessa ação especial.

2. PROCEDIMENTO

2.1 Causa de pedir estruturada

Diversamente das ações de rito ordinário, a ação rescisória possui causa de pedir vinculada, havendo necessidade de se indicar, no corpo da exordial, qual(is) hipótese(s) em que se funda a pretensão, o que não necessariamente quer dizer que a parte tenha de, via de regra, apontar qual inciso se relaciona com o pedido, uma vez que o órgão julgador poderá reposicionar o caso de conformidade com aquilo que restará provado nos autos, mas é indispensável que a parte precise, com a devida clareza, os fatos e circunstâncias que integram o núcleo do pedido.

As matérias, com exclusividade, que autorizam a demanda, estão descritas no art. 966 do CPC. São elas:

> I - se verificar que foi proferida por força de prevaricação, concussão ou corrupção do juiz;
>
> II - for proferida por juiz impedido ou por juízo absolutamente incompetente;
>
> III - resultar de dolo ou coação da parte vencedora em detrimento da parte vencida ou, ainda, de simulação ou colusão entre as partes, a fim de fraudar a lei;
>
> IV - ofender a coisa julgada;
>
> V - violar manifestamente norma jurídica;
>
> VI - for fundada em prova cuja falsidade tenha sido apurada em processo criminal ou venha a ser demonstrada na própria ação rescisória;
>
> VII - obtiver o autor, posteriormente ao trânsito em julgado, prova nova cuja existência ignorava ou de que não pôde fazer uso, capaz, por si só, de lhe assegurar pronunciamento favorável;
>
> VIII - for fundada em erro de fato verificável do exame dos autos.

Vê-se que o artigo é bem sistemático ao apresentar a hipóteses de cabimento. Os incisos I e II cuidam da figura do magistrado responsável pela prolação da decisão, sendo que a primeira correlaciona tipos penais, a serem objeto inclusive ação criminal e, no inciso II, dizem respeito a casos objetivamente considerados, seja por impedimento (CPC, art. 144) ou os comandos que regem a competência material e funcional (Constituição Federal e legislação correlata). Nesse sentido, a gravidade é exposta nessa Orientação Jurisprudencial da SDI2 do TST, a dispensar prequestionamento no feito de origem:

> **OJ-SDI2-124 AÇÃO RESCISÓRIA. ART. 966, INCISO II, DO CPC DE 2015. ART. 485, INCISO II, DO CPC DE 1973. ARGUIÇÃO DE INCOMPETÊNCIA ABSOLUTA. PREQUESTIONAMENTO INEXIGÍVEL. (atualizada em decorrência do CPC de 2015) - Res. 208/2016, DEJT divulgado em 22, 25 e 26.04.2016**
>
> Na hipótese em que a ação rescisória tem como causa de rescindibilidade o inciso II do art. 966 do CPC de 2015 (inciso II do art. 485 do CPC de 1973), a arguição de incompetência absoluta prescinde de prequestionamento.

Note que, por exemplo, a suspeição e as hipóteses de incompetência relativa, por se estabilizarem pela inércia do interessado, ou seja, incorporarem casos de nulidade relativa, não se encontram contempladas como autorizativas à rescisória.

Em relação à conduta das partes, despontam duas súmulas específicas do TST, acrescentando-se que idêntico tratamento permanece com a vigência do novo CPC:

SUM-403 AÇÃO RESCISÓRIA. DOLO DA PARTE VENCEDORA EM DETRIMENTO DA VENCIDA. ART. 485, III, DO CPC (conversão das Orientações Jurisprudenciais nºs 111 e 125 da SBDI-II) - Res. 137/2005, DJ 22, 23 e 24.08.2005

I - Não caracteriza dolo processual, previsto no art. 485, III, do CPC, o simples fato de a parte vencedora haver silenciado a respeito de fatos contrários a ela, porque o procedimento, por si só, não constitui ardil do qual resulte cerceamento de defesa e, em consequência, desvie o juiz de uma sentença não-condizente com a verdade. (ex-OJ nº 125 da SBDI-II - DJ 09.12.2003)

II - Se a decisão rescindenda é homologatória de acordo, não há parte vencedora ou vencida, razão pela qual não é possível a sua desconstituição calcada no inciso III do art. 485 do CPC (dolo da parte vencedora em detrimento da vencida), pois constitui fundamento de rescindibilidade que supõe solução jurisdicional para a lide. (ex-OJ nº 111 da SBDI-II - DJ 29.04.2003)

SUM-404 AÇÃO RESCISÓRIA. FUNDAMENTO PARA INVALIDAR CONFISSÃO. CONFISSÃO FICTA. INADEQUAÇÃO DO ENQUADRAMENTO NO ART. 485, VIII, DO CPC DE 1973. (atualizada em decorrência do CPC de 2015) - Res. 209/2016, DEJT divulgado em 01, 02 e 03.06.2016

O art. 485, VIII, do CPC de 1973, ao tratar do fundamento para invalidar a confissão como hipótese de rescindibilidade da decisão judicial, referia-se à confissão real, fruto de erro, dolo ou coação, e não à confissão ficta resultante de revelia.

A ofensa à coisa julgada referida no inciso IV é vício grave, pois afronta comando judicial anterior, já protegido pelo sistema legal. No entanto, sua ocorrência não é tão rara assim, especialmente nos casos em que há revelia, uma vez que o exercício do direito de defesa possibilitaria a notícia de que há decisão anterior e pacificada que não poderia ser desfeita. Mas em verdade, esse item é uma espécie do vício mais genérico posto nas hipóteses de cabimento da rescisória, relacionado à violação manifesta de norma jurídica, inserta no item V subsequente. Aqui a nulidade é flagrante, e quanto mais nos aproximamos dos fundamentos da relação processual, com maior vigor o sistema deve reagir.

A propósito, em 2016, o CPC passou uma série de pequenos ajustes, através da Lei 13.256, sendo que uma delas visou justamente ampliar o cabimento da violação a norma legal, em decorrência da desatenção ao sistema do precedente judicial, introduzido no art. 489 daquele código, passando a constar do art. 966 mais dois parágrafos. Vejamos:

> § 5º Cabe ação rescisória, com fundamento no inciso V do caput deste artigo, contra decisão baseada em enunciado de súmula ou acórdão proferido em julgamento de casos repetitivos que não tenha considerado a existência de distinção entre a questão discutida no processo e o padrão decisório que lhe deu fundamento.

§ 6º Quando a ação rescisória fundar-se na hipótese do § 5º deste artigo, caberá ao autor, sob pena de inépcia, demonstrar, fundamentadamente, tratar-se de situação particularizada por hipótese fática distinta ou de questão jurídica não examinada, a impor outra solução jurídica.

A jurisprudência do TST, cuidando dessa hipótese, estabeleceu premissas muito claras, inclusive relacionada ao prequestionamento, ou seja, que a matéria objeto da pretensão rescisória esteja expressamente prevista no texto da decisão objeto da demanda[3]. Colho aqui o disposto na Súmula 298 do TST:

AÇÃO RESCISÓRIA. VIOLAÇÃO A DISPOSIÇÃO DE LEI. PRONUNCIAMENTO EXPLÍCITO (Redação alterada pelo Tribunal Pleno na sessão realizada em 6.2.2012) - Res. 177/2012, DEJT divulgado em 13, 14 e 15.02.2012

I - A conclusão acerca da ocorrência de violação literal a disposição de lei pressupõe pronunciamento explícito, na sentença rescindenda, sobre a matéria veiculada.

II - O pronunciamento explícito exigido em ação rescisória diz respeito à matéria e ao enfoque específico da tese debatida na ação, e não, necessariamente, ao dispositivo legal tido por violado. Basta que o conteúdo da norma reputada violada haja sido abordado na decisão rescindenda para que se considere preenchido o pressuposto.

III - Para efeito de ação rescisória, considera-se pronunciada explicitamente a matéria tratada na sentença quando, examinando remessa de ofício, o Tribunal simplesmente a confirma.

IV - A sentença meramente homologatória, que silencia sobre os motivos de convencimento do juiz, não se mostra rescindível, por ausência de pronunciamento explícito.

V - Não é absoluta a exigência de pronunciamento explícito na ação rescisória, ainda que esta tenha por fundamento violação de dispositivo de lei. Assim, prescindível o pronunciamento explícito quando o vício nasce no próprio julgamento, como se dá com a sentença "extra, citra e ultra petita".

Como bem se vê, a regra geral é que o tema alusivo à violação tenha sido ventilado na decisão, sem a necessidade expressa da menção do dispositivo legal em discussão[4], salvo na hipótese do item V do art. 966, a exigir a delimitação

---

3 **OJ-SDI2-112 AÇÃO RESCISÓRIA. VIOLAÇÃO DE LEI. DECISÃO RESCINDENDA POR DUPLO FUNDAMENTO. IMPUGNAÇÃO PARCIAL (DJ 29.04.2003).** Para que a violação da lei dê causa à rescisão de decisão de mérito alicerçada em duplo fundamento, é necessário que o Autor da ação rescisória invoque causas de rescindibilidade que, em tese, possam infirmar a motivação dúplice da decisão rescindenda.

4 Reza a Súmula 408 do TST:

AÇÃO RESCISÓRIA. PETIÇÃO INICIAL. CAUSA DE PEDIR. AUSÊNCIA DE CAPITULAÇÃO OU CAPITULAÇÃO ERRÔNEA NO ART. 966 DO CPC DE 2015. ART.

precisa do dispositivo violado pela função jurisdicional. Tal conformidade inexiste quando estamos diante de decisão meramente homologatória, sem qualquer fundamentação especial acerca do convencimento do julgador, ressaltando que apenas esta hipótese estaria vedada, cabendo, potencialmente, a rescisória, por outros motivos elencados no art. 966, já descritos. Ou, que o *modus operandi* que resultou na produção da sentença, em si, é violador dos ditames legais regentes da matéria, independentemente da interposição de embargos declaratórios[5]. Vamos adiante:

> **SUM-83 AÇÃO RESCISÓRIA. MATÉRIA CONTROVERTIDA (incorporada a Orientação Jurisprudencial nº 77 da SBDI-II) - Res. 137/2005, DJ 22, 23 e 24.08.2005**
>
> I - Não procede pedido formulado na ação rescisória por violação literal de lei se a decisão rescindenda estiver baseada em texto legal infraconstitucional de interpretação controvertida nos Tribunais. (exSúmula nº 83 - alterada pela Res. 121/2003, DJ 21.11.2003)
>
> II - O marco divisor quanto a ser, ou não, controvertida, nos Tribunais, a interpretação dos dispositivos legais citados na ação rescisória é a data da inclusão, na Orientação Jurisprudencial do TST, da matéria discutida. (ex-OJ nº 77 da SBDI-II - inserida em 13.03.2002)

Aqui a discussão diz respeito a edição de súmula que pacifique entendimento no âmbito dos Tribunais quanto à matéria objeto da decisão[6]. A súmula em

---

485 DO CPC DE 1973. PRINCÍPIO «IURA NOVIT CURIA» (nova redação em decorrência do CPC de 2015) – Res. 208/2016, DEJT divulgado em 22, 25 e 26.04.2016. Não padece de inépcia a petição inicial de ação rescisória apenas porque omite a subsunção do fundamento de rescindibilidade no art. 966 do CPC de 2015 (art. 485 do CPC de 1973) ou o capitula erroneamente em um de seus inc isos. Contanto que não se afaste dos fatos e fundamentos invocados como causa de pedir, ao Tribunal é lícito emprestar-lhes a adequada qualificação jurídica ("iura novit curia"). No entanto, fundando-se a ação rescisória no art. 966, inciso V, do CPC de 2015 (art. 485, inciso V, do CPC de 1973), é indispensável expressa indicação, na petição inicial da ação rescisória, da norma jurídica manifestamente violada (dispositivo legal violado sob o CPC de 1973), por se tratar de causa de pedir da rescisória, não se aplicando, no caso, o princípio "iura novit curia". (ex-Ojs nºs 32 e 33 da SBDI-2 - inseridas em 20.09.2000).

5 **TST OJ-SDI2-41 AÇÃO RESCISÓRIA. SENTENÇA "CITRA PETITA". CABIMENTO (atualizada em decorrência do CPC de 2015) - Res. 208/2016, DEJT divulgado em 22, 25 e 26.04.2016.** Revelando-se a sentença "citra petita", o vício processual vulnera os arts. 141 e 492 do CPC de 2015 (arts. 128 e 460 do CPC de 1973), tornando-a passível de desconstituição, ainda que não interpostos embargos de declaração.

6 **SUM-409 AÇÃO RESCISÓRIA. PRAZO PRESCRICIONAL. TOTAL OU PARCIAL. VIOLAÇÃO DO ART. 7º, XXIX, DA CF/1988. MATÉRIA INFRACONSTITUCIONAL (conversão da Orientação Jurisprudencial nº 119 da SBDI-II) - Res. 137/2005, DJ 22, 23 e 24.08.2005**. Não procede ação rescisória calcada em violação do art. 7º, XXIX, da CF/1988

tela está em perfeita consonância com o sistema do precedente judicial já acima consagrado em nosso sistema processual. Além do mais, questões meramente processuais podem ensejar o cabimento da ação especial, desde que satisfeito o requisito lógico da súmula 412 do TST que segue:

> **SUM-412 AÇÃO RESCISÓRIA. REGÊNCIA PELO CPC DE 1973. SENTENÇA DE MÉRITO. QUESTÃO PROCESSUAL (nova redação em decorrência do CPC de 2015) - Res. 217/2017, DEJT divulgado em 20, 24 e 25.04.2017**
>
> Sob a égide do CPC de 1973, pode uma questão processual ser objeto de rescisão desde que consista em pressuposto de validade de uma sentença de mérito. (ex-OJ nº 46 da SBDI-2 - inserida em 20.09.2000).

Considerando, ainda, que o foco do presente ensaio é a fazenda pública, calha elencarmos que a anulação de concurso público também é hipótese de violação de norma legal, tratada pelo TST nos seguintes termos:

> **OJ-SDI2-10 AÇÃO RESCISÓRIA. CONTRATO NULO. ADMINISTRAÇÃO PÚBLICA. EFEITOS. ART. 37, II E § 2º, DA CF/1988 (inserida em 20.09.2000)**
>
> Somente por ofensa ao art. 37, II e § 2º, da CF/1988, procede o pedido de rescisão de julgado para considerar nula a contratação, sem concurso público, de servidor, após a CF/1988.

Os três incisos que fecham o elenco de cabimento relacionam-se com provas, sejam elas falsas, novas ou juízos lastreados em erro de fato. Quanto à prova falsa, cuja falsidade poderá já ser atestada em processo criminal anterior ou que corra em paralelo, não há necessidade de maiores comentários, até porque se a materialidade do fato criminoso restar atestada no processo criminal, dar-se-á coisa julgada na seara cível-trabalhista. A prova nova é objeto da Súmula da Corte Superior Trabalhista, nesses termos:

> **SUM-402 AÇÃO RESCISÓRIA. PROVA NOVA. DISSÍDIO COLETIVO. SENTENÇA NORMATIVA. (nova redação em decorrência do CPC de 2015) - Res. 217/2017, DEJT divulgado em 20, 24 e 25.04.2017**
>
> I - Sob a vigência do CPC de 2015 (art. 966, inciso VII), para efeito de ação rescisória, considera-se prova nova a cronologicamente velha, já existente ao tempo do trânsito em julgado da decisão rescindenda, mas ignorada pelo interessado ou de impossível utilização, à época, no processo.

---

quando a questão envolve discussão sobre a espécie de prazo prescricional aplicável aos créditos trabalhistas, se total ou parcial, porque a matéria tem índole infraconstitucional, construída, na Justiça do Trabalho, no plano jurisprudencial. (ex-OJ nº 119 da SBDI-II – DJ 11.08.2003)

> II - Não é prova nova apta a viabilizar a desconstituição de julgado: a) sentença normativa proferida ou transitada em julgado posteriormente à sentença rescindenda; b) sentença normativa preexistente à sentença rescindenda, mas não exibida no processo principal, em virtude de negligência da parte, quando podia e deveria louvar-se de documento já existente e não ignorado quando emitida a decisão rescindenda. (ex-OJ nº 20 da SBDI-2 - inserida em 20.09.2000)

Destaque-se que a súmula acima transcrita está em sintonia com o texto legal do art. 966 do CPC, estabelecendo que a prova nova não decorrente de juízo cronológico, mas pode ser prova contemporânea a ação, desde que "a existência ignorava ou de que não pôde fazer uso, capaz, por si só, de lhe assegurar pronunciamento favorável". Ela tem que ser forte o bastante para mudar o rumo da decisão, donde se conclui que se a pretensão for acolhida ou rejeitada por mais de um fundamento, e a prova nova disser respeito a apenas um, não será viável a rescisória.

Por fim, quanto ao erro de fato, o próprio art. 966 traz o conceito, em seu parágrafo 1º.: "Há erro de fato quando a decisão rescindenda admitir fato inexistente ou quando considerar inexistente fato efetivamente ocorrido, sendo indispensável, em ambos os casos, que o fato não represente ponto controvertido sobre o qual o juiz deveria ter se pronunciado. Ora, se o fato foi controvertido, a parte interessada certamente interferiu na formação do juízo, daí porque o próprio dispositivo já afasta a ocorrência do vício[7]. Aliás, quanto ao erro de fato, destaca-se o seguinte:

> **OJ-SDI2-136 AÇÃO RESCISÓRIA. ERRO DE FATO. CARACTERIZAÇÃO (atualizada em decorrência do CPC de 2015) - Res. 208/2016, DEJT divulgado em 22, 25 e 26.04.2016**
>
> A caracterização do erro de fato como causa de rescindibilidade de decisão judicial transitada em julgado supõe a afirmação categórica e indiscutida de um fato, na decisão rescindenda, que não corresponde à realidade dos autos. O fato afirmado pelo julgador, que pode ensejar ação rescisória calcada no inciso VIII do art. 966 do CPC de 2015 (inciso IX do art. 485 do CPC de 1973), é apenas aquele que se coloca como premissa fática indiscutida de um silogismo argumentativo, não aquele que se apresenta ao final desse mesmo silogismo, como conclusão decorrente das premissas que especificaram as provas oferecidas, para se concluir pela existência do fato. Esta última hipótese

7 **OJ-SDI2-103 AÇÃO RESCISÓRIA. CONTRADIÇÃO ENTRE FUNDAMENTAÇÃO E PARTE DISPOSITIVA DO JULGADO. CABIMENTO. ERRO DE FATO (DJ 29.04.2003).** É cabível a rescisória para corrigir contradição entre a parte dispositiva do acórdão rescindendo e a sua fundamentação, por erro de fato na retratação do que foi decidido.

é afastada pelo § 1º do art. 966 do CPC de 2015 (§ 2º do art. 485 do CPC de 1973), ao exigir que não tenha havido controvérsia sobre o fato e pronunciamento judicial esmiuçando as provas.

2.2 Prazo para ajuizamento

A ação rescisória, via de regra, deverá proposta em prazo bienal, seguindo-se as diretrizes do art. 975 do CPC, contados do transito em julgado da última decisão do processo, prorrogando-se para dia útil seguinte caso tenha se expirado em feriados, recesso, férias forenses ou demais dias em que não houver expediente forense. Mas esse artigo contém duas exceções importantes: uma quanto à prova nova e outra no caso de colusão ou simulação das partes. São elas:

> § 2º Se fundada a ação no inciso VII do art. 966, o termo inicial do prazo será a data de descoberta da prova nova, observado o prazo máximo de 5 (cinco) anos, contado do trânsito em julgado da última decisão proferida no processo.
>
> § 3º Nas hipóteses de simulação ou de colusão das partes, o prazo começa a contar, para o terceiro prejudicado e para o Ministério Público, que não interveio no processo, a partir do momento em que têm ciência da simulação ou da colusão.

Acerca do tema, há extensa súmula do TST, que segue, com destaques nossos:

> **SUM 100- AÇÃO RESCISÓRIA. DECADÊNCIA (incorporadas as Orientações Jurisprudenciais nºs 13, 16, 79, 102, 104, 122 e 145 da SBDI-2) - Res. 137/2005, DJ 22, 23 e 24.08.2005**
>
> I - O prazo de decadência, na ação rescisória, conta-se do dia imediatamente subseqüente ao trânsito em julgado da última decisão proferida na causa, seja de mérito ou não. (ex-Súmula nº 100 - alterada pela Res. 109/2001, DJ 20.04.2001)
>
> II - Havendo recurso parcial no processo principal, o trânsito em julgado dá-se em momentos e em tribunais diferentes, contando-se o prazo decadencial para a ação rescisória do trânsito em julgado de cada decisão, salvo se o recurso tratar de preliminar ou prejudicial que possa tornar insubsistente a decisão recorrida, hipótese em que flui a decadência a partir do trânsito em julgado da decisão que julgar o recurso parcial. (ex-Súmula nº 100 - alterada pela Res. 109/2001, DJ 20.04.2001)
>
> III - Salvo se houver dúvida razoável, a interposição de recurso intempestivo ou a interposição de recurso incabível não protrai o termo inicial do prazo decadencial. (ex-Súmula nº 100 - alterada pela Res. 109/2001, DJ 20.04.2001)
>
> IV - O juízo rescindente não está adstrito à certidão de trânsito em julgado juntada com a ação rescisória, podendo formar sua convicção através de outros elementos dos autos quanto à antecipação ou postergação do "dies a quo" do prazo decadencial. (ex-OJ nº 102 da SBDI-2 - DJ 29.04.2003)

V - O acordo homologado judicialmente tem força de decisão irrecorrível, na forma do art. 831 da CLT. Assim sendo, o termo conciliatório transita em julgado na data da sua homologação judicial. (ex-OJ nº 104 da SBDI-2 - DJ 29.04.2003)

VI - Na hipótese de colusão das partes, o prazo decadencial da ação rescisória somente começa a fluir para o Ministério Público, que não interveio no processo principal, a partir do momento em que tem ciência da fraude. (ex-OJ nº 122 da SBDI-2 - DJ 11.08.2003)

VII - Não ofende o princípio do duplo grau de jurisdição a decisão do TST que, após afastar a decadência em sede de recurso ordinário, aprecia desde logo a lide, se a causa versar questão exclusivamente de direito e estiver em condições de imediato julgamento. (ex-OJ nº 79 da SBDI-2 - inserida em 13.03.2002)

VIII - A exceção de incompetência, ainda que oposta no prazo recursal, sem ter sido aviado o recurso próprio, não tem o condão de afastar a consumação da coisa julgada e, assim, postergar o termo inicial do prazo decadencial para a ação rescisória. (ex-OJ nº 16 da SBDI-2 - inserida em 20.09.2000)

IX - Prorroga-se até o primeiro dia útil, imediatamente subseqüente, o prazo decadencial para ajuizamento de ação rescisória quando expira em férias forenses, feriados, finais de semana ou em dia em que não houver expediente forense. Aplicação do art. 775 da CLT. (ex-OJ nº 13 da SBDI-2 - inserida em 20.09.2000)

X - Conta-se o prazo decadencial da ação rescisória, após o decurso do prazo legal previsto para a interposição do recurso extraordinário, apenas quando esgotadas todas as vias recursais ordinárias. (ex-OJ nº 145 da SBDI-2 - DJ 10.11.2004)

2.3 Legitimidade

Podem propor a ação, a princípio, até porque estão devidamente mencionados no título judicial, aquele que foi parte no processo (ou seu sucessor a título singular ou universal); o terceiro juridicamente interessado, isto é, aquele que mantém com a causa (partes ou objeto da demanda), situação que modifique relação jurídica previamente constituída; aquele que deveria ter sido ouvido no processo e não o foi, por ser sua intervenção obrigatória (hipótese de litisconsórcio necessário, por exemplo) e o Ministério Público, este que se legitima por não ter sido ouvido em causa em que lhe obrigatória a intervenção, bem como nos casos de simulação ou colusão das partes, bem assim qualquer demanda em que se entenda por lesionado o interesse público e se impunha sua atuação[8].

8 **SUM-407 AÇÃO RESCISÓRIA. MINISTÉRIO PÚBLICO. LEGITIMIDADE “AD CAUSAM” PREVISTA NO ART. 967, III, “A”, “B” E “C” DO CPC DE 2015. ART. 487, III, “A” E “B”, DO CPC DE 1973. HIPÓTESES MERAMENTE EXEMPLIFICATIVAS (nova**

2.4 Depósito

O art. 968 do CPC, ao tratar dos requisitos da inicial, elenca a imperiosa necessidade de se acostar aos autos depósito correspondente a 5% sobre o valor da causa, que se converterá em multa no caso de improcedência ou inadmissibilidade, **por unanimidade** de votos.

Contudo, a matéria, no âmbito do processo do trabalho, é regulada pela CLT, que assim dispõe:

> Art. 836. É vedado aos órgãos da Justiça do Trabalho conhecer de questões já decididas, excetuados os casos expressamente previstos neste Título **e a ação rescisória, que será admitida na forma do disposto no Capítulo IV do Título IX da Lei no 5.869, de 11 de janeiro de 1973 – Código de Processo Civil, sujeita ao depósito prévio de 20% (vinte por cento) do valor da causa, salvo prova de miserabilidade jurídica do autor**. (Redação dada pela Lei nº 11.495, de 2007)
>
> Parágrafo único. A execução da decisão proferida em ação rescisória far-se-á nos próprios autos da ação que lhe deu origem, e será instruída com o acórdão da rescisória e a respectiva certidão de trânsito em julgado. (Incluído pela Medida provisória nº 2.180-35, de 2001)

O valor do depósito na seara trabalhista é bem mais alto e a efetivação há que se pautar pelo disposto na Instrução Normativa 31 do TST, dando-se ênfase aqui aos seguintes dispositivos:

> Art. 2° O valor da causa da ação rescisória que visa desconstituir decisão da fase de conhecimento corresponderá:
>
> I - no caso de improcedência, ao valor dado à causa do processo originário ou aquele que for fixado pelo Juiz;
>
> II - no caso de procedência, total ou parcial, ao respectivo valor arbitrado à condenação.
>
> Art. 3° O valor da causa da ação rescisória que visa desconstituir decisão da fase de execução corresponderá ao valor apurado em liquidação de sentença.

---

redação em decorrência do CPC de 2015) - Res. 208/2016, DEJT divulgado em 22, 25 e 26.04.2016. A legitimidade "ad causam" do Ministério Público para propor ação rescisória, ainda que não tenha sido parte no processo que deu origem à decisão rescindenda, <u>não está limitada às alíneas "a", "b" e "c" do inciso III do art. 967 do CPC de 2015 (art. 487, III, "a" e "b", do CPC de 1973), uma vez que traduzem hipóteses meramente exemplificativas</u> (ex-OJ nº 83 da SBDI-II - inserida em 13.03.2002)

2.5 Competência

A ação rescisória trabalhista tem competência originária nos Tribunais Regionais (para sentenças produzidas por órgãos primários sob sua jurisdição ou de acórdãos por ele proferidos) ou Tribunal Superior do Trabalho (em relação a seus acórdãos), neste caso, regulamentada por meio da sua súmula 192, restando ali ressaltados a importância de ter-se decisão de mérito produzida pelo órgão de origem:

> **AÇÃO RESCISÓRIA. COMPETÊNCIA (atualizada em decorrência do CPC de 2015) - Res. 212/2016, DEJT divulgado em 20, 21 e 22.09.2016**
>
> I - Se não houver o conhecimento de recurso de revista ou de embargos, a competência para julgar ação que vise a rescindir a decisão de mérito é do Tribunal Regional do Trabalho, ressalvado o disposto no item II.
>
> II - Acórdão rescindendo do Tribunal Superior do Trabalho que não conhece de recurso de embargos ou de revista, analisando arguição de violação de dispositivo de lei material ou decidindo em consonância com súmula de direito material ou com iterativa, notória e atual jurisprudência de direito material da Seção de Dissídios Individuais (Súmula nº 333), examina o mérito da causa, cabendo ação rescisória da competência do Tribunal Superior do Trabalho. (ex-Súmula nº 192 – alterada pela Res. 121/2003, DJ 21.11.2003)
>
> III – Sob a égide do art. 512 do CPC de 1973, é juridicamente impossível o pedido explícito de desconstituição de sentença quando substituída por acórdão do Tribunal Regional ou superveniente sentença homologatória de acordo que puser fim ao litígio.
>
> IV – Na vigência do CPC de 1973, é manifesta a impossibilidade jurídica do pedido de rescisão de julgado proferido em agravo de instrumento que, limitando-se a aferir o eventual desacerto do juízo negativo de admissibilidade do recurso de revista, não substitui o acórdão regional, na forma do art. 512 do CPC. (ex-OJ nº 105 da SBDI-2 - DJ 29.04.2003)
>
> V- A decisão proferida pela SBDI, em agravo regimental, calcada na Súmula nº 333, substitui acórdão de Turma do TST, porque emite juízo de mérito, comportando, em tese, o corte rescisório. (ex-OJ nº 133 da SBDI-2 - DJ 04.05.2004).

2.6 Documento essencial e suspensão do cumprimento da decisão rescindenda

A regra posta no art. 969 estabelece que "a propositura da ação rescisória não impede o cumprimento da decisão rescindenda, ressalvada a concessão de tutela provisória". Assim, resolve-se antigo artifício no processo do trabalho, consistente no ajuizamento de ação cautelar preparatória ou incidental, com vistas à concessão de efeito suspensivo no cumprimento da decisão que se objetiva rescindir, munida dos documentos necessários à prova da tutela preventiva[9].

No atual regramento, a exigência de prova documental para instrução da rescisória persiste, como podemos extrair da Súmula 299 do TST, nestes termos:

> **AÇÃO RESCISÓRIA. DECISÃO RESCINDENDA. TRÂNSITO EM JULGADO. COMPROVAÇÃO. EFEITOS (nova redação do item II em decorrência do CPC de 2015) - Res. 211/2016, DEJT divulgado em 24, 25 e 26.08.2016**
>
> I - É indispensável ao processamento da ação rescisória a prova do trânsito em julgado da decisão rescindenda. (ex-Súmula nº 299 – Res. 8/1989, DJ 14, 18 e 19.04.1989)
>
> II - Verificando o relator que a parte interessada não juntou à inicial o documento comprobatório, abrirá prazo de 15 (quinze) dias para que o faça (art. 321 do CPC de 2015), sob pena de indeferimento.(ex-Súmula nº 299 - Res 8/1989, DJ 14, 18 e 19.04.1989)
>
> III - A comprovação do trânsito em julgado da decisão rescindenda é pressuposto processual indispensável ao tempo do ajuizamento da ação rescisória. Eventual trânsito em julgado posterior ao ajuizamento da ação rescisória não reabilita a ação proposta, na medida em que o ordenamento jurídico não contempla a ação rescisória preventiva. (ex-OJ nº 106 da SBDI-2 - DJ 29.04.2003)
>
> IV - O pretenso vício de intimação, posterior à decisão que se pretende rescindir, se efetivamente ocorrido, não permite a formação da coisa julgada material. Assim, a ação rescisória deve ser julgada extinta, sem julgamento do mérito, por carência de ação, por inexistir decisão transitada em julgado a ser rescindida. (ex-OJ nº 96 da SBDI-2 - inserida em 27.09.2002)

Uma vez instruída e substanciada pelas alegações autorais, é possível cumular pleito de tutela de urgência incidental, nos termos do art. 300 e ss. do código de processo civil, de uso supletivo ao processo do trabalho[10].

---

9 Nesse sentido, preconiza a OJ 76 da SDI-2 do TST: 76. **AÇÃO RESCISÓRIA. AÇÃO CAUTELAR PROPOSTA SOB A VIGÊNCIA DO CPC de 1973. SUSPENSÃO DA EXECUÇÃO. JUNTADA DE DOCUMENTO INDISPENSÁVEL. POSSIBILIDADE DE ÊXITO NA RESCISÃO DO JULGADO (atualizada em decorrência do CPC de 2015) - Res. 220/2017, DEJT divulgado em 21, 22 e 25.09.2017.**
É indispensável a instrução da ação cautelar proposta sob a vigência do CPC de 1973 com as provas documentais necessárias à aferição da plausibilidade de êxito na rescisão do julgado. Assim sendo, devem vir junto com a inicial da cautelar as cópias da petição inicial da ação rescisória principal, da decisão rescindenda, da certidão do trânsito em julgado da decisão rescindenda e informação do andamento atualizado da execução.

10 **TST, Sum. 405: AÇÃO RESCISÓRIA. TUTELA PROVISÓRIA (nova redação em decorrência do CPC de 2015) – Res. 208/2016, DEJT divulgado em 22, 25 e 26.04.2016.** Em

2.7 Postura do réu e tramitação junto ao tribunal

A formação de regime litisconsorcial, em ação rescisória trabalhista, somente se faz necessária quanto ao polo passivo, sendo facultativa sempre em relação aos autores. Note-se o teor da Súmula 406 do TST:

> **AÇÃO RESCISÓRIA. LITISCONSÓRCIO. NECESSÁRIO NO PÓLO PASSIVO E FACULTATIVO NO ATIVO. INEXISTENTE QUANTO AOS SUBSTITUÍDOS PELO SINDICATO (conversão das Orientações Jurisprudenciais nºs 82 e 110 da SBDI-2) - Res. 137/2005, DJ 22, 23 e 24.08.2005**
>
> I - O litisconsórcio, na ação rescisória, é necessário em relação ao pólo passivo da demanda, porque supõe uma comunidade de direitos ou de obrigações que não admite solução díspar para os litisconsortes, em face da indivisibilidade do objeto. Já em relação ao pólo ativo, o litisconsórcio é facultativo, uma vez que a aglutinação de autores se faz por conveniência e não pela necessidade decorrente da natureza do litígio, pois não se pode condicionar o exercício do direito individual de um dos litigantes no processo originário à anuência dos demais para retomar a lide. (ex-OJ nº 82 da SBDI-2 - inserida em 13.03.2002)
>
> II - O Sindicato, substituto processual e autor da reclamação trabalhista, em cujos autos fora proferida a decisão rescindenda, possui legitimidade para figurar como réu na ação rescisória, sendo descabida a exigência de citação de todos os empregados substituídos, porquanto inexistente litisconsórcio passivo necessário. (ex-OJ nº 110 da SBDI-2 - DJ 29.04.2003)

O prazo para a apresentação da defesa, na dicção do art. 970 do CPC, não será inferior a 15 nem superior a 30 dias. Após, observar-se-á o procedimento comum. Questão interessante diz respeito à revelia, matéria objeto também de súmula do TST, qual seja, a 398:

> **AÇÃO RESCISÓRIA. AUSÊNCIA DE DEFESA. INAPLICÁVEIS OS EFEITOS DA REVELIA (alterada em decorrência do CPC de 2015) - Res. 219/2017, DEJT divulgado em 28, 29 e 30.06.2017 – republicada - DEJT divulgado em 12, 13 e 14.07.2017**
>
> Na ação rescisória, o que se ataca é a decisão, ato oficial do Estado, acobertado pelo manto da coisa julgada. Assim, e considerando que a coisa julgada envolve questão de ordem pública, a revelia não produz confissão na ação rescisória. (ex-OJ nº 126 da SBDI-2 - DJ 09.12.2003)

face do que dispõem a MP 1.984-22/2000 e o art. 969 do CPC de 2015, é cabível o pedido de tutela provisória formulado na petição inicial de ação rescisória ou na fase recursal, visando a suspender a execução da decisão rescindenda.

Em suma, se necessário, deverá o relator (que, preferencialmente, não deva ter participado do julgamento da decisão rescindenda) determinar a realização das provas e demais diligências necessárias ao esclarecimento dos fatos, medida que se torna imperiosa especialmente nas hipóteses envolvendo condutas irregulares das partes ou do prolator da decisão, bem assim, ante a falsidade da prova. Permite-se, nessas situações, a delegação de atos ao órgão que prolatou a decisão (particularmente quando se trata de sentença), com vistas a agilizar o processamento, nos termos do art. 972 do CPC, fixando-se prazo razoável ao cumprimento da diligência, de um a três meses.

Vencida a dilação probatória, têm as partes prazo sucessivo de dez dias para a apresentação das razões finais, findo o qual, ouvido o Ministério Público na condição de *custos legis*, estará maduro o processo para julgamento.

3. EFEITOS DO ACÓRDÃO EM CASO DE ACOLHIMENTO DA PRETENSÃO

Acerca do acórdão proferido na ação rescisória, dedica o CPC apenas um artigo:

> Art. 974. Julgando procedente o pedido, o tribunal rescindirá a decisão, proferirá, se for o caso, novo julgamento e determinará a restituição do depósito a que se refere o inciso II do art. 968.
>
> Parágrafo único. Considerando, por unanimidade, inadmissível ou improcedente o pedido, o tribunal determinará a reversão, em favor do réu, da importância do depósito, sem prejuízo do disposto no § 2º do art. 82.

Conforme dito no início deste ensaio, o julgamento encartará um julgamento absolutamente necessário, acerca do *iudicium rescindens*, de natureza constitutiva-negativa, quando procedente; ou meramente declaratório, quando a pretensão não foi acolhida. No primeiro caso, retira-se a decisão, total ou parcialmente (no caso de rescisão de capítulo da decisão), do mundo jurídico. Mas há casos em que a retirada simplesmente não basta, sendo necessária a prolação de novo julgamento, até porque, não poderia o poder judiciário deixar uma situação jurídica sem a devida solução[11]. Temos aqui o *iudicium rescissorium*, este que diz respeito ao provimento originário postulado pelo autor na ação que gerou a decisão objeto da rescisão. Aqui, a natureza da decisão é variável, a depender do perfil da demanda, podendo até advir resultado de completa rejeição do pedido formulado pelo autor, cenário frustrante ao que buscou a extirpação do julgado

11 Um dos casos a prescindir novo julgamento seria aquele relacionado com a coisa julgada, haja vista que retirada a decisão objurgada, restará a outra.

primevo, mas perfeitamente cabível nessa nova fase que se inicia. Contudo, lembra-nos Manoel Antônio Teixeira Filho, que mesmo na rescisória, o órgão julgador tem que se ater ao pedido formulado pela parte autora:

> [...] o tribunal estará proibido de proferir acórdão acima (ultra), fora (extra) ou abaixo (citra ou infra) do postulado pelo autor, sob pena de nulidade do julgado infringente dessa regra legal. É sempre oportuno assinalar que os pedidos devem ser interpretados de maneira restritiva (CPC, art. 293), conquanto se compreendam no principal os juros legais (*ibidem*). De outra parte, devemos lembrar a existência dos denominados pedidos implícitos, ou seja, aqueles cuja formulação se pode presumir existente. Nessa categoria de pedidos podemos incluir, entre outros, os relativos aos juros legais (CPC, art. 293), aos juros da mora (CPC, art. 219), à correção monetária, às despesas processuais, especialmente os honorários de advogado (CPC, art. 20), às prestações periódicas vincendas (CPC, art. 290).[12]

Há, ainda, uma peculiaridade atrelada ao julgamento, particularmente quando o Tribunal apresenta órgão fracionado competente para apreciação da ação rescisória, na forma do art. 942, § 3º, do CPC:

> Art. 942. Quando o resultado da apelação for não unânime, o julgamento terá prosseguimento em sessão a ser designada com a presença de outros julgadores, que serão convocados nos termos previamente definidos no regimento interno, em número suficiente para garantir a possibilidade de inversão do resultado inicial, assegurado às partes e a eventuais terceiros o direito de sustentar oralmente suas razões perante os novos julgadores.
>
> § 1º Sendo possível, o prosseguimento do julgamento dar-se-á na mesma sessão, colhendo-se os votos de outros julgadores que porventura componham o órgão colegiado.
>
> § 2º Os julgadores que já tiverem votado poderão rever seus votos por ocasião do prosseguimento do julgamento.
>
> § 3º A técnica de julgamento prevista neste artigo aplica-se, igualmente, ao julgamento não unânime proferido em:
>
> I - ação rescisória, quando o resultado for a rescisão da sentença, devendo, nesse caso, seu prosseguimento ocorrer em órgão de maior composição previsto no regimento interno;[...]

A decisão proferida deverá conter o regime acerca do pagamento de verba honorária, conforme prevê o item III, da Súmula 219 do TST. Ademais, em relação

12 TEIXEIRA FILHO, Manoel Antonio. **Cadernos de Processo Civil 42** - Ação Rescisória - Procedimento. 1ed. São Paulo: LTr, 2001.

à Fazenda Pública, sujeita-se a decisão ao duplo de grau de jurisdição, na forma estatuída por entendimento igualmente sumulado pelo TST:

> **FAZENDA PÚBLICA. REEXAME NECESSÁRIO (nova redação em decorrência do CPC de 2015) - Res. 211/2016, DEJT divulgado em 24, 25 e 26.08.2016**
>
> I - Em dissídio individual, está sujeita ao reexame necessário, mesmo na vigência da Constituição Federal de 1988, decisão contrária à Fazenda Pública, salvo quando a condenação não ultrapassar o valor correspondente a: a) 1.000 (mil) salários mínimos para a União e as respectivas autarquias e fundações de direito público; b) 500 (quinhentos) salários mínimos para os Estados, o Distrito Federal, as respectivas autarquias e fundações de direito público e os Municípios que constituam capitais dos Estados; c) 100 (cem) salários mínimos para todos os demais Municípios e respectivas autarquias e fundações de direito público.
>
> II – Também não se sujeita ao duplo grau de jurisdição a decisão fundada em:
>
> a) súmula ou orientação jurisprudencial do Tribunal Superior do Trabalho;
>
> b) acórdão proferido pelo Supremo Tribunal Federal ou pelo Tribunal Superior do Trabalho em julgamento de recursos repetitivos;
>
> c) entendimento firmado em incidente de resolução de demandas repetitivas ou de assunção de competência;
>
> d) entendimento coincidente com orientação vinculante firmada no âmbito administrativo do próprio ente público, consolidada em manifestação, parecer ou súmula administrativa.
>
> III - <u>Em ação rescisória, a decisão proferida pelo Tribunal Regional do Trabalho está sujeita ao duplo grau de jurisdição obrigatório quando desfavorável ao ente público, exceto nas hipóteses dos incisos anteriores</u>. (ex-OJ nº 71 da SBDI-1 - inserida em 03.06.1996)
>
> IV – omitida...

Não sendo a hipótese de remessa necessária, decisão proferida pelo TRT será objeto de recurso ordinário ao TST, respeitando-se os requisitos insertos na CLT (TST, Sum. 158).

4. COMPILAÇÃO JURISPRUDENCIAL

RECURSO ORDINÁRIO EM AÇÃO RESCISÓRIA AJUIZADA SOB A ÉGIDE DO CPC DE 2015. FUNDAMENTO NO ART. 966, INCISO V, DO CPC DE 2015. CAGEPA. Regime de execução por precatórios. Prestação de serviço público essencial. Regime não concorrencial. Capital majoritariamente estatal. Violação do art. 173, § 1º, inciso II, e § 2º, da CF/88. 1. Trata-se de ação rescisória ajuizada com fundamento no art. 966, inciso V, do CPC, objetivando desconstituir do acórdão proferido pelo tribunal regional do trabalho da 13ª região, na parte em que concedeu à reclamada, ora ré, os privilégios inerentes à Fazenda Pública, sustentando violação manifesta perpetrada ao art. 173, § 1º, inciso II, e § 2º, da CF/88, a Cagepa tem como principal acionista o governo do estado, titular de 99,9% de seu capital, tendo, sem dúvida alguma, o seu capital integralizado exclusivamente por entes estatais, além de executar serviço público, inobstante sua constituição de pessoa jurídica de direito privado. 2. O Supremo Tribunal Federal, no julgamento do RE 599.628-rg (rel. Min. Ayres Britto, Rel. P/ acórdão Min. Joaquim Barbosa, Rel. Atual. Min. Min. Roberto barroso, DJE de 17/10/2011), tema 253 da tabela de repercussão geral, em que se discutiu a aplicabilidade do regime de precatórios às entidades da administração indireta prestadoras de serviços públicos essenciais, firmou o entendimento de que os privilégios da Fazenda Pública são inextensíveis às sociedades de economia mista que executam atividades em regime de concorrência ou que tenham como objetivo distribuir lucros aos seus acionistas. 3. Seguindo essa linha de entendimento, esta c. Corte definiu, no caso dos autos e em casos análogos, que a execução deve ser realizada pelo regime de precatórios quando se trata de sociedade de economia mista que realiza atividade típica de estado, com capital majoritariamente público, em regime não concorrencial, e sem o objetivo de distribuição de lucros e dividendos. 4. Sendo essa precisamente a hipótese na qual se insere a ré, devem-lhe ser aplicadas as prerrogativas inerentes à Fazenda Pública, sujeitando-se a execução ao regime de precatório, contexto no qual se materializa a almejada violação do art. 173, §1º, II, e §2º, ambos da CF, mantendo-se íntegro o acórdão rescindendo. Recurso ordinário conhecido e desprovido. (TST; RO 0000064-32.2017.5.13.0000; Subseção II Especializada em Dissídios Individuais; Rel. Min. Alexandre de Souza Agra; DEJT 21/06/2019; Pág. 433)

AÇÃO RESCISÓRIA. INSTITUTO NACIONAL DE COLONIZAÇÃO E REFORMA AGRÁRIA. INCRA. INOBSERVÂNCIA DO DUPLO GRAU DE JURISDIÇÃO. AUSÊNCIA DE TRÂNSITO EM JULGADO. EXTINÇÃO DO FEITO. De acordo com as disposições contidas nos artigos 1º, V, do Decreto-Lei nº 779/69 e 496, § 1º, do NCPC, somente as decisões de mérito, transitadas em julgado, podem se rescindidas. No caso presente, a parte autora foi condenada na reclamatória originária sem que lhe tenham sido asseguradas as prerrogativas concedidas à Fazenda Pública, visto que a decisão rescindenda, proferida de forma ilíquida, não foi submetida ao duplo grau de jurisdição, o que impossibilita a apreciação da presente ação, vez que o trânsito em julgado da decisão impugnada e a existência de coisa julgada material constituem pressupostos processuais para o seu ajuizamento, e a não satisfação destes requisitos enseja a extinção do processo, sem resolução de mérito, com fundamento no artigo 485, IV, do NCPC. Aplicável à hipótese o disposto na OJ nº 21 da SDI-2 do C. TST. (TRT 6ª R.; AR 0000129-51.2019.5.06.0000; Tribunal Pleno; Rel. Des. Ruy Salathiel de Albuquerque e Mello Ventura; Julg. 08/07/2019; DOEPE 10/07/2019)

AGRAVO DE PETIÇÃO. EXECUÇÃO TRABALHISTA. INCOMPETÊNCIA ABSOLUTA EM RAZÃO DA MATÉRIA. EFEITOS DA COISA JULGADA. IMPOSSIBILIDADE DE ANÁLISE. Rescindibilidade somente por via rescisória. Embora seja viável a declaração de incompetência absoluta em qualquer tempo ou grau de jurisdição, inclusive, de ofício, conforme dispõe o art. 64, § 1º, do CPC/2015, fica o reconhecimento limitado ao trânsito em julgado da sentença. Sendo assim, após a fase de conhecimento com decisão transitada em julgado, a incompetência em razão da matéria somente poderá ser declarada mediante ação rescisória, meio processual adequado para esse fim, nos termos do art. 966, II, do CPC/2015. Com efeito, pois nenhum juiz pode julgar novamente ação que já foi anteriormente julgada, por decisão contra a qual não cabe mais recurso, eis que incide na espécie a preclusão temporal, que não se sobrepõe a eventual ofensa à coisa julgada. Ademais, da leitura do art. 917, V, do CPC/2015, constata-se que a incompetência do juízo da execução que poderia ser suscitada, seria aquela absoluta, porém na espécie funcional, não a incompetência material já transitada em julgado, passível somente de rescindibilidade. Excesso de execução. Alegação de erro na aplicação dos índices oficiais de juros e de correção monetária. Ausência de sucumbência. Não conhecimento. O agravo não merece conhecimento quanto à alegação de excesso de execução sob a alegação de erro na aplicação dos índices oficiais de juros e de correção monetária em relação à FAZENDA PÚBLICA, dado que não houve sucumbência a esse respeito, uma vez que a pretensão fora acolhida pela sentença que resolveu os embargos à execução objeto do presente agravo de petição. Agravo de petição parcialmente conhecido e improvido. (TRT 22ª R.; AP 0000638-28.2016.5.22.0101; Primeira Turma; Rel. Des. Francisco Meton Marques de Lima; Julg. 24/06/2019; DEJTPI 09/07/2019; Pág. 29

AÇÃO RESCISÓRIA ALICERÇADA NOS INCISOS IV E VI DO ARTIGO 966 DO CPC. COISA JULGADA E VIOLAÇÃO DE NORMA JURÍDICA. A coisa julgada que autoriza o corte rescisório, como preconizado através do inciso IV, do artigo 966 do CPC/2015, pressupõe a dualidade de ações e não se configura quando a suposta ofensa acontece no bojo de um único processo. Hipótese vertente em que a pretensão rescisória está calcada na alegação de que o V. Acórdão ofendeu a suposta coisa julgada que se formou com a decisão proferida pelo Juízo de primeiro grau nos mesmos autos (Processo 0010190-55.2015.5.03.0109). Não há, no presente feito, elementos capazes de conduzir à desconstituição da decisão rescindenda, prolatada em sede de Recurso Ordinário, que conheceu do Reexame Necessário considerando que o pedido inserto na ação anulatória foi julgado procedente em face da Fazenda Pública e que, à época da prolação da sentença, em 10/09/2015, o valor atribuído à causa era superior ao limite de 60 (sessenta) salários mínimos vigentes, tornando obrigatória a observância do duplo grau de jurisdição, nos termos do art. 475, § 2º, do CPC/73, aplicável à hipótese. E, em sendo aplicável as normas do CPC/73 quando da prolação da decisão, não se visualiza, por corolário lógico, violação à norma contida no art. 496, § 3º, do CPC/2015. Ação rescisória que se proclama improcedente. CONCLUSÃO: O Tribunal Regional do Trabalho da Terceira Região, em Sessão Ordinária da 2ª SEÇÃO DE DISSÍDIOS INDIVIDUAIS (2ª SDI) Hoje realizada, julgou o presente feito e, por unanimidade, admitiu a ação rescisória, conheceu da defesa apresentada e rejeitou as preliminares suscitadas pela ré. No mérito, sem divergência, julgou improcedente a ação, condenando a autora ao pagamento de honorários advocatícios no percentual de 10% sobre o valor da causa (art. 85 do CPC e Súmula nº 219, II, do Col. TST). Determinou que, após o trânsito em julgado, deverá ser liberado à ré o depósito prévio realizado (artigo 974, parágrafo único, do CPC). Custas, pela autora, no importe de R$3.606,30, calculadas sobre R$180.315,14, valor atribuído à causa. Belo Horizonte, 13 de junho de 2019. (TRT 3ª R.; AR 0011121-89.2018.5.03.0000; Segunda Seção Especializada de Dissídios Individuais; Rel. Des. Júlio Bernardo do Carmo; Julg. 13/06/2019; DEJTMG 21/06/2019; Pág. 525)

5. QUESTÕES

1. (VUNESP - Prefeitura de Itapevi/SP - Procurador Municipal - 2019) A ação rescisória visa atacar a coisa julgada material, sendo certo que:

a) é cabível a sua propositura, com base em violação de norma jurídica, contra decisão baseada em enunciado de súmula que não tenha considerado a existência de distinção entre a questão discutida no processo e o padrão decisório que lhe deu fundamento.

b) o Ministério Público tem legitimidade para o seu ajuizamento, quando a decisão rescindenda é o efeito de simulação ou de concussão das partes, a fim de fraudar a lei.

c) a sua petição inicial deverá ser instruída com o depósito de 3 (três) por cento sobre o valor da causa, que se converterá em multa caso a ação seja, por unanimidade de votos, declarada inadmissível ou improcedente.

d) não será rescindível a decisão transitada em julgado que, embora não seja de mérito, impeça a nova propositura da demanda originária.

e) o relator ordenará a citação do réu, o qual deverá contestar a ação no prazo máximo de 10 (dez) dias.

2. (CESPE - DPE/DF - Defensor Público - 2019) No que se refere a mandado de segurança, ação civil pública, ação de improbidade administrativa e ação rescisória, julgue o seguinte item.

De acordo com o Código de Processo Civil, sentença transitada em julgado que tenha sido baseada em transação inválida poderá ser rescindida se o vício for verificado mediante simples exame dos documentos dos autos.

3. (UPENET/IAUP - UPE - Advogado - 2019) Sobre o tema ação rescisória, assinale a alternativa CORRETA.

a) Os legitimados ativos para a propositura da ação rescisória são apenas as partes ou os seus sucessores a título universal.

b) A propositura da ação rescisória impede o cumprimento da decisão rescindenda.

c) É cabível contra decisão fundada em interpretação de ato normativo tido pelo Supremo Tribunal Federal como incompatível com a Constituição Federal, em controle de constitucionalidade concentrado ou difuso, contado o prazo decadencial a partir do trânsito em julgado da decisão proferida pelo Supremo Tribunal Federal.

d) Proposta com base em prova nova deverá ser promovida em até 05 anos da data da descoberta dessa nova prova.

e) Não se aplica à ação rescisória a prorrogação de prazo para o primeiro dia útil imediatamente subsequente para efeito do seu ajuizamento pela parte interessada, quando se expirar durante as férias forenses, recesso, feriados ou em dia em que não houver expediente forense.

4. (IADES - AL/GO - Procurador – 2019) Quanto à ação rescisória, assinale a alternativa correta.

a) Cabe ação rescisória, com fundamento na violação manifesta a norma jurídica, diante da decisão com base em enunciado de súmula ou acórdão proferido em julgamento de casos repetitivos que não tenha considerado a existência de distinção entre a questão discutida no processo e o padrão decisório que lhe deu fundamento.

b) A ação rescisória deve dizer respeito a todos os capítulos da decisão; caso diga respeito a apenas um capítulo, ela é incabível.

c) O prazo de resposta da ação rescisória é sempre de 15 dias.

d) O direito à rescisão se extingue em dois anos contados do trânsito em julgado da parte da decisão de mérito que se quer rescindir.

e) A decisão de mérito, transitada em julgado, que for proferida por juiz relativamente incompetente pode ser rescindida.

5. (VUNESP - Câmara de Itaquaquecetuba/SP - Procurador Jurídico – 2018) De decisão meritória transitada em julgado, caberá ação rescisória na seguinte situação:

a) se proferida por juiz relativamente incompetente.

b) se ofender ato jurídico perfeito.

c) se for fundada em prova falsa, assim reconhecida judicialmente.

d) se for fundada em erro de direito, verificável de simples exame dos autos.

e) no prazo de 3 (três) anos, contados do trânsito em julgado da decisão rescindenda.

Gabarito: 1. A; 2. Certo; 3. C; 4. A; 5. C

Capítulo 21

ASPECTOS PROCESSUAIS DAS DEMANDAS DE RESPONSABILIZAÇÃO DA FAZENDA PÚBLICA DECORRENTE DE TERCEIRIZAÇÃO

BRUNO CARNEIRO DA CUNHA ALMEIDA[1]

1. CONSIDERAÇÕES INICIAIS

O mecanismo da terceirização tem larga utilização pelo Poder Público no país, pois constitui importante formato de relação jurídica que permite à entidade estatal focalizar seus esforços em suas atividades públicas primordiais, delegando as atividades acessórias para entes privados especializados.

Daí resulta a intensa litigiosidade enfrentada pelos entes públicos no âmbito da Justiça do Trabalho, pois cada demanda proposta por empregado terceirizado geralmente apresenta, no polo passivo, o ente público tomador, cuja responsabilização subsidiária é pretendida pelo autor, na forma da Súmula 331 do TST.

Assim, as demandas de responsabilização do ente público decorrente de terceirização representam a ampla maioria das ações da Fazenda Pública no âmbito trabalhista, razão pela qual ganha importância o estudo de controvérsias processuais comumente verificadas nessas demandas.

---

1 Mestre em Direito pela Universidade Católica de Pernambuco. Pós-graduado em Direito Processual Civil pela Universidade Candido Mendes. Pós-graduado em Direito Material e Processual do Trabalho pela Escola Superior da Magistratura Trabalhista da Paraíba. Graduado em Direito pela Universidade Federal da Paraíba. Procurador do Município de João Pessoa.

2. LITISCONSÓRCIO PASSIVO ENTRE EMPREGADOR E ENTE PÚBLICO TOMADOR

As demandas que tratam da responsabilização da Fazenda Pública decorrente de terceirização apresentam, em regra, um litisconsórcio passivo formado pelo empregador e pelo ente público tomador.

Assim, a primeira questão que se propõe a analisar refere-se à natureza do litisconsórcio passivo entre o empregador e o ente público tomador.

Considera-se *unitário* o litisconsórcio nas situações em que a decisão de mérito deva ser uniforme para todos os litisconsortes. Nesse sentido estabelece a definição legal contida no art. 116 do CPC: "O litisconsórcio será unitário quando, pela natureza da relação jurídica, o juiz tiver de decidir o mérito de modo uniforme para todos os litisconsortes".

Essa obrigatória uniformidade da decisão de mérito para os litisconsortes decorre da existência de uma relação jurídica indivisível entre eles, o que afasta a possibilidade de julgamentos diversos.

Por sua vez, o litisconsórcio *simples* admite a existência de decisões de mérito diversas para os litisconsortes.

Essa classificação apresenta importante repercussão prática, pois determina o regime jurídico do litisconsórcio. Nos termos do art. 117 do CPC, "[o]s litisconsortes serão considerados, em suas relações com a parte adversa, como litigantes distintos, exceto no litisconsórcio unitário, caso em que os atos e as omissões de um não prejudicarão os outros, mas os poderão beneficiar".

Tal disposição legal ressalta a existência de dois regimes jurídicos diversos para o litisconsórcio.[2] De um lado, fala-se em *regime comum ou simples* para referir-se ao litisconsórcio simples, em que cada um dos litisconsortes é considerado parte distinta e autônoma em relação aos demais, de modo que os atos e omissões de um não prejudicam nem beneficiam os outros. É que, como a sentença não precisa tratar de modo uniforme os litisconsortes, não é essencial a harmonização da atuação desses litisconsortes.

De outro lado, tem-se o *regime especial* relativo ao litisconsórcio unitário, em que os litisconsortes atuam como uma unidade em relação ao polo adverso,

---

2 Nessa linha, Ovídio Baptista da Silva já ressaltava a diferença encontrada no regime jurídico do litisconsórcio simples e do unitário: SILVA, Ovídio A. Baptista da. *Curso de processo civil.* Vol. 1. 6. ed. São Paulo: Revista dos Tribunais, 2003, p. 264-266. Tal distinção também está bem delineada pelos seguintes autores: ASSIS, Araken de. *Processo civil brasileiro.* Vol. II: parte geral: institutos fundamentais. Tomo 1. São Paulo: Revista dos Tribunais, 2015, p. 252-257; MARINONI, Luiz Guilherme; ARENHART, Sérgio Cruz; MITIDIERO, Daniel. *Novo curso de processo civil.* Vol. II. 2. ed. São Paulo: Revista dos Tribunais, 2016, p. 96-97.

tendo em vista que a incindibilidade da relação jurídica impõe que a decisão seja uniforme para os litisconsortes.

Daí a exceção prevista no art. 117 do CPC/2015, no sentido de que a regra da autonomia dos litisconsortes fica afastada na hipótese de litisconsórcio unitário, em que o ato de um pode beneficiar o outro.

Na hipótese aqui tratada, consistente em demanda trabalhista em que se pleiteia a responsabilização subsidiária do ente público por contrato de trabalho envolvido em terceirização, tem-se um litisconsórcio simples, uma vez que a decisão não precisa ser uniforme para os litisconsortes, pois empregador e tomador podem ter resultados distintos no processo. Com isso, segue-se o regime comum do litisconsórcio na hipótese, aplicando-se a regra da autonomia dos litisconsortes.

Mas a regra da autonomia entre litisconsortes não é absoluta. Conforme lição de Marinoni, Arenhart e Mitidiero[3], como o litisconsórcio implica um vínculo existente no plano de direito material entre as situações jurídicas dos litigantes, sempre que suas razões forem comuns aos outros, comunicam-se em benefício a todos os que se encontram na mesma situação.

Por isso, mesmo no litisconsórcio simples, é perfeitamente possível que a atuação de um litisconsorte afete o direito do outro quando houver homogeneidade das razões apresentadas, a exemplo da não ocorrência do efeito material da revelia quando apresentada contestação pelo outro litisconsorte (art. 345, I, CPC) e do aproveitamento do recurso interposto pelo outro litisconsorte (art. 1.005, CPC). Em matéria probatória, também, tem-se uma relativização da autonomia dos litisconsortes, pois a prova produzida serve para formar o convencimento judicial, que será o mesmo para todos os sujeitos processuais[4], tendo em vista a obrigação de coerência interna da decisão judicial.

Em razão disso, embora se trate de litisconsórcio simples, a atuação do empregador influi diretamente no resultado do julgamento para o ente público tomador, pois os capítulos decisórios relativos às verbas trabalhistas apresentam os mesmos resultados para os litisconsortes. Por exemplo, a decisão que considera devidas horas extras, diante do reconhecimento de determinada jornada de trabalho, apresenta a mesma solução jurídica para o empregador e o ente público tomador, haja vista a necessidade de coerência interna na decisão.

---

3 MARINONI, Luiz Guilherme; ARENHART, Sérgio Cruz; MITIDIERO, Daniel. *Novo curso de processo civil.* Vol. II. 2. ed. São Paulo: Revista dos Tribunais, 2016, p. 97.

4 Nesse sentido: ASSIS, Araken de. *Processo civil brasileiro.* Vol. II: parte geral: institutos fundamentais. Tomo 1. São Paulo: Revista dos Tribunais, 2015, p. 253; NEVES, Daniel Amorim Assumpção. *Manual de direito processual civil.* 8. ed. Salvador: Juspodivm, 2016, p. 261-262.

Todavia, apesar da possibilidade de um litisconsorte ser afetado pela atuação de outro nas circunstâncias acima, é certo que ele não pode se submeter aos efeitos de disposição de direitos firmados por outro litisconsorte. Conforme explicação de Araken de Assis, "a renúncia ou o reconhecimento do pedido, atos que dispõem do objeto litigioso, respeitam somente ao litisconsorte que manifestar a sua vontade a esse propósito"[5].

Tratando-se de litisconsórcio unitário, o ato de disposição não tem eficácia, em razão da incindibilidade da relação jurídica dos litisconsortes. Por sua vez, sendo o caso de litisconsórcio simples, o ato de disposição do direito somente tem eficácia para o ente praticante do ato, não podendo prejudicar os demais litisconsortes.

Por fim, importante questão sobre o litisconsórcio passivo nas demandas de responsabilização do ente público em decorrência da terceirização refere-se ao posterior ajuizamento de ação exclusivamente em face do ente público tomador para reconhecimento de sua responsabilidade quanto às verbas objeto de ação anterior proposta em face do empregador.

Sobre tal controvérsia, o TST segue o entendimento de que a responsabilidade subsidiária do tomador de serviços somente é possível com a participação desse ente estatal na relação jurídica processual, conforme requisitos constantes da parte final do item IV da Súmula 331 do TST ("desde que haja participado da relação processual e conste também do título executivo judicial").

Assim, o TST definiu que, por óbice da coisa julgada material, não se revela possível ao empregado ajuizar nova reclamação trabalhista em face do tomador de serviços com pedido de responsabilização subsidiária deste em relação a direitos trabalhistas reconhecidos em ação anterior, conforme se exemplifica pelo julgado seguinte:

> (...) Há carência do direito de ação, por impossibilidade jurídica do pedido, quando o empregado ajuíza reclamação trabalhista autônoma em desfavor do tomador dos serviços terceirizados, pleiteando sua responsabilização subsidiária quanto à satisfação dos direitos trabalhistas reconhecidos em ação anterior, já cobertos pelo manto da coisa julgada material, em que figurou no pólo passivo apenas a empresa prestadora dos serviços, real empregadora. A responsabilização do tomador dos serviços está condicionada à sua integração

5 ASSIS, Araken de. *Processo civil brasileiro.* Vol. II: parte geral: institutos fundamentais. Tomo 1. São Paulo: Revista dos Tribunais, 2015, p. 253. No mesmo sentido defende Daniel Neves: "no litisconsórcio simples, os atos de disposição do direito, sejam eles processuais ou materiais, somente atingem o litisconsorte que os praticou no processo, não afetando de forma prejudicial os outros litisconsortes" (NEVES, Daniel Amorim Assumpção. *Manual de direito processual civil.* 8. ed. Salvador: Juspodivm, 2016, p. 258-259).

> no pólo passivo da reclamação trabalhista cujo título executivo judicial venha a assegurar ao obreiro a percepção de direitos trabalhistas não satisfeitos a tempo e modo pela empresa prestadora dos serviços, real empregadora. Seria impróprio reabrir a discussão em torno dos direitos trabalhistas pleiteados na primeira reclamação trabalhista, a fim de possibilitar, nesta segunda ação, que a empresa tomadora exercesse o direito constitucional a ampla defesa e contraditório, demonstrando o cumprimento das obrigações trabalhistas devidas pela real empregadora, pois, como se disse, tal controvérsia já fora dirimida pelo título executivo judicial transitado em julgado. (...)
>
> (E-RR - 23100-67.2006.5.09.0011, Redator Ministro: Luiz Philippe Vieira de Mello Filho, Data de Julgamento: 03/09/2009, Subseção I Especializada em Dissídios Individuais, Data de Publicação: DEJT 13/11/2009)

Na hipótese, não pode o ente público ser responsabilizado por verbas trabalhistas reconhecidas em ação da qual não participou, tendo em vista que a coisa julgada material opera efeitos *inter partes* e, por isso, não pode prejudicar terceiros, conforme disposto no art. 506 do CPC ("A sentença faz coisa julgada às partes entre as quais é dada, não prejudicando terceiros").

3. INTERVENÇÃO DE TERCEIROS NA HIPÓTESE DE DEMANDA PROPOSTA EXCLUSIVAMENTE EM FACE DO ENTE PÚBLICO TOMADOR

Em geral, as ações trabalhistas decorrentes de terceirização pela Administração Pública apresentam, no polo passivo, o empregador (empresa intermediadora) e o ente público tomador, com pedido de responsabilidade subsidiária deste último.

É possível, no entanto, que a demanda seja proposta exclusivamente em face do ente público tomador, seja em razão de alegação de ilicitude na terceirização (para fins de reconhecimento de solidariedade), seja por mera opção da parte autora.

Nessa hipótese, surge o questionamento sobre a possibilidade de o ente público demandado se utilizar de alguma modalidade de intervenção de terceiros a fim de que o devedor principal passe a integrar a relação processual.

Sobre a intervenção de terceiros no processo do trabalho, tradicionalmente a doutrina se mostra resistente em admitir tal instituto na seara trabalhista. Antes da EC 45/2004, prevalecia o entendimento no sentido de ser incabível a intervenção de terceiros no processo do trabalho, sob o argumento de haver ampliação do objeto do processo para dirimir relação jurídica de natureza civil, sobre a qual falta competência à Justiça do Trabalho.

Após a EC 45/2004, com a ampliação da competência da Justiça do Trabalho, passou-se a admitir a possibilidade de intervenção de terceiros no processo do trabalho, ainda que persista alguma resistência por parte da doutrina trabalhista.

Essa controvérsia permanece quanto à compatibilidade da intervenção de terceiros com o processo do trabalho (art. 769 da CLT), pois alguns sustentam que tal instituto poderia acarretar demora na prestação jurisdicional, daí resultando sua incompatibilidade com a celeridade inerente ao processo laboral.

Nesse aspecto, o atual entendimento do TST[6] admite a intervenção de terceiros no processo do trabalho, desde que seja em benefício do autor (trabalhador) e não haja prejuízo à celeridade processual.

Na hipótese aqui tratada, caso a demanda seja proposta exclusivamente em face do ente público tomador, questiona-se sobre a modalidade de intervenção de terceiros a ser utilizada pelo Poder Público.

A princípio, é possível cogitar o cabimento de denunciação da lide (art. 125, CPC), haja vista a existência de direito de regresso do ente público tomador (contratante) em face do empregador (contratado). Todavia, o objeto desta demanda incidental do denunciante em face do denunciado (direito de regresso decorrente de relação jurídica de natureza administrativa) não se insere na competência da Justiça do Trabalho, conforme entendimento do TST[7]. Com isso, afasta-se tal modalidade de intervenção de terceiros na situação aqui tratada.

Por sua vez, mostra-se cabível o chamamento ao processo (art. 130, CPC), com o objetivo de compelir o empregador (devedor principal) a integrar a relação jurídica processual.

Através dessa modalidade de intervenção de terceiros, o réu requer a "convocação para integrar a lide, como seu litisconsorte, o devedor principal, os corresponsáveis ou coobrigados solidários que serão responsabilizados pelas obrigações correspondentes"[8].

Assim, com base no art. 130 do CPC, cabe o chamamento ao processo pela Fazenda Pública com o objetivo de que o devedor principal (empregador) integre a relação processual.

Nesse caso, o chamado tem relação jurídica diretamente com o autor, mesmo porque o contrato de trabalho se dá entre o chamado (empregador) e o

---

6 Nesse sentido: RR-67100-32.2008.5.09.0093, 7ª Turma, Relator Ministro Cláudio Mascarenhas Brandão, DEJT 29/09/2017.

7 Nesse sentido: ARR-20124-98.2014.5.04.0382, DEJT 25/05/2018. Na doutrina, extrai-se a lição de que a denunciação da lide é cabível somente se o objeto da demanda acessória (entre denunciante e denunciado) for competência da Justiça do Trabalho: CAIRO JÚNIOR, José. *Curso de direito processual do trabalho*. 9. ed. Salvador: Juspodivm, 2016, p. 261. LEITE, Carlos Henrique Bezerra. *Curso de direito processual do trabalho*. 13. ed. São Paulo: Saraiva, 2015.

8 LEITE, Carlos Henrique Bezerra. *Curso de direito processual do trabalho*. 13. ed. São Paulo: Saraiva, 2015.

autor (empregado), razão pela qual não há restrição relacionada à competência da Justiça do Trabalho.[9]

Além disso, a participação do empregador é fundamental para resguardar a ampla defesa do ente público tomador, pois somente aquele tem efetivo conhecimento sobre as específicas circunstâncias do contrato de trabalho.

Apesar disso, o TST adota posição bastante restritiva quanto ao chamamento ao processo do empregador/prestador pelo tomador dos serviços, entendendo que, por não se tratar de litisconsórcio necessário, não haveria obrigatoriedade da participação do empregador (prestador de serviços que fornece mão de obra), inexistindo cerceamento do direito de defesa do tomador de serviços na hipótese de indeferimento do chamamento ao processo.[10]

Mostra-se equivocada tal argumentação, uma vez que o chamamento ao processo não exige litisconsórcio necessário, mas, ao contrário, consiste em litisconsórcio facultativo, formado através de provocação do réu[11]. Aliás, se se tratasse de litisconsórcio necessário, a obrigatoriedade de participação do litisconsorte decorreria diretamente da lei (arts. 114 e 115, CPC), tornando dispensável qualquer modalidade de intervenção de terceiros.

Portanto, apesar de criticável, o entendimento do TST sobre a questão reconhece a inexistência de cerceamento do direito de defesa na hipótese de indeferimento do chamamento ao processo.

4. O ÔNUS DA PROVA QUANTO À CONDUTA CULPOSA DO ENTE PÚBLICO CONTRATANTE

Como se sabe, nas hipóteses de terceirização pelo Poder Público, prevalece o entendimento jurisprudencial de que pode ser reconhecida a responsabilidade subsidiária do ente estatal contratante quando evidenciada sua conduta culposa no cumprimento das obrigações previstas na Lei de Licitações e Contratos

---

9 "Pelos mesmos motivos que sustentamos a possibilidade da denunciação da lide, acreditamos ser possível o chamamento ao processo na Justiça do Trabalho, com uma flexibilidade maior que a denunciação, pois o chamamento visa a uma maior garantia de pagamento do crédito do reclamante" (SCHIAVI, Mauro. *Manual de direito processual do trabalho.* 10. ed. São Paulo: LTr, 2016, p. 435).

10 Nesse sentido: RR-118500-59.2009.5.04.0006, 6ª Turma, Relatora Ministra Kátia Magalhães Arruda, DEJT 02/03/2018; ARR-965-69.2011.5.06.0011, 3ª Turma, Relator Ministro Alexandre de Souza Agra Belmonte, DEJT 27/10/2017; RR-175-04.2013.5.04.0001, 2ª Turma, Relatora Ministra Delaíde Miranda Arantes, DEJT 16/06/2017.

11 Leciona Fredie Didier Jr.: "É instituto criado em benefício do réu. (...) O litisconsórcio que se forma é ulterior, passivo e facultativo" (DIDIER JR., Fredie. *Curso de direito processual civil.* Vol. 1. 17. ed. Salvador: Juspodivm, 2015, p. 508).

(Lei nº 14.133/2021), especialmente a fiscalização contratual, conforme disposto na Súmula 331, V, do TST.

O STF, por sua vez, já reconheceu a constitucionalidade do art. 71, § 1º, da Lei de Licitações, que afasta a responsabilidade da Administração Pública por débitos trabalhistas na hipótese de inadimplência do contratado (ADC 16, Relator: Min. Cezar Peluso, Tribunal Pleno, julgado em 24/11/2010, publicado em 09/09/2011).

Mais recentemente, o STF reafirmou esse entendimento no julgamento do RE 760.931/DF (Tribunal Pleno, julgado em 26/04/2017), fixando a seguinte tese em repercussão geral: "O inadimplemento dos encargos trabalhistas dos empregados do contratado não transfere automaticamente ao Poder Público contratante a responsabilidade pelo seu pagamento, seja em caráter solidário ou subsidiário, nos termos do art. 71, § 1º, da Lei nº 8.666/93".

Apesar da consolidação do entendimento de que o ente público só pode ser responsabilizado subsidiariamente nos casos de terceirização diante de efetiva comprovação de sua conduta culposa (falha na fiscalização contratual), a controvérsia permanece quanto ao ônus da prova relativo à conduta culposa do ente público contratante (fiscalização contratual).

É comum encontrar decisões trabalhistas que impõem a responsabilidade subsidiária do ente público contratante sob o argumento de insuficiência probatória quanto à fiscalização contratual, considerando ser do ente estatal tal ônus da prova, com base no princípio da aptidão para a prova.[12]

Esse entendimento, porém, merece críticas.

Primeiramente, deve-se lembrar que os atos administrativos são revestidos do atributo da presunção de legitimidade e veracidade, em razão do que a atividade administrativa se presume em conformidade com o ordenamento jurídico e as informações contidas nos atos administrativos presumem-se verdadeiras.[13]

Em razão disso, ainda que se trate de presunção relativa (*juris tantum*), admitindo-se prova em contrário, a presunção de legitimidade e veracidade dos atos administrativos transfere o ônus da prova para quem alega a ilegalidade.

---

12 A título de exemplo, cite-se o seguinte enunciado jurisprudencial do TRT-3: "Responsabilidade subsidiária. Terceirização. Ente público. Fiscalização. Ônus da prova. É do ente público o ônus da prova quanto à existência de efetiva fiscalização dos contratos de trabalho de terceirização, para que não lhe seja imputada a responsabilidade subsidiária" (RA 111/2018, disponibilização: DEJT/TRT3/Cad. Jud. 16, 17 e 18/07/2018).

13 Sobre a presunção de legitimidade e veracidade dos atos administrativos: OLIVEIRA, Rafael Carvalho Rezende. *Curso de direito administrativo.* 3. ed. São Paulo: Método, 2015, p. 289-290; CARVALHO FILHO, José dos Santos. *Manual de direito administrativo.* 28. ed. São Paulo: Atlas, 2015, p. 123.

A propósito, o art. 374, IV, do CPC estabelece que "não dependem de prova os fatos (...) em cujo favor milita presunção legal de existência ou de veracidade".

Além disso, a interpretação dada pelo STF sobre a questão revela que a responsabilidade do ente público é excepcional, somente autorizada com a efetiva comprovação de sua conduta culposa, de modo que a imposição dessa responsabilidade com base na mera afirmação genérica de insuficiência probatória e aplicação das regras sobre o ônus da prova caracteriza subversão e burla ao entendimento vinculante do STF.

Essa compreensão foi adotada pelo TST em algumas decisões, como se depreende dos julgados abaixo:

> (...) O Supremo Tribunal Federal no recente julgamento do RE 760.931, com repercussão geral, firmou o entendimento de que o ônus da prova da culpa in vigilando cabe ao reclamante, no caso de terceirização trabalhista praticada pela Administração Pública. (...)
>
> (RR-11317-35.2014.5.01.0039, 2ª Turma, Relatora Ministra Delaíde Miranda Arantes, DEJT 11/05/2018)

> (...) O STF ainda vem decidindo que a inversão do ônus da prova em favor do empregado, com a consequente responsabilização do ente público é inadmissível, uma vez que a responsabilidade da Administração deve estar devidamente demonstrada e delimitada pelas circunstâncias do caso concreto, nos termos da decisão proferida na ADC nº 16. Precedentes do STF. Na hipótese, depreende-se da leitura do acórdão recorrido que o egrégio Tribunal Regional reconheceu a responsabilidade subsidiária da Administração Pública a partir da inversão do ônus probatório, concluindo que o ente público não produziu provas suficientes de que não contribuiu, de forma culposa, com o dano sofrido pelo empregado quanto ao inadimplemento das obrigações trabalhistas (culpa in vigilando), o que configura responsabilização automática do ente público, procedimento que destoa do comando contido na decisão da ADC nº 16 e, por conseguinte, do entendimento perfilhado na Súmula nº 331, V. (...)
>
> (RR-100137-15.2017.5.01.0204, 4ª Turma, Relator Ministro Guilherme Augusto Caputo Bastos, DEJT 01/07/2019)

> (...) a ratio decidendi da decisão proferida pelo STF no julgamento do RE 760.931 é: a condenação subsidiária do ente público tomador de serviços, em relação às empresas contratadas por meio de licitação, depende de prova robusta e inequívoca da ausência sistemática de fiscalização, quanto ao cumprimento das obrigações trabalhistas pela prestadora, ônus que incumbe ao empregado. (...)
>
> (RR-10018-30.2017.5.15.0103, 7ª Turma, Relator Ministro Cláudio Mascarenhas Brandão, DEJT 05/07/2019)

> Por sua vez, quando do julgamento do Recurso Extraordinário nº 760.931/DF, com repercussão geral reconhecida, o Supremo Tribunal Federal firmou as seguintes teses sobre a controvérsia em exame: (a) não é possível a transferência automática da responsabilidade do Poder Público pelo inadimplemento dos encargos trabalhistas não quitados pela empresa prestadora dos serviços, sendo necessária a comprovação do nexo de causalidade entre o inadimplemento das obrigações trabalhistas e a conduta negligente dos integrantes da Administração Pública na fiscalização da prestadora de serviços, (b) a eficiência da fiscalização não é fator relevante para a responsabilização da Administração Pública, que se isenta de culpa com a fiscalização ainda que por amostragem, e (c) é do empregado o ônus de provar a conduta culposa da Administração Pública na fiscalização das empresas contratadas na forma da Lei nº 8.666/93. (...)
>
> (RR-520-84.2018.5.11.0005, 4ª Turma, Relator Ministro Alexandre Luiz Ramos, DEJT 01/07/2019).

Acrescente-se que as regras sobre ônus de prova contidas no art. 818 da CLT não contrariam o entendimento acima, pois atribuem ao empregado o encargo probatório da eventual conduta culposa do ente público contratante.

De acordo com aquela disposição legal, o ônus da prova incumbe ao reclamante, quanto ao fato constitutivo de seu direito (art. 818, I, CLT) e ao reclamado, quanto à existência de fato impeditivo, modificativo ou extintivo do direito do reclamante (art. 818, II, CLT).

Nos casos de terceirização pela Administração Pública, a conduta culposa do ente público tomador constitui requisito para a responsabilidade subsidiária do ente estatal, o que configura "fato constitutivo do direito", cujo ônus da prova recai sobre a parte autora (art. 818, I, CLT).

Por sua vez, a aplicação da distribuição dinâmica do ônus da prova (art. 818, § 1º, CLT) não é suficiente para autorizar a inversão do ônus probatório em favor do empregado.

Em primeiro lugar, não cabe tal modificação do ônus da prova em razão da especificidade do regime jurídico administrativo, em que há a presunção de legitimidade e veracidade dos atos administrativos acima explicitada, de modo que tal redistribuição do ônus probatório significaria violação ao entendimento do STF acima exposto.

Como visto, entende o STF que a responsabilização subsidiária do ente público tomador é excepcional, exigindo-se para tanto a efetiva comprovação da conduta culposa do Poder Público, o que inviabiliza a condenação do ente estatal com base na insuficiência probatória e na consequente aplicação de regras de distribuição do ônus da prova.

Também não se pode falar em maior dificuldade probatória para o empregado, uma vez que os processos administrativos relativos aos pagamentos em favor do contratado (empregador), bem como os demais documentos sobre a contratação pública, podem ser requeridos pela parte autora, haja vista o princípio da publicidade que rege a Administração Pública (art. 37, caput, CF).

Todavia, em que pesem tais considerações, a Subseção I Especializada em Dissídios Individuais do TST, em dezembro de 2019, uniformizou seu entendimento em sentido contrário, para considerar que incumbe ao ente público tomador de serviços o ônus da prova quanto à fiscalização do contrato.

Nesse sentido, transcreve-se adiante o teor do julgado:

> Portanto, em sede de embargos de declaração, o Supremo Tribunal Federal deixou claro que a matéria pertinente ao ônus da prova não foi por ele definida, ao fixar o alcance do Tema 246. Permitiu, por conseguinte que a responsabilidade subsidiária seja reconhecida, mas sempre de natureza subjetiva, ou seja, faz-se necessário verificar a existência de culpa in vigilando . Por esse fundamento e com base no dever ordinário de fiscalização da execução do contrato e de obrigações outras impostas à Administração Pública por diversos dispositivos da Lei nº 8.666/1993, a exemplo, especialmente, dos artigos 58, III; 67, caput e seu § 1º; e dos artigos 54, § 1º; 55, XIII; 58, III; 66; 67, § 1º; 77 e 78, é do Poder Público, tomador dos serviços, o ônus de demonstrar que fiscalizou de forma adequada o contrato de prestação de serviços . (E-RR-925-07.2016.5.05.0281, Subseção I Especializada em Dissídios Individuais, Relator Ministro Claudio Mascarenhas Brandao, DEJT 22/05/2020).

Portanto, o atual entendimento jurisprudencial do TST reconhece ser do ente público o ônus probatório quanto à fiscalização do contrato, cabendo-lhe demonstrar que fiscalizou de forma adequada o contrato para que seja afastada a sua responsabilidade. Tal compreensão se baseia no princípio da aptidão para a prova, sob o argumento de que o tomador de serviços possui melhores condições probatórias.

A questão, porém, ainda não se encontra definitivamente pacificada, pois o Plenário do STF reconheceu a repercussão geral do tema tratado no Recurso Extraordinário nº 1298647 (Tema 1118), em que se discute o ônus da prova da conduta culposa na fiscalização de obrigações trabalhistas.

Em resumo, tem-se o entendimento atual do TST no sentido de ser da Administração Pública o ônus da prova da fiscalização do contrato, com base no princípio da aptidão para a prova, estando pendente de julgamento pelo STF o RE nº 1298647 (Tema 1118), no qual deverá ser dirimida a questão.

5. A POSIÇÃO PROCESSUAL DA FAZENDA PÚBLICA NA HIPÓTESE DE ACORDO FIRMADO PELO EMPREGADOR[14]

Nas demandas relativas à terceirização no âmbito da Administração Pública, é comum a ocorrência de acordos entre empregado e empregador, sujeitos diretos do contrato de trabalho, sobretudo diante da forte cultura conciliatória desta Justiça Especializada.

Nesse contexto, importa analisar a situação processual da Fazenda Pública nas hipóteses de acordo firmado entre empregado e empregador, sem participação do ente público.

Essa questão apresenta difícil solução prática, porquanto, de um lado, o ente público não pode se submeter a acordo do qual não participou e, de outro, a transação celebrada pelos atores diretos do contrato de trabalho resolve, com força de coisa julgada, o objeto litigioso do processo concernente aos direitos trabalhistas postulados. Assim, resta sem solução jurisdicional a pretensão do autor de responsabilização do ente público tomador.[15]

Na prática trabalhista, verificam-se três possíveis soluções para a questão: (i) exclusão do ente público do processo; (ii) retorno do processo à fase cognitiva em caso de inadimplemento do acordo; e (iii) não homologação do acordo e suspensão do processo até o decurso do prazo para adimplemento.

A primeira solução (exclusão do ente público do processo) pode ocorrer mediante concordância do autor, solucionando-se facilmente o problema aqui enfrentado.

Porém, o problema reside quando há discordância do autor quanto à exclusão do tomador de serviços. Nessa situação, é possível sustentar que a exclusão do ente público do processo independe da anuência do autor, pois decorre da ausência de interesse processual na continuidade do processo apenas em relação ao ente estatal, por restar prejudicado o pleito de responsabilização subsidiária do ente estatal.

Isso porque, de um lado, tem-se a coisa julgada quanto aos pedidos formulados na ação trabalhista e, de outro, tal resolução do objeto litigioso do processo não pode ser imposta ao ente público que não participou do acordo.

14 Este tópico constitui breve síntese de artigo escrito por este autor sobre o tema: ALMEIDA, Bruno Carneiro da Cunha. A posição processual da Fazenda Pública na hipótese de acordo firmado pelo empregador em demanda trabalhista decorrente de terceirização. *Revista da Procuradoria Geral do Município de Curitiba*, v. 4, p. 41-74, 2017.

15 Tal restrição decorre dos limites subjetivos da coisa julgada (art. 506, CPC), bem como em razão de o ato de disposição do direito (transação) somente ter eficácia para o ente praticante do ato, não podendo prejudicar os demais litisconsortes.

Com isso, não há interesse processual na continuidade do processo (art. 485, VI, CPC) em face do ente público não acordante, pois não poderá haver a condenação deste. É que, diante dos efeitos positivo e negativo da coisa julgada formada com a transação, resta impossibilitada a modificação dos termos do acordo firmado entre empregado e empregador.

A inconveniência dessa solução consiste na ausência de apreciação jurisdicional do pleito de responsabilidade subsidiária do ente público tomador dos serviços, retirando do autor a possibilidade de buscar maior garantia ao seu pretenso crédito.

A segunda possível solução para o problema em análise refere-se à previsão de que, em caso de inadimplemento do acordo, o processo retorne à fase de conhecimento, seja para reapreciação de todos os pedidos do autor, seja para análise somente da questão relativa à responsabilidade do ente público.

Essa previsão, no mais das vezes, é proposta pelo órgão jurisdicional para formalização mediante ajuste entre as partes. Assim, costuma-se consignar a cláusula no sentido de que as partes convencionam o retorno do processo para a fase de conhecimento. Trata-se, pois, de verdadeiro negócio jurídico processual[16], por consistir em acordo de vontades que tem por objeto o próprio procedimento.

Contudo, tal solução apresenta alguns óbices no âmbito do processo do trabalho. Em primeiro lugar, há forte resistência em se admitir a realização de negócios jurídicos processuais na seara trabalhista, havendo expressa posição do TST (art. 2º, II, IN 39/2016) no sentido da inaplicabilidade do art. 190 do CPC ao processo do trabalho.[17]

Além disso, ao determinar o retorno do processo à fase de conhecimento, esse negócio jurídico processual implica a desconstituição da coisa julgada formada com a homologação judicial da transação, o que não é admitido pela doutrina e jurisprudência majoritárias, por se tratar de matéria de ordem pública não sujeita à disponibilidade das partes.[18]

---

16 O tema ganhou especial relevância com o advento do CPC/2015, cujo art. 190 apresenta uma cláusula geral de negociação processual. Por esse dispositivo, permite-se às partes a celebração de negócios processuais atípicos, a fim de adequar o processo à realidade do direito material, ou seja, ajustar o procedimento às particularidades do caso concreto.

17 Em sentido contrário, o Fórum Permanente de Processualistas do Trabalho (FPPT), que apresenta dois enunciados que admitem a realização de negócios processuais no processo do trabalho: Enunciado nº 7: A celebração de negócio jurídico processual no curso do processo já é prática na esfera trabalhista, cabendo ao juiz verificar a sua validade, e, se for o caso, justificar a decisão de não reconhecer o acordo feito em uma das hipóteses estabelecidas no parágrafo único do art. 190 do CPC, observado o contraditório. Enunciado nº 31: A previsão da atipicidade das convenções processuais é aplicável ao processo do trabalho.

18 Defendendo a impossibilidade de negociação processual para desconstituir a coisa julgada: YARSHELL, Flávio Luiz. Convenção das partes em matéria processual: rumo a uma nova era?

O Tribunal Superior do Trabalho, por tais razões, manifesta entendimento no sentido de não admitir o retorno do processo à fase de conhecimento, conforme se exemplifica pelo precedente seguinte:

> (...) o Município reclamado não pode ser responsabilizado pelo cumprimento de acordo do qual ele não tenha participado. Com efeito, justamente em respeito à coisa julgada, ou seja, ao acordo homologado em juízo (art. 5.º, XXXVI, da CF), celebrado entre a primeira Reclamada e a Reclamante, do qual o segundo Reclamado nem sequer participou, é que deve ser mantida a decisão a quo que acolheu a nulidade da sentença, afastando a responsabilidade subsidiária atribuída ao segundo Reclamado. (...)
>
> (RR - 542-48.2013.5.09.0014, Relatora Ministra: Maria de Assis Calsing, Data de Julgamento: 24/08/2016, 4ª Turma, Data de Publicação: DEJT 26/08/2016)

Constata-se, desse modo, a impossibilidade de negócio processual para retorno do processo à fase de conhecimento, por encontrar óbice na coisa julgada material formada com a homologação da transação celebrada entre empregado e empregador.

Por fim, a terceira possibilidade para o problema em análise corresponde à não homologação do acordo pelo juízo, aguardando-se o decurso do prazo para pagamento do valor acordado.

Tal solução surge exatamente com o objetivo de evitar a ofensa à coisa julgada, deixando-se de homologar a transação entre o autor e o empregador a fim de evitar que se forme a coisa julgada decorrente do acordo homologado judicialmente.

Isso ocorre, geralmente, mediante determinação judicial de suspensão do processo. Contudo, a possibilidade de suspensão processual depende de previsão legal, não sendo admissível tal suspensão por mera decisão judicial sem hipótese prevista em lei.

Apesar de existirem hipóteses de suspensão processual *ope judicis* e a atípica, tal como aquela prevista na desconsideração da personalidade jurídica (art. 134, § 2º, CPC/2015), isso não afasta a taxatividade da suspensão do processo.

Ainda que ocorra a suspensão do processo por convenção das partes (art. 313, II, CPC), tal convenção traz insegurança jurídica para o empregador acordante, haja vista a ausência de homologação judicial da transação.

Negócios processuais. Coord. Antonio do Passo Cabral e Pedro Henrique Nogueira. Salvador: Juspodivm, 2015, p. 72.

Por tais razões, evidencia-se a dificuldade prática em se obter uma solução quanto à posição do ente público tomador na hipótese de transação firmada pelo empregado e empregador, devendo o membro da Advocacia Pública buscar a exclusão do ente estatal do feito, por se tratar da medida mais benéfica à Fazenda Pública.

6. RECLAMAÇÃO CONSTITUCIONAL PROPOSTA PELA FAZENDA PÚBLICA

Como visto, o entendimento do STF sobre a responsabilidade do ente público decorrente de terceirização exige a comprovação efetiva e concreta da culpa do ente estatal para que haja a sua responsabilização subsidiária.

Assim, diante do entendimento da Suprema Corte sobre a matéria, cabe reclamação para preservar a autoridade das suas decisões (art. 102, I, "l", CF).

Nesse aspecto, contudo, há uma diferenciação importante. Na hipótese de reclamação por ofensa a súmula vinculante ou a decisão do STF em controle concentrado de constitucionalidade, não se exige o esgotamento das instâncias ordinárias, sendo cabível a propositura da reclamação diretamente ao STF, mesmo em face de decisões de primeiro ou segundo graus (art. 988, III, CF).

Por sua vez, tratando-se de reclamação destinada à garantia da observância de acórdão de recurso extraordinário com repercussão geral ou de acórdão proferido em julgamento de recurso extraordinário repetitivo, exige-se o esgotamento das instâncias ordinárias, nos termos do art. 988, § 5º, II, do CPC.

Diante dessa diferenciação, fica a pergunta: em face de decisões contrárias ao entendimento do STF sobre a responsabilidade dos entes públicos na terceirização, a reclamação ao STF exige o prévio esgotamento das instâncias ordinárias?

Tal questionamento se coloca porque o entendimento do STF sobre o tema foi manifestado em duas decisões – no julgamento da ADC 16 e também no julgamento do RE 760.931/DF.

Ao enfrentar essa questão, o STF entendeu que a decisão proferida no julgamento do RE 760.931/DF "substituiu" a eficácia da tese fixada na ADC 16, de modo que, a partir da publicação daquele julgamento (02/05/2017), tornou-se inviável reclamação com fundamento no julgado da ADC 16.[19]

---

19 STF, 1ª Turma, Rcl 27789 AgR/BA, Rel. Min. Roberto Barroso, julgado em 17/10/2017 (Info 882). STF, 1ª Turma, Rcl 28623 AgR/BA, Rel. Min. Roberto Barroso, julgado em 12/12/2017 (Info 888).

Em razão disso, exige-se o esgotamento das "instâncias ordinárias" para que seja cabível reclamação contra decisão que viola o entendimento do STF sobre a responsabilidade do ente público decorrente de terceirização (RE 760.931/DF), por força do art. 988, § 5º, II, do CPC.

Por fim, cabe uma observação sobre a exigência de esgotamento das instâncias ordinárias nessa hipótese. Ao utilizar a expressão "instâncias ordinárias", o art. 988, § 5º, II, do CPC parece exigir o esgotamento apenas do primeiro e segundo graus de jurisdição.

Todavia, entende o STF que a correta interpretação desse requisito impõe o esgotamento de todas as instâncias antecedentes ao STF (aí incluindo-se os tribunais superiores), sob pena de a Suprema assumir, pela via da reclamação, a competência de pelo menos três tribunais superiores (STJ, TST e TSE).[20]

Portanto, na hipótese de reclamação contra decisão que contrarie o entendimento do STF firmado no RE 760.931/DF, exige-se o esgotamento das instâncias antecedentes ao STF, de modo que só cabe reclamação após o julgamento de todos os recursos cabíveis no âmbito do TST.[21]

7. COMPILAÇÃO JURISPRUDENCIAL

7.1 Julgado do STF

"Em se tratando de reclamação para o STF, a interpretação do art. 988, § 5º, II, do CPC/2015 deve ser fundamentalmente teleológica, e não estritamente literal. O esgotamento da instância ordinária, em tais casos, significa o percurso de todo o íter recursal cabível antes do acesso à Suprema Corte. Ou seja, se a decisão reclamada ainda comportar reforma por via de recurso a algum tribunal, inclusive a tribunal superior, não se permitirá acesso à Suprema Corte por via de reclamação" (Rcl 24686 ED-AgR, Relator(a): Min. TEORI ZAVASCKI, Segunda Turma, julgado em 25/10/2016, PROCESSO ELETRÔNICO DJe-074 DIVULG 10-04-2017 PUBLIC 11-04-2017).

20 "Em se tratando de reclamação para o STF, a interpretação do art. 988, § 5º, II, do CPC/2015 deve ser fundamentalmente teleológica, e não estritamente literal. O esgotamento da instância ordinária, em tais casos, significa o percurso de todo o íter recursal cabível antes do acesso à Suprema Corte. Ou seja, se a decisão reclamada ainda comportar reforma por via de recurso a algum tribunal, inclusive a tribunal superior, não se permitirá acesso à Suprema Corte por via de reclamação" (Rcl 24686 ED-AgR, Relator(a): Min. TEORI ZAVASCKI, Segunda Turma, julgado em 25/10/2016, PROCESSO ELETRÔNICO DJe-074 DIVULG 10-04-2017 PUBLIC 11-04-2017).

21 Nesse sentido: Rcl 29297 AgR, Relator(a): Min. LUIZ FUX, Primeira Turma, julgado em 05/10/2018, PROCESSO ELETRÔNICO DJe-228 DIVULG 25-10-2018 PUBLIC 26-10-2018.

7.2 Julgados do TST

(...) Há carência do direito de ação, por impossibilidade jurídica do pedido, quando o empregado ajuíza reclamação trabalhista autônoma em desfavor do tomador dos serviços terceirizados, pleiteando sua responsabilização subsidiária quanto à satisfação dos direitos trabalhistas reconhecidos em ação anterior, já cobertos pelo manto da coisa julgada material, em que figurou no pólo passivo apenas a empresa prestadora dos serviços, real empregadora. A responsabilização do tomador dos serviços está condicionada à sua integração no pólo passivo da reclamação trabalhista cujo título executivo judicial venha a assegurar ao obreiro a percepção de direitos trabalhistas não satisfeitos a tempo e modo pela empresa prestadora dos serviços, real empregadora. Seria impróprio reabrir a discussão em torno dos direitos trabalhistas pleiteados na primeira reclamação trabalhista, a fim de possibilitar, nesta segunda ação, que a empresa tomadora exercesse o direito constitucional a ampla defesa e contraditório, demonstrando o cumprimento das obrigações trabalhistas devidas pela real empregadora, pois, como se disse, tal controvérsia já fora dirimida pelo título executivo judicial transitado em julgado. (...) (E-RR - 23100-67.2006.5.09.0011, Redator Ministro: Luiz Philippe Vieira de Mello Filho, Data de Julgamento: 03/09/2009, Subseção I Especializada em Dissídios Individuais, Data de Publicação: DEJT 13/11/2009)

Portanto, em sede de embargos de declaração, o Supremo Tribunal Federal deixou claro que a matéria pertinente ao ônus da prova não foi por ele definida, ao fixar o alcance do Tema 246. Permitiu, por conseguinte que a responsabilidade subsidiária seja reconhecida, mas sempre de natureza subjetiva, ou seja, faz-se necessário verificar a existência de culpa in vigilando . Por esse fundamento e com base no dever ordinário de fiscalização da execução do contrato e de obrigações outras impostas à Administração Pública por diversos dispositivos da Lei nº 8.666/1993, a exemplo, especialmente, dos artigos 58, III; 67, caput e seu § 1º; e dos artigos 54, § 1º; 55, XIII; 58, III; 66; 67, § 1º; 77 e 78, é do Poder Público, tomador dos serviços, o ônus de demonstrar que fiscalizou de forma adequada o contrato de prestação de serviços . (E-RR-925-07.2016.5.05.0281, Subseção I Especializada em Dissídios Individuais, Relator Minis-tro Claudio Mascarenhas Brandao, DEJT 22/05/2020).

BIBLIOGRAFIA

CAPÍTULO 1: NOÇÕES SOBRE A FAZENDA PÚBLICA

BARROS, Guilherme Freire de Melo. Poder Público em Juízo para Concursos. 6. ed. Salvador: Juspodivm, 2016.

CUNHA, Leonardo Carneiro da. A Fazenda Públic o em Juízo. 13. ed. Rio de Janeiro: Forense, 2016.

PARTE I – FAZENDA PÚBLICA NO DIREITO MATERIAL DO TRABALHO

CAPÍTULO 2: PRINCÍPIOS DO DIREITO DO TRABALHO E APLICAÇÃO NA FAZENDA PÚBLICA

ALEXY, Robert. Teoria dos Direitos Fundamentais. Trad. Virgílio Afonso da Silva. São Paulo: Malheiros, 2008.

CAIRO JR., José. Curso de direito do trabalho. 13. ed. Salvador: Juspodivm, 2017.

CASSAR, Vólia Bonfim. BORGES, Leonardo Dias. Comentários à reforma trabalhista. Rio de Janeiro: Forense; São Paulo: Método, 2017.

CASSAR, Vólia Bonfim. Direito do Trabalho. 14. ed. Rio de Janeiro: Forense; São Paulo: Método, 2017.

CORREIA, Henrique. Direito do Trabalho. 11. ed. Salvador: Juspodivm, 2018.

DELGADO, Maurício Godinho. Curso de direito do trabalho. 16. ed. São Paulo: LTr, 2017.

RESENDE, Ricardo. Direito do trabalho esquematizado. 6. Ed. São Paulo: Método, 2016

MELLO, Celso Antônio Bandeira de. Curso de direito administrativo. 32. ed. São Paulo: Malheiros, 2015.

NEIVA, Rogério. Direito e Processo do Trabalho aplicados à Administração Pública e Fazenda Pública. 2. Ed. São Paulo: Método, 2015.

RENZETTI, Rogério. Direito do Trabalho. 4. Ed. São Paulo: Forense, 2018.

ROMAR, Carla Teresa Martins. Direito do trabalho. – 5. ed. – São Paulo: Saraiva Educação, 2018.

CAPÍTULO 3: EMPREGADO PÚBLICO

CARVALHO, Matheus. **Manual de Direito Administrativo**, Ed. Juspodivm, 5ª ed., 2018.

MELLO, Celso Antônio Bandeira de. Curso de Direito Administrativo, Ed. Malheiros, 33ª Edição, 2016.

CISNEIROS, Italo Medeiros et al. **Procuradorias: questões comentadas de prova oral de concursos das procuradorias.** 2ª ed. Salvador: Ed. Juspodivm.2018

CISNEIROS, Italo Medeiros et al. **Procurador do Estado.** 1ª ed. Salvador: Ed. Juspodivm.2018

CISNEIROS, Italo Medeiros et al. **Procurador Municipal PGM.** 1ª ed. Salvador: Ed. Juspodivm.2018

CORREIA, Henrique. **Direito do Trabalho para concursos de analistas do TRT e MPU**.11ª.ed.Salvador-BA: Juspodivm. 2018

DELGADO, Mauricio Godinho. **Curso de direito do trabalho** – 15. ed. – São Paulo: LTr, 2016.

NEIVA, Rogério. **Direito e processo do trabalho aplicados à administração pública e fazenda pública**,2ª ed. Rio de Janeiro: Forense, 2015

CAPÍTULO 4: EQUIPARAÇÃO SALARIAL E DESVIO DE FUNÇÃO NO ÂMBITO DA ADMINISTRAÇÃO PÚBLICA

CORREIA, Henrique. **Direito do Trabalho para concursos públicos.** 5. ed. Salvador: Ed. Juspodivm, 2019.

DELGADO, Maurício Godinho. **Curso de Direito do Trabalho**. 18. ed. São Paulo: Ed. LTr, 2019.

NEIVA, Rogério; PITON, Wendel; SOUTINHO, Bruno; SOUZA, Caio. **Direito e processo do traba-lho: aplicados à Administração Pública e Fazenda Pública**. 3. ed. Salvador: Ed. Juspodivm, 2020.

CAPÍTULO 5: ALTERAÇÃO, SUSPENSÃO, INTERRUPÇÃO E EXTINÇÃO DO CONTRATO DE TRABALHO NA FAZENDA PÚBLICA

CARVALHO FILHO, José dos Santos. *Manual de Direito Administrativo*. 28.ed. São Paulo: Atlas, 2015.

CORREIA, Henrique. *Direito do trabalho para os concursos de analista e TRT e MPU*. 10.ed., Salvador: Editora Juspodivm, 2017.

DELGADO, Maurício. *Curso de direito de trabalho,* 2 ed., São Paulo: LTr, 2000.

DI PIETRO, Maria Sylvia Zanella. *Direito Administrativo*. 27 ed. São Paulo: Atlas, 2014.

MARTINS, Sérgio Pinto. *Direito do trabalho*. 17 ed., São Paulo: Atlas, 2003.

NEIVA, Rogerio. *Direito e processo do trabalho aplicados à administração pública e fazenda pública*. 2.ed. Rio de Janeiro: Método, 2015.

RESENDE, Ricardo. *Direito do trabalho esquematizado*. 6.ed., São Paulo: Método, 2016.

SARAIVA, Renato; SOUTO, Rafael Tonassi. Dire*ito do Trabalho – concursos públicos*. 20. Ed., Salvador: Editora Juspodivm, 2018.

CAPÍTULO 6: SUCESSÃO TRABALHISTA E A FAZENDA PÚBLICA

CASSAR, Vólia Bomfim. *Direito do trabalho*. 4ª ed. Niterói: Impetus, 2010.

DELGADO, Mauricio Godinho. *Curso de direito do trabalho*. 16. ed. rev. e ampl. São Paulo: LTr, 2017.

NEIVA, Rogério. *Direito e processo do trabalho aplicados à administração pública e fazenda pública*. 2ª ed. rev., atual. e ampl.. São Paulo: Método, 2015.

SARAIVA, Renato; SOUTO, Rafael Tonassi. *Direito do trabalho*. 20ª ed. rev., atual. e ampl. Salvador: Juspodivm, 2018.

CAPÍTULO 7: TERCEIRIZAÇÃO NA FAZENDA PÚBLICA

CORREIA. Henrique. Terceirização na atividade-fim: julgamento do STF de 30/8/18. Migalhas. Disponível em: https://www.migalhas.com.br/dePeso/16,-MI286807,91041-Terceirizacao+na+atividadefim+julgamento+do+STF+-de+30818. Acessado em: jul 2019.

NIEBUHR. J. M. A terceirização no novo decreto nº 9.507/2018: entre a restrição para a administração direta, autárquica e fundacional e a flexibilidade para as estatais. Zenitê Blog. Disponível em: https://www.zenite.blog.br/a-terceirizacao-no-novo-decreto-no-9-5072018-entre-a-restricao-para-a-administracao-direta-autarquica-e-fundacional-e-a-flexibilidade-para-as-estatais/. Acessado em: jul 2019.

SCHIRATO, V. R. TERCEIRIZAÇÃO NA ADMINISTRAÇÃO PÚBLICA. Belo Horizonte, jul. 2013. Fórum de Contratação e Gestão Pública - FCGP. Disponível em: https://www.editoraforum.com.br/wp-content/uploads/2017/03/terceirizacao-administracao-publica.pdf. Acessado em: 23 jul 2019.

CAPÍTULO 8: DIREITO COLETIVO DO TRABALHO NA FAZENDA PÚBLICA

AUGUSTO, Ilnah Toledo. Sindicalismo no setor público. Trajetórias e perspectivas, LTr, São Paulo, 2008.

BARROS, Alice Monteiro In: Curso de Direito do Trabalho. 11. ed., São Paulo: LTr, 2017.

CAVALCANTI, Alessandra Damian. A Negociação Coletiva no Serviço Público como Corolário do Direito de Sindicalização e do Direito de Greve. São Paulo: LTr, 2018.

DELGADO, Mauricio Godinho. Curso de Direito do Trabalho, 16. ed. rev. e ampl. São Paulo: LTr, 2017.

DELGADO, Maurício Godinho; DELGADO, Gabriela Neves. A reforma trabalhista no Brasil: com os comentários à Lei n. 13.467/2017. São Paulo: LTr, 2018.

MELO, Raimundo Simão de. Processo coletivo do trabalho: dissídio coletivo, ação de cumprimento, ação anulatória. São Paulo: LTr, 2009.

MIESSA, Élisson e CORREIA, Henrique. Súmulas e OJs do TST Comentadas e Organizadas por assunto. 8ª Ed. Salvador. Editora Juspodivm. 2018.

NASCIMENTO, Amauri Mascaro; NASCIMENTO, Sônia Mascaro; NASCIMENTO, Marcelo Mascaro. Direito sindical. 8ª ed. São Paulo: LTR, 2015.

NASCIMENTO, Amauri Mascaro. Compêndio de Direito Sindical. 2. ed. São Paulo: LTr, 2000.

PEDREIRA, Pinho. A problemática da negociação coletiva dos servidores públicos. Revista LTr, São Paulo, ano 54, n. 3, p. 269-279, mar. 1990.

ROCHA, Carmen Lúcia Antunes. Princípios constitucionais dos servidores públicos. São Paulo: Saraiva, 1999.

SÜSSEKIND, Arnaldo. Convenções da OIT, 2ª edição, São Paulo: LTr, 1998.

SCHIAVI, Mauro. Manual de Direito Processual do Trabalho. 12ª edição, São Paulo: LTr, 2017.

CAPÍTULO 9: GREVE E A FAZENDA PÚBLICA

BARROS, Alice Monteiro. Curso de Direito do Trabalho – 6. ed. rev., atual. e ampl. – São Paulo: LTr, 2010.

CAVALCANTE, Márcio André Lopes. Policiais são proibidos de fazer greve. Buscador Dizer o Direito, Manaus. Disponível em:<https://www.buscadordizerodireito.com.br/jurisprudencia/detalhes/68d3743587f71fbaa5062152985aff40>. Acesso em: 15/07/2019.

CORREIA, Henrique. Direito do Trabalho para os concursos de analista do TRT e MPU – 11. ed. rev., atual. e ampl. – Salvador: Juspodivm, 2018.

CUNHA, Leonardo Carneiro da. A Fazenda Pública em juízo – 15. ed. rev., atual e ampl. – Rio de Janeiro: Forense, 2018.

LENZA, Pedro. Direito constitucional esquematizado® – 22. ed. – São Paulo: Saraiva Educação, 2018.

OLIVEIRA, Rafael Carvalho Rezende. Curso de Direito Administrativo – 6. ed. rev., atual. e ampl. – Rio de Janeiro: Forense; São Paulo: MÉTODO, 2018.

RESENDE, Ricardo. Direito do trabalho esquematizado – 6. ed. rev., atual. e ampl. – Rio de Janeiro: Forense; São Paulo: MÉTODO, 2016.

SILVA, Homero Batista Mateus da. Curso de direito do trabalho aplicado, v. 7: direito coletivo do trabalho. 4. ed. rev., atual. e ampl. São Paulo: Revista dos Tribunal, 2017.

CAPÍTULO 10: CONTRATAÇÃO TEMPORÁRIA DE PESSOAL NA FAZENDA PÚBLICA

CARVALHO FILHO, José dos Santos. Manual de Direito Administrativo. São Paulo. Atlas. 2015.

CAVALCANTE, Márcio André Lopes. **É constitucional a quarentena para recontratação de servidores temporários prevista no art. 9º, III, da Lei 8.745/93**. Buscador Dizer o Direito, Manaus. Disponível em: https://www.buscadordizerodireito.com.br/jurisprudencia/detalhes/e140dbab44e01e699491a59c9978b924. Acesso em: 27/05/2019.

MELLO, Celso Antônio Bandeira de. Regime constitucional dos servidores da Administração direta e indireta. São Paulo: Revista dos Tribunais, 1991.

OLIVEIRA, Rafael Carvalho Rezende. **Curso de Direito Administrativo** – 6. ed. rev., atual. e ampl. – Rio de Janeiro: Forense; São Paulo: MÉTODO, 2018.

SILVA, José Afonso. Aplicabilidade das normas constitucionais. São Paulo: Malheiros, 2008, 7ª ed.

SILVA, José Afonso. Comentário contextual à Constituição. São Paulo: Malheiros, 2009.

PARTE II - FAZENDA PÚBLICA NO DIREITO PROCESSUAL DO TRABALHO

CAPÍTULO 11: PRINCÍPIOS DO PROCESSO DO TRABALHO E A APLICABILIDADE À FAZENDA PÚBLICA

CUNHA, Leonardo Carneiro da. A Fazenda Pública em juízo. 13. ed., totalmente reformulada, Rio de Janeiro: Forense, 2016.

SCHIAVI, Mauro. Manual de direito processual do trabalho. 12. ed. de acordo com o Novo CPC. São Paulo: LTr, 2017.

CAPÍTULO 12: COMPETÊNCIA DA JUSTIÇA DO TRABALHO E FAZENDA PÚBLICA

LEITE, Carlos Henrique Bezerra. Curso de direito processual do trabalho. 14. ed. São Paulo: Saraiva, 2016.

MARTINS, Sérgio Pinto. Comentários à CLT. 17. ed. São Paulo: Atlas, 2013.

MIESSA, Élisson. Processo do trabalho. Coleção Concursos Públicos. 7. ed. Salvador: Juspodivm, 2019.

_____. Resumo de processo do trabalho. 2. ed. Salvador: Juspodivm, 2019.

NEVES, Daniel Amorim Assumpção. Manual de direito processual civil. 2. ed. Rio de Janeiro: Forense; São Paulo: Método, 2010.

SCHIAVI, Mauro. A reforma trabalhista e o processo do trabalho. São Paulo: LTr, 2017. p. 93.

_____. Manual de direito processual do trabalho. 6. ed. São Paulo: LTr, 2013.

_____. Manual de Direito Processual do Trabalho. 9. ed. São Paulo: LTr, 2015.

_____. Manual de direito processual do trabalho. 11. ed. São Paulo: LTr, 2016.

CAPÍTULO 13: NEGÓCIOS JURÍDICOS PROCESSUAIS DA FAZENDA PÚBLICA NA JUSTIÇA DO TRABALHO

AVELINO, Murilo Teixeira. A posição do magistrado em face dos negócios jurídicos processuais – já uma releitura. In.: CABRAL, Antonio do Passo; NOGUEIRA, Pedro Henrique (coords). **Coleção Grandes Temas do novo CPC. Negócios processuais** – vol. 1. 2. ed. Salvador: Juspodivm, 2016.

BARREIROS, Lorena Miranda Santos. **Convenções processuais e poder público**. Salvador: Juspodivm, 2016.

BRASIL. **Resolução nº 203, de 15 de março de 2016**. Edita a Instrução Normativa n° 39, que dispõe sobre as normas do Código de Processo Civil de 2015 aplicáveis e inaplicáveis ao Processo do Trabalho, de forma não exaustiva. Disponível em:< http://www.tst.jus.br/documents/10157/429ac88e-9b78-41e-5-ae28-2a5f8a27f1fe>. Acesso em: 15. Jul. 2017.

BRASIL. **Portaria PGFN Nº 360, de 13 de junho de 2018.** Autoriza a realização, no âmbito da Procuradoria Geral da Fazenda Nacional, de modalidades específicas de negócio jurídico processual, inclusive calendarização. Disponível em:< http://www.pgfn.fazenda.gov.br/noticias/arquivos/2018/portaria-360-2018.pdf>. Acesso em: 20. Jul. 2019.

BRASIL. **Portaria PGE Nº 24, de fevereiro de 2019.** Autoriza a realização de modalidades de negócio jurídico processual - NJP, no âmbito da Procuradoria Geral do Estado de Pernambuco, em processos nos quais a Fazenda Pública Estadual seja parte, inclusive execuções fiscais, execuções contra a Fazenda Pública Estadual, e em relação a débitos tributários e não-tributários inscritos em dívida ativa, e passíveis de cobrança pela Procuradoria Geral do Estado de Pernambuco, nos termos dos artigos 190 e 191 da Lei Federal nº 13.105, de 16 de março de 2015. Disponível em:< https://www.legisweb.com.br/legislacao/?id=374853.pdf>. Acesso em: 20. Jul. 2019.

CABRAL, Antonio do Passo. **Convenções processuais**. Salvador: Juspodivm, 2016.

CABRAL, Antonio do Passo. NOGUEIRA, Pedro Henrique (Coords.). **Negócios processuais**. Salvador: Juspodivm, 2015.

CALMON DE PASSOS, José Joaquim. **Esboço de uma teoria das nulidades aplicada às nulidades processuais.** Rio de Janeiro: Forense, 2002.

CAPONI, Remo. Autonomia privada e processo civil: os acordos processuais. In.: **Revista Eletrônica de Direito Processual - REDP**. Volume XIII. Ano 8. Jan-jun. 2014. Rio de Janeiro.

CUNHA, Leonardo Carneiro. **A Fazenda Pública em juízo**. 13. ed. Rio de janeiro: Forense, 2016.

CUNHA, Leonardo Carneiro da. Negócios jurídicos processuais no processo civil brasileiro. *In*: CABRAL, Antonio do Passo. NOGUEIRA, Pedro Henrique (Coords.). **Negócios processuais**. Salvador: Juspodivm, 2015.

DIDIER JR. Fredie. *Curso de direito processual civil: introdução ao direito processual civil, parte geral e processo de conhecimento.* 17.ed. rev. amp. e atual. Salvador: Juspodivm, 2015.

DIDIER Jr., Fredie. Princípio do respeito ao autorregramento da vontade no processo civil. In: CABRAL, Antonio do Passo. NOGUEIRA, Pedro Henrique (Coords.). **Negócios processuais**. Salvador: Juspodivm, 2015.

DIDIER JR., Fredie; NOGUEIRA, Pedro Henrique Pedrosa. **Teoria dos fatos jurídicos processuais**. 2. ed. Salvador: Juspodivm, 2012.

DIDIER JR., Fredie. Art. 190. In: STRECK, Lenio Luiz; NUNES, Dierle; CUNHA, Leonardo Carneiro da (orgs.) **Comentários ao Código de Processo Civil.** São Paulo: Saraiva, 2016.

DI SPIRITO, Marco Paulo Denucci. Art. 190. In: ALMEIDA RIBEIRO, Sérgio Luiz de. GOUVEIA FILHO, Roberto P. Campos. CARDOSO PANTALEÃO, Izabel Cristina Pinheiro. GRASSI DE GOUVEIA, Lúcio. (Coord.). **Novo Código de Processo Civil comentado**. Tomo I. São Paulo: Lualri Editora, 2017. p. 315.

FARIA, Guilherme Henrique Lage. **Negócios processuais no modelo constitucional de processo.** Salvador: Juspodivm, 2016.

GAJARDONI, Fernando da Fonseca. **Flexibilização procedimental.** São Paulo: Atlas, 2008.

GOUVEIA FILHO, Roberto Campos. **Negócios processuais**. Artigo ainda pendente de publicação, gentilmente cedido pelo autor.

GOUVEIA FILHO, Roberto Campos. Através de conversas presenciais e por meio eletrônico sobre o tema.

GRECO, Leonardo. Os atos de disposição processual: primeiras reflexões. In. MEDINA, José Miguel Garcia, CRUZ. Luana Pedrosa de Figueiredo; CER-

QUEIRA, Luís Otávio Sequeira de; GOMES JR., Luz Manoel (coord.). **Os poderes do juiz e o controle das decisões judiciais: estudos em homenagem à professora Teresa Arruda Alvim Wambier.** São Paulo: RT, 2008.

JUNQUEIRA, Fernanda Antunes Marques; MARANHÃO, Ney. **Negócio processual no processo do trabalho: apontamentos gerais**. Revista eletrônica [do] Tribunal Regional do Trabalho da 9ª Região, Curitiba, PR, v. 6, n. 55, p. 44-70, out./nov. 2016.

MARINONI, Luiz Guilherme. ARENHART, Sérgio Cruz. **Curso de processo civil**. Vol. 2. 6. ed. rev.,2007 atual. e ampl. São Paulo: Editora Revista dos Tribunais, 2007.

MELLO, Marcos Bernardes. **Teoria do fato jurídico: plano de existência.** 13. ed. São Paulo: Saraiva, 2007.

MIRANDA, Pontes. **Comentários ao Código de Processo Civil**, III. 2. ed. Rio de Janeiro: Revista Forense, 1958.

NOGUEIRA, Pedro Henrique Pedrosa. **Negócios jurídicos processuais.** Salvador: Juspodivm, 2016.

POSADA, Giovanni F. Priori. La influencia de la litiscontestatio en la determinación de la litis en el proceso civil latino-americano. Disponível em <https://www.academia.edu/12823181/La_influencia_de_la_litiscontestatio_en_la_determinaci%C3%B3n_de_la_litis_en_el_proceso_civil_latinoamericano> Acesso em 16. Ago. 2017.

CAPÍTULO 14: ARBITRAGEM TRABALHISTA COM O PODER PÚBLICO

AMARAL, Paulo Osternack. *Arbitragem e Administração Pública.* Belo Horizonte: Fórum, 2012.

BONÍCIO, Marcelo José Magalhães. "Breve análise sobre a arbitragem em conflitos que envolvem o Estado". *Revista da Procuradoria Geral do Estado de São Paulo,* São Paulo, v. 75, p. 13-20, 2012.

CUNHA, Leonardo Carneiro da; TERCEIRO NETO, João Otávio. "A interpretação da cláusula compromissória na arbitragem trabalhista". *Solução de conflitos trabalhistas*: novos caminhos. Carolina Tupinambá (org.). São Paulo: LTr, 2018.

MELLO, Marcos Bernardes de. *Teoria do fato jurídico:* plano da eficácia: primeira parte. São Paulo: Saraiva, 2003.

OLIVEIRA, Ana Perestrelo. *Arbitragem de litígios com entes públicos.* 2 ed. Coimbra: Almedina, 2015.

ROQUE, André Vasconcelos. "A arbitragem de dissídios individuais após a Reforma Trabalhista: limites e possibilidades". *Solução de conflitos trabalhistas*: novos caminhos. Carolina Tupinambá (org.). São Paulo: LTr, 2018.

TEIXEIRA FILHO, Manoel Antonio. *O processo do trabalho e a Reforma Trabalhista*. São Paulo: LTr, 2017.

VERÇOSA, Fabiane. "Arbitragem para a resolução de dissídios individuais trabalhistas em tempos de reforma da CLT e de conjecturas sobre a extinção da justiça do trabalho: o direito trabalhista na encruzilhada". *Revista Brasileira de Arbitragem*, São Paulo, n. 61, p. 7-35, 2019.

CAPÍTULO 15: PROCEDIMENTO TRABALHISTA, PRAZOS E COMUNICAÇÕES PROCESSUAIS DA FAZENDA PÚBLICA NO PROCESSO DO TRABALHO

CORREIA, Henrique. Direito do Trabalho para os concursos de analista do TRT e MPU - 11. ed. rev., atual. e ampl. - Salvador: Juspodivm, 2018.

CUNHA, Leonardo Carneiro da. A Fazenda Pública em juízo. 13. ed., totalmente reformulada, Rio de Janeiro: Forense, 2016.

CAPÍTULO 16: CONCILIAÇÃO E MEDIAÇÃO NA JUSTIÇA DO TRABALHO E A FAZENDA PÚBLICA

BRANCO, Janaína Soares Noleto Castelo. **Advocacia Pública e solução consensual dos conflitos.** Salvador: Editora Juspodivm, 2018.

BRANDÃO, Fernanda Holanda de Vasconcelos. **Advocacia negocial:** promoção do acesso à justiça pela desjudicialização dos conflitos. João Pessoa: A União, 2014.

CÂMARA DE CONCILIAÇÃO E ARBITRAGEM DA ADMINISTRAÇÃO FEDERAL. **Cartilha.** 3ª ed. Brasília. AGU, 2012.

CONSELHO NACIONAL DE JUSTIÇA. AZEVEDO, André Gomma de (Org.). **Manual de Mediação Judicial.** 6ª ed. Brasília: CNJ, 2016, p. 250-253.

LORENCINI, Marco Antonio Garcia Lopes. A Contribuição dos Meios Alternativos para a Solução das Controvérsias. *In* SALLES, Carlo Alberto de (coord.). **As grandes transformações do processo civil brasileiro.** Homenagem ao Professor Kazuo Watanabe - São Paulo: Quartier Latin, 2009.

PADILHA, Rosemary Damaso. **A mediação no cenário jurídico.** Palestra proferida no Conselho Refional de Psicologia - CRP Curitiba, 1999. Disponível em: <http://www.amanapaz.com.br/html/downloads/focus_09.pdf>. Acesso em: 25/03/2018.

SILVA, Paulo Eduardo Alves da. Mediação e conciliação, produtividade e qualidade. **Revista do Advogado.** São Paulo, AASP, n. 123, ago./2014.

TARTUCE, Fernanda. Conciliação em juízo: o que (não) conciliar? **Negociação, mediação e arbitragem**: curso básico para programas de graduação em direito. In SALLES, Carlos Alberto (coord.). Rio de Janeiro: Forense.; São Paulo: Método, 2012.

VASCONCELOS, Carlos Eduardo de. **Mediação de conflitos e práticas restaurativas.** 5ª ed. rev., atual. e ampl. Rio de Janeiro: Forense; São Paulo: MÉTODO, 2017. p. 60.

WATANABE, Kazuo. Cultura da sentença e cultura da pacificação. **Estudos em homenagem à professora Ada Pellegrini Grinover.** In YARSHELL, Flávio Luiz (coord.). São Paulo: DPJ, 2005.

CAPÍTULO 17: HONORÁRIOS ADVOCATÍCIOS E DESPESAS PROCESSUAIS NA JUSTIÇA DO TRABALHO E A FAZENDA PÚBLICA

ANAMATRA. **2ª Jornada de direito material e processual na justiça do trabalho:** enunciados aprovados. São Paulo: LTr, 2017.

ANDRADE, Gustavo Bezerra Muniz de. A fazenda pública e os honorários advocatícios no processo do trabalho. In: MIESSA, Elisson (Coord). **Honorários advocatícios na justiça do trabalho**. Salvador: Juspodivm, 2019, p. 951-971.

LEITE, Carlos Henrique Bezerra. **Curso de direito processual do trabalho** [*ebook*]. 16 ed. São Paulo: Saraiva Educação, 2018.

NEIVA, Rogerio. **Direito e processo do trabalho aplicados à administração pública e fazenda pública**. 2. ed. rev., atual. e ampl. – Rio de Janeiro: Forense; São Paulo: Método, 2015.

CAPÍTULO 18: REMESSA NECESSÁRIA NO PROCESSO DO TRABALHO

ARANTES, Delaíde Alves Miranda; LEMOS, Maria Cecilia de Almeida Monteiro. A remessa necessária no processo do trabalho à luz do Novo Código de Processo Civil. *Revista do Tribunal Regional do Trabalho da 3ª Região.* Belo Horizonte, v. 62, n. 93, jan./jun. 2016, p. 123-138.

CUNHA, Leonardo Carneiro da. *A fazenda pública em juízo.* 16. ed. Rio de Janeiro: Forense, 2019.

MARINONI, Luiz Guilherme; ARENHART, Sérgio Cruz; MITIDIERO, Daniel. *Novo curso de processo civil.* Vol. II. 2. ed. São Paulo: Revista dos Tribunais, 2016.

NEVES, Daniel Amorim Assumpção. *Manual de direito processual civil.* 8. ed. Salvador: Juspodivm, 2016.

RODRIGUES, Marco Antonio. *A fazenda pública no processo civil.* 2. ed. São Paulo: Atlas, 2016.

SCHIAVI, Mauro. *Manual de direito processual do trabalho.* 10. ed. São Paulo: LTr, 2016.

WAMBIER, Luiz Rodrigues; TALAMINI, Eduardo. *Curso avançado de processo civil.* Vol. 2. 16. ed. São Paulo: Revista dos Tribunais: 2016.

CAPÍTULO 19: EXECUÇÃO NO PROCESSO DO TRABALHO E A FAZENDA PÚBLICA

ASSIS, Araken de. **Manual do processo de execução, 5. ed.** São Paulo: Revista do Tribunais, 1998.

______. **Cumprimento da sentença**. Rio de Janeiro: Forense, 2006.

CORDEIRO, Wolney de Macedo. **Fundamentos do direito processual do trabalho brasileiro.** São Paulo: LTr, 2005.

DINAMARCO, Cândido Rangel. **Instituições de direito processual civil, v. 04.** São Paulo: Malheiros, 2004.

LEAL, João Cláudio Gonçalves. Notas sobre o inquérito civil e o compromisso de ajustamento de conduta às exigências legais. *In*: Carlos Henrique Bezerra Leite (Org.) **Direitos metaindividuais.** São Paulo: LTr, 2005, p. 206-225.

MALACHINI, Edson Ribas e ASSIS, Araken. **Comentários ao código de processo civil- Do processo de execução arts. 736 a 795**. São Paulo: Revista dos Tribunais, 2001.

MAZZILLI, Hugo Nigro. **A defesa dos interesses difusos em juízo – meio ambiente, consumidor, patrimônio cultural e outros interesses, 18. ed.** São Paulo: Saraiva, 2005.

SCHIAVI, Mauro. **Execução no processo do trabalho, 9.ed.** São Paulo: LTr, 2017.

______. **Execução no processo do trabalho: de acordo com o novo CPC e a reforma trabalhista, 11.ed.** São Paulo: LTr, 2019.

SILVA, Antônio Álvares da. **Pequeno tratado da nova competência trabalhista**. São Paulo: LTr, 2005.

TEIXEIRA FILHO, Manoel Antônio. A **sentença no processo do trabalho**. São Paulo: LTr, 1994.

ZAVASCKI, Teori. Embargos à execução com eficácia rescisória: sentido e alcance do art. 741, parágrafo único do CPC. In: **Revista de Processo**, v. 125, ano 30. São Paulo, Revista dos Tribunais, jul./2005, p. 79-91.

CAPÍTULO 20: AÇÃO RESCISÓRIA NA JUSTIÇA DO TRABALHO E A FAZENDA PÚBLICA

GONDIM, Flávio Henrique Freitas Evangelista. Ação Rescisória: análise das principais alterações introduzidas pelo novo CPC e suas implicações no processo do trabalho. In: MIESSA, Elisson (Org). **O novo CPC e seus reflexos no Processo do Trabalho**. 2ed. Salvador: Juspodivm, 2016.

MOUZALAS, Rinaldo; TERCEIRO NETO, João Otávio; MADRUGA, Eduardo. **Processo Civil**: volume único. 10 ed. Salvador: Juspodivm, 2018.

SCHIAVI, Mauro. **Manual de Direito Processual do Trabalho.** 9ed. São Paulo: LTr, 2015.

TEIXEIRA FILHO, Manoel Antonio. **Cadernos de Processo Civil 42** - Ação Rescisória – Procedimento. 1ed. São Paulo: LTr, 2001.

_____. **Ação Rescisória no Processo do Trabalho.** 5ed. São Paulo: LTr, 2017.

CAPÍTULO 21: ASPECTOS PROCESSUAIS DAS DEMANDAS DE RESPONSABILIZAÇÃO DA FAZENDA PÚBLICA DECORRENTE DE TERCEIRIZAÇÃO

ALMEIDA, Bruno Carneiro da Cunha. A posição processual da Fazenda Pública na hipótese de acordo firmado pelo empregador em demanda trabalhista decorrente de terceirização. *Revista da Procuradoria Geral do Município de Curitiba*, v. 4, p. 41-74, 2017.

ASSIS, Araken de. *Processo civil brasileiro.* Vol. II: parte geral: institutos fundamentais. Tomo 1. São Paulo: Revista dos Tribunais, 2015.

CAIRO JÚNIOR, José. *Curso de direito processual do trabalho.* 9. ed. Salvador: Juspodivm, 2016.

CARVALHO FILHO, José dos Santos. *Manual de direito administrativo.* 28. ed. São Paulo: Atlas, 2015.

DIDIER JR., Fredie. *Curso de direito processual civil.* Vol. 1. 17. ed. Salvador: Juspodivm, 2015.

LEITE, Carlos Henrique Bezerra. *Curso de direito processual do trabalho.* 13. ed. São Paulo: Saraiva, 2015.

MARINONI, Luiz Guilherme; ARENHART, Sérgio Cruz; MITIDIERO, Daniel. *Novo curso de processo civil.* Vol. II. 2. ed. São Paulo: Revista dos Tribunais, 2016.

NEVES, Daniel Amorim Assumpção. *Manual de direito processual civil.* 8. ed. Salvador: Juspodivm, 2016.

OLIVEIRA, Rafael Carvalho Rezende. *Curso de direito administrativo.* 3. ed. São Paulo: Método, 2015.

SCHIAVI, Mauro. *Manual de direito processual do trabalho.* 10. ed. São Paulo: LTr, 2016.

SILVA, Ovídio A. Baptista da. *Curso de processo civil.* Vol. 1. 6. ed. São Paulo: Revista dos Tribunais, 2003.

YARSHELL, Flávio Luiz. Convenção das partes em matéria processual: rumo a uma nova era? *Negócios processuais.* Coord. Antonio do Passo Cabral e Pedro Henrique Nogueira. Salvador: Juspodivm, 2015.